JN421217

다문화 · 다문화가정 · 한국어교육
8년간의 인식 변화 연구
(2013-2021)

다문화 · 다문화가정 · 한국어교육 8년간의 인식 변화 연구(2013-2021)
Copyright ⓒ 2021 See-Gyoon Park All rights reserved.
This Edition was published by Jipmoondang in 2021, Seoul, Korea.

이 책의 저작권은 저자에게 있습니다.
이 책의 출판권은 **(주)집문당**에 있습니다.
저작권법에 의하여 보호를 받는 저작물이므로 무단 전재와 복제를 금합니다.

다문화 · 다문화가정 · 한국어교육 8년간의 인식 변화 연구 (2013-2021)

박시균, 김송이, 김지영, 오영란, 이주원, 최은하, 최지은

집문당

저자 소개

박시균 군산대학교 국어국문학과/다문화학과 교수

김송이 현 전북대학교 글로벌융합대학 한국어 강사

김지영 전 군산대학교 언어교육센터 선임 강사

오영란 전 전북대학교 한국어 강사

이주원 현 군산대학교, 군산시 건강가정지원다문화가족지원센터 한국어 강사

최은하 현 군산대학교/우석대학교 한국어 강사, 전주대학교 교양학부 강사

최지은 현 군산대학교 한국어 강사

다문화 · 다문화가정 · 한국어교육
8년간의 인식 변화 연구(2013-2021)

2021년 7월 30일 1판 1쇄

저자 | 박시균, 김송이, 김지영, 오영란, 이주원, 최은하, 최지은
발행인 | 임동규
발행처 | **(주)집문당**
등록 | 1971. 3. 23. 제2012-000069호
주소 | 03134 서울시 종로구 돈화문로 82, 5층
전화 | +82-1811-7567
이메일 | sale@jipmoon.com
홈페이지 | www.jipmoon.com

ISBN 978-89-303-1910-2 93370

가격 42,000원

머리말

본서를 구상하고 집필하는 데 원천이 된 저서는 본인이 2013년에 내어 놓은 『다문화가정 구성원에 대한 투 트랙(two track) 한국어 교육방안 연구』이다. 이 책을 통해 당시 한국 내에서 여성결혼이민자 중심으로 이루어지는 한국어교육을 여성결혼이민자와 다문화가정 자녀의 두 축으로 분리하여 실시해야 함을 이야기하였었다. 이 주제와 관련하여 실질적인 대안들을 모색하기 위해 1,130여 명의 여성결혼이민자, 다문화가정 자녀, 여성결혼이민자에게 한국어교육을 하는 주체인 집합교사와 방문교사, 유아 및 초·중·고등학교 교사, 일반 한국인들을 대상으로 다문화가정, 한국어교육에 대한 설문조사를 실시하였으며 조사결과 분석을 통해 2011-2012년의 다문화 및 다문화가정에 대한 인식, 한국어교육 프로그램의 운영 실태 및 보완대책, 한국어교육에 대한 다문화가정 구성원 및 교사, 일반 한국인들의 인식을 심도 있게 추적하였다.

그동안 다문화 및 한국어교육과 관련하여 필자에게도 많은 일이 있었는데 가장 중요한 것은 2016년 필자가 재직하는 군산대학교의 일반대학원에 박사과정 학과인 다문화학과를 개설한 것이다. 학부 및 교육대학원 한국어교육과에서 '다문화, 다문화가정 및 한국어교육'을 주제로 하는 과목들을 강의하면서 '다문화학'이라는 융복합적 학문을 박사과정으로 개설해서 심도 있는 학문의 발전을 시키면 좋겠다는 생각을 강하게 갖게 되었고 이 생각은 2016년 다문화학과를 개설하는 결과로 이어졌다.

2017년 1학기에 첫 입학생을 받았는데 입학생의 대부분은 한국어교육 또는 사회복지로 석사 학위를 받은 학생들이었다. 이들 학생들과 '다문화와 한국어교육'을 주제로 하는 수업을 하면서 2013년 출간한 졸저를 강의 교재로 썼고 이 책의 내용에 대해서 토론을 하는 중에 2013년 이후 다문화, 다문화가정 및 이들을 대상으로 하는 한국어교육에 대한 인식은 어떻게 바뀌었을까 하는 갑론을박이 있었다. 이런 논의과정을 거치면서 인식의 변화를 추적하기 위해서 동일한 설문 문항으로 다시 설문조사를 실시해야겠다는 결심을 굳히게 되었으며 이들 수업에 참여한 박사과정생들을 통해 설문조사를 시작하게 되었다. 설문조사는 2011-2012년 조사와 같은 다섯 부류의 피조사자들을 대상으로 2019년에 시작하여 2020년 초에 조사를 완료하였다. 2011-2012년의 1차 조사 때와는 달리 프라이버시 및 개인 인권을 지켜야 한다는 인식과 기준이 강화되어 2011년에 비해 설문조사를 하기가 훨씬 까다로워졌고 특히 다문화가정 자녀들에 대한 설문조사를 하는 것이 무척 어려웠다. 이런 이유로 설문조사에 응한 다문화가정 자녀의 숫자가 적어지게 되었다. 이 부분은 참으로 아쉬운 일이다.

2013년의 졸저가 여성결혼이민자와 다문화가정 자녀에 대한 투 트랙 한국어교육에 초점을 맞추었다면 본서는 이 부분을 중심 주제로 하지 않았다. 이미 현재는 여성결혼이민자와 다문화가정 자녀에 대한 각각의 한국어교육이 분리되어 잘 시행되고 있다고 판단되기 때문이다. 본서에서는 다문화, 다문화가정, 한국어교육이라는 세 개의 큰 테마에 대해서 다섯 그룹의 피조사자들의 생각이 8년의 시간 동안 어떻게 변화되었는지 분석하는 것을 중심 주제로 잡았다. 2011년에 실시한 1차 설문조사와 2019년에 실시한 2차 설문조사의 설문조사 결과 분석을 통해 다문화 및 다문화가정에 대한 피조사자들의 생각의 변화를 추적하였으며 여성결혼이민자와 그 자녀에 대한 한국어교육에 대한 인식의 변화도 분석하였다.

8년이라는 기간이 짧다면 짧고 길다면 긴 기간이지만 큰 변화는 없었을 것이라는 조사 전의 예측과는 달리 여러 부분에서 변화가 일어난 모습을 찾아낼 수 있었다. 자세한 내용들은 독자들이 본서의 내용을 읽어가면서 차분히 살필 수 있을 것이다.

2013년의 졸저는 아산사회복지재단의 연구지원 아래 출판이 되었지만 본서는 특정 연구지원 기관의 도움 없이 순수하게 필자와 공저자들의 노력으로 완성된 책이다. 공저자로 참여한 김송이, 김지영, 오영란, 이주원, 최은하, 최지은 선생은 설문조사 준비 및 시행, 조사결과 분석, 집필, 편집에 이르기까지 거의 3년에 이르는 기간을 수십 차례의 회의 및 끊임없는 연락과 의견교환을 통해 대표저자인 필자와 호흡을 맞춰가며 이 책이 옥동자로 태어날 수 있도록 많은 노력을 기울여왔다. 공동저자들에게 깊은 감사를 전한다.

설문조사에 기꺼이 응해 주신 피조사자 여러분께도 감사함을 전하고 싶다. 끝으로 본서의 출판을 흔쾌히 허락해 주신 집문당 임동규 사장님과 본서가 예쁘고 알차게 나오도록 편집에 심혈을 기울여 주신 전정아 부장님께도 심심한 감사의 말씀을 드린다. 많은 시간과 발품, 노력이 들어간 본서가 다문화학, 다문화가정 구성원, 한국어교육 부문에 작으나마 도움이 될 수 있기를 바란다.

2021년 7월
대표저자 박시균

차 례

표 차례

그림 차례

자료 차례

제1장

서 론

제1장
서 론

1.1. 연구의 목적 및 필요성

한국 사회는 1990년대부터 국제결혼의 꾸준한 증가로 다문화 사회로 접어들기 시작했다. 특히 한국인 남성과의 결혼을 통해 가정을 이루어 국내에 거주하고 있는 '여성결혼이민자'가 눈에 띄게 증가하였는데 그로 인해 이들에 대한 사회적 관심과 정책이 필요하게 되었다. 이에 정부에서는 2008년부터 다문화가족지원법을 제정하고 다문화가족지원센터를 설립하여 다문화가정의 적응 및 사회경제적 자립을 위해 많은 노력을 하고 있다.

이에 따라 현재 교육계에서도 다문화가정과 그 구성원에 대한 교육 정책과 그들을 위한 효율적인 한국어교육 방안에 대한 연구가 활발히 이루어지고 있다. 박시균(2013)에서는 다문화가정 구성원의 한국어교육과 관련해서 다문화가정의 어머니와 그 자녀에 대한 한국어교육에는 큰 차이가 있다고 하였다. 먼저 다문화가정의 어머니를 대상으로 하는 한국어교육의 경우 이들은 성인이 된 후 외국에서 건너온 이주자들이기 때문에 외국어로서의 한국어교육의 차원에서 접근해야 하며 반면 자녀들을 대상으로 하는 한국어교육은 모어로서의 한국어교육으로 접근해야 한다고 하였다. 이들 자녀들의 경우 한국에서 나고 자란 한국인으로 이들의 모어는 한국어이기 때문이다. 또한 다문화가정의 자녀들은 정규 교육기관에서 부모가 한국인인 다른 한국 아이들과 함께 정규 국어 교육을 받게 되며 이들의 환경적인 특성상 일반 한국인 학생들에 비해 한국어 숙달도가 다소 떨어질 가능성이 높으나 이들을 위한 한국어교육은 기본적으로 정규 국어교육의 테두리 안에서 이루어져야 한다고 하였다. 따라서 박시균(2013)은 이러한 차이를 직시하고 여성결혼이민자와 이들 자녀에 대한 한국어교육을 투 트랙(two track)으로 나누어 접근해야 한다고 주장하였다.

다문화가정의 어머니와 자녀에 대한 한국어교육에는 차이가 있음에도 불구하고 과거에는 이들을 모두 같은 한국어교육의 차원에서 다루는 경향이 있었다. 2011년을 기점으로 다문화가정 구성원에 대한 한국어교육의 연구에서 여성결혼이민자와 그 자녀에 대한 한국어교육을 구분하는 시도가 서서히 나타나기 시작했다. 그 이전에는 여성결혼이민자에 대한 한국어교육 연구에서 함께 취급되었던 다문화가정 자녀의 교육에 대한 연구가 분리되어 연구되기 시작한 것이다. 이는 다문화가정 자녀가 초등학교를 거쳐 중 · 고등학교로의 진학이 늘어나면서 다문화가정 자녀와 관련한 (한)국어 교육 연구를 별도로 진행해야 하는 현실적 필요성과도 밀접한 관련을 갖는 것으로 보인다. 한편으로는 다문화가정 자녀에 대한 한국어교육이 여성결혼이민자에 대한 한국어교육과는 그 성격에서 차이가 난다는 것을 학자들이 인지하기 시작한 것도 한 요인으로 작용한 것으로 판단된다.

현재는 다문화가정 자녀의 한국어교육 문제와 관련하여 교육부에서 2012년 '한국어교육과정'을 고시해 중도입국 자녀, 탈북자 자녀, 외국인 근로자 자녀, 조기유학 후 귀국한 한국인 학생까지를 포함하는 새로운 한국어교육을 시도하고 있다. 이 교육과정을 바탕으로 다문화가정 자녀를 위한 초 · 중 · 고등학교 한국어 교재가 국립국어원에서 출간되어 2013년부터 사용되었다.[1] 2014년부터는 다문화 학생의 다양한 특성을

1) 2012년 국립국어원에서 다문화 배경의 학생들을 위한 표준 한국어 교재로서 『다문화

고려한 맞춤형 교육지원을 위해 교육부에서 정책적으로 지정한 '다문화 중점학교'가 운영되고 있으며, 2015년부터는 '다문화 유치원'도 운영되고 있다. 2017년에는 초중고 다문화 학생들의 체계적인 한국어교육을 위해 '학습 한국어'를 '학습 도구 한국어'와 '교과 적응 한국어'로 세분하고[2], 성취기준, 교수학습방법, 언어 재료 등과 관련하여 한국어교육과정이 전면 개정되었다.

박시균(2013)은 한국어교육에 있어서 다문화가정 구성원을 위한 교육에 대한 연구뿐만 아니라 그들을 가르치는 교사[3]에 대한 연구도 함께 이루어져야 한다고 하였다. 여성결혼이민자에게 한국어를 가르치는 한국어교사와 정규 교육과정하에서 다문화가정 자녀에게 국어를 가르치는 정규 교육기관의 어린이집, 유치원 교사, 초·중·고등학교 국어 교사들의 다문화가정 자녀들에 대한 이해와 교육 방법에 대한 연구가 필요하다고 하였다.

따라서 본 연구에서는 한국어교육과 관련하여 1) '다문화가정의 실태', 2) '다문화가정의 한국어교육과 관련된 문제점', 3) '다문화가정 구

배경의 초·중·고등학생을 위한 한국어 1-2』를 발행하였으며, 2013년부터 다문화 특별학급, 예비학교, 방과 후 과정 등에서 다문화가정 학생을 위한 한국어 교재로 사용되었다.

2) 기존 다문화가정 자녀를 대상으로 하는 한국어교육은 '생활 한국어교육'과 '학습 한국어교육', '문화 의식과 태도'로 이루어져 있었으며, 2017년 한국어교육과정이 개정되면서 '학습 한국어교육'은 '학습 도구 한국어'와 '교과 적응 한국어'로 세분되고 '문화 의식과 태도'는 '문화'로 바뀌었다. '생활 한국어'는 일상생활과 학교생활에 필요한 기본적인 의사소통 한국어를 말하며, '학습 도구 한국어'는 모든 교과 학습의 도구이자 기초가 되는 수업(학문적)상황에서 사용하는 표현, '교과 적응 한국어'는 각 교과목 학습을 돕기 위한 교과별 어휘를 말한다.

3) 한국어교사에게 주는 자격증에서는 공식 명칭인 '한국어 교원'이라는 용어를 사용하고 있으나 실제 교육 현장에서는 '교원'보다는 '교사'라는 용어가 많이 사용되고 있으므로 본서에서도 이를 따라 '교사'라는 표현을 주로 사용하겠다. 단, '한국어 교원 자격증' 등 '교원'이라는 명칭을 사용할 필요가 있다고 판단되는 경우 '교원'이라는 표현도 사용하겠다.

성원(여성결혼이민자와 자녀)들에 대한 한국어/국어 교육 프로그램 운영의 현 실태', 4) '다문화가정 구성원(여성결혼이민자와 자녀)과 그들을 가르치는 교사, 그리고 비다문화가정에 대한 설문조사'와 그 결과 분석을 통해 다문화가정 구성원에 대한 현재 한국어교육의 정확한 실태를 파악하고 박시균(2013)과 비교하여 차별화된 개선방안을 모색하고자 하였다.

1.2. 수행하고자 하는 연구의 범위와 내용[4)]

본 연구는 다문화가정 구성원의 한국어교육과 관련하여 지난 2013년 박시균의 연구 이후 8년간의 실태 변화를 조사하고 현 상황에 맞는 한국어교육의 개선책을 제시하는 것을 목표로 하였다. 이를 위해 여성결혼이민자와 그 자녀들에 대한 각각의 실태를 파악하고자 여성결혼이민자와 자녀들을 대상으로 각각의 설문조사를 실시했으며, 이들 여성결혼이민자를 가르치는 한국어교사와 그 자녀들을 가르치는 어린이집/유치원 교사 및 초 · 중 · 고등학교 교사들에게도 설문조사를 실시하였다. 또한 일반 한국인들의 '다문화가정'에 대한 인식 및 의견을 알아보기 위해 비다문화가정의 일반 한국인들에게도 설문조사를 진행하였다.

설문조사의 방법으로 구글(google) 온라인 설문과 오프라인 설문의 방법을 사용했으며, 다문화가정 구성원('여성결혼이민자'과 '다문화가정의 자녀')을 대상으로 하는 설문에는 오프라인 설문의 방법을 취하고, 교사('여성결혼이민자를 대상으로 하는 한국어교사'와 '다문화가정 자

4) 다문화가정 구성원의 한국어교육과 관련하여 전국적인 차원에서 조사가 이루어져야 하지만 인원 및 시공간의 제약으로 전국적인 일반 조사와 관련된 자료는 기 조사된 통계자료를 대부분 인용하겠다. 설문조사 역시 일부 지역에 제한될 수 있음을 밝힌다.

녀를 대상으로 하는 국어 교사') 및 비다문화가정 구성원(일반 한국인)을 대상으로 하는 설문에는 두 가지 방법을 모두 사용하였다.

이러한 설문조사를 통해 다문화가정의 한국어교육과 관련한 현재의 실태를 파악하여 분석하고 지난 2013년 박시균의 연구에서의 실태와 비교하여 어떠한 변화가 있는지를 세부적으로 제시하였다. 나아가 이를 바탕으로 다문화가정 구성원을 위한 효율적인 한국어교육 방안을 모색하고자 하였다.

박시균(2013)은 최근 이러한 국내 상황과 맞물려 다문화가정과 관련된 연구들이 활발히 이루어지고 있으며 다문화라고 하는 것이 한국어교육뿐만 아니라 사회복지, 행정, 보건, 유아교육, 아동가정 등 다양한 분야와 관련되는 것이라서 다문화에 대한 연구도 다양한 분야에서 시도되고 있다고 하였다. 그런데 각자 자기 분야의 눈으로만 접근하다보니 타 분야와의 연계가 잘 되지 않거나 단절되는 경향이 나타나고 있다고 문제점을 지적하였다. 한국어교육도 예외는 아니라서 더 큰 정책의 차원에서는 사회복지의 한 분야로 접근해야 하며, 가족의 측면에서는 아동가족 분야와도 뗄 수 없는 관계를 맺고 있기 때문에 사회복지 및 아동가족 분야와의 연계 및 교류가 필요하다고 하였다.

한편 다문화가정 자녀들에 대한 한국어교육과 관련해서는 〈표 1-1〉과 같이 이들 중 대부분이 유치원이나 초 · 중 · 고등학교에 재학 중이기 때문에 이들을 위한 한국어교육은 유아교육이나 초 · 중 · 고등교육 분야와의 연계가 특히 중요하다고 하였다(박시균, 2013: 40).[5]

따라서 본 연구에서도 사회복지와 아동가족, 유아교육 등 관련 분야까지 외연을 넓혀 효율적인 한국어교육 방안을 모색하는 것을 목표로 하였다.

5) 8년이 지난 2021년에는 대학까지도 다문화가정 자녀가 입학해 있어 대학 교육에서도 다문화교육에 대한 중요성이 높아졌다고 할 수 있다.

<표 1-1> 외국인주민 자녀의 연령별 현황[6]

(단위: 명, %)

연령별		합 계	구성비	귀화 및 외국인 자녀	구성비	국내출생 자녀	구성비
계		237,506		11,361		226,145	
소 계		114,125	48.1	2,787	24.5	111,338	49.2
미취학아동	0세	15,324	6.5	48	0.4	15,276	6.8
	1세	15,481	6.5	150	1.3	15,331	6.8
	2세	16,139	6.8	334	2.9	15,805	7.0
	3세	16,482	6.9	456	4.0	16,026	7.1
	4세	16,450	6.9	553	4.9	15,897	7.0
	5세	16,596	7.0	589	5.2	16,007	7.1
	6세	17,653	7.4	657	5.8	16,996	7.5
소 계		92,368	38.9	4,480	39.4	87,888	38.9
초등학생	7세	17,984	7.6	640	5.6	17,344	7.7
	8세	17,656	7.4	677	6.0	16,979	7.5
	9세	16,796	7.1	801	7.1	15,995	7.1
	10세	15,928	6.7	859	7.6	15,069	6.7
	11세	14,100	5.9	811	7.1	13,289	5.9
	12세	9,904	4.2	692	6.1	9,212	4.1
소 계		31,013	13.1	4,094	36.0	26,919	11.9
중고생	13세	7,801	3.3	654	5.8	7,147	3.2
	14세	6,258	2.6	741	6.5	5,517	2.4
	15세	5,105	2.1	669	5.9	4,436	2.0
	16세	4,638	2.0	653	5.7	3,985	1.8
	17세	4,027	1.7	690	6.1	3,337	1.5
	18세	3,184	1.3	687	6.0	2,497	1.1

6) 지방자치단체(2019), 「2018년 지방자치단체 외국인주민 현황」, 78쪽.

제2장

다문화가정의 실태

제2장

다문화가정의 실태

'다문화가정'의 사전적 의미는 '국내에 거주하고 있는 국제결혼 가정으로 부모 중 한쪽이 한국인으로 구성된 가정'이다. 다문화가족지원법에서는 '다문화가족[1]'을 '귀화의 방법으로 국적을 취득한 자, 또는 외국인과 한국인(귀화자 포함) 배우자의 혼인으로 이루어진 가족(또는 그 자녀가 포함된 가족)'으로 정의하고 있다.

<표 2-1> 유형별 다문화가구 분포[2]

(단위: %, 가구)

		비율	빈도
전체(2018)		100.0	(306,995)[3]
다문화가구 유형	결혼이민자	85.7	(262,969)
	기타귀화자	14.3	(44,026)

1) 다문화가족지원법에서는 '다문화가족'을 다음과 같이 정의하고 있다.

> 다문화가족지원법 제2조(정의) 〈개정 2011.4.4.〉
> 1. "다문화가족"이란 다음 각 목의 어느 하나에 해당하는 가족을 말한다.
>   가. 「재한외국인 처우 기본법」 제2조 제3호의 결혼이민자와 「국적법」 제2조부터 제4조까지의 규정에 따라 대한민국 국적을 취득한 자로 이루어진 가족.
>   나. 「국적법」 제3조 및 제4조에 따라 대한민국 국적을 취득한 자와 같은 법 제2조부터 제4조까지의 규정에 따라 대한민국 국적을 취득한 자로 이루어진 가족.
> 2. "결혼이민자 등"이란 다문화가족의 구성원으로서 다음 각 목의 어느 하나에 해당하는 자를 말한다.
>   가. 「재한외국인 처우 기본법」 제2조제3호의 결혼이민자
>   나. 「국적법」 제4조에 따라 귀화허가를 받은 자
> 3. "아동 · 청소년"이란 24세 이하인 사람을 말한다.

2) 여성가족부(2019)의 '2018년 전국 다문화가족 실태조사연구'에서 참고하였으며, 해당 연구는 2018년 8월 1일 기준으로 전국의 다문화가구 표본 25,053가구 중 17,550가구

<표 2-2> 다문화가구 가구원 현황[4] (단위: 명, %)

합계	한국인배우자	결혼이민자	귀화자	자녀	기타동거인[5]
1,008,520	311,668	165,919	166,830	235,282	128,821
(구성비)	30.90	16.45	16.54	23.33	12.77

〈표 2-1〉을 보면 2018년 다문화가구는 306,995가구에 달하며, 그중 결혼이민자 가구가 262,969가구로 85.7%, 기타귀화자 가구가 44,026가구로 14.3%를 차지한다.

2018년 지방자치단체의 외국인주민 현황에 의하면 다문화가구의 가구원은 1,008,520명으로 국내 다문화가정의 수가 백만 명을 넘어섰다. 다문화가구 가구원은 한국인배우자 311,668명(30.9%), 결혼이민자 165,919명(16.45%), 귀화자 166,830명(16.54%), 자녀 235,282명(23.33%), 기타 동거인 128,821명(12.77%)으로 구성되어 있다(〈표 2-2〉).

1990년대 이후 국제결혼의 꾸준한 증가로 다문화가정은 우리 사회 구성원 중 상당 부분을 차지하게 되었고 단일 민족 국가로 지칭되던 우리나라는 이제 다문화 국가, 다민족 국가로 불리어도 전혀 이상하지 않은 상황이 되었다. 〈표 2-3〉을 보면 2000년대 이후 결혼배우자 현황은 급격한 증가추세를 보이는데 이는 일반적으로 한국인 남성과 외국인 배우자의 형태로 이루어진다. 2000년대 중반까지는 매년 평균 30%의 증가를 보이던 외국인 배우자의 증가추세는 2000년대 후반부터는 감소하

를 대상으로(표본 대비 응답률 70.1%) 조사원에 의한 면접조사의 방법으로 조사가 이루어졌다.

3) 2018년 다문화가족실태조사에 참여한 다문화가구의 수는 총 17,550가구였으며, 가중치 적용 시 추정치는 총 306,995가구이다(여성가족부, 2019).

4) 지방자치단체(2019),「2018년 지방자치단체 외국인주민 현황」, 79쪽.

5) 한국인배우자의 직계존속 또는 외국인배우자의 직계존속 등 다문화가구 구성원이나 한국인배우자, 결혼이민자, 귀화자, 미성년 자녀가 아닌 동거인을 말한다(여성가족부, 2019).

<표 2-3> 국민의 배우자(결혼이민자) 체류 현황 연도별 증감추이(2001년-2019년)[6]

(단위: 명, %)

연도	2001	2002	2003	2004	2005	2006	2007	2008	2009	2010
인원	25,182	34,710	44,416	57,069	75,011	93,786	110,362	122,552	125,087	141,654
전년대비 증감률	-	37.8	27.9	28.5	31.4	25.0	17.7	11.0	2.1	13.2

연도	2011	2012	2013	2014	2015	2016	2017	2018	2019년 10월
인원	144,681	148,498	150,865	150,994	151,608	152,374	155,457	159,206	165,205
전년대비 증감률	2.1	2.6	1.6	0.1	0.4	0.5	2.0	2.4	4.4

는 경향을 보이고 있다. 이는 다문화가정에 대한 인식 변화와 함께 결혼이민자가 어떻게 한국에 오는지에 대한 실상이 알려지기 시작하면서 결혼중개업체의 알선을 통해 마구잡이식으로 동남아에서 신부를 맞아들였던 행태가 어느 정도 진정되었기 때문으로 보인다(박시균, 2013: 45).

1990년대부터 대규모 국제결혼중개시스템을 통해 여성결혼이민자는 급속하게 증가하였고 대부분 우리나라와 비교하여 상대적으로 빈곤한 국가의 여성들을 배우자로 맞아들이면서 여러 가지 사회적 문제가 빈발했다. 대부분의 결혼중개업체는 결혼을 성사시키기 위해 한국인 결혼후보자들에 대한 정보를 상대방에게 충분히 전달하지 않는 경우가 많았고, 사전 정보와는 다르게 떨어지는 경제력으로 인한 갈등, 상대방이나 상대국가에 대한 이해 부족과 문화차이로 인한 불화, 여성결혼이민자에 대한 낮은 존중 의식과 가정폭력 등의 문제가 대두되었다. 이로 인한 결혼중개에 대한 규제를 강화할 필요가 있으며(박새미, 2019: 160-161) 이들 여성결혼이민자들의 인권 침해 문제에 대한 검토도 필요하다. 인권의 개념에서 보면 여성결혼이민자들은 가정과 직장, 사회에서 성과 국

6) 출입국외국인정책본부, 「2001-2019 통계월보」.

적에 따라 폭력과 학대, 차별 등 부당한 대우를 당하지 않을 권리가 있다(김미희, 2017: 26).

결혼이민가정에서 발견되는 인권 침해 요소는 ①혼인에 대한 자유로운 선택권의 침해 ②인신매매, 예속상태, 노예제와 유사한 관행 ③신체의 자유에 대한 권리침해 ④여성에 대한 폭력 ⑤가족관계에 있어서의 평등권과 가족결합권의 침해 ⑥사법절차에 대한 접근법의 차별 ⑦출신국 내에서의 생존권의 위협, 사회보장의 부재, 교육, 노동기회의 부족 등이 있다(국가인권위원회, 2007: 29; 박시균, 2013: 47에서 재인용).

안희은(2019)에 의하면 현재 다문화가정과 다문화교육에 대한 관심이 높아지면서 중앙정부의 다문화 관련 정책이 광범위하게 추진되고 있다. 그 중 문화체육관광부는 1990년대부터 한국어교육에 대한 사업을 시작하였으며 2000년대 들어서면서 예산이 확충되어 사업은 더욱 확대되었고 한국어교육을 뒷받침할 수 있는 '국어기본법[7]'도 마련되었다. 2004년 11월부터 국립국어원에서 국어에 관한 전반적인 사업을 맡게 되면서 한국어교육에 대한 전반적인 사업도 담당하게 되었다. 2006년부터는 국어문화원 18곳을 설립하여 운영하고 있으며 지역문화원과 연계하고 한국어와 한국문화 교육을 실시하고 있다. 또한 여성가족부에서는 이들의 한국 생활 적응을 위해 전국에 218개소의 '다문화가족지원센터[8]'를 설치해 운영하고 있으며 이들을 위한 한국어교육과 아동양육 서비스 사업을 실시하고 있다. 한편 법무부에서는 한국어교육을 실시하지

7) '국어기본법'은 국어의 사용을 촉진하고 국어의 발전과 보전의 기반을 마련하여 국민의 창조적 사고력의 증진을 도모함으로써 국민의 문화적 삶의 질을 향상하고 민족문화의 발전에 이바지하기 위해 제정된 국어 관련 법률이다. 2005년 1월 27일 법률 제7368호로 공포되어 2005년 7월 28일부터 시행되고 있다(한국민족문화 대백과사전).

8) 다문화가족지원센터는 다문화가정의 정착 및 안정화, 한국어 및 한국문화 교육, 가족교육과 상담, 자녀지원, 직업교육, 다문화인식개선 등 한국생활에 필요한 다양한 프로그램을 통합적으로 제공하고 연계하는 원스톱 서비스 기관이다(안희은, 2019: 59).

않지만 귀화 필기시험을 대체하기 위한 '사회통합프로그램[9]'을 운영하고 있으며 2019년 현재 333개 기관에서 운영되고 있다(안희은, 2019: 58-60).

2.1. 여성결혼이민자 현황

국제결혼의 목적으로 한국에 이주해 온 외국인 여성에게 통상적으로 '여성결혼이민자', '결혼이주여성' 등의 용어를 혼용하고 있다. 2013년 7월 1일 시행된 '대한외국인 처우 기본법' 제2조 3항에 결혼이민자란 '대한민국 국민과 혼인한 적이 있거나 혼인관계에 있는 재한외국인'이라고 정의되어 있으며 '결혼이주여성'의 사전적 의미는 '한국 남자와 결혼을

9) 사회통합프로그램(KIIP: Korea Immigration & Integration Program): 이민자가 우리 사회 구성원으로 적응·자립하는 데 필수적인 기본소양(한국어와 한국문화, 한국사회 이해, 기타 교육 등)을 체계적으로 함양할 수 있도록 마련한 사회통합교육으로 법무부에서 정한 기관에서 운영된다. 정규 교육과정은 다음과 같다.

교육명 구분		한국어와 한국문화					한국사회 이해	
단계		0단계	1단계	2단계	3단계	4단계	5단계	
과정		기초	초급1	초급2	중급1	중급2	기본	심화
총 교육시간		15시간	100시간	100시간	100시간	100시간	50시간	20시간
평가		없음	1단계 평가	2단계 평가	3단계 평가	중간 평가	영주용 종합평가	귀화용 종합평가
교육 배정 기준	사전평가 (레벨테스트)	구술 3점 미만 (필기점수 무관)	3점-20점	21점-40점	41점-60점	61점-80점	81점 이상	
	0단계부터 시작	배정	-	-	-	-	-	
	TOPIK 연계	-	-	1급	2급	3급	4-6급	
	결혼이민 사증연계	-	-	배정	-	-	-	
	중급 연계과정	-	-	-	-	-	배정	
	여가부 단계별연계			1단계 이수자	2단계 이수자	3단계 이수자	4단계 이수자	

하여 본래 살던 국가를 떠나 한국에 정착한 여성'이다. 2011년 개정된 다문화가족지원법에서는 결혼을 통해 한국으로 이주해 온 외국인을 '결혼이민자'라는 용어로 사용하고 있으며 관련 법령에서도 동일한 용어를 사용하고 있으므로 본서에서도 이를 참고하여 '한국인 남성과 혼인을 통하여 국내에 정착하여 살고 있는 여성'의 의미로 '여성결혼이민자'라는 개념을 사용하겠다.

앞서 살펴본 바와 같이 다문화가정은 한국인과 외국인 결혼이민자(귀화자 포함) 또는 그 자녀를 포함한 가족 형태를 말하는데, 우리나라의 경우 한국인 아내와 외국인 남편(또는 그 자녀를 포함한)으로 구성된 가족보다는 한국인 남편과 외국인 아내(또는 그 자녀를 포함한)로 구성된 가족 형태가 대부분이다.

우리나라에서는 1980년대 초반 한국 남성과 통일교 일본, 필리핀 여성들을 대상으로 하는 단체 결혼이 이루어지면서 국제결혼이 주목을 받기 시작했다. 1992년 한중수교 이후에는 '농촌 총각 장가보내기'의 행정 주도형 사업이 시작되면서 중국 및 중국 동포 여성들과의 국제결혼도 급증하였다. 1990년대 중후반부터는 저학력, 저소득층의 한국인 남성이 '국제결혼중개업체'를 통해 대규모로 동남아 여성들을 아내로 맞아들이면서 우리나라의 여성결혼이민자 수는 꾸준히 증가해 왔다(서정원, 2018: 1).

〈표 2-4〉를 보면 2011년 144,681명이었던 결혼이민자 수(남녀 결혼이민자 전체)는 2019년 10월 기준 165,205명으로 집계되었다. 표에서 알 수 있듯이 결혼이민자 수는 꾸준히 증가해 왔으며, 특히 2019년에는 전년 대비 4.4%의 증가율을 보였다. 이로써 2019년 현재 우리나라의 결혼이민자 수는 남한 전체 인구 약 5천만 명의 0.33%를 차지하게 되었다.

결혼이민자의 거주지역별 분포를 보면 경기 및 서울에 거주하고 있는 결혼이민자 수가 75,890명으로 전체 결혼이민자 수의 46.5%를 차지한

<표 2-4> 국민의 배우자(결혼이민자) 체류 현황 연도별 증감추이(2011년-2019년)[10]

(단위: 명, %)

연도	2011	2012	2013	2014	2015	2016	2017	2018	2019년 10월
인원	144,681	148,498	150,865	150,994	151,608	152,374	155,457	159,206	165,205
전년대비 증감률	2.1	2.6	1.6	0.1	0.4	0.5	2.0	2.4	4.4

<표 2-5> 결혼이민자의 거주지역별 분포 현황[11]

(2019.10.31. 현재, 단위: 명)

계	경기	서울	경남	인천	충남	경북	부산	전남
163,173	47,845	28,045	10,596	10,861	9,550	8,097	7,446	6,709
	전북	대구	충북	강원	대전	광주	울산	제주
	6,013	5,598	5,347	3,779	3,440	3,627	3,492	2,728

다(〈표 2-5〉). 이를 통해 지방보다는 수도권에 거주하고 있는 결혼이민자가 많음을 알 수 있다.

〈표 2-6〉을 보면 2019년 10월 기준 우리나라의 남성 결혼이민자 수는 28,590명으로 17.3%, 여성결혼이민자 수는 136,615명으로 82.7%를 차지하고 있다. 이는 우리나라의 다문화가정이 일반적으로 한국인 남편과 외국인 아내(결혼이민자)로 구성되어 있음을 명확히 보여준다. 또한 결혼이민자의 국적으로는 중국(한국계 포함) 국적의 결혼이민자가 50.1%로 가장 높은 비율을 차지하고 있고 베트남 역시 26.7%로 높은 비율을 보인다. 그 다음으로는 일본 8.5%, 필리핀 7.3% 순이다. 중국(한국계 포함) 여성의 경우 1990년대 한중수교 이후 급증하였으며, 일본이나 필리핀 여성의 경우 통일교의 주선을 통한 결혼이 많은 비중을 차지한다. 한편 베트남 여성의 경우 국제결혼중개업체를 통한 결혼이 높은 비율을 차지한다. 여성결혼이민자의 국적으로는 2019년 10월 기준 한국계 중

10) 출입국외국인정책본부, 「2011-2019 통계월보」.

11) 출입국외국인정책본부, 「2019년 10월호 통계월보」.

<표 2-6> 국민의 외국인 배우자 남녀비율 및 국적별 비율[12] (2019.10.31. 현재, 단위: 명)

국적 구분	계	중국	한국계	베트남	일본	필리핀	캄보디아	태국	몽골	기타
전체	165,205 (100%)	60,087 (36.4%)	22,591 (13.7%)	44,139 (26.7%)	14,093 (8.5%)	12,041 (7.3%)	4,615 (2.8%)	5,010 (3.0%)	2,499 (1.5%)	22,721 (13.8%)
남자	28,590 (17.3%)	13,427	7,980	2,660	1,231	455	335	98	161	10,223
여자	136,615 (82.7%)	46,660	14,611	41,479	12,862	11,586	4,280	4,912	2,338	12,498

국인을 포함한 중국 국적의 여성이 61,271명으로 전체 여성결혼이민자의 44.8%를 차지하며, 동남아시아 여성들과의 국제결혼이 크게 증가하였는데 특히 베트남 여성결혼이민자가 41,479명으로 30.4%를 차지한다.

국제결혼중개업을 통한 결혼의 경우 일반적으로 나이가 많은 농촌 총각과 우리나라에 비해서 상대적으로 빈곤한 국가의 외국인 여성의 결혼이 많다 보니 결혼이민여성과 한국인 남편의 평균 연령 차이가 상당한 편이다. 결혼이민자(원국가국적자 · 귀화자 포함)는 20대와 30대의 비중이 과반(54.8%)을 차지하는 데 비해, 한국인 배우자는 40대 이상이 전체의 80.5%를 차지한다(여성가족부, 2019: 65). 최근에는 농촌 남성 이외에도 도시의 저소득층 남성들도 국제결혼중개업체를 통한 국제결혼의 문을 두드리고 있다.

경제적인 문제, 일자리 문제, 자녀 교육 문제 등의 이유로 많은 농촌가정들이 도시로 이주하고 있으며 다문화가정도 예외는 아니다. 조사 결과에서도 볼 수 있듯이 농촌보다는 도시에 거주하고 있는 다문화가정이 훨씬 많다. 하지만 거주 지역과는 상관없이 여성결혼이민자의 지위는 여전히 불안하고 자립도가 매우 낮은 편이다.

통계청의 「가계동향조사」에 따르면, 우리나라 전체 가구의 월평균 가

12) 출입국외국인정책본부, 「2019년 10월호 통계월보」.

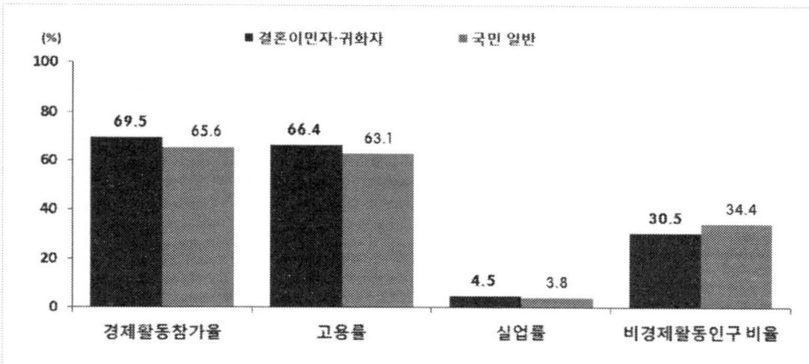

<그림 2-1> 결혼이민자 · 귀화자[13]의 경제활동 현황(국민일반 비교)[14] (단위: %)

구소득은 2018년(3분기) 기준 389만 원인 데 반해 다문화가정의 58.2%가 월평균 가구소득 300만 원 미만의 저소득층에 속했다(여성가족부, 2019: 55).[15] 또한 다문화가정 중 국민기초생활보장 수급 비율은 5.7%로 우리나라 전체 수급가구(1,032,996가구)[16]의 1.7%를 차지한다(여성가족부, 2019: 56).

〈그림 2-1〉을 보면, 결혼이민자 · 귀화자의 경제활동참가율은 69.5%,

13) 여성가족부(2019)에서는 '결혼이민자'와 '귀화자'로 용어를 구분하여 사용하고 있다. 여기에서 말하는 '결혼이민자'란, '대한민국 국민과 혼인한 적이 있거나 혼인 관계에 있는 외국 출신자'로 그 의미를 확대 적용하였다. 즉, 여성가족부의 자료에서 말하는 결혼이민자는 재한외국인처우기본법에서 정의하는 결혼이민자와 혼인귀화자의 합이라고 할 수 있다. 이처럼 혼인 귀화자를 별도로 분리함에 따라 '귀화자'의 개념은 혼인귀화자를 제외한 나머지 귀화자의 의미로 사용한다(여성가족부, 2019: 29-30).

14) 통계청(2018), 경제활동인구조사 원자료 분석(18세 이상)(국민 일반 부분); 여성가족부(2019),「2018년 전국 다문화가족 실태조사연구」, 217쪽에서 재인용.

15) 여성가족부(2019)에 따르면, 2018년 다문화가정의 월평균 가구소득 100만 원 미만이 9.7%, 100-200만 원 미만이 22.4%, 200-300만 원 미만이 26.1%, 300-400만 원 미만이 20.1%, 400-500만 원 미만이 11.5%, 500만 원 이상이 10.2%이다.

16) 통계청 KOSIS 국가통계포털. 보건복지부, 국민기초생활보장수급자현황(여성가족부, 2019에서 재인용). (http://kosis.kr/ statHtml/statHtml.do?orgId=117&tblId=DT_11714_N004&conn_path=I3)

<표 2-7> 결혼이민자·귀화자와 국민 일반의 연령대별 경제활동 현황[17]　(단위: %, 명)

	결혼이민자·귀화자		국민 일반	
	경제활동참가율	비경제활동인구 비율	경제활동참가율	비경제활동인구 비율
전체	69.5	30.5	65.6	34.4
29세 이하	56.1	43.9	57.4	42.6
30-39세	69.8	30.2	78.3	21.7
40-49세	78.9	21.1	81.0	19.0
50-59세	79.5	20.5	77.1	22.9
60세 이상	51.8	48.2	41.4	58.6

비경제활동 인구 비율은 30.5%로 나타난다. 이는 18세 이상 국민 일반과 비교하면 결혼이민자·귀화자의 경제활동참가율이 3.9%p 높은 수준이다. 결혼이민자·귀화자의 경제활동비율이 국민일반에 비해 높게 나타났는데 〈표 2-7〉에서 그 원인을 심층 분석할 수 있다.

〈표 2-7〉의 연령대별 경제활동 현황을 살펴보면, 50대 이상 연령층의 결혼이민자·귀화자가 같은 연령대의 국민 일반에 비해 경제활동참가율이 높은 것을 알 수 있다. 특히, 60세 이상 연령층에서는 결혼이민자·귀화자의 경제활동참가율이 51.8%로 국민 일반(41.4%)보다 9.6%p나 높은 수준이다. 반면 40대 이하 연령층에서는 결혼이민자·귀화자가 같은 연령대의 국민 일반보다 경제활동참가율이 낮은 것으로 나타난다. 앞서 결혼이민자·귀화자의 경제활동이 국민 일반 대비 높은 비율로 나타난 것은 이처럼 고연령층의 경제활동비율이 높은 데서 기인한 것으로 보인다(여성가족부, 2019: 216). 고연령층의 일자리는 대개 단순 노동인 경우가 많은데 이런 고연령층의 높은 경제활동비율은 국민 일반보다 더 낮은 경제력과 직결되어 있다고 분석할 수 있다.

17) 통계청(2018), 경제활동인구조사 원자료 분석(18세 이상)(국민 일반 부분); 여성가족부(2019),「2018년 전국 다문화가족 실태조사연구」, 217쪽에서 재인용.

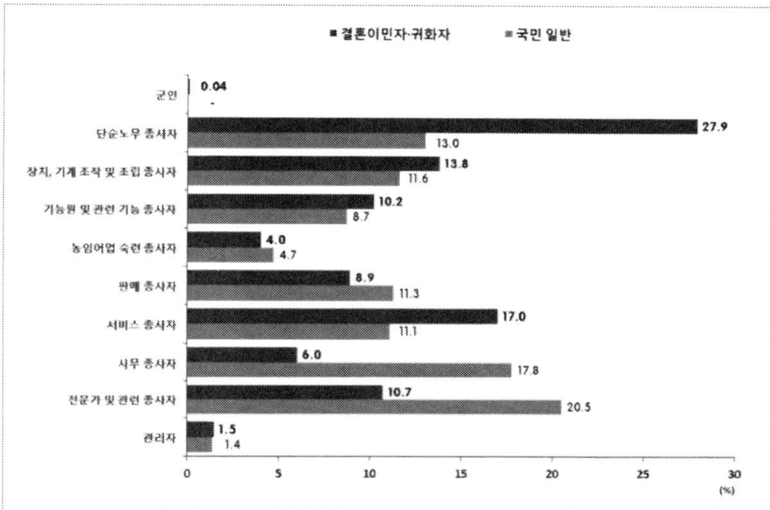

<그림 2-2> 결혼이민자 · 귀화자와 국민 일반의 직종 분포[18] (단위: 명, %)

직종별 분포를 보면, 결혼이민자 · 귀화자의 경우 단순노무 종사자가 27.9%로 가장 많으며, 이는 국민 일반(13.0%)보다 두 배가 넘는 수준이다. 또한 서비스 종사자가 17%, 장치, 기계 조작 및 조립 종사자가 13.8%, 기능원 및 관련 기능 종사자가 10.2%로 모두 국민 일반보다 높은 분포율을 보인다. 반면에 전문가 및 관련 종사자는 10.7%, 사무 종사자는 6.0%로 국민 일반에 비해 현저히 낮은 비율이다(〈그림 2-2〉).[19]

여성가족부(2019)에 의하면 결혼이민자 가운데 11.4%가 지난 4주간

18) 통계청(2018), 경제활동인구조사 원자료 분석(18세 이상)(국민 일반 부분); 여성가족부(2019), 「2018년 전국 다문화가족 실태조사연구」 224쪽에서 재인용.

19) 여성가족부(2019)에 따르면, 재직 상태에 있는 결혼이민자 · 귀화자의 임금수준은, 월평균 150-200만 원 미만이 25.3%, 100-150만 원 미만이 22.3%로 절반에 가까운 수(47.6%)가 100-200만 원의 임금을 받는 것으로 나타난다. 200-300만 원의 임금을 받는 이들이 20.0%, 300만 원 이상의 임금을 받는 이들이 8.9%이다. 한편 임금이 100만 원 미만인 이들이 15.8%이고, 심지어 임금이나 보수 없이 일을 하고 있는 이들(6.6%)도 상당하다.

구직활동을 한 적이 있다고 답했으며, 구직의 어려움으로 임금수준 등 근로조건이 맞는 일자리를 찾기 어렵다는 응답이 43.0%로 가장 많고, 그 다음으로는 근처에 일자리가 없어서(34.0%), 일자리 관련 정보 부족 및 취업 방법을 몰라서(25.8%), 자녀나 가족을 돌봐야 해서(23.0%), 한국어를 잘 하지 못해서(16.7%)의 순이었다. 한국에서의 경력이 부족해서(15.6%), 외국인에 대한 차별 때문에(8.2%)라는 응답도 적지 않았다 (여성가족부, 2019: 242-244).

결혼이민자의 최종학력을 살펴보면 여성이민자의 경우 고졸 43.4%, 중졸 20.6%, 대학교 졸 14.2%, 전문대학 졸 11.2%, 초졸 6.9% 등의 순으로 나타났으며, 남성이민자의 경우 고졸 33.6%, 대학교 졸 30.4%, 대

<표 2-8> 결혼이민자의 최종학력[20]

(단위: 명, %)

구분		이민자 성별		총계
		여성	남성	
전체	계	14,143	2,432	16,575
	%	100.0%	100.0%	100.0%
안 받았음(미취학 포함)	계	289	23	312
	%	2.0%	0.9%	1.9%
초등학교	계	972	83	1,055
	%	6.9%	3.4%	6.4%
중학교	계	2,918	262	3,180
	%	20.6%	10.8%	19.2%
고등학교	계	6,131	816	6,947
	%	43.4%	33.6%	41.9%
대학교(4년제 미만)	계	1,591	241	1,832
	%	11.2%	9.9%	11.1%
대학교(4년제 이상)	계	2,002	740	2,742
	%	14.2%	30.4%	16.5%
대학원 이상	계	240	267	507
	%	1.7%	11.0%	3.1%

20) 조선주, 오현경(2017),「우리나라 이민자의 특성과 노동공급; 전국다문화실태조사자

학원 이상 11.0%, 중졸 10.8%, 전문대졸 9.9%, 초졸 3.4% 등의 순으로 나타났다. 대학교(4년제 이상) 및 대학원 졸업자의 경우 남성이민자의 비율이 여성보다 높았으며, 그 외 학교 교육을 받지 않았거나 초·중·고등학교 졸업 또는 4년제 미만 대학교 졸업자의 비율은 여성이민자의 비율이 남성보다 높은 것으로 나타났다(조선주·오현경, 2017; 〈표 2-8〉).

현재 전체 다문화가정 중에서 경제적인 어려움 때문에 국제결혼을 한 여성이 상당히 높은 비율을 차지한다고 볼 수 있다. 국제결혼중개업체들이 한국보다 상대적으로 경제력이 낮은 국가의 여성들을 소개하는 경우가 대부분이기 때문이다. 경제력이 낮은 국가들에서 소개로 오는 여성의 경우 학력 수준이 낮은 특징과 직결되어 있는 부분이기도 하다. 국제결혼이민자 중 중개업체들이 개입한 국가의 여성의 경우 한국인 배우자와 학력수준 격차가 심하게 나타난다(주성훈, 2010: 12). 이런 현실은 한국 사회에 쉽게 적응을 하지 못하고 가정이나 사회로부터 무시를 당하거나 그 외의 여러 가지 사회적 문제를 야기하는 요소로 작용될 수 있다.

다문화가정은 우리 옆에 있고 우리 국민의 일부이며 우리가 이해하고 더불어 살아가야 하는 존재이다. 따라서 이들의 특성을 파악하고 이들이 우리 사회에서 외면받지 않고 잘 적응할 수 있도록 사회적인 지원과 정책이 마련되어야 한다.

이런 어려운 여건 속의 여성결혼이민자를 위한 한국어교육은 여성가족부와 국립국어원이 주축을 이루어 이끌고 있으며 특히 여성가족부는 전국에 '다문화가족지원센터'를 설치하여 이들의 적응을 돕기 위한 다양한 프로그램을 마련하고 있다. 또한 여성결혼이민자들을 위한 언어별, 수준별 다양한 한국어 교재도 편찬하여 공급하고 있다.

료를 중심으로」 한국재정학회, 8쪽.

2.2. 다문화가정 자녀 현황

2018년 외국인주민 자녀[21]는 237,506명으로 2017년 222,455명에 비해 15,051명(6.8%) 증가하였다. 유형별로 보면, 귀화하였거나 아직 외국국적을 보유하고 있는 귀화 및 외국국적 자녀가 11,361명으로 4.8%이며, 출생과 동시에 한국 국적을 취득한 국내출생 자녀가 226,145명으로 95.2%인 것으로 나타난다(〈표 2-9〉).

또한 부 또는 모의 국적별 자녀 현황을 보면 베트남이 77,218명(32.5%)으로 가장 많으며, 중국이 44,016명(18.5%), 한국계 중국이 39,642명(16.7%) 순이다(〈표 2-10〉).

여성가족부(2019)에 의하면 2018년 다문화가정의 자녀 수는 평균 0.95명으로 자녀가 없는 가구가 36.7%로 가장 많다. 자녀가 1명인 가구는 36.5%, 자녀가 2명인 가구는 22.5%, 3명 이상의 자녀가 있는 가구는 4.3%이다. 결혼이민자 가구의 자녀 수는 1.02명으로 평균 한 명 이상의

<표 2-9> 외국인주민 자녀 현황[22]

(단위: 명, %)

구분	합계			귀화 및 외국국적 자녀			국내출생 자녀		
	소계	남	여	소계	남	여	소계	남	여
2018년	237,506	121,278	116,228	11,361	5,441	5,920	226,145	115,837	110,308
2017년	222,455	113,686	108,769	10,153	4,825	5,328	212,302	108,861	103,441
증감	15,051	7,592	7,459	1,208	616	592	13,843	6,976	6,867
	6.8	6.7	6.9	11.9	12.8	11.1	6.5	6.4	6.6

21) 지방자치단체(2019)에 의하면, 외국인주민 자녀란 ‘한국 국적을 취득한 자’의 자녀 및 한국인과 결혼한 ‘한국 국적을 가지지 않은 자’의 자녀를 말한다. 외국인주민 자녀(출생)는 외국인 또는 귀화한 자의 자녀로서 국적법 제2조(출생에 의한 국적 취득)에 따른 출생과 동시에 한국 국적을 취득한 자이다. 지방자치단체의 조사에서는 외국인주민 자녀 중 미성년자만을 집계 대상으로 삼는다.

22) 지방자치단체(2019), 「2018년 지방자치단체 외국인주민 현황」, 75쪽.

<표 2-10> 부 또는 모의 국적별 외국인주민 자녀 현황[23] (단위: 명, %)

합계	베트남	중국	중국 (한국계)	필리핀	캄보디아	일본	미국	몽골
237,506	77,218	44,016	39,642	22,873	10,037	6,930	5,581	3,212
(구성비)	32.5	18.5	16.7	9.6	4.2	2.9	2.3	1.4

자녀가 있는 것으로 나타나며, 기타귀화자 가구의 경우 자녀 수가 0.56명으로 결혼이민자 가구의 절반 정도에 그친다.

무자녀의 경우도 기타귀화자 가구는 62.2%의 비율로 결혼이민자 가구(32.5%)의 두 배 가까운 수치를 보인다. 거주지별 자녀 수를 보면 동부의 평균 자녀 수는 0.88명이며, 읍면부의 평균 자녀 수는 1.18명으로 읍면부의 자녀 수가 훨씬 많은 것으로 나타난다. 특히 읍면부에서는 3명 이상의 자녀가 있는 가구도 7%에 달한다. 읍면부는 농어촌 지역에 해당되는 경우라고 볼 수 있기 때문에 시부모와 동거하거나 가까이 사는 경우가 많고 시부모가 자녀를 낳으라고 권고하는 경우가 더 많을 것으로 추정된다. 이것이 읍면부 거주의 경우 자녀 수가 동부에 비해 더 많게 나타나는 원인으로 작용한 것으로 분석된다. 가구소득별 자녀 수를 보면 100만 원 미만의 가구에서는 평균 자녀 수가 0.58명에 불과하고 소득이 많을수록 자녀 수도 많은 양상을 보인다(〈표 2-11〉).[24]

2018년 다문화가정 자녀의 평균 연령은 만 8.32세로 만 6세 미만의 미취학 자녀가 39%, 초등학령기에 해당하는 만 6-11세 자녀가 38.2%, 중등학령기인 만 12-14세 자녀가 8.6%, 고등학령기에 해당하는 만 15-17세 자녀가 5.8%, 만 18세 이상의 성인 자녀가 8.3%를 차지한다

23) 지방자치단체(2019), 「2018년 지방자치단체 외국인주민 현황」, 75쪽.

24) 여성가족부(2019)에서는 기타귀화자와 저소득 가구에서 자녀 수가 적은 것은 이들 가구 유형에서 1인가구의 비중이 상대적으로 높은 것과 관련이 있는 것으로 보고 있다.

<표 2-11> 다문화가정 자녀 수[25]

(단위: %, 가구)

		0명	1명	2명	3명 이상	합계	평균
전체		36.7 (112,791)	36.5 (111,940)	22.5 (68,945)	4.3 (13,319)	100.0 (306,995)	0.95
다문화 가구 유형	결혼이민자	32.5	38.9	23.9	4.7	100.0	1.02
	기타귀화자	62.2	21.9	13.9	1.9	100.0	0.56
거주 지역	동부	39.6	36.6	20.3	3.5	100.0	0.88
	읍면부	27.4	35.9	29.6	7.0	100.0	1.18
가구 소득	100만 원 미만	57.0	30.5	10.1	2.3	100.0	0.58
	100-200만 원 미만	46.5	34.8	15.5	3.2	100.0	0.76
	200-300만 원 미만	33.8	38.0	24.0	4.2	100.0	0.99
	300-400만 원 미만	27.7	40.2	26.5	5.6	100.0	1.11
	400-500만 원 미만	29.8	36.6	28.4	5.2	100.0	1.11
	500-600만 원 미만	28.0	35.2	31.3	5.5	100.0	1.15
	600만 원 이상	28.0	35.2	31.3	5.5	100.0	1.15

<표 2-12> 다문화가정 자녀의 연령 분포[26]

(단위: %, 명, 세)

		6세 미만	6-8세	9-11세	12-14세	15-17세	18-24세	25세 이상	합계	평균
전체		39.0 (103,372)	21.9 (57,889)	16.3 (43,248)	8.6 (22,787)	5.8 (15,469)	4.9 (13,020)	3.4 (8,948)	100.0 (264,733)	8.32
다문화 가구 유형	결혼 이민자	39.6	22.3	16.7	8.6	5.3	4.2	3.2	100.0	8.13
	기타 귀화자	33.3	17.7	13.1	8.2	10.8	11.9	5.0	100.0	10.21

(〈표 2-12〉).

교육부에서는 다문화가정 학생의 학교 적응을 돕기 위해 한국어와 한국문화를 집중적으로 교육하는 '예비학교'(대안학교, 특별학습 등)를 운영하고 있다. 다문화가정 자녀들을 위한 한국어교육은 교육부에서 주관

25) 여성가족부(2019), 「2018년 전국 다문화가족 실태조사연구」, 42쪽.
26) 여성가족부(2019), 「2018년 전국 다문화가족 실태조사연구」, 43쪽.

하는 '중앙다문화교육센터[27]' 및 각 시 · 도 교육청에서 실시하고 있다. 여성가족부에서 운영하는 다문화가족지원센터에서도 여성결혼이민자 뿐만 아니라 그 자녀들을 위한 한국어교실도 함께 운영하고 있다. 다문화가정 자녀들의 유아기 교육, 유치원 교육, 방과 후 교육과 관련해서는 여성가족부와 문화체육관광부가 지원하고 있으며 취학과 관련해서는 교육부가 이들의 교육적 지원을 담당하고 있다. 그러나 현재 교육부에서는 다문화가정의 자녀들을 기본적으로는 일반 국민 자녀들과 차별 없이 동일하게 국어 교육의 차원에서 접근하고 있지만 이에 반해 한국어 교육학계에서는 이들이 한국인으로서 국적을 취득했더라도 근본적으로는 한국어에 어려움을 느끼는 경우가 대부분이기 때문에 이들을 위한 별도의 한국어교육과정과 한국어교원이 마련되어야 한다고 주장하고 있다(안희은, 2019: 59-62).

안희은(2019)은 이런 현실을 감안하여 다문화가정 자녀가 학교 및 사회에서 잘 적응하기 위해서 일반 정규과정 전 지원 프로그램으로 예비교육을 실시해야 한다고 주장하였다. 외국의 예로 호주의 경우 다문화가정의 자녀가 일반 정규과정에 들어가기 전에 랭귀지스쿨에서 일정 기간 영어 교육을 받게 되어 있으며, 이때 이 프로그램을 통과해야만 정규기관에 들어갈 수 있다고 하였다. 이를 위해 개인별 맞춤식 교육 정책이 이루어져야 하며 대안학교의 확충도 필요하다고 지적하였다(안희은, 2019: 63).

27) 중앙다문화교육센터에서는 이민자 교육을 포함한 교육과정을 위해 교사의 교재 연구와 교육 연수를 담당하고 있다(안희은, 2019).

2.3. 학교별 다문화가정 자녀 현황

2018년 초 · 중 · 고등학교 전체 학생의 수는 5,633,725명으로 초 · 중 · 고등학교의 학생 수가 최근 5년간 연평균 약 18만 명씩 꾸준히 감소하였다. 이는 저출산으로 인해 학령인구가 감소한 것과 관련되어 있으며 이러한 감소세는 계속될 것으로 예상된다(〈표 2-13〉).

반면에, 다문화 학생의 수는 최근 5년간 매년 1만 명 이상 증가하였으며, 2018년에는 12만 명을 초과하였다. 이는 전체 학생 대비 2.2% 비율을 차지하는 수준이다. 2018년 현재 학교 급별로 다문화 학생의 수를 살펴보면 초등학생의 수가 93,116명으로 76.2%, 중학생의 수가 18,127명으로 14.9%, 고등학생의 수가 10,969명으로 9.0% 비율을 보인다. 초등학생의 재학생 비율이 월등히 높음을 알 수 있다(〈표 2-14〉).

<표 2-13> 최근 5년간 초 · 중 · 고 전체 학생 수[28]

(단위: 명)

구분	2014	2015	2016	2017	2018
합계	6,333,570	6,137,374	5,931,646	5,773,998	5,633,725

<표 2-14> 최근 5년간 다문화 학생 수[29]

(단위: 명, %)

구분			2014	2015	2016	2017	2018
합계			67,806	82,536	99,186	109,387	122,212
학교급별	초	인원 (%)	48,297 (71.2)	60,283 (73.0)	74,024 (74.6)	82,806 (75.7)	93,116 (76.2)
	중	인원 (%)	12,525 (18.5)	13,865 (16.8)	15,105 (15.2)	15,983 (14.6)	18,127 (14.8)
	고	인원 (%)	6,984 (10.3)	8,388 (10.2)	10,057 (10.1)	10,598 (9.7)	10,969 (9.0)

28) 교육부(2019), 「2019년 다문화교육 지원계획」, 2쪽.

29) 교육부(2019), 「2019년 다문화교육 지원계획」, 2쪽.

<표 2-15> 다문화 학생 수 증감 비교(2010년과 2018년)

(단위: 명, %)

구분	초		중		고		계	
	인원	증감 (%)	인원	증감 (%)	인원	증감 (%)	인원	증감 (%)
2010	23,602		4,814		1,624		30,040	
2018	93,116	69,514 (294.5)	18,127	13,313 (276.5)	10,969	9,345 (575.4)	122,212	92,172 (306.8)

박시균(2013)의 연구와 비교하면, 2010년 초 · 중 · 고 전체 학생 수가 30,040명이었고, 2018년 전체 학생 수는 122,212명으로 8년 사이 92,172명 증가하였으며 증가율은 무려 306.8%에 이른다. 학교 급별 증가율을 보면, 초등학생이 294.5%, 중학생이 276.5%, 고등학생이 575.4% 증가한 것을 확인할 수 있다(〈표 2-15〉). 이와 같이 다문화 학생의 수는 날로 증가하고 있으며 점차 상급학교로 진학을 하며 상급 학교에서의 다문화 학생의 수 및 비율이 계속 늘어가고 있는 현 상황에서의 이들을 위한 교육적 준비 및 배려는 많이 미흡한 실정이다.

〈표 2-16〉은 2018년 4월 1일 기준 유형별, 부모 출신국별 다문화 학생 수를 나타낸 것이다. 이 표를 보면 국제결혼가정의 자녀가 106,583명으로 87.2%, 외국인가정의 자녀가 15,629명으로 12.8%를 차지한다. 국제결혼가정의 경우, 대부분이 국제결혼을 통해 한국에 정착하여 가정을 꾸리고 자녀를 출산하여 양육하고 있지만(92.17%), 국제결혼 후 어느 정도 성장한 자녀를 본국으로 데려오게 되는 중도입국자녀도 8,320명으로 7.8%를 차지한다. 또한 부모의 출신국으로는 중국(한국계 중국 포함), 베트남, 필리핀, 일본 순으로 나타난다. 특히 베트남 다문화학생의 경우 35,568명 중 99%가 국제결혼가정의 자녀이며, 1%만이 외국인가정의 자녀인 것으로 나타난다. 필리핀, 일본 다문화 학생 역시 국제결혼가정의 자녀가 98% 이상을 차지하며, 외국인가정의 자녀는 2%도 안 되는 것을 알 수 있다.

<표 2-16> 학교급별, 부모 출신국별 다문화학생[30] 수(2018.4.1. 기준)[31] (단위: 명, %)

구분 \ 유형		국제결혼가정		외국인가정	계
		국내출생자녀	중도입국자녀	외국인가정자녀	
학교급	초	76,201	5,046	11,869	93,116
	중	13,617	1,933	2,577	18,127
	고	8,445	1,341	1,183	10,969
부모 출신국	중국 (한국계 포함)	26,681	3,905	9,136	39,722
	베트남	34,012	1,187	369	35,568
	필리핀	13,156	663	274	14,093
	일본	9,308	893	162	10,363
	기타[32]	15,106	1,672	5,688	22,466
합계		98,263	8,320	15,629 (12.8%)	122,212 (100%)
		106,583 (87.2%)			

〈그림 2-3〉에서 다문화가정 자녀의 학교급별 취학률을 보면, 순취학률(NER)을 기준으로 초등학교 취학률이 98.1%, 중학교 취학률은 92.8%,

30) 다음은 교육부에서 '다문화 학생 유형'을 분류한 것이다.

국제결혼가정	국내출생자녀	• 한국인과 결혼이민자 사이에서 태어나 한국에서 성장한 경우 • 한국어 구사에 어려움은 없으나, 학습에 필요한 문장이나 어휘를 이해하는데 곤란을 겪는 경우 존재 • 사춘기에 진입하면서 다문화에 대한 고정관념에 불편함을 느끼며, 심리정서 지원 요구
	중도입국자녀	• 결혼이민자가 한국인과 재혼한 이후에 본국에서 데려온 경우, 한국인과 결혼이민자 사이에서 태어났으나 결혼이민자 본국에서 성장하다가 입국한 경우 등 • 새로운 가족과 한국문화에 적응하기 위한 스트레스가 발생하며, 정체성 혼란이나 무기력 등을 경험하는 경우 존재 • 한국어능력이 부족하여 공교육 진입과 적응에 어려움 발생
외국인가정	외국인가정자녀	• 외국인 사이에서 태어난 경우(조선족, 중앙아시아 고려인, 시리아 난민 등 포함) • 정주여건이 불안정하여 학업을 지속하기 어려운 경우 존재 ※ 유엔아동권리협약에 따라 미등록 이주아동의 교육권 보장

출처: 교육부(2019), 「2019년 다문화교육 지원계획」, 20쪽.

31) 교육통계(2018); 교육부(2019), 「2019년 다문화교육 지원계획」, 20쪽에서 재인용.

32) 기타: 태국, 인도네시아, 중앙아시아, 미국, 러시아 등 그 밖의 국가.

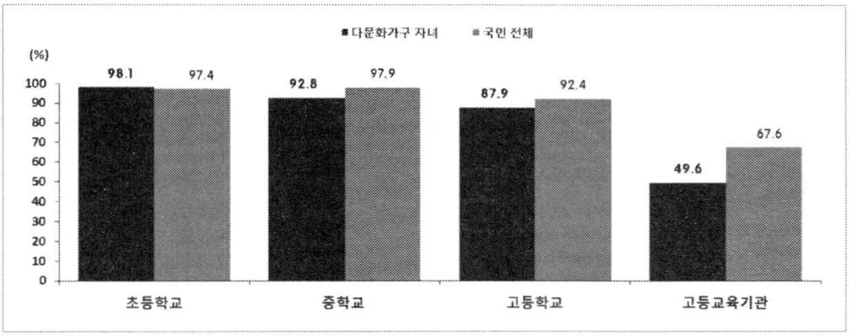

<그림 2-3> 다문화가정 자녀의 학교급별 취학률[33] (단위: %)

고등학교 취학률이 87.9%, 고등교육기관 취학률이 49.6%이다. 이를 우리 국민 전체 취학률(NER)과 비교해 보면 초등학교 취학률의 경우 다문화가정 자녀의 취학률(98.1%)이 국민 전체 취학률(97.4%)에 비해 0.7%p 높은 수치이다. 반면에 초등학교 이후의 취학률에서는 다문화가정 자녀의 취학률이 국민 전체 취학률에 비해 현저히 낮은 것을 확인할 수 있다. 중학교 취학률이 5.1%p, 고등학교 취학률이 4.5%p 낮게 나타나며 특히 고등교육기관 취학률의 경우 국민 전체 취학률은 67.6%인 데 비해 다문화가정 자녀의 취학률은 49.6%로 현저히 낮다(여성가족부, 2019; 〈표 2-17〉).

여성가족부(2019)는 최근 초등교육에서의 교육접근성은 많이 향상되어 다문화가정 자녀의 취학률이 오히려 전체 국민보다도 높은 수준이나, 중 · 고등학교 취학률은 눈에 띄게 낮음을 지적하며 중 · 고등학교의 다문화가정 자녀에 대한 정책적 관심이 더 필요하다고 주장하였다. 또한 대학진학률이 70%를 넘는 우리나라에서 고등교육기관으로의 낮은

33) 2018년 국민 전체 취학률, e-나라지표 (http://www.index.go.kr/potal/main/EachDtlPageDetail.do?idx_cd=1520); 여성가족부(2019), 「2018년 전국 다문화가족 실태조사 연구」, 49쪽에서 재인용.

<표 2-17> 다문화가정 자녀의 학교급별 취학률[34] (단위: 명, %)

구분	다문화가정 자녀					국민 전체 취학률 (NER)
	취학적령 인구 (A)	총 취학아동 (B)	해당연령대 취학아동 (C)	GER (B/A)	NER (C/A)	
초등학교	93,996	93,143	92,193	99.1	98.1	97.4
중학교	20,236	19,689	18,789	97.3	92.8	97.9
고등학교	14,165	13,731	12,454	96.9	87.9	92.4
고등교육기관	7,640	3,464	3,792	45.3	49.6	67.6

취학률은 결과적으로 노동시장에서의 취약함으로 이어질 가능성이 높으므로 다문화가정 자녀의 중등 및 고등교육에서의 낮은 취학률과 그 원인을 면밀히 분석하고 이에 대한 적절한 대안을 강구할 필요가 있음을 지적하였다.

여성가족부(2019)에서 다문화가정 자녀들에게 학교생활에 적응하기 어려운 이유를 조사한 결과, '학교 공부가 어려워서'가 63.6%로 가장 많았고, '친구들과 어울리지 못해서'가 53.5%로 그 뒤를 이었다. 다음으로 '한국어를 잘하지 못해서'가 12.0%, '외모가 다르기 때문에'가 10.3%, '교사의 차별 대우 때문에'가 7.3%, '부모의 관심, 경제적 지원 부족'이 4.8%로 나타났다(〈그림 2-4〉). 한편 초·중등학교에 재학하고 있는 다문화가정 자녀들을 대상으로 지난 1년간 학교 폭력을 당한 경험이 있는지에 대해서 조사한 결과, 8.2%가 학교 폭력을 당했다고 답했다.

다문화가정의 자녀들은 의사소통 능력과 학교 및 사회에서의 적응 능력 등 다양한 면에서 일반 가정의 자녀들에 비해 발달 능력이 뒤떨어진다(안희은, 2019). 학교생활에 적응하지 못하고 뒤처지는 경우 사회성이 결여되고 사회생활 적응에도 어려움을 겪는 경우가 많기 때문에

34) 여성가족부(2019), 「2018년 전국 다문화가족 실태조사연구」, 48쪽.

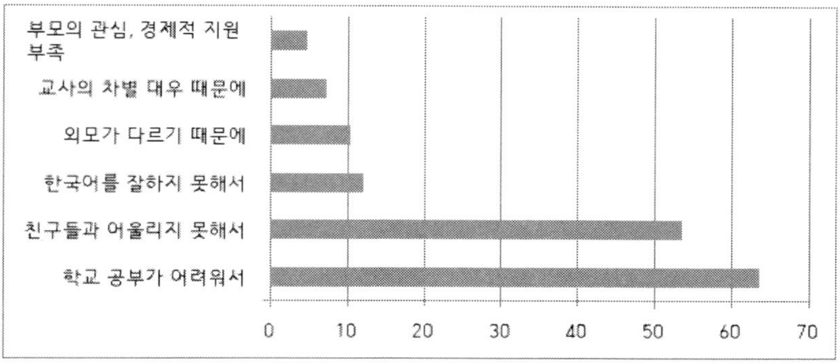

<그림 2-4> 다문화가정 자녀의 학교생활 부적응 이유(복수응답)[35] (단위: %)

다문화가정 자녀들의 학교생활 적응을 위한 관심과 제도적 장치가 더욱 절실하다.

35) 여성가족부(2019), 「2018년 전국 다문화가족 실태조사연구」, 545쪽.

제3장

다문화가정의 한국어교육과 관련된 문제점

제3장

다문화가정의 한국어교육과 관련된 문제점

국내에는 다양한 유형의 외국인, 이주근로자 등이 있지만, 특히 여성결혼이민자에 대해서는 특별한 배려와 관리가 필요하다. 이들은 우리 국민이 될 것이고, 우리 국민을 출생하며, 국가기초인 가정을 이루기 때문이다(편윤희, 2014).

여성결혼이민자의 배우자로는 농촌지역의 남성들이 대부분이며, 농촌지역의 남성이 도시지역에 비해 3배 정도 많다. 또한 여성결혼이민자가 평균 30대인 것에 비해 남성들은 40-50대 이상의 연령층으로 10살 이상 차이가 나는 경우가 많으며, 특히 결혼중개업체를 통한 결혼의 경우 나이 차이가 훨씬 많다. 가족 유형도 시댁과 함께 사는 경우(10%)[1]가 있어 전통적 가정환경에서 생활해야 하는 경우도 적지 않다. 한국의 전통적 가정은 부계중심의 형태로 가장과 장남이 우선시되고, 가족원의 절대 복종을 요구하며 부부관계에서도 지배와 복종의 예속적 관계를 유지하는 경향이 높다(김희경, 2010: 2).[2] 특히 동남아국가 등에서 온 이주 여성의 경우 이러한 불평등한 대우를 받는 경향은 더욱 심하다. 여성결혼이민자들은 이러한 한국사회에서 언어와 문화의 차이로 인해 사회

1) 결혼이민자의 가구 구성을 보면, 부부+자녀 가구가 36.5%, 부부 가구가 18.4%로 최근 다문화가정의 구성에서도 핵가족화 현상이 나타나고 있지만, 부부(자녀 포함)와 결혼이민자의 배우자 가족이 함께 생활하는 가구가 10%로 여전히 적지 않은 비율을 보이고 있다(여성가족부, 2019: 38).

2) 현재는 이런 경향이 약화되었으나 여전히 전통적 가정 환경의 모습을 유지하고 있는 가정들도 상당히 존재한다.

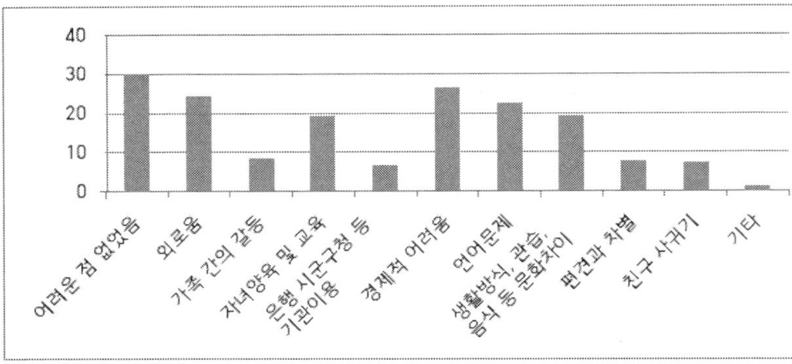

<그림 3-1> 결혼이민자·귀화자의 지난 1년간 한국 생활의 어려움(복수응답)[3] (단위: %)

적응에 어려움을 겪는다. 또한 남편이나 자녀 등 가족 구성원 간에 갈등이 야기되고 경제적 어려움은 물론 자녀교육에도 상당한 어려움을 느낀다.

최지안(2019)은 다문화가정 생활의 문제점으로 의사소통의 어려움과 문화의 이질성, 자녀 양육과 자녀 교육의 어려움, 부부갈등과 가정폭력, 자녀의 학업부진과 학교생활의 부적응, 빈곤문제와 생활의 어려움을 꼽았다. 김철진(2017) 역시 여성결혼이민자의 결혼생활 관련 갈등요인에는 여러 가지가 있으나, 가장 큰 비중을 차지하는 갈등요인은 남편과 시부모를 포함한 시댁 가족들 간의 관계에서 빚어지는 문제, 언어와 문화, 고국에 대한 그리움, 경제적 어려움, 그리고 자녀의 학교적응 문제라고 하였다.

여성가족부(2019)의 조사에 따르면, 결혼이민자가 한국에서 생활하면서 직면한 어려움으로 경제적 어려움(26.2%)을 꼽은 이들이 가장 많으며 그 다음으로 외로움(24.1%), 언어문제(22.3%), 자녀 양육 및 교육(19.0%), 생활방식 · 관습 · 음식 등의 문화차이(18.8%), 가족 간의 갈등

3) 여성가족부(2019),「2018년 전국 다문화가족 실태조사연구」, 180쪽.

(8.0%), 편견과 차별(7.4%) 순으로 나타났다(〈그림 3-1〉). 본서에서는 이런 요소들을 중심으로 한국어교육과 관련된 어려움을 살펴보려 한다.

3.1. 의사소통의 어려움

국제결혼가정의 가장 큰 문제점은 의사소통에 있다. 여성결혼이민자의 경우 기본적인 의사소통 능력(한국어 능력)을 갖추지 못하고 입국하는 것이 보편적이다. 대부분의 여성결혼이민자들은 입국 전 한국어 학습 기회가 없는 나라에서 오기 때문이다. 부족한 의사소통으로 인한 불화는 가정 폭력과 가족 간의 갈등, 이혼에 이를 수 있다. 특히 농촌의 경우 다문화가정을 위한 한국어교육을 운영하는 정부기관이나 사회복지 시설이 거의 없고 시설이 있더라도 원거리에 있어 이용하기가 쉽지 않은 경우가 많다. 이런 상황 때문에 대부분의 농촌지역 여성결혼이민자들은 남편의 도움을 받거나 혼자 힘으로 한국말을 배워야 하는 경우도 적지 않다(박시균, 2013: 70).

편윤희(2014)는 한국인 남성과 여성결혼이민자의 혼인은 대부분 국제결혼중개업을 통해 인위적으로 형성되기 때문에 많은 가정 문제에 노출되어 있으며 그 중 가장 기본적인 문제는 '언어', 즉 '한국어'라고 하였다. 따라서 이들 여성결혼이민자를 위한 한국어교육은 물론이고, 그 자녀들을 위한 한국어교육도 함께 이루어져야 하며 기관뿐만 아니라 교육기관(초등학교나 중 · 고등학교)에서도 한국어교육을 실시하여 한국어교육 체계를 확립할 필요가 있다고 하였다.

최지안(2019)은 여성결혼이민자는 배우자나 가족과의 의사소통에 가장 큰 어려움이 있으며, 부부 사이에 서로 말이 통하지 않으므로 대화가 어렵고 서로를 이해하는 데 어려움이 있기 때문에 부부간의 갈등과 좌

절이 심해진다고 하였다. 특히 일상적인 대화조차 어려운 경우에는 부부간 상호이해와 친밀감을 제대로 느낄 수 없으며, 나아가 자녀 양육의 어려움, 가정폭력, 학대, 별거, 이혼 등의 부부 문제가 야기될 수 있다고 하였다. 또한 의사소통의 어려움은 구직의 어려움으로 이어지기 때문에 경제활동에 제대로 참여할 수 없어 경제상태를 더욱 악화시키는 요인이 될 수 있다고 하였다. 즉 언어장벽이 남편을 포함한 시댁 식구들과의 갈등으로 연결, 확산될 뿐만 아니라 경제적 측면에도 영향을 미친다는 것을 알 수 있다.

여성가족부(2019)에 따르면, 한국 생활 적응의 어려움으로 언어문제를 꼽은 이들은 태국 출신의 결혼이민자가 45.7%, 필리핀 42.0%, 그 외 동남아시아 40.2%, 베트남 39.0% 순이었다. 동남아 출신 결혼이민자들이 특히 언어문제를 심각한 어려움으로 여기고 있는 것을 알 수 있으며 이들을 위한 한국어교육 대책을 마련할 필요가 있다.

3.2. 경제적 어려움

김형준(2017)은 여성결혼이민자들을 대상으로 생활만족도를 조사한 결과, 자기 소유의 집이 있는 경우가 그렇지 않은 경우보다 생활만족도가 높고, 월 평균 소득의 경우 소득수준이 높을수록 생활만족도가 높게 나타난다고 하였다.

여성가족부(2019)의 조사결과에 의하면, 2018년 다문화가정의 경제적 소득수준은 전반적으로 낮고 빈곤층이 다수인 것으로 나타났다. 앞에서도 언급했듯이(2장 각주 15) 2018년 다문화가정의 월평균 가구소득을 조사한 결과, 100만 원 미만이 9.7%, 100-200만 원 미만이 22.4%, 200-300만 원 미만이 26.1%, 300-400만 원 미만이 20.1%, 400-500만

원 미만이 11.5%, 500만 원 이상이 10.2%이다. 다문화가정의 58.2%가 월평균 가구소득이 300만 원 미만인 실정이다.[4] 이것은 2018년 기준 중위소득(4인) 452만 원보다 훨씬 적은 금액이어서 최소한의 문화적인 생활을 해 나가는 데도 상당한 어려움이 따를 것으로 판단된다(최지안, 2019: 139). 여성결혼이민자의 사회통합을 위해서 취업 지원을 강화하고 다문화가정의 소득 보전을 지원하는 등의 노력이 우선적으로 이루어져야 할 것이다(서정원, 2018: 157).

서종남(2010)은 여성결혼이민자의 경우 자신의 한국어실력 부족 등을 이유로 취업 활동을 자제하는 경우도 있으나 남편이나 시부모가 취업활동을 반대하는 경우도 상당하다고 하였다. 이는 여성결혼이민자가 생활능력이 생기면 남편이나 가정을 떠날 수도 있다고 생각하여 이를 두려워하기 때문이다. 또한 여성결혼이민자 가운데는 어렵게 살아가는 친정을 돕기 위해 결혼을 결심하게 된 이들도 적지 않고 그런 경우 친정에 생활비를 보내야 하는데 한국은 '출가외인'이라는 문화적 배경을 가지고 있어[5] 한국의 시부모나 남편과의 관계에서 갈등이 생기는 등 어려움을 겪는다고 하였다.

여성가족부(2019)의 결혼이민자들을 대상으로 한 조사에 따르면 학력이 낮을수록, 국내거주기간이 길수록 경제활동에 많이 참여하고 있는 것으로 나타났다. 출신국적별로는 남부아시아(88.7%), 기타 국가[6] (82.2%), 미주 · 유럽 · 대양주(78.6%), 한국계 중국(74.7%) 출신 결혼이민자의 경제활동참가율이 높은 반면, 그 외 동남아시아(51.5%), 일본

4) 통계청에 따르면, 우리나라 전체 가구의 월평균 가구소득은 2018년 3분기 기준 389만 원으로 나타났다.

5) 특히 농어촌 지역에서 이런 경향이 더욱 심하게 나타난다.

6) 여성가족부(2019)에서는 여성결혼이민자의 출신 국적을 '중국/(한국계) 중국/일본/대만 · 홍콩/베트남/필리핀/태국/캄보디아/그 외 동남아시아/남부아시아/몽골/러시아 · 중앙아시아/미주 · 유럽 · 대양주/기타'로 구분하고 있다.

(53.1%), 러시아 · 중앙아시아(53.7%), 태국 (58.2%) 출신 결혼이민자의 경제활동참가율은 낮은 수준으로 나타났다.

또한 취업자 중 29.6%가 출신국 친구(또는 모국인 친구가 아는 사람)의 소개로 일자리를 찾은 것으로 나타나 출신국인과의 사회적 관계가 결혼이민자의 중요한 구직 통로가 되고 있음을 알 수 있었다. 다른 구직 경로로는 대중매체나 전단지(17.9%), 자신의 가족이나 친척(12.3%), 한국인 친구나 이웃(11.7%) 등이 있었으며 전반적으로 사회적 관계가 구직에 있어 중요하게 작용하고 있는 것으로 나타났다. 이에 비해, 고용센터 등 공공기관이 구직 통로가 된 경우는 6.0%에 불과했다(여성가족부, 2019: 237). 결혼이민자들이 한국생활 적응의 어려움으로 경제적 문제를 최우선으로 꼽은 만큼 정부 차원에서 이들의 구직활동을 돕는 적극적인 지원과 정책이 필요하고 사적 네트워크보다는 공적 시스템에 의해 구직이 이루어지도록 할 필요가 있다.[7)]

결혼이민자들에게 한국에서 일하면서 느끼는 어려움에 대해 질문한 결과, 적은 임금(12.7%)을 꼽은 이들이 가장 많았으며, 그 다음이 한국

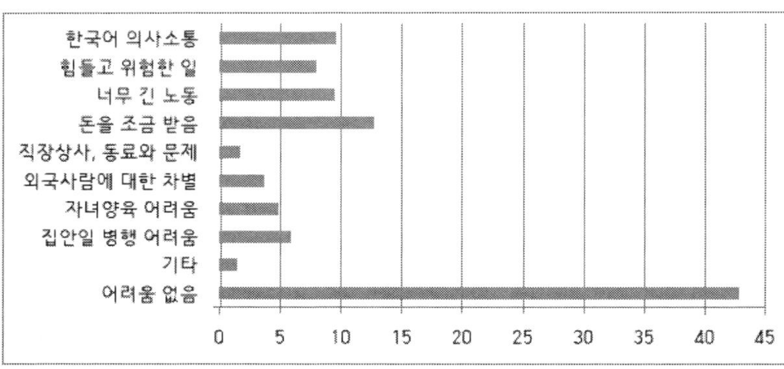

<그림 3-2> 결혼이민자 · 귀화자가 일하면서 느끼는 어려움[8)] (단위: %)

7) 이 부분에 대해서는 박시균(2013)에서도 지적한 바가 있다.

어 의사소통 문제(9.6%), 긴 노동시간(9.5%), 힘들고 위험한 일(7.9%), 외국 사람에 대한 차별(3.6%)의 순으로 응답했다(〈그림 3-2〉). 결혼이민자들은 한국인에 비해 적은 임금을 받고 노동시간이 길며 더 힘들고 위험한 일들을 맡는 것으로 보인다. 결혼이민자들은 상대적으로 좋지 않은 근무 조건에서 일하고 있을 뿐만 아니라 외국인 이민자로서의 언어 적응문제도 이들의 경제활동에 애로사항으로 작용하는 것을 알 수 있다.

3.3. 문화차이

다문화가정이 겪는 또 다른 어려움으로는 '문화차이'가 있다. 국제결혼 가정의 경우 상대방 국가에 대한 문화적 이해가 부족할 때 배우자에 대한 무시와 편견이 생길 수 있고 이는 부부간의 갈등으로 이어질 수 있다.

여성결혼이민자의 경우 전혀 다른 문화권으로 옮겨와 새로운 삶을 시작해야 하기 때문에 문화적응의 충격이나 스트레스를 경험하게 된다(곽윤정, 2014: 188; 최지안, 2019: 134). 이러한 충격이나 스트레스는 우울증이나 불안감과 같은 정신 건강에 문제를 일으킬 수 있고 새로운 문화에 대한 부적응은 고부간의 갈등, 남편과의 갈등, 자녀와의 갈등, 배우자의 학대, 별거, 이혼 등의 문제를 낳게 된다(최지안, 2019: 134).

여성결혼이민자들은 한국 사회 제도나 문화 등에 대해 배우지 못하고 한국에 들어오는 경우가 많다. 여성결혼이민자들의 이 같은 어려움을 한국가족구성원들이 배려해주지 않거나 일방적으로 한국 문화를 강요하고 상대방 문화의 다름을 인정하지 않을 경우 가족 간의 갈등이 빚어

8) 여성가족부(2019), 「2018년 전국 다문화가족 실태조사연구」, 239-240쪽.

지게 된다. 이러한 문제의 심각성은 가정불화로 이어지는 경우가 많다(서종남, 2010: 110).

박시균(2013)은 현재 국내에서 이루어지고 있는 한국어교육의 경우 대부분 한국의 전통적인 교육 방식을 그대로 적용하고 있다고 하였다. 교육열이 높은 한국에서의 교육은 정해진 장소와 시간, 교사의 지도가 중심이 되어 이루어지고 있다. 결혼이민자들을 위한 한국어교육에도 정해진 교재와 틀에 맞게 짜여진 교육 방법을 사용하고, 교사 의존도가 높은 수업을 진행하며, 꽉 짜여진 수업 시간 배정 등은 다양한 국적의 결혼이민자들의 문화를 고려하지 않은 결과라고 지적하였다.

또한 박시균(2013)은 현재의 교육시스템은 다국적 여성결혼이민자의 문화를 반영할 수 없다는 점도 지적하였다. 집합교육의 경우 국적에 관계없이 수준별 한국어 수업을 받게 되는데 수업 인원 중에서 가장 많은 분포를 보이는 국가의 여성결혼이민자들을 중심으로 수업이 진행될 때도 있다. 이러한 문제를 해결하기 위해서 방문교육의 횟수와 시간을 늘리는 방안을 제시하였다. 방문교육의 경우 교사와 여성결혼이민자가 1:1로 수업을 진행함으로써 그들의 문화적인 차이를 고려한 수업을 진행할 수 있다고 하였다. 다만 방문교육을 진행하는 한국어교사가 각 나라별 문화적인 차이를 숙지하고 있어야 하며 문화적인 차이에 따른 효율적인 수업 진행 방안에 대한 고민이 선행되어야 할 것이다.

3.4. 자녀 양육

박미영, 김민아(2019)에서 여성결혼이민자들은 자신들에게 자녀란 어떤 의미를 갖는지에 대한 질문에 '살아가는 이유'가 되는 존재라고 하였다. 이들에게 자녀는 부부간의 갈등을 극복할 수 있는 힘이 되고 있으며 타국에서 살아가는 혹독한 현실을 이겨낼 수 있는 원동력이 된다고 하였다.

그러나 여성결혼이민자에게 어머니로서의 자녀 양육의 어려움은 자녀의 발달과 적응 문제에도 영향을 줄 수 있기 때문에 중요한 문제가 아닐 수 없다.

특히 나이 차이가 많은 배우자와 결혼한 여성의 경우 남편이나 시댁 식구들의 무리한 요구로 결혼하자마자 임신을 하는 경우가 많고 그로 인해 한국어교육을 받고 있는 도중에도 임신과 출산 등의 이유로 교육의 기회를 자의로 포기하거나 타의에 의해 박탈당하게 되는 일이 많다. 전통적인 한국사회에서 일반 가정의 경우 자녀양육이나 교육은 주로 아내의 몫이다. 다문화가정 역시 여성결혼이민자가 자녀양육과 교육을 대부분 도맡아 하고 있으며 그러다보니 자녀의 양육문제로 정작 자신은 한국어교육을 받을 시간이 없는 것이다(박시균, 2013: 75-76).

여성결혼이민자는 한국어 능력의 부족, 수업 내용에 대한 이해 부족, 사교육비 충당의 어려움 등으로 자녀 교육에도 상당한 어려움이 있다. 우리나라의 교육제도가 치열한 경쟁 구조를 가지고 있기 때문에 특히 여성결혼이민자의 경우 모국과의 다른 교육 제도와 교육기관에 대한 정보 부족, 어머니의 자녀에 대한 학습지도의 부족 등으로 어려움이 더욱 가중되고 있다. 이러한 자녀교육의 어려움은 자녀의 가정생활 지도, 교과공부의 지도, 자녀와의 대화, 언어교육, 학원비 마련 등에서 더욱 두드러지게 나타나고 있다(김명현 외, 2013: 143; 최지안, 2019: 134).

다문화가정의 경우 경제적 어려움으로 유치원은 물론 초등학교부터 사교육비의 부담으로 다른 또래 아이들에 비해 학업의 기회를 많이 얻지 못해 학업 부진의 결과를 초래할 수 있으며 이는 학교생활의 부적응으로도 이어질 수 있다. 학업부진은 학교생활과 교우관계에도 영향을 미칠 수 있고 다른 학생들에게 놀림을 당하거나 집단 따돌림의 원인이 되기도 한다(최지안, 2019: 135).

최지안(2019)은 여성결혼이민자와 배우자 간의 문화적 배경이 다르고 자녀에 대한 양육 방법이나 가정교육에 대한 관념도 다를 수 있어 부부간에 의견 충돌이 생길 수 있으며, 이는 자녀에게 좋지 않은 영향으로 작용할 수 있다고 하였다. 또한 여성결혼이민자들은 그 자녀들과의 의사소통이 비교적 원활하지 못하며, 양육비용을 충당하기 어렵고 자녀를 제대로 돌봐 줄 사람이 부족하여 자녀를 양육하는 데 어려움이 존재한다고 하였다.

여성가족부(2019)에서 결혼이민자가 부모로서 어떤 어려움을 겪고 있는지를 5세 이하 영유아 자녀가 있는 경우와 6세 이상 자녀가 있는 경우로 나누어 조사하였다. 먼저 5세 이하 자녀가 있는 응답자들이 가장 많이 지목한 어려움으로는 내가 바쁘거나 아플 때 자녀를 돌봐줄 사람을 찾기가 어려워서(26.9%)였고, 그 다음은 자녀에게 한국어를 직접 가르치기 어려워서(26.3%), 양육 관련하여 배우자나 다른 가족과의 의견차이 때문에(12.8%), 한국 어린이집, 유치원, 학교에 대해 잘 몰라서(9.1%) 등의 순이었다(〈그림 3-3〉). 한편 학령기 자녀(6세-24세)를 둔 응답자들의 경우 가장 많은 응답자들이 꼽은 어려움은 자녀의 학업, 진

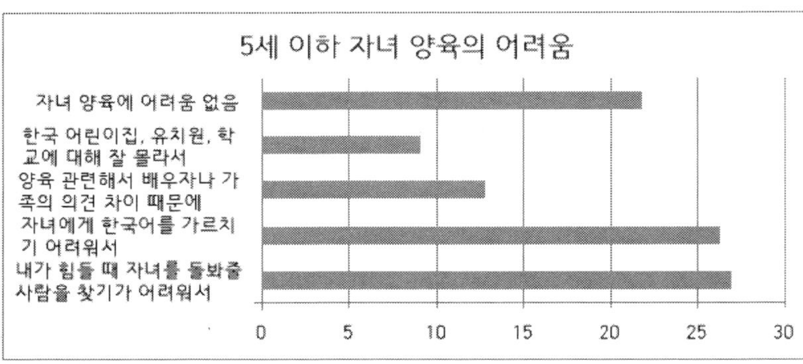

<그림 3-3> 결혼이민자 · 귀화자가 느끼는 5세 이하 자녀 양육의 어려움[9] (단위: %)

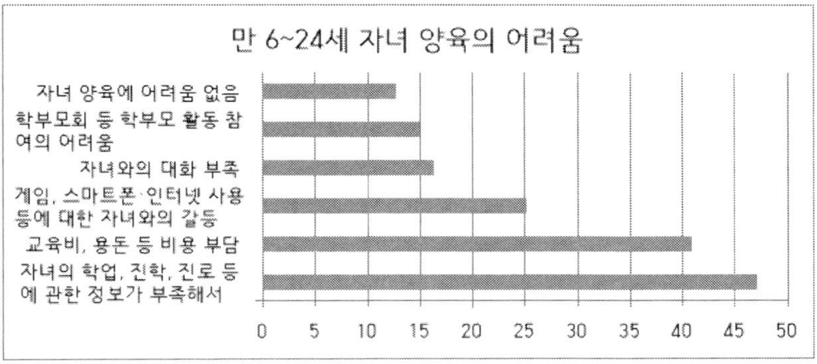

<그림 3-4> 결혼이민자·귀화자가 느끼는 만 6-24세 자녀 양육의 어려움[10] (단위: %)

학, 진로 등에 관한 정보가 부족해서(47.1%)였다. 그 다음은 교육비, 용돈 등의 비용 부담(40.9%), 게임, 스마트폰·인터넷 사용 등에 대한 자녀와의 갈등(25.1%), 자녀와의 대화 부족(16.3%), 학부모회 등 학부모 활동 참여의 어려움(14.9%)의 순으로 나타났다(〈그림 3-4〉).

자녀가 학교 생활을 시작하게 되는 9세 전까지는 자녀의 돌봄 문제와 관련된 어려움을 많이 겪는 반면에, 본격적인 학교 생활이 시작되는 9세 이후의 자녀를 양육함에 있어서는 자녀의 교육 문제에 있어서 큰 어려움으로 느끼는 것으로 분석된다. 결혼이민자 부모는 한국인 부모에 비해 자녀의 학업이나 진학 등에 관한 정보를 얻는 데 어려움이 있으며, 상대적으로 경제적 상황이 좋지 않은 다문화가정의 경우 교육비, 특히 사교육비에 대한 부담 역시 크다는 것을 알 수 있다.

9) 여성가족부(2019), 「2018년 전국 다문화가족 실태조사연구」, 143쪽.
10) 여성가족부(2019), 「2018년 전국 다문화가족 실태조사연구」, 145-146쪽.

3.5. 편견 및 차별

한국사회는 단일민족이라는 뿌리 깊은 인식으로 혼혈인이나 외국인 이주자에 대한 편견을 가지고 있다. 우리나라는 1990년대 이후 다문화·다인종·다민족 사회가 되었으나 아직도 외국인에 대한 인식 전환이 완전히 이루어지지 않고 있다. 특히 한국에 비해 비교적 빈곤한 나라에서 온 제3국가 외국인의 경우 한국인으로부터 무시나 차별을 당하는 경우가 많다. 이러한 성향은 외국인 여성을 아내로 맞이한 한국인 남편이나 시댁 식구들에게서도 자주 나타난다. 이들은 외국인 아내가 외부 기관에 교육을 받으러 다니는 것을 반대하기도 하는데 이런 현실은 여성결혼이민자가 한국어를 배울 수 있는 기회를 박탈하는 주된 요인이 되는 것이다(박시균, 2013: 77-78).

여성가족부(2019)에서 결혼이민자에게 지난 1년간 한국에서 생활하면서 외국 출신이라는 이유로 차별받은 경험이 있느냐는 질문에 30.9%가 차별대우를 받은 경험이 있다고 응답한 것으로 나타났다. 차별을 받은 적이 있다고 응답한 사람들에게 차별대우를 받은 장소를 질문한 결과 '직장 · 일터'가 67%, '상점, 음식점, 은행 등'이 44.4%, '거리나 동네'가 43.2%, '자녀의 학교나 보육시설'이 30.3%, '공공기관(주민센터, 경찰서 등)이' 34.8%, '집(가족관계, 친척 등에게서)'이 19.1%로 나타났다(〈그림 3-5〉).[11] 결혼이민자는 일을 하면서 가장 많은 차별을 받고 있으며, 이는 의사소통 능력의 부족이 원인이 될 수 있고 경제적으로 우리나라보다 낮은 국가의 출신이라는 이유 등으로 비롯된 '무시'에서 온 결과

11) 여성가족부(2019)에서 사회적 공간별 결혼이민자 · 귀화자가 지난 1년간 겪은 차별 경험을 조사하였다. 본고에서 제시한 차별 경험은 '가끔 차별을 받았다 + 자주 차별을 받았다 + 매우 자주 차별을 받았다'고 응답한 비율이다. 세부 응답 결과는 다음과 같다.

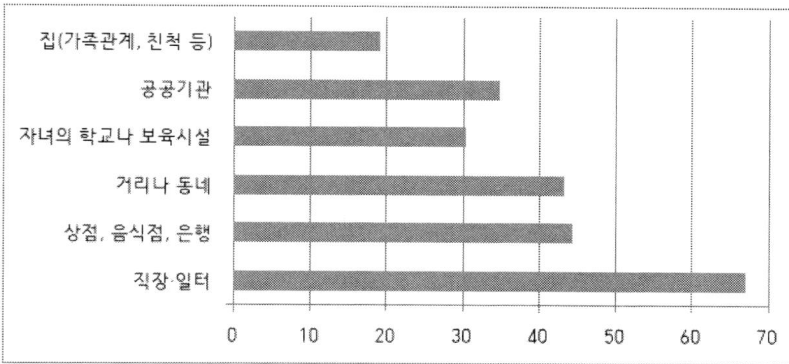

<그림 3-5> 결혼이민자 · 귀화자의 지난 1년간 사회적 공간별 차별 경험12) (단위: %)

이기도 한다. 다른 장소에 비해서 집에서 받고 있는 차별은 상대적으로 낮은 편이기는 하나, 가족 관계에서 느끼는 차별대우가 약 20%에 달한다는 것은 다문화가정 내에서 여성결혼이민자가 갖는 지위는 여전히 낮

(단위: %, 명, 점)

	전혀 차별을 받지 않았다	가끔 차별을 받았다	자주 차별을 받았다	매우 자주 차별을 받았다	합계	평균
거리나 동네	56.7 (49,057)	37.7 (32,610)	4.2 (3,662)	1.3 (1,158)	100.0 (86,487)	1.50
상점, 음식점, 은행 등	55.6 (47,751)	38.0 (32,587)	4.7 (4.055)	1.7 (1,476)	100.0 (85,869)	1.53
공공기관 (주민센터, 경찰서 등	78.6 (64,512)	17.5 (14,389)	2.3 (1,888)	1.5 (1,244)	100.0 (82,033)	1.27
직장, 일터	33.1 (24,605)	51.3 (38,169)	10.9 (8.086)	4.8 (3,576)	100.0 (74,437)	1.87
자녀의 학교나 보육 시설	69.7 (32,154)	25.6 (11,807)	3.5 (1,593)	1.2 (547)	100.0 (46,101)	1.36
집(가족관계, 친척 등에게서)	80.9 (69,970)	15.5 (13,418)	2.1 (1,826)	1.5 (1,273)	100.0 (86,487)	1.24

※ 전혀 차별을 받지 않았다=1점, 가끔 차별을 받았다=2점, 자주 차별을 받았다=3점, 매우 자주 차별을 받았다=4점

출처: 여성가족부(2019),「2018년 전국 다문화가족 실태조사연구」, 212쪽.

12) 여성가족부(2019),「2018년 전국 다문화가족 실태조사연구」, 212쪽.

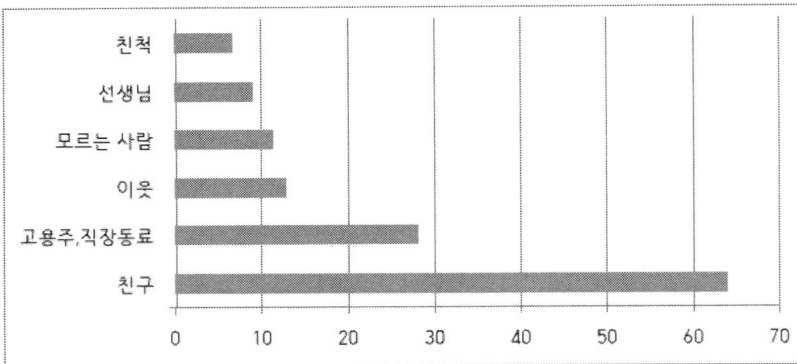

<그림 3-6> 지난 1년간 다문화가정 자녀를 차별한 사람[13] (단위: %)

다는 것을 알 수 있다.

이러한 환경적 요인들은 여성결혼이민자뿐만 아니라 그들 자녀의 학교생활에도 영향을 미친다. 여성결혼이민자의 자녀들은 또래들과 다른 가정환경에 있다는 이유만으로 냉대나 차별, 편견의 대상이 되고 있다(서종남, 2010: 113). 여성가족부(2019)에서는 다문화가정의 자녀들(만 9-24세)에게 지난 1년간 다문화가정의 자녀라는 이유로 차별을 받거나 무시당한 경험이 있는지에 대해 조사한 결과, 9.2%가 차별을 당한 경험이 있다고 응답하였다. 다문화자녀를 차별한 사람으로는 친구(64.0%)가 가장 높은 비율을 차지했고 고용주·직장동료(28.1%), 이웃(12.8%), 모르는 사람(11.3%), 선생님(9.1%)[14], 친척(6.8%) 순으로 나타났다(〈그림 3-6〉).

다문화가정 자녀는 학교생활을 하면서 가장 많은 시간을 함께 보내게 되는 친구들로부터 가장 많은 차별을 받고 있는 것으로 보인다. 사회생

13) 여성가족부(2019), 「2018년 전국 다문화가족 실태조사연구」, 583쪽.

14) 선생님의 경우는 민감한 시기의 다문화가정 학생들을 이끌어 주고 교육해야 하는 자리에 있는 사람이 차별을 함으로써 그 영향이 이 학생들이 살아가는 평생 동안 갈 수 있다는 점에서 특히 심각하게 바라보아야 할 것이다.

활을 시작하거나 경제활동을 하고 있는 자녀들의 경우 고용주나 직장동료, 이웃들에게도 많은 차별을 받고 있으며, 심지어 모르는 사람들에게도 이유 없는 차별을 당하고 있다. 가장 안타까운 것은 이들을 이해하고 이들의 학교생활 및 사회생활을 적극적으로 도와야 할 학교 선생님이나 친척들에게도 상당한 차별을 받고 있다는 것이다.

결혼이민자 가정의 자녀에 대한 편견과 차별은 현재의 인권문제뿐만 아니라 미래 다문화사회의 사회불안을 초래할 수도 있어 반드시 극복해야 할 문제이다. 이러한 문제를 해소하기 위해서는 학교다문화교육을 강화해야 하며, 이들뿐만 아니라 한국사회 구성원들을 위한 다문화교육과 시민교육도 필요하다(서종남, 2010: 118-119).

제4장

정부기관의 한국어교육 프로그램 현황

제4장

정부기관의 한국어교육 프로그램 현황

본 절에서는 정부기관에서 실시하고 있는 한국어교육 프로그램을 주관하고 있는 대표기관, 여성가족부, 법무부, 교육부의 한국어교육 프로그램 현황을 살펴볼 것이다.

여성가족부 산하 다문화가족지원센터는 종합적인 서비스를 통하여 결혼이민자들의 한국사회에서의 적응을 돕고 인적 자원으로서의 역량을 키우며, 센터 자체가 지역사회에서의 허브 기능을 담당하는 것에 목적을 두고 있다.[1] 다문화가족지원센터[2]는 2006년 설립되어 2021년 1월 기준 218곳[3]이 운영되고 있으며 한국어교육 사업을 비롯하여 다문화가족자녀 언어발달지원 사업, 통번역서비스사업, 사례관리사업 등을 진행한다.[4] 한국어교육 사업은 결혼이민자나 중도입국자녀를 대상으로 무료로 실시되며 센터에서 진행하는 집합교육과 한국어교사가 대상자

1) 다문화지원센터에 대한 자세한 내용은 4.2.에서 살펴보고자 한다.

2) 다문화가족지원센터는 다문화가족(결혼이민자와 「국적법」에 따른 출생, 인지, 귀화를 통해 대한민국 국적을 취득한 자로 이루어진 가족)의 교육 및 상담, 일자리 정보제공, 통 · 번역 지원, 가정폭력과 그 밖에 필요한 지원을 위한 센터이다. 반면 일반가족 및 다양한 가족을 대상으로 가족문제 발생을 사전에 예방하는 등 통합적인 가족지원서비스는 건강가정지원센터에서 제공하고 있다. 참조: 다문화가족지원법(시행 2020.5. 19.), 기타 자세한 사항은 4.2.에서 살펴보고자 한다.

3) 다문화가족지원센터현황은 매년 센터평가 및 여러 자료에 따라 증감이 이루어진다. 2021년 1월 현재 사업 결과보고서는 2019년까지 제공되고 있다. 이에 자료 분석은 2019년 결과보고서를 기본으로 작성하고자 한다. 따라서 〈표 4-1〉과 운영기관 수에 차이가 있다. 출처: 다문화가족지원포털 다누리.

4) 자세한 사항은 4.2.에서 기술하였다.

<표 4-1> 여성가족부 다문화가족지원센터 연도별 현황

연도	여성결혼이민자(명)	다문화가족지원센터(개소)
2009년	110,483	100
2011년	123,093	204
2014년	127,811	211
2019년	139,254	220

집으로 직접 방문하여 진행하는 방문교육으로 나뉜다.[5] 〈표 4-1〉은 여가부에서 연도별로 발표한 다문화가족지원센터 사업관련 결과보고서를 종합하여 만든 여성결혼이민자현황과 다문화가족지원센터 현황이다.

여성가족부에서는 2009년 다문화가족에게 기본적인 프로그램만을 제공하다가 2011년부터 특성화사업을 꾸준히 진행하고 있다. 〈표 4-2〉는 다문화지원센터에서 진행하고 있는 프로그램이다.

법무부에서 주관하고 있는 한국어교육은 '사회통합프로그램(KIIP: Korea Immigration & integration program, 이하 KIIP)'이란 이름으로 2009년 처음 도입되어 시행되고 있다.[6] 2009년 사회통합프로그램 운영기관은 20개소에 불과하였으나 2020년 12월 기준 376개소로 증가하였다. 참여자 수도 2009년 1,331명에서 매년 급증하여 2019년 56,535명이 교육에 참여하였다.[7] 사회통합프로그램에서는 이민자들에게 국내 생활에서 필요한 한국어를 가르치고 기본적인 소양을 습득할 수 있는 그 외의 프로그램도 같이 진행하고 있다. 2009년부터 2020년까지 진행된 사

5) 한국어수업에 사용되는 교재는 2010년 국립국어원에서 출판된 「결혼이민자와 함께하는 한국어1,2,3,4」를 공통으로 사용하다가 2017년 개정하여 2019년 출간된 「즐거운 한국어 1,2」, 「정확한 한국어1,2」를 사용하고 있다.

6) 사회통합프로그램은 국적취득이나 사증(VISA)자격 변경을 원하는 외국국적의 동포나 외국인을 대상으로 무료로 진행된다.

7) 2020년 코로나19로 인하여 외국인 입국현황이 전년 대비 95.9%가 감소하였다. 이에 사회통합프로그램을 이수한 외국인 현황도 2020년 10월 기준 34,531명으로 감소하였다. 〈표 4-30〉 참조.

<표 4-2> 여성가족부 다문화가족지원센터 프로그램 연도별 현황

연도	기본 프로그램	특성화사업/별도 지원 사업 등
2009년	• 한국어교육 • 자녀양육 지원 • 상담 · 교육 · 정보 • 임신 · 출산 지원	
2011년	• 한국어교육 • 집합교육, 방문교육 • 다문화가족 통합교육 - 집합교육, 방문교육 • 다문화가족 취업연계 및 교육 지원 • 개인 · 가족 상담	• 언어발달 지원 사업 • 통번역서비스 사업 • 언어 영재교실 사업 • 다문화가족 자조 모임 • 다문화가족 나눔 봉사단 • 지역사회 협력 네트워크 강화
2014년	• 다문화가족 통합 교육 • 방문교육 • 다문화가족 취업연계 및 교육 지원 • 상담 ※ 이중언어 환경조성 사업(하반기 시범 실시)	• 언어발달 지원 사업 • 통번역 서비스 사업 • 다문화가족 자조모임 • 다문화가족 나눔 봉사단 • 다문화 인식 개선 사업 • 지역사회 협력 네트워크 강화 • 다문화가족 지원 사례관리 사업 • 한국어교육(위탁 시)
2019년	• 가족: 다문화가족 이중언어 환경 조성사업, 가족관계 향상 프로그램 등 • 성평등 · 인권: 가족 내 성평등 교육, 다문화이해 교육 등 • 사회통합: 취업지원, 자조모임 등 • 상담: 가족상담, 사례관리 등 • 홍보 및 자원연계	• 다문화가족 방문교육 • 언어발달 지원 사업 • 통번역 서비스 사업 • 다문화가족 사례관리 사업 • 한국어교육 사업

회통합프로그램 단계별 이수과정을 보면 〈표 4-3〉과 같다.

한국어 과정은 사전평가를 거쳐 점수에 따라 배정된다. 기초단계는 사전평가를 실시하지 않은 사람이 신청하는 단계이며 그 외 단계는 사전평가를 거쳐 성적에 따라 수업 단계가 배정된다. 2009년 결혼이민자의 경우 초급2단계까지 들으면 국적 취득을 신청할 수 있었다. 이에 결혼이민자의 경우 3, 4단계를 면제받으며 사전평가에 의해 배정된 단계 완료 후에 5단계로 진입했으나 2013년에 사전평가 부분에 변화가 나타났다. 아래 〈표 4-4〉로 확인할 수 있다.

<표 4-3> 사회통합프로그램 단계별 이수과정의 변화

과정	단계(과정)	2009	2012	2016[8]-	
한국어	0단계(기초)	15시간	15시간	15시간	
	1단계(초급1)	100시간	100시간	100시간	
	2단계(초급2)	100시간	100시간	100시간	
	3단계(중급1)	100시간	100시간	100시간	
	4단계(중급2)	100시간	100시간	100시간	
한국사회 이해	5단계	50시간	50시간	기본	50
				심화	20

<표 4-4> 사회통합프로그램 사전평가 점수 변화

사전평가	2009-2012		2013	2016		2019-
	결혼이민자	일반이민자				
0단계(기초)	0-10점	0-10점	구술3점미만 (지필시험무관)	구술3점미만 (지필시험무관)		구술3점미만 (지필시험무관)
1단계(초급1)	29점 이하	29점 이하	3-20점	3-20점		3-20점
2단계(초급2)	30-49점	30-49점	21-35점	21-40점		21-40점
3단계(중급1)	-[9]	50-69점	36-65점	41-60점		41-60점
4단계(중급2)	-	70-89점	66-80점	법무부주관	61-80점	법무부주관 61-80점
				운영기관 주관	61-100점[10]	
5단계	50-100점	90-100점	81-100점	81-100점		81-100점

법무부는 이민자 사회통합프로그램을 운영할 수 있는 거점운영기관과 일반운영기관을 모집, 선발하고 있다. 거점운영기관은 법무부가 집

8) 2016. 7. 17.부터 한국사회 이해 교육시간은 50시간에서 70시간으로 변경되며 영주귀화자 공통 기본과정(50시간), 귀화자 심화과정(20시간) 순서로 연속하여 2020년까지 진행되고 있다.

9) 2009년 결혼이민자(국민의 배우자)인 참여 신청자는 3-4단계를 면제받으며 사전 평가에 의해 단계 완료 후 5단계로 진입할 수 있었지만 2013년부터 규정이 바뀌어서 1-5단계를 모두 거쳐야 국적취득을 신청할 수 있다.

10) 운영기관 주관 사전평가에서 81-100점을 취득한 후 바로 5단계 배정을 희망하는 사람은 중간평가에 합격(60점 이상)할 경우 5단계에 배정된다.

행한 보조금으로 프로그램의 전반적인 부분을 수행하는 기관이며 일반 운영기관은 강의실 등 시설을 제공하고 교육을 실시하는 기관이다. 운영기간은 2년이며 연말 운영평가분석을 통해 실적이 저조하거나 사업 목적을 벗어날 경우 이후 재지정에 변동이 있을 수 있다.

교육부는 공교육을 중심으로 한 프로그램 운영에 중점을 두고 있다. 개인이 처한 문화적 배경과 관계없이 교육기회가 보장되어야 한다는 개념에 기반하여 성장 주기별·특성별 맞춤형 교육을 시행하고 있다. 또한 기존의 다문화학생 지원 중심의 추진 방식에서 차별·편견 방지 및 상호 문화이해를 위한 교육 방식으로 확장 변화하여 가고 있다.

2006년 처음 시행된 다문화교육 정책은 「초·중등교육법 시행령」 개정에 따라 거주 증명[11]만으로 편입학이 가능하도록 개정되면서 좀 더 다양한 형태의 다문화학생들에게 교육의 기회를 제공하였다. 2012년 다양한 문화가 공존하는 교육환경을 위해 만들어진 다문화교육 정책학교가 새롭게 등장한다. 다문화교육 정책학교는 가족, 종교, 문화, 성, 장애, 신체적 특성 등 다양한 배경으로 인한 차별이 없도록 각 지역의 특성과 학교 여건에 따라 교과, 창의적 체험활동, 방과후과정 등을 통해 자율적으로 다문화교육을 추진하고 있다. 기존의 다문화 유치원, 다문화 중점학교, 예비학교는 2019년 다문화교육 정책학교로 통합되었다. 다문화교육 정책학교는 학교 내 모든 구성원의 다문화 인식을 제고하고 사회통합의 기반을 마련하여 다문화학생의 글로벌 역량 강화 및 학교 적응을 지원한다. 또한 학교와 지역 자원 연계를 통한 통합지원체계를 확립하여 다문화 학생을 지원한다.

11) 일반 외국인이 외국인 등록증으로 신분을 증명하는 대신 재외동포의 경우 국내거소 신고증을 발급받아 신분을 증명한다. 두 신분증의 차이는 적용되는 법이 다르다는 점이며 재외동포를 더욱 보호하기 위한 조치라고 한다.

<자료 4-1> 교육부 다문화교육 지원 정책 추진 경과[12)]

■ 「다문화가정 자녀 교육지원 대책」을 처음으로 수립(2006년-)

■ 다문화학생 교육권 보장을 위한 「초·중등교육법 시행령」 개정
- 출입국·외국인증명 서류를 준비할 수 없는 경우를 위하여 임대차계약서 등 거주 증명만으로 편·입학 가능하도록 개정(2008년, 2010년)
- 다문화학생 특별학급 운영 및 다문화학생 학력인정 근거 마련(2013년)

■ 다문화교육 정책학교 운영
- '예비학교'와 「한국어(KSL) 교육과정」 도입, 한국어교육 지원(2012년-)
  • '찾아가는 예비학교'를 도입하여 한국어교육 사각지대 해소(2016년-)
- 다문화 이해교육을 위한 '다문화 중점학교' 운영(2014년-)
- '다문화 유치원'에서 다문화유아 및 유치원 다문화교육 지원(2015년-)
- 다문화교육 정책학교 사업을 개편*하여 지역 자율성 강화(2019년-)
  * 예비학교, 다문화 중점학교, 다문화 유치원 → 다문화교육 정책학교(유치원, 초·중등, 한국어학급) / 다문화교육 정책학교 내에서 시·도교육청 자체 배분

■ 다문화학생 교육 프로그램 지원
- 다문화학생 대학생 멘토링 실시(2009년-)
  • 한국어가 서툰 중도입국·외국인학생을 위한 모국어 멘토링 운영(2017년-)
- '글로벌브릿지' 운영을 통해 우수 다문화학생 발굴·육성(2011-2018년)

■ 다문화학생 교육 도움 자료 발간
- 교과보조교재(15종, 2015년-), 이중언어교재(9종, 2016-2018년)·전자책 형태의 이중언어교재(9종, 2019년-)
- 다문화학생 학적관리 매뉴얼(2013년-), 학력심의위원회 운영 매뉴얼(2014년-)

■ 다문화교육 추진체계 구축
- 중앙다문화교육센터 지정·운영(2007-2011년 서울대, 2012년- 국가평생교육진흥원)
- 지역다문화교육지원센터 운영 지원(2015년-, 2019년 17개 시·도교육청)

<표 4-5> 다문화교육 정책학교 유형[13)]

유형	운영 내용
유치원	다문화유아의 언어발달을 통합교육 형태로 지원하고, 전체 유아 및 학부모 대상 다문화교육 운영
초·중등	일반 교과수업에 다문화교육 및 세계시민교육 요소를 반영하고, 프로젝트 수업형태로 지속성 있게 다문화교육 실시
한국어학급 (유·초·중등)	중도입국·외국인학생이 다수 재학할 경우 한국어학급을 설치하여 맞춤형 한국어교육 제공

12) 2020년 다문화교육 지원계획.

4.1. 여성가족부

여성가족부 산하 다문화가족지원센터는 다문화가정의 안정적인 정착 및 가족생활 지원을 통한 그들의 사회적 자립을 도모한다. 다문화가족 자녀교육, 통번역 서비스 및 정보제공, 사례관리, 한국어교육 등 종합적인 서비스를 센터를 통해 제공하고 있다. 다문화가족지원센터는 한국사회 적응 및 인적 자원 역량을 강화하고 다문화가정을 위한 다문화가족지원센터의 지역사회 허브 기능을 담당하는 데 목적을 두고 사업을 운영하고 있다. 센터에서 제공하는 서비스 내용은 아래와 같다.

1) 방문교육 사업

결혼이민자의 한국생활의 적응을 돕고 만 3세-만 12세 이하 다문화가정 자녀와 중도입국자녀를 대상으로 독서코칭, 숙제지도 등 자녀생활 서비스를 제공하며 무료로 제공되는 다른 서비스와 달리 소득기준에 따라 비용이 무료이거나 차등 부담된다.

2) 다문화가족 자녀 언어발달 지원 사업

'다문화가족 이중언어 환경조성' 서비스는 영유아 자녀를 둔 다문화가정을 대상으로 가정 내의 이중언어 사용을 위한 인식개선 교육 및 부모-자녀 상호작용(놀이, 동화·동요 등의 활용방법) 코칭 서비스 등을 제공한다.

13) 국가평생교육진흥원.
다문화교육 정책학교 운영 가이드라인과 교육 영상은 다문화교육포털에서 내려 받을 수 있다.

3) 통번역 서비스 사업

'통역 · 번역' 서비스는 다문화가정과 다문화가정을 직 · 간접적으로 지원하는 개인 또는 기관을 대상으로 베트남어, 중국어, 영어, 타갈로그어, 몽골어, 태국어, 러시아어, 인도네시아어, 캄보디아어, 일본어, 네팔어 등 센터별 1-4개 언어로 통번역 서비스를 지원한다.

4) 사례관리 사업

'상담 및 사례관리' 서비스는 다문화가족지원센터 이용자를 대상으로 심리검사, 법률상담, 위기가족 긴급지원, 외부 상담기관 연계 등 다문화가족 구성원 간 관계 증진을 위한 상담 및 사례관리 서비스를 제공한다.

5) 한국어교육 사업

'한국어교육'은 여성결혼이민자와 중도입국자녀를 대상으로 다문화가족지원센터 또는 지자체 위탁기관에서 수준별 정규 한국어 교육(1-4단계, 각 100시간) 및 진학반, 취업대비반 등 지역별 특성에 따른 심화과정(특별반)을 운영한다.

이 외에도 취업기초 소양교육, 취업훈련 전문기관(새일센터, 워크넷 등)연계, 소비자 · 경제교육, 다문화이해 교육, 자조모임 등을 지원하는 '여성결혼이민자 대상 사회적응 교육, 취업 교육 지원'과 부부교육, 가족관계 향상 프로그램, 부모역할 교육, 부부갈등 해결 프로그램 등의 교육 프로그램을 운영하는 '가족교육' 등의 서비스가 있다. 2019년 다문화가족지원센터에서 운영된 사업을 살펴보면 〈표 4-6〉과 같다.

다문화가족지원센터 지원 사업 추진체계는 〈그림 4-1〉과 같이 이루어진다. 여성가족부에서 사업을 총괄하고 시 · 도에서 광역 단위 지역협의

<표 4-6> 다문화가족지원센터 별도지원사업 운영 개요[14)15)]

구분	내용	여가부 배정 운영센터
방문교육 사업	• 한국어교육 서비스: 한국어교육 1-4단계 구성 • 부모교육 서비스: 자녀양육지원을 위한 부모교육 및 가족 상담, 정보제공 • 자녀생활 서비스: 일상생활 및 사회성 발달 지원	218개소 2,024명
다문화가족 자녀 언어발달 지원 사업	• 언어평가: 대상 아동에게 적합한 평가도구를 활용한 언어발달 수준 평가 • 언어교육: 어휘 · 구문 발달, 의사소통능력 향상을 위한 언어교육 실시 • 부모상담 및 교육: 자녀 언어발달을 위한 부모교육	207개소 300명
통번역 서비스 사업	• 초기지원: 초기상담, 정보제공, 센터 교육프로그램 안내 • 교육지원: 보육 및 교육기관 관련 통번역 • 사회생활지원: 행정기관, 사법기관, 병원 진료 등에 필요한 통번역	209개소 283명
사례관리 사업	• 위기관리: 가족폭력, 이혼, 자살 등 위기상황 관리 • 일반형 사례관리: 다문화가족지원센터 내부자원 및 서비스를 중심으로 사례관리 • 통합형 사례관리: 지역사회 네트워크 자원 및 협력체계를 활용한 사례관리	115개소 140명
한국어교육 사업	• 정규 한국어교육: 한국어교육 1-4 단계 구성 • 중도입국자녀 한국어교육: 중도입국자녀를 위한 교육 • 심화과정: 진학 및 취업대비반 등 교육수요를 반영한 한국어교육	231개소

* 방문교육 사업은 구례군 건강가정 · 다문화가족지원센터 포함.
* 한국어교육 사업은 다문화가족지원센터 외 지자체 지원기관 포함.

14) 다문화가족지원센터에서는 기본프로그램으로 가족(다문화가족 이중언어 환경조성 사업, 가족관계 향상 프로그램 등), 성평등(배우자 부부교육 등), 인권(다문화이해 교육 등), 사회통합(취업 지원, 자조모임 등), 상담(가족상담, 사례관리 등), 홍보 및 지원 연계가 운영되며, 별도 지원 사업으로 다문화가족 방문교육, 언어발달 지원 사업, 통번역 서비스 사업, 다문화가족 사례관리 사업, 다문화가족 생활지도사 사업, 결혼이민자 멘토링 사업, 다문화가족 자녀성장 지원 사업이 운영된다.

15) 출처: 2019 다문화가족지원센터 별도지원사업 연간실적보고서; 다문화 가족지원 포털 '다누리' 홈페이지(www.liveinkorea.kr).

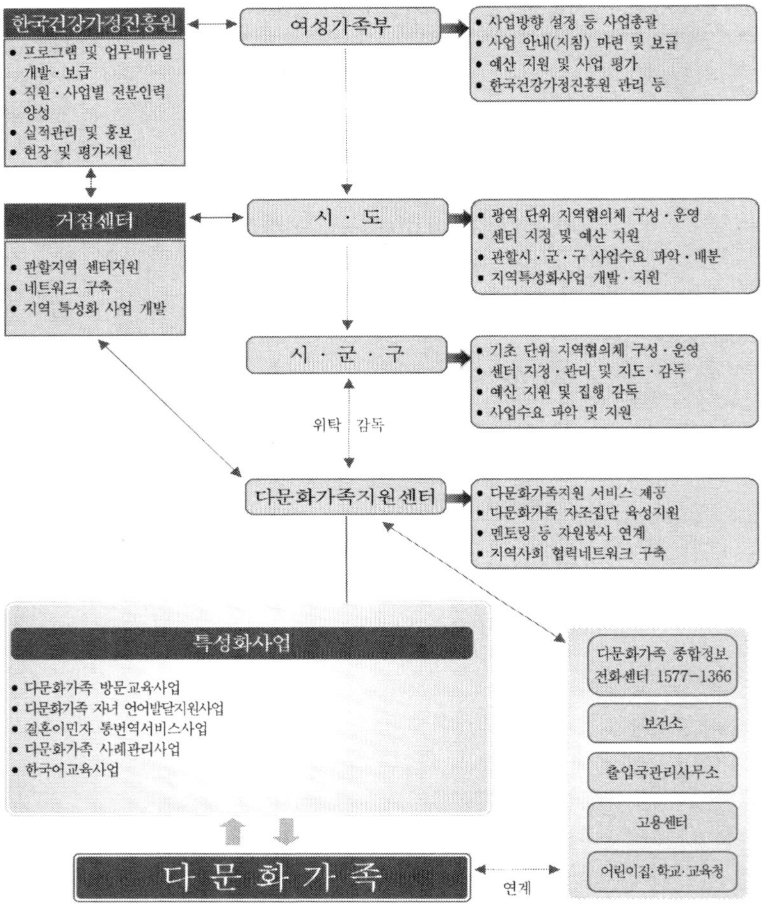

<그림 4-1> 다문화가족지원센터 별도지원사업 추진체계[16)]

체를 운영한다. 시 · 군 · 구에서 다문화가족지원센터를 지정 · 관리 및 지도 · 감독하면 다문화가족지원센터는 다문화가족들에게 다문화가족지원 서비스를 제공한다.

16) 출처: 2019 다문화가족지원센터 별도지원사업 연간실적보고서; 다누리 홈페이지.

4.1.1. 한국어교육 프로그램 현황

다문화가족지원센터 지원 사업 중 한국어교육 프로그램이 있는 사업은 '다문화가족 방문교육 사업', '다문화가족 자녀 언어발달 지원 사업', '한국어교육 사업'이다. 대상자가 원하는 사업을 기관에 신청하면 자격 조건에 따라 지원이 된다.

1) 다문화가족 방문교육 사업

방문교육 서비스는 한국어교육 서비스, 부모교육 서비스, 자녀생활 서비스로 나누어지며, 방문교육 지도사(한국어교육 지도사, 생활지도사)가 가정을 직접 방문하여 맞춤형 서비스를 제공한다. 대상자의 한국어 능력 향상을 도모하고, 자녀 양육 역량을 강화하고, 자아 · 정서 · 사회성 발달을 도모하는 것을 목적으로 하며 서비스 기간은 2019년 기준 1월 1일-12월 31일, 1년간이다. 한국어교육 서비스는 여성결혼이민자(최초 입국 5년 이하) 및 중도입국자녀가 생활 언어를 익히고 문화를 이해할 수 있도록 체계적 · 단계별 한국어교육을 제공한다. 부모교육 서비스는 언어 · 문화 차이 등으로 자녀양육에 어려움을 겪고 있는 여성결혼이민자에게 생애주기별[17]로 서비스를 제공한다. 자녀생활 서비스는 학업 성취가 낮고 자아 · 정서 · 사회성 발달에서 어려움을 겪고 있는 만 3세-만 12세 이하 다문화가정 자녀(중도입국자녀 포함)에게 서비스를 제공한다. 방문교육 지도사의 역할은 한국어교육 지도사는 한국어교육 서비스를, 생활지도사는 부모교육 서비스와 자녀생활 서비스를 제공한다.[18]

17) 생애주기는 임신 · 출산 · 영아기(임신중-생후 12개월 이하), 유아기(12개월 초과-48개월 이하), 아동기(48개월 초과-만 12세 이하)로 나눈다.

18) 한국어교육 지도사 중 업무전환 지도사는 부모교육 및 자녀생활 서비스도 제공 가능하다.

2) 다문화가족 자녀 언어발달 지원 사업

다문화가족 자녀 언어발달 지원 사업은 다문화가정 자녀의 언어교육과 더불어 다문화가정 자녀의 부모에게 상담 및 교육 서비스를 제공함으로써 일상생활에서도 아동의 언어발달 촉진을 도모하는 것을 목적으로 한다. 다문화가정 자녀들이 건강한 사회 구성원 및 글로벌 인재로 성장할 수 있도록 아동의 언어발달 상태를 평가하고, 의사소통에 어려움을 가진 아동에게 적절한 언어교육을 실시함으로써 체계적이고 전문적인 언어발달 지원 서비스를 제공한다. 이 사업은 전국 207개소 다문화가족지원센터(다문화가족 자녀 언어발달교실) 및 외부기관(어린이집, 유치원, 초등학교 등)에서 2019년 기준 1월-12월(12개월)까지 진행되었다.

이 사업의 서비스 내용은 언어평가, 언어교육, 부모상담 및 부모교육(초기면담 포함)이다. 아동의 언어발달 정도를 평가하는 '언어평가'를 실시하고 평가 결과, 교육이 필요한 아동을 대상으로 '언어교육'을 제공한다.[19] 또한 대상 아동 부모와의 라포 형성[20]과 가정 내의 언어 촉진 활동의 정보를 제공하기 위한 '부모상담' 및 자녀의 언어발달을 지원하기 위한 '부모교육(초기면담 포함)'이 이루어진다. 서비스 기간은 1회 6개월, 최대 3회까지 연장 가능(최대 총 24개월)하며, 언어발달 교육은 센터 내 언어발달교실 및 외부기관(어린이집, 유치원 등)에서 진행된다. 교육의 내용과 결과에 대한 부모상담 및 내용 서비스가 제공되고, 6개월 이상 언어교육을 받은 아동을 대상으로 서비스의 적절성과 효과성을 분석하기 위한 진전평가가 실시된다. 24개월 서비스가 종료된 이후에도 사후상담 및 사후평가를 통한 사후관리를 수행한다. 다문화가정 자녀 언어발달 지원 서비스의 단계별 과정은 〈그림 4-2〉와 같다.

---

19) 제공되는 언어교육은 어휘·구문 발달 촉진, 대화·사회적 의사소통 능력 향상, 읽기 및 이야기하기 등의 발달 촉진을 위한 교육 등이다.

20) 의사소통에서 상대방과 형성되는 친밀감 또는 신뢰관계를 말한다.

<그림 4-2> 언어발달 지원 서비스 과정21)

3) 한국어교육 사업

한국어교육 사업은 여성결혼이민자, 중도입국자녀가 한국어를 학습하여 안정적인 초기 정착 및 한국의 일상생활과 사회생활에 적응할 수 있도록 지원하고, 의사소통 능력 향상으로 다문화가족 내의 갈등이나 어려움을 예방하여 가족 기능을 강화하도록 지원하는 데에 목적이 있다.

2019년 기준 다문화가족을 위한 한국어교육 사업을 시행하는 전국 232개소에서 1월부터 12월까지(12개월) 진행하였다. 정규 한국어교육 과정은 1단계-4단계까지 총 4개 과정이다. 각 단계별 100시간으로 구성되며, 배치평가 및 성취도평가는 운영기관에서 자체적으로 실시한

21) 출처: 2019 다문화가족지원센터 별도지원사업 연간실적보고서; 다누리 홈페이지.

<표 4-7> 한국어교육 과정 및 배정기준[22)]

단계 구분	1단계	2단계	3단계	4단계
배정시간	100시간	100시간	100시간	100시간
배치평가 점수	0-35점	36-52점	53-72점	73-100점
이수 기준	출석률 80% + 성취도평가 60점 이상			

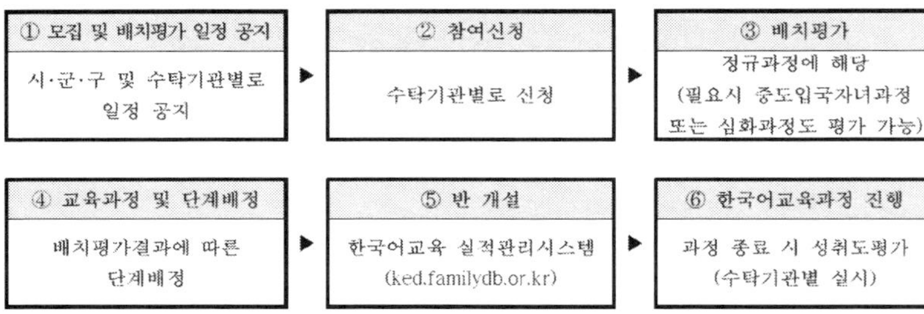

<그림 4-3> 정규 한국어교육 과정 흐름도[23)][24)]

다. 배치평가 결과에 따라 4단계까지 배정할 수 있다.[25)] 한국어 교육과정 및 배정기준은 〈표 4-7〉과 같다.

이 외에 중도입국자녀를 대상으로 한 특별반 형태의 한국어교육과정이 운영되고 지역별 수요 및 특성에 따른 교육과정으로 진학반, 취업대비반 등도 다양하게 운영된다.

정규 한국어교육 과정 흐름과 교육평가 절차 등은 〈그림 4-3〉, 〈그림 4-4〉와 같다. 정규 한국어교육 과정은 시 · 군 · 구 및 수탁기관별로 모집 및 배치평가 일정을 공지한다. 지원자들은 배치평가 결과에 따라 단계를 배정받는다. 교육 종료 후에 수탁기관별로 해당 단계별 성취도평가

22) 출처: 2019 다문화가족지원센터 별도지원사업 연간실적보고서; 다누리 홈페이지.

23) 중도입국자녀 과정과 심화과정은 정규 한국어교육 과정 ①-⑥의 업무 흐름도와 동일하나 ③과 ⑥의 배치평가 및 성취도평가는 선택사항이다.

24) 출처: 2019 다문화가족지원센터 별도지원사업 연간실적보고서; 다누리 홈페이지.

25) 1-4(초 · 중급)단계까지의 각 단계별로 정규 한국어교육 과정(연계과정)을 이수한 이민자가 사회통합프로그램 '한국어교육' 과정의 중간평가에 응시하는 것이 가능하다.

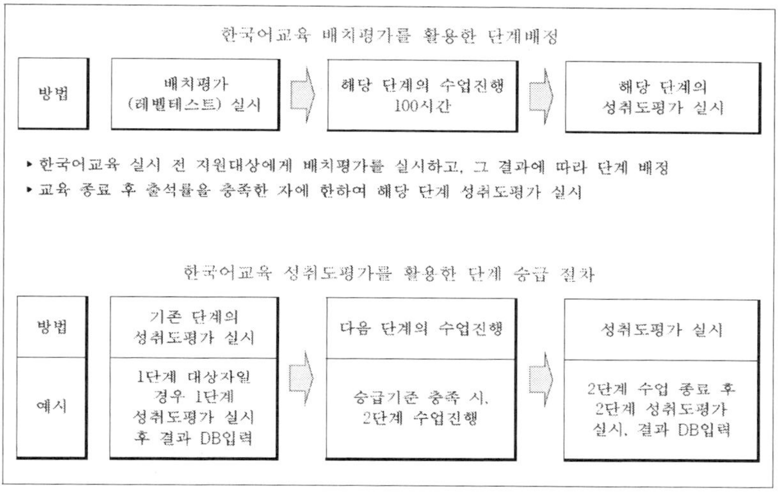

<그림 4-4> 한국어교육 배치평가 및 성취도 평가[26)27)]

를 실시하여 승급기준에 충족되면 다음 단계 수업을 진행한다.

다문화가족지원센터에서는 결혼이민자를 위한 한국어교육 교재로 〈표 4-8〉과 같이 국립국어원에서 2019년에 새롭게 발간한「다문화가정과 함께하는 즐거운 한국어, 정확한 한국어」를 사용하고 있다.[28)] 이 교재는 구어 능력 향상을 위한 '즐거운 한국어'와 문어 능력 향상을 위한

26) 위의 한국어교육 배치 및 성취도 평가는 지자체 위탁 한국어교육의 배치 및 단계 승급을 위해 사용되는 것으로, 최종단계(4단계) 이수 확인 시 법무부 사회통합프로그램 중간평가 응시가 가능하다.

27) 출처: 2019 다문화가족지원센터 별도지원사업 연간실적보고서; 다누리 홈페이지.

28) 다문화가족지원센터에서 2019년까지 사용한 교재는 다음과 같다.

단계	교재명
정규 한국어 교육 과정	• 결혼이민자와 함께하는 한국어 1-4(국립국어원, 2010년) • 이민자를 위한 한국어와 한국문화 초급 1-2, 중급 1-2(법무부, 국립국어원, 2015년)
중도입국 자녀과정	• 초등학생을 위한 표준 한국어 1-2(국립국어원, 2013년) • 중학생을 위한 표준 한국어 1-2(국립국어원, 2013년) • 고등학생을 위한 표준 한국어 1-2(국립국어원, 2013년)
심화과정	• 운영기관 선정 교재 활용

출처: 2019 다문화가족지원센터 별도지원사업 연간실적보고서; 다누리 홈페이지 참조.

<표 4-8> 한국어교육 교재[29)]

대상	교재명
정규 한국어 교육 과정	• 다문화가정과 함께하는 즐거운 한국어 초급 1,2 중급 1,2(4권) • 다문화가정과 함께하는 정확한 한국어 초급 1,2 중급 1,2(4권)
중도입국 자녀과정	• 초등학생을 위한 표준 한국어(의사소통 한국어) 저학년(1-2학년용) 1-4(4권) • 초등학생을 위한 표준 한국어(의사소통 한국어) 고학년(3-6학년용) 1-4(4권) • 초등학생을 위한 표준 한국어(학습 도구 한국어) 1·2/3·4/5·6학년용(3권) • 중고등학생을 위한 표준 한국어(의사소통 한국어) 1-4(4권) • 중고등학생을 위한 표준 한국어(학습 도구 한국어) 중학생용/고등학생용(2권)
심화과정	• 운영기관 선정 교재 활용

'정확한 한국어'로 분권되었다. 교사용 지도서는 별도로 출판되지 않았지만 교재와 함께 국립국어원 한국어교수학습샘터에서 무료로 이용할 수 있다. 이와 함께 사회통합프로그램 한국어 교재로는 법무부와 국립국어원에서 2020년에 발간한「한국어와 한국문화」를 사용하고 있다.[30)]

강사는 국어기본법 시행령에 따른 한국어교원 3급 이상 자격소지자를 우선으로 하며, 국어기본법 시행령에 따른 한국어교원 양성과정(필수이수시간 120시간) 이수자이다. 정부기관이나 시민사회단체, 평생교육법에 의해서 운영되고 있는 평생교육시설 등에서 이민자 대상 한국어 교육 경력 500시간 이상 확인되는 사람과 초등학교 정교사(2급) 자격 이상을 소지하고, 초등학교 교사 2년 이상 경력이 있는 사람도 가능하다.

4.1.2. 한국어교육 운영기관 현황

2012년 다문화가족지원센터는 총 204개소였으나 현재까지 16개소가 증가하여 총 220개소가 운영되고 있다. 서울, 부산, 대전, 울산, 경기, 전

29) 출처: 국립국어원 한국어교수학습샘터(https://kcenter.korean.go.kr) 참조.

30) 다문화가족지원센터에서는 집합교육(정규수업)과 별개로 법무부 사회통합프로그램 수업을 수행하기도 한다.

<표 4-9> 2019년 다문화가족지원센터 현황[31]　　(단위: 개소)

지역	서울	부산	대구	인천	광주	대전	울산	세종	경기	강원	충북	충남	전북	전남	경북	경남	제주	합계
센터	24	9	7	9	4	5	5	1	30	18	12	15	14	21	24	20	2	220

<표 4-10> 전국 시도별 여성결혼이민자 인원수와 다문화가족지원센터 현황[32] (단위: 명, 개소)

지역	서울	부산	대구	인천	광주	대전	울산	세종	경기
이민자	23,249	6,069	4,513	8,835	3,125	2,970	2,958	680	40,582
센터	24	9	7	9	4	5	5	1	30
지역	강원	충북	충남	전북	전남	경북	경남	제주	합계
이민자	3,502	4,836	7,949	5,479	6,297	7,125	8,750	2,335	139,254
센터	18	12	15	14	21	24	20	2	220

남이 각각 1개소씩 증가했으며, 경북 2개소, 경남 3개소, 강원 4개소가 증가했고, 세종에 1개소가 신설되었다. 전국에서 다문화센터가 가장 많은 지역은 경기, 서울과 경북 순이며 기관의 현황은 〈표 4-9〉와 같다.

전국 시 · 도 다문화가족지원센터가 모두 증가했음에도 불구하고 1개소가 신설된 세종시를 제외하고는 전국 시도의 여성결혼이민자 인원수가 감소하였다. 행정안전부 통계 자료에 의하면 2011년에 여성결혼이민자는 총 123,093명이었으나 2019년에는 총 139,254명으로 나타났다. 전국에서 여성결혼이민자 수가 가장 많은 지역은 경기이며, 다음으로 서울, 경남 등의 순이다. 전국 시도별 여성결혼이민자 인원수는 〈표 4-10〉과 같다.

'다문화가족 방문교육 사업', '다문화가족 자녀 언어발달 지원 사업', '한국어교육 사업'을 중심으로 운영하는 기관의 현황을 살펴보면 다음과 같다.

31) 출처: 다누리 홈페이지(2019년 5월 기준) 참조.

32) 출처: 행정안전부, 『2019 지방자치단체 외국인주민 현황(2020.10.31.등록)』, 다누리 홈페이지 참조.

1) 다문화가족 방문교육 사업

운영센터는 전국 218개소로, 생활지도사는 총 1,050명, 한국어교육 지도사는 총 787명이다. 운영되고 있는 센터와 활동하고 있는 지도사가 가장 많은 지역은 경기이고, 다음으로 서울, 전남과 경북 등이 뒤를 잇는다. 시도별 방문교육 지도사 현황은 〈표 4-11〉과 같다.

2019년 방문교육 서비스(한국어교육, 부모교육, 자녀생활)는 전국 218개의 다문화가족지원센터에서 실시되었다. 방문교육 서비스에서 가장 많이 이용된 분야는 자녀생활에 관련된 서비스이다. 한국어교육, 부모교육이 그 뒤를 이었다. 한국어교육의 경우 이용자 수가 가장 높은 지역은 경기, 서울, 경북 등이다. 2019년 방문교육 사업 지역별 이용자 현황은 〈표 4-12〉와 같다.

연도별 방문교육 지도사 현황을 살펴보면 한국어교육 지도사는 꾸준히 감소했고, 생활지도사는 2019년에 급증하였다. 최근 여성결혼이민자 유입이 감소함에 따라 한국어교육 지도사는 줄어들고, 한국 체류기간이 오래된 여성결혼이민자들의 부모 및 자녀교육의 필요성이 커지면서 생활지도사는 늘어난 것으로 보인다. 최근 3년간의 방문교육 지도사 현황은 〈표 4-13〉과 같다.

연도별 방문교육 대상자를 살펴보면 한국어교육과 부모교육 대상자

<표 4-11> 2019년 시도별 방문교육 지도사 현황[33]

구분	계	서울	부산	대구	인천	광주	대전	울산	세종	경기	강원	충북	충남	전북	전남	경북	경남	제주
센터 (개소)	218	24	9	7	9	4	5	5	1	30	18	12	15	14	22	22	19	2
생활 지도사	1,050	97	50	43	42	24	21	30	5	144	58	63	66	74	107	117	101	8
한국어 교육 지도사	787	106	40	32	52	16	24	15	1	160	31	29	29	44	58	71	67	12

33) 출처: 2019 다문화가족지원센터 별도지원사업 연간실적보고서; 다누리 홈페이지.

<표 4-12> 2019년 방문교육 사업 지역별 이용자 현황(국비 기준)34)

지역	방문교육 사업 이용자						방문교육 지도사 인력현황	
	한국어교육		부모교육		자녀생활		한국어 교육	자녀 생활
	실인원	연인원	실인원	연인원	실인원	연인원		
전체	4,964	207,297	4,984	154,067	7,026	323,738	787	1,050
서울	594	23,965	533	16,294	840	38,175	106	97
부산	253	10,028	225	6,809	309	13,912	40	50
대구	219	8,793	261	8,015	213	9,608	32	43
인천	310	12,353	195	6,320	398	17,440	52	42
광주	136	5,629	128	3,924	134	6,127	16	24
대전	139	5,353	185	5,842	128	5,450	24	21
울산	134	5,350	132	3,770	171	7,068	15	30
세종	9	360	19	653	19	852	1	5
경기	998	42,628	867	26,199	1,124	52,867	160	144
강원	194	8,407	257	8,057	341	16,268	31	58
충북	200	8,619	242	7,013	365	16,439	29	63
충남	179	7,874	240	7,920	408	19,245	29	66
전북	300	12,671	324	10,297	483	23,489	44	74
전남	361	15,911	489	16,526	565	27,874	58	107
경북	467	18,706	536	15,655	751	33,535	71	117
경남	392	17,239	312	9,658	706	32,092	67	101
제주	79	3,411	39	1,115	71	3,297	12	8

※ 2019년도 가족지원통합시스템에 입력된 일지 기준.

<표 4-13> 최근 3년간 방문교육 지도사 현황35)

(단위: 명)

2017년			2018년			2019년		
한국어교육 지도사	생활 지도사	전체	한국어교육 지도사	생활 지도사	전체	한국어교육 지도사	생활 지도사	전체
957	974	1,931	897	967	1,864	829	1,061	1,890

34) 출처: 2019 다문화가족지원센터 별도지원사업 연간실적보고서 참조; 다누리 홈페이지.

35) 출처: 2019 다문화가족지원센터 별도지원사업 연간실적보고서; 다누리 홈페이지.

<표 4-14> 최근 3년간 방문교육 대상자 현황[36]　　(단위: 명)

연도	2017		2018		2019	
방문교육	대상자 (실인원)	대상자 (연인원)	대상자 (실인원)	대상자 (연인원)	대상자 (실인원)	대상자 (연인원)
전체	15,413	631,634	14,956	615,816	16,974	685,102
한국어교육	5,041	210,610	4,585	192,608	4,964	207,297
부모교육	4,865	156,109	4,462	141,722	4,984	154,067
자녀생활	5,507	264,915	5,909	281,486	7,026	323,738

※ 방문교육 운영기관(국비기준): 2017년 216개소, 2018년 218개소, 2019년 218개소.

는 2018년에 감소했다가 다시 증가한 반면에 자녀생활 교육은 3년 동안 꾸준히 증가한 것을 볼 수 있다. 이는 자녀생활 교육에 대한 수요가 커졌음을 확인할 수 있다. 최근 3년간의 방문교육 대상자 현황은 〈표 4-14〉와 같다.

2) 다문화가족 자녀 언어발달 지원 사업

다문화가족 자녀 언어발달 지원 서비스 사업은 〈그림 4-5〉와 같이 추진되어 운영되었다. 여성가족부에서 사업을 총괄하고 한국건강가족진흥원에서 사업을 관리하고 다문화가족센터에서 서비스를 지원하는 체계이다.

2019년 다문화가족지원센터 218개소 중 다문화가족 자녀 언어발달 지원 사업을 배치한 센터는 207개 센터이고[37], 언어발달 지도사는 총 295명으로 경기, 서울, 경남 순으로 많이 배치되어 있다. 지역별 언어발달 지도사 인력현황은 〈표 4-15〉와 같다.

2019년 다문화가족 자녀 언어발달 지원 사업[38]의 초기면담자는 4,644명

36) 출처: 2019 다문화가족지원센터 별도지원사업 연간실적보고서 참조; 다누리 홈페이지.
37) 인천 강화군, 경기 양주시, 강원 평창군, 경북 고령군, 경남 고성군 센터의 사업 미시행으로 202개소에서 운영되었다.
38) 언어발달 지원 사업 서비스 과정은 〈그림 4-2〉에서 확인할 수 있다.

추진주체	기 능
여성가족부	○ 추진방향 설정 등 사업 총괄 ○ 사업 안내(지침) 마련 및 보급 ○ 예산 지원 및 사업 평가 ○ 한국건강가정진흥원 관리 ○ 신규사업 개발 및 시범 운영 등
한국건강가정진흥원	○ 프로그램 및 매뉴얼 개발 보급 ○ 온라인 콘텐츠 개발 및 운영 ○ 지원 및 평가, 이용자 만족도 조사 ○ 실적관리 및 보고, 결과보고서 제작 ○ 사업홍보 및 사업현황 관리 ○ 다문화 언어발달지도사 양성교육 ○ 다문화 언어발달지도사 역량강화교육 ○ 언어발달지원사업 슈퍼비전
다문화가족지원센터	○ 다문화 언어발달지도사 채용 ○ 언어교육대상자 시 · 군 · 구 추천 및 관리 ○ 한국건강가정진흥원 및 거점센터 협력 네트워크 구축 ○ 사업 홍보 및 언어교육, 평가 수행 ○ 사업실적 및 성과보고 ○ 지역사회 유관기관 간 협력네트워크 구축

<그림 4-5> 다문화가족 자녀 언어발달 지원 사업 추진체계도[39]

<표 4-15> 2019년 시도별 센터 및 다문화 언어발달 지도사 현황[40][41]

구분	계	서울	부산	대구	인천	광주	대전	울산	세종	경기	강원	충북	충남	전북	전남	경북	경남	제주
센터(개소)	202	24	9	7	8	4	5	5	1	29	13	10	13	14	20	19	19	2
인원(명)	295	38	15	11	13	10	10	10	1	42	16	14	18	23	23	21	25	5

이었고, 부모상담자는 8,223명이었다. 초기면담 다음 단계인 초기평가는 4,793명, 교육 후 단계인 진전평가는 2,604명, 종료평가는 2,019명, 사후평가는 1,657명이 응시하였다. 언어교육을 받은 아동은 5,147명이

39) 출처: 2019 다문화가족지원센터 별도지원사업 연간실적보고서; 다누리 홈페이지.
40) 국비 기준이며, 지방비 포함 시 다를 수 있다.
41) 출처: 2019 다문화가족지원센터 별도지원사업 연간실적보고서; 다누리 홈페이지.

<표 4-16> 초기면담 및 부모상담 수(회기수, 실인원)[42][43]

구분	초기면담(명)	부모상담	
		회기수(회)	실인원(명)
총계	4,644	109,351	8,223

<표 4-17> 언어평가 회기수 및 아동 수(실인원)[44][45]

구분	계		초기평가		진전평가		종료평가		사후평가	
	회기수	아동수(실인원)	회기수	아동수(실인원)	회기수	아동수(실인원)	회기수	아동수(실인원)	회기수	아동수(실인원)
총계(회,명)	30,600	9,339	11,977	4,793	9,048	2,604	5,285	2,019	4,290	1,657
비율(%)	100	100	39.1	43.3	29.6	23.5	17.3	18.2	14.0	15.0

<표 4-18> 언어교육 회기수 및 아동 수[46]

구분	계			개별교육			모둠교육		
	회기수	아동수(실인원)	아동수(연인원)	회기수	아동수(실인원)	회기수	모둠수	아동수(실인원)	아동수(연인원)
총계(회, 명)	197,663	5,147[47]	200,535	194,698	5,063	2,965	139	293	5,837
비율(%)	100.0	100.0	100,0	98.5	94.5	1.5	-	5.5	2.9

다. 언어발달 지원 사업의 단계별 이용자 현황은 〈표 4-16〉, 〈표 4-17〉, 〈표 4-18〉과 같다.

42) 초기면담은 아동당 1회만 제공되므로 회기수와 실인원이 동일하다.

43) 출처: 2019 다문화가족지원센터 별도지원사업 연간실적보고서; 다누리 홈페이지.

44) 초기평가, 진전평가, 종료평가, 사후평가 합계 인원(10,708명) 중 중복인원(1,626명)을 제외한 수치이다.

45) 출처: 2019 다문화가족지원센터 별도지원사업 연간실적보고서; 다누리 홈페이지.

46) 출처: 2019 다문화가족지원센터 별도지원사업 연간실적보고서; 다누리 홈페이지.

47) 개별교육 및 모둠교육을 병행한 인원(209명)을 제외한 수치이다.

3) 한국어교육 사업

한국어교육은 수준별 6개의 단계로 운영되었으며, 총 실인원 32,431명[48] 이었다. 특수심화반이 실인원 15,549명으로 가장 많았으며, 그 다음 1단

<표 4-19> 단계별 운영현황[49]

사업영역		실인원		연인원	
합계		32,431		849,781	
0단계	사회통합 0단계	89	145	486	647
	외부사회통합 0단계	56		161	
1단계	1단계	6,884	8,584	167,494	209,004
	사회통합초급1	200		4,963	
	외부1단계	1,463		35,898	
	외부사회통합초급1	37		649	
2단계	2단계	5,037	6,757	128,710	173,076
	사회통합초급2	503		13,778	
	외부2단계	1,102		27,846	
	외부사회통합초급2	115		2,742	
3단계	3단계	3,673	5,280	87,218	128,033
	사회통합중급1	587		16,675	
	외부3단계	821		20,272	
	외부사회통합중급1	199		3,868	
4단계	4단계	2,052	3,342	49,022	81,227
	사회통합중급2	586		15,856	
	외부4단계	491		12,051	
	외부사회통합중급2	213		4,298	
5단계	사회통합 5단계	23	1,083	317	13,669
	외부사회통합 5단계	1,060		13,352	
특수 심화반	특수심화과정반	10,835	15,549	161,089	244,125
	중도입국자녀반	97		2,013	
	외부 특수심화과정반	4,524		77,682	
	외부 중도입국자녀반	93		3,341	

48) 각 단계별 중복인원을 제외한 실인원의 합계이다.

49) 출처: 2019 다문화가족지원센터 별도지원사업 연간실적보고서; 다누리 홈페이지.

<표 4-20> 연도별 한국어교육 전체 이용자 현황[50]

구분(연도)	2017년	2018년	2019년
실적(명)	796,361	750,711	849,781

<표 4-21> 한국어교육 지역별 센터 이용자 세부현황[51]

(단위: 명)

지역	전체 연인원	지자체 정규반	지자체 사회통합	지자체중도 입국자녀반	지자체 특수심화반	외부 정규반	외부 사회통합	외부중도 입국자녀반	외부 특수심화반
총계	849,781	432,444	52,075	2,013	161,089	96,067	25,070	3,341	77,682
서울	95,983	66,170	3,372	203	22,227	725	619	0	2,667
부산	38,016	28,875	614	28	8,035	0	286	0	178
대구	38,443	25,565	0	0	7,079	0	0	948	4,851
인천	40,189	29,738	0	135	4,219	0	313	231	5,553
광주	39,200	7,241	20,760	0	6,369	0	2,147	50	2,633
대전	16,020	10,995	0	0	4,953	0	72	0	0
울산	26,071	15,306	369	0	5,564	0	4,107	0	725
세종	3,743	1,809	0	0	116	1,493	0	0	325
경기	213,845	57,565	6,629	819	27,918	76,800	6,428	905	36,781
강원	34,053	22,468	459	31	9,499	0	603	74	919
충북	35,827	17,969	4,996	0	7,039	1,861	2,267	0	1,695
충남	55,563	32,903	4,317	196	7,590	3,747	1,490	1,133	4,187
전북	45,765	15,307	4,138	120	6,432	7,267	5,125	0	7,376
전남	45,373	27,197	1,594	109	11,851	1,746	987	0	1,889
경북	50,473	30,785	858	129	14,579	1,203	0	0	2,919
경남	59,944	32,775	3,969	243	16,696	651	626	0	4,984
제주	11,273	9,776	0	0	923	574	0	0	0

계, 2단계, 3단계, 4단계, 0단계 순으로 나타났다. 특수심화 과정반은 지역별 수요 및 특성에 따른 교육과정으로 진학반, 취업대비반 등 다양하게 운영된다.[52] 한국어교육 사업 단계별 운영현황은 〈표 4-19〉와 같다.

50) 출처: 2019 다문화가족지원센터 별도지원사업 연간실적보고서; 다누리 홈페이지.
51) 출처: 2019 다문화가족지원센터 별도지원사업 연간실적보고서 참조; 다누리 홈페이지.
52) 경기도 구리시의 건강가정 · 다문화가족지원센터에서는 2020년에 온라인 특수목적

최근 3년 한국어교육 전체 이용자 현황은 〈표 4-20〉과 같다. 2018년에 감소했다가 2019년에 849,781명으로 급증하였다. 2019년 한국어교육 지역별 센터 이용자 세부현황을 살펴보면 전체 인원이 경기, 서울, 경남 순으로 많았으며, 세부적으로는 지자체 정규반이 서울, 경기, 충남 순으로 많았다. 지자체 사회통합 이용자는 광주가 가장 많았으며, 지자체 중도입국 자녀반은 경기가 가장 활발하게 이용되고 그 외에도 경남, 서울 지역 센터가 활발하게 운영된 것으로 확인된다. 지자체 특수심화반 이용은 경기, 서울, 경남 순으로 높았다. 한국어교육 지역별 센터 이용자 현황은 〈표 4-21〉과 같다.

4.1.3. 한국어교육 교육과정 변천 사항

다문화가족지원센터에서 2009년부터 본격화된 한국어교육은 체계적인 한국어교육을 실시하여 결혼이민자들의 안정적인 조기정착을 지원하며 가족 내 의사소통의 어려움 및 갈등에 대한 해결방안을 도모하는 것을 목적으로 하였다. 한국어 초급 1 · 2, 중급 1 · 2, 고급 5단계로 구성하여 연간 단계별로 16회 이상 실시하였고 한국어 전문 강사과정을 수료한 전문 강사가 진행하였다. 2009년 한국어교육 내용은 〈표 4-22〉와 같다.

2010년에는 수준별 한국어교육을 통해 결혼이민자의 역량을 강화하여 사회활동 참여를 지원하고 자아실현기회를 확대한다는 목적이 추가되었고, 1-4단계와 특별반으로 이루어진 총 5단계로 실시하였다. 1-3단계는 40시간씩 연간 두 번 총 80시간 이상 진행하였고 4단계 및 특별반

한국어교육을 개설해 전래동화로 배우는 한국어반, 자신 있게 말하기반, 정확한 발음반 등의 다양한 한국어 수업을 제공하였다. 경기도 동두천시 건강가정 · 다문화가족지원센터에서는 2020년에 자녀 학습지도를 위한 한국어 교육 프로그램, 지역문화를 활용한 한국어 교육 프로그램, 취업을 위한 한국어 교육 프로그램, 토픽 교육 프로그램 등의 특수목적 한국어교육 프로그램을 운영하였다.

<표 4-22> 2009년 한국어교육 사업 내용[53)]

구분	내용
초급1	기초적인 단어 및 문장, 간단한 표현
초급2	기초적인 단어 및 문장, 다양한 표현
중급1	일상생활에 필요한 표준어 등으로 일상적인 의사소통 가능 수준 *온라인교육 필수
중급2	구체적이고 폭넓은 의사소통 가능 수준 *온라인교육 필수
고급	원어민과 일반 의사소통 가능 수준

<표 4-23> 2010년 한국어교육 사업 내용[54)]

<table>
<tr><th>사업 영역</th><th colspan="2">세부사업영역</th><th>내용</th><th>필수운영시간</th></tr>
<tr><td rowspan="10">한국어 교육</td><td rowspan="2">1단계</td><td>1단계</td><td rowspan="2">기초적인 단어 및 문장, 간단한 표현</td><td rowspan="2">40시간 × 연간2번</td></tr>
<tr><td>사회통합 초급1</td></tr>
<tr><td rowspan="2">2단계</td><td>2단계</td><td rowspan="2">기초적인 단어 및 문장, 다양한 표현</td><td rowspan="2">40시간 × 연간2번</td></tr>
<tr><td>사회통합 초급2</td></tr>
<tr><td rowspan="2">3단계</td><td>3단계</td><td rowspan="2">일상생활에 필요한 표준어교육 등 일상적인 의사소통 가능하도록 교육</td><td rowspan="2">40시간 × 연간2번</td></tr>
<tr><td>사회통합 중급1</td></tr>
<tr><td rowspan="2">4단계</td><td>4단계</td><td rowspan="2">고급회화반 운영 등 한국어로 무리 없이 의사소통 가능 수준 대상</td><td rowspan="2">교재에 맞게 설정</td></tr>
<tr><td>사회통합 중급2</td></tr>
<tr><td>특별반</td><td>특별반</td><td>한국어능력시험대비반, 교재연구반 등 운영 가능</td><td>교재에 맞게 설정</td></tr>
</table>

은 교재에 맞게 설정하였다. 1-4단계 교재는 국립국어원 발행 교재를 주교재로 하였고, 강사 조건은 한국어교원자격증을 소지한 사람을 우선으로 하고 외국인 대상 한국어교육 유경험자(100시간)였다. 진행방법은 배치평가(레벨테스트 후 1-4단계) 후 수준별로 반을 배정한 후 급수별 성취도검사를 하였고 교육종료 시 급수별 성취도검사 60점 이상과 출석

53) 출처: 2009 다문화가족지원센터 사업결과보고서; 다누리 홈페이지.
54) 출처: 2010 다문화가족지원센터 사업결과보고서; 다누리 홈페이지.

<표 4-24> 2010년 한국어교육 추진전략[55)]

대상자 모집 및 홍보	· 프로그램 홍보물 홍보 및 문자발송을 통한 대상자 모집 · 주민센터 및 공공기관 공문을 발송하여 대상자 연계 · 유동인구가 많은 지역에 현수막 설치 홍보
강사관리	· 강사의 책임제를 통해 학생들의 관리가 이루어질 수 있도록 유도 · 자원봉사자를 이용한 한국어활용 지원
프로그램 운영	· 한국어능력시험대비반, 고급발음교정반, 노래로 배우는 한국어교실 등 고급 수준 한국어교육반 운영 및 수업 외 보충수업 기회 제공 · 교재 외 여러 가지 매체 및 부교재 활용을 통한 강의 집중도 높임
교육 장소	· 교육장을 다문화 활동이 빈번한 곳으로 마련하여 교육 실시(접근성 높임)
기타	· 육아정보나눔터 공간 확보를 통한 교육 시 자녀 일시 보호 · 대상자 의견수렴을 통한 보충수업 실시 · 한국어수준 우수자 대상 취업교육 및 취업연계 시 추천제 도입

<표 4-25> 2011년 한국어교육 추진전략[56)]

강사 관리	· 자격을 갖춘 전문강사진 배치 · 자원봉사자를 이용한 보조강사 투입으로 교육 효과성 증진
프로그램 운영	· 수준별 한국어교육에 따른 단계별 맞춤교육 제공 · 주교재 외 다양한 교재교구 활용을 통한 다양한 교육내용 제공 · 다양한 방식으로 한국어교육을 실시함으로써 흥미 유발 · 센터별 특성을 반영한 특별반 등 개설
교육 장소	· 지리적 접근성을 고려한 지역자원을 활용하여 한국어교실 활성화 도모 · 관내 주민자치센터 등을 활용한 찾아가는 한국어교실 운영으로 교육 접근성 증진
기타	· 수요자 중심의 교육시간 운영 · 이론 외 실습교육을 통한 한국어 실제 활용 시간 마련

률로 단계 승급이 결정되었다. 2010년 한국어교육 내용은 〈표 4-23〉과 같이 구체화되었고, 〈표 4-24〉와 같이 한국어교육 사업 추진전략도 세워졌다.

2011년에는 연간 총 280시간 이상 실시하였고, 4단계가 40시간씩 연간 한 번으로 변경되었다. 강사 조건은 한국어교원 3급 이상의 자격을

55) 출처: 2010 다문화가족지원센터 사업결과보고서; 다누리 홈페이지.
56) 출처: 2011 다문화가족지원센터 사업결과보고서 참조; 다누리 홈페이지.

소지한 사람을 우선으로 하며, 국어기본법에 의한 한국어교육 양성과정을 이수한 사람, 정부기관 및 시민단체 등에서 한국어교육 120시간 이상의 경력을 가진 사람으로 구체화되었다. 추진전략은 〈표 4-25〉와 같이 강사관리, 프로그램 운영, 교육장소, 기타 부분만 변경되었다.

2012년에는 연간 총 400시간 이상 실시하였는데 1, 2단계는 단계별 100시간 이상을 필수로 운영하되 선택사업을 포함하여 총 400시간 이상을 운영하도록 하였다. 강사 조건은 이민자 대상 한국어교육 경력이 120시간에서 500시간 이상으로 변경되었고, 초등학교 정교사(2급)로서 초등학교 교사 2년 이상 경력이 있으며 한국어교원 양성과정(필수이수시간 120시간)을 이수한 사람도 강사로 지원할 수 있게 되었다. 2013년은 전년도와 동일하게 운영되었고, 2014년부터 한국어교육이 기본사업에서 지자체 공모 사업으로 전환되었으며, 사업 대상이 결혼이민자에서 중도입국자녀까지 확대되었다.

2015년에는 〈표 4-7〉과 같이 정규 한국어교육 과정이 1-4단계까지 총 4개 과정으로 각 단계별 100시간으로 구성되었고, 배치평가 및 성취도 평가는 운영기관에서 자체적으로 실시하며 배치평가 결과에 따라 배정하였다. 1-4(초 · 중급) 각 단계별 정규 한국어교육 과정(연계과정)을 이수한 이민자는 사회통합프로그램 '한국어교육' 과정의 중간평가에 응시할 수 있게 되었다. 이 외에 중도입국자녀 과정과 진학반, 취업대비반 등과 같은 한국어 심화과정(특별반)이 지역별 수요 및 특성에 따라 다양하게 운영되었다. 2015년부터 정규 한국어교육 과정의 흐름, 진행 절차, 교재가 고정되어 현재까지 각 〈그림 4-3〉, 〈그림 4-4〉, 〈표 4-8〉과 같이 동일하게 운영되고 있다.

4.2. 법무부

법무부의 한국어교육은 사회통합프로그램(KIIP, Korea Immigration & integration program)에서 실시하고 있다.[57] 사회통합프로그램은 이민자[58]의 국내 생활에 필요한 한국어, 경제, 사회, 법률 등 기본소양을 체계적으로 습득할 수 있는 과정을 개발하고 이민자의 한국어 능력, 한국사회이해 정도 등을 측정하기 위한 기본소양 사전평가 및 이수 과정을 진행한다. 더불어 이민자에게 직접 프로그램을 제공할 운영기관을 지정하고 기관에서 이민자들을 지도할 전문 인력을 양성 및 관리하고 있다. 사회통합프로그램에서 한국어를 비롯하여 다양한 교육이 지원되며 이를 이수한 이민자에게는 국적취득 면접심사 면제 등 다양한 인센티브를 제공한다. 외국노동자의 경우 사회통합프로그램 이수 여부가 체류 비자 변경에도 영향을 미치고 있어 노동자들의 적극적인 참여를 유도하여 원활하게 지역 사회에 융화될 수 있도록 하고 있다.

4.2.1. 한국어교육 프로그램 현황[59]

한국어교육에 참여하는 대상은 외국인등록증 또는 거소신고증을 소지한 합법 체류외국인 및 귀화일로부터 3년이 경과하지 않은 사람(※단, 사회통합프로그램 이수 완료자 제외)이다.[60] 학기는 3학기 원칙이나 예

57) 비공식적으로 '사통'이라고 불린다.

58) 2021년 법무부에서 새로운 교재를 배포하며 이민자 유형을 '결혼이민자, 근로자, 유학생 및 전문인력 중도입국자녀'로 구성하였다. 이하 이민자 유형에 대한 단어는 위의 4가지로 통일하고자 한다.

59) 2020년 12월의 현황이다.

60) 외국인등록증은 대한민국에 90일을 초과하여 체류하는 외국인이 입국한 날로부터 90일 이내에 등록하고 받는 신분증이다. 반면 재외동포 체류자격으로 입국한 외국

<표 4-26> 사회통합프로그램 단계별 이수과정(2020년 12월 현재)

	한국어와 한국문화					한국사회 이해	
단계	0단계	1단계	2단계	3단계	4단계	5단계	
과정	기초	초급1	초급2	중급1	중급2	기본	심화
총 교육시간	15시간	100시간	100시간	100시간	100시간	50시간	20시간
평가	없음	1단계평가	2단계평가	3단계평가	중간평가	영주용 종합평가	귀화용 종합평가
	· 5단계 심화과정은 기본과정 수료(수료인정 출석시간 수강) 후 참여 ※ 영주신청자 대상 영주용 종합평가 합격자는 5단계 기본과정부터 수업에 참여하고 심화과정을 참여할 수 있습니다.						

출처: 법무부 KIIP 홈페이지[61].

산 및 참여자 수에 따라 운영기관별로 운영기간을 달리하여 교육과정을 개설할 수 있다. 신청자는 법무부 사회통합정보망 Soci-Net에 직접 회원가입 후 교육을 신청할 수 있다. 사회통합프로그램에서 진행되는 한국어교육 과정은 〈표 4-26〉과 같다.

사회통합프로그램 이수완료자 중 귀화용 종합평가 합격자는 귀화면접심사가 면제되며 그 외 체류자격 신청 시에도 한국어능력 입증 면제와 가점 등의 점수가 부여된다. 사증(VISA) 신청 시에도 한국어능력 입증 면제 혜택이 주어진다. 따라서 국적취득을 준비하는 결혼이민자와 체류자격 변경을 원하는 외국인 근로자들의 신청이 증가하고 있다. 2017년 8월 개정된 국적법 시행령 및 시행 규칙에 따라 2018년 3월부터 귀화필기시험이 사회통합프로그램의 귀화용 종합평가로 대체되었다. 사회통합프로그램에서 진행하는 평가에는 프로그램 참여 희망자의 수준을 파악하는 사전평가, 한국어 단계를 마치고 진행하는 단계평가, 한

국적 동포는 국내에 거소(居所)를 정한 후 정부에 신고하고 받는 신분증이 거소신고증이다.

61) http://www.socinet.go.kr/soci/contents/PgmCosCopl.jsp?q_global_menu_id=S_SIP_SUB02

<표 4-27> 사회통합프로그램 평가 종류[62]

구분	사전평가	단계평가	중간평가	종합평가	
				영주용	귀화용
평가 유형	숙달도 평가+배치평가	성취도평가	성취도평가	성취도평가	성취도평가
평가 대상	교육 신청자	단계별 교육 수료자	4단계 교육 수료자	5단계 기본 교육 수료자	5단계 심화 교육 수료자
평가 내용	한국어능력 등 기본 소양 정도	한국어 해당 과정 내용	한국어 과정 전반에 대한 내용	한국어 능력 및 한국 사회 이해 정도 등 종합적인 기본소양 정도	
평가 장소	관할 출입국·외국인 관서에서 지정하는 별도 장소	(주관) 거점운영기관장	관할 출입국·외국인 관서에서 지정하는 별도 장소	관할 출입국·외국인 관서에서 지정하는 별도 장소	
평가 방법	필기시험(50)+ 구술시험(5) 등 총 55문항	필기시험(20)+ 구술시험(5) 등 총 25문항	필기시험(30)+ 구술시험(5) 등 총 35문항	필기시험(40문항)+ 구술시험(5문항)	

국어 최종 단계(4단계)를 마치고 보는 중간평가(KIIP-KLT), 영주나 귀화를 위한 종합평가(KIPRAT/KINAT) 등이 있다(〈표 4-27〉).

한국어교육과정 신청자는 법무부 사회통합프로그램 사이트('사회통합정보망')에 가입한 후 사전평가를 통해 한국어능력에 따라 수업단계를 배정받는다. 배정결과에 따라 기초부터 4단계로 나누어 배정이 되며 배정된 단계는 신청자가 직접 교육신청을 해야 하고 매 단계가 끝날 때 평가를 거쳐 단계 승급이 진행된다.

무료로 진행되는 한국어 교육이면서 외국인 근로자의 비자나 다문화 가족의 국적 취득과 관련되어 있어서 수강자가 꾸준히 증가하고 있다. 따라서 증가하는 수강자의 참여 태도에 따라 제재가 이루어진다. 단, 불가피한 사유(출산, 치료, 가사 등)로 30일 이상 참여가 불가능할 경우 참여자는 이수 정지를 신청해야 한다. 이를 지키지 않을 경우 무단결석으

62) 출처: NAVER 지식백과: https://terms.naver.com/entry.nhn?docId=5963141&cid=43667&categoryId=43667

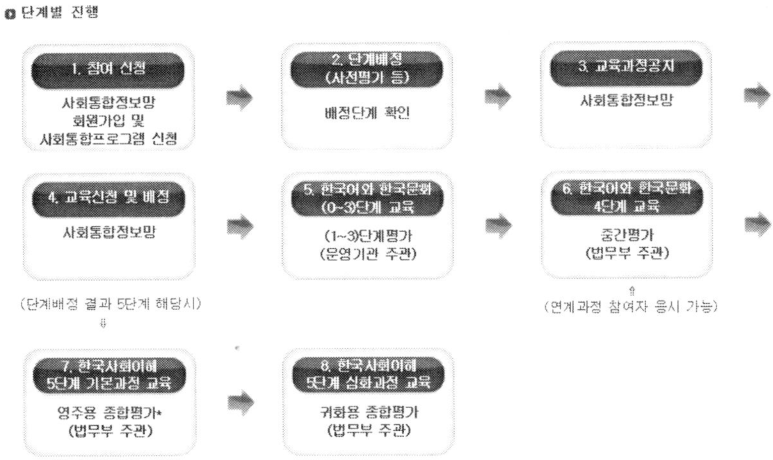

<그림 4-6> 사회통합프로그램 신청 단계별 진행

로 보고 제적 조치하고 이수한 단계를 모두 무효화시켰으나 2019년 하반기부터 무단결석으로 이수를 하지 못한 단계부터 다시 시작이 가능하게 조건이 변경되었다. 또한 이수 정지를 신청한 경우 2년 이내 재등록 시 기존의 이수시간을 인정받은 상태로 과정을 진행할 수 있다. 단계별 진행 도식화는 〈그림 4-6〉과 같다.

사전평가 후 단계에 따라 신청자가 선택한 지역의 기관에서 한국어교육을 이수한다. 사회통합프로그램 과정에서 사용되는 한국어교재는 법무부 수업과정에 맞춰 개발된 전용교재를 사용한다. 『이민자를 위한 한국어와 한국문화』는 2015년 개발되어 사회통합프로그램 단계별 수업에 사용되었다.[63] 2020년 12월에는 문화체육관광부와 국립국어원, 법무부의 합작으로 새로운 한국어 교재 『사회통합프로그램(KIIP) 한국어와 한

63) 2009년 초반 진행과정에서는 특정 교재가 없었으나 2015년 이후 국립국어원에서 개발한 전용교재를 사용하였다. 총 5권으로 기초편 1권, 초급 1, 2권, 중급 1, 2권으로 구성되어 있다.

<표 4-28> 사회통합프로그램 단계별 교재 구성표

단계 교재구성	기초	초급1	초급2	중급1	중급2	한국사회 이해	
						기본	심화
본교재	○	○	○	○	○	○	○
익힘책[64)		○	○	○	○	○	○
교사용 지도서	○	○	○	○	○	○	○
PPT[65)	○	○	○	○	○	○	○
PDF	○	○	○	○	○		
전자책[66)	○	○	○	○	○		

국문화』가 출판되었다. 교재는 총 5권으로 기초편 교재 1권, 초급 교재 2권, 중급 교재 2권이다. 이 구성에 따라 학습자용 익힘책과 교사용 지도서도 함께 출간되었다. 교재를 개발한 국립국어원은 학습자용 유형별 보조자료와 수업용 보조자료를 별도로 제작해 국립국어원의 '한국어교수학습샘터(kcenter.korean.go.kr)'에 게시하였다. 한국어에 관심이 있다면 누구나 손쉽게 이용할 수 있다.[67)] 5단계인 '한국사회 이해' 과정도 초창기 단일과정으로 구성된 교재를 사용하다가 2016년 7월부터 기본과 심화로 세분화하여 운영되었다. 2020년 개편에서 좀 더 체계적으로 한국사회에 대한 이해를 높이고자 본 교재는『한국사회 이해: 기본』,『한국사회 이해: 심화』 2권으로 구성하고 보조자료로 탐구활동, 교사용 지도서가 새로이 출간되었다. 새로운 교재는 2021년부터 정식으로 사용된다(〈표 4-28〉).

64) 한국사회 이해의 익힘책은『한국사회 이해: 기본 탐구활동』,『한국사회 이해: 심화 탐구활동』이다.

65) KIIP 단계별 담당 한국어강사에게 직접 배포.

66) 본 교재와 익힘책은 전자책으로 존재하고 PDF는 없다. 교사용 지도서는 PDF로만 제공된다.

67) 문화체육관광부 보도자료 참조.
https://www.mcst.go.kr/kor/s_notice/press/pressView.jsp?pSeq=18532

사회통합프로그램에서 활동하는 강사는 한국어교육을 담당하는 한국어교사와 5단계 과정을 진행하는 다문화사회 전문가이다. 강사의 자격 조건은 한국어 교육 강사는 한국어교원 3급 이상 자격을 소지한 사람이나 한국어교원 양성과정 이수자 등 한국어 교육을 할 수 있는 자격이나 학력 등을 갖추었다고 법무부 장관이 인정하는 사람이며 한국사회 이해 교육 강사는 다문화사회 전문가로 인정받은 사람이나 그 밖에 한국사회 이해 교육을 할 수 있는 자격이나 학력 등을 갖추었다고 법무부 장관이 인정한 사람이다.[68] 운영기관장이 사회통합프로그램에서 강의를 배정받은 적이 없는 신규강사를 채용하고자 할 경우, 관할 출입국관서에 과정 등록 7일 전까지 「교육과정 개설 계획」과 함께 강사등록 신청서 및 자격 서류를 제출해야 한다. 강사 자격요건을 갖춘 사람이 활동하고자 하는 운영기관을 경유하여 관할 출입국관리사무소 이민통합지원센터에 강사 등록[69]을 한다. 운영기관에서는 강사 등록을 한 사람을 대상으로 공정한 절차(공모)를 통하여 강사를 선정하고 강의를 배정하였다. 그러나 2019년부터는 강의 배정을 받은 강사만 사회통합정보망에 강사 등록[70]을 하며 사회통합정보망에 강사 등록이 된 강사는 별도의 등록 절차 없이 전국의 운영 기관에서 강의가 가능하다.[71] 법무부에서는 사회통합프로그램에서 활동하는 강사들을 대상으로 구술시험관 양성교육, 한국어 교원 연수, 강사 역량강화 교육, 다문화사회 전문가 보수교육 등 다양한 직무 교육을 진행하고 있으며 강사는 직무 교육에 적극 참여해야 한다(〈표 4-29〉). 강사는 수강생들의 출결관리와 평가 시 감독

68) 출입국관리법 시행규칙[시행2021.1.1.] [법무부령 제991호, 2020.1.31., 일부 개정] 출입국관리법 시행규칙 제53조의 2 제2항 별표6 참조.

69) 강사 등록 갱신은 2년 이내를 원칙으로 하며 별도로 공지한다.

70) 강사 등록 갱신은 2년 이내를 원칙으로 하며 별도로 공지한다.

71) 한번 강의 배정이 되어 사회통합정보망에 강사 등록이 완료된 강사는 별도의 유효기간 없이 강사 자격을 유지할 수 있다.

<표 4-29> 법무부 직무 교육

교육명	실시기관	2020년 교육 시기 및 장소
사회통합프로그램 한국어 교원 연수	국립국어원	㉠ 집합연수: 별도 공지 ㉡ 찾아가는 배움이움터: 별도 공지
구술시험관 양성 교육	중앙거점기관	시기는 별도 공지
사회통합프로그램 강사 역량강화교육	중앙거점기관	
다문화사회전문가 관련 교육	중앙거점기관	

· 5단계 강의 배정 전 3년 이내에 다문화사회전문가 보수교육을 수료하여야 함.
※ 단, 부득이하게 보수교육을 수료하지 아니하고 5단계 강의 배정을 받은 경우 반드시 당해 연도 보수교육을 수료하여야 함.

의 업무를 수행하며 법무부 지정 교재를 사용해야 한다.

4.2.2. 한국어교육 운영기관 현황

법무부는 「이민자 사회통합 프로그램 및 그 운영에 관한 규정」(2008. 3. 12. 법무부훈령 제612호)에 따라 2009년부터 사회통합프로그램을 실시하였다. 2011년과 2012년 운영기관이 큰 폭으로 늘어나면서 교육 참여자의 수도 크게 증가하였다. 2020년 10월 기준 사회통합프로그램 이수자는 〈표 4-30〉과 같다.

사회통합프로그램이 진행되는 기관은 매년 증가하고 있는 추세로 거점운영기관과 일반운영기관으로 나뉘어 운영된다. 한국어 교육에 가장 필요한 교육시설에 관한 부분은 두 기관이 모두 갖추어야 하는 부분이

<표 4-30> 연도별 사회통합프로그램 운영기관 및 참여자 현황

구분	2009	2010	2011	2012	2013	2014	2015	2016	2017	2018	2019	2020.10
운영기관수	20	77	150	271	278	304	308	300	309	309	308	376
교육참여자	1,331	4,429	6,519	12,444	14,014	22,361	25,795	30,515	41,500	50,639	56,535	34,531

출처: 출입국 외국인정책 통계월보[72].

<표 4-31> 사회통합프로그램 운영기관 수(2019년 12월 기준)[73]

구분	2009	2010	2011	2012	2013	2014	2015	2016	2017	2018-2019	2020-2021
거점기관	-	-	-	47	47	47	47	47	47	47	48
일반기관[74]	20	76	150	224	231	257	261	253	262	249	300
합계[75]	20	77	150	271	278	304	308	300	309	296	348

다. 두 기관의 차이는 거점기관의 경우 ① 기본 교육계획 수립 ② 강사인력 확보 ③ 운영직원 확보 ④ 학사관리프로그램 관리 등을 진행하고 있고 일반기관은 위의 4개의 부분에 대해서는 거점기관의 관리를 받는다. 온라인 화상교육을 진행하는 중앙거점기관((재)한국이민재단)과 오프라인 교육을 진행하는 47개소의 거점기관이 있다.

운영기관을 지역별로 살펴보면 거점운영기관은 〈표 4-32〉, 일반운영기관은 〈표 4-33〉과 같다. 2020년도 운영기관을 기준으로 관리자 측면의 거점운영기관은 큰 변화가 없으나 일반운영기관의 수가 2018년 이후 서울은 18곳, 부산은 9곳이 늘어났다. 광주와 전남을 제외한 그 밖의 지역도 각각 2-4곳 정도의 일반운영기관이 증가하였다. 특히 서울이나 부산 등 대도시와 수도권 중심의 경기도권의 일반운영기관이 많은 것은 많은 외국인 근로자와 결혼이민자들의 거주지가 대도시로 점점 옮겨가

72) 출처: 2017년도 출입국외국인정책연감, 출입국 · 외국인정책 통계월보 2020년 10월호, 사회통합정보망https://www.socinet.go.kr/soci/oper/mgmt/sy/SyOperOrgnList.jsp?q_global_menu_id=S_SIP_SUB07

73) 이민자 사회통합프로그램 운영기관은 2년마다 심사를 거쳐 재조정이 된다. 2020-2021년도 사회통합프로그램 운영기관은 2019년 12월 12일 결과가 공고되었다.

74) 2009년 시범운영기관으로부터 시작하여 2010년 운영기관으로 확대되었다. 2012년에는 운영기관을 거점기관과 일반기관으로 나누었는데 두 기관의 차이는 위에서 설명하였다.

75) 사회통합프로그램 운영기관은 운영 사정에 따라 구역이나 관할 지역이 변경될 수 있고 추가 지정 등으로 변경될 수 있기 때문에 〈표 4-30〉의 운영기관 수와 다를 수 있다.

<표 4-32> 지역별 거점운영기관 수(2019년 12월 기준)

연도	구분	중앙	서울	부산	인천	경기	제주	대구	경북	대전	충남	울산	경남	광주	전남	강원	충북	전북
2020-	48	1	6	3	3	11	2	2	2	2	3	2	2	2	1	2	2	2
2018-	47	1	5	3	3	11	2	2	2	2	3	2	1	2	1	3	2	2
2015	47	1	5	2	3	9	2	2	2	2	3	2	2	3	2	3	2	2
2013	47	1	5	2	3	8	2	2	3	2	3	2	2	3	2	3	2	2

<표 4-33> 연도별 일반운영기관 수(2019년 12월 기준)

구분	서울	부산	인천	경기	제주	대구	경북	대전	충남	울산	경남	광주	전남	강원	충북	전북	총
2020-	47	33	20	62	9	6	10	12	18	13	9	17	5	11	12	16	300
2018-	29	24	18	58	6	5	8	12	17	12	7	18	4	8	9	14	249
2015	27	15	15	45	6	7	10	12	18	15	9	23	11	16	15	17	261
2013	25	20	12	34	6	6	9	13	14	4	13	20	13	13	11	18	231

는 상황이 반영된 것으로 볼 수 있다.

2009년 20개의 시범운영기관을 지정 운영하다가 2010년 77개소 운영기관, 2011년도에는 전국 150개의 운영기관으로 확대하여 운영하고 있다. 특히 2011년도에는 다문화가족지원센터 34개소를 시범운영기관으로 지정하여 서비스 영역을 확대하여 실시하고 있으며 결혼이민자를 포함한 국적취득을 원하는 외국인들의 큰 호응을 얻고 있다. 거점기관의 수는 변동이 없으나 일반운영기관은 꾸준히 증가하고 있으며 2020년 12월 기준 376개소가 사회통합정보망에 등록되어 있다. 사회통합프로그램은 참여자의 증가에 따라 이민자의 특성을 반영하여 진행하고 있는데 집합교육 참여가 어려운 이민자에게는 화상을 이용한 '온라인 화상교육'을 운영하거나 주간교육 참여가 어려운 근로자들을 위해 주말반이나 야간반 등을 활성화하여 운영하고 있다. 법무부 자료에 의하면 2017년 25,469명(2017년 연인원 41,500명 중 61%)이 야간 · 주말반에

참여하고 있다.[76)]

4.2.3. 한국어교육 교육과정 변경

2020년에 운영된 한국어교육과정은 2017년 개정된 교육과정으로 〈표 4-34〉에 제시한다.

각 단계별로 과정이 끝나면 평가를 진행하고 있으며 승급의 조건은 출석(80%)과 성적(60점 이상)을 포함하여 결정이 되며 조건 미달의 경우 유급이 된다. 유급자는 같은 단계에서 재수강을 신청할 수 있으며 재수강자는 재수강 수업에서 출석(80시간 이상)조건을 채우면 평가에서 면제되고 다음 단계로 자동 승급이 이루어진다. 그 외 운영기관 주관 사전평가에서 81-100점을 취득한 후 중간평가에서 60점 이상 취득하면 바로 5단계를 배정받아 수업을 받을 수 있다.[77)]

<표 4-34> 2017년 개정된 교육과정(2020년 12월 기준)

		2010	단계평가	2020	단계평가
0단계	기초	15시간	없음	15시간	없음
1단계	초급1	100시간	1단계평가	100시간	1단계평가
2단계	초급2	100시간	2단계평가	100시간	2단계평가
3단계	초급3	100시간	3단계평가	100시간	3단계평가
4단계	초급4	100시간	중간평가	100시간	중간평가
5단계	기본	50시간	종합평가[78)]	50시간	영주용 종합평가
	심화	-		20시간	귀화용 종합평가

76) '2017년도 출입국 · 외국인정책 연감', 법무부 출입국 · 외국인정책 본부.

77) 한국어능력시험(TOPIK) 자격 보유자는 사전평가를 거치지 않고 연계평가 신청을 통해 프로그램 참여가 가능하다. 현재로서는 토픽1급은 2단계로, 토픽2급은 3단계, 토픽3급은 4단계, 토픽4급 이상은 5단계로 배정되고 있다. 또한 중급 연계기관으로 등록한 대학이나 법인 단체에서 받은 한국어교육은 한국어교육과 관련된 서류 제출 시 사회통합프로그램에 바로 참여가 가능하다.

<표 4-35> 한국어 단계평가 시험 종류(출처: 2019년 KIIP 운영지침)

구분 시험종류	문항유형	평가항목	문항수 (총 55문)	시험시간 (총 70분)	배점 (총 100점)
필기시험 (50문, 60분)	객관식	한국어	38	60분	75점 (50문×1.5점)
		문 화	10		
	단답형	한국어	2		
구술시험 (5문, 10분)	읽기	한국어	1	10분	25점 (5문×5점)
	이해하기	한국어	1		
	대화하기	한국어	1		
	듣고 말하기	한국어	2		

<표 4-36> 평가 점수별 단계 배정 기준(출처: 2019년 KIIP 운영지침)

단계	0	1	2	3	4	5(기본과정)
점수	0-2점 *구술 3점 미만자 (필기점수 무관)	3-20점	21-40점	41-60점	61-80점	81-100점

시험 종류는 필기(50문항)와 구술(5문항)로 나뉘며 구술시험은 읽기, 이해하기, 대화하기, 듣고 말하기로 구성되어 있다.

사전평가 단계에서 85점 이상일 경우 각 단계를 거치지 않고 영주용 종합평가 신청이 가능하지만 귀화를 신청할 경우에는 심화 20시간 수업을 받아야 한다. 사전평가 점수는 결과발표일로부터 2년 동안 유효하다.

사회통합프로그램 모집일정은 2015년 사전평가 5차례, 중간평가 6차례, 종합평가 3차례였던 것이 2017년 사전평가 3차례, 중간평가 3차례, 종합평가 7차례로 변경되었다. 2020년부터 사전평가 10차례, 중간평가 4차례, 종합평가 10차례로 확대 조정되었다.[79] 2021년의 경우 〈그림

78) 2010년 당시에는 영주와 귀화라는 개념을 나누지 않고 귀화의 개념 안에 영주의 개념이 포함되어 있었다.

79) 2018년 일정은 사전평가 4차례, 중간평가 4차례, 종합평가 10차례였으며 2019년 일

차수	사전평가(10차)				중간평가(4차)			종합평가(10차)		
	신청기간	평가	결과발표	동포:그 외 정원비율*	신청기간	평가	결과발표	신청기간	평가	결과발표
1차	'20.12.22.(화) ~12.28.(월)	**1. 9.(토)**	1.22.(금)	2 : 8	1. 5.(화) ~1. 11.(월)	**1.23.(토)**	1.29.(금)	1.19.(화) ~1.25.(월)	**2. 6.(토)**	2.16.(화)
2차	2. 2.(화) ~ 2. 8.(월)	**2.20.(토)**	3. 5.(금)	7 : 3	4.27.(화) ~5. 3.(월)	**5.15.(토)**	5.24.(월)	2.16.(화) ~2.22.(월)	**3. 6.(토)**	3.12.(금)
3차	3. 3.(수) ~ 3. 9.(화)	**3.20.(토)**	4. 2.(금)	7 : 3	7.27.(화) ~8. 2.(월)	**8.14.(토)**	8.20.(금)	3.16.(화) ~3.22.(월)	**4. 4.(일)**	4. 9.(금)
4차	3.30.(화) ~ 4. 5.(월)	**4.17.(토)**	4.30.(금)	2 : 8	11.30.(화) ~12. 6.(월)	**12.18.(토)**	12.24.(금)	4.13.(화) ~4.19.(월)	**5. 1.(토)**	5.10.(월)
5차	5.11.(화) ~ 5.17.(월)	**5.29.(토)**	6.11.(금)	7 : 3				5.25.(화) ~5.31.(월)	**6.12.(토)**	6.18.(금)
6차	6. 8.(화) ~6.14.(월)	**6.26.(토)**	7. 9.(금)	7 : 3				6.22.(화) ~6.28.(월)	**7.10.(토)**	7.16.(금)
7차	7.20.(화) ~7.26.(월)	**8. 7.(토)**	8.20.(금)	2 : 8				8.17.(화) ~8.23.(월)	**9. 4.(토)**	9.10.(금)
8차	8.31.(화) ~9. 6.(월)	**9.18.(토)**	10. 6.(수)	7 : 3				9.10.(금) ~9.16.(목)	**10. 2.(토)**	10.8.(금)
9차	9.28.(화) ~10. 4.(월)	**10.16.(토)**	10.29.(금)	7 : 3				10.26.(화) ~11. 1.(월)	**11.13.(토)**	11.19.(금)
10차	11. 9.(화) ~11.15.(월)	**11.27.(토)**	12.10.(금)	5 : 5				11.23.(화) ~11.29.(월)	**12.11.(토)**	12.17.(금)

<그림 4-7> 2021년도 KIIP 평가 일정[80]

4-7〉에 제시한다.[81]

4.2.4. 한국어교육 프로그램 이수자 혜택

한국에 거주하는 외국인이 법무부 교육에 참여하는 이유는 교육과정 이수에 따른 다양한 혜택이 있기 때문이다. 결혼이민자의 경우 귀화나 영주권 신청을 위해서는 반드시 한국사회 이해(5단계) 과정을 수강해야 한다.[82] 2020년 사회통합프로그램 운영지침에 따르면 사회통합프로그

정은 사전평가 6차례, 중간평가 4차례, 종합평가 10차례였다.

80) 출처: 사회통합정보망 자료실 '2021년도 사회통합프로그램 평가 일정 알림'.

81) 2020년 코로나19 사태이후 평가가 취소되는 경우가 종종 나타나고 있다.

<자료 4-2> 한국어교육 프로그램 이수자 혜택(2020년 운영지침 기준)

〈귀화 신청자 대상 귀화용 종합평가〉[83)]

- '17.8.29. 개정된 국적법 시행령에 따라 '18.3.1.부터 귀화허가 신청자는 귀화 허가 신청(접수)일로부터 1년 이내 사회통합프로그램 귀화용 종합평가에 응시하여 그 결과를 제출하여야 함
- 총 3회의 응시기회가 부여되며, 귀화허가 신청(접수)일로부터 1년 이내 귀화용 종합평가에 합격하지 못할 경우 귀화 신청이 불허됨
- '18. 3. 1.부터 귀화허가 신청한 사회통합프로그램 한국귀화적격과정 이수완료자 중 귀화용 종합평가 합격자만 귀화면접심사가 면제됨

램 5단계를 이수하고 귀화용 종합평가에 합격한 경우 귀화 신청 시 필기시험과 면접심사가 면제된다. 영주자격을 신청할 경우 기본소양의 요건을 충족한 것으로 간주하고 실태 조사를 면제해 준다. 그 외 체류자격 신청 시 가점 등 점수를 부여하고 한국어능력 입증을 면제해 준다. 또한 사증 신청 시 한국어능력 입증을 면제해 준다. 이수 혜택에 대한 내용은 법무부 정책에 따라 변경된다.

결혼이민자의 경우 2010년에는 2단계까지 교육을 마치면 중급 3, 4단계와 국적 취득 시험을 면제받는 혜택이 있었으나 2014년부터 결혼이민자도 5단계를 거쳐야 국적취득을 할 수 있게 되었다. 2016년 하반기(2016.07.17.)부터는 국적취득 조건이 더 강화되면서 5단계의 기본과정(50시간)에 심화(20시간)과정이 추가되었다. 2020년 사회통합프로그램 운영지침을 기준으로 과정운영에 대한 변경은 2017년 진행된 과정과 동일하지만 향후 법무부의 정책에 따라 유동적이라는 것을 밝혀 둔다.

82) 5단계 과정 강의를 위해서는 법무부에서 승인한 교육 기관의 교육 과정에서 일정 학점을 이수하고 졸업 또는 수료한 후 법무부에서 인정하는 다문화 전문가 2급 이상의 자격증을 취득, 소지하여야 한다.

83) 2020년도 사회통합프로그램 운영지침 내용.

4.3. 교육부

다문화 · 외국인가정의 증가로 인하여 다문화학생의 교육수요가 늘고 있다. 특히 국적, 연령 등이 다양해지고 있어 학생별 맞춤형 교육이 요구되는 상황이다. 이런 배경에 따라 교육부는 다문화학생 교육 지원을 중요한 정책 요소로 판단, 모든 학생을 대상으로 차별 및 편견을 방지할 수 있는 상호 문화교육을 진행하기 위해 다문화 친화적 교육 환경의 조성에 힘쓰고 있다.[84)]

교육부에서 다문화학생으로 규정하는 부분은 국제결혼 가정 자녀와 외국인 가정 자녀이다. 국제결혼 가정 자녀의 경우 한국인 부(모)와 외국인 모(부) 사이에서 국내에서 출생한 자녀와 중도입국 자녀로 나누어 분류하고 있다. 다문화교육이 강화된 2012년부터 2020년까지 유초중등

<표 4-37> 유초중등 다문화학생 비율[85)]

구분	전체 학생수(명)	다문화학생수(명)	비율[86)]
2020년	6,010,014	147,378	2.73
2019년	6,136,794	137,225	2.51
2018년	6,309,723	122,212	2.19
2017년	6,468,629	109,387	1.91
2016년	6,635,784	99,186	1.68
2015년	6,819,927	82,536	1.35
2014년	6,986,116	67,806	1.07
2013년	7,187,384	55,780	0.85
2012년	7,384,788	46,954	0.70

출처: 교육부 교육기본통계.

84) 여성가족부와 법무부는 주로 성인을 대상으로 한국에서의 생활과 적응에 도움이 되는 한국어교육 위주로 프로그램이 진행되는 반면 교육부는 다문화가정 자녀의 학교생활 부적응과 수학능력 부족을 보충하기 위해 한국어교육을 시작하였다.

85) 유초중등은 유치원, 초등학교, 중학교, 고등학교를 말한다. 고등학교에는 일반고, 특

<표 4-38> 초중등 유형별 다문화학생 현황[87)]

연도	전체	국제결혼가정		외국인가정
		국내출생	중도입국	
2020년	147,378	113,774	9,151	24,453
2019년	137,225	108,069	8,697	20,459
2018년	122,212	98,263	8,320	15,629
2017년	109,387	89,314	7,792	12,281
2016년	99,186	79,134	7,418	12,634
2015년	82,536	68,099	6,261	8,176
2014년	67,806	57,498	5,602	4,706
2013년	55,780	45,814	4,922	5,044
2012년	46,954	40,040	4,288	2,626

출처: 교육부 교육기본통계.

다문화학생의 현황을 보면 〈표 4-37〉, 〈표 4-38〉과 같다. 전체 학생 수가 감소하고 있는 반면 다문화학생 수는 증가하고 있음을 알 수 있다. 지역별로는 경기, 서울 순으로 다문화학생이 가장 많이 재학하고 있으며 다문화학생 비율로는 전남, 충남이 가장 높다.

다문화가정 자녀의 유형별 증가를 보면 국내출생, 외국인가정, 중도입국 자녀 순이다. 다문화가정 자녀는 매년 증가하고 있고 2020년 기준, 중도입국과 외국인학생이 2019년 대비 약 22% 증가하여 뚜렷한 증가세를 나타내고 있다.

성화고, 특목고, 자율고가 있고 기타 학교유형에 특수학교, 공민학교, 고등공민학교, 고등기술학교, 각종학교, 방송통신중·고등학교가 있다.

86) 교육부에서 제시한 「2021년 다문화교육 지원 계획」에 따르면 전체 학생수는 유초중등을 포함하고 다문화 학생수에는 초중등 학생수만 포함되어 있다. 비율은 전체 학생수에서 유치원생을 제외한 학생수에서 다문화 학생수의 비율을 나타낸 것이다.

87) 유초중등은 유치원, 초등학교, 중학교, 고등학교를 말한다. 고등학교에는 일반고, 특성화고, 특목고, 자율고가 있고 기타 학교유형에 특수학교, 공민학교, 고등공민학교, 고등기술학교, 각종학교, 방송통신중·고등학교가 있다.

4.3.1. 한국어교육 프로그램 현황

다문화가정 자녀는 언어 발달 지체 및 문화 부적응으로 인해 학교수업에 대한 이해도가 낮으며 학교생활에서 과잉행동장애(ADHD)와 같은 정서장애를 보이는 학생들도 나타났다. 이러한 문제로 인해 이들의 상급학교 진입 후에 나타날 다양한 문제점도 제기되었다. 이에 2006년 교육부에서는 방과후 학교 프로그램으로 한국어(KSL)지도, 교과지도, 문화체험 교육을 실시하기로 했다. 학생들의 한국어(KSL) 교육 담당자는 해당 학교의 교사 중 한국어(KSL)와 한국문화 교육 연수를 받은 선생님을 배정하였다.[88] 2006년 방과후 한국어 교육은 주로 초등학교에서 이루어졌다(〈표 4-39〉).

2007년 총 213개 학교에서 한국어(KSL)반을 운영하여 814명의 초·중학교 학생이 참여하였고[89] 2008년 '한국어반', '부모와 함께하는 한글교실'과 같은 과정을 만들어 한국어교육을 하였다. 2009년에는 다문화가정 자녀가 10명 이상인 초등학교 중 학생 현황, 지역적 특성, 학교 프로그램 등을 고려, 한국어·교과교육 등 별도 지원이 필요한 학교를 '다문화가정 학생 교육 거점학교'라고 지칭하고 지원하였다(〈표 4-40〉). 이러한 지원에 힘입어 2009년에는 한국어(KSL)반이 45개교에 개설되었

<표 4-39> 2006년 한국어반, 방과후 학교 운영 실적

구분	초	중	고	계
학교수	89	5	3	97
강좌수	103	5	3	111
학생수	811	34	13	858

88) '2006년 다문화가정 자녀 교육지원 대책'.

89) '2008년 다문화가정 학생 교육 지원 계획', 초등학교 176개교, 790명. 중학교 37개교, 24명.

<표 4-40> 다문화 거점학교 현황

구분	2008	2009	2010	2011
다문화 거점학교	40	42	60	80

<표 4-41> 다문화 예비학교 현황

구분	2011	2012	2013	2014	2015	2016	2017	2018
학교 수	3	26	50	80	100	110	124	179

고 총 3,210명의 학생이 지원을 받았다.[90]

학령인구(초 · 중 · 고)는 감소하는 반면 다문화학생 수는 꾸준히 증가하면서 다문화학생을 위한 지원이 더욱 중요하게 되었다. 교육부는 중도입국자녀와 외국인가정의 자녀의 학교 진학을 위한 '다문화 예비학교[91]'를 운영하였다(〈표 4-41〉).

예비학교와 더불어 2012년에는 한국어(KSL) 교육과정을 도입하여 다문화학생이 다수 재학하고 있는 학교에 한국어(KSL)반을 정규과목으로 운영하였다. 학교에서 학생의 한국어능력을 직접 측정할 수 있도록 진단도구(J-TOPIK)를 개발하고 학생의 능력에 따라 말하기 · 듣기 중심의 초급 한국어, 읽기 중심의 중급 한국어, 쓰기 · 문법 중심의 고급한국어 교재도 개발하였다.[92] 2013년 다문화교육을 실시하는 학교의 일부를 통합하여 '다문화교육 중점학교'로 통합 · 운영하였다.[93] 2016년에는

90) '2010년 다문화가정 학생 교육 지원계획'.

91) '다문화 예비학교'는 한국의 정규학교 배치 전에 한국어 · 한국문화 집중교육을 받을 수 있는 곳이다. 2011년 서울 · 부산 · 광주 등 3개였던 곳이 2012년 전국 15개 지역 26개교에서 운영되었다. '2012년 다문화교육 선진화방안'.

92) 국립국어원에서 한국어 표준교재를 초 · 중 · 고별로 초 · 중급 총 6권을 발간하였다.(2012년 12월 기준)

93) 기존의 거점형, 집중형, 연구형 글로벌 선도학교와 시 · 도교육청 지정학교가 있다. 2018년 313교로 확대되었다. 한국어교육을 지원하고 다문화이해 교육을 위하여 '다문화 중점학교'를 운영한다.

<표 4-42> 한국어 학급 개설 수[94)]

구분	2018년	2019년	2020년
학급 개설수(개)	223	326	372

다문화유아의 언어와 기초학습을 지원하기 위해 '다문화유치원'이 12개 시도에서 운영을 시작하여 2018년에는 116개로 확대되었다. 다양한 형태의 다문화가정 자녀의 교육지원 사업이 2019년 '다문화교육 정책학교'로 통합운영을 시작하였다.[95)] 교육부는 2020년 기준 한국어학급이나 찾아가는 한국어교육과 같은 과정을 통해 한국어교육을 지속적으로 확대(〈표 4-42〉)하고 온라인 수업을 위한 각종 영상콘텐츠를 지원하고 있다.[96)] 그 밖에 다문화학생의 학습지원을 위한 한국어교재(17종)를 개발하여 2020년 기준 2,420건을 보급하였다.[97)]

위에서 언급한 교육부의 한국어 교육 현황은 〈자료 4-3〉 '다문화교육 지원 정책 추진 경과'에 잘 나타나 있다.

94) '2021년 다문화교육 지원계획'.

95) 다문화교육 정책학교는 학교 내 모든 구성원의 다문화 인식 제고와 사회통합의 기반을 마련하고 다문화학생의 글로벌 역량 강화 및 학교 적응을 지원한다. 또한 학교와 지역 자원 연계를 통한 통합지원체계를 확립하여 다문화 학생을 지원한다. '국가평생교육진흥원 홈페이지'.

96) 한국어교육 원격수업 콘텐츠(총 222차시) 누적 조회수 32,455건('20.12.기준, 2021년 다문화교육 지원계획).

97) 국립국어원「초등학생을 위한 표준한국어」 저학년용(1-4권), 고학년용(1-4권),「중고등학생을 위한 표준한국어」(1-4권),「초등학생을 위한 표준한국어」(학습 도구 한국어) 3권,「중고등학생을 위한 표준한국어」(학습 도구 한국어)중학생용/고등학생용(2권)

<자료 4-3> 다문화교육 지원 정책

〈다문화교육 지원 정책 추진 경과〉[98)]

■ 「다문화가정 자녀 교육지원 대책」을 처음으로 수립(2006년-)

■ 다문화학생 교육권 보장을 위한 「초·중등교육법 시행령」 개정
- 출입국·외국인증명 서류를 준비할 수 없는 경우를 위하여 임대차계약서 등 거주 증명만으로 편·입학 가능하도록 개정(2008년, 2010년)
- 다문화학생 특별학급 운영 및 다문화학생 학력인정 근거 마련(2013년)

■ 다문화교육 정책학교 운영
- '예비학교'와 「한국어(KSL) 교육과정」 도입, 한국어교육 지원(2012년-)
  • '찾아가는 예비학교'를 도입하여 한국어교육 사각지대 해소(2016년-)
- 다문화 이해교육을 위한 '다문화 중점학교' 운영(2014년-)
- '다문화 유치원'에서 다문화유아 및 유치원 다문화교육 지원(2015년-)
- 다문화교육 정책학교 사업을 개편*하여 지역 자율성 강화(2019년-)
  * 예비학교, 다문화 중점학교, 다문화 유치원 → 다문화교육 정책학교(유치원, 초·중등, 한국어학급) / 다문화교육 정책학교 내에서 시·도교육청 자체 배분

■ 다문화학생 교육 프로그램 지원
- 다문화학생 대학생 멘토링 실시(2009년-)
  • 한국어가 서툰 중도입국·외국인학생을 위한 모국어 멘토링 운영(2017년-)
- '글로벌브릿지' 운영을 통해 우수 다문화학생 발굴·육성(2011-2018년)

■ 다문화학생 교육 도움 자료 발간
- 교과보조교재(15종, 2015년-), 이중언어교재(9종, 2016-2018년)·전자책 형태의 이중언어교재(9종, 2019년-)
- 다문화학생 학적관리 매뉴얼(2013년-), 학력심의위원회 운영 매뉴얼(2014년-)

■ 다문화교육 추진체계 구축
- 중앙다문화교육센터 지정·운영(2007-2011년 서울대, 2012년- 국가평생교육진흥원)
- 지역다문화교육지원센터 운영 지원(2015년-, 2019년 17개 시·도교육청)

98) '2020년 다문화교육 지원계획'.

4.3.2. 2017년 개정된 한국어(KSL) 교육과정

교육부는 2017년에 한국어 교육과정을 개정한다. 한국사회에서 원활하게 일상생활을 하기 위해 반드시 갖추어야 할 필수적인 요소를 한국

<자료 4-4> 한국어(KSL) 교육과정 목표

> 한국어 과목은 학습자로 하여금 생활 한국어 능력과 학습 한국어 능력을 포괄하는 한국어 의사소통 능력을 함양하게 하는 데에 목표를 둔다. 이와 동시에 상호 문화 이해 능력을 함양하고 한국 사회 구성원으로서의 정체성을 함양하는 데에도 목표를 둔다.
> 한국어 과목을 통해 한국어 학습자로 하여금 달성시키고자 하는 세부 목표는 다음과 같다.
>
> 가. 일상생활 및 학교 생활에 필요한 기본적인 의사소통 한국어 능력을 함양한다.
> 나. 모든 교과 학습에 기초가 되는 학습 도구로서의 한국어 능력을 함양한다.
> 다. 학교의 교과 수업 상황에 능동적인 학습자로 참여할 수 있도록 돕는, 교과 적응에 필요한 한국어 능력을 기른다.
> 라. 한국 사회와 문화에 적절하게 대응할 수 있는 상호 문화 이해 및 소통 능력을 기른다.
> 마. 한국어에 대한 흥미와 한국어 사용에 대한 자신감을 가지고, 한국 사회의 구성원으로서 긍정적인 태도와 정체성을 함양한다.

<표 4-43> 한국어(KSL) 교육 과정 내용 체계[99]

		생활 한국어 교육	학습 한국어 교육	
		의사 소통 한국어	학습 도구 한국어	교과 적응 한국어
언어 기능		듣기 · 말하기 · 읽기 · 쓰기		
언어 재료	주제	일상 기반	일상 및 학업 기반	교과 기반
	의사소통기능	일상 기반	일상 및 학업 기반	교과 기반
	어휘	일상생활 어휘 학교생활 어휘	교실 어휘 사고 도구 어휘 범용 지식 어휘	교과별 어휘
	문법	학령적합형 교육 문법	학령적합형 문식력 강화 문법	교과별 특정 문형
	텍스트 유형	구어 중심	구어 및 문어	문어 중심
문화		학령접합형 한국문화의 이해와 수용 학령적합형 학교생활문화의 이해와 적응		

어로 보고 한국에서 한국어에 익숙하지 않은 학생들을 대상으로 한국어 의사소통 능력을 일정 수준에 이르게 하는 교육을 준비하였다. 초·중·고 학생들의 한국어 교육은 일반 외국인 성인 학습자를 위한 한국어 교육과 구별된다고 보고 〈자료 4-4〉와 같은 교육목표를 제시하였다.

<표 4-44> 한국어(KSL) 교육과정 구성 원리[100]

숙달도 중심의 한국어 교육과정 구성원리				
구성 범주	구성요소	초급	중급	고급
주제와 장면	주제: 친숙도 장면: 일상생활 / 학교생활 / 학업, 교과 학습	친숙한 일상 / 학교생활 화제 예측이 가능한 일상 / 학교생활 장면	친숙하지 않은 일상/학교생활 화제 및 장면	낯선 화제 교과 학습 장면
과제와 기능	과제: 소통적 목적의 과제 / 학습목적의 과제 기능: 기본 의사소통 기능 / 교과 영역에서의 학습 기능	일상/학교생활에서의 의사소통 기능(인사하기, 소개하기, 질문/대답하기 등)	일상/학교생활에서의 의사소통 기능(추측하기, 묘사하기, 이유말하기, 조언하기 등)	교과 영역에서 필요한 학습 의사소통 기능 및 전략(비교/대조하기, 기술하기, 설명하기, 논증하기 등)
언어 단위	단어와 어구, 문장, 문단, 담화, 텍스트	단어와 어구, 짧은 문장	문장, 문단, 담화, 텍스트	담화와 텍스트
어휘	한국어교육용 기본어휘 학교생활 어휘 교실 어휘, 사고 도구 어휘, 범용 지식 어휘, 교과별 어휘	기초, 기본어휘 쉬운 학교생활 어휘 쉬운 교실 어휘	기본어휘 학교생활 어휘 교실 어휘 서고 도구 어휘 범용 지식 어휘	확장, 심화 어휘 교과 핵심 어휘
언어 조정 능력	언어 사용 상위인지 능력(초: 오류 인지 못함 / 중: 오류 인지하나, 오류 수정 못함 / 고: 교사 도움으로 오류 수정, 오류인지 및 자가 수정 가능)	낮은 상위인지능력	중간 상위인지능력	높은 상위인지능력
문화 적응 능력	문화 내용 및 문화 적응 발달(구체적 문화적 산물 경험, 문화 간 차이 최소화, 다문화적 정체성 확립)	학령적합형 한국문화 및 학교생활 문화(언어문화, 일상문화, 또래문화, 놀이문화, 문학 등의 학령 적합형 문화 항목을 제시) 문화 인식 → 이해 → 타문화 인식 → 비교 → 상대화 → 수용		

99) 교육부 고시 제2017-131호【별책43】, 한국어교육과정.

한국어 학습은 '생활 한국어 교육'과 '학습 한국어 교육'으로 이루어진다. '생활 한국어 교육'은 일상생활과 학교생활에 필요한 기본적인 '의사소통 한국어' 능력을 함양하기 위한 내용으로 구성된다. '학습 한국어 교육'은 모든 교과 학습의 도구이자 기초가 되는 '학습 도구로서의 한국어' 능력과, 각 교과 학습에 진입하고 적응하는 것을 돕는 '교과 적응 한국어' 능력을 함양하기 위한 내용으로 구성된다(〈표 4-43〉).

교육부에서 교시한 등급은 초급1 · 2단계, 중급1 · 2단계, 고급1 · 2단계이다. 초 · 중 · 고등학교에 따라 언어기능에 차이를 두고 있으나 실제적인 교육내용은 비슷하다. 〈표 4-44〉는 기능별 학습내용이다.

4.3.3. 다문화교육 지원 계획의 변화(2006년-2019년)

교육부에서는 2006년 한국어교육이 포함된 다문화교육 지원계획을 발표하였고 2020년 현재까지 매년 지원 계획을 발표하고 있다. 매년 지원하는 프로그램이 변하고 있지만 2020년 현재까지 지속되는 사업도 있다. '대학생 멘토링 사업', '기초학력 지원', '이중언어 학습 지원', '다문화교육 관련 교원 연수'가 꾸준히 지속되는 사업이다. 그 외 입학 전 단계인 다문화가정 유아를 대상으로 하는 프로그램도 여전히 큰 비중을 차지하며 다문화 이해교육, 기관간의 협조 및 지자체와의 협력도 지속적으로 계획에 반영되고 있다. 연도별 주요 세부 계획은 〈표 4-45〉와 같다.

「2020년 다문화교육 지원계획」에 의하면 다문화교육 지원 계획의 목표는 ①다문화학생 교육기회 보장 및 격차 해소 ②다양한 문화가 공존하는 성숙한 교육환경 구축이다. 이런 목표를 중심으로 다문화교육 지

100) 교육부 고시 제2017-131호【별책43】, 한국어교육과정.

<표 4-45> 다문화교육 지원 계획의 변화과정

연도	구 분	추진 계획
2006	1 다문화가정 지원을 위한 부처 간 협력 체제 구축	• 부처간 협력 추진 체계 구축-빈부격차차별시정위원회(안)
		• 유관부처 · 기관 간 협조 통한 패키지 정책 수립 · 추진
	2 지역사회의 다문화가정 지원 협력체제 구축 지원	• 지역인적자원개발 사업을 통한 지자체 중심의 협력체제 구축
		• 지자체의 다문화가정 지원 우수 사례 발굴 · 확산
	3 '학교'의 다문화가정 자녀 지원 기능 강화	• 다문화가정 자녀를 위한 '방과후학교' 프로그램 개설 지원
		• 학교 홈페이지를 활용한 교육자료 제공 및 대화채널 구축
		• 교사 및 또래집단과의 교류 활성화 지원
		• 학교를 다문화가정 교육 장소로 지역사회에 적극 개방
	4 다문화가정 자녀 교육을 위한 교사 역량 강화	• 다문화주의 및 소수자 배려를 위한 교원 연수 강화
		• 교사 대상 한국어(KSL) 및 한국문화 교육 연수 활성화
		• 한국어교육 능력을 가진 교사에 대한 인센티브 제공
	5 교육과정 및 교과서에 다문화 교육요소 반영	• 현행 교과서에 포함되어 있는 민족적 · 문화적 배타성 완화
		• 차기 교육과정 개정시 다문화 · 다인종 교육요소 반영
	6 '대학생 멘토링' 사업을 다문화가정 자녀에게 확대	• 「대학생 멘토링」 대상자로 다문화가정 자녀 우선 선정
		• 농 · 어촌지역 멘토링을 위해 자원봉사자 적극 활용
	7 정책대상별 고유 과제	• 국제결혼가정 자녀의 이중언어 학습 지원
		• 불법체류자 자녀의 신분안정을 위한 부처 협의 추진
2007	1 학교를 중심으로 한 학교 교육력 제고	• 취학률 제고 정책
		• 교육 프로그램 자료 개발
		• 담당교사 연수 활성화
		• 학생별 통합형 교육지원
	2 다문화 이해 교육 강화	• 타문화 이해 · 존중, 편견, 극복 · 관용 등 교육과정 개편
		• 다문화에 대한 다각적 연구 · 교육
		• 언론홍보 및 대국민 홍보 강화
2008	1 다문화교육 기반 구축	• 다문화교육 지원 협의체 구성
		• 다문화교육 정책 평가 체제 구축
		• 다문화교육 전담조직 및 예산 확보
		• 다문화 존중 교육 과정 마련 및 제도개선
	2 지역별 다문화교육 역량 강화	• 현장 중심의 연구 및 사업 관리
		• 교육감 중심의 다문화교육 지원 강화 (시 · 도별 다문화교육 계획 수립 및 자체예산 확보)
		• 지역 네트워크 구축
	3 맞춤형 다문화교육 실시	• 다문화가정 학생 대상 보수교육 · 이중언어 교육
		• 일반학생의 다문화 이해 · 수용성 제고
2009	1 다문화교육 기반 구축	• 다문화교육 관련 연구 · 개발
		• 시 · 도 교육청 다문화교육 사업 모니터링 및 컨설팅

		• 교대 등에 "다문화교육"강좌 개설
	2 현장 중심의 맞춤형 교육 지원	• 다문화가정 학생의 한국어 · 기초학력 향상지원
		• 다문화가정 학부모 평생 교육 및 상담 지원
		• 교원 연수 강화
	3 다문화 이해 제고 및 확산	• 다문화 이해교육 강화
		• 다문화가정 학부모, 학생 인재 양성
2010	1 다문화가정 학생 맞춤형 교육 지원	• 다문화가정 학생 1:1 멘토링 지원
		• 다문화가정 학생 교육 거점학교 지원
		• 다문화가정 학생 대상 방학 집중 캠프
		• 국제 지도자 육성 프로그램 운영
	2 교사의 다문화교육 전문성 제고	• 국립 교 · 사대 '다문화교육 강좌' 개설 지원
		• 사립 교원양성대학 '다문화교육 강좌' 개설 유도
		• 현직 교사 연수 지원 강화
	3 다문화가정 학부모 지원 · 활용	• 다문화가정 학부모 교육 및 상담 지원
		• 학부모를 이중언어 강사요원으로 양성 · 활용
		• 학부모 대상 '문해교육 강사요원 연수 프로그램' 개발
	4 다문화가정 유아 교육 지원	• 다문화가정 유아에 대한 교육기회 확대
		• 다문화가정 유아를 위한 교육 프로그램 개발
		• 다문화교육 전문성 제고를 위한 유아 교사 연수
		• 다문화가정 학부모의 유아교육 현장 활용 확대
	5 동반 · 중도입국자녀 교육 지원	• 취학전 예비과정 지원
		• 학교 내 특별학급 운영 지원
		• 공립 대안학교 설립 지원
		• 역량 있는 학부모의 교육 지원 · 활용
		• 진로 · 직업교육 지원 강화
	6 다문화교육 기반 및 지원 체제 강화	• 일반 학생의 다문화 이해교육 지원
		• 중앙다문화교육센터 운영 지원
		• 시 · 도교육청 다문화교육 정책 추진역량 강화
		• 지역 단위 다문화교육 네트워크 운영 강화
2011	1 다문화가정 학생 맞춤형 교육 지원	• 다문화가정 학생 1:1 멘토링 지원
		• 다문화가정 학생 교육 거점학교 지원
		• 다문화가정 학생 대상 방학 집중 캠프
	2 글로벌 인재 육성	• 글로벌 브릿지 사업 추진
	3 교사의 다문화교육 전문성 제고	• 교대 및 사대 '다문화교육 강좌' 개설 지원
		• 현직 교사 연수 지원 강화
	4 다문화가정 학부모 지원 · 활용	• 다문화가정 학부모 교육 및 상담 지원
		• 학부모를 이중언어 강사요원으로 양성 · 활용

	5 다문화가정 유아 교육 지원	• 다문화가정을 위한 교육 정보 제공
		• 다문화가정 유아를 위한 교육 프로그램 보급
		• 다문화교육 전문성 제고를 위한 유아 교사 연수
		• 다문화가정 학부모의 유아교육 현장 활용 확대
	6 동반 · 중도입국자녀 교육 지원	• 취학전 예비과정 지원
		• 학교 내 특별학급 운영 지원
		• 공립 대안학교 설립 지원
		• 진로 · 직업교육 지원 강화
	7 다문화교육 기반 및 지원 체제 강화	• 일반 학생의 다문화 이해교육 지원
		• 중앙다문화교육센터 운영 지원
		• 시 · 도교육청 다문화교육 정책 추진역량 강화
		• 지역 단위 다문화교육 네트워크 운영 강화
2012	1 다문화학생 교육 내실화 및 재능 발현 지원	• 한국어 및 기초학력 책임지도
		• 한국문화 및 학교적응 지원
		• 이중언어 교육 활성화
		• 진로 · 진학지도 강화
	2 다문화 친화적 교육 체제 구축	• 글로벌 선도학교 내실화
		• 예비교원 및 현직교원 지원
		• 다문화가정 학부모교육 강화
		• 일반학생 상호이해교육 강화
2013	1 다문화학생 교육 내실화 및 재능 발현 지원	• 한국어 · 한국문화 교육 내실화
		• 학교적응 및 기초학력 지원
		• 이중언어 교육 활성화
		• 진로 · 진학지도 강화
	2 다문화 친화적 교육 환경 구축	• 글로벌 선도학교 내실화
		• 교원 연수 강화
		• 다문화가정 학부모교육 강화
		• 일반학생 상호이해교육 강화
2014	1 학교 전 · 편입 및 적응 촉진	• 편입학절차 체계화
		• 편입학 시스템 정착지원
		• 예비 · 대안학교 확대
	2 사회통합을 위한 다문화교육 활성화	• 다문화교육 중점학교 운영
		• KSL 및 한국문화 교육 강화
		• 다문화교육 기반 확대
	3 다문화학생 소질 · 재능개발 지원	• 이중언어재능 육성 지원
		• 진로 · 진학지도 강화
		• 멘토링을 통한 학력 증진

	4 다문화교육 지원체계 구축	• 교원인식 및 역량 제고
		• 민·관 협력체제 강화
		• 다문화지원센터 역할 강화
2015	1 맞춤형교육으로 기초학력 및 진로교육 강화	• 선제적 개입을 위한 다문화 유치원 시범 운영
		• 중도입국학생 등에게 한국어 교육을 위한 예비학교 확대
		• 한국어 맞춤형 교육 추진 및 성취도 평가 강화
		• 기초학력강화를 위한 대학생 멘토링 내실화
		• 능력과 적성에 맞는 진로교육 강화
	2 다문화 이해교육 확대	• 상호이해교육을 위한 다문화 중점학교 확대
		• 교원의 다문화 교육역량 강화
		• 다문화가정 학부모 교육 및 정보제공
		• 다문화 연구학교 운영지원
		• 우수사례 공유 및 다문화 포럼 추진
	3 범부처 협업, 지역내 연계강화	• 중도입국학생 학교 적응 단계별 지원 (법무부)
		• 다문화 교육자료 공유시스템 구축 (여가부, 문광부, 법무부)
		• 범부처 한국어교육협의회 구성 (여가부, 문광부)
		• 지역의 교육자원을 연계한 효율적인 다문화 학생 지원
2016	1 맞춤형 교육으로 공교육 진입 및 적응 지원	• 다문화 유치원 확대
		• 공교육 진입 및 적응 지원
		• 한국어 맞춤형 교육 추진
		• 다문화학생의 기초학력 지원
		• 재능과 적성에 맞는 진로교육 강화
	2 다문화 이해교육 확대	• 다문화 중점학교 확대
		• 교원 역량 강화
		• 다문화 가정 학부모 교육 강화
		• 다문화교육 자료 공유 및 정책 홍보
	3 범부처 협업, 지역내 연계 강화	• 범부처 차원의 다문화정책 협력체계 구축
		• 다문화교육 지원 체계 구축
2017	1 다문화학생 맞춤형 교육 지원 강화	• 다문화 유치원 확대
		• 다문화학생의 기초학력 지원
		• 공교육 진입 및 적응 지원
		• 다문화학생 정서 상담 지원
		• 재능과 적성에 맞는 진로교육 강화
	2 학교 구성원의 다문화 이해 제고	• 다문화 이해교육 강화
		• 교원 역량 강화
		• 다문화 가정 학부모 교육 강화
		• 다문화교육 정책 홍보 및 자료 공유

연도	과제	세부 내용
	③ 다문화교육 활성화를 위한 기반 마련	• 범부처·유관기관과 협력 강화
		• 시도교육청의 책무성 제고 지원
		• 다문화교육 지원 체계 구축
2018	① 학교 구성원의 다문화교육 참여 확대	• 교과수업에 다문화교육 반영
		• 다문화교육 프로그램 참여 확대
		• 다문화교육 역량 강화
	② 다문화학생 맞춤형 교육지원 내실화	• 출발선의 평등을 위한 발달지원
		• 기초학력 보장을 위한 학습지원
		• 우리사회 인재로 성장지원
	③ 중도입국·외국인학생 교육 사각지대 해소	• 공교육 진입 지원
		• 맞춤형 한국어교육 제공
		• 이주민 밀집지역 지원
	④ 다문화교육 추진체계 확립	• 중앙-지역 역할정비 및 범부처 협력
		• 다문화교육 근거법령 제정 추진
2019	① 다문화학생 맞춤형 지원 강화	• 한국어 교육 제공
		• 조기적응 및 기초학력 보장
		• 중도입국 외국인 학생 공교육 진입 지원
		• 강점개발을 통한 우수인재 육성
	② 학교 구성원의 다문화 수용성 제고	• 전체 학생 대상 다문화교육 확대
		• 다문화교육 역량 제고
		• 정책홍보 및 교육 참여 확대
	③ 다문화교육 지원 체계 내실화	• 중앙-지역별 다문화교육지원단 운영
		• 중앙-지역별 다문화교육센터 운영
		• 부처 간 협업 강화

원에서의 문제점으로 ①중도입국·외국인학생의 증가에 따른 입국 초기 적응 교육 강화 필요 ②다문화학생의 성장을 돕는 진로·정서지원 부족 ③지역사회 중심으로 통합적인 다문화교육 지원체계 구축 필요를 꼽았다. 이러한 배경으로 2020년 교육부가 진행하는 다문화교육 지원 추진 내용은 〈표 4-46〉과 같다.

〈표 4-47〉은 2018년 학교급별 다문화학생의 학업중단율을 전체학생과 비교한 것이다. 중·고등학교로 진학할수록 학업중단율은 높아지고 있지만 전체 학생과 비교해 보면 부적응 관련 학업중단의 차이는 크지 않다.

<표 4-46> 2020년 주요 추진과제 목록(안)[101]

1. 출발선 평등을 위한 교육기회 보장	
1 다문화학생 공교육 진입 제도 안착	• 원활한 공교육 진입 기반 마련을 위한 제도 개선
	• 공교육 진입 절차 지원
	• 유관기관 협업을 통한 국내학교 편입학 안내
2 학교교육 준비도 격차 해소	• 유치원 단계부터 시작되는 지원체계 마련
	• 징검다리과정 확대
2. 학교 조기 적응을 위한 언어 · 학습 지원	
1 맞춤형 한국어교육 제공	• 입국 초기 한국어교육 강화
	• 한국어능력 진단-보정 시스템 확대 등 한국어 교육과정 운영 지원
2 기초학력 지원	• 대학생 멘토링을 통한 맞춤형 학습 지원
	• 교과 보조교재 개발 · 보급
3. 안정적인 성장을 위한 진로 · 정서 지원	
1 이주배경을 반영한 진로교육 지원	• 이중언어 강점 개발 지원
	• 진로교육 프로그램 운영 등 진로 지원 강화
2 정서지원 체계 강화	• 학교와 지역사회 연계를 통한 정서 검사 및 지원
	• 학교폭력 예방 및 지원 강화
4. 다양성이 공존하는 학교 환경 조성	
1 전체 학교의 다문화교육 확대	• 학교 교육과정 전반에 걸친 다문화교육 실시
	• 다문화교육 선도모델 개발 및 확산
2 교원의 다문화 교육역량 제고	• 현직 교원에 대한 다문화 역량 강화
	• 예비 교원의 다문화 역량 함양
3 가정 · 지역사회와의 연계	• 학부모의 다문화 관련 교육활동 참여기회 확대
	• 지역사회 연계 및 대국민 홍보 강화
5. 학교 현장 중심 지원체계 강화	
1 현장의 교육수요에 따른 지원 사업 운영	• 다문화학생 밀집지역 지원
	• 학교의 다문화 교육활동 지원 강화
2 중앙-지역 간 연계 강화	• 다문화교육지원단을 통한 선도인력 교류 및 협력 강화
	• 다문화교육센터를 통한 긴밀한 추진체계 구축
	• 중앙 차원의 부처 간 협업 증진

101) '2020년 다문화교육 지원계획'.

<표 4-47> 학교급별 전체학생 및 다문화학생 학업중단율(2018년)102) (단위: %)

구분	전체 학생	다문화학생
전체	**0.94 (0.50)103)**	**1.03 (0.27)**
초등학교	0.66 (0.13)	0.87 (0.11)
중학교	0.73 (0.32)	1.34 (0.44)
고등학교	1.62 (1.31)	1.91 (1.35)

<표 4-48> 다문화학생의 학업중단율104)

구분	2015	2016	2017	2018	2019
다문화 학생 학업중단율(%)	1.85	0.88	1.17	1.03	0.95
부적응 관련 학업중단율(%)	0.29	0.29	0.32	0.27	0.28

출처: 교육부 2021년 다문화교육 지원계획.

'2021년 다문화교육 지원계획'에 의하면 다문화 학생의 학업중단율은 0.95%로 전체 학생 학업중단율 0.96%과 비슷한 수준이다. 그러나 학교 부적응으로 인한 학업중단율은 전체 학생은 0.51%인 데 반해 다문화 학생은 0.28%로 낮은 수준이다. 〈표 4-48〉은 부적응 관련 학업중단율이 최근 5년간 최저인 상황을 잘 보여주고 있다. 이러한 결과는 교육부의 꾸준한 지원 정책의 영향을 받은 결과로 볼 수 있겠다.

이처럼 다문화교육 지원계획은 매해 전년도의 문제점을 분석하여 보완하며 변화·발전해 가고 있다. 다문화가정 자녀의 공교육 유입이 과거보다 많아지면서 각 사업들은 사업의 양에서 질을 높이는 방향으로 발전하고 있다. 특히 과거에는 다문화가정 자녀들만을 대상으로 하는 사업이 많았던 반면 최근에는 다양성이 공존하는 학교 환경을 목표로 사업을 추진하고 있다. 따라서 과거보다 학교 구성원을 대상으로 하는 전

102) '2020년 다문화교육 지원계획'.
103) 괄호 안은 부적응 관련 학업중단율을 나타낸다. (질병, 유학, 해외출국 제외)
104) '2021년 다문화교육 지원계획'.

반적인 다문화교육이 실시되고 있는 것을 알 수 있다. 이처럼 교육부는 다문화가정 자녀의 학교 적응을 위하여 지속적인 변화를 보이고 있다.

제5장

설문조사

제5장

설문조사

5.1. 여성결혼이민자

여성가족부에서 2019년도에 실시한 조사[1)]에 따르면 여성결혼이민자가 지난 1년간 한국 생활에서 직면한 어려움으로 '경제적 어려움'을 호소한 이들이 가장 많았다. 언어문제는 외로움에 이어 근소한 차이로 3위로 낮아졌지만 여전히 언어문제는 여성결혼이민자에게 떼려야 뗄 수 없는 어려움으로 볼 수 있다. 따라서 본 연구의 목적은 다문화가정 구성원의 한국어교육과 관련한 것으로 결혼이민자와 자녀를 구분하여 각각에 대해 특화된 교육 방안을 제시하려는 데 있다. 여성결혼이민자의 한국어교육 현황을 분석하여 한국어교육의 효과를 보다 증진시킬 수 있는 방안을 모색해보고자 하였다.

5.1.1. 2011년 조사 결과 요약

2011년 조사는 전북의 전주, 익산, 군산 지역과 전남 광주광역시 지역을 주조사지로 하였고, 피조사자는 그 지역 다문화가족지원센터에서 한국어교육을 받는 결혼이민자뿐만 아니라 한국어교육을 받지 않고 있는

1) 여성가족부 2018년 '전국 다문화가족 실태조사'에서 결혼이민자·귀화자의 지난 1년간 한국생활의 어려움(복수응답)에 관한 문항에서 1위 경제적 어려움(26.2%), 2위 외로움(24.1%), 3위 언어문제(22.3%) 순으로 나타났다.

결혼이민자 모두를 선택하였다. 여성결혼이민자의 한국어교육 실태를 파악하고 대상자에 맞는 한국어교육 방법을 찾기 위한 조사로서 설문지 조사 방식으로 진행하였다. 설문에 응한 여성결혼이민자는 273명으로 군산 83명, 익산 77명, 전주 56명, 광주 45명, 미응답자 12명이다. 구체적인 문항은 응답자의 기본사항, 한국어교육현황, 정부지원 사업(한국어교육) 만족도, '다문화' 용어 및 개념 이해를 파악하는 것으로 구성하였다.

첫 번째, 응답자의 한국어교육 현황을 살펴보면 한국에 오기 전 한국어를 배운 적이 없다는 응답자가 무려 69%나 되어 많은 결혼이민자가 한국에서 초기 정착이 어려웠을 것으로 예상되었다. 이 69%의 사람들 중 31%는 여전히 한국에 와서도 한국어를 배운 적이 없다는 응답을 하였다. 따라서 한국어교육 홍보를 더 확대해야 할 필요성이 있다. 한국어를 배우는 이유로는 '한국 사회 적응'과 '한국 가족과의 대화'라는 응답이 가장 많았는데 이는 한국에 오자마자 한국어를 배우는 가장 시급한 이유였고, 자녀 출산과 학교 취학 이후에는 '자녀 학교생활 돕기'의 목적도 있었다.

한국어교육에서 비교적 덜 중요하게 다루어지는 '발음' 부분이 여성결혼이민자의 일상생활에서는 다른 사람과의 의사소통 시에 가장 문제를 일으키는 부분으로 나타나 발음교육의 중요성을 부각시켰다. 현재 한국어 실력에 대해서는 '말하기', '듣기', '읽기', '쓰기' 네 개의 영역에서 모두 '잘한다'보다 '보통이다'의 비율이 50% 이상으로 높게 나와 한국어 구사에 자신감이 결여된 모습을 보였다. 결혼이민자의 일상생활에서 가장 활용이 적은 '쓰기' 부분 같은 경우는 '잘한다'의 응답이 가장 적게 나와 '쓰기'를 상대적으로 어려워함을 알 수 있었다.

한국어능력시험(TOPIK) 응시 여부에 대해서는 응시한 적이 있다는 응답이 33%로 한국어능력시험에 대한 관심이 높지 않고 시험 응시 필요성을 못 느끼는 것으로 나타났다. 67%에 해당하는 응답의 시험을 보지 않은 이유로는 '한국어 실력 부족' 52%, '필요성을 못 느껴서' 25%가 1, 2위를 차지하였다.

현재 한국어를 배우고 있다는 응답자는 59%로 나타났는데 '배운 적이 있다'는 69%의 응답과 다소 차이가 있다. 이렇게 낮아진 이유는 한국어를 꾸준히 배우기보다 초급까지만 익히고 취업을 하거나 그 외의 여러 이유로 한국어 배우는 것을 멈추는 현실을 반영하고 있다.

현재 배우고 있는 수업의 시수에는 대부분 만족한다는 응답을 하였지만 '불만족'도 32%를 차지하여 결혼이민자가 원하는 시수에 대한 고민의 필요성이 대두되었다.

한국어 수업 중 교사가 학생의 오류를 수정하는 것에 '좋다'는 응답이 47%, '매우 좋다'는 38%로 대부분 긍정적으로 생각하였다. 그리고 교사가 학습자의 모어와 한국어 등 이중 언어를 사용하는 것에 '좋다'와 '매우 좋다'의 응답의 합이 62%로 이 또한 긍정적으로 생각하는 것을 알 수 있었다. 특히 초급과정반의 비율이 가장 높으므로 학습자의 모어를 상황에 따라 사용하면서 가르치는 것이 결혼이민자에게 도움이 되는 것으로 확인되었다.

방언교육의 필요성에 대해서는 필요하다는 비율이 60%를 차지하였는데 이는 지방의 경우 방언을 모르면 대화중에 어려움을 겪는 현실을 반영하고 있는 것으로 분석되었다.

두 번째, 정부지원 사업 만족도와 관련한 조사에서는 여성결혼이민자를 위한 정부지원 사업을 알고 있다는 응답이 72%로 나타났지만 잘 모르는 사람도 28%에 달해 홍보 강화에 대한 필요성을 시사했다. 정부지원 사업에 참여한 적이 있느냐는 질문에는 50%가 '있다'는 응답을 하였는데, 참여한 적이 없는 응답자 절반의 참여를 돕기 위한 현실적인 노력이 필요한 것으로 나타났다. 참여한 정부지원 사업과 그에 따른 만족도에서는 '한국어교육', '한국요리 강습', '한국문화체험', '컴퓨터교육' 등의 순으로 참여하고 만족도에 있어서도 참여한 순으로 만족도가 높았다.

여성결혼이민자 총 응답자 중 95%가 한국어교육이 필요하다고 답하였다. 한국어를 사용하는 데 가장 필요한 영역은 '말하기', '듣기', '발음' 순으로 꼽고 있다. 한국어교육을 받기 위해 가장 필요한 지원으로는 '다양한 시간대의 강의 개설'과 '수준에 맞는 분반 개설', '교통비 지원' 순으로 나타났다. 한국어교육 내용의 필요성에 대해서는 '자녀 교육', '실생활 대화', '경제 활동', '관공서 이용' 순으로 꼽고 있는데 이 설문 결과는 여성결혼이민자를 위한 교재에 이들의 생활과 밀접하게 관련된 육아나 자녀 교육 내용, 실제 생활을 반영하는 내용을 집중적으로 다루어야 함을 보여 주었다.

마지막으로 '다문화' 용어 및 개념 이해도 조사에서 '다문화'라는 단어의 뜻을 알고 있다는 응답이 81%로 높게 나타났으며 '다문화'라는 단어 또한 긍정적으로 받아들이고 있었다. 그러나 비다문화인이 '다문화'라고 말하는 것에 대해서는 그다지 긍정적으로 받아들이지 않는 것으로 나타났다. 비다문화인들이 '다문화가정'에 대해 일반적으로 갖고 있는 긍정적이지 못한 인식에 대해 파악하고 있는 것으로 볼 수 있다. 또한 비다문화인이 '다문화'를 대하는 태도에 대해서는 전반적으로 부정적인 편이었다. '다문화'에 대한 관심은 있으나 이해는 부족하다고 느끼는 것을 확인할 수 있었다.

'다문화'라는 단어에 대한 교체 논의가 있는 가운데 여성결혼이민자들은 89%가 단어를 바꾸지 않아도 된다고 응답하였으며 90% 이상이 '다문화'라는 단어를 대신할 수 있는 보다 적절한 단어가 없다고 응답하였다. 이는 이 단어 자체에 대해서는 긍정적으로 인식하고 있는 데서 오는 결과라고 판단된다.

5.1.2. 2019년 자료 현황

2019년 설문조사의 기본 응답 자료는 〈표 5-1〉에 나와 있다. 총 응답자는 여성결혼이민자 188명이다. 응답자의 나이는 25-30세가 60명으로 가장 많고 51세 이상은 14명으로 가장 적다. 출신 국가는 베트남이

<표 5-1> 2019년 설문조사 기본 응답 내용

<table>
<tr><th colspan="2">조사 항목</th><th colspan="8">조사 내용(명)</th></tr>
<tr><td colspan="2" rowspan="2">나이</td><td>24세 이하</td><td>25-30세</td><td>31-35세</td><td>36-40세</td><td>41-45세</td><td>46-50세</td><td>51세 이상</td><td>총인원</td></tr>
<tr><td>27</td><td>60</td><td>22</td><td>22</td><td>22</td><td>21</td><td>14</td><td>188</td></tr>
<tr><td rowspan="6">출신국가[2)]</td><td>중국</td><td>-</td><td>7</td><td>3</td><td>6</td><td>9</td><td>8</td><td>2</td><td>35</td></tr>
<tr><td>베트남</td><td>21</td><td>35</td><td>13</td><td>7</td><td>5</td><td>-</td><td>-</td><td>81</td></tr>
<tr><td>일본</td><td>-</td><td>-</td><td>1</td><td>-</td><td>2</td><td>8</td><td>9</td><td>20</td></tr>
<tr><td>필리핀</td><td>2</td><td>6</td><td>2</td><td>9</td><td>5</td><td>5</td><td>3</td><td>32</td></tr>
<tr><td>캄보디아</td><td>4</td><td>12</td><td>-</td><td rowspan="2">-</td><td>-</td><td rowspan="2">-</td><td rowspan="2">-</td><td>16</td></tr>
<tr><td>기타</td><td>-</td><td>-</td><td>3</td><td>1</td><td>4</td></tr>
<tr><td rowspan="5">출신 지역</td><td>도시</td><td>8</td><td rowspan="4">-</td><td>11</td><td>13</td><td>8</td><td>9</td><td>8</td><td>57</td></tr>
<tr><td>농촌</td><td>18</td><td>12</td><td>6</td><td>12</td><td>5</td><td>5</td><td>58</td></tr>
<tr><td>산촌</td><td>-</td><td rowspan="3">-</td><td>1</td><td>1</td><td>5</td><td>-</td><td>7</td></tr>
<tr><td>어촌</td><td>2</td><td>1</td><td>1</td><td>2</td><td>1</td><td>5</td></tr>
<tr><td>기타</td><td>-</td><td>1</td><td>1</td><td>-</td><td>1</td><td>-</td><td>3</td></tr>
<tr><td rowspan="6">학력</td><td>초등학교 졸업</td><td>2</td><td>7</td><td>1</td><td>1</td><td>2</td><td>2</td><td>-</td><td>15</td></tr>
<tr><td>중학교 졸업</td><td>12</td><td>19</td><td>4</td><td>4</td><td>5</td><td>3</td><td>1</td><td>48</td></tr>
<tr><td>고등학교 졸업</td><td>10</td><td>17</td><td>11</td><td>6</td><td>5</td><td>8</td><td>6</td><td>63</td></tr>
<tr><td>전문대 졸업</td><td>2</td><td>11</td><td>3</td><td>5</td><td>5</td><td>4</td><td>3</td><td>33</td></tr>
<tr><td>4년제 졸업</td><td>2</td><td>3</td><td>2</td><td>5</td><td>3</td><td>4</td><td>3</td><td>22</td></tr>
<tr><td>대학원 졸업</td><td>-</td><td>2</td><td>1</td><td>-</td><td>1</td><td>-</td><td>-</td><td>4</td></tr>
<tr><td rowspan="6">현재
거주지[3)]</td><td>전주</td><td>4</td><td>24</td><td>6</td><td>4</td><td>2</td><td>1</td><td>-</td><td>41</td></tr>
<tr><td>군산</td><td>5</td><td>2</td><td>4</td><td>3</td><td>1</td><td>2</td><td>1</td><td>18</td></tr>
<tr><td>익산</td><td>3</td><td>10</td><td>1</td><td>3</td><td>2</td><td>3</td><td>3</td><td>25</td></tr>
<tr><td>김제</td><td rowspan="3">-</td><td>1</td><td>1</td><td>3</td><td>3</td><td>7</td><td>8</td><td>23</td></tr>
<tr><td>창원</td><td>1</td><td>1</td><td rowspan="2">-</td><td>1</td><td>-</td><td>-</td><td>3</td></tr>
<tr><td>기타</td><td>-</td><td>3</td><td>1</td><td>1</td><td>2</td><td>7</td></tr>
</table>

2) 출신국가 중 중국에는 한족과 조선족을 포함하였고, 기타 국가에는 러시아(1명), 몽골

81명으로 많은 수를 차지하였으며 그 외에 중국과 필리핀, 일본, 캄보디아 등이 있다. 출신 지역은 대다수 도시와 농촌 지역에 분포하고 있고 산촌과 어촌은 10명 이내이다. 응답자의 학력은 고등학교 졸업이 가장 많았으며 그 뒤로 중학교 졸업과 전문대 졸업 순으로 나타났다. 끝으로 현재 거주지는 전주, 익산, 군산, 김제가 주를 이루었고, 이외에 전북 지역 정읍과 장수 그리고 전남 순천 등이 있다.

5.1.3. 2019년도 설문조사 문항분석

설문지 문항분석의 세부사항들은 2011년 조사 내용과 동일하다. 설문지는 다문화가정 여성결혼이민자의 기본사항, 한국어교육 현황, 정부지원 사업 만족도 그리고 '다문화' 용어 및 개념 이해도를 파악하기 위한 문항으로 구성되었다. 응답자의 기본사항에서 결혼 전의 경제적 측면을 통해 결혼생활이나 한국생활에서의 만족도를 알기 위하여 여성결혼이민자의 입국 전 · 후로 나누어 설문을 실시하였다. 여성결혼이민자의 한국어교육 실태를 파악하기 위한 문항 및 학습대상자에 맞는 한국어교육 방법을 찾기 위한 문항을 구성하여 한국어교육 현황을 알아보았다.

먼저 〈표 5-2〉 문항 분석 요인을 살펴보면 기본사항으로 입국 전의 인적사항과 경제적 측면 그리고 입국 후의 가정생활과 경제적 측면을 분석하였다. 다음 한국어교육 현황에서는 입국 전 한국어 학습 여부를 파악하였고, 입국 후에는 한국어 학습 여부와 학습을 하는 이유, 그리고 일상생활에서 한국어 의사소통 저해 요인 등을 알아보았다. 한국어교육 만족도 조사에서는 한국어 실력과 수업의 시수 만족도, 가장 많이 배우

(3명)이다.

3) 현재거주지의 전주는 전주(29명)와 완주(12명)를 전주로 표기, 창원은 창원(2명)과 진해(1명)를 창원으로 표기하였고 기타 지역에는 순천(4명), 정읍(2명), 장수(1명)이다.

<표 5-2> 설문지 문항분석 요인

<table>
<tr><th colspan="3">구분</th><th>문항요인</th></tr>
<tr><td rowspan="4">기본사항</td><td rowspan="2">입국 전</td><td>인적사항</td><td>- 출생 연도 / 성별 / 거주 지역
- 출신국가 / 출신지역</td></tr>
<tr><td>경제적 측면</td><td>- 학력
- 결혼 전 직업 / 경제적 능력</td></tr>
<tr><td rowspan="2">입국 후</td><td>가정생활</td><td>- 결혼 형태 / 거주기간 / 가족 구성원
- 모어 구사 가족 여부</td></tr>
<tr><td>경제적 측면</td><td>- 주거 형태 / 구분
- 가정 월수입 / 현재 직업
- 한국 국적 취득 여부</td></tr>
<tr><td rowspan="4">한국어
교육 현황</td><td>입국 전</td><td>한국어 학습</td><td>- 한국 오기 전 한국어 학습 여부</td></tr>
<tr><td rowspan="3">입국 후</td><td>한국어 학습</td><td>- 입국 후 2010년까지 한국어 학습 여부
- 한국어 학습 이유
- 일상생활 한국어 의사소통 저해 요인
- 방언교육의 필요성
- 현재 한국어를 배우지 않는 이유</td></tr>
<tr><td>한국어교육
만족도</td><td>- 한국어 실력 / 한국어능력시험 응시 여부
- 현재 한국어 학습 여부
- 수업 시수 만족도
- 한국어교육기관 / 장소 / 수업환경
- 가장 많이 배우는 교육</td></tr>
<tr><td>교수법</td><td>- 틀린 부분에 대한 교사의 수정
- 수업 중 교사의 이중 언어 사용</td></tr>
<tr><td rowspan="3">정부지원
사업 만족도</td><td colspan="2">참여 경험</td><td>- 정부지원 사업 인지 여부
- 정부지원 사업 받은 경험 / 내용</td></tr>
<tr><td colspan="2">지원 사업 만족도/필요성</td><td>- '다문화가정 지원 사업'에 대한 만족도
- '다문화가정 지원 사업'의 필요성</td></tr>
<tr><td colspan="2">지원 사업 중
한국어교육 현황</td><td>- 한국어교육에 대한 만족도 / 과정
- 한국어교육의 필요성 / 내용
- 한국어교육을 받기 위해 필요한 지원
- 선호하는 1일 교육시간 / 주당 교육 횟수
- 한국어교육 내용에 대한 의견</td></tr>
<tr><td rowspan="3">'다문화' 용어
및 개념 이해도
조사</td><td colspan="2">용어에 대한 이해</td><td>- '다문화' 용어: 이해 / 생각 / 의미 인지
- 한국인의 '다문화'의 의미
- '다문화'라는 단어 변경과 이해</td></tr>
<tr><td colspan="2">한국인의 태도</td><td>- '다문화교육, 다문화가정'
- 한국인의 '다문화'를 대하는 태도</td></tr>
<tr><td colspan="2">최선의 선택</td><td>- '다문화'라는 단어를 바꾸는 것
- '다문화'라는 단어를 대신할 용어
- 한국인의 다문화이해
- 외국인의 한국어 실력</td></tr>
</table>

는 교육이 무엇인지를 조사하였다. 정부지원 사업 만족도 조사에서는 응답자의 참여 경험과 지원 사업의 만족도와 필요성을 알아보았다. 지원 사업 중 한국어교육 현황을 구체적으로 설문하여 한국어교육에 대한 만족도와 필요성을 파악하고 한국어교육 내용에 대한 의견도 조사하였다. 끝으로 다문화 용어 및 개념 이해도 조사에서는 용어에 대한 이해와

<표 5-3> 여성결혼이민자의 사전교육 프로그램

2011년 교육내용[4]	2019년 교육내용[5]
기초과정 (8시간)	기본과정 (1일차 8시간)
한국정보일반 한국의 명절과 음식문화 교통수단 주거생활 한국의 여성결혼이민자 지원기관과 공공기관 법률 기초한국어	한국이주자 현황과 다문화사회 한국정보(위치, 기후, 교통수단) 한국정보(주거문화, 명절과 음식문화) 한국정보(체류자격 등 이주관련제도) 건강지키기, 양성평등 여성결혼이민자 지원기관 및 복지제도 여성폭력 대처방안 평가서 작성 및 수료증 배부
심화 과정 (8시간)	심화과정 (2일차 8시간)
한국 가족문화의 이해 한국 생활문화의 이해 아동 교육제도의 이해 가정 경제생활의 이해	국제결혼 현황 국제결혼 준비사항 국제결혼 사례 취업 가정경제생활 가정폭력 등 젠더폭력 대처방안 결혼관련 법률 평가서 작성 및 수료증 배부
한국어 과정 (8시간)	
기초한국어 인사와 소개 하루생활 한국음식 물건 사기 교통수단 가족과 고향	

4) 교육 시간은 1일당 8시간씩 총 24시간(3일)로 구성하였다. 2011년 이전에는 8시간에

다문화를 대하는 비다문화인의 태도 등을 분석하였다.

〈표 5-3〉의 사전교육 프로그램은 결혼이민예정자가 입국에 앞서 한국생활을 미리 준비할 수 있도록 해외에서 교육 · 상담을 제공하여 그들의 인권을 보호하고 한국정착을 돕는 것이 목적이다. 아울러 기초적인 한국생활정보를 제공하는 것에서 한 발 나아가 실제 국제결혼 사례를 중심으로 토론하는 과정을 통해, 결혼이민자가 가정 내 갈등이나 여성폭력에 능동적으로 대처할 수 있도록 돕는 특화프로그램[6]도 운영한다. 2020년부터는 현지사전교육을 이수한 결혼이민예정자로부터 개인정보제공 동의를 받아, 입국 후 거주지역 다문화가족지원센터로 결혼이민자의 정보를 연계하고 있다. 다문화가족지원센터는 연계받은 정보를 바탕으로 어려움이 가장 많은 입국 초기 결혼이주여성을 밀착 지원하고, 지원 신청이 곤란한 경우에도 지원에서 배제되지 않도록 초기 상담과 필요한 서비스를 집중 제공하여 한국생활 적응을 돕고 있다.[7]

5.1.4. 설문조사 결과분석

◆ 응답자 기본사항

여성결혼이민자 총 응답자는 188명으로 그 중 24세 이하가 14%로 나타났으며, '25-30세'가 32%로 가장 높게 나타났다. 그 뒤를 이어 '31-35세',

한정되어 있었으나 24시간으로 확대하여 기초과정, 심화과정, 한국어과정으로 구성하고 프로그램 진행시 현장에서 활용할 수 있는 교재와 강의매뉴얼을 개발하였다.

5) 2019년 교육 내용에 한국어 과정(8시간)이 빠진 이유는 2014년 4월 1일 개정된「결혼이민(f-6) 사증발급지침」에 따라 여성결혼이민예정자는 대부분 현지사전교육 이전에 한국어 기초과정을 학습하기 때문이다. 결혼이민자는 초급1 수준의 한국어 의사소통이 가능함을 입증해야 결혼사증을 발급받을 수 있다.

6) 양성평등에 기반한 가족관계, 성과 임신 · 행복한 결혼생활을 위한 계획, 가정폭력대처 방법, 외국에서의 삶과 법률이 있다.

7) 여성가족부 보도자료, 2020. 9. 27.

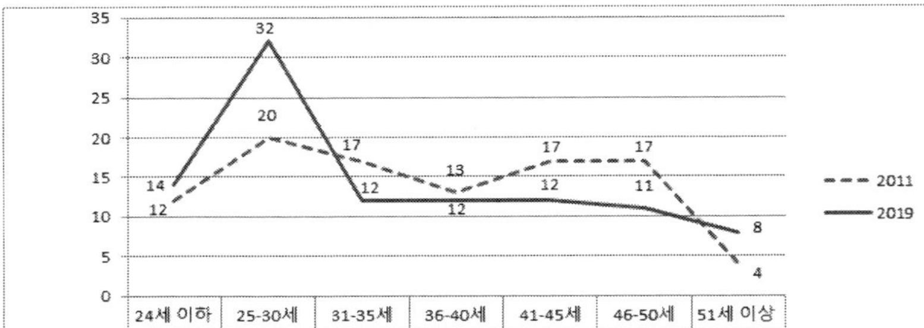

	24세 이하	25-30세	31-35세	36-40세	41-45세	46-50세	51세 이상
2011	12	20	17	13	17	17	4
2019	14	32	12	12	12	11	8

<그림 5-1> 여성결혼이민자의 연령

'36-40세', '41-45세'는 동일하게 12%를 차지하였다. '46-50세' 11%, '51세 이상'이 8%로 구성되었다. '25-30세'가 가장 높게 나타난 이유로는 현재 다문화가족지원센터나 정부지원프로그램에 활발히 참여하고 있는 연령대로 설문에 참여할 수 있는 가능성이 높았기 때문이다. 이와 같은 이유로 50대 이상의 연령층 응답 비율이 다소 낮은 것도 각 프로그램의 참여도가 낮거나 거의 없었기 때문이다(〈그림 5-1〉).[8)]

응답자의 출신국가는 '베트남'이라고 답한 응답자가 42%로 가장 많았다. 2011년 조사에서는 '일본'이 가장 많았는데 이는 당시 총 응답자의 38% 정도가 종교적인 이유로 결혼하여 한국에 거주하는 것으로 나타났기 때문이다. 베트남 다음으로 18%가 '중국(한족과 조선족 외 소수민족 포함)'[9)]으로 나타났고, 그 뒤를 이어 '필리핀' 17%, '일본' 11%, '캄

8) 총 201명의 응답자가 응하였지만 3명은 이름을 표기하지 않고, 응답 내용도 파악하기 어려워 신뢰도를 확보할 수 없었으므로 미응답자로 분류하고 188명의 응답 내용만으로 기술하였다.

9) 2004년까지 절대다수를 차지하던 중국 조선족 출신 여성의 비중이 점차 낮아지고 동남아시아와 중앙아시아의 여러 국가로 출신 국가가 다양해진 이유는 2005년 이후 중국 조선족이 친지방문의 목적으로 입국하여 취업이 가능하도록 정부가 관련 법규를 개정함에 따라 한국인과의 결혼에 대한 수요가 꾸준히 감소하고 있는 것으로 나타났다. [한국의 사회동향 2015 '인구영역의 주요 동향', 통계개발원] 참조.

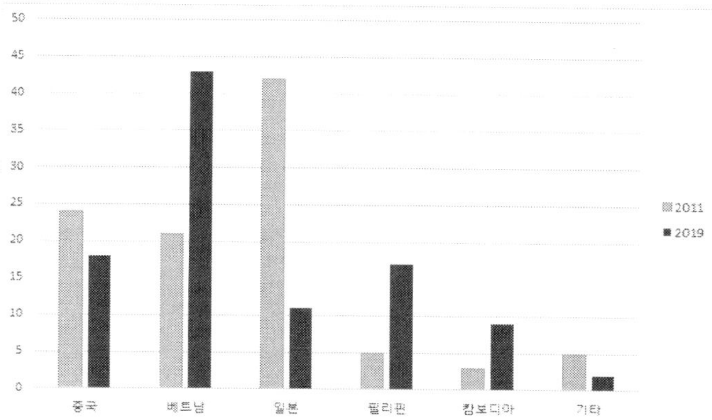

<그림 5-2> 여성결혼이민자의 출신국가

보디아' 9%, '기타' 2%(러시아 1명, 몽골 3명) 순이다(〈그림 5-2〉). 최근 종교적인 이유로 결혼하는 일본인은 감소하고 베트남 출신의 결혼이민자가 증가하여 2019년에는 한국인 남성과의 혼인 건수가 6,712건에 해당한다. 이는 중국(3,649건)의 두 배 가까이 되는 수치이다.[10] 이러한 이유로는 한국인 배우자가 농경문화와 근면성이라는 공통점을 가지며 웃어른을 공경하고 남편에게 순종하는 정서와 가치관을 지닌 베트남 출신자

10) 베트남은 한국의 국제결혼 1위 국가다. e-나라지표에 따르면 다문화가정의 부모 출신국 중 베트남 비율이 2019년 6,712건(37.9%)으로 1위를 차지했다. 중국은 3,649건(20%)으로 2위지만 꾸준히 감소 추세에 있다. -e-나라지표, 국가별결혼건수.

[단위 : 건]

	2012	2013	2014	2015	2016	2017	2018	2019
국제결혼 총건수	28,325	25,963	23,316	21,274	20,591	20,835	22,698	23,643
한국남자+ 외국여자	20,637	18,307	16,152	14,677	14,822	14,869	16,608	17,687
- 중국	7,036	6,058	5,485	4,545	4,198	3,880	3,671	3,649
- 베트남	6,586	5,770	4,743	4,651	5,377	5,364	6,338	6,712
- 필리핀	2,216	1,692	1,130	1,006	864	842	852	816
- 일본	1,309	1,218	1,345	1,030	838	843	987	903
- 캄보디아	525	735	564	524	466	480	455	432
- 태국	323	291	439	543	720	1,017	1,560	2,050
- 미국	526	637	636	577	570	541	567	597
- 기타	1,899	1,640	1,810	1,801	1,789	1,902	2,178	2,528

<표 5-4> 2011년 응답 결과

군산		익산		전주		광주		기타	
83명	32%	77명	29%	56명	21%	45명	17%	2명	1%

<표 5-5> 2019년 응답 결과

전주		군산		익산		김제		창원		기타		미응답	
41명	22%	18명	10%	25명	13%	23명	12%	3명	2%	7명	4%	71명	38%

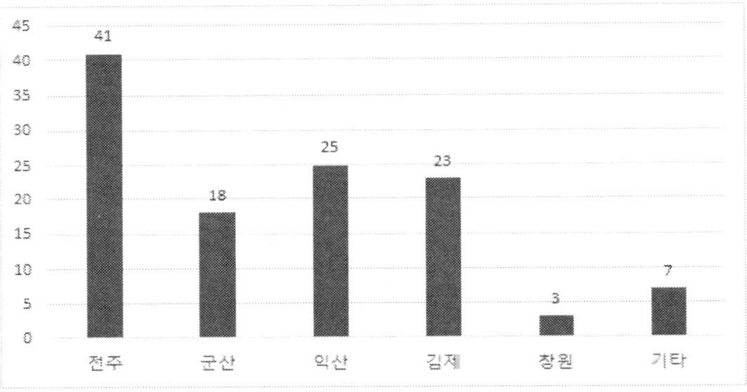

<그림 5-3> 응답자 거주 지역

를 선호하는 것과 관련이 있는 것으로 파악된다.

응답자 거주 지역은 전주(완주 12명 포함) 지역이 41명으로 가장 많았고, 두 번째로 익산과 김제가 25명, 23명이다. 군산은 18명, 창원은 3명, 그리고 기타 지역은 순천 4명, 정읍 2명, 장수 1명이다(〈그림 5-3〉).[11]

2011년 조사 응답자의 거주 지역은 군산이 32%로 가장 많았고, 익산 29%, 전주 21%, 광주 17%, 기타 1% 순이다.

11) 2019년 조사 거주 지역 설문에는 188명 중 117명이 제대로 응답하고 71명은 문항을 잘 이해하지 못하여 본인 고향이나 출신 국가의 지명을 적는 오류가 있었음을 밝혀 둔다.

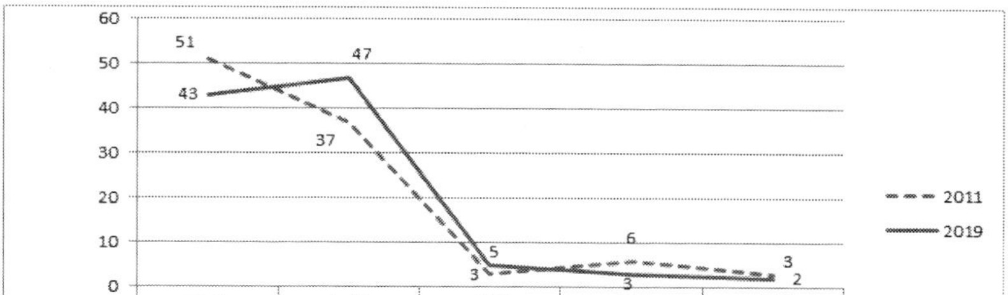

	도시	농촌	어촌	산촌	기타
2011	51	37	3	6	3
2019	43	47	5	3	2

<그림 5-4> 응답자 출신지역

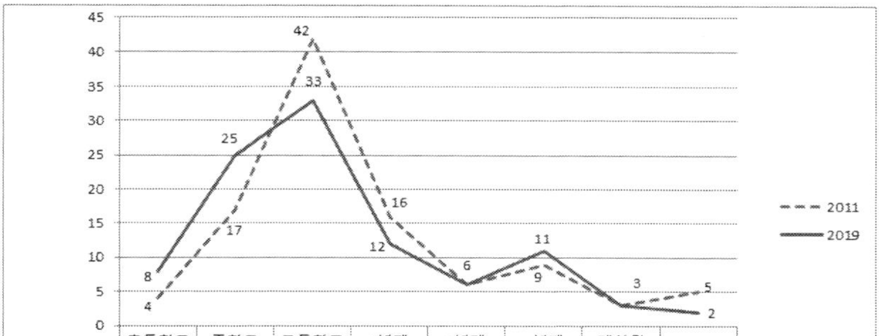

	초등학교 졸업	중학교 졸업	고등학교 졸업	2년제 대학 졸업	3년제 대학 졸업	4년제 대학 졸업	대학원 졸업	기타
2011	4	17	42	16	6	9	3	5
2019	8	25	33	12	6	11	3	2

<그림 5-5> 응답자 학력

응답자 출신지역은 '도시' 43%, '농촌' 47%, '어촌' 5%, '산촌', '기타'가 각각 3%, 2%로 나타났다(〈그림 5-4〉). 2011년에 비해 도시 지역은 8% 줄고 농촌 지역 출신 응답자가 10% 증가하였다.

응답자 학력은 '고등학교 졸업'이 33%, '중학교 졸업'이 25%, '2년제 대학 졸업'이 12%, '4년제 대학교 졸업'이 11%, '초등학교 졸업'이 8%, '3년제 대학 졸업'이 6%, '대학원 졸업'이 3%, '기타' 2%로 나타났다. 이는 2011년에 비해 2년제 대학 졸업 혹은 그 이하 학력의 저학력의 비율

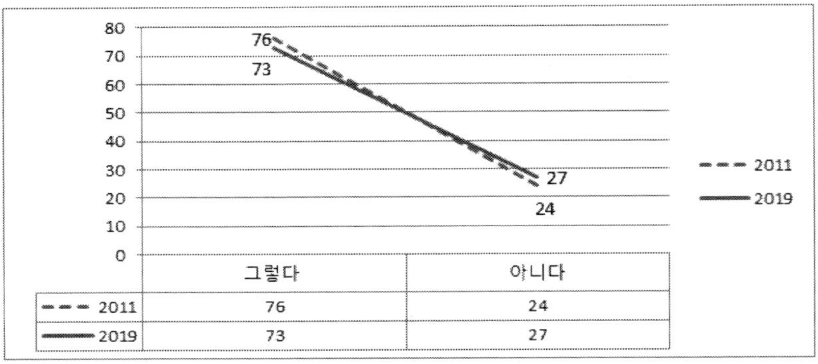

<그림 5-6> 한국에 오기 전 직업 유무

이 증가하였다. 고학력 비율은 2011년 34%, 2019년 32%로 비슷한 비율이나 2019년에는 고등학교 졸업이 감소하고 초등학교와 중학교 졸업이 늘어났다. 이러한 결과는 2019년에 베트남 출신의 응답자 수가 늘어나면서 나온 결과로 볼 수 있을 것이다(〈그림 5-5〉).

'한국에 오기 전 직업이 있었다'고 답한 응답자는 2011년 결과와 비슷하게 73%의 높은 비율로 나왔다. 이들은 한국에서도 다시 직업을 가질 가능성이 높은 것으로 보인다(〈그림 5-6〉).

결혼하기 전 자국에서의 경제적 능력은 '상' 2%, '상 · 중' 8%, '중' 67%, '중 · 하' 14%, '하' 9%로 나타났다(〈그림 5-7〉). 2011년 조사와 거의 차이가 없는 결과이나 여기서 고려해야 할 것은 경제관련 질문에 대해서는 객관적으로 '하'층에 속하더라도 '중'이라고 대답하는 경우가 종종 발생하므로 '중 · 하'의 비율이 실제 조사에서는 더 높아질 수도 있다는 것이다. 본 조사의 결과를 그대로 따른다 하더라도 '상'이나 '상 · 중'에 속하는 경우는 10%에 불과하다. 따라서 결혼 전 자국에서 경제적으로 윤택한 생활을 영위했다고 보기 어려운 상황이다.

결혼이 이루어진 방식은 '친구 및 지인의 소개' 24%, '결혼중개업체의 소개' 21%, '기타' 19%, 그리고 '연애결혼'과 '가족 및 친척의 소개'가

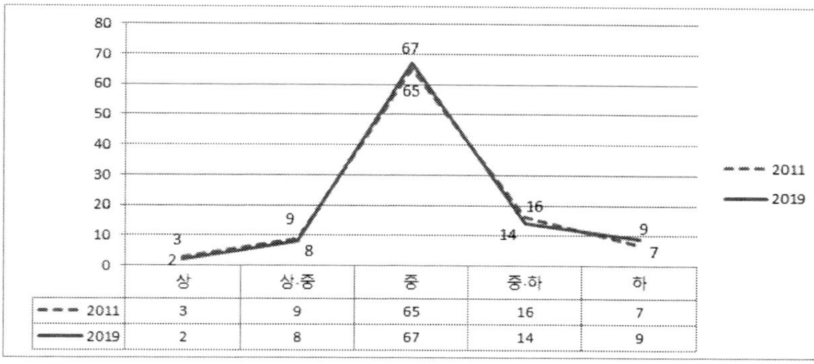

	상	상·중	중	중·하	하
2011	3	9	65	16	7
2019	2	8	67	14	9

<그림 5-7> 결혼하기 전 자국에서의 경제적 능력

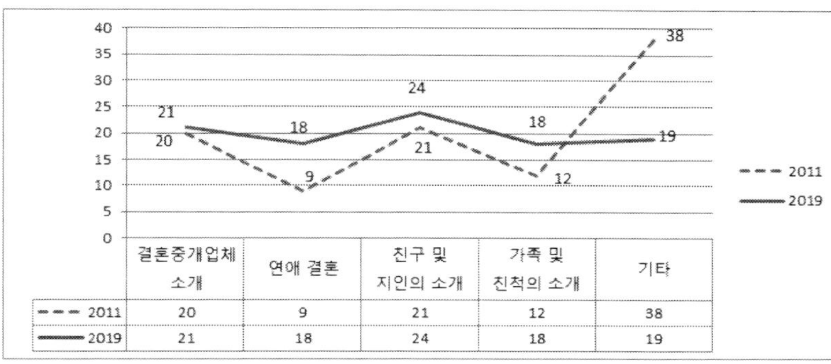

	결혼중개업체 소개	연애 결혼	친구 및 지인의 소개	가족 및 친척의 소개	기타
2011	20	9	21	12	38
2019	21	18	24	18	19

<그림 5-8> 남편과의 결혼은 어떻게 이루어졌는가

18%로 동일하게 나타났다(〈그림 5-8〉). 전체적으로 고르게 분포하고 있는 것으로 보인다. 2011년 조사와 비교하여 '연애결혼'과 '가족 및 친척의 소개'가 다소 증가하였다. 본 조사에 참여한 응답자 중 결혼중개업체를 통해 한국에 온 비율은 21%에 그쳐 2011년 결과와 비슷하게 나타났는데 이는 여성결혼이민자들이 중개비용이 많이 드는 결혼중개업체보다 가족과 주변 친구 등의 소개를 더 받아들이고 신뢰하게 된 것으로 분석할 수 있다. 참고로 2011년에는 '기타'가 38%로 나타났는데 이는 종교적인 이유로 결혼을 하게 된 경우이다. 2019년 결과를 보아 최근에 종

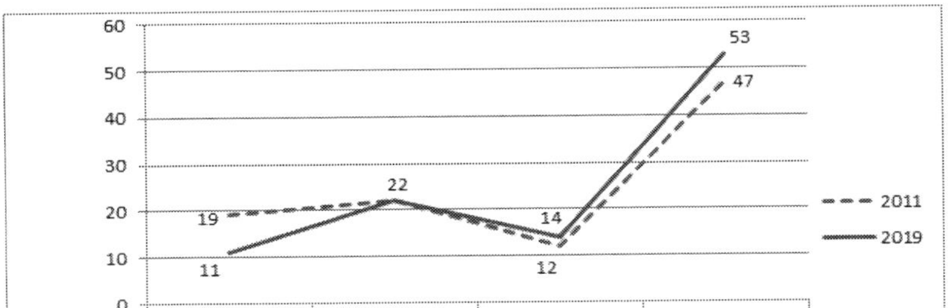

	1년	2-3년	4-5년	6년 이상
2011	19	22	12	47
2019	11	22	14	53

<그림 5-9> 한국 거주 기간

교적인 이유로 결혼하는 결혼이민자가 감소하였음을 알 수 있다.

한국 거주 기간으로 '6년 이상'이 53%, '2-3년'은 2011년과 동일하게 22%, '4-5년'은 14%, '1년'은 8% 감소한 11%를 차지하였다(〈그림 5-9〉). 2011년에서는 6년 이상의 거주자들이 보통 종교적인 이유로 결혼한 일본 여성이라고 하였는데, 2019년 조사 대상자는 종교적인 이유가 아니어도 한국에 거주한 지 10년 가까이 되는 이주 여성의 비율이 가장 높았다. 이는 한국의 국제이주결혼의 역사가 짧지 않음을 나타내고 있다.

현재 주거 형태로 '아파트' 47%, '주택' 32%가 다수를 차지하였고, '5층 미만의 다세대 주택'과 '원룸'은 각각 9%에 해당하였고 '기타'는 3%로 응답하였다(〈그림 5-10〉). 2011년 조사와 소폭의 차이가 있을 뿐이다. 현재 주거 공간이 '자가'인 경우가 36%, '월세' 21%, '전세'와 '시부모님집'은 20%, '기타' 3%로 답하였다(〈그림 5-11〉). 2011년 결과보다 '자가'에 대한 응답이 11% 줄었고, 비안정적인 월세의 주거형태도 5% 상승하였다. 2011년 조사에서도 시부모의 집에서 거주하는 비율이 높았는데 2019년에는 거기에 3%가 더 상승하였다. 이는 한국의 경제침체와 맞물려 여성결혼이민자 가정의 경제적 상황도 더 저하되고 있음을

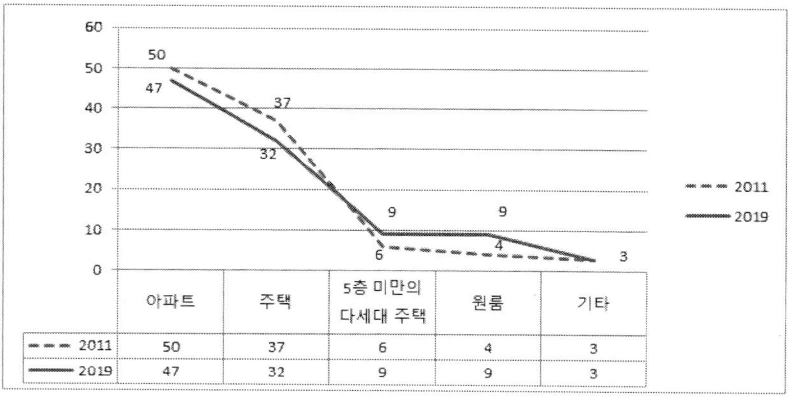

	아파트	주택	5층 미만의 다세대 주택	원룸	기타
2011	50	37	6	4	3
2019	47	32	9	9	3

<그림 5-10> 현재 주거 형태

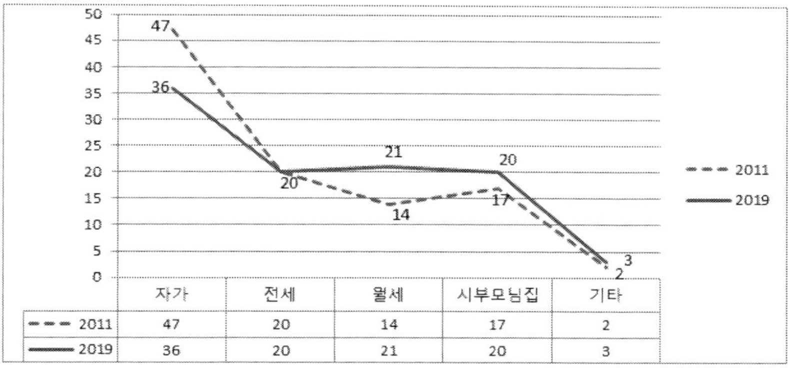

	자가	전세	월세	시부모님집	기타
2011	47	20	14	17	2
2019	36	20	21	20	3

<그림 5-11> 현재 주거 구분

알 수 있는 결과이다.

가족 구성원을 보면 '부부+자녀'가 43%로 가장 큰 비율을 차지하지만 2011년 조사와 비교하여 10% 감소한 결과이다. 그리고 2011년과 비슷하게 자녀의 유무와 관계없이 부부와 시댁 가족이 같이 사는 것이 34%에 이르러 시댁 식구와 같이 사는 비율이 여전히 높음을 알 수 있다(〈그림 5-12〉). 배우자의 가족과 함께 사는 비율이 높은 것은 여성결혼이민

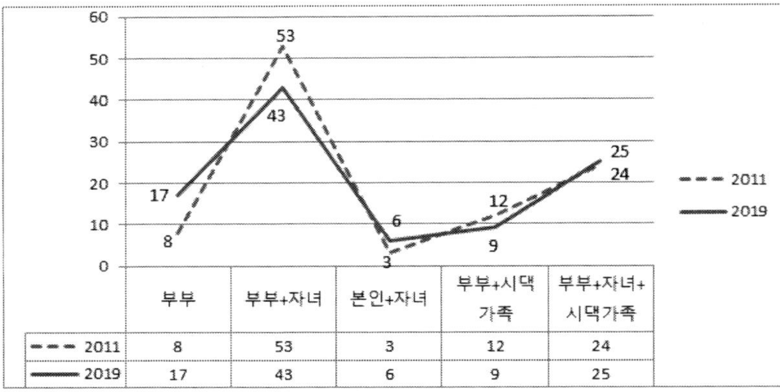

<그림 5-12> 가족 구성원

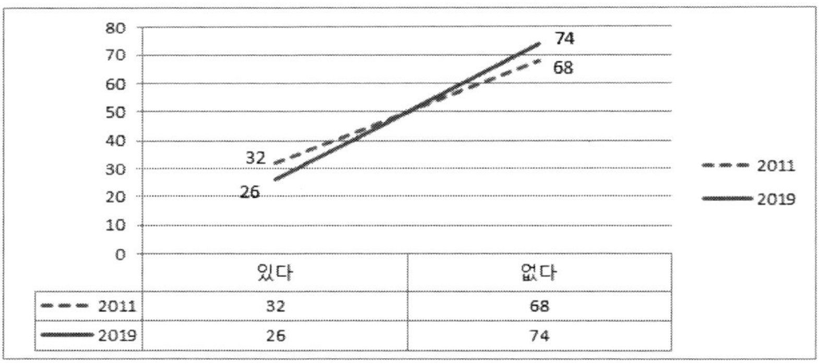

<그림 5-13> 모어로 대화할 수 있는 가족이 있는가

자 가정 중 다수의 경제적 자립도가 여전히 낮음을 보여준다. 부부만으로 구성된 비율은 17%로 2011년에 비해 두 배 이상이 증가하였는데 이는 한국의 저출산 추세를 반영하고 있음을 알 수 있다.

응답자 중 26%가 모어로 대화할 수 있는 가족이 있다고 응답하였다(〈그림 5-13〉). 자녀들이 어릴 때부터 결혼이민자가 자신의 모어를 가르친 경우도 있겠지만 최근 중도입국자녀들이 증가함에 따라 모어로 대화가 가능한 구성원도 증가한 것으로 보인다. 2011년 조사에서는 여성결

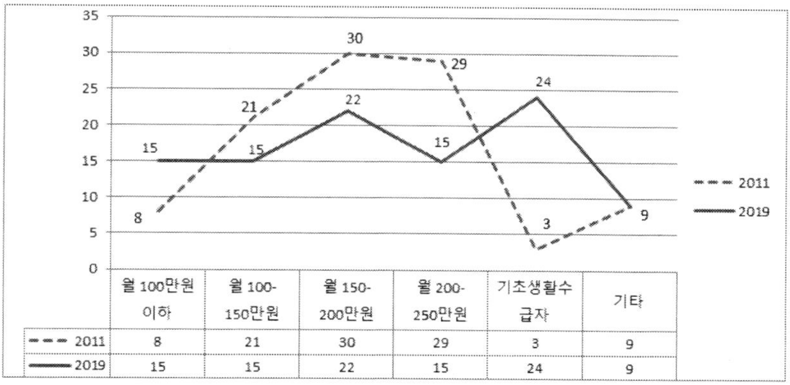

<그림 5-14> 현재 가구의 월수입

혼이민자 중 일본인이 많은 것이 결과에 영향을 끼쳐 엄마의 모어를 가르치는 경우가 30% 정도 되는 것으로 분석하였다.

2019년 현재 개별 가구의 월수입은 2011년 조사와 큰 차이를 보이고 있다. 3%로 가장 낮았던 '기초생활수급자'가 2019년에는 가장 높은 비율인 24%를 차지하고 있다. '월 150-200만 원' 22%, '월 100만 원 이하', '월 100-150만 원', '월 200-250만 원'은 모두 15%의 비율이다(〈그림 5-14〉).

한국에서 2019년 3인 가구 기준 기준중위소득[12]이 3,760,032원[13]인 것을 감안할 때 여성결혼이민자들의 경제적 어려움은 더욱 악화되고 있

12) 「국민기초생활 보장법」 개정에 따라 그간 수급자 선정 및 급여 기준으로 활용되어온 "최저생계비"를 "기준중위소득"으로 개편하여 상대적 빈곤개념 도입하였다.

13) 출처: 통계청, 가계동향조사, 가계금융복지조사.

[단위 : 원/월]

	2015	2016	2017	2018	2019
	[illegible]	[illegible]	[illegible]	[illegible]	[illegible]
1인가구	1,562,337	1,624,831	1,652,931	1,672,105	1,707,008
2인가구	2,600,196	2,766,603	2,814,449	2,847,097	2,906,528
3인가구	3,441,364	3,579,019	3,640,915	3,683,150	3,760,032
4인가구	4,222,533	4,391,434	4,467,380	4,519,202	4,613,536

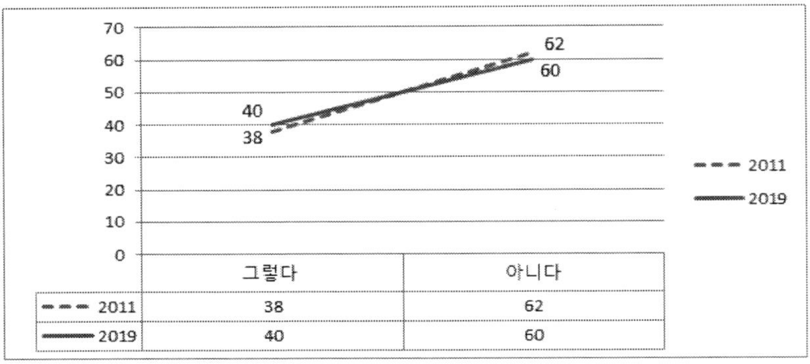

<그림 5-15> 현재 직업이 있는가

는 것으로 파악된다. 이와 같은 결과를 볼 때 다문화가정의 경제적 자립이 가능하도록 안정적인 취업 지원 및 경제적 지원이 시급해 보인다.

여성결혼이민자 중 현재 직업이 없다는 응답이 절반을 넘어 60%를 차지하였다. 2011년과도 비슷한 결과이다(〈그림 5-15〉).[14] 취업의 문턱이 높은 이유도 있지만 한국생활 적응, 출산, 육아 등의 영향도 이런 결과에 일부 영향을 주었을 것으로 보인다.

'한국 국적을 취득했는가'라는 질문에서는 '취득' 24%, '취득 예정' 47%, '미취득' 16%, '취득 원치 않음' 13%로 2011년에 비하여 취득과 '취득 예정'은 증가하고 '미취득'과 '취득 원치 않음'은 감소하였다(〈그림 5-16〉). 이는 '사회통합프로그램[15]'의 영향이 긍정적으로 작용하여 국적 취득자

14) 이는 응답자 중 가장 높은 비율을 차지하는 25-30세(〈그림 5-1〉 참조 2011년 20%, 2019년 32%)가 출산과 육아에 맞물려 있는 시기로 취업이 어려운 상황임을 감안할 수 있다. 그러나 이 시기에서 벗어나면 여성결혼이민자들 대부분이 한국어 초급 과정을 마치고 직업을 찾아 떠난다. 이는 다문화가정의 경제적 사정이 넉넉지 않은 것과도 관련이 있는 것으로 보인다.

15) 사회통합프로그램은 이민자가 우리 사회 구성원으로 적응/자립하는 데 필수적인 기본소양(한국어와 한국문화 및 한국사회 이해)을 체계적으로 제공하는 사회통합교육으로, 법무부장관이 지정한 운영기관에서 소정의 교육을 이수한 이민자에게 체류허가 및 영주자격, 국적부여 등 이민 혜택을 제공하는 핵심적인 사회통합정책이다.

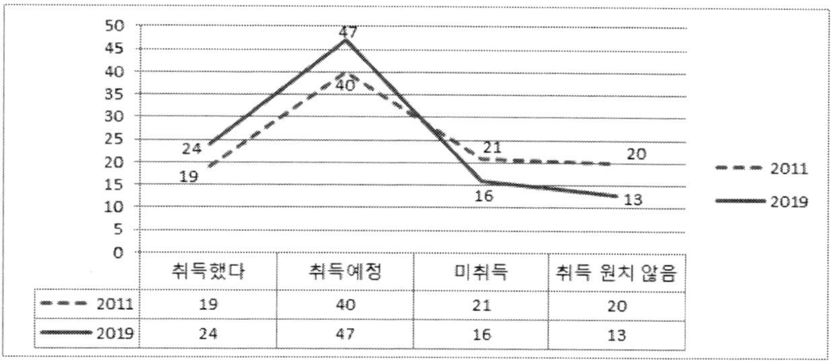

<그림 5-16> 한국 국적을 취득했는가

가 증가한 것으로 보인다. 그럼에도 한국 국적을 취득하지 못한 비율이 여전히 크게 낮아지지 않은 것은 중국 출신 같은 경우 중국 국적을 포기하고 싶어 하지 않는 경향이 강하고, 국적취득의 조건[16] 또한 까다로워 취득이 용이하지 않기 때문이다.

16) 결혼이민자의 국적취득 요건(2019년 4월 기준)

▸국민인 배우자와 혼인한 상태로 대한민국에 2년 이상 계속하여 거주한 경우

▸그 배우자와 혼인한 후 3년이 지나고 혼인한 상태로 대한민국에 1년 이상 계속하여 거주한 경우

▸한국인과 혼인한 상태에서 한국인 배우자의 사망, 실종 또는 그 밖에 자신의 귀책사유 없이 정상적인 혼인생활을 할 수 없었던 자로서 위 1호나 2호의 거주기간을 충족한 자

▸한국인 배우자와의 혼인에 따라 출생한 미성년의 자녀를 양육하고 있거나 양육하여야 할 자로서 위 1호나 2호의 거주기간을 충족한 자

[구비서류]는 상황에 따라 복잡한 서류 13가지가 넘는데 그 중에 본인 또는 동거 가족 명의의 3천만 원 이상의 예금 잔고를 증명할 수 있어야 한다. 여성결혼이민자 중에는 이 돈이 없어서 국적 취득을 포기하기도 한다. 수수료 또한 30만 원이나 되어 부담이 적지 않다.

[국적취득절차] 귀화허가 신청 - 귀화심사 - 귀화허가 결과 통지 - 외국국적포기또는 외국국적불행사서약 - 주민등록신고 - 외국인등록증 반납

(다문화가족지원포털 다누리 외국인 지원 생활정보 참조)

◆ 한국어교육 현황

한국에 오기 전 한국어를 배운 적이 있다는 응답자가 53%로 2011년 조사 결과보다 15% 증가하였다(〈그림 5-17〉). 이는 2014년 4월 1일 개정된 「결혼이민(f-6) 사증발급지침」에 따라 결혼이민자는 초급1 수준의 한국어 의사소통이 가능함을 입증해야 결혼사증을 발급받을 수 있기 때문으로 보인다. 2014년 이후 입국자에 대해서는 「결혼이민(f-6) 사증발급지침」이 적용되므로 앞으로도 한국에 입국하기 전 한국어를 초급까지 학습하는 비율은 꾸준히 증가할 것으로 예상된다.

한국에 와서 한국어를 배운 적이 있다는 응답이 2011년도보다 5% 상승한 74%의 높은 비율을 차지하고 있다(〈그림 5-17〉). 이러한 높은 비율의 이유로는 국가 여러 기관의 많은 홍보가 효과를 거둔 것으로 보인다. 또한 가족과 지인들의 소개를 통해서도 한국어를 배울 수 있는 기회가 많았을 것으로 파악된다. '없다'를 응답한 26%의 여성결혼이민자는 이미 자국에서 취득한 토픽1-2급의 실력만으로 한국 생활을 하고 있을 가능성이 높은 것으로 해석된다.

한국어를 배우는 가장 큰 이유로 '한국가족과의 대화' 37%, '한국사회

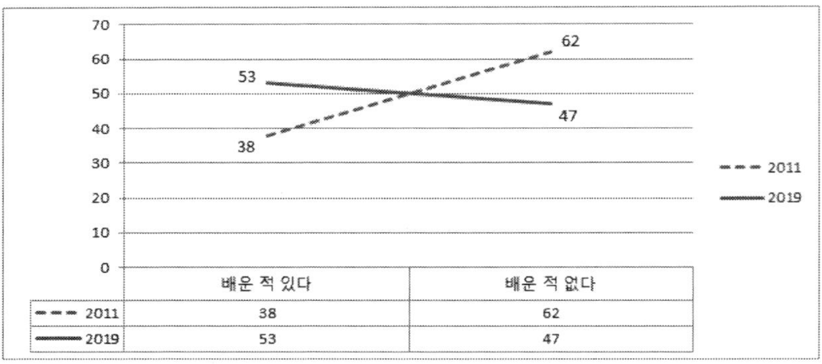

<그림 5-17> 한국에 오기 전 한국어를 배운 적이 있는가

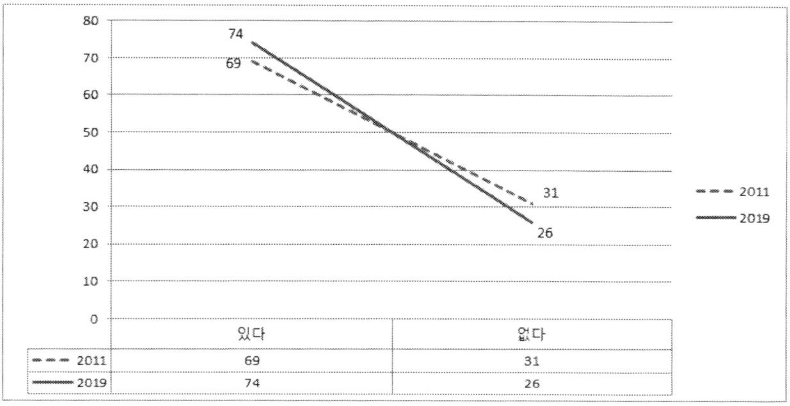

<그림 5-18> 한국에 와서 한국어를 배운 적이 있는가

적응' 33%가 1, 2위를 차지하고 있으며 그 뒤를 이어 '자녀학교 생활 돕기' 20%, '취직' 9% 등의 순이다. '한국가족과의 대화'와 '자녀 학교생활 돕기'의 증가는 2011년에 조사했던 자녀가 성장함에 따라 학령기 자녀의 학부모로서 자녀와의 대화, 자녀의 학교생활을 돕는 것에 결혼이민자의 초점이 모아진 것으로 분석된다(〈그림 5-19〉). 2019년 다문화가족 실태조사에 의하면 영유아보다는 아동 · 청소년 양육에서 학업 · 진로의 정보 부족을 어려워한다고 응답하였다.[17] 이것이 '자녀 학교생활 돕기'의 비율이 2011년에 비해 높아진 이유로 보인다.

2011년과 2019년 동일하게 일상생활에서 한국어 사용 중 의사소통을 저해하는 가장 큰 요인으로 '발음' 부분을 가장 높게 꼽고 있다. 이는 발음 교육을 위한 제도적 지원 및 교재 개발의 필요성을 보여주는 응답일 뿐만 아니라 발음교육의 실제적 효과를 거두기 위하여 여성결혼이민자

17) 여성가족부 2018년 '전국 다문화가족 실태조사'에서 결혼이민자 · 귀화자의 만 6세 이상 자녀 양육에서의 어려움은 1위 학업 · 진로 정보 부족(47.1%), 2위 교육비 · 용돈 부담(40.9%), 3위 인터넷 · 모바일 사용 갈등(25.1%) 순으로 나타났다.

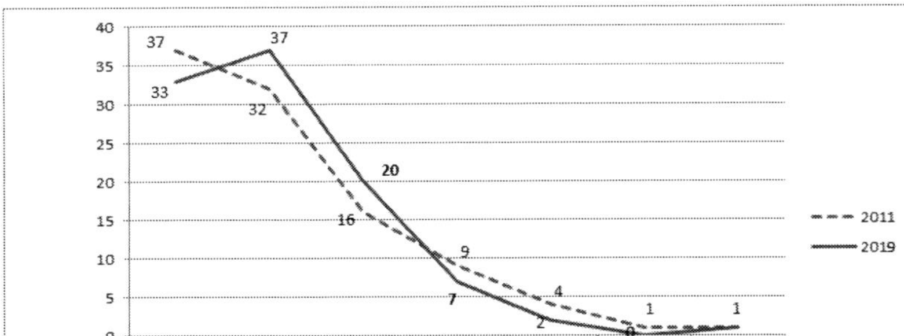

	한국사회 적응	한국가족과 대화	자녀 학교 생활 돕기	취직	무료 교육	종교단체 권유	기타
2011	37	32	16	9	4	1	1
2019	33	37	20	7	2	0	1

<그림 5-19> 한국어를 배우는 가장 큰 이유

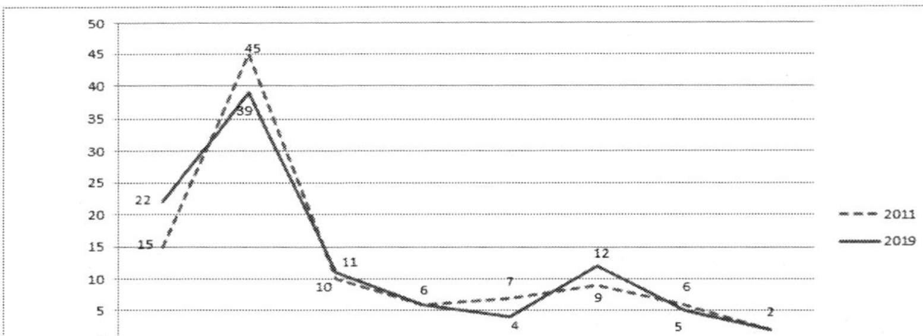

	문법	발음	어휘	억양	문장	문화적 차이	방언 (사투리)	기타
2011	15	45	10	6	7	9	6	2
2019	22	39	11	6	4	12	5	2

<그림 5-20> 일상생활에서 한국어 사용 중 의사소통을 저해하는 가장 큰 요인

에게 한국어를 가르치는 강사들에 대한 '발음' 교육의 필요성 또한 방증하는 응답 결과로 볼 수 있을 것이다. 두 번째로 문법이 15%에서 22%로 상승한 것은 이미 자국에서 1-2급 수준 정도만을 취득하였기 때문에 '문법'이 취약한 상태에서 한국에 이주한 후 중급 수준의 한국어를 체계적으로 배우는 과정에서 문법이 어렵게 느껴지는 것으로 파악된다.

응답자의 현재 한국어 실력에 대한 조사 결과를 살펴보면 〈그림 5-21〉

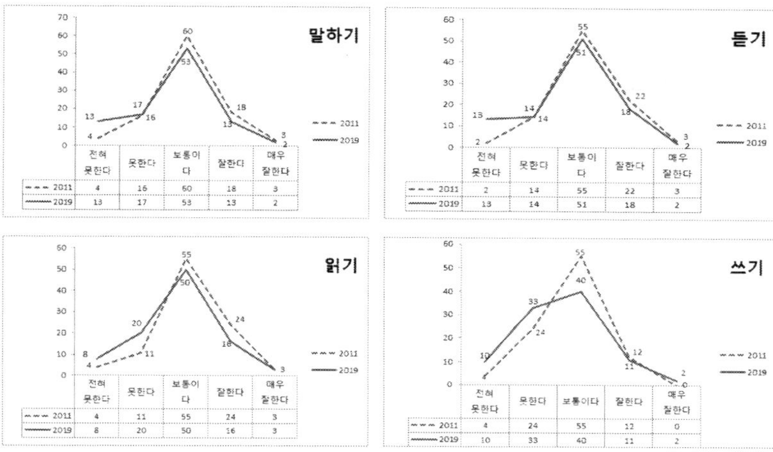

<그림 5-21> 현재 한국어 실력

과 같이 모든 영역에서 '보통이다'가 높게 나타났다. 5점 척도에서 '보통'은 객관적인 기준이 모호할 경우 선택하게 되는 항목이 될 수 있다는 점을 고려하면 대체적으로 여성결혼이민자들이 스스로 생각하는 한국어 실력은 높지 않은 것으로 나타난다. 2011년 결과와 비교하여 주목할 만한 것은 각 영역에서 '전혀 못한다'의 비율이 모두 증가하였고, 쓰기 영역의 경우는 '보통이다'에서는 감소하고 '못한다'의 비율은 9%나 증가한 것이다. 일상생활에서 의사소통을 저해하는 요인인 '발음'뿐만 아니라 '쓰기'영역에서도 한국어 교재의 개선과 교육의 질의 향상이 더욱 필요하다는 것을 알 수 있는 결과이다.

TOPIK[18]을 본 적이 있다고 대답한 응답자는 36%로 나타났다(〈그림

18) 한국어능력시험 TOPIK은 한국어를 모어로 하지 않는 재외동포 · 외국인들에게 한국어 학습 방향 제시 및 한국어 보급 확대를 목적으로, 1997년부터 시행해 오고 있다. 당시 응시자 수가 2,600여 명이었다가 2019년에는 국내외에서 29만여 명에 달할 만큼 증가해 국내 47개국 지역, 해외 75개국 224개 시험장에서 시험이 치러졌다. 시험 시작 후 22년 동안 누적 응시자 수는 212만 명, 특히 최근 5년간은 그 수가 두 배로 증가했다. 출처: 청양신문(http://www.cynews.co.kr) '다문화여성 9명, 한국어

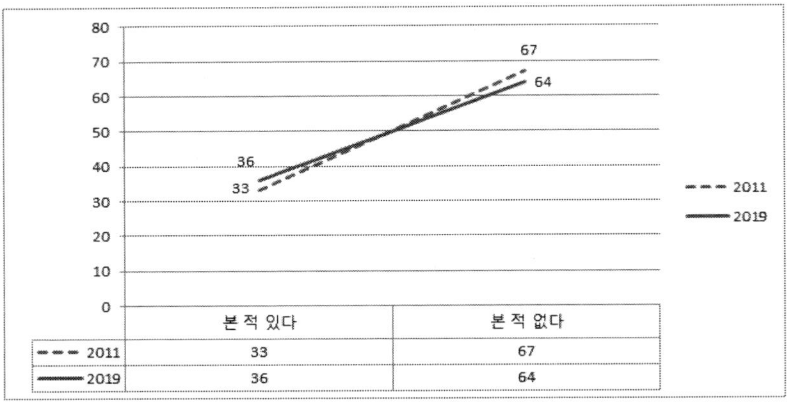

<그림 5-22> 한국어능력시험을 본 적이 있는가

5-22〉). 2011년 조사보다 소폭 상승은 했지만 여성결혼이민자의 한국어 능력시험에 대한 관심은 크게 증가하지 않은 결과이다.

TOPIK 자격은 결혼이민자 비자 발급신청 및 영주권 취득, 국적취득에 유리한 사회통합프로그램 교육과정 이수로 인정이 되는 등 활용도가 높다. 따라서 전국 다문화가족지원센터에서는 여성결혼이민자의 안전한 생활과 한국에서의 권리를 누리도록 토픽 수업을 진행하고 있으며 더 많은 여성결혼이민자가 시험에 응시할 수 있도록 돕고 있다.

위에서 '본 적 있다'고 응답한 여성결혼이민자가 TOPIK을 본 이유로는 '한국어 실력을 알고 싶어서'라는 응답이 38%로 가장 높았으나 2011년과 비교하면 17% 감소한 결과이다. 두 번째로 2011년보다 9% 상승한 '한국국적취득' 항목은 25%이다. 이는 여성결혼이민자들이 증가함에 따라 정상적인 혼인동거 생활을 유지하고 있는 이들도 있지만, 혼인관계 단절자도 2011년보다 증가하면서 적극적으로 한국국적을 취득하고자 하는 이들이 많아졌기 때문으로 보인다.[19] '취업'은 18%로 2011년과

능력시험 토픽 합격' 기사 중에서.

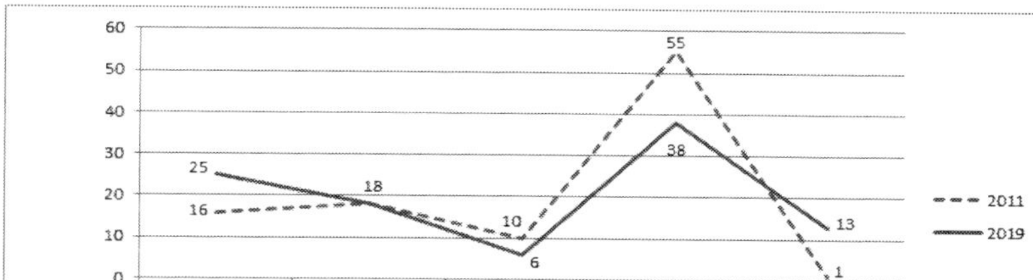

	한국국적 취득	취업	한국어교사의 권고	한국어 실력을 알고 싶어서	기타
2011	16	18	10	55	1
2019	25	18	6	38	13

<그림 5-23> 시험을 본 이유

동일한 결과를 보였고 기타13%에는 '한국에서 오래 살기 위해, 자녀 교육을 위해, 외국인으로서 한국말 배워 살기 위해' 등이 있다(〈그림 5-23〉).

TOPIK을 보지 않은 이유로는 '한국어실력 부족'이 72%로 가장 높았는데 이는 2011년 조사보다 20%나 증가한 결과이다. TOPIK의 필요성을 느끼지만[20] 시험을 보기에는 실력이 부족하다고 느끼는 여성결혼이민자의 주관적인 생각이 이런 결과로 나타난 것으로 보인다. 따라서 앞서 〈그림 5-21〉에서 보이듯 여성결혼이민자의 한국어 실력이 높지 않은 결과가 한국어능력시험을 보지 않는 이유에도 영향을 미친 것으로 파악된다.

2019년에 현재 한국어를 배우고 있다는 응답자는 71%로 나타났다(〈그림 5-25〉). 이는 앞에서 '한국에 와서 한국어를 배운 적이 있는가(〈그림 5-18〉)'라는 질문에 74%가 '배운 적이 있다'고 한 결과와 거의 일치하는 것을 알 수 있는데 2011년에 비해 12% 상승한 이유는 여성결혼

19) 외국인으로서 TOPIK 자격은 여성결혼이민자 비자 발급신청 및 영주권 취득, 국적 취득에 유리한 사회통합프로그램 교육과정 이수로 인정이 되는 등 활용도가 높다. 여성결혼이민자와 외국인의 안전한 생활과 한국에서 권리를 누리기 위해 TOPIK은 필요한 과제라고 할 수 있다.

20) 이들의 특성상 토픽 시험 성적은 없지만 '생활 한국어'는 일상생활이 가능한 수준으로 구사하는 것으로 판단된다.

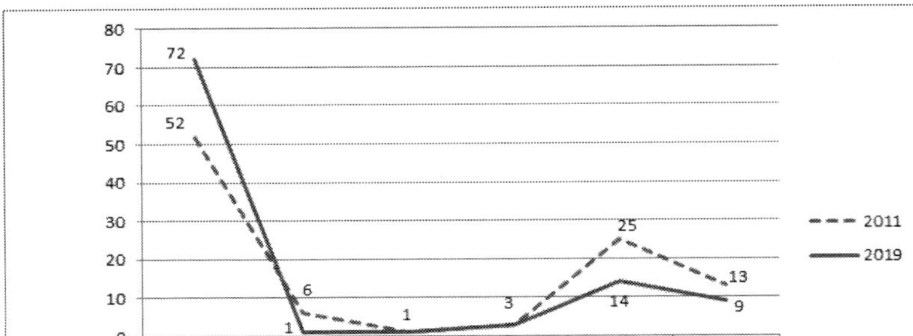

	한국어 실력 부족	응시료가 비싸서	가족의 반대	시험장소가 멀어서	필요성을 못 느껴서	기타
2011	52	6	1	3	25	13
2019	72	1	1	3	14	9

<그림 5-24> 시험을 보지 않은 이유

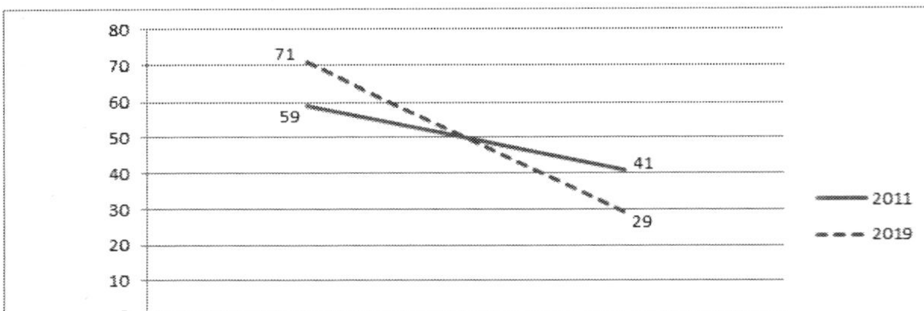

	배우고 있다	배우지 않는다
2011	59	41
2019	71	29

<그림 5-25> 현재 한국어를 배우고 있는가

이민자가 국적을 취득해도 다문화센터에서 진행되는 한국어교육을 받을 수 있는 기회가 많기 때문으로 보인다. 그리고 응답자의 연령에서 가장 높은 비율을 차지하는 25-30세는 출산과 육아로 안정적인 취업이 쉽지 않은 상황이어서 이 기간 동안에 단기과정의 한국어 수업을 수회에 걸쳐 받는 것으로 분석된다.

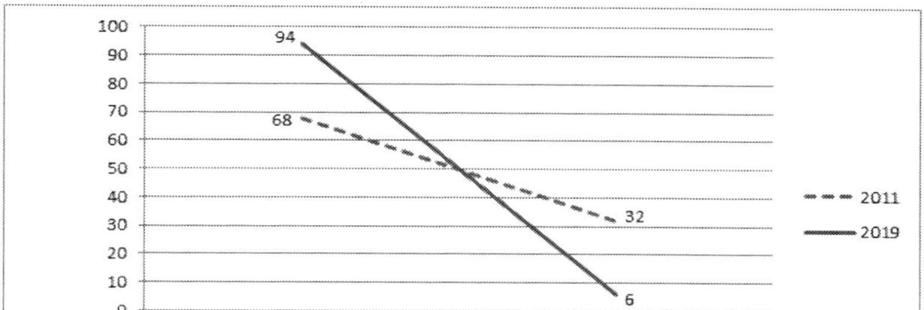

	만족	불만족
2011	68	32
2019	94	6

<그림 5-26> 현재 배우고 있는 수업 시수(시간)에 만족하는가

2019년 조사에서 현재 배우고 있는 수업 시수에 만족한다는 응답은 2011년에 비해 26% 증가한 94%로 나타났다(〈그림 5-26〉). 2011년에 68%에 머문 만족도로 인하여 박시균(2013)에서 결혼이민자들에게 맞는 시수가 어느 정도인지 고민해야 필요성을 제기한 바 있다. 2019년 현재 다문화센터에서의 집합 교육은 1주에 5시간, 방문 교육은 1주에 4시간, 사회통합프로그램은 1주에 8시간으로 진행되고 있다. 결혼생활과 한국어 수업을 병행하는 데 있어서 문제가 되지 않으므로 대부분의 여성결혼이민자들이 수업시수에 대해서 만족하는 것으로 보인다.

한국어교육 중 가장 많이 배우는 영역을 조사하였는데 2011년 결과와 비교 분석하기 위하여 각 영역의 평균값을 구하였다. 그 결과 '말하기', '듣기', '읽기'를 가장 많이 배우는 것으로 나타났고, '쓰기'는 2019년도에 6번째로 낮게 나타났다. '쓰기'의 중요성을 낮게 본 측면과 첨삭지도 등을 해 주어야 하는 등의 교육에 있어서의 어려운 부분이 반영된 결과로 보인다. '발음'은 2011년보다 증가하여 더 배우는 것으로 나타났다. 이는 의사소통을 저해하는 가장 큰 요인으로 '발음' 부분을 가장 높게 꼽는 것과 연관성이 있어 보인다. 2011년과 2019년 모두 '문화' 영역

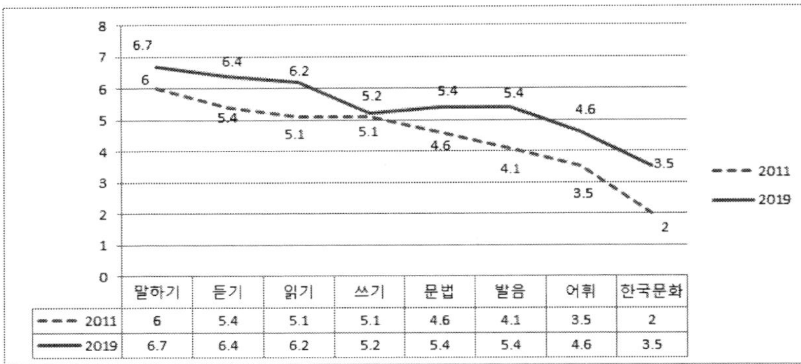

<그림 5-27> 가장 많이 배우는 영역(중복) (단위: 평균값)

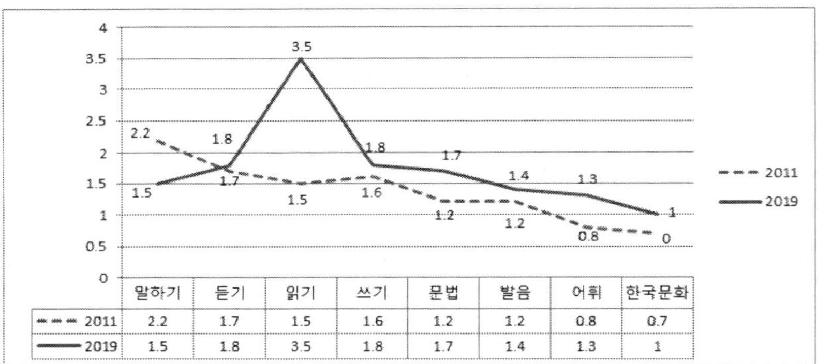

<그림 5-28> 한국어교육 중 가장 만족하는 영역 (단위: 평균값)

은 응답이 높지 않은 비중을 차지하고 있다. 물론 2019년 조사에서 문화의 지수가 높아져서 문화의 중요성이 반영된 것으로 보이지만 여전히 낮은 수치에 머물러 문화의 중요성을 아주 높게 보지는 않고 있는 것으로 분석된다.

한국어교육 중 가장 만족하는 영역을 평균값으로 분석하였는데 '말하기'영역만 2.2에서 1.5로 감소하고 나머지 영역은 모두 증가하거나 적어도 비슷한 수치를 보였다. 그 중 '읽기'영역은 3.5로 가장 만족하는 영역

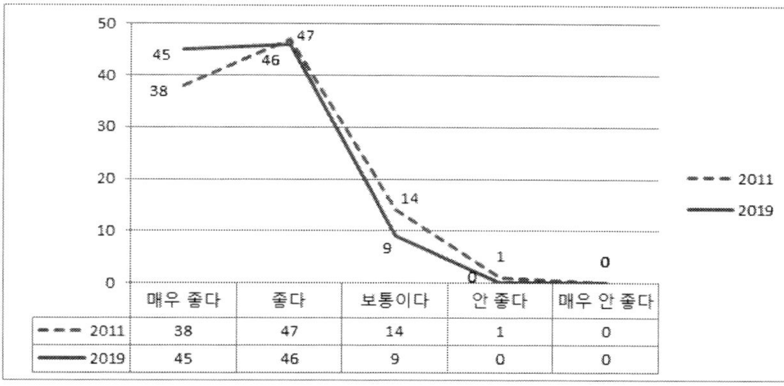

<그림 5-29> 한국어 수업 중 학생이 틀린 부분을 교사가 수정해주는 것이 어떠한가

으로 나타났다(〈그림 5-28〉). 이러한 응답 결과는 2012년부터 확대 시행된 사회통합프로그램으로 인하여 읽기 영역이 증가하여 이에 따른 만족도가 상승하였을 것으로 분석된다. 또한 읽기 교육으로 정확한 발음 지도를 받을 수 있고, 어휘의 확장이 일어나며 이미 학습된 어휘와 문법의 확인과 유창성을 향상시킬 수 있는 장점이 있다. 그리고 읽기 텍스트 안에서 목표 언어사회의 사회문화적 배경을 이해할 수 있으므로 여성결혼이민자의 '읽기'영역에 대한 만족도가 높은 것으로 파악된다. 유일하게 감소한 '말하기'영역을 살펴보면 〈그림 5-27〉에서 가장 많이 배우는 영역으로 말하기의 수치가 높아졌는데도 불구하고 만족도 부분에서는 2.2에서 1.5로 낮아졌다. 이것은 말하기 수업의 질이 저하된 것이 아닌가 하는 합리적인 의심을 갖게 하는 부분이다.

한국어 수업 중 학생이 틀린 부분을 교사가 수정해주는 것이 '매우 좋다'는 응답이 45%를 포함하여 '좋다'가 91%로 대부분의 학생들이 수업 중 오류 수정을 아주 긍정적으로 생각했다(〈그림 5-29〉). 학습 효과면에서도 유창성과 정확성을 높이는 데는 수정이 꼭 필요하다고 판단된다. 다만 학습자의 성격과 유형에 따라 적절한 수정방법을 잘 선택하는 것

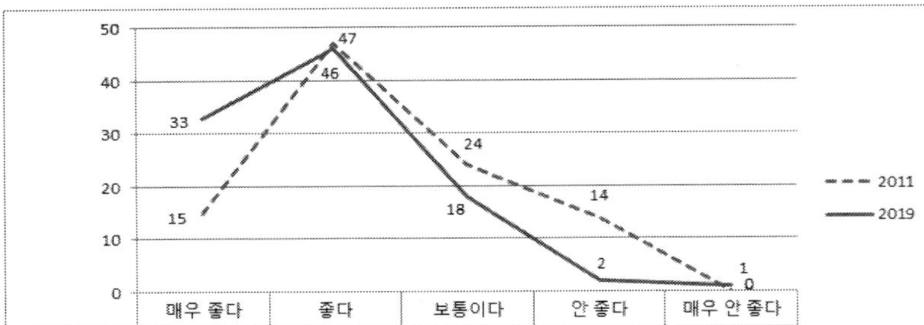

	매우 좋다	좋다	보통이다	안 좋다	매우 안 좋다
2011	15	47	24	14	0
2019	33	46	18	2	1

<그림 5-30> 교사가 수업 중 한국어와 외국어를 같이 사용하는 것은 어떠한가

이 중요하다.[21]

교사가 수업 중 한국어와 학습자의 모어 등 이중 언어를 사용하는 것에 대하여 '좋다' 이상의 응답이 79%를 차지한다. 이는 한국어교육 중 초급과정반의 비율이 가장 높으므로 초급 학습자 입장에서는 모어를 통해 어휘나 어법 설명을 들으면 이해도가 높기 때문이다. 일반적으로 교사가 학습자의 모어 발음이나 어순 등 발달 단계를 잘 알고 있으면 교사는 그것을 바탕으로 자신이 가르치는 학습자들의 언어 학습 내용과 더불어 발음 비교를 통해서도 학습자들의 학습 요구를 적절히 통합하여 수업을 진행할 수 있다. 그러므로 교사가 수업 중 한국어와 학습자의 모어를 같이 사용하는 것에 '보통' 이상의 응답이 97%를 차지하는 것이다(〈그림 5-30〉).

여성결혼이민자 응답자 중 방언교육이 필요하다는 응답은 2011년 보다 11% 증가한 71%로 나타났다(〈그림 5-31〉). 방언 교육이 필요한 이

21) 박시균, 이수진(2014)에 따르면 오류 수정에 대한 긍정적 반응과 효과는 초급 학습자의 경우에 강하게 나타난다고 한다. 중급과 고급 학습자의 경우에는 오류 수정을 자신의 실력에 대한 부정적인 지적으로 생각하는 경향이 나타날 수 있어 중, 고급의 학습자에 대한 오류 수정을 할 때는 좀 더 세심하게 접근할 필요가 있다.

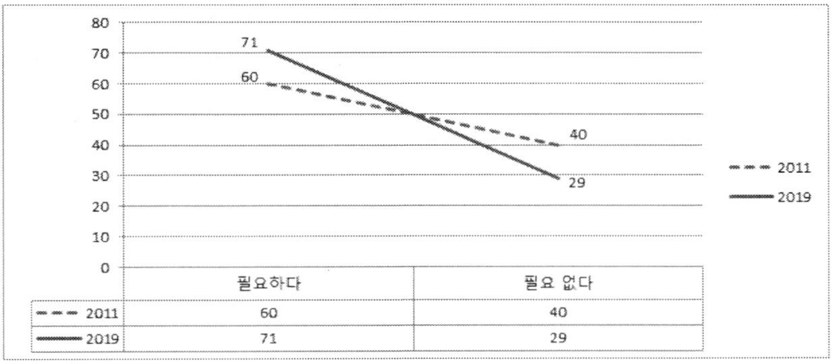

<그림 5-31> 방언교육의 필요성

유는 2011년 조사와 유사하게 나타났다. 표준어를 사용하는 수도권 지역이 아닌 지방 거주 결혼이민자는 방언을 모르면 남편과 시댁 식구, 주변 지인들과의 대화 등 일상생활에서 의사소통에 문제가 생기기 때문인 것으로 보인다. 하지만 현재 한국어교육은 표준어를 중심으로 이루어지고 있기 때문에 일반적으로 해당 지역 한국어 강사가 수업 중에 그 지역의 방언을 조금씩 가르치는 것으로 알려져 있다. 효과적인 방언 교육을 위해서는 어휘, 문법, 발음 등 방언을 구성하는 전반적 요소에 대해 교육할 수 있는 방향을 마련하는 것이 필요하다. 특히 어휘는 표준어와 그 차이가 크다는 것이 방언 어휘의 교육에 있어 문제점으로 드러났다. 이러한 문제를 해결하기 위해서는 체계적인 방언 어휘 빈도 조사와 더불어 이를 효과적으로 교육할 수 있는 어휘교육 방안이 동시에 모색되어야 할 것이다(우창현, 2011).

현재 한국어를 배우지 않는 이유로는 '자녀를 돌봐야 해서' 25%, '학습장이 멀어서 23%' 등의 응답이 높게 나타났다. 2011년에 비해 여성결혼이민자들의 자녀들이 성장함에 따라 학령기 아동을 돌봐야 하는 상황에 놓인 결과로 보인다. 다문화가정의 꾸준한 증가와 함께 공교육에 진입한 다문화가정의 자녀들 또한 증가하고 있다. 최근 5년간 전체 학령기

인구가 매년 약 15만 명씩 감소하는 추세인 데 반해 교육부(2020)에 따르면 2019년 기준 초·중·고등학교(외국인학교 제외)에 재학중인 다문화가정 학생은 137,225명으로 매해 증가하여 전체 학생의 2.51%를 차지하고 있다.[22)]

'학습장이 멀어서'라는 응답도 19%가 증가한 23%나 되는데 이는 응답자 다수의 거주지가 도심 외곽지역에 있는 것으로 파악되고 2011년에는 종교적 이유로 결혼한 일본 응답자들이 거주지 주변인 종교단체 시설에서 한국어를 배운 비율이 높았던 반면 2019년에는 지역의 다문화센터와 같이 정해진 곳으로 나와야 하는 경우가 증가한 결과로 분석된다. 학습장과 원거리에 있는 여성결혼이민자는 대중교통을 이용하는 것이 쉽지 않고 눈, 비 등 날씨에 직접적인 영향을 받기도 하므로 차량 운행이나 온라인 수업 등이 해결 방안으로 요구된다.

'집안일이 많아서'는 2011년에 비해 10% 낮아졌는데 2019년에는 가사 노동의 부하가 많이 낮아졌음을 이 답변에서 확인할 수 있다. 한국어를 배우는 것에 학습장과의 거리가 큰 장애가 되므로 이를 해결하기 위한 방안을 세워나가야 할 것이다. 기타 응답 비율이 30%로 가장 높았는데 '농번기', '농사지어야 해서' 등의 가사 외에 농사나 밭일 등을 기타 응답으로 답하였고, 이외에 '배우지 않아도 소통을 잘해요', '한국어를 잘한다' 등 학습에 대한 필요성을 느끼지 않는 경우도 있었다(〈그림 5-32〉).

---

22) 교육부, 출발선 평등을 위한 2020년 다문화교육 지원계획, p.27, 2020.2.

□ **다문화학생 현황** (단위 : 명, 출처 : 교육통계, 4.1. 기준)

∘ 총괄

연도 인원수	2013	2014	2015	2016	2017	2018	2019
다문화학생 수(A)	55,780	67,806	82,536	99,186	109,387	122,212	137,225
전체학생 수(B)	6,489,349	6,294,148	6,097,297	5,890,949	5,733,132	5,592,792	5,461,614
다문화학생비율 (A/B*100)	0.86%	1.08%	1.35%	1.68%	1.91%	2.19%	2.51%

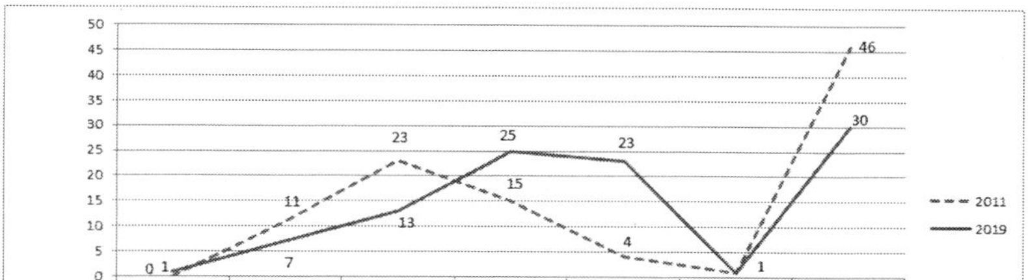

	가족들이 공부하는 것을 싫어해서	가르쳐주는 프로그램을 몰라서	집안일이 많아서	자녀를 돌봐야해서	학습장이 멀어서	공부하는 것이 싫어서	기타
2011	0	11	23	15	4	1	46
2019	1	7	13	25	23	1	30

<그림 5-32> 현재 한국어를 배우지 않는 이유

◆ 정부지원 사업(한국어교육) 만족도

여성결혼이민자를 위한 정부지원 사업을 알고 있다는 응답은 76%로 나타났다(〈그림 5-33〉). 2011년에 비해 소폭 상승하였지만 여전히 정부지원 사업을 모르는 사람도 24%에 이르므로 이들에 대한 정부나 지자체가 지속적인 홍보를 해야 할 필요가 있다.

정부지원 사업에 대해 알게 된 방법으로 '친구 및 아는 사람'이 2011년 58%에서 42%로 감소하고, '한국정부의 홍보'와, '가족'을 통해 알았다는

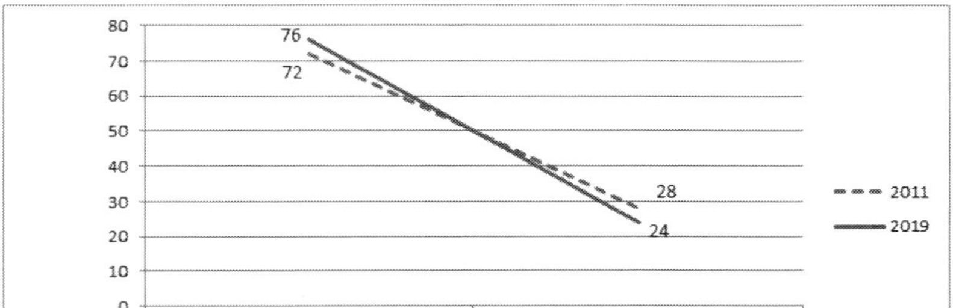

	알고 있다	모른다
2011	72	28
2019	76	24

<그림 5-33> 여성결혼이민자를 위한 정부지원 사업을 알고 있는가

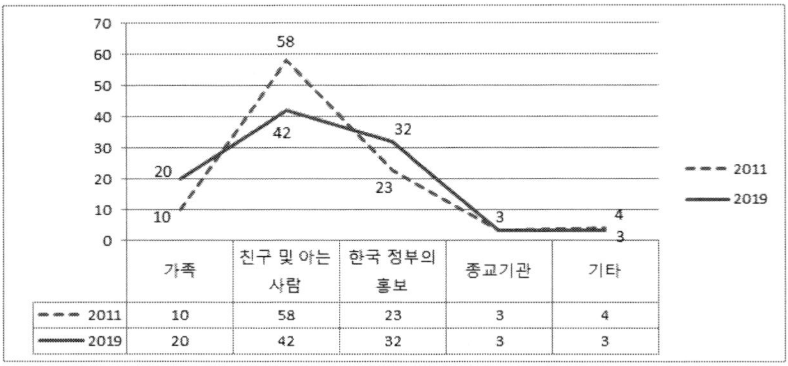

	가족	친구 및 아는 사람	한국 정부의 홍보	종교기관	기타
2011	10	58	23	3	4
2019	20	42	32	3	3

<그림 5-34> 어떻게 알게 되었는가

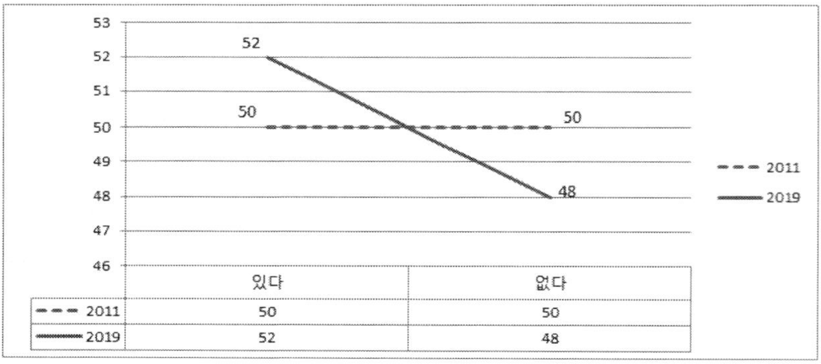

	있다	없다
2011	50	50
2019	52	48

<그림 5-35> 정부지원 사업에 참여한 적이 있는가

응답이 각 9%, 10% 증가하여 32%, 20%를 차지하였다. 한국 정부기관의 홍보가 실효를 거두고 있으며, 여성결혼이민자 가족들의 협조도 증가한 것으로 파악된다. 하지만 여전히 '친구 및 아는 사람'의 비율이 가장 높게 나타나 정부가 정부지원 사업의 홍보를 위해 좀 더 지속적인 노력을 기울여야 할 것으로 분석된다.

정부지원 사업을 알고 있는 여성결혼이민자가 76%나 되지만(〈그림 5-33〉) 사업에 참여한 적이 있다는 응답은 52%에 그쳤다(〈그림 5-35〉).

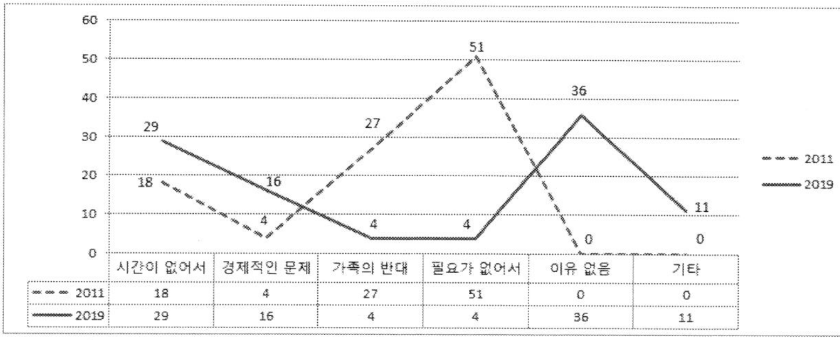

<그림 5-36> 정부지원 사업에 참여하지 않은 이유

첫 조사에서 8년이 지났지만 2011년 조사 때와 큰 차이 없이 정부지원 사업에 적극적으로 참여하지 않는 이유를 분석하여 전체적으로 참여도를 높일 수 있는 가능한 방안을 적극적으로 모색해야 할 것이다.

정부지원 사업에 참여하지 않은 이유가 2011년 조사와 대조적이다. 2011년에 0%였던 '이유 없음'이 2019년에는 36%로 가장 높은 비율을 차지하였다. 이러한 높은 수치의 응답에 대한 정밀한 조사가 차후 이루어져야 하겠지만 '이유 없음'이 높게 나온 이유는 '지원 사업 자체'에 강한 관심 및 흥미가 없기 때문으로 분석할 수 있는 측면도 있다.

2011년에 51%로 가장 높았던 '필요가 없어서'라는 응답은 4%대로 대폭 감소하였다. '가족의 반대' 또한 2011년에는 다소 높은 27%를 차지하였는데 2019년에는 많이 줄어서 4%이다. '시간이 없어서'와 '경제적인 문제'는 10% 이상 증가하였는데 이는 경제적인 문제로 아르바이트나 취업으로 인해서 시간 부족 현상이 나타나 정부지원 사업에 참여하기 어려운 상황으로 파악된다(〈그림 5-36〉).

참여한 정부지원 사업에는 '한국어교육'이 가장 높았고 그 뒤를 이어 '한국요리 강습'과 '한국문화 체험' 등이 있다. 2011년에 비하여 컴퓨터 교육 참여는 감소하고[23] '가족상담 및 교육'과 '임신 및 출산교육'은 증

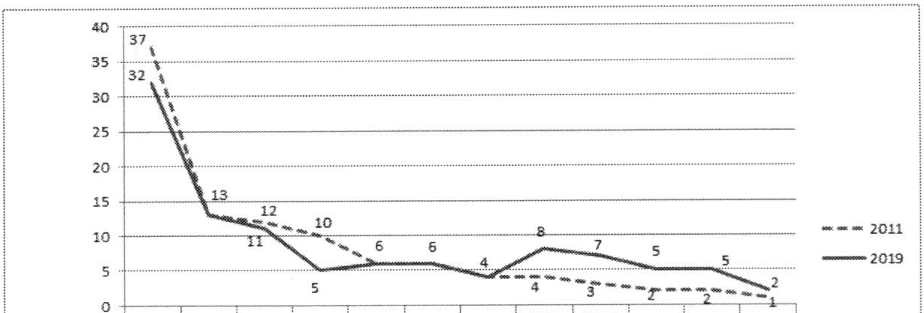

	한국어 교육	한국 요리 강습	한국 문화 체험	컴퓨터 교육	초중고 자녀학습교육	영유아 자녀 교육	취업 교육	가족 상담 및 교육	임신 및 출산 교육	법률 상담	의료 상담	기타
2011	37	13	12	10	6	6	4	4	3	2	2	1
2019	32	13	11	5	6	6	4	8	7	5	5	2

<그림 5-37> 참여한 정부지원 사업

가하였다(〈그림 5-37〉). 이는 다문화가정 부처에서 관련 사업을 매해 활발히 진행시키고 있는 것을 보아도 알 수 있다. 법률상담도 증가하였는데 앞으로도 이 사업은 증가할 것으로 예상된다. 정부에서 상담과 법률지원 등의 체계를 구축하는 데 더욱 노력하고 있기 때문이다.[24)]

2019년 정부지원 사업 만족도에 있어서 전체적으로 만족도가 증가하였다. 특히 한국어교육은 2011년과 같이 월등하게 높은 비율을 차지하였는데 이는 한국생활 적응에 필요한 의사소통 수단인 언어가 필수불가결한 요소이기 때문으로 보인다. 두 번째로는 '한국문화체험'이 2.1로 나타났고 나머지는 그 뒤를 이어 '한국요리강습', '영유아자녀교육', '가족

23) 컴퓨터 교육 참여가 감소한 이유는 이 교육에 참여해서 교육을 받은 여성결혼이민자 수가 많아지면서 새롭게 교육을 받을 인원의 수가 적게 남아있기 때문일 것으로 분석된다.

24) 법무부는 2017년 5월 1일부터 무료 법률지원 서비스 '법률홈닥터'를 전국 60개 지역으로 확대 · 운영한다고 30일 밝혔다. 기초생활수급자, 장애인, 다문화가정 등 취약계층을 대상으로 테마별 지원도 진행한다.

-출처: 찾아가는 법률서비스 '법률홈닥터' 60개 지역으로 확대
(서울=뉴스1) 조재현 기자 | 2017-04-30

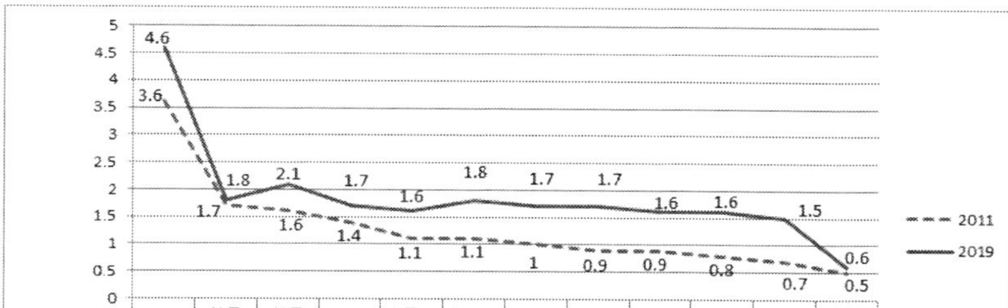

	한국어 교육	한국 요리 강습	한국 문화 체험	컴퓨터 교육	초중고 자녀학습교육	영유아 자녀 교육	취업 교육	가족 상담 및 교육	임신 및 출산 교육	법률 상담	의료상담	기타
2011	3.6	1.7	1.6	1.4	1.1	1.1	1	0.9	0.9	0.8	0.7	0.5
2019	4.6	1.8	2.1	1.7	1.6	1.8	1.7	1.7	1.6	1.6	1.5	0.6

<그림 5-38> 정부지원 사업 만족도 (단위: 평균값)

상담 및 교육', '취업교육' 등에 비슷한 척도의 만족도를 보였다(〈그림 5-38〉). 여성결혼이민자들이 한국문화에 적응하며 자녀를 교육하고 결혼 생활을 유지하는 데 필요한 내용의 교육이 만족도 지수가 높게 나타난 것으로 나타났다. 한편으로는 자신들이 참여한 정부지원 사업 순으로 만족도가 높은 것으로 응답되었다.

한국어교육에 대한 만족도가 전반적으로 높게 나타나고 특히 '매우 만족'의 비율이 2011년의 18%에서 2019년에는 31%로 높아진 것은 여성가족부와 법무부 등이 여성결혼이민자를 대상으로 하는 한국어교육을 시행하면서 맞춤식 교육 과정, 전문 교재 개발[25]과 함께 꾸준히 교육 현장의 문제점을 개선해 온 결과라 할 수 있다(〈그림 5-39〉). 한국어교육에 대한 만족도 설문은 박시균 「다문화가정 구성원에 대한 투트랙(two track) 한국어교육방안 연구」에서 실질적인 조사는 이루어졌으나

25) 국립국어원은 2010년에 출판한 『결혼이민자와 함께하는 한국어』, 『알콩달콩 한국어』에서 여성결혼이민자의 주체적 역할을 강조할 필요성이 제기되어, 2017년부터 기존 교재를 전면 개정하여 양성평등 관점이 반영된 『다문화가정과 함께하는 한국어』 2종 8권을 출판했다. 개정된 교재는 개발 단계에서부터 여성가족부에 성별영향 분석평가를 의뢰하여 그 내용을 반영했다고 한다. 2019.09.11.CBS노컷뉴스 참조.

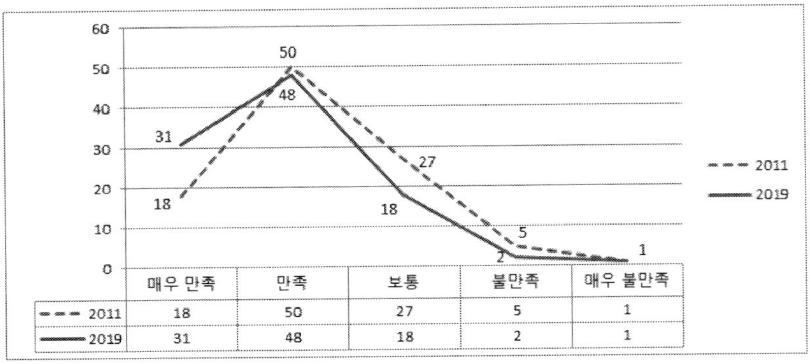

	매우 만족	만족	보통	불만족	매우 불만족
2011	18	50	27	5	1
2019	31	48	18	2	1

<그림 5-39> 한국어교육에 대한 만족도

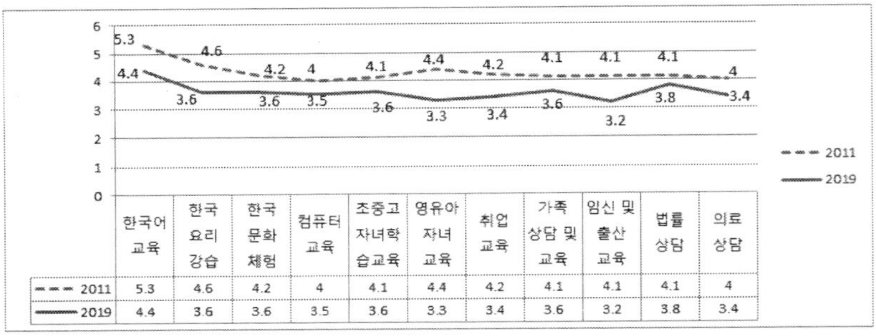

	한국어 교육	한국 요리 강습	한국 문화 체험	컴퓨터 교육	초중고 자녀학습교육	영유아 자녀 교육	취업 교육	가족 상담 및 교육	임신 및 출산 교육	법률 상담	의료 상담
2011	5.3	4.6	4.2	4	4.1	4.4	4.2	4.1	4.1	4.1	4
2019	4.4	3.6	3.6	3.5	3.6	3.3	3.4	3.6	3.2	3.8	3.4

<그림 5-40> 정부지원 사업의 필요성 (단위: 6점 척도)

책에 따로 싣지 않은 부분이다. 그래서 그림 번호를 〈그림 5-39〉로 하여 2011년과 2019년 조사 결과를 분석하였음을 밝힌다.

정부지원 사업의 필요성 조사에서 2011년 결과보다 전체적으로 1점 정도 비교적 낮은 척도를 보이고 있으나 2019년도 역시 정부가 지원해야 할 사업의 필요성에서 여성결혼이민자가 일상생활을 함에 있어 필요한 항목이 골고루 나타난 것으로 보아 정부지원 사업이 계속되어야 할 필요성은 여전히 있는 것으로 분석된다. 2011년과 2019년 모두 '한국어교육'사업 필요성의 응답 비율이 가장 높은 것으로 나타났다(〈그림

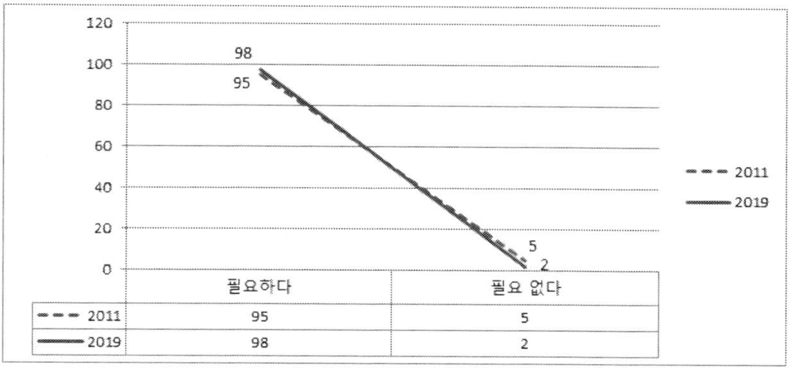

<그림 5-41> 한국어교육의 필요성

5-40〉).[26] 이는 언어가 그 언어를 사용하는 사회구성원들의 삶이나 다양한 문화를 간접적으로 경험할 수 있게 할 뿐 아니라 의식주를 포함하는 생활양식이나 사회적 지위와 같은 사회적 특성을 포함하여 사회 구성원들의 생각이나 가치관에 대해 파악할 수 있게 하므로 여성결혼이민자의 이러한 응답은 당연한 결과라고 할 수 있다.

한국어교육의 필요성에 관해서는 총 응답자 중 98%가 한국어교육이 필요하다고 답하였다(〈그림 5-41〉). 그 이유로 '가족과의 의사소통', '자녀에게 한국어를 잘 가르쳐주고 싶음' 등의 의견을 말하였다. 이처럼 여성결혼이민자에게 한국어교육은 떼려야 뗄 수 없는 필수적인 부분이라는 것을 알 수 있다.

2011년 조사와 마찬가지로 2019년에도 한국어를 사용하는 데 가장 필요한 영역으로 '말하기' 응답비율이 57%로 압도적으로 높았고, '듣기' 19%, '읽기' 12%를 순으로 나타났다. '쓰기', '문법', '발음', '어휘'는 비교적 낮게 나타났다(〈그림 5-42〉). '쓰기'의 필요성이 조금 낮아졌고 '어

26) 매우 필요, 필요, 보통, 필요 없음, 전혀 필요 없음, 잘 모름 항목으로 6점 척도로 조사함.

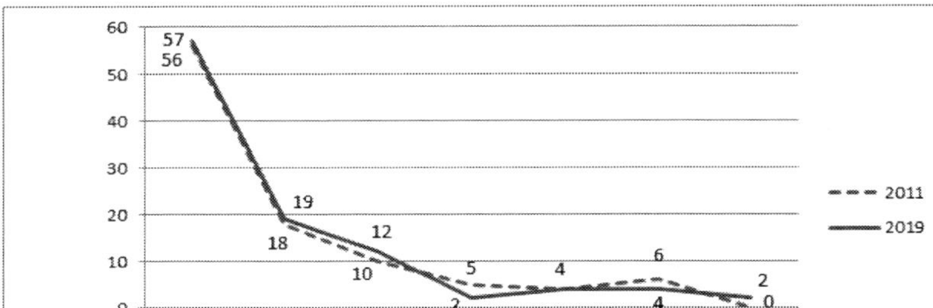

	말하기	듣기	읽기	쓰기	문법	발음	어휘
2011	56	18	10	5	4	6	0
2019	57	19	12	2	4	4	2

<그림 5-42> 한국어를 사용하는 데 가장 필요한 영역

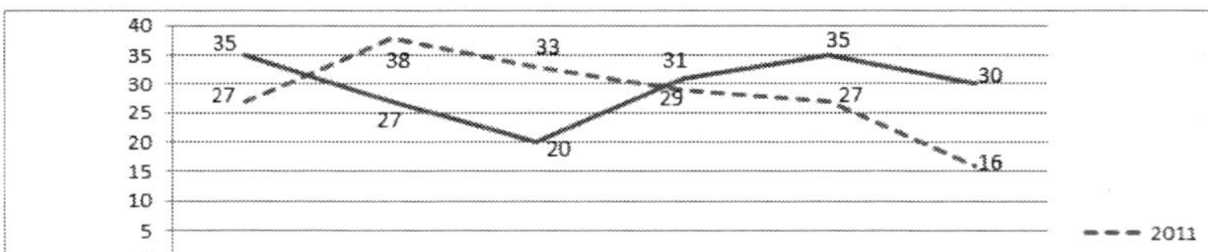

	다양한 시간대의 강의 개설	수준에 맞는 분반 개설	교통편 / 교통비 지원	한국어교육 장소에 놀이방 시설 운영	다양한 문화수업 개설	가족들의 이해를 구하는 상담지원
2011	27	38	33	29	27	16
2019	35	27	20	31	35	30

<그림 5-43> 한국어교육을 받기 위해 가장 필요한 지원(중복)

휘'의 중요성에 대해서 낮은 비율이지만 생각하게 된 것은 미미한 변화로 받아들여진다.

한국어교육을 받기 위해 가장 필요한 지원으로 '다양한 시간대의 강의 개설' 35%, '다양한 문화 수업 개설' 35%, '한국어교육 장소의 놀이방 시설 운영' 31%, '가족들의 이해를 구하는 상담지원' 30% 등이 높은 비율로 나타났다(〈그림 5-43〉). 2011년에 비해 경제적인 지원보다는 수업 시간대, 문화 그리고 학습 환경에 대한 지원을 필요로 하는 것으로 파악된다. 14% 증가한 '가족들의 이해를 구하는 상담지원'을 보면 한국인 배

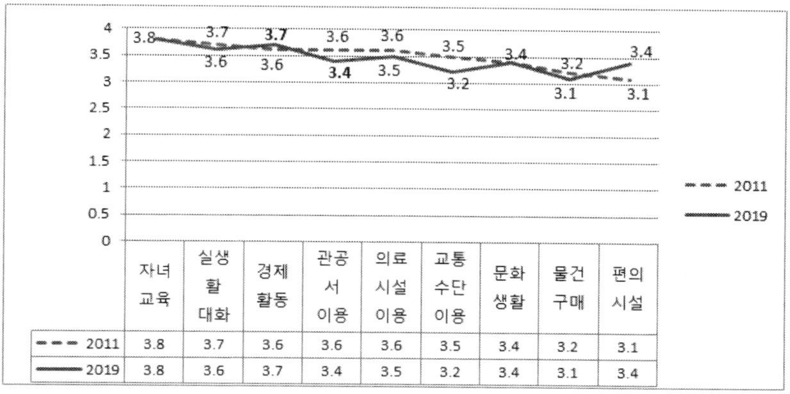

<그림 5-44> 한국어교육내용의 필요성 (5점 척도)

우자와 결혼하였지만 본인의 정체성과 문화에 대한 이해를 가족으로부터 받고자 하는 심리가 상승되었음을 알 수 있다.

한국어교육 내용의 필요성 부분에서 2011년 결과와 마찬가지로 제시한 9개 부분에 고루 3점 이상의 척도를 보였다. 이는 여성결혼이민자의 생활과 밀접하게 관련된 내용을 좀 더 한국어 교재에 담을 수 있도록 해야 함을 시사하고 있다(〈그림 5-44〉). 그러나 이러한 내용을 교실에서 교재 위주의 이론 수업으로만 진행한다면 교재를 통해 전달되는 정보의 양이 한정되고 실생활에 활용되지 못하는 한계에 부딪칠 수 있으므로 교실수업과 체험활동 수업으로 나누어 진행하는 수업방식도 고려해 보아야 할 것이다(구미숙, 2014). 설문에서 제시한 9개 영역 외에도 한국 역사, 한국 전통문화, 현대문화 등의 내용을 함께 공부하고 싶어 했다.

◆ '다문화' 용어 및 개념 이해도 조사

다문화라는 용어는 문자 그대로 '다양한 여러 문화'로 우리 나라에서는 2006년부터 다문화 가정, 다문화 사회, 다문화 국가, 다문화교육 등

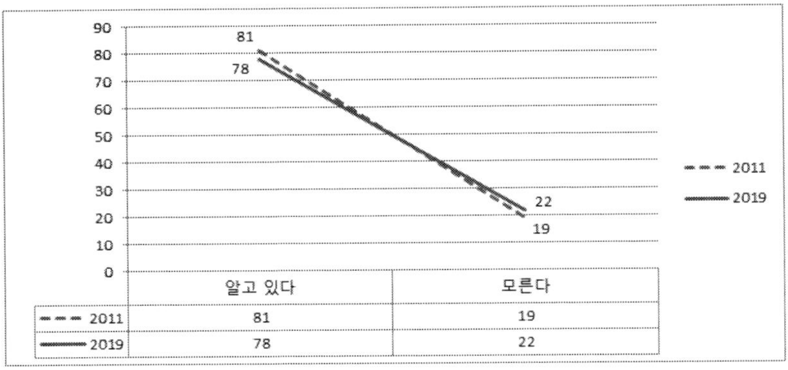

<그림 5-45> '다문화'라는 단어의 뜻을 아는가

우리 주변을 구성하는 각 분야와 결합하여 쓰이고 있다.[27] 이러한 '다문화'라는 단어의 뜻을 안다고 답한 응답자는 78%로 높게 나타났고 22%는 '다문화'라는 용어를 모른다고 응답하였다(〈그림 5-45〉). TV 프로그램, 미디어 등 다양한 곳에서 '다문화'와 관련된 정보들이 많아졌음에도 불구하고 '알고 있다'는 응답이 증가하지 않고 오히려 2011년보다 3% 감소한 결과를 보였다. 이는 '다문화'의 일반적인 의미를 모른다기보다는 '다문화'를 학술적이고 교육적인 개념으로 이해하여 응답한 부분으로 해석된다.

'다문화' 용어에 대한 생각으로 '긍정적'이라는 응답은 42%로 2011년과 비슷하였고, '매우 긍정적'은 13% 상승한 27%에 달하여 전반적으로 긍정적인 생각을 갖고 있다는 것을 알 수 있었다. '부정적' 7%, '매우 부정적' 1%로 부정적으로 생각하는 응답은 2011년에 비하여 감소하였다(〈그림 5-46〉). 그간 다문화에 대한 한국 사회 전반의 인식이 갈수록

27) 다문화라는 단어는 한국계 미국인 미식축구 선수 하인즈 워드가 2006년 한국에 방문하고 나서부터 대두된 용어이다(이순배 외, 『한국사회의 다문화현상 이해』 p.52 출판사 공동체).

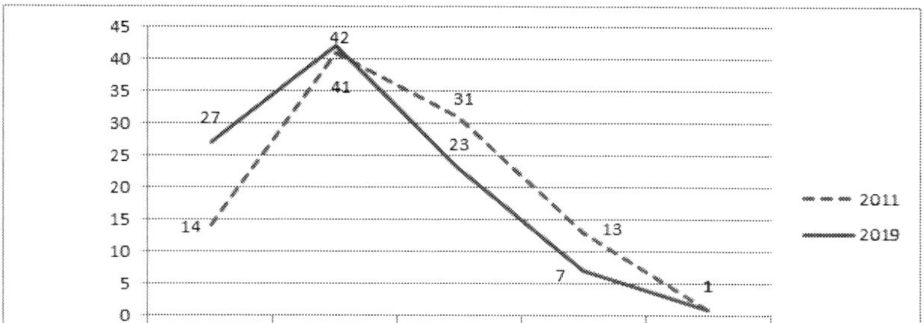

	매우 긍정적	긍정적	잘모르겠다	부정적	매우 부정적
2011	14	41	31	13	1
2019	27	42	23	7	1

<그림 5-46> '다문화'라는 단어를 어떻게 생각하는가

좋게 변화한 것으로 보이고 이런 인식을 여성결혼이민자들이 자연스럽게 체감하고 파악한 결과로 분석된다.

여성결혼이민자 74%가 비다문화인이 '다문화' 의미를 잘 알고 있다고 응답하였다. '모른다'의 응답은 26%로 다문화에 대한 일부 한국 사람들의 무관심과 부정적인 생각을 답변을 통해 반영하였을 것으로 보인다(〈그림 5-47〉).

비다문화인이 '다문화'라고 부르는 것에 대한 여성결혼이민자의 생각은 2011년과 비교하여 긍정적으로 변화된 것을 볼 수 있다. '매우 괜찮다'가 14% 상승하여 19%이고, '괜찮다'는 의견도 소폭 상승하여 과반수 이상인 53%가 긍정의 응답을 하였다. 2011년에는 '매우 싫다'(2%)가 포함된 '싫다'가 19%였는데 이번 조사에서는 5%대에 머물렀다(〈그림 5-48〉). 이 결과는 〈그림 5-46〉의 분석의 결과와 궤를 같이 하고 있는데 여성결혼이민자의 인식이 긍정적인 쪽으로 바뀌어 비다문화인이 '다문화'라고 부르는 것을 상당히 긍정적으로 받아들이고 있는 것으로 분석되었다.

비다문화인이 '다문화'를 대하는 태도에 대한 여성결혼이민자의 생각

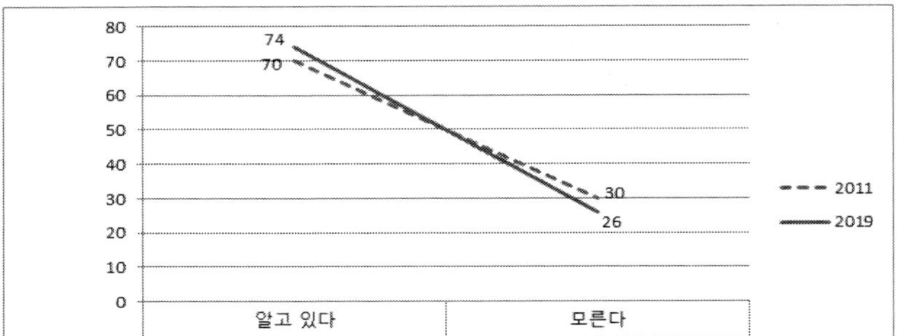

	알고 있다	모른다
2011	70	30
2019	74	26

<그림 5-47> 한국인[28]은 '다문화'의 의미를 잘 아는가

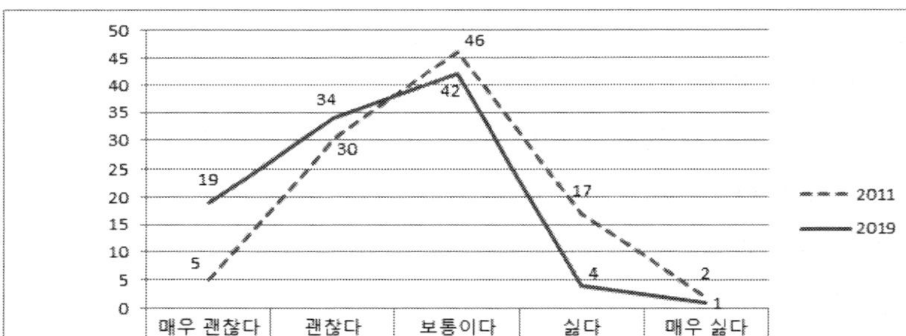

	매우 괜찮다	괜찮다	보통이다	싫다	매우 싫다
2011	5	30	46	17	2
2019	19	34	42	4	1

<그림 5-48> 한국인이 '다문화'라고 말하는 것을 어떻게 생각하는가

은 '관심도 있고 이해하려고 노력한다'는 응답이 35%로 가장 높았지만 '관심만 있다' 28%, '관심은 있으나 잘 모르는 것 같다가' 21%를 차지하여 2011년과 유사하게 전반적으로 부정적인 생각이 강하게 남아있는

28) '비다문화인'이라는 용어 대신 응답자가 이해하기 편하도록 설문지에서 '한국인'이라는 용어를 사용하였다. 그래서 그림 제목에서는 설문지 질문을 그대로 반영하였고 본문에서는 '비다문화인' 용어로 정리하였음을 밝힌다. (〈그림 5-47〉, 〈그림 5-48〉, 〈그림 5-49〉, 〈그림 5-52〉)

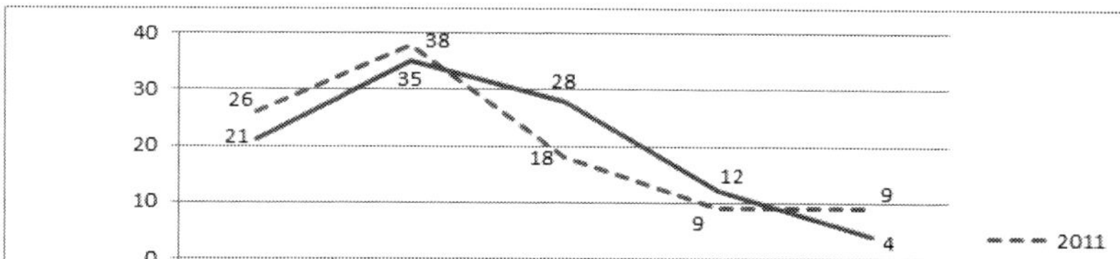

	관심은 있으나 잘 모르는 것 같다	관심도 있고 이해하려고 노력한다	관심만 있다	관심도 없고 이해하려고 노력하지 않는다	관심도 없고 무시하는 것으로 보인다
2011	26	38	18	9	9
2019	21	35	28	12	4

<그림 5-49> 한국인이 '다문화'를 대하는 태도는 어떠한가

것으로 나타났다(〈그림 5-49〉).

10년 전부터 '다문화' 용어에 대한 교체 논의가 있어 왔다(이화숙, 2014). 여성결혼이민자들은 '다문화'라는 단어를 교체하는 것에 82%가 '바꾸지 않아도 된다'고 응답하였으며(〈그림 5-50〉), '다문화'를 대신할 적절한 단어가 '없다'고 89%가 응답하였다(〈그림 5-51〉). 2011년과 비교하여 바꾸어야 한다는 의견이 소폭 높게 나타났지만 여성결혼이민자들은 여전히 '다문화'라는 용어 자체를 바꿀 필요는 없는 것으로 인식하는 것으로 파악된다.

여성결혼이민자가 비다문화인의 다문화이해를 위해 필요하다고 생각하는 것에 대한 응답 중 가장 높은 것은 '비다문화 가정과 연계한 다문화 관련 행사'로 15% 상승한 36%를 차지하여 2011년 조사의 2위에서 1위로 올라섰다. 여성가족부는 2015년부터 지역다문화프로그램을 공모하고 있다. 20개 내외 프로그램을 선정하여 사업당 최대 1억 원까지 지원하고 있다. 공모주제 및 세부내용으로 '다문화가족 · 비다문화 가족 간 교류 · 유대 강화'가 있다. 이러한 지역다문화프로그램의 활성화가 여성결혼이민자의 생각에 영향을 끼쳤을 것으로 분석된다. 다음으로는

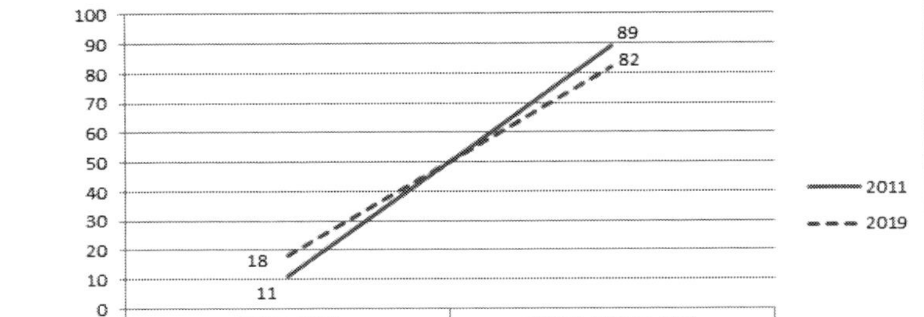

	바꿔야 한다	바꾸지 않아도 된다
2011	11	89
2019	18	82

<그림 5-50> '다문화'라는 단어를 바꿔야 하는가

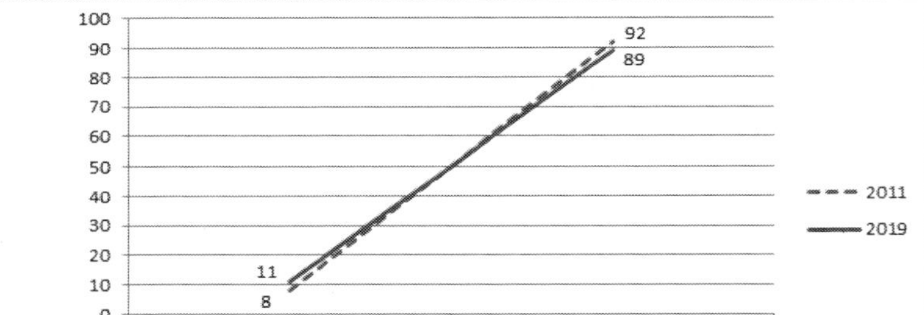

	있다	없다
2011	8	92
2019	11	89

<그림 5-51> 대신할 적절한 단어가 있는가

'교육기관(유치원, 초·중·고등학교, 대학교)을 중심으로 다문화에 대한 이해 프로그램'을 활성화해야 한다는 응답이 29%, '결혼이민자여성의 경제적 자립을 위한 지원 강화'가 21%, 각종 '미디어매체를 활용한 올바른 다문화 홍보'가 13% 순으로 나타났다(〈그림 5-52〉).

외국인의 한국어 실력이 비다문화인의 다문화에 대한 이해에 영향을 미친다는 응답은 2011년 조사보다 3% 낮지만 80%로 여전히 높게 나타났으며(〈그림 5-53〉), 외국인의 한국어 실력이 비다문화인의 다문화에

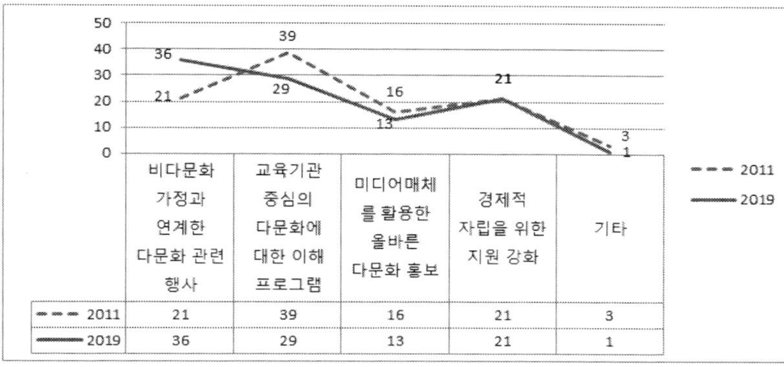

	비다문화 가정과 연계한 다문화 관련 행사	교육기관 중심의 다문화에 대한 이해 프로그램	미디어매체를 활용한 올바른 다문화 홍보	경제적 자립을 위한 지원 강화	기타
2011	21	39	16	21	3
2019	36	29	13	21	1

<그림 5-52> 한국인의 다문화이해를 위해 필요한 것은 무엇인가

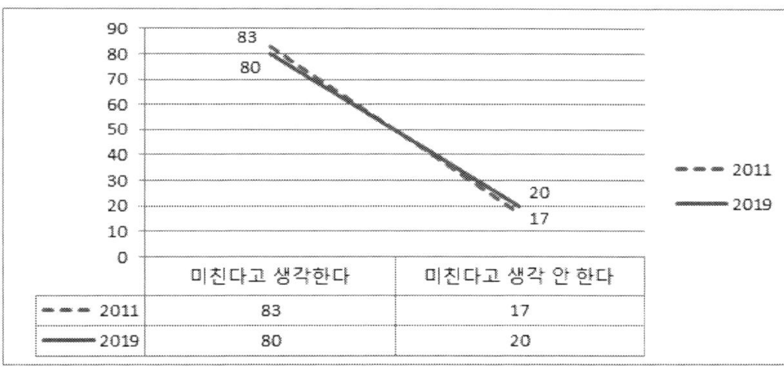

	미친다고 생각한다	미친다고 생각 안 한다
2011	83	17
2019	80	20

<그림 5-53> 외국인의 한국어 실력이 한국인의 다문화에 대한 이해에 영향을 미치는가

대한 이해에 긍정적인 영향을 미친다는 응답도 12% 상승한 76%로 높게 나타났다(〈그림 5-54〉). 외국인의 한국어 실력이 비다문화인의 다문화 이해에 있어 대단히 긍정적으로 작용하고 있음을 알 수 있다.

'다문화'라는 단어를 바꾸는 것과 다문화에 대해 올바르게 이해하는 것 중 먼저 선행되어야 할 것이 무엇이라고 생각하는지 물었을 때 총 응답자의 87%가 용어에 대한 논의에 앞서 다문화에 대한 본질적 이해가 선행되어야 한다고 응답하였다. 단순하게 단어를 바꾸는 것으로 다문화

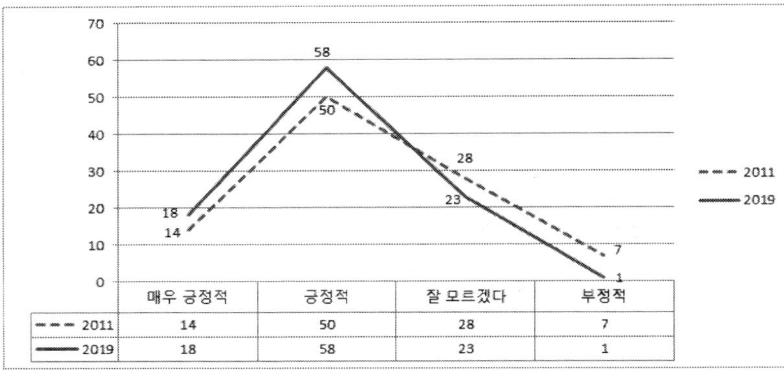

<그림 5-54> 어떠한 영향을 미치는가

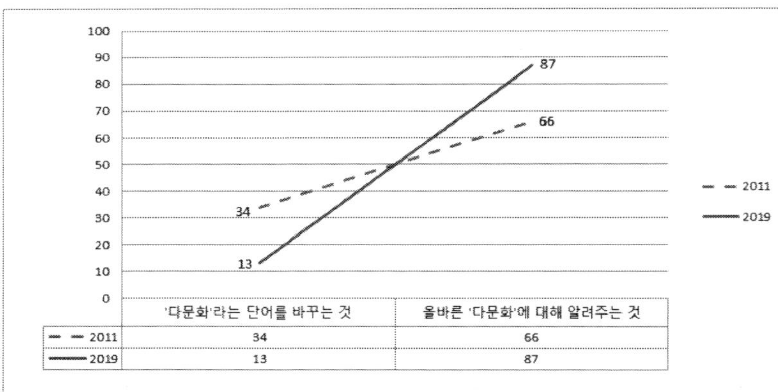

<그림 5-55> 선행되어야 할 것은 무엇인가

를 이해할 수 없으며 다문화에 대한 내용을 교육과 홍보 등 다양한 방법으로 먼저 이해시켜야 한다고 보는 의견이 2011년 조사에 비해 훨씬 강해진 것으로 파악된다(〈그림 5-55〉).

5.2. 다문화가정 자녀[29)]

국제결혼을 한 부부와 그 자녀로 이루어진 가정을 다문화가정이라고 한다. 다문화가정이라는 단어가 없던 시대에는 '혼혈아'라는 말로 불리었으나 차별적인 의미가 있다고 하여 중립적인 의미의 '다문화가정 자녀'라고 부르게 되었다.[30)] 본 절에서는 다문화가정의 '유아, 초등, 중등, 고등'학년의 자녀들을 대상으로 조사한 내용을 2011년 조사와 비교분석하고자 한다.

5.2.1. 2011년 조사 요약

2011년 조사는 군산 교육청을 통하여 자녀들의 현황을 파악하고 학교를 직접 방문하여 설문지 조사를 실시하였다. 유아·초등 저학년의 경우 엄마의 도움을 받아 인터뷰 형식으로 작성하였으며 초등 고학년, 중·고등 설문지는 학교를 직접 방문, 다문화가정 지도교사를 통하여 설문지를 학생들에게 주고 작성하여 수거하는 방식으로 진행하였다. 설문에 응한 총 피조사자는 182명으로 유아 29명, 저학년 초등학생 36명, 고학년 초등학생 39명, 중학생 46명, 고등학생 31명, 나이에 대한 미응답 1명이다. 거주지역으로는 군산 61명, 전주 32명, 익산 59명, 광주 7명, 거주지역에 대한 미응답 23명으로 조사되었다. 설문지는 응답자의 기본사항, 국어교육 현황, 국어교육에 바라는 점을 파악하기 위한 문항으로 구성되었으며 유아·초등 저학년과 초등 고학년, 중·고등으로 분류하여

29) 다문화가정 자녀의 경우 유아 및 초등 저학년, 초등 고학년 및 중·고생으로 나누어 설문조사를 실시했으나 피조사자 선택방법, 피조사자 수 및 조사형태, 설문지 문항 분석의 내용이 거의 같거나 묶어서 기술하는 것이 더 합당해 이 세 항목에 대해서는 하나로 묶어서 기술하고 설문조사 결과분석에 있어서만 각각 나누어 기술하였다.

30) 네이버 사전 참조.

설문을 작성하였다.

유아·초등의 경우 유치원이나 초등학교에서 공부를 '못한다'는 응답은 9%, '잘한다'는 응답은 42%로 나타났으나 학교생활에서 가장 어렵게 느낀 부분이 '공부(51%)'로 나타났다. 외모에 따른 놀림을 받은 적이 없다는 응답은 60%로 외모에 대한 차별은 크지 않은 것을 알 수 있다.[31] 다만 '자신을 한국인이 아니라고 생각한다'는 설문에서 '전혀 아니다'를 포함하여 '보통이다'라는 응답이 21%로 나타나 한국인으로서의 정체성을 갖도록 해야 한다고 판단되었다. 한국 거주에 대한 만족도는 행복하다는 긍정적인 응답이 75%('보통이다' 23% 불포함)로 높게 나타나 이들이 한국생활에 만족한다는 것을 알 수 있다. 어머니의 모어를 할 수 있는 아이들은 '못한다'는 응답이 61%이고 '잘한다'는 응답은 12%에 그쳐 어머니들의 모어 지도가 활발하지 않은 것을 알 수 있다. 그러나 아이들은 어머니의 모어를 배우고 싶다는 의견이 78%로 높게 나타났는데 대부분 외갓집 방문, 재미있을 것 같아서, 문화를 접하고 싶어서, 배우면 손해 볼 거 없다 등의 의견이 있었다.

다문화자녀들의 학습부분에 대한 조사에서는 다문화자녀를 위한 공부시간이 있다는 응답이 46%, 한글/국어공부가 있다는 응답이 62%로 기존 수업 이외에 추가적인 수업이 있지만 부족한 부분도 있음을 알 수 있다. 수업에서 선생님의 말씀을 잘 이해한다는 응답자가 63%로 이해에 큰 어려움은 없다고 하였으나 '보통이다'는 응답도 32%로 나와 완벽히 이해하지 못하는 응답자도 적지 않음을 보여 주었다. 국어의 4가지 기능 '말하기', '듣기', '읽기', '쓰기' 부분에서 21%의 피조사자가 어렵다고 느꼈던 것으로 파악되었다. 가정에서의 학습은 주로 어머니(43%)가 도와준다는 의견을 보였는데 한국어를 잘 못하는 어머니의 도움이 아이

31) 2011년 조사는 일본(42%)과 중국(조선족포함, 24%) 등 한국과 크게 다르지 않은 외모를 가진 응답자가 높은 비율을 차지하고 있었기 때문으로 추정할 수 있다.

들의 학습에 큰 도움이 되지 않았음을 보여주고 있다. 응답자들은 수업에서 협동학습(53%)을 가장 재미있다고 하였는데 다문화자녀들의 특성이 잘 반영된 결과로 볼 수 있다.

한국어 외에 더 공부하고 싶은 과목은 '영어(27%)'로 부모들이 영어를 중요하게 생각하는 것이 영향을 미쳤다고 볼 수 있다. 가정에서 학습을 도와주는 어머니의 한국어 실력은 50% 정도가 한국어를 제대로 구사하지 못하는 것으로 나타났는데 이러한 결과는 어머니가 자녀들의 유치원이나 학교생활에 대해 '잘 안다'는 응답이 8%에 지나지 않는다는 것과 관계가 있음을 알 수 있다.

유치원이나 학교 생활부분(초등저학년)에 대한 설문에서는 '재미있다(매우 재미있다 포함)'는 응답이 71%, 그 외 다문화나 비다문화 친구들과 '모두 친하다'는 응답이 84%로 나타나 나이가 어릴수록 차별이나 따돌림을 받지 않는다는 해석을 할 수 있다. 그러나 고학년으로 갈수록 '모두와 안 친하다'와 '다문화가정 친구와 친하다'는 응답이 많아지고 있어 이들이 성장할수록 일반 한국인 학생들과 차이를 느끼는 것으로 볼 수 있다.

5.2.2. 2019년 자료 현황

2019년 조사는 2011년보다는 자료조사가 더 어려워진 상황에서 학교의 협조를 받지 못하여 자료 수집이 용이하지 않았다. 2019년 설문에 응한 총 피조사자는 26명으로 유아 5명, 저학년 초등학생 6명, 고학년 초등학생 1명, 중학생 9명, 고등학생 5명이다.

<표 5-6> 조사자 현황

	조사내용	조사대상					
변인	범주	유아	초등저학년	초등고학년	중학생	고등학생	계(명)
성별	남	2	2	-	1	1	6
	여	3	4	1	8	4	20
거주지	전라북도	4	5	1	9	5	24
	기타	1	1	-	-	-	2
기관	국공립기관	4	6	1	9	5	25
	사립기관	1	-	-	-	-	1

5.2.3. 2019년도 설문조사 문항분석

설문지 문항분석의 세부사항들은 2011년 조사 내용과 동일하다. 설문지는 다문화가정 자녀 응답자의 기본사항, 국어 교육현황, 국어 교육에 바라는 점을 파악하기 위한 문항으로 구성되었고 질문형식에 따라 유아·초등 저학년, 초등 고학년 및 중·고등의 두 단계로 나누어서 진행되었다. 조사는 응답자 기본사항, 엄마에 대한 피조사자의 이해도, 교육기관(유치원·학교)에서 진행되는 다문화교육 현황, 응답자의 학습이해도, 학부모와 학교의 관계, 응답자가 학교 교육에서 원하는 것이 무엇인지에 대한 내용으로 이루어졌다.

<표 5-7> 설문지 문항분석 요인

구분		문항요인
기본사항	인적사항	- 나이·학년/성별/거주지역/소속
	학교생활	- 교육기관(유치원·학교)에서의 학습(성적평균) - 성취/국어성취 - 교육기관(유치원·학교)에서의 어려운 점 / 도움이 되는 점 - 외모/정체성 - 학교 친구 - 다문화가정이 학습에 미치는 영향

		- 만족도 - 어머니의 고국 - 어머니의 모어 구사 현황
교육기관 교육 현황	다문화교육현황	- 교육기관(유치원 · 학교) 내 다문화교육 - 다문화가정 자녀를 위한 학습 - 다문화가정 자녀를 위한 국어 학습
	학습이해도	- 수업 이해도 - 한국어 의사소통 - 방과 후 학습지도 - 재미있는 수업방법 - 정규과정 수업 외 배우고 싶은 과목 - 학교 외 국어 교육
	학부모와 학교 관계	- 여성결혼이민자의 학교생활 이해도 - 여성결혼이민자와 자녀의 의사소통 - 양육환경
교육기관 교육에 바라는 점	다문화교육	- 필요성 - 다문화교육 전문교사의 필요성 - 다문화정책 - 다문화용어의 의미 / 나의 생각
	학습지도	- 개별학습지도/국어지도 - 학교수업 외 필요한 교육 - 다문화가정 자녀를 위한 정부지원 프로그램

5.2.4. 설문조사 결과분석

5.2.4.1. 유아 및 초등 저학년

◆ 응답자 기본사항

다문화가정 유아 · 초등 저학년 자녀 총 응답자는 11명으로, 응답자 연령은 '유아' 45%, '초등 저학년' 55%다. 응답자 성별은 '남자' 36%, '여자' 64%였다.

응답자 거주지역은 '군산' 46%, '고창' 36%, '창원'과 '진해'가 각 1명

<표 5-8> 응답자 기본사항

	조사내용	조사대상				
변인	범주	유아	초등저학년	합계(명)	남녀비율(%)	비고
성별	남	2	2	4	36	
	여	3	4	7	64	
	총(명)	5	6	11(명)	100(%)	
	응답자비율(%)	45	55	100(%)	-	

변인	범주	유아(남)	유아(여)	초등저(남)	초등저(여)	비율(%)
거주지	군산	2	2	1	-	46
	고창	-	-	1	3	36
	창원	-	1	-	-	9
	진해	-	-	-	1	9
	총(명)	2	3	2	4	100

변인	범주	유아	초등저학년	합계(명)	비율(%)	비고
소속	국공립기관	4	6	10	91	
	사립기관	1	-	1	9	
	총(명)	5	6	11(명)	100(%)	

으로 9%였고, 현재 다니고 있는 유치원(어린이집)/학교는 '국 · 공립기관'이 91%, '사립기관'이 9%의 비율이었다(〈표 5-8〉).

한국은 초등학교 의무교육제로 초등 저학년 응답자의 소속이 국 · 공립기관인 것은 당연한 결과이다. 유치원의 경우 수업료가 저렴하면서도 시설이나 교육과정이 좋은 국 · 공립기관에 다니기가 쉽지 않은데도 불구하고 응답자의 80%가 국 · 공립 유치원에 다닐 수 있는 이유는 국 · 공립 유치원 진학에 대한 우대 사항 중 다문화자녀나 저소득층 자녀가 1순위이기 때문으로 분석된다.

2019년 조사에 따르면 응답자의 어머니 국적 비율은 베트남이 가장 높게 나타났다. 이는 2011년과 2019년의 조사 방법과 협조기관의 차이에서 비롯된 것으로 볼 수 있다. 자세한 비교는 〈그림 5-56〉에 나와 있다.

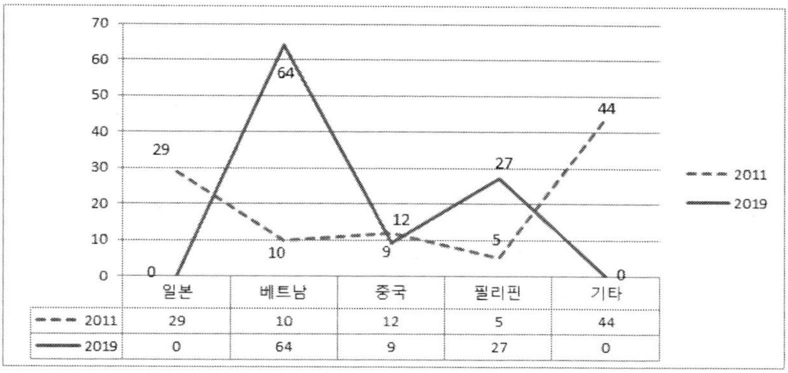

<그림 5-56> 조사 응답자 어머니 국적

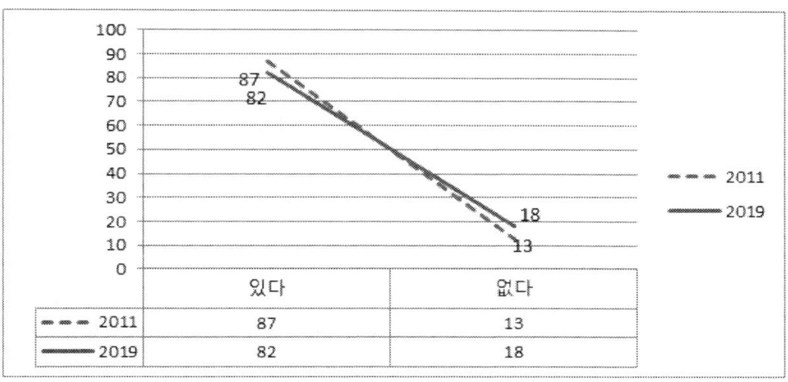

<그림 5-57> 어머니의 나라에 가 본 적이 있는가

다문화가정 유아 · 초등 저학년 자녀 응답자에게 어머니의 나라에 가 본 적이 있는가라는 질문에 2011년에는 87%가 2019년에는 82%가 '가 본 적이 있다'고 응답하였다(〈그림 5-57〉).

이번 조사에서는 '어머니의 나라에 가 본 적이 있다'는 응답자(82%)의 방문 횟수도 조사하였다. 방문횟수는 '해마다' 간다는 의견부터 2, 3번 정도라는 의견이 많았으나 결과적으로 2011년보다 어머니 모국 방문이 줄어들었다. 2019년 전국다문화가족 실태조사에 따르면 중위소득자(2018년 기준 220만 원)인 200-300만 원 미만 소득의 다문화가정의 경제적 수준은 2015년보다 낮아졌고 이는 여성결혼이민자의 고향방문이 줄어들게 된 원인과 관계가 있을 것으로 본다.[32)]

응답자의 학습능력에 대한 질문은 전체적인 학습 능력과 한국어 능력에 대한 부분으로 나누어서 조사하였다. 일반적인 학습 능력의 경우 2019년 공부를 '잘한다'는 응답은 55%로 응답자의 절반이 넘는 비율을 차지한 반면 '매우 잘한다'는 비율은 0%로 나타났다. 2011년 조사에서는 '매우 잘한다'(6%)는 의견도 있었지만 '매우 잘한다'와 '잘한다'의 비율을 포함해도 42%로 절반에 미치지 못하는 것을 보면 8년이 지난 2019년의 다문화가정 자녀의 학습능력이 전반적으로 올라갔음을 알 수 있다(〈그림 5-58〉).

한글/국어 능력 조사에서도 2019년에는 '잘한다'가 64%, '보통이다'

32) 중위소득자: 건강보험, 국민연금, 직역임금에 가입한 임금근로자를 소득순으로 나열하여 딱 중간에 있는 소득. 2015년 기준 중위소득은 241만 원. 출처: 통계청(일자리 행정통계를 통해 본 임금근로일자리별 소득(보수)분포 분석), http://kostat.go.kr/portal/korea/kor_nw/1/3/5/index.board?bmode=read&bSeq=&aSeq=361207&pageNo=2&rowNum=10&navCount=10&currPg=&searchInfo=&sTarget=title&sTxt=

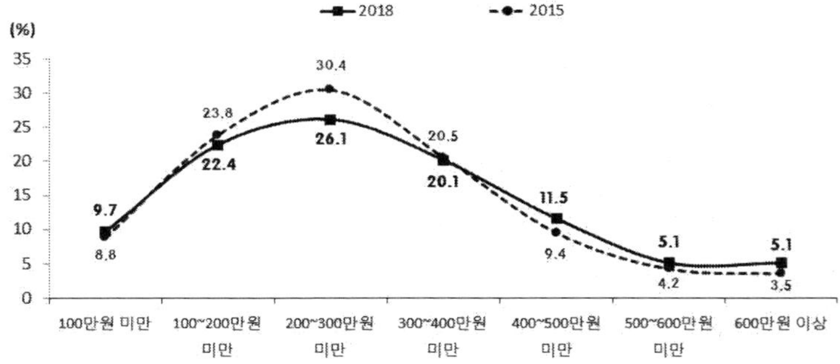

- 다문화 가구의 월평균 가구소득(2015, 2018)
출처: 2018년 전국다문화가족실태조사 연구(p.55) -

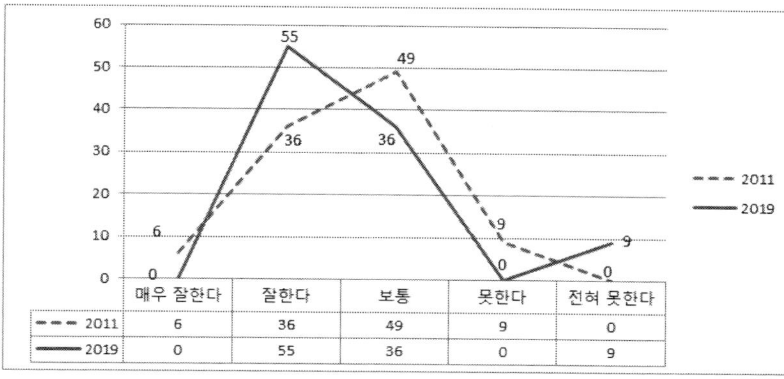

<그림 5-58> 유치원(어린이집)/학교에서 공부를 잘하는가

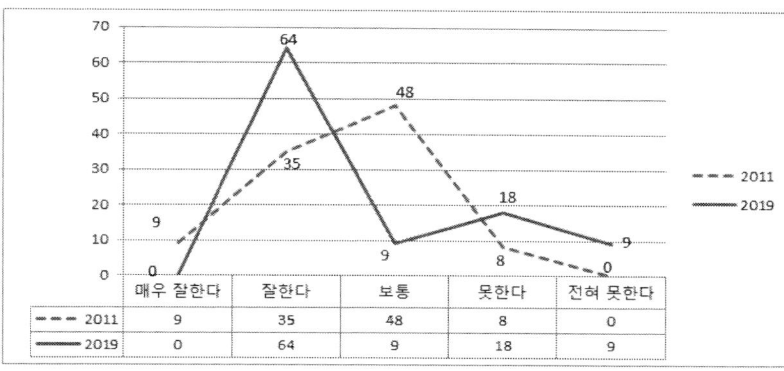

<그림 5-59> 유치원(어린이집)/학교에서 한글/국어를 잘하는가

9%, '못한다'가 18%이다. 2011년 조사에서는 '매우 잘한다'가 9% '매우 못한다'가 0%였던 반면 2019년 '매우 잘한다'는 0%, '매우 못한다'가 9%로 반대의 상황이 이어졌다(〈그림 5-59〉). 이전 조사에서는 학생들이 공부나 한국어를 못해도 보통을 선택했을 것으로 분석하였으나 2019년 조사 결과를 보면 '전혀 못한다'가 9%로 나와 못하는 것을 부끄러워하지 않고 그대로 표현하는 요즘 학생들의 직설적인 성향이 더 많이 반영

된 것으로 분석된다.

2011년 조사에 따르면 다문화가정 유아·초등 저학년 자녀들은 유치원(어린이집)/학교에서 가장 어려운 점으로 '공부'(51%)와 '가정형편'(19%)을 꼽았으나 2019년 조사에서는 '차별과 편견'(36%)과 '공부'(18%)가 높게 나타났다. 반면 '가정형편'의 경우 2011년 조사에서 19%였던 결과가 2019년 조사에서는 '전혀 문제가 되지 않는다'(0%)로 나타났다. 이는 '친구관계'나 '가정형편'에서 문제의 소지가 상대적으로 낮아진 것으로 볼 수 있기도 하지만 '차별과 편견'이 36%인 것을 볼 때 '친구관계'나 '가정형편'에 의한 어려움보다는 '차별과 편견'으로 응답이 몰렸기 때문으로 볼 수도 있을 것이다. 따라서 2011년도 조사와 비교하여 크게 보면 유치원(어린이집)/학교에서의 어려운 점은 많이 달라지지 않았다고 볼 수 있겠다. 또한 2019년 조사에서는 기타 응답이 46%로 높게 나타났는데 '기타' 응답으로는 '별로 없음', '친구들이 뚱뚱하다고 말할 때 참기 힘들다', '감기·건강관리' 등이 있었다(〈그림 5-60〉).

외모에 대한 놀림에 대한 부분에서는 두 조사 모두 친구들과 다른 외모로 인해 친구들에게 놀림을 당한 적이 '전혀 없다'고 응답한 비율이 2011년에는 60%, 2019년에는 82%로 가장 높게 나타났다. 2011년 조사의 '적다'(28%)와 '보통이다'(12%)란 응답이 외모로 인해 놀림이 전혀 없지 않다는 것을 보여주고 있으나 2019년 조사에서는 '보통이다'에서 18%가 나타났을 뿐이다(〈그림 5-61〉). 위의 〈그림 5-60〉의 결과와 비교해 보면 외모에 대한 차별과 편견이 아닌 경제적인 부분에서 나타난 것으로 볼 수 있겠다(각주 32).

다문화가정 유아·초등 저학년 자녀 응답자들은 '자신을 한국인이라고 생각한다'는 질문에 2019년도에는 '매우 그렇다'(55%)와 '그렇다'(36%)를 포함한 응답이 91%로 응답자의 대부분이 자신을 한국인이라고 생각하고 있음을 알 수 있다. 특히 2011년 조사에서 '전혀 아니다'

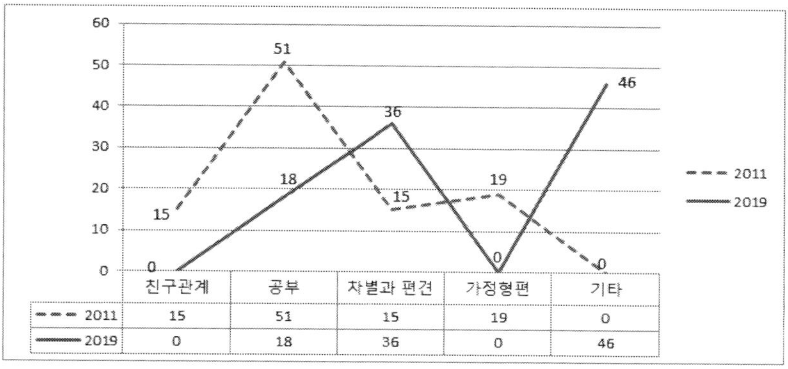

	친구관계	공부	차별과 편견	가정형편	기타
2011	15	51	15	19	0
2019	0	18	36	0	46

<그림 5-60> 유치원(어린이집)/학교에서 가장 어려운 점은 무엇인가

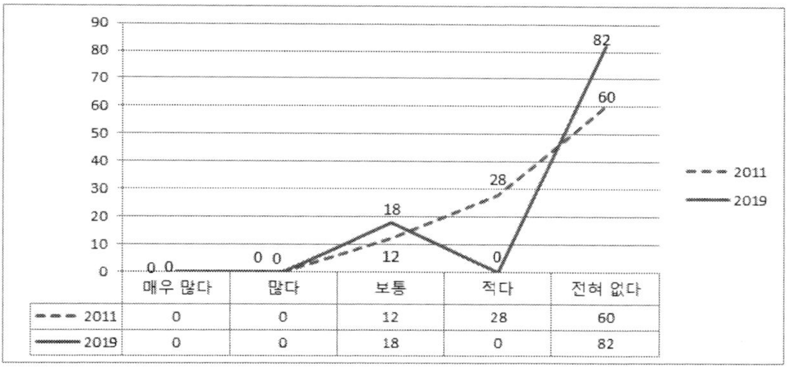

	매우 많다	많다	보통	적다	전혀 없다
2011	0	0	12	28	60
2019	0	0	18	0	82

<그림 5-61> 친구들과 다른 외모로 인해 친구들에게 놀림을 당한 적이 있는가

와 '아니다'를 포함한 응답이 5%라도 있었으나 2019년 조사에서는 '아니다'의 비율이 전혀 없는 것으로 보아 2011년에 비해 피조사자들이 한국인으로서의 정체성을 더욱 강하게 확립하고 있다고 판단된다(〈그림 5-62〉).

2011년 조사에 따르면 어머니 나라의 말을 '못한다'(38%)와 '전혀 못한다'(23%)가 응답의 절반이 넘는 61%에 해당되었다. 어머니의 모어가

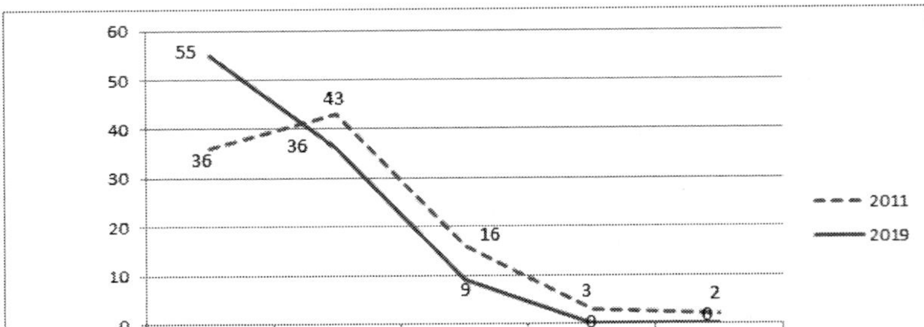

	매우 그렇다	그렇다	보통	아니다	전혀 아니다
2011	36	43	16	3	2
2019	55	36	9	0	0

<그림 5-62> 자신을 한국인이라고 생각하는가

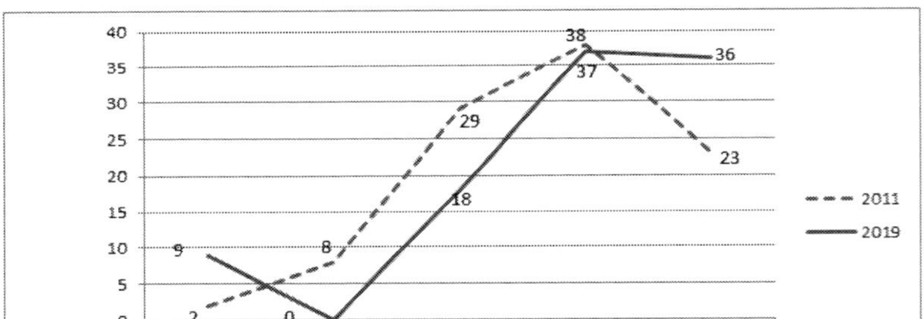

	매우 잘한다	잘한다	보통	못한다	전혀 못한다
2011	2	8	29	38	23
2019	9	0	18	37	36

<그림 5-63> 어머니 나라 말을 할 수 있는가

한국보다 낮은 지위의 국가라는 생각에 아이들에게 잘 가르치지 않는다고 보았다. 이런 결과는 2019년 조사에서도 이어지는데 다문화가정의 유아 · 초등 저학년 자녀들이 '못한다'(37%)와 '전혀 못한다'(36%)를 선택한 비율이 73%로 이전 조사보다 더 높게 나타났다는 것이다. 이는 영어나 중국어를 제외한 어머니의 모어는 2011년과 마찬가지로 배우지 않고 있음을 보여주는 것이다. 반면 2011년 '매우 잘한다'(2%)를 포함하

여 '잘한다'가 10%인 반면 2019년 조사에서는 '매우 잘한다'(9%)는 응답이 크게 증가하였다. 그러나 결과적으로 '잘한다'는 응답은 2019년 1% 감소하였다(〈그림 5-63〉).

2011년도 조사에 따르면 다문화가정 유아 · 초등 저학년 자녀 응답자 78%가 어머니 나라의 말을 배우고 싶다고 응답한 반면 2019년 조사에서는 배우고 싶다는 의견과 그렇지 않다는 의견이 50:50으로 동일하게 조사되었다. '배우고 싶은 이유'로는[33] '필요해서', '엄마가 가르쳐 주시고 아빠도 배우라고 한다.', '엄마가 필리핀 사람이니까, 나도 필리핀 말을 잘 하고 싶다.' '그냥 배우고 싶어요.' 등의 이유가 있었다. 반면 '배우고 싶지 않은 이유'도 있었는데 '아빠가 싫어함', '무섭다', '필요성을 못 느끼는 것 같음', '엄마 나라 사람들과 만나서 놀기도 한다.', '어렵다' 등이 있다. '배우고 싶지 않은 이유'에 대해서는 2011년 조사와 크게 다르지 않았지만 배우고 싶지 않다는 응답이 크게 늘어난 것으로 볼 때 '어머니 모어를 배워야 할 필요성'이나 '가족의 반응' 등이 긍정적이지 않기

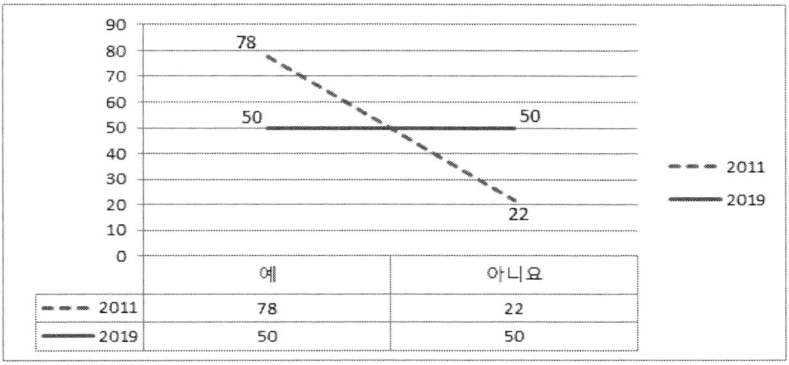

<그림 5-64> 어머니 나라의 말을 배우고 싶은가

33) 수기로 작성된 부분은 작성자의 의견을 그대로 사용하여 한국어 문장이 매끄럽지 못한 경우도 있다.

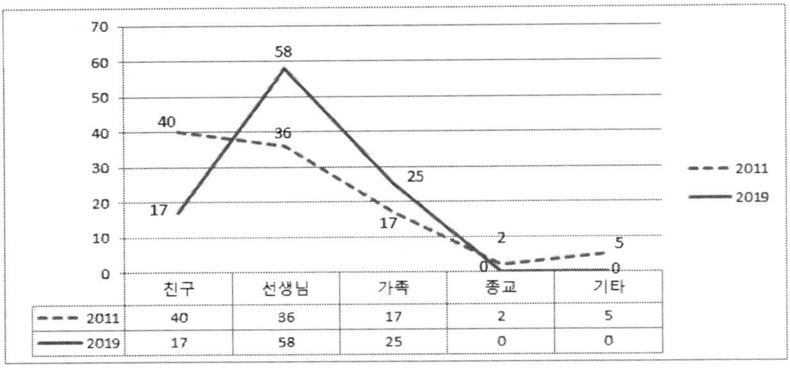

<그림 5-65> 유치원(어린이집)/학교생활을 가장 도와주는 요인은 무엇인가

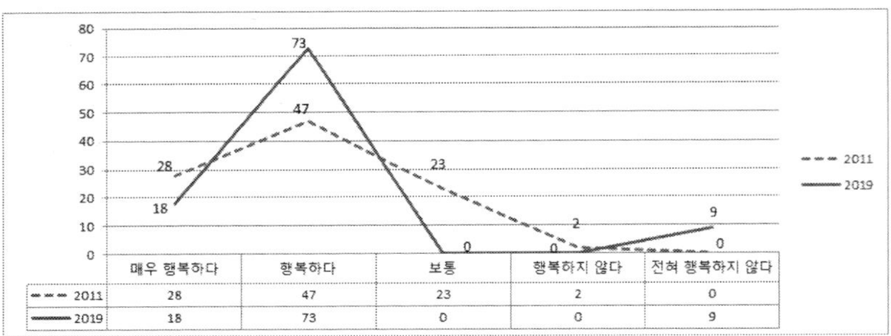

<그림 5-66> 한국에서 사는 것이 행복한가

때문으로 판단된다(〈그림 5-64〉).

유치원(어린이집)/학교생활을 가장 도와주는 요인으로 2011년에는 '친구'(40%)나 '선생님'(36%)의 영향이 컸으나 2019년 조사에서는 '친구'(17%)의 역할이 줄고 '선생님'(58%)의 역할은 더 강화되었으며 '가족'(25%)의 역할도 중요하게 자리를 잡아가고 있는 것으로 나타났다. 반면 '종교'(2%)의 영향이 2019년에는 0%로 나타나 종교의 영향이 없어졌다고 볼 수 있지만 2011년 조사에서는 다수의 응답자가 종교와 관련되어 있었다면 2019년 조사에서는 종교와 관련이 없는 응답자가 대부분이었기 때문에 나타난 결과로 볼 수 있다(〈그림 5-65〉).

한국에서 사는 것이 행복한가에 대한 응답에서는 2011년에는 '행복하다'는 긍정적인 응답이 75%로 높게 나타났는데 2019년에는 '매우 행복하다'(18%)와 '행복하다'(73%)를 포함한 긍정적인 응답이 91%로 더 높게 나타난 것으로 볼 때 피조사자들이 한국 생활에 매우 만족하고 있다는 것을 알 수 있다. 하지만 2011년 조사에서 볼 수 없었던 '전혀 행복하지 않다'(0%)는 응답이 2019년에는 9%라는 응답을 보이고 있어서 행복에 대한 양극화 현상이 강화되고 있음을 확인할 수 있다(〈그림 5-66〉).

◆ 국어 교육 현황

2019년 조사에서는 유치원(어린이집)/학교에서 다문화가정 자녀만을 위한 공부시간이 있다(한글/국어 제외)고 답한 응답자가 30%로 조사되었고(〈그림 5-67〉), 한글/국어 공부시간이 있다고 답한 응답자가 36%이다(〈그림 5-68〉).

이들만을 위한 공부시간이 따로 할애되지 않는 경우가 70%(2011년

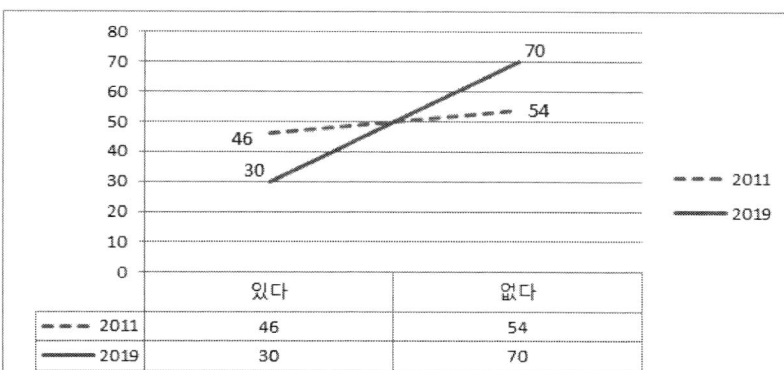

<그림 5-67> 유치원(어린이집)/학교에서 여러분만을 위한 공부시간이 있는가 (한글/국어 제외)

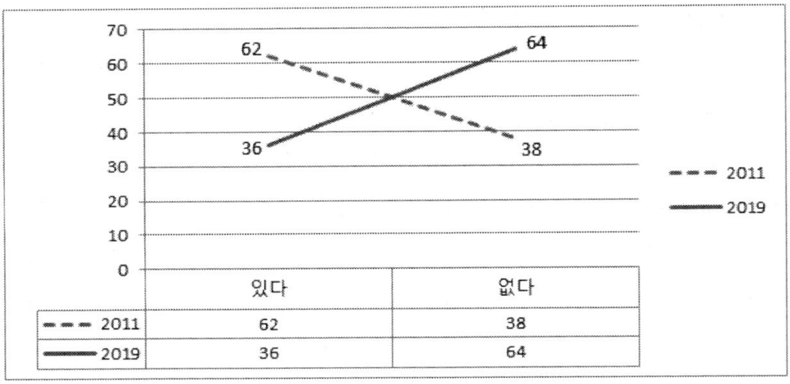

<그림 5-68> 유치원(어린이집)/학교에서 여러분만을 위한 한글/국어 공부시간이 있는가

54%) 이상이 되고 이들만을 위한 국어 교육이 배려되지 않는 경우도 64%(2011년 38%) 가까이 됨을 알 수 있다. 이는 2011년에 비해 많이 열악해진 결과이다. 유치원부터 초등학교까지 다니는 연령대가 언어나 학습에 대한 흥미를 갖게 하는 중요한 시기임을 감안해볼 때 일반과목이나 한글/국어과목의 수업이 전체적으로 줄어들었다는 것은 다문화가정 자녀들의 한국어 능력이나 학습부분의 향상에 악영향을 줄 수 있는 환경으로 이해할 수 있을 것이다. 하지만 이는 다문화가정 자녀들의 전반적인 한국어 능력이나 학습 능력이 2011년에 비해 향상되었음을 알리는 결과로도 해석할 수 있다.

선생님의 말씀을 잘 이해할 수 있다고 긍정적으로 답한 응답자가 82%, '보통이다' 9%, '못한다'가 9%로 나타났다(〈그림 5-69〉). 2011년도에 비해 '매우 잘한다'는 응답이 22%에서 46%로 2배 이상 늘었으며 '보통이다'는 애매한 응답이 크게 줄어들었다. 반면 '못한다'의 응답 또한 5%에서 9%로 소폭 늘어났다. 2011년 조사보다 아이들의 한국어 이해 수준이 크게 향상된 것으로 판단되지만 못한다는 쪽의 응답도 높아져 한국어 이해 능력의 양극화에 대해 어떻게 해결할지에 대한 고려도

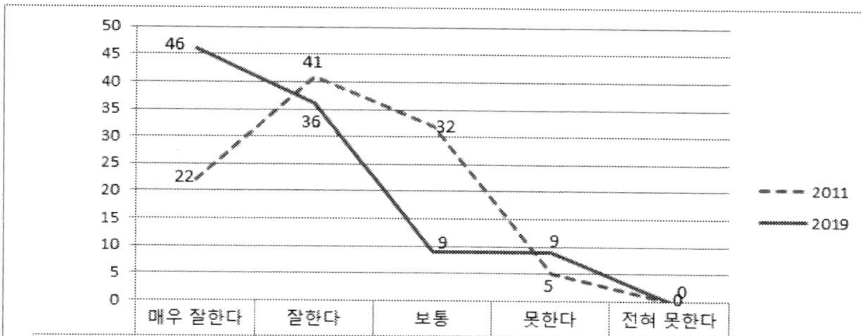

	매우 잘한다	잘한다	보통	못한다	전혀 못한다
2011	22	41	32	5	0
2019	46	36	9	9	0

<그림 5-69> 선생님의 말씀을 잘 이해할 수 있는가

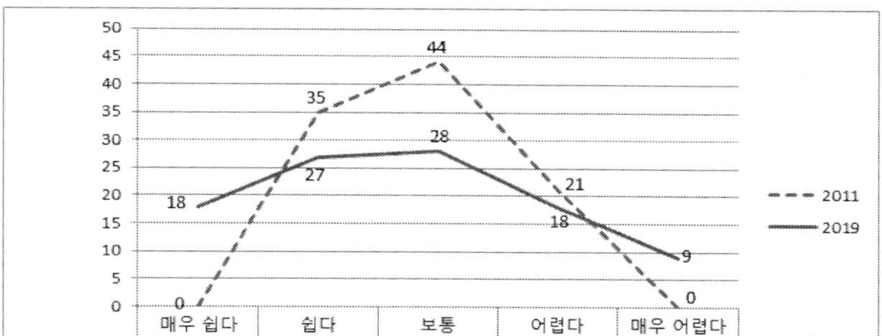

	매우 쉽다	쉽다	보통	어렵다	매우 어렵다
2011	0	35	44	21	0
2019	18	27	28	18	9

<그림 5-70> 국어로 말하고 듣고 읽고 쓰는 것이 어떠한가

있어야 할 것이다.

국어[34]로 말하고 듣고 읽고 쓰는 것은 '매우 쉽다' 18% '쉽다' 27%, '보통이다' 28%, '어렵다' 18%, '매우 어렵다' 9%로 나타났다(〈그림 5-70〉). 국어의 네 가지 기능에 어려움을 느끼는 비율이 2011년도에 21%였다

34) 학교 교육에서는 '국어'라는 용어를 쓰기 때문에 정규교육기관에 다니는 학생 대상 설문에서는 '국어'라는 용어로 질문을 하였다.

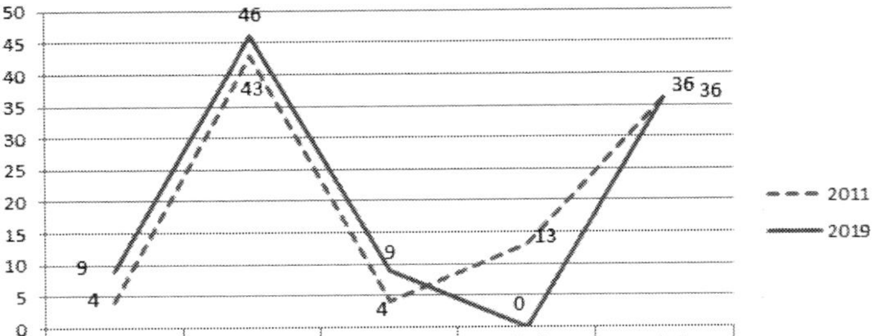

	아버지	어머니	조부모	형제	기타
2011	4	43	4	13	36
2019	9	46	9	0	36

<그림 5-71> 방과 후에 누구와 공부하는가

면 2019년에는 27%로 오히려 증가하였다. 특히 '매우 어렵다'고 느끼는 응답도 9%나 나왔는데 국어의 네 가지 기능이 쉽다는 긍정적인 응답도 45%로 2011년의 35%에 비해 높게 나와 역시 양극화의 결과를 보여주고 있다. 국어의 네 가지 기능에 어려움을 느끼는 자녀들의 비율이 더 높아진 만큼 '특별 국어 교육 강화'의 필요성이 더 강하게 요구되는 것으로 파악된다.

다문화가정 유아 · 초등 저학년 자녀 응답자들이 방과 후에 같이 공부하는 사람으로 '어머니'(46%)를 가장 많이 꼽았고, '기타' 36%, '아버지', '조부모' 각각 9% 순으로 응답하였다(〈그림 5-71〉).

기타 응답으로는 '선생님', '오후에 다문화 센터에서' 등이 있었고 '공부하지 않는다'는 기타 응답도 보였다. 자녀교육에 있어 어머니의 영향력은 2011년도보다 더 높아졌으며[35] 형제의 영향력이 하나도 없음을 알 수 있는데 이는 다문화가정 역시 한국인 가정처럼 1인 자녀의 형태로

35) 어머니에 비해서 아버지와 조부모의 영향력은 현저히 낮지만 양쪽 모두 2011년의 4%에 비해서 2019년에는 9%로 높아져 아버지, 조부모의 영향력에 대해서 주목할 필요가 있다.

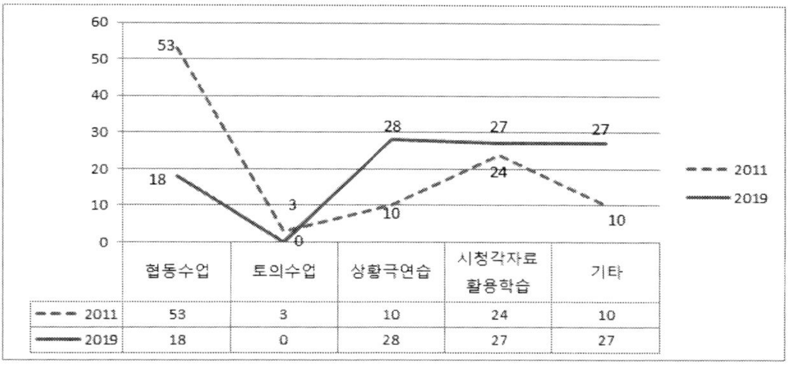

<그림 5-72> 유치원(어린이집)/학교 수업방법 중 가장 재미있는 것은 무엇인가

되어 가고 있음을 보여주는 것으로 판단된다. 결국 아이의 교육과 관련해서는 어머니와 자녀가 함께 공부할 수 있는 '방과 후 학교'의 개설이 필요함을 보여주는 결과이기도 하다.

유치원(어린이집)/학교 수업방법 중 가장 재미있는 것으로 '상황극연습'(28%)을 꼽았고 '시청각 자료'와 '기타'가 각각 27%, '협동 수업'이 18%로 나타났다(〈그림 5-72〉). '기타' 응답으로는 '모두 재미있다, 모른다' 등이 있었다. 2011년 조사에 따르면 아이들이 다른 아이들과 함께 어울려 놀고 학습하는 '협동 수업'이 53%로 가장 높게 나타난 것에 비하여 2019년 '협동 수업'은 18%로 낮은 응답을 보여주고 있다. 이 시기의 아이들에게 나타나는 경쟁의식과 주변의 환경에 영향을 받는 특성들이 일괄적인 '협동 수업' 학습이 아닌 다른 유형의 학습을 선호하는 쪽으로 바뀌었기 때문으로 보인다.

유치원(어린이집)/학교에서 더 배우고 싶은 과목으로 '예체능'(37%)을 꼽았고, '영어' 27%, '수학' 18%, '국어'와 '기타'가 각각 9% 순으로 응답하였다(〈그림 5-73〉). 배우고 싶은 예체능으로 그림, 운동 등이 있으며 기타 응답으로는 '마술'이라고 답했다. 2011년 조사 결과에 비해

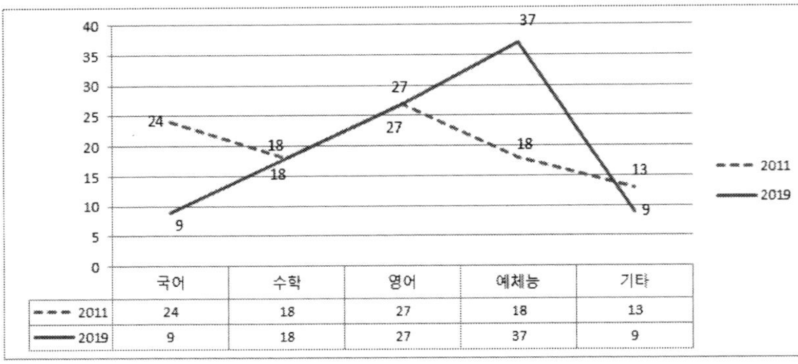

<그림 5-73> 유치원(어린이집)/학교에서 더 배우고 싶은 과목

'예체능' 응답이 2배 이상 증가한 반면 '수학'과 '영어'를 배우고 싶다는 응답 비율은 2011년 조사와 동일하다. '예체능' 부분은 가정의 경제적인 부분과 관련이 있는 만큼 유치원(어린이집)/학교 이외의 장소에서 배우기 위해서는 경제적인 부담이 있기 때문에 기관에서 배우기를 원하는 응답이 많았고 수학과 영어의 경우 그 중요성이 크게 변하지 않았기 때문으로 볼 수 있다. 반면 '국어'를 배우고 싶다는 응답은 2배 이상 감소하여 아이들이 '국어'에 대한 불편함이 적다고 판단된다.

'어머니가 유치원(어린이집)/학교생활에 대해 잘 아는가'에 대한 질문에 '매우 잘 안다'(27%)와 '잘 안다'(37%)는 긍정적인 응답이 64%로 높게 나타났다. '보통이다' 역시 36%로 부정적인 의견은 하나도 없었다(〈그림 5-74〉). 어머니가 학교생활에 대해 잘 안다는 것은 어머니의 한국어 실력도 낮지 않다는 것을 의미하고 이는 여성결혼이민자의 한국어 실력이 이전 조사와 달리 향상되었다고 볼 수 있다.

그럼에도 불구하고 '어머니가 한국말을 잘하는가'에 대한 응답으로 '잘한다'는 응답은 0%로 나타났다. '보통이다'는 응답이 91%, '매우 잘한다'는 응답 9%로 나타났다. 2011년 조사에서는 '잘한다'(45%)와 '보통이다'(45%)를 포함한 응답이 90%였고 2019년에는 '보통이다'는 응

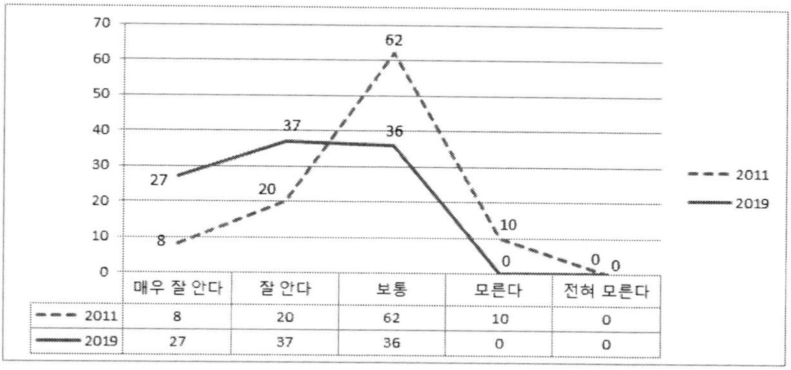

<그림 5-74> 어머니가 유치원(어린이집)/학교생활에 대해 잘 아는가

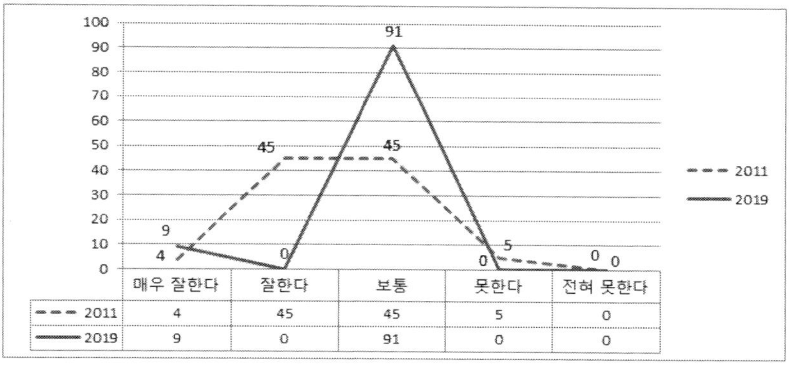

<그림 5-75> 어머니가 한국말을 잘하는가

답만 91%인 것으로 보면 아이들의 인식하는 어머니의 한국어 수준이 크게 만족스럽지 못하다는 것으로 해석할 수 있다. 자녀들의 어머니의 한국어 실력에 대한 평가 척도가 높아졌다고 해석할 수도 있는 대목이다(〈그림 5-75〉).

현재 유치원(어린이집)/학교생활에 대한 질문에서는 2011년 조사와 크게 달라지지 않았다. '매우 재미있다' 27%, '재미있다' 46%, '보통이다' 27%로 나타났다(〈그림 5-76〉). 대체적으로 유치원/학교생활을 즐겁

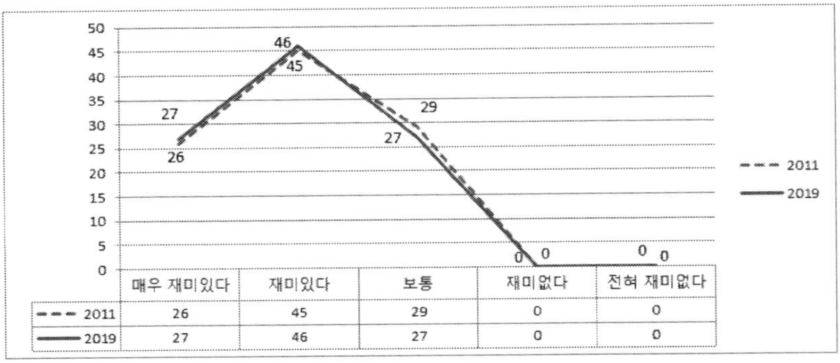

<그림 5-76> 현재 유치원(어린이집)/학교생활이 어떠한가

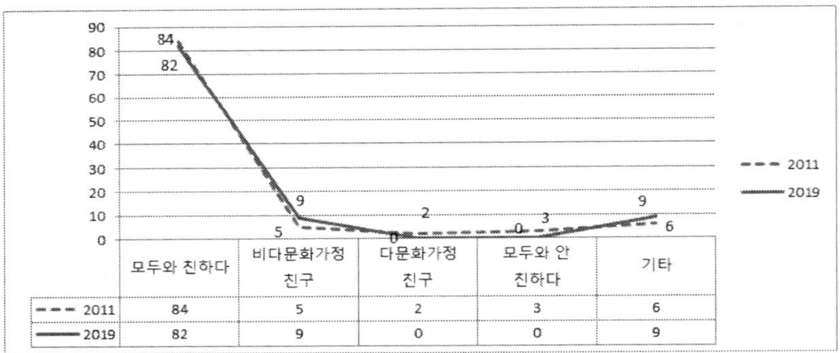

<그림 5-77> 유치원(어린이집)/학교에서 누구와 가장 친한가

게 하고 있는 것으로 판단된다.

유치원(어린이집)/학교에서 '모두와 친하다'가 다문화가정 유아초등 저학년 자녀 응답자의 82%로 나타났고, '기타' 9%, '비다문화가정' 9%로 나타났다(〈그림 5-77〉). '기타' 응답으로는 '친구 같이 안 친하다' 등이 있었다. 이 응답의 결과는 2011년 조사와 비슷한 결과로 다문화가정 어린이라고 해서 순수 한국 가정의 자녀들에게 차별이나 따돌림을 받는 것은 아니라고 해석할 수 있다. 오히려 비다문화가정 아이들과 더 친하다는 의견이 높게 나타나는 것에 관심을 둔다면 주변에 비다문화가정이

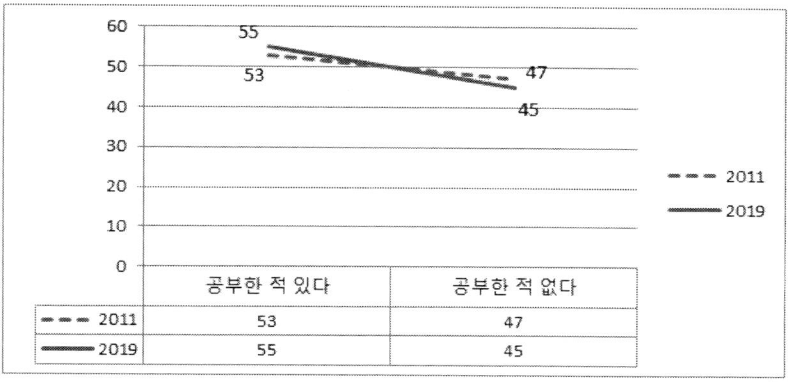

<그림 5-78> 유치원(어린이집)/학교 외에서 국어공부를 한 적이 있는가

더 많기 때문으로 해석할 수 있다.

유치원(어린이집)/학교 외에서 국어 공부를 한 적이 있다가 55%로 나타났다. 그 장소로는 '집, 방문교사(다문화지원센터), 방문학습지(구몬, 눈높이 등), 다문화지원센터학원' 등이 있었다(〈그림 5-78〉). 이 결과는 2011년 조사결과와 크게 다르지 않은데 이는 아직도 국어교육이 방문학습지나 학원 등의 사교육에서 주로 담당하고 있다는 것을 알려주고 있다. 부모의 경제적 부담을 덜어주기 위해서는 '방과 후 수업' 등의 형태로 공교육기관에서의 (한)국어 교육[36]이 개설되면 좋겠지만 우리가 조사한 내용에 따르면 굳이 유치원(어린이집)/학교 등에서 국어교육이 개설되어도 자율적인 실시를 한다면 크게 호응을 받지 못할 것으로 판단된다.[37]

36) 다문화가정 자녀는 한국어의 수준이 다양하게 나타난다. 일반 한국인 자녀의 수준부터 한국어를 잘하지 못하는 수준까지 다양한 스펙트럼을 가지고 있다. 일반 한국인 자녀 수준의 한국어 실력이 있는 다문화가정 자녀에게는 국어교육이 필요하고 한국어 수준이 떨어지는 자녀의 경우에는 한국어 교육이 필요하기 때문에 (한)국어 교육이란 표현을 사용하였다.

37) 참조: '선생님의 말씀을 잘 이해할 수 있는가'(〈그림 5-69〉), '국어로 말하고 듣고 읽

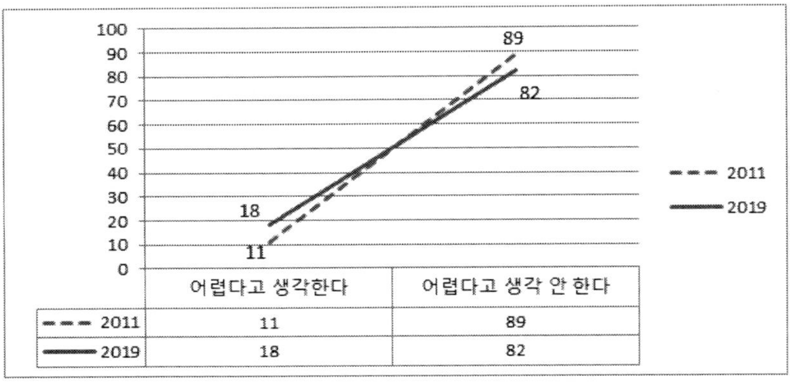

<그림 5-79> 자신이 다문화가정이라서 공부하는 게 다른 친구들보다 어렵다고 생각하는가

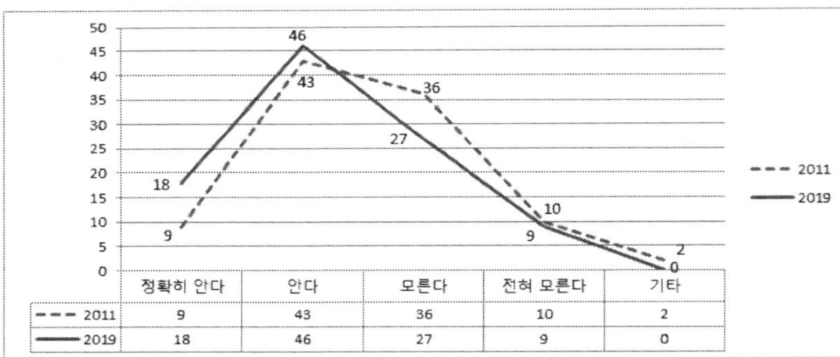

<그림 5-80> '다문화'라는 단어의 뜻을 알고 있는가

'자신이 다문화가정이라서 공부하는 게 다른 친구들보다 어렵다고 생각한다'는 18%로 2011년 조사보다 7% 늘어났다(〈그림 5-79〉). 그러나 '어렵다고 생각 안 한다'고 응답한 비율도 여전히 82%로 높아 피조사자들은 자신이 다문화가정의 자녀라서 공부하는 데 있어 더 어려움을 겪는다고 생각하고 있지는 않고 있다고 볼 수 있다.

고 쓰는 것이 어떠한가'(〈그림 5-70〉).

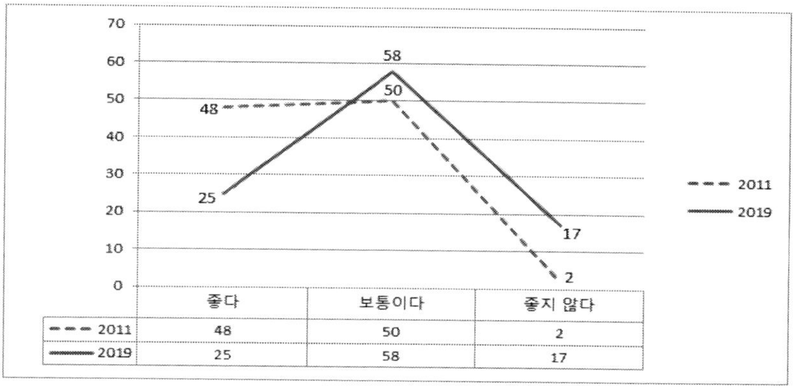

<그림 5-81> '다문화'라는 용어를 어떻게 생각하는가

'다문화'라는 단어의 뜻을 '정확히 안다'가 18%, '안다' 46%, '모른다' 27%, '전혀 모른다' 9%로 나타났다(〈그림 5-80〉). 대체적으로 2011년 조사보다 '정확히 알고 있다'는 응답을 포함한 '알고 있다'는 응답이 12% 늘고 '전혀 모른다'는 응답을 포함한 '모른다'는 응답은 10%가 줄어들었다. 다문화라는 용어가 더 보편적으로 넓은 범위에서 쓰이고 유치원/학교에서의 교육도 강화된 측면이 있기 때문에 다문화가정 자녀들도 이 용어의 의미에 대해 좀 더 접할 기회가 많아서 이런 결과가 나온 것으로 판단된다.

'다문화'라는 용어가 '좋다'는 응답은 25%, '보통이다' 58%, '좋지 않다' 17%로 나타났다(〈그림 5-81〉). 2011년 조사와 달리 '좋지 않다'는 응답이 2%에서 17%로 크게 늘었다. 다문화의 '뜻을 알고 있다'는 응답이 64%로 높은 반면 '다문화' 용어에 대한 부정적인 의견이 늘어난 것으로 판단된다. '다문화'라는 용어가 좋은 이유로는 '다른 사람이라서 신기해서'라는 응답이 있었고 '보통이다'는 이유로는 '잘 모른다, 다민족 다원적 문화, 아직도 어린이라서요' 등의 응답이 있었다. '좋지 않다'는 이유로는 '발음이 이상해서'라는 응답도 있었다. 유아 · 초등 저학년의 답변이므로

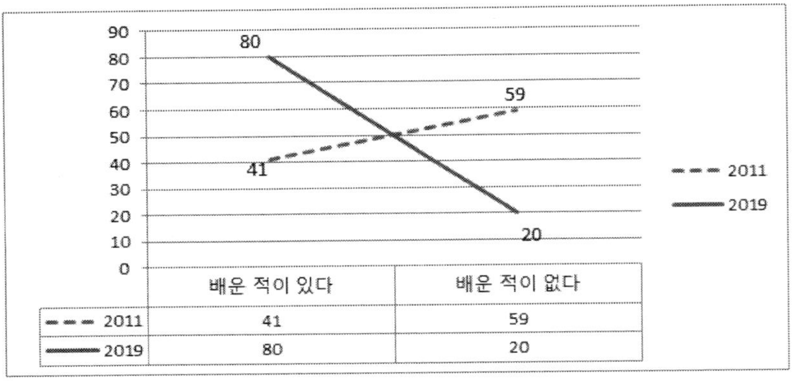

<그림 5-82> '다문화'에 대해 배운 적이 있는가

이들이 정확한 의견을 가지고 명확히 답변했는지를 판단하기는 어렵지만 이들이 '다문화'라는 용어에 대한 부모나 주변 사람들의 평소의 반응 및 행동의 영향을 받아서 이런 결과가 나타난 것으로 볼 수 있다.

'다문화'에 대해 '배운 적이 있다'는 응답이 80%, '배운 적이 없다'는 응답이 20%로 나타났다(〈그림 5-82〉). '다문화'에 대해 배운 장소로는 학교에서 수업시간이나 창의적 체험 활동시간에 배웠다는 응답이 가장 많았고 그 외에는 다문화센터에서 배웠다고 하였다. 이러한 결과로 다문화교육이 공식, 비공식적으로 이전보다 활발히 이루어지고 있는 것을 알 수 있다. 배운 적이 없다는 피조사자 중에는 유아의 경우가 많아 공공기관에서 다문화를 교육하는 시기가 유아 이후인 것을 알 수 있다.

'다문화'에 대해 '배우고 싶다'는 응답이 80%, '배우고 싶지 않다'는 응답이 20%로 나타났다(〈그림 5-83〉). 배우고 싶은 이유로는 '이해하기 위해, 엄마 나라 이야기 듣고 싶어서, 알고 싶다, 그냥 궁금해서, 다문화에 대해 알고 싶습니다, 엄마 나라의 문화를 배우고 싶어요' 등이 있었다. 배우고 싶지 않은 이유로는 '잘 모르겠다'는 응답이 있었다. 배우고 싶다고 하는 아이들도 '다문화'의 뜻을 자의적으로 해석하거나 잘못 알

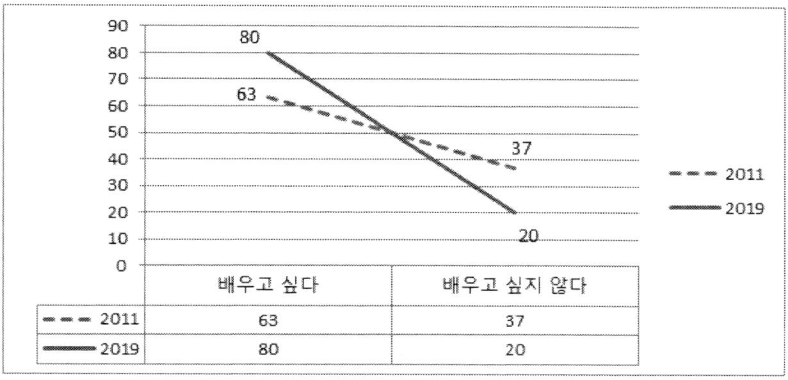

<그림 5-83> '다문화'에 대해 배우고 싶은가

고 있는 경우가 있는 것을 알 수 있고 배우고 싶지 않다는 아이들은 '다문화'에 대해 전혀 인식을 못하고 있다는 것으로 판단된다. 하지만 적어도 피조사자들의 다문화에 대한 관심이 2011년에 비해서 높아졌다는 사실은 확실한 것으로 나타났다.

◆ 국어 교육에 바라는 점

유치원(어린이집)/학교에서 다문화가정 자녀만을 위한 공부시간이 필요하다(한글/국어 제외)는 응답이 30%로 나타났다(〈그림 5-84〉). 필요한 이유로는 '공부에 도움이 된다.'는 응답이 있었다.

한글/국어 공부시간이 필요하다는 응답이 22%로 나타났는데(〈그림 5-85〉) 다문화 자녀의 70-80% 가까이가 그들만을 위한 공부시간과 한글/국어 공부시간이 필요없다고 답해 그 비율이 높지는 않았다.

두 질문 모두 2011년 조사와 큰 차이는 보이지 않아 다문화가정 자녀들을 위한 학습 지원 방향은 좀 더 정밀한 조사 및 조치가 필요하다고 판단된다. 하지만 저학년일 때가 언어 발달이나 각 과목의 기초를 쌓는 데 중요한 시기임을 감안하면 이들을 위한 한글/국어공부를 포함한 공부시

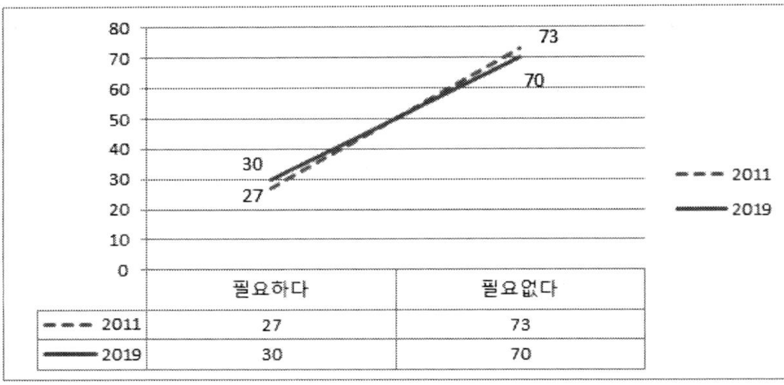

<그림 5-84> 유치원(어린이집)/학교에서 여러분만을 위한
공부시간이 필요한가(한글/국어 제외)

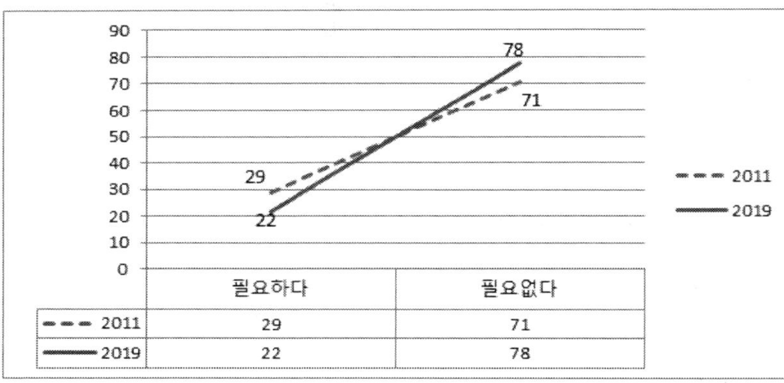

<그림 5-85> 유치원(어린이집)/학교에서 여러분만을 위한
한글/국어 공부시간이 필요한가

간을 따로 마련해 주는 게 필요할 것으로 생각된다.

다문화가정 유아 · 초등 저학년 자녀 응답자들이 가장 배우고 싶은 것으로 '한국문화'(37%)를 꼽았다(〈그림 5-86〉). 그 외 '어머니 나라의 문화', '자아정체성', '기타'가 각각 18%, '학교생활' 9% 순으로 답하였다. '기타' 응답으로 '없다'가 있다. 2011년 조사결과에서 '어머니 나라의 문

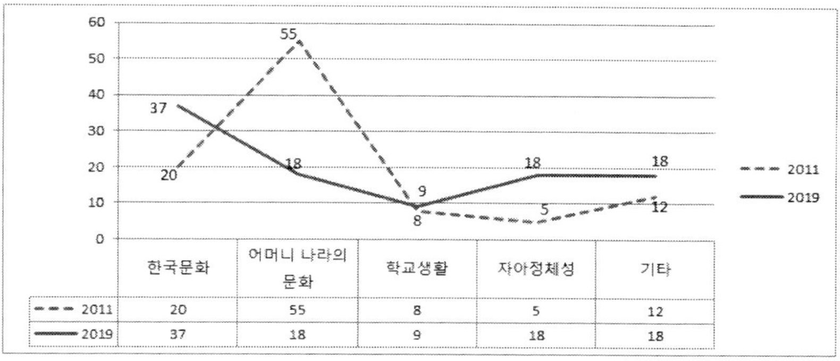

<그림 5-86> 배우고 싶은 것은 무엇인가

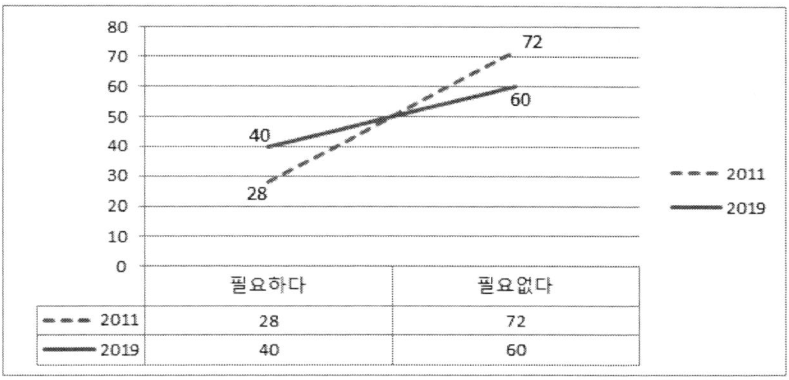

<그림 5-87> 유치원(어린이집)/학교에서 여러분만을 위한 선생님이 필요한가

화'에 대한 열의가 높았다면 2019년에서는 '어머니 나라의 문화'에 대한 관심이 줄었다기보다는 한국문화에 대한 관심이 극대화되었다고 할 수 있다. 자신이 한국인이라고 생각하기 때문이기도 하고[38] 세계에서 한류의 위상이 강화된 측면이 함께 작용한 결과로 볼 수 있다. 따라서 피조사자들의 수준에 맞는 한국문화에 대한 교육을 강화해야 하며 이들의 정

38) '자신을 한국인이라고 생각하는가'라는 질문에서 '매우 그렇다'는 55%, '그렇다'는 36%의 응답률을 나타냈다(〈그림 5-62〉).

체성과 관련된 교육을 강화해야 할 필요성도 동시에 제기하고 있는 결과이다.

유치원(어린이집)/학교에서 다문화가정 자녀들만을 위한 선생님이 필요하다는 응답이 40%로 나타났고(〈그림 5-87〉), 필요한 선생님으로는 '한국 선생님'이 있었는데 앞에서 그들만을 위한 교육이 필요하다는 응답이 20-30% 정도로 높지 않은 것을 감안하면 '교과 학습'이나 '한글/국어 학습' 이외의 보살핌이 필요한 (한국어)선생님을 원하는 것으로 판단된다.

5.2.4.2. 초등 고학년 및 중 · 고등생

◆ 응답자 기본사항

2019년 다문화가정 초등 고학년, 중 · 고등 자녀 총 응답자는 15명으로 이전 조사와 달리 개별적으로 조사하였다. 응답자는 '초등학생' 7%, '중학생' 60%, '고등학생' 33%로 성별은 '남자' 13%, '여자' 87%였다.

응답자 거주지역은 '전주' 53%, '군산' 20%, '익산' 13%, '장수'와 '김제'가 각각 7% 비율이었고, 현재 재학 중인 교육기관은 '사립학교' 60%, '국 · 공립학교' 27%, '기타' 13%라고 응답했다(〈표 5-9〉).

다문화가정 초등 고학년, 중 · 고등학교 자녀 응답자의 어머니의 모국은 '중국'이 53.3%로 가장 높고 '베트남'이 20%, '필리핀'과 '일본'이 각각 약 13.3%였다(〈그림 5-88〉). 이전 조사에서는 어머니의 국적이 '일본'이 50% 이상이었다면 2019년 조사에서는 '중국'의 비율이 50%를 넘었으며 한국계 중국인은 한 명도 없었다. 이는 조사 기관이나 대상자의 협조가 지난번 조사와 달라서 나타난 현상으로 볼 수 있다.

다문화가정 초등 고학년과 중 · 고등학생 자녀의 학교 평균성적은 '보통이다' 53%, '나쁘다' 27%, '좋다' 13%, '매우 좋다' 7%, '매우 나쁘다'

<표 5-9> 응답자 기본사항

변인	조사내용 범주	조사대상 초등고	중학생	고등학생	합계(명)	비율(%)
성별	남	-	1	1	2	13
	여	1	8	4	13	87
	총(명)	1	9	5	15(명)	100(%)
	비율(%)	7	60	33	100(%)	

변인	범주	초등고(남)	초등고(여)	중학생(남)	중학생(여)	고등학생(남)	고등학생(여)	비율(%)
거주지	군산	-	1	1	1	-	-	20
	전주	-	-	-	5	-	3	53
	익산	-	-	-	2	-	-	13
	김제	-	-	-	-	1	-	7
	장수	-	-	-	-	-	1	7
	총(명)	0	1	1	8	1	4	100(%)

변인	범주	초등학생	중학생	고등학생	합계(명)	비율(%)	비고
소속(?)	국공립기관	1	2	1	4	27	
	사립기관	-	5	4	9	60	
	기타	-	2	-	2	13	
	총(명)	1	9	5	15(명)	100(%)	

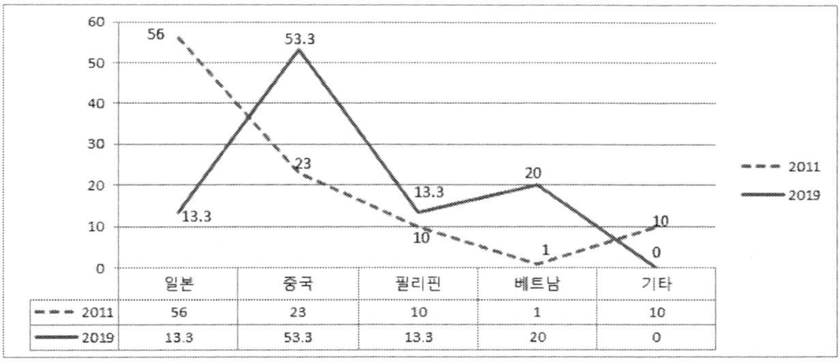

<그림 5-88> 조사 응답자 어머니 국적[39)]

39) 조사는 소수점 첫째 자리까지 표시하였다.

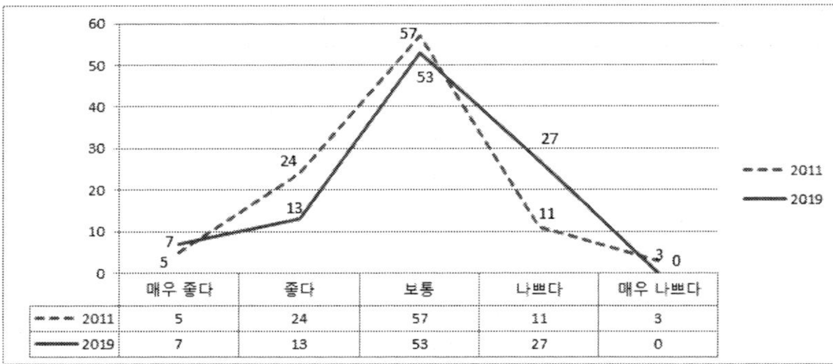

<그림 5-89> 현재 재학 중인 학교 평균 성적(국어 성적 제외)

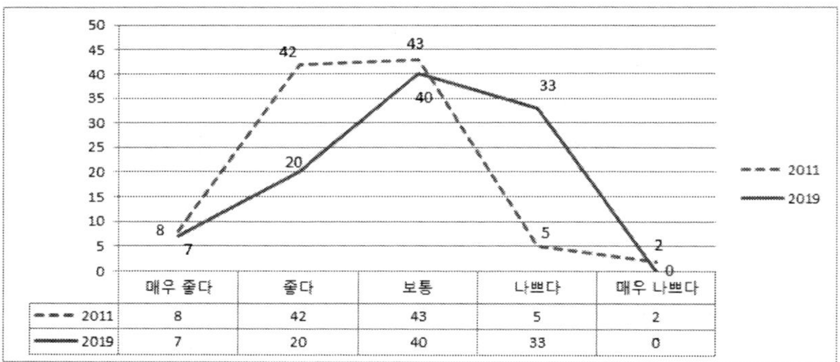

<그림 5-90> 현재 재학 중인 학교 평균 국어 성적

는 0%로 나타났고(<그림 5-89>), 현재 재학 중인 학교 평균 국어 성적은 '보통이다' 40%, '나쁘다' 33%, '좋다' 20%, '매우 좋다' 7%, '매우 나쁘다' 0%로 나타났다(<그림 5-90>). 성적에 관련된 내용에서는 '보통이다'는 응답은 비슷하지만 '나쁘다'는 응답이 증가하였고 '좋다'는 응답은 감소하였다. 전반적으로 학교성적과 관련한 분야에서는 추가적인 지원이 필요하다고 볼 수 있지만 응답자가 적기 때문에 이를 일반화시키는 것에는 무리가 있는 것으로 보인다. 하지만 적어도 다문화가정 자녀의 국

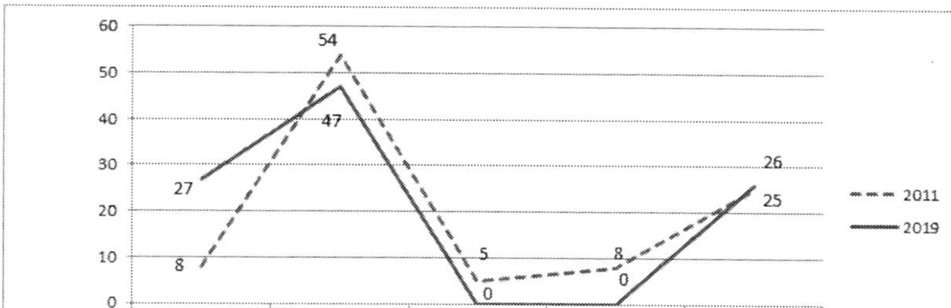

	교우관계	학업성적	차별과 편견	가정형편	기타
2011	8	54	5	8	25
2019	27	47	0	0	26

<그림 5-91> 학교생활에서 가장 어려운 점

어를 포함한 학업 성적과 능력이 2011년에 비해 저하되었을 가능성이 높다고 분석할 수는 있다. 상급학년으로 갈수록 '학습 한국어(각주 2 참조)'의 능력이 요구되는데 이 '학습 한국어'의 능력에서 일반 한국인 가정의 자녀들과의 격차가 2011년보다 더 커졌을 개연성이 있다고 추정할 수 있다.

다문화가정 초등 고학년과 중 · 고등학생 자녀들은 학교에서 가장 어려운 점으로 '학업성적'(47%)을 꼽았다. 그 외에 '교우관계' 27%, '기타' 26%, '차별과 편견', '가정형편'은 0%로 나타났다(〈그림 5-91〉). '기타' 응답으로는 '친구 사귀는 것, 언어' 등이 있었는데 이러한 답변은 '교우관계'의 어려움이 3배 이상 증가한 결과에 속한다고 볼 수 있다. 학교성적이나 국어 성적이 나쁘다는 응답과 관련된 '학업성적' 부분은 입시에 치중하고 있는 변함없는 한국의 교육제도와도 관련이 있을 것으로 판단되며 이는 '교우관계'에도 영향을 미쳤을 것으로 볼 수 있다.[40]

다문화가정 초등 고학년과 중 · 고등학생 자녀 응답자 중 53%가 친구

40) 이들이 교우관계에서 어려운 점이 단순히 언어로 인한 것인지 다른 이유가 있는 것인지 정확한 내용을 알기 위해서는 일반 한국 학생들의 조사도 같이 이루어져야 할 것이다.

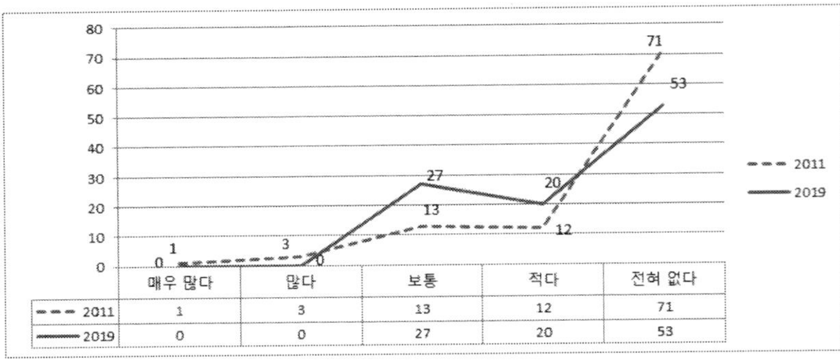

	매우 많다	많다	보통	적다	전혀 없다
2011	1	3	13	12	71
2019	0	0	27	20	53

<그림 5-92> 친구들과 다른 외모로 인해 겪는 어려움이 있는가

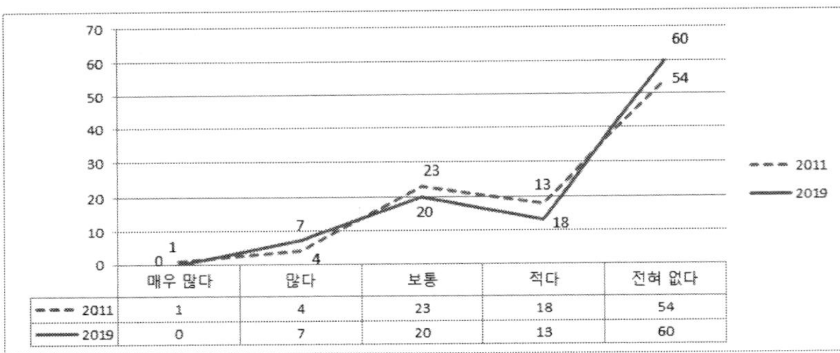

	매우 많다	많다	보통	적다	전혀 없다
2011	1	4	23	18	54
2019	0	7	20	13	60

<그림 5-93> 정체성에 혼란이 온 적이 있는가

들과 다른 외모로 인해 친구들에게 놀림을 당한 적이 '전혀 없다'고 응답하였고, '적다' 20%, '보통이다'가 27%로 나타났다(〈그림 5-92〉).

2011년 조사에서는 외모로 한국 학생들에게 놀림을 받지 않는다는 결과가 높았다. 2019년 조사에서도 외모로 인한 놀림은 '전혀 없다'가 50% 이상이 나왔으나 이전 결과보다는 '보통이다'와 '적다'는 응답이 높아져서 이전보다는 외모에 대한 놀림이 있었다는 것으로 판단된다. 이러한 결과는 우선 이전 조사에서는 조사 학생의 어머니가 일본, 중국 등 한국인과 외모에서 큰 차이가 없는 나라의 응답자가 많았으나 2019년

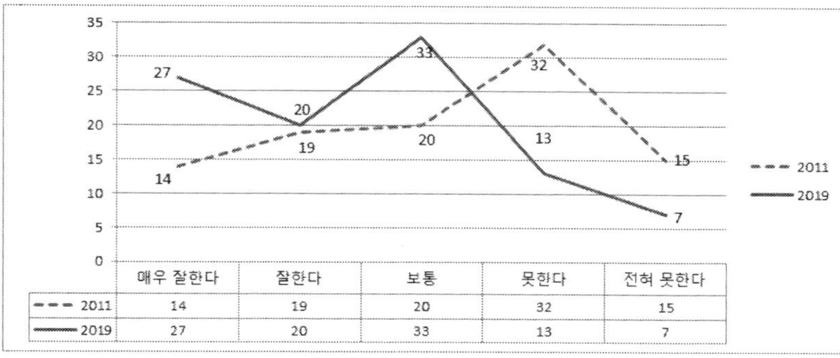

	매우 잘한다	잘한다	보통	못한다	전혀 못한다
2011	14	19	20	32	15
2019	27	20	33	13	7

<그림 5-94> 어머니의 모국어를 구사할 수 있는가

조사에서는 외모가 구별되는 동남아 등의 국가에서 온 어머니를 가진 경우가 늘었기 때문으로 보인다. 이에 외모로 인한 놀림을 받을 가능성이 여전히 있을 것으로 판단되며 어머니의 국적에 따라 놀림을 받는 것에 대한 접근이 달라져야 할 것이다.

다문화가정 초등 고학년과 중·고등학생 자녀 응답자들의 60%가 정체성에 혼란이 온 적이 '전혀 없다'고 답하였고, '보통이다' 20%, '적다' 13%, '많다' 7%, '매우 많다'가 0%로 나타났다(〈그림 5-93〉). '보통이다'는 응답을 기준으로 볼 때 이전 조사결과와 큰 차이를 보이지는 않고 있다. 결국 정체성 부분에 대해서는 여전히 혼란을 겪는 학생들이 일정 수 있다는 것으로 판단된다.

어머니의 모어를 구사와 관련한 응답에서는 '매우 잘한다'(27%)를 포함한 '잘한다'(20%)의 비율이 47%로 2011년 조사 결과보다 높게 나타났고 '전혀 못한다'(7%)를 포함한 '못한다'(13%)의 비율은 20%로 2011년 조사의 47%보다 낮게 나타났다(〈그림 5-94〉). '보통이다'는 응답을 어머니의 모어를 배웠다는 전제로 보면 어머니의 모어 구사 비율에서 '잘한다' 쪽이 80%, '못한다' 쪽이 20%로 나타나 2011년과 달리 어머니의 모어를 구사하는 학생들이 매우 많다는 것을 알 수 있다. 반면 다문화가

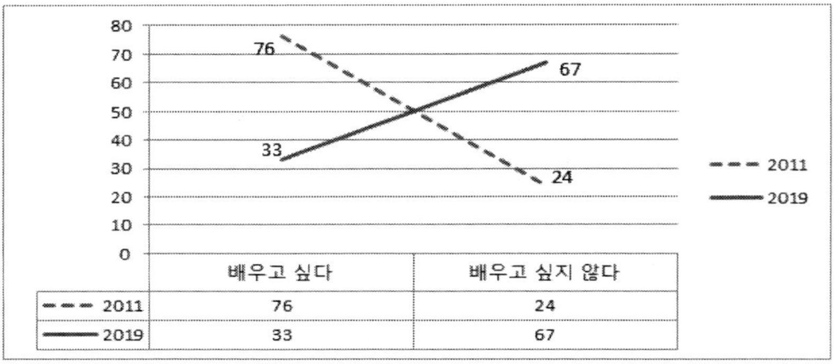

<그림 5-95> 어머니의 모국어를 배우고 싶은가

정의 유아 · 초등 저학년 자녀들은 '잘한다' 쪽이 9%, '못한다' 쪽이 73%로 다문화가정에서 어머니의 모어를 배우는 시기가 저학년 이후인 것으로 판단되며 아이들의 이중 언어 학습도 꾸준히 이루어지고 있다고 볼 수 있다.

하지만 어머니의 모어 구사 비율이 2019년에 더 높아진 것과는 별개로 2011년 조사에서 다문화가정 초등 고학년과 중 · 고등학생 자녀 응답자 76%가 어머니 나라의 말을 배우고 싶다고 응답한 반면 2019년 조사에서는 67%가 배우고 싶지 않다는 반대의 의견이 나왔다(〈그림 5-95〉).

배우고 싶은 이유로는 '재미있고 도움이 될 때가 있어서'이고, 배우고 싶지 않은 이유에는 '시간이 없어서'라는 이유가 있었다. 배우고 싶지 않다는 응답이 2011년 조사보다 높게 나타난 이유는 대부분의 고학년들은 진학을 위한 학교 공부로 인해 시간이 부족하기 때문이거나 저학년일 때 이미 어머니의 모어를 배워서 할 줄 알고 있기 때문으로 판단된다. 이 결과는 유아 · 초등학교 저학년 자녀들 중 50%의 아이들이 어머니의 모어를 배우고 싶지 않다고 응답한 결과와 비교하면 앞으로 저학년 아이들이 어머니의 모어를 배우지 않아서 고학년이 되어도 이중 언어를 못하는 경우가 증가할 것으로 판단된다.

◆ 국어 교육현황

다문화가정 초등 고학년과 중 · 고등학생 자녀들 중, 현재 재학 중인 학교에서 다문화교육을 받은 적이 있다는 응답자가 73%로 나타났고(〈그림 5-96〉), 학교 외에서 다문화교육을 받은 적이 있다는 응답자가 40%로 나타났다(〈그림 5-97〉). 이는 2011년 이후 학생들을 대상으로 하는 다문화교육이 학교 내, 외에서 모두 많이 활성화되었다는 것을 보여주고 있다.

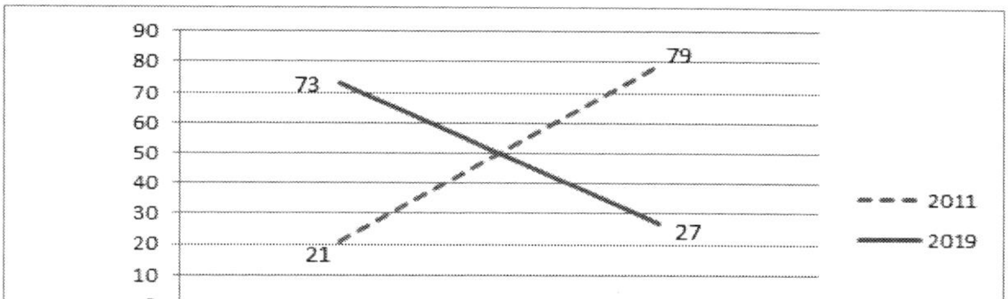

	받은 적이 있다	받은 적이 없다
2011	21	79
2019	73	27

<그림 5-96> 현재 재학 중인 학교에서 다문화교육을 받은 적이 있는가

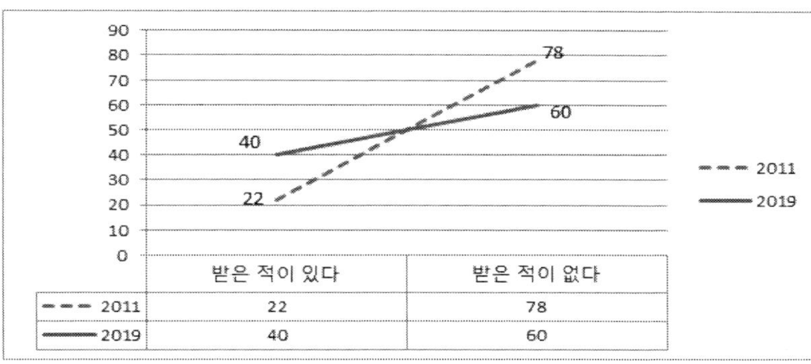

	받은 적이 있다	받은 적이 없다
2011	22	78
2019	40	60

<그림 5-97> 학교 외에서 다문화교육을 받은 적이 있는가

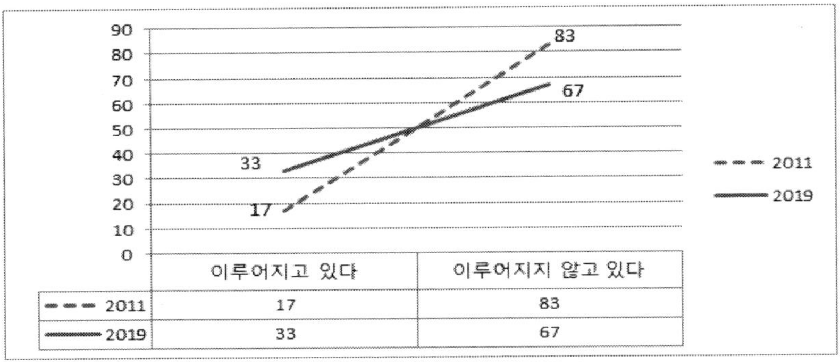

<그림 5-98> 현재 재학 중인 학교에서 정규과정의 수업 외에
다문화가정 자녀를 위한 별도의 학습지도가 이루어지는가 (국어 제외)

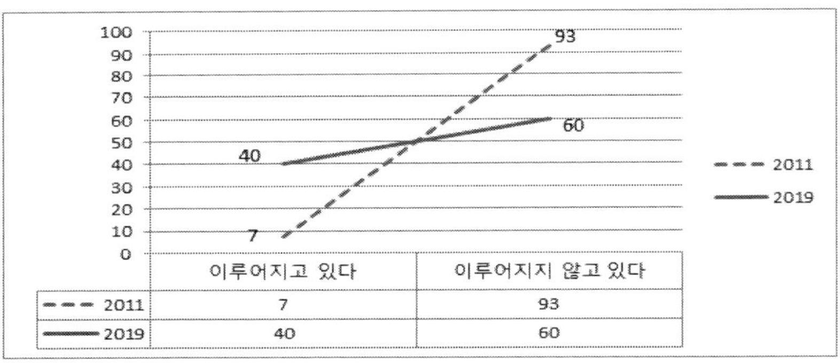

<그림 5-99> 현재 재학 중인 학교에서 정규과정의 수업 외에
다문화가정 자녀를 위한 별도의 국어지도가 이루어지는가

현재 재학 중인 학교에서 정규과정의 수업 외에 다문화가정 자녀를 위한 별도의 학습지도가 이루어지는지에 대해, '이루어지고 있다' 33%, '이루어지지 않고 있다'가 67%로 나타났고(〈그림 5-98〉), 현재 재학 중인 학교에서 정규과정의 수업 외에 다문화가정 자녀를 위한 별도의 국어지도에 대해서는 40%가 '이루어지고 있다'고 답했고 60%가 현재 '이루어지지 않고 있다'고 답했다(〈그림 5-99〉). 2011년 조사에 비해서 별도의 수업이나 한국어수업의 개설이 늘어났음을 알 수 있다. 이는 적어

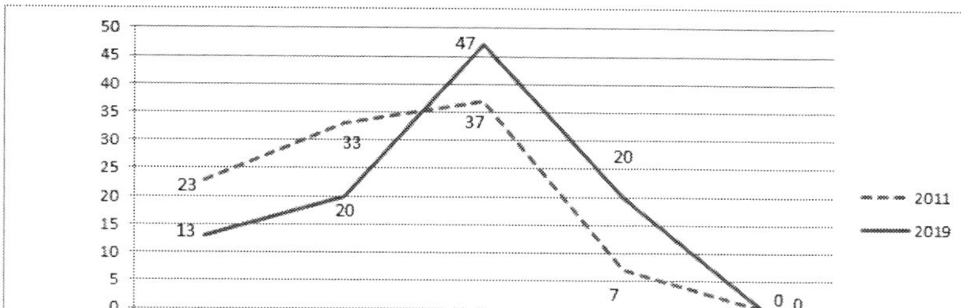

	매우 잘한다	잘한다	보통	못한다	전혀 못한다
2011	23	33	37	7	0
2019	13	20	47	20	0

<그림 5-100> 학교수업을 잘 이해할 수 있는가

도 다문화가정 학생들의 '학습 한국어' 능력과 일반 한국인 학생의 '학습 한국어' 격차가 2011년보다 더욱 커졌기 때문에 이들의 '학습 한국어'를 향상시키려는 교육 당국의 의지를 반영하는 결과로 나타난 것으로 볼 수 있을 것이다.

다문화가정 초등 고학년과 중 · 고등학생 자녀들 중, 학교수업을 잘 이해할 수 있는지에 대해, '보통이다' 47%, '잘한다' 20%, '매우 잘한다' 13%, '못한다'가 20%로 나타났다(〈그림 5-100〉). '못한다'(20%)의 비율이 2011년 조사보다 3배 가까이 증가한 것으로 나타났고 '보통이다'도 이전보다 10%가 늘어나서 학업부분에서는 시간이 지날수록 더 어려움을 겪는 것으로 판단된다.

한국어로 의사소통하는 것이 '매우 쉽다'는 응답이 25%를 차지했고, '쉽다' 25%, '보통이다' 44%, '어렵다' 6%로 나타났다(〈그림 5-101〉). '어렵다' 쪽의 응답이 6%로 낮게 나타났으나 '쉽다(매우 쉽다 포함)'는 의견이 2011년도 81%에서 2019년도 50%로 감소하고 '보통이다'는 응답이 4배 이상 늘어난 것은 한국어 의사소통에 겪는 어려움이 계속 늘고 있음을 보여주고 있다. 이러한 결과로 본다면 이들을 위한 방과 후 한국어 교육 등의 특별교육이 더 필요하다고 생각된다. 이 결과는 2019년의

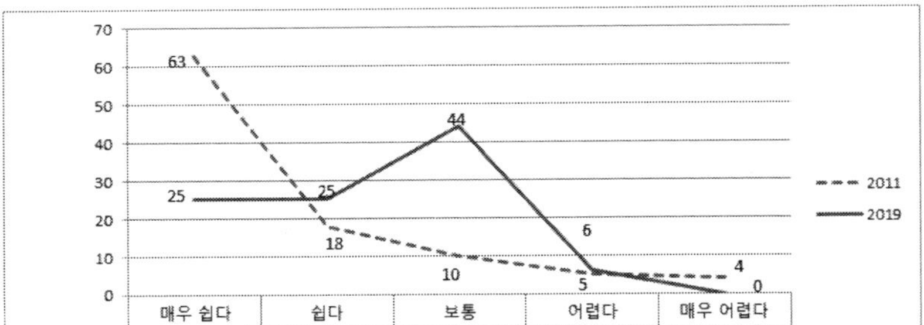

	매우 쉽다	쉽다	보통	어렵다	매우 어렵다
2011	63	18	10	5	4
2019	25	25	44	6	0

<그림 5-101> 한국어로 의사소통하는 것이 어떠한가

현실은 8년 전에 비해 다문화가정 자녀의 '학습 한국어'에 있어서의 어려움뿐만 아니라 '생활 한국어'에서의 어려움도 더 강화되었음을 보여준다고 해석된다. 이 결과는 다문화가정 자녀의 중도탈락률과 상급학교 진학률에도 부정적인 역할을 하는 요인인 만큼 정부 관계 부처에서 심각하게 판단하고 대책을 마련해야 할 것으로 판단된다.

초등 고학년과 중 · 고등학생의 경우 학교수업 이해도에서 '보통이다', '못한다'가 합하면 67%, 한국어 의사소통에서 '보통이다', '어렵다'를 합하면 50%가 나와서 상당수의 학생이 수업을 듣는 데 어려움을 겪는 것으로 보인다. 학교에서 이루어지는 개별 수업지도(국어제외)도 '이루어지지 않고 있다'가 이전보다 16% 증가하였고 국어수업 역시 '이루어지지 않고 있다'가 33%나 증가하여 이들에게 보충 수업과 방과 후 한국어 학습을 시킬 필요성이 더욱 커진 상황이라고 판단된다.

다문화가정 초등 고학년과 중 · 고등학생 자녀 응답자들이 방과 후에 학습지도를 해주는 사람으로 '어머니' 25%, '기타' 50%(기타내용으로 '다문화지원센터', '없다' 등이 있다), '학원' 13%, '아버지', '조부모'가 각각 6%라고 응답하였다(〈그림 5-102〉). 2011년 조사에서는 '학원' 같은 사교육에 학습을 의지하는 비율이 높았던 반면 2019년 조사에서는 사

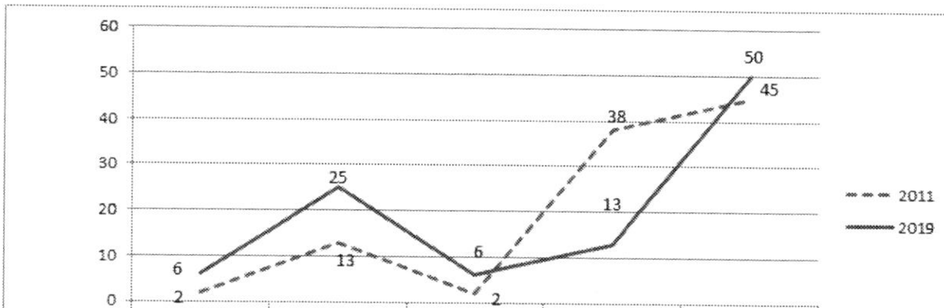

	아버지	어머니	조부모	학원	기타
2011	2	13	2	38	45
2019	6	25	6	13	50

<그림 5-102> 방과 후에 누가 학습지도를 해주는가

교육 참여율이 낮아지고[41] '어머니'를 비롯하여 '아버지', '조부모' 등 가족의 도움이 늘어났음을 알 수 있다. '어머니'의 한국어능력이나 학력이 아이들을 지도할 수 있는 수준인지 명확한 증거를 낼 수는 없지만 2011년에 비해서 어머니의 한국어 실력이 늘었기 때문에 아이들의 학습을 지도하고 있다고 판단된다.[42] 한편으로는 2011년에 비해 다문화가정의 경제적 사정이 좀 더 어려워졌을 개연성도 제기된다.

학교수업방법 중 가장 흥미를 느끼는 것으로 '체험학습'(73.3%)을 꼽았고, '교실수업', '협동학습'이 각각 13.3%로 나타났다(〈그림 5-103〉). 유치원, 초등 저학년이 교실수업의 일종인 '상황극 연습'이나 '시청각자료 활용학습' 같은 실내 학습을 선호함에 비해서 초등 고학년, 중 · 고교 자녀들은 실제로 체험하는 학습을 선호하고 있음을 알 수 있다. 한국문

41) '2018년 전국다문화가족 실태조사(p.548)'에 따르면 초 · 중등 및 대학, 대학원에 재학 중인 다문화가족 자녀의 사교육 참여율은 69.0%로 연령이 올라갈수록 사교육 참여율이 높아진다고 한다.

42) '2018년 전국다문화가족실태조사 연구(p.172)'에 따르면 여성결혼이민자의 한국어 능력은 말하기, 듣기, 읽기 면에서 60% 이상이 잘한다(약간 잘한다+잘한다)고 응답하였고 쓰기는 54.9%가 잘한다고 응답하였다. 이 결과는 여성결혼이민자의 한국어 능력이 2015년보다 향상되었다는 것을 보여준다.

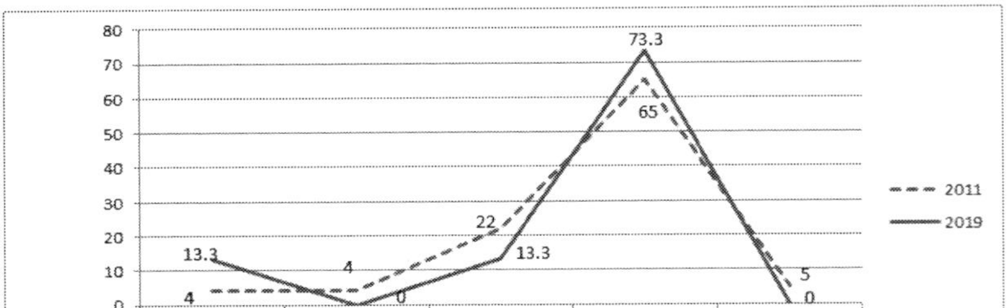

	협동학습	토의학습	교실수업	체험학습	기타
2011	4	4	22	65	5
2019	13.3	0	13.3	73.3	0

<그림 5-103> 학교수업방법 중 가장 흥미를 느끼는 것은 무엇인가[43)]

화에 대한 이해와 한국어를 기본으로 진행되는 '토의 학습'의 경우, 유아를 비롯한 다문화가정 자녀들 모두 흥미를 보이지 않는 것으로 나타났는데 이러한 결과는 다문화가정 자녀들이 한국문화와 한국어에 대한 자신감이 없음을 보여주는 것으로 해석될 수 있는 부분이다.

학교에서 정규과정의 수업 외에 더 배우고 싶은 과목으로 2011년에는 '예체능'(28%)을 꼽았고, 2019년에는 '영어'와 수학이 각각 25%로 가장 많이 선택되었다. 시간이 지나면서 초등고 · 중 · 고등학생은 '국 · 영 · 수' 위주의 중요성을 보이고 있는데 이는 2011년보다 '수학'과 '국어'의 비율이 많이 높아진 것에서 알 수 있다. 수학은 10%, 국어는 13% 이상 증가한 반면 예체능은 10% 가까이 줄어들었다(〈그림 5-104〉). 배우고 싶은 과목에 대해서 유치원, 초등 저학년과 초등 고학년, 중 · 고등학생이 정반대의 의견을 보이고 있다. 일반적으로 상급학교 진학과 관련된 성적이 아닌 '예체능' 과목으로 보면 2019년에 초등 고학년, 중 · 고등학생들은 10% 줄어든 반면 유아 · 초등 저학년의 응답은 20% 가까이 늘어났다. 반대로 '국어' 과목에서 고학년은 배우고 싶다는 의견이 13% 이상 증가하였지만 저학년에서는 15%가 감소하였다. 고학년으로 갈수록 상

43) 2019년 조사는 소수점 첫째 자리까지 표시하였다.

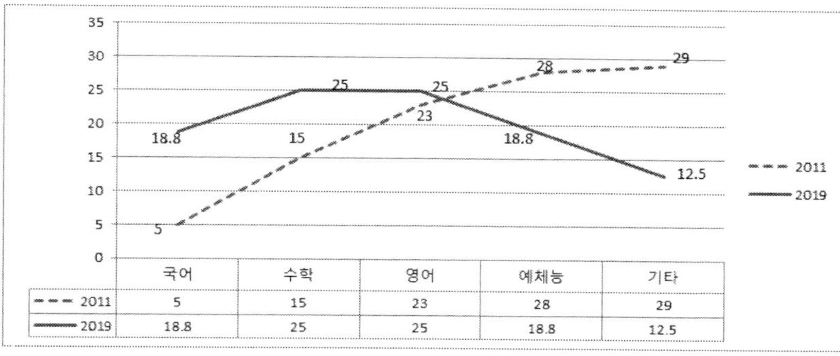

<그림 5-104> 현재 재학 중인 학교에서의 정규과정의 수업 외에 더 배우고 싶은 과목

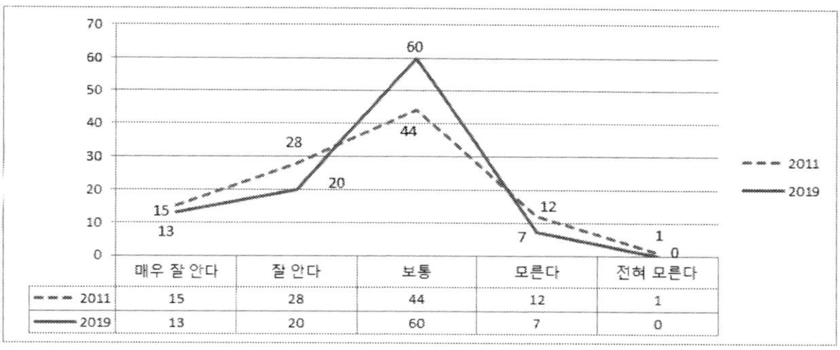

<그림 5-105> 어머니가 학교생활에 대해 잘 이해하는가

급학교 진학 시험에 영향을 미치는 과목의 공부에 더 큰 갈증을 느끼는 것으로 해석된다. 국어 과목 결과의 경우는 고학년들이 국어 실력의 부족함을 더 크게 느끼고 있음을 보여 주는 증거로 해석할 수 있다. 앞으로 학생들의 필요에 따른 요구를 잘 파악해서 수업을 개설하고 실시하여야 함을 보여준다. 이렇게 함으로써 이들의 욕구를 충족시킴과 동시에 한국어 학습에도 많은 도움을 줄 수 있을 것으로 판단된다.

어머니가 학교생활에 대해 '잘 안다'는 응답이 '매우 잘 안다'(13%)를 포함하여 33%, '보통이다' 60%, '모른다' 7%로 나타났다(〈그림 5-105〉).

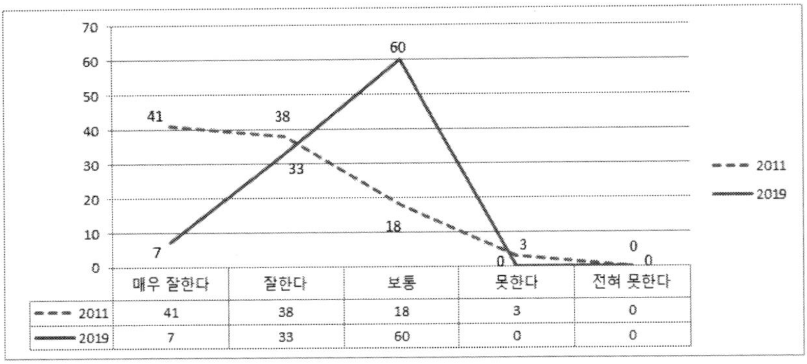

<그림 5-106> 어머니와 한국어 의사소통은 어떠한가

2019년 '안다(매우 잘 안다 포함)'는 응답은 33%로 2011년 '안다'는 응답(43%)과 비교하면 10%가 줄어들었으나 '보통이다'는 16%가 늘고 '모른다'는 응답은 5%가 줄어들었다. 모른다는 응답률도 낮아졌지만 안다는 응답률도 낮아져서 어머니가 학교생활에 대해 일반적으로 어느 정도 아는 경우는 많아졌지만 아주 잘 알거나 전혀 모르는 어머니의 비율은 줄어들었다고 해석된다.

어머니와의 한국어 의사소통에 대해서는 '매우 잘한다' 7%, '잘한다' 33%, '보통이다' 60%로 나타났다(〈그림 5-106〉). 어머니와의 한국어 의사소통은 '잘한다' 쪽의 응답을 합쳤을 때 40%로 2011년 조사(79%)보다 줄어들었다. 방과 후 학습지도에서 '어머니'의 비율이 낮지 않은데도 불구하고 어머니와의 대화가 줄어든 이유는 학습과 일상적인 대화를 분리해서 응답했거나 고학년이 될수록 부모와의 시간보다 학업과 관련된 시간이 많기 때문으로 판단된다.

다문화가정 초등 고학년과 중·고등학교 자녀 응답자들 중에 60%가 어렸을 때 외할머니께서 키워주신 적이 있다고 답했고, 40%가 키워주신 적이 없다고 답하였다(〈그림 5-107〉).

이 결과는 다문화가정에서 결혼이민자 여성이 친정에 아이를 맡기는

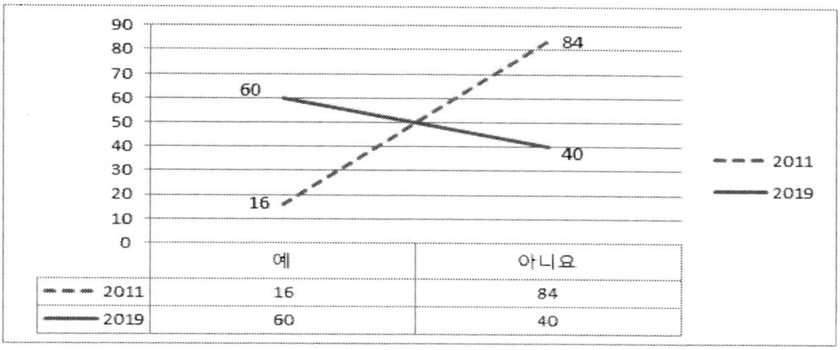

<그림 5-107> 어렸을 때 외할머니께서 키워주신 적이 있는가

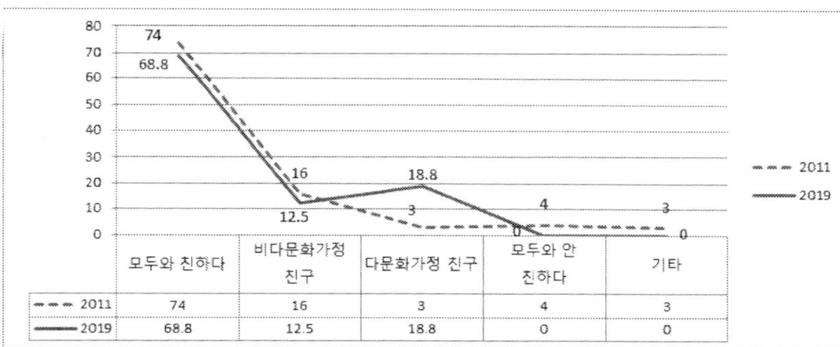

<그림 5-108> 현재 재학 중인 학교에서 누구와 가장 친한가[44]

비율이 2011년보다 높아졌다는 것을 보여주고 있다. 외할머니 양육에 대해서는 한국에 와서 아이를 직접 돌보는 형태에서부터 자녀를 모국의 부모형제에게 보내 양육하게 하는 방법이 있는데 주로 모국의 부모형제를 한국으로 초청하여 자녀 양육에 도움을 받는 것으로 판단된다.[45] 2011년보다는 2019년에 결혼이주여성의 부모를 포함한 친척의 한국 입

44) 2019년 조사는 소수점 첫째 자리까지 표시하였다.

45) '2018년 전국다문화가족실태조사 연구'에 따르면 다문화가정에서 모국의 부모형제를 한국으로 오게 한 적이 있다는 응답이 35.3%였고 자녀를 모국의 부모 형제에게 보낸 적이 있다는 응답이 8.6%라고 하였다. (p.148인용)

국이 늘어난 것을 알 수 있게 하는 결과이다.

다문화가정 초등 고학년과 중·고등학교 자녀들이 현재 재학 중인 학교에서 누구와 가장 친한가에 대한 질문에 대해 '모두와 친하다' 68.8%, '비다문화가정 친구' 12.5%, '다문화가정 친구' 18.8%로 나타났다(〈그림 5-108〉). 2011년 '모두와 친하다'(74%)와 '비다문화가정과 친하다'(16%)는 비율이 2019년에는 감소한 반면에 '다문화가정 친구와 친하다'(3%)는 비율은 6배 이상 증가하였다. 이는 학교에 재학하는 다문화가정의 자녀가 늘었고 다문화가정 자녀 간의 유대감이 더욱 강해졌기 때문에 나타난 현상으로 볼 수 있다.[46]

학교 외에서 국어 교육을 받은 적이 '있다'는 응답은 40%로 나타났다(〈그림 5-109〉). 그 장소로는 '다문화지원센터, 우석대학교[47]' 등이 있었다. 받은 적이 '없다'는 60%로 나타나 2011년 조사보다 학교 이외의 장소에서도 (한)국어 교육이 점점 늘어나고 있음을 알 수 있다. 이런 결과

46) '2018년 전국다문화가족실태조사 연구' (p.533 그림 Ⅴ-15 참조)

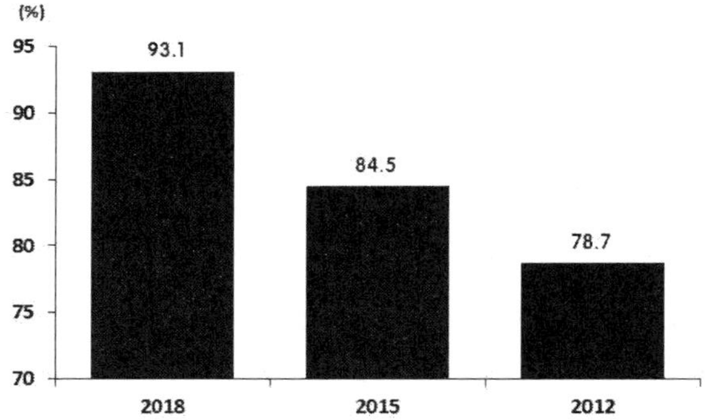

- 다문화가족 자녀 중 한국에서의 재학 비율(2012, 2015, 2018) -

47) 다문화지원센터에서는 여성결혼이민자를 비롯하여 중도입국자녀, 다문화가정의 자녀를 위한 다양한 프로그램을 진행하고 있으며 한국어교육도 같이 이루어지고 있다. '우석대학교'라는 응답은 우석대학교 내의 다문화지원센터를 의미한다고 판단되며 우석대학교는 2008년부터 법무부로부터 다문화사회통합거점대학으로 선정돼 여성결혼이민자를 비롯한 다양한 프로그램을 진행하고 있다.

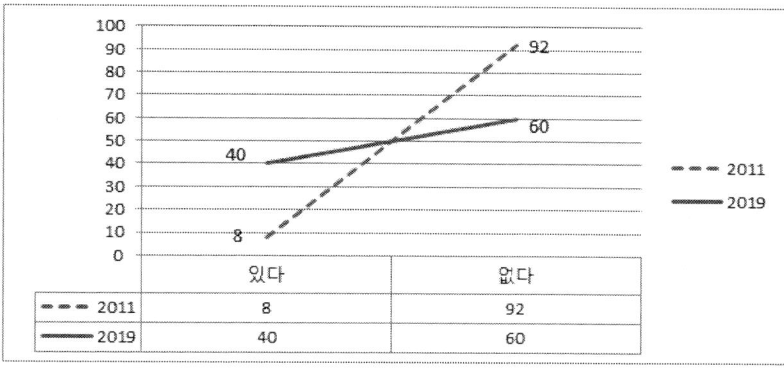

<그림 5-109> 현재 재학 중인 학교 외에서 국어 교육을 받은 적이 있는가

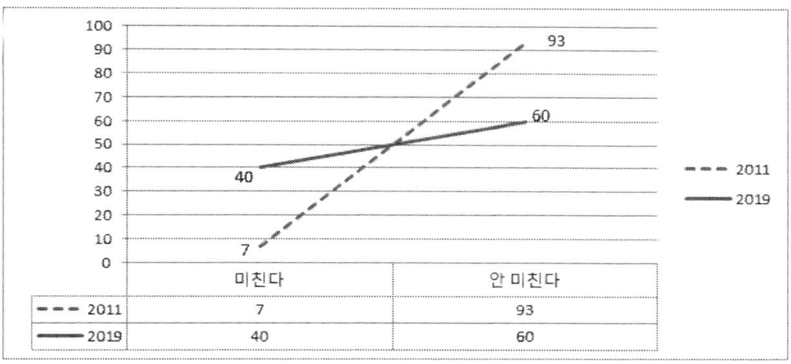

<그림 5-110> 다문화가정의 일원이라는 것이 학습에 영향을 미치는가

는 한편으로는 초중고등 학교에서의 수업 이외의 한국어교육이 줄어든 결과로 나타난 것으로 해석된다. 학교 이외의 교육이 이루어지는 장소가 '다문화센터'로 한정되어 있는 점은 아쉬운 부분이다. 앞으로 다양한 한국어교육과 관련된 기관의 관심이 늘어나 이들 교육기관에서 체험을 할 수 있어야 한다고 생각된다.

다문화가정의 일원이라는 것이 학습에 영향을 미치지 않는다고 생각하는 응답자가 전체의 60%를 차지하였다(〈그림 5-110〉). 2011년 다문화가정 자녀 93%는 본인들이 다문화가정 자녀이기 때문에 받는 학습적 불이익은 없다고 하였으나 2019년에는 다문화가정 자녀이기 때문에 학습에 불이익을 받는다는 의견이 40%로 늘어났다. 2011년 조사보다 경제적인 부분의 어려움이나 외모에 따른 차별은 크게 늘지 않았기 때문에 이는 한국어에 대한 실력 부족이 더욱 강화되었기 때문에 나타난 결과라고 판단된다.

학교생활에 가장 도움이 되는 것으로는 65%가 '친구'라고 답했고, '선생님'이 35%로 나타났다. 2011년과 달리 '가족'이 학교생활에 도움이 전혀 되지 않는 것은 학교생활에 대해 가족과 소통이 없기 때문으로 볼 수도 있다. 이는 학습을 도와주는 부분에서 가족의 참여도 줄고(부모, 조부모: 〈그림 5-102〉), 어머니와의 의사소통도 줄어든 결과(〈그림 5-106〉)와 관련이 있다고 판단된다. 2011년 조사에서 유치원, 초등 저학년 아이들과 초등 고학년, 중 · 고등학생은 '친구'와 '선생님'이 학교생활에서 가장 중요한 요소로 작용하고 있었는데 2019년 조사에서는 '친구'의 비율은 낮아지고 '선생님'의 비율은 높아졌다. 특히 저학년은 20%이상(36% → 58%), 고학년은 9% 정도(26% → 35%) '선생님'의 비율이 높아져 가족보다 '선생님'이 그들에게 중요한 존재로 자리 잡고 있음을 파악할 수

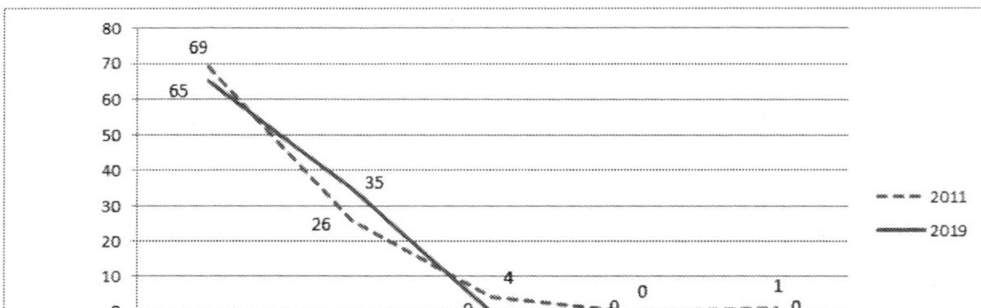

	친구	선생님	가족	종교	기타
2011	69	26	4	0	1
2019	65	35	0	0	0

<그림 5-111> 학교생활에 가장 도움이 되는 것

있다(〈그림 5-111〉). '친구'의 비율이 낮아진 것은 그들의 학교생활의 어려운 점으로 교우관계(27%)가 높은 응답을 차지하는 것과 관련이 있다고 파악할 수 있다.

선생님이 이들의 정서 및 학교생활에 끼치는 영향이 커졌다고 해석할 수 있는데 교사들에 대한 다문화교육 강화 프로그램 등이 교사들의 다문화가정 자녀에 대한 관심과 지도력을 높였고 이것이 다문화가정 자녀가 선생님을 더 의존하게 한 요인으로 보인다. 한 가지 지적할 점은 정서 및 학교생활 측면에서는 선생님의 영향력이 높아졌지만 자녀들의 성적 및 한국어 능력이 낮아진 결과를 보았을 때는 교사들이 이들 자녀를 가르치는 측면에서는 퇴보한 측면도 같이 나타났다는 점이다.

◆ 국어 교육에 바라는 점

학교에서 다문화교육이 '필요하다'고 생각한다는 응답은 2011년 19%에서 2019년 47%로 많이 늘어났다(〈그림 5-112〉). 다문화가 한국사회의 일상이 되어가는 시대에 다문화가정의 자녀들은 아직도 다문화교육이 부족하다고 판단하고 있는 것으로 나타났다.

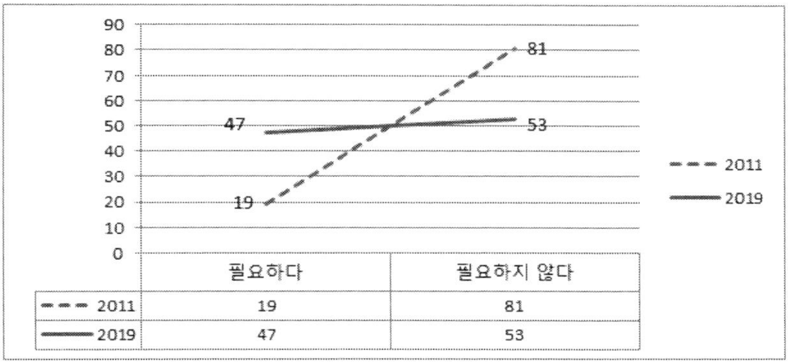

<그림 5-112> 학교에서 다문화교육이 필요하다고 생각하는가

다문화가정을 비롯하여 국내 체류 외국인은 꾸준히 증가하고 있으며 이는 학교 구성원에 대한 비율도 달라지는 것을 의미한다. 이러한 다양한 구성원에 따른 다문화교육은 이제는 필수적인 요소로 자리를 잡아야 하는 과정이라고 볼 수 있다.

학교에서 다문화가정 자녀만을 위한 개별학습지도가 '필요하다'(국어 제외)는 응답이 53%로 나타났고(〈그림 5-113〉) 그 이유로 '필요한 것 같은데 이유는 잘 모르겠다'라고 하였다. 필요성에 대한 응답은 2011년 조사결과 '필요하다(15%)'는 응답에서 크게 증가하였다.

학교에서 다문화가정 자녀만을 위한 국어지도가 개별적으로 '필요하다'고 하는 응답이 27%, '필요하지 않다'는 응답이 73%로 나타났다(〈그림 5-114〉). 2011년보다 두 배 정도 높아진 수치이다. 다른 과목의 어려움보다는 덜 하지만 국어 과목에서도 일반 학생에 비해서 학업에 어려움을 겪고 있음을 반영하는 결과로 해석된다.

학교수업 외에 어떤 교육이 필요하다고 생각하는지에 대해서, '학교생활적응' 47%, '한국문화이해' 27%, '기타' 27%로 나타났다. 2011년 가장 필요한 교육으로 '어머니 모국문화의 이해(46%)'가 꼽힌 것과 달

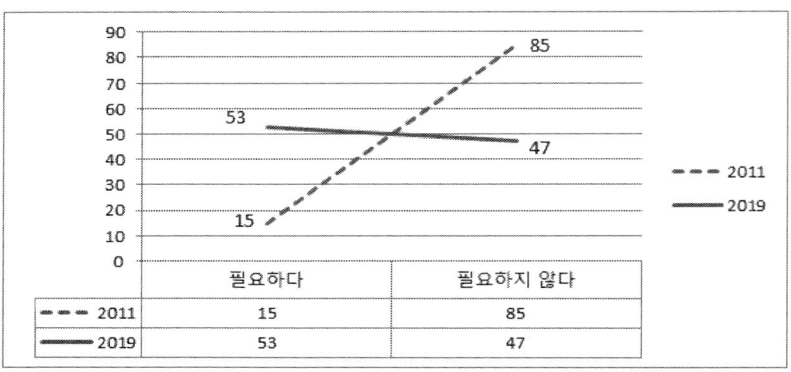

<그림 5-113> 학교에서 여러분을 위한 개별학습지도가 필요하다고 생각하는가(국어 제외)

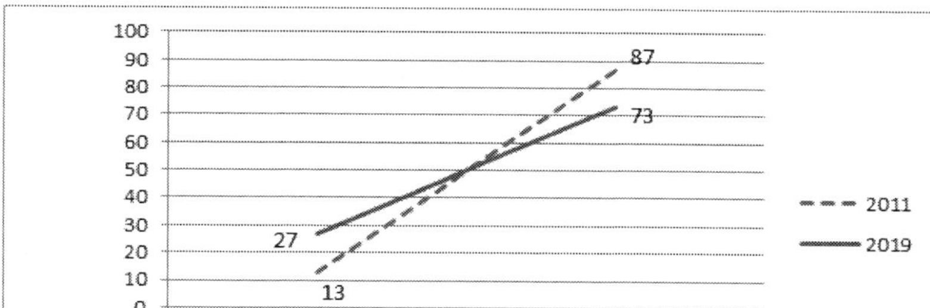

	필요하다	필요하지 않다
2011	13	87
2019	27	73

<그림 5-114> 학교에서 여러분을 위한 국어지도가 개별적으로 필요하다고 생각하는가

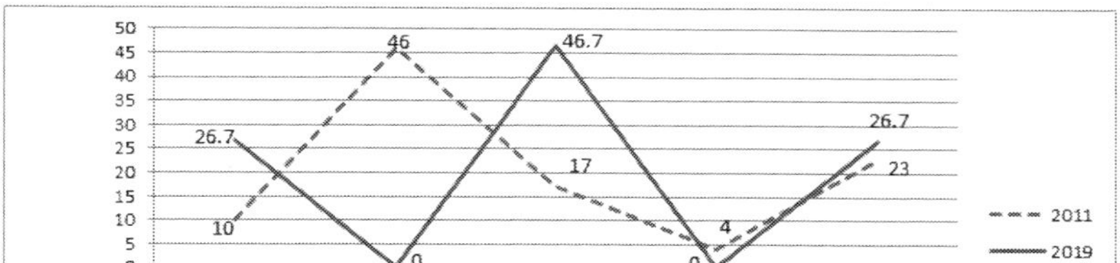

	한국문화의 이해	어머니 모국문화의 이해	학교 생활 적응	자아정체성을 찾는 교육	기타
2011	10	46	17	4	23
2019	26.7	0	46.7	0	26.7

<그림 5-115> 학교수업 외에 여러분은 어떤 교육이 필요하다고 생각하는가[48)]

리 2019년에는 '자아정체성을 찾는 교육'과 함께 '어머니 모국문화 이해' 교육은 필요하지 않은 교육이라고 응답하였다(〈그림 5-115〉). 이러한 결과는 '어머니의 모어를 배우고 싶지 않다'(67%)는 의견(〈그림 5-95〉)과 '정체성에 대해 혼란스러웠던 적이 없다'(60%)는 의견(〈그림 5-93〉)과도 서로 호응하는 결과라고 볼 수 있다. 즉 이러한 생각들로 하여 학교에서 학교나 한국생활 이외의 문제에 대해서는 필요성을 느끼지 않고

48) 2019년 조사는 소수점 첫째 자리까지 표시하였다.

있다고 생각된다. 그러나 학생들의 응답이 자신들은 한국인이고 한국학생이라고 생각하기 때문에 어머니의 모어와 모국문화에 관심이 없는 것인지 아니면 어머니 모국에 대한 자존감이 부족해서 나타난 것인지 좀 더 자세한 연구가 필요할 것으로 생각된다.

유아 · 초등 저학년의 경우 '어머니 나라의 말을 할 수 없다'는 응답이 2011년에는 61%에서 2019년에는 73%로 증가했고(〈그림 5-63〉) 어머니의 말을 배우고 싶다는 응답도 2011년 78%에서 2019년 50%로 줄었다(〈그림 5-64〉). 이는 어머니가 기본적으로 한국어를 할 수 있어서 나타난 결과로 보인다(〈그림 5-75〉). 유아 · 초등 저학년의 특성상 학교 생활에 대한 필요성(〈그림 5-86〉)이 낮은 데 반해 중고등학년의 응답에서는 학교생활과 관련된 필요성이 높게 나타났다.

학교에 다문화교육 전문교사가 '필요하다'는 응답은 27%로 2011년도에 비해 두 배 이상 높아졌고 '필요없다'는 응답은 여전히 높지만 2011년보다는 15% 낮아졌다(〈그림 5-116〉). 이러한 결과는 다문화가정 자녀들의 학교생활의 어려운 점으로 '교우관계'(8% → 27%)(〈그림 5-91〉) 부분이 늘어나는 것과 관련이 있는 것으로 생각된다. 이들은 다문화교육 전문교사의 교육을 통해 일반 가정 학생들이 자신들을 좀 더 이해할 수 있게 되기를 바라는 것으로 보이고 이들의 이런 생각이 설문 응답률에 반영이 된 것으로 판단된다.

다문화가정 초등 고학년과 중 · 고등학교 자녀들의 현재 학교생활에 대한 만족도는 '매우 만족한다'(20%)를 포함하여 '만족한다'가 66.7%로 나타났고, '보통이다' 26.7%, '불만족' 6.7%로 나타났다(〈그림 5-117〉). '만족한다'와 '보통이다'를 합하면 93.4%로 나타나 학교생활에는 전반적으로 만족하고 있음을 알 수 있다. 이는 2011년 조사와 크게 달라지지 않았으나 '매우 만족'의 비율이 줄고 '불만족'의 비율이 높아지는 것은 결국 학교생활에 만족을 느끼는 비율이 약간은 줄어든 것으로 판단할

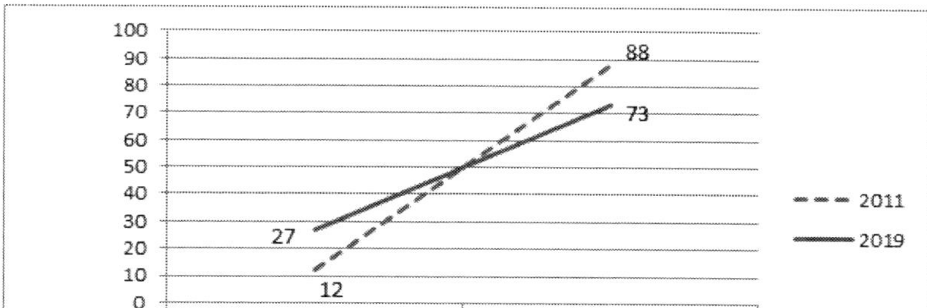

	필요하다	필요하지 않다
2011	12	88
2019	27	73

<그림 5-116> 학교에 다문화교육 전문교사가 필요하다고 생각하는가

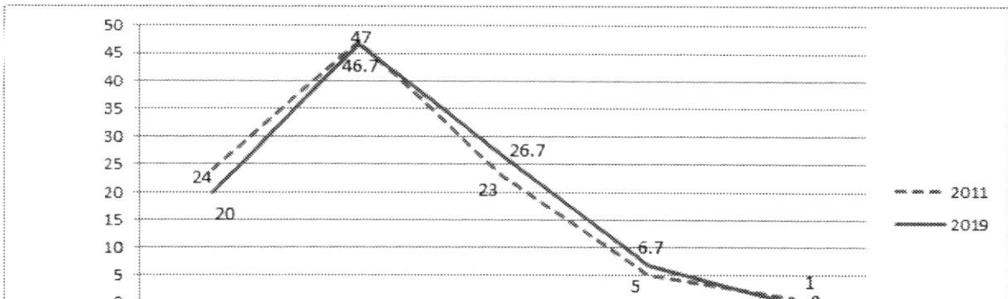

	매우 만족한다	만족한다	보통	불만족	매우 불만족
2011	24	47	23	5	1
2019	20	46.7	26.7	6.7	0

<그림 5-117> 현재 학교생활 만족도49)

수 있다. 어떠한 원인에 의한 변화인지 꾸준한 조사가 이루어져야 한다고 판단된다.

다문화가정 초등 고학년과 중 · 고등학교 자녀들을 위해 필요하다고 생각하는 정부의 지원 프로그램은 '개인학원비 지원'과 '방과 후 활동비 지원'이 각각 27%, '상담 지원' 20%, '멘토 지원'과 '기타'가 각각 13%로 나타났다(〈그림 5-118〉). 2011년 조사에서 다문화가정의 경제적인 측면

49) 2019년 조사는 소수점 첫째 자리까지 표시하였다.

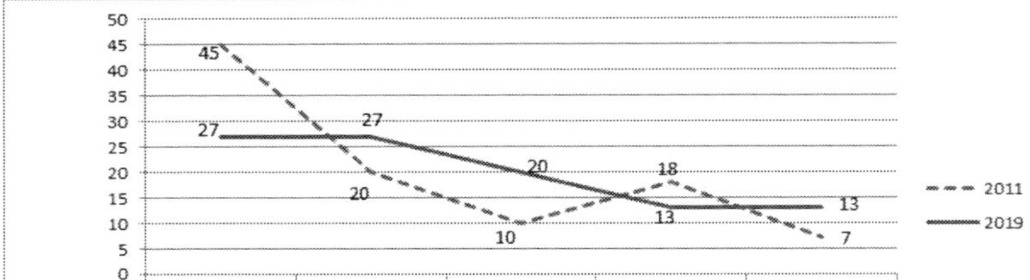

	개인학원비 지원	방과후 활동비지원	상담지원	멘토 지원	기타
2011	45	20	10	18	7
2019	27	27	20	13	13

<그림 5-118> 여러분을 위해 필요하다고 생각하는 정부의 지원 프로그램

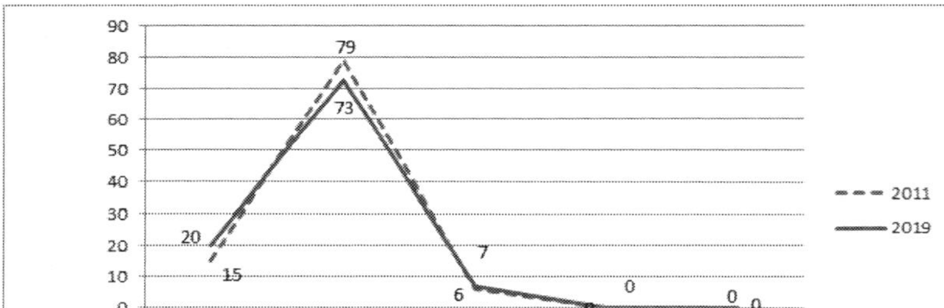

	정확히 안다	안다	모른다	전혀 모른다	기타
2011	15	79	6	0	0
2019	20	73	7	0	0

<그림 5-119> '다문화'라는 용어의 의미를 알고 있는가

이 반영된 '개인학원비'나 '방과 후 활동비' 지원에 대한 요구가 65%로 높게 나타난 반면 2019년에는 경제적인 측면에 대한 요구가 다소 낮아지고 오히려 '상담 지원' 같은 심리적인 측면에서의 지원이 2배로 늘어났다. 이러한 결과는 학교생활에서의 어려움으로 나타난 '교우관계'(〈그림 5-91〉)나 학교생활 만족도(〈그림 5-117〉)에서 늘어난 '불만족' 부분과 관련이 있는 것으로 분석된다.

'다문화'라는 단어의 뜻을 '정확히 안다'는 응답이 20%, '안다'가 73%, '모른다'가 7%로 나타났다(〈그림 5-119〉). '다문화'라는 용어가 '좋다'는

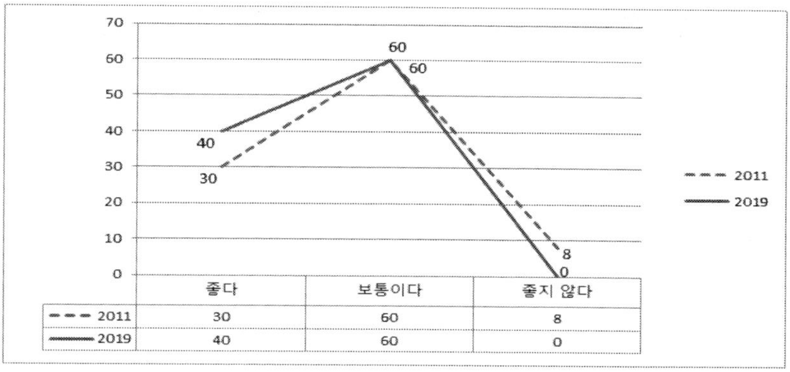

<그림 5-120> '다문화'라는 용어를 어떻게 생각하는가

응답은 40%, '보통이다' 60%로 나타났다(〈그림 5-120〉).

'다문화'라는 용어가 좋은 이유로는 '다문화라는 공동체를 이루고 있어서, 엄마가 외국인이어서 해외도 자주 가고 그 나라말도 알게 되어서' 등의 응답이 있었다. 한편 '다문화'라는 단어를 '좋지 않다'고 답한 초등 고학년, 중·고등학생은 없었다. 2011년 조사된 다양한 부정적인 응답과 비교하면 학교에서의 '다문화'에 대한 긍정적 이해 교육의 강화 등의 요인으로 인해서 '다문화'라는 단어가 이제는 정착되고 긍정적인 의미로 받아들여지고 있다는 것으로 해석할 수 있었다. 반면 유치원, 초등 저학년 자녀들은 '다문화' 용어에 대해서 '보통이다'와 '좋지 않다'의 응답이 75%(2011년 52%)로 나이가 어릴수록 한국 사회에서 다문화에 대해 부정적으로 느끼는 기류를 직접적으로 받아들이고 있는 것으로 판단할 수 있다(〈그림 5-81〉).

5.3. 여성결혼이민자를 대상으로 하는 교사

5.3.1. 2011년 조사 요약

2011년 조사는 전북지역(전주, 익산, 군산)의 다문화센터, 사회통합 프로그램의 집합교육과 방문교육으로 한국어 및 자녀교육 등을 지도하고 있는 교사들을 대상으로 조사하였다. 연구의 설문지는 집합교사와 방문교사 각각의 특성에 따라 다르게 구성하였다. 설문에 응한 교사들은 32명으로 집합교사 11명, 방문교사 21명이었다. 설문지는 응답자의 기본사항, 한국어교육 현황, 한국어교육에 바라는 점을 파악하기 위한 문항으로 구성되었다.

집합교사의 경우 응답자의 62%가 다문화와 관련해 이수한 교육과정이 '있다'라고 응답하였으며 다문화 이해를 위해 이수하고 싶은 교육과정 내용으로 '다문화사회 이해'와 '상담'이 각각 40%로 가장 높게 나타났다. 이는 대부분 한국어교육을 전공한 교사들이 한국어를 지도하는데 다문화사회 이해 및 상담에 대한 필요가 반영된 결과로 판단된다.

방문교사의 경우 응답자의 86%가 다문화와 관련해 이수한 교육과정이 '있다'라고 응답하였으며 다문화 이해를 위해 이수하고 싶은 교육과정 내용으로 '상담'이 40%로 가장 높게 나타났고 '다문화사회 이해'와 '자녀교육'이 각각 19%로 뒤를 이었다. 이러한 결과는 다문화가정 구성원 교육에서 '다문화사회 이해'와 '상담'의 역할이 중요해졌으며, 다문화가정 자녀들이 성장함에 따라 '자녀교육'의 필요도 또한 높아진 것으로 분석된다. '다문화사회 이해'의 응답률이 집합교사에 비해 낮은 것은 방문교사의 경우 다문화가정을 실제 방문해서 부모나 그 자녀를 실제 접하기 때문에 '다문화사회'를 실제로 접하면서 이해하는 측면이 있었기 때문으로 보이고 '자녀교육'을 이수하고 싶은 교육과정 중 하나로 꼽은 것은 집합교사는 여성결혼이민자만을 가르치는 경우가 대부분이지만 방문교사의 경우에는 상황에 따라서는 다문화가정 자녀를 가르쳐야 할 경우도 생기기 때문에 '자녀교육'에 대한 응답이 상위 응답 중 하나로 떠오르게 된 것으로 분석된다.

5.3.2. 2019년 자료 현황

2019년 설문에 응한 피조사자는 총 41명으로 '집합교사' 41%, '방문교사' 59%로 모두 여성이다. 나이는 '36-40세' 3%, '41-45세' 7%, '46-50세' 34%, '51-60세'가 56%로 '51-60세' 응답자가 가장 많았다. 총 응답자 거주지는 '군산' 24%, '익산' 10%, '전주' 22%, '정읍', '부안'이 각각 7%, '남원' 3%, '충남' 15%, '창원' 2%, '기타' 10%로 나타났다. 최종 학력은 '전문대' 7%, '4년제 대학' 15%, '일반대학원' 49%, '교육대학원' 29%이다. 총 응답자의 다문화교육 경력은 '2-3년' 5%, '4-5년' 19%, '6년 이상' 76%이고, 한국어교육 경력은 '1년 이하' 5%, '2-3년' 17%, '4-5년' 30%, '기타' 48%로 6년 이상의 경력을 가진 응답자가 가장 많았다. 총 응답자의 소속 기관은 '대학교' 12%, '정부기관' 83%, '기타' 5%의 비율이었다. 2019년 설문조사 기본 응답 자료는 〈표 5-10〉과 같다.

<표 5-10> 2019년 설문조사 기본 응답 자료(계속)

(단위: 명)

	조사내용	조사대상		
변인	범주	집합교사	방문교사	계
성별	여	17	24[50)]	41
나이	36-40세	1	-	1
	41-45세	2	1	3
	46-50세	7	7	14
	51-60세	7	16	23

	조사내용	조사대상		
변인	범주	집합교사	방문교사	계
거주지	군산	4	6	10
	익산	2	2	4
	전주	3	6	9
	정읍	1	2	3
	남원	-	1	1
	부안	-	3	3
	충남[51)]	4	2	6
	창원	1	-	1
	기타[52)]	2	2	4
학력	전문대	1	2	3
	4년제	6	-	6
	일반대학원	4	16	20
	교육대학원	6	6	12
다문화교육 경력	2-3년	2	-	2
	4-5년	4	4	8
	6년 이상	11	20	31
한국어교육 경력	1년 이하	2	-	2
	2-3년	4	3	7
	4-5년	7	5	12
	기타	4	16	19[53)]
소속	대학교	4	1	5
	정부기관	10	23	33
	기타	2	0	2

50) 방문교사 총 응답자는 31명이었으나 불성실한 응답지 7개를 분석에서 제외하였다.

51) 충남에는 세종(1명), 대전(1명)이 포함되었다.

52) 기타에는 표에 명시된 군산, 익산, 전주, 정읍, 남원, 부안을 제외한 전라도 지역이 포함되었다.

53) 기타 응답은 '6년 이상'부터 '11년'까지 고루 분포되어 있다.

5.3.3. 설문조사 문항분석

설문지 문항분석의 세부사항들은 2011년 조사 내용과 동일하다. 설문지는 여성결혼이민자를 대상으로 하는 교사 응답자의 기본사항, 교육 현황, 한국어교육에 바라는 점을 파악하기 위한 문항으로 구성되었으며, 수업 형식에 따라 집합교사, 방문교사를 대상으로 질문을 작성하였다. 설문지 문항분석의 세부사항들은 〈표 5-11〉과 같다. 기본사항에서는 인적사항과 다문화교육 관련 현황, 교사들의 '다문화' 용어에 대한 이해도를 조사하고, 교육 현황에서는 현재 소속된 기관의 한국어교육 현황과 교사의 시각을 살펴볼 수 있다. 한국어교육에 바라는 점은 교사로서의 만족도와 여성결혼이민자를 위한 필요들에 대해 알 수 있는 문항으로 이루어졌다.

<표 5-11> 설문지 문항분석 요인(계속)

구분		문항요인
기본사항	인적사항	- 출생 연도 / 성별 / 거주 지역 / 학력 / 경력 / 소속
	다문화교육 관련 현황	- 교육과정 이수 여부 / 이수 기관 - 이수하고 싶은 교육과정 - 다문화 관련 자격증 - 교사로서의 만족도 - 교사를 하는 이유
	'다문화' 용어 이해	- '다문화' 용어의 의미 / 나의 생각
교육 현황	교육 현황	- 교육 대상자 / 대상 인원 - 교육 적정 인원 - 평균 출석률 / 출석률에 미치는 영향 - 교육 횟수 및 시간 - 현재 교육과정 - 어려움
	한국어교육 현황	- 어려움 - 학습자 및 가족의 태도 - 교재 만족도 - 교육 환경 만족도 - 교사용 지도서 지원 여부

구분		문항요인
		- 교사용 지도서 사용 여부 / 만족도 - 방언 교육 필요성 - 수업 중 이중 언어 사용에 대한 의견 - 학습자 한국어 의사소통 저해 요인 - 중점을 두는 교육 요소 - 학습자의 한국어 학습 조력자 - 학습자의 교육 선호 시간대 - 교육이 다문화가정에 미치는 도움 여부
한국어 교육에 바라는 점	교사로서 만족도 및 바라는 점	- 교사 지도 교육 만족도 - 받고 싶은 교육 - 프로그램 만족도 - 교사지원 만족도 - 가장 필요한 지원 - 학습자 모어 교육 필요성
	다문화가정을 위해 바라는 점	- 정부 지원 한국어교육의 지속적 필요성 - 교육 시 학습자에게 가장 필요한 것 - 다문화가정에 필요한 정부 지원 - 개인적 견해

5.3.4. 설문조사 결과 비교 및 분석

5.3.4.1. 집합교사

◆ 응답자 기본사항

집합교사들의 다문화 교육과정 이수 기관(중복 응답)은 '대학교' 43%, '평생교육원' 29%, '대학원' 14%, '기타' 9%, '정부산하기관' 5%로 나타났다(〈그림 5-121〉). 2011년 조사 결과와 동일하게 다문화 교육과정을 '대학교'에서 이수한 응답자가 가장 많았고, 2011년에는 '대학원'에서 이수한 응답자가 높았던 반면 2019년에는 평생교육원에서 이수한 응답자가 증가했다. 2011년과 비교하여 한국어교원 양성과정을 운영하는 '평생교육원'의 수가 많이 증가했기 때문으로 분석된다.

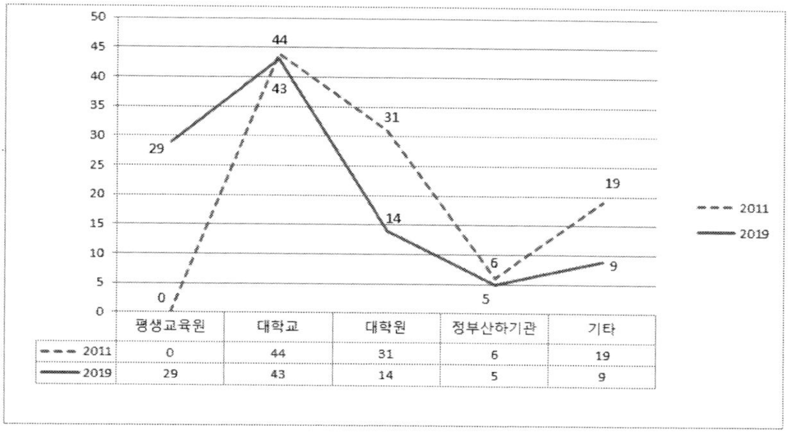

	평생교육원	대학교	대학원	정부산하기관	기타
2011	0	44	31	6	19
2019	29	43	14	5	9

<그림 5-121> 다문화 교육과정 이수 기관(중복 응답)

응답자의 73%가 다문화와 관련해 이수한 교육과정이 ‘있다’라고 응답하였는데 이수한 교육과정으로는 ‘한국어지도, 한국어교원 양성과정, 한국어강사 집합교육, 업무전환 지도, 다문화 이해교육, 다문화사회 전문가, 가족상담, 청소년 결혼여성 심리 상담, 구술 양성과정’ 등이 있었다(〈그림 5-122〉). 2011년에는 ‘있다’라는 응답이 62%였으며 이수한 교육과정은 ‘한국어교원 양성과정, 교육대학원, 사회통합프로그램, 방문지도사, 한국사회 이해과정’ 등이었다. 이와 같은 결과를 통해 교사들이 지속적으로 다문화와 관련해 다양한 교육을 이수하며 전문성을 강화하고 있는 것을 확인할 수 있으며, 2011년에 비해 이수한 교육과정의 범위가 광범위해졌고 특히 ‘다문화사회 이해’와 ‘상담’ 부분에 대한 관심이 더욱 높아진 것을 확인할 수 있다.

다문화와 관련된 자격증은 87%가 ‘한국어교육 관련’ 자격증이었으며 ‘상담 관련’ 자격증과 기타 자격증을 취득한 응답자가 각각 6.5%였다(〈그림 5-123〉). 다문화와 관련해 ‘한국어교육 관련’ 자격증을 취득한 응답자가 가장 높은 것은 2011년과 동일한 결과로 결혼이민자를 위한 한

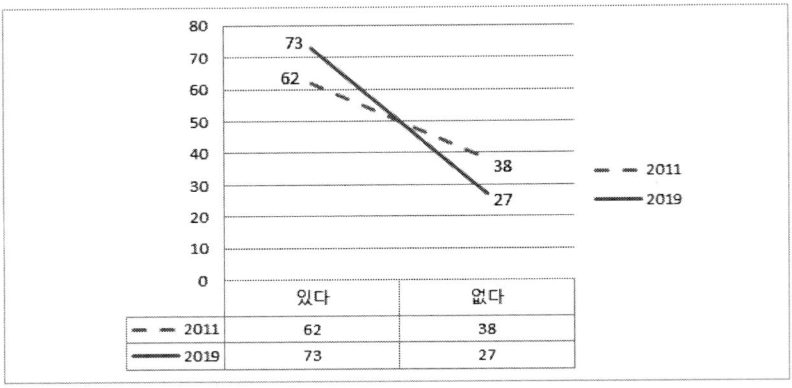

<그림 5-122> 다문화와 관련해 이수한 교육과정

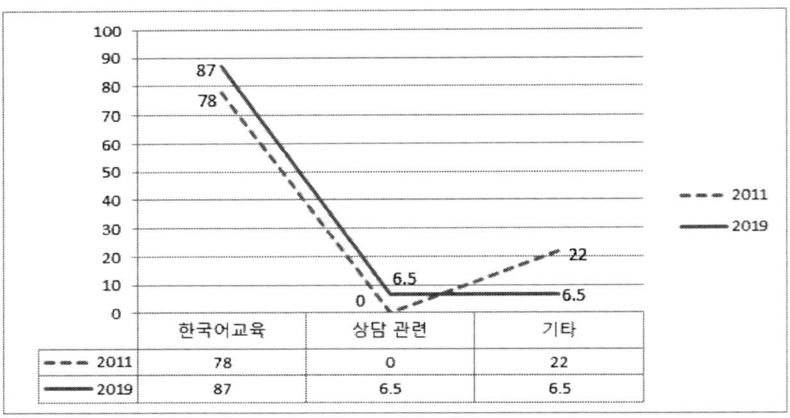

<그림 5-123> 다문화 관련 자격증

국어교육의 수요가 여전히 높은 것을 확인할 수 있으며 2011년과 비교하였을 때 78%에서 87%로 높아져 집중도는 더 높아진 것으로 분석된다. 2011년에 비해 '상담 관련' 자격증을 취득한 교사들이 생긴 것은 다문화가정에서 발생하는 다양한 갈등과 문제들에 대해 '상담'을 통해 전문적으로 접근하고자 하는 교사들의 노력이 반영된 결과로 판단된다.

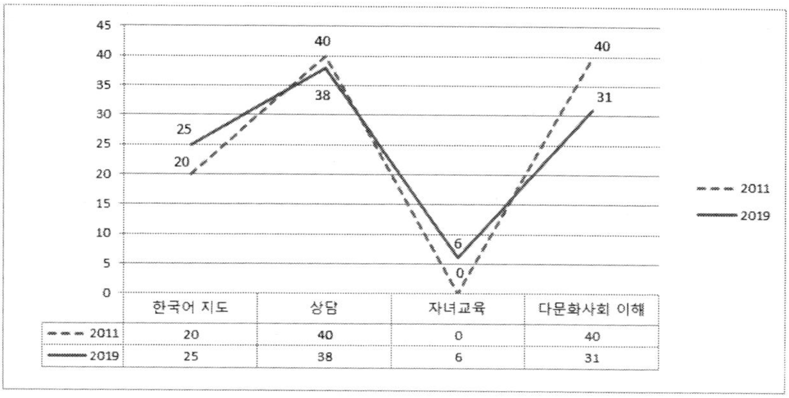

<그림 5-124> 다문화이해를 위해 이수하고 싶은 교육과정 내용

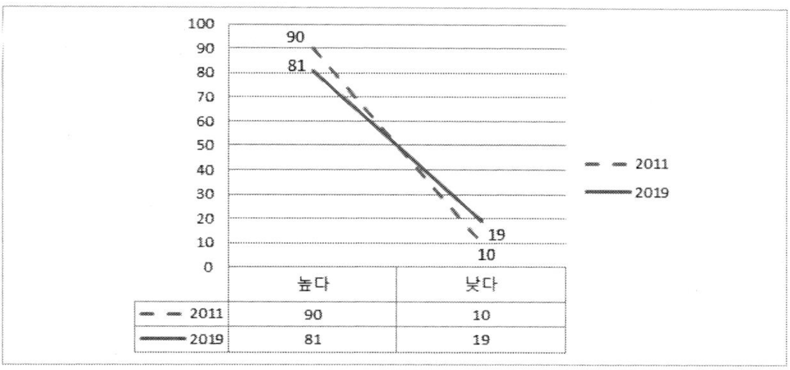

<그림 5-125> 집합교육교사로서의 만족도

다문화이해를 위해 이수하고 싶은 교육 과정 내용은 응답자의 38%가 '상담'이라고 응답했고, '다문화사회 이해'가 31%, '한국어 지도'가 25%, '자녀교육'이 6%로 뒤를 이었다(〈그림 5-124〉). 2011년에 비해 '자녀교육'에 대한 교육을 희망하는 교사가 생긴 것은 다문화가정의 자녀양육에 대한 교육 필요도와 관련이 있는 것으로 추정되며, '다문화사회 이해'에 대한 교육을 희망하는 교사가 줄어든 것은 2011년에 비해 다

문화사회 이해에 대한 다양한 교육 프로그램들이 각처에서 진행되고 있으며, 많은 교사들이 이러한 교육들을 이미 이수했기 때문에 이와 같은 결과가 나타난 것으로 보인다.

집합교사로서의 만족도는 81%로 높게 나타났다(〈그림 5-125〉). 그 이유로는 '우리말을 가르쳐 잘 적응할 수 있게 도울 수 있어서, 여성결혼이민자 가정의 회복과 화목에 기여할 수 있어서, 한국문화 및 한국생활에 대한 도움을 줄 수 있어서, 한국문화와 언어를 통해 잘 정착할 수 있도록 도울 수 있어서, 한국사회 적응의 조력자로서 보람을 느낄 수 있어서, 학습자의 한국어 능력 향상에 대한 보람 때문에, 이주민들과의 생활이 즐겁고 보람 있어서'와 같이 여성결혼이민자에게 도움을 주고 보람을 느끼는 경우가 많았으며, 그 외에도 '다양한 문화권 학생들과 수업함으로써 상호 문화를 이해할 수 있어서, 학습자들의 성취도, 적성에 맞아서, 성취감 때문에' 등과 같은 응답도 있었다. 하지만 2011년과 비교해보면 높다의 응답률은 9% 낮아지고 낮다의 응답률은 9% 높아져서 한국어교사로서의 만족도는 조금 낮아진 것으로 파악된다.

◆ 한국어교육 현황

집합교사 응답자 모두 현재 여성결혼이민자를 대상으로 하는 한국어교육을 진행하고 있다. 현재 집합교육 대상 인원은 '10명 이하'가 50%, '11-15명'이 19%, '16-20명', '21-30명'이 각각 12.5%, '30명 이상'이 6%라고 응답했다(〈그림 5-126〉). 집합교사 본인이 적절하다고 생각하는 교육 대상자 인원은 '10명 이하'가 50%, '11-15명'이 44%로 응답한 것으로 보면(〈그림 5-127〉), 실제 교육에서 교사 본인이 적절하다고 생각하는 교육 인원 수와 실제 가르치는 학생 수가 대체적으로 일치하는 것을 알 수 있다. 2011년 집합교육 대상 인원은 '16-20명'이 37%로 가장 많았고, 적절하다고 생각하는 교육 인원은 '11-15명'이 55%로 가장 높

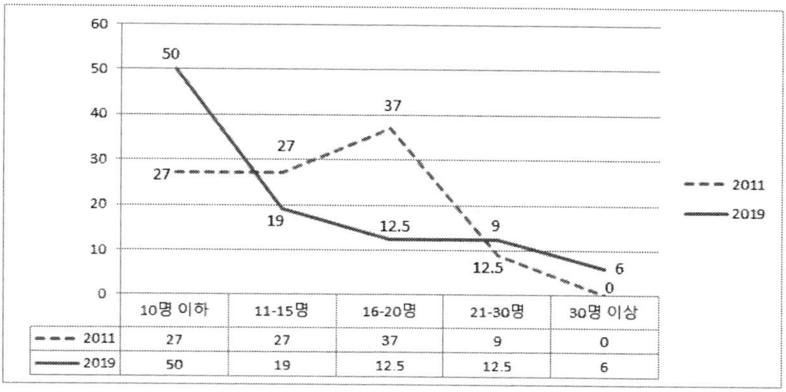

	10명 이하	11-15명	16-20명	21-30명	30명 이상
2011	27	27	37	9	0
2019	50	19	12.5	12.5	6

<그림 5-126> 현재 집합교육 대상 인원

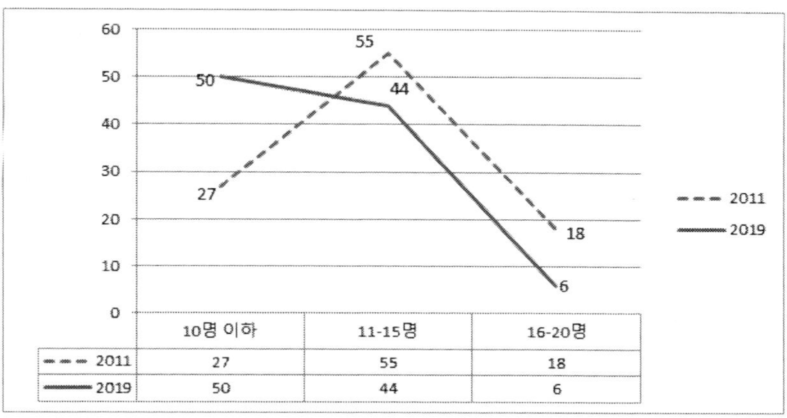

	10명 이하	11-15명	16-20명
2011	27	55	18
2019	50	44	6

<그림 5-127> 적절하다고 생각하는 교육 인원

게 나타났었기 때문에 현재 실제로 '10명 이하'로 진행되는 수업이 50%로 가장 높은 비율을 차지한 것을 보면 교육 환경이 2011년과 비교해 많이 개선된 것으로 확인된다.

집합교육 평균 출석률은 '70% 출석'이 47%, '90% 출석', '50% 출석'이 각각 23.5%, '30% 출석'이 6%로 나타났다(〈그림 5-128〉). 2011년에

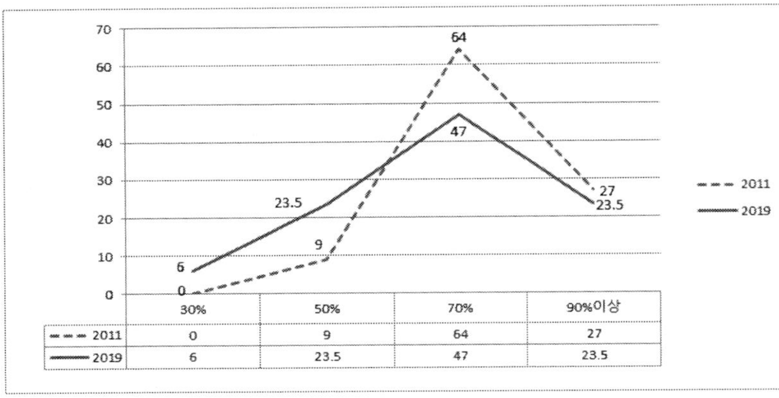

<그림 5-128> 집합교육 평균 출석률

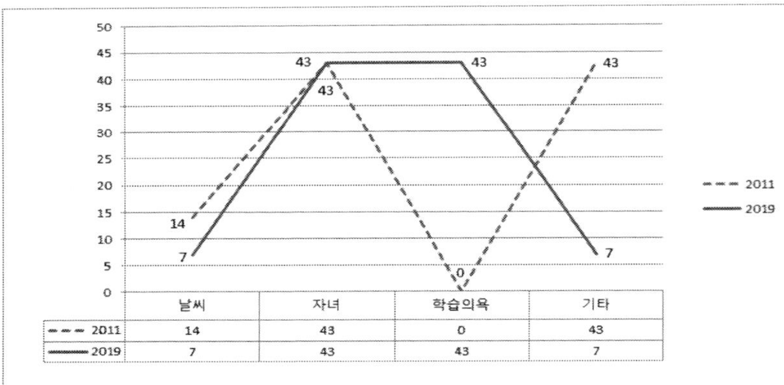

<그림 5-129> 집합교육 출석률에 미치는 영향

는 '70% 출석'이 64%, '90% 출석'이 27%로 나타나 평균 출석률이 높은 편이었으나 2019년에는 '70% 출석' 비율이 절반에 미치지 못하고 있다.

출석률에 미치는 영향은 '자녀'가 43%, '학습의욕'도 43%, '날씨' 7%, '기타' 7% 순이었다(〈그림 5-129〉). 2011년의 출석률에 미치는 영향은 '자녀'와 '기타'가 각각 43%로 가장 높았고, '기타' 응답에는 '임신, 출산,

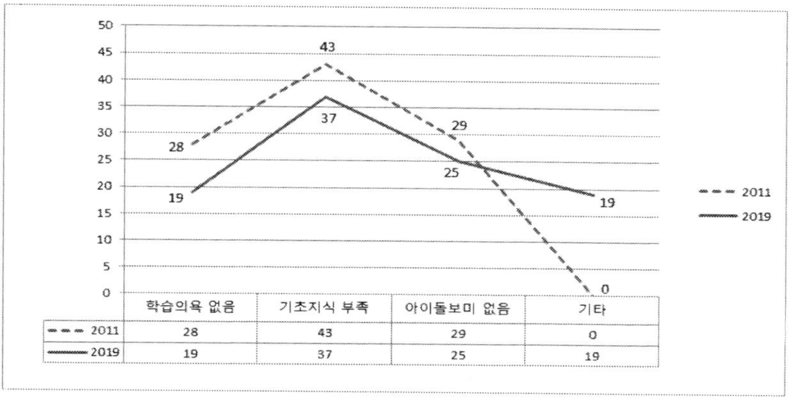

<그림 5-130> 집합교육의 어려움

경제적인 문제, 회사(야근), 집안일' 등이었다. 위의 출석률의 하향이라는 결과와 관계 지어 분석해보면 '학습의욕'이 2011년에 비해 많이 떨어져서 출석률이 낮아진 것으로 분석할 수 있다. 여성결혼이민자들은 여전히 자녀양육으로 인해 수업에 참여하지 못하는 경우가 많은 것이 현실이며, 2011년에는 전혀 없었던 '학습의욕'이라는 응답이 2019년에 갑자기 높아진 것은 여성결혼이민자가 계속 줄고 있고, 중 · 고급 수준의 학습자들은 이미 오랜 시간 한국어교육을 충분히 받아왔기 때문에 학습의욕이 저하된 것으로 분석된다.

집합교육의 어려움은 '기초지식 부족'이 37%, '아이돌보미 없음'이 25%, '학습의욕 없음'과 '기타'가 19% 순으로 나타났다(〈그림 5-130〉). '기타' 응답으로는 '일부 학생들의 이해력 부족으로 인한 편차, 중간에 투입되는 학생들의 수준 차, 유동적인 출석률, 가정사로 인한 결석' 등이 있었다. 2011년에도 '기초지식 부족'이 43%로 가장 높게 나타났으며, '학습의욕 없음', '아이돌보미 없음' 등의 요인이 복합적으로 작용했었다. 아이돌보미가 없어서 어렵다는 의견이 2011년 결과와 크게 변함이 없는 것은 아이돌보미와 관련한 지원이 개선되지 않았음을 확인해 볼

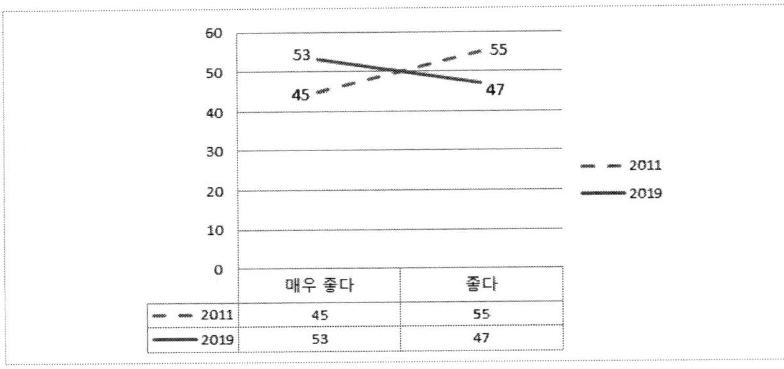

<그림 5-131> 교사에 대한 학습자의 태도

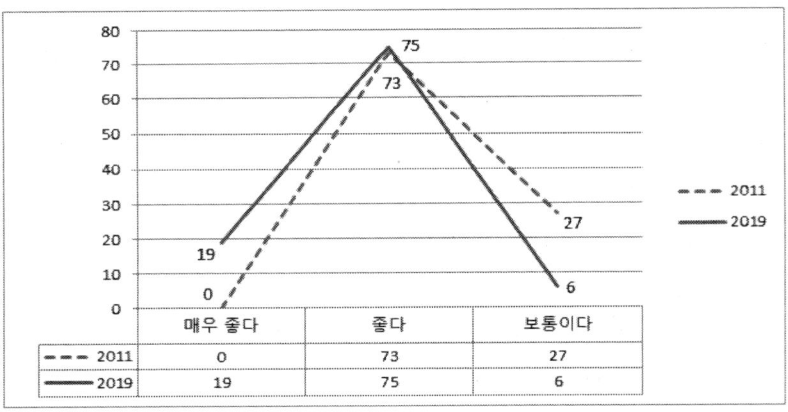

<그림 5-132> 교사에 대한 가족들의 태도

수 있는 대목이다.

집합교육 교사에 대한 학습자의 태도는 '매우 좋다'가 53%, '좋다'가 47%로 2011년 결과와 유사하지만 좀 더 긍정적으로 나타났다(〈그림 5-131〉). 교사에 대한 가족들의 태도는 '매우 좋다'가 19%, '좋다'가 75%, '보통'이 6%로 2011년 결과에 비해 더욱 좋아졌음을 확인할 수 있다(〈그림 5-132〉).

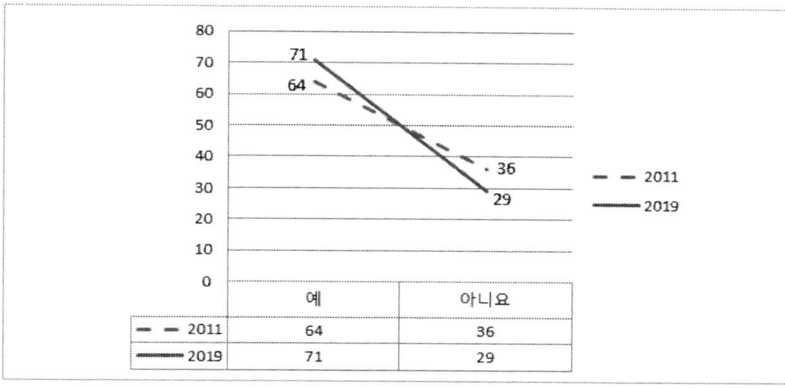

<그림 5-133> 현재 소속된 기관에서 한국어 집합교육 교사용 지도서를 지원하고 있는가

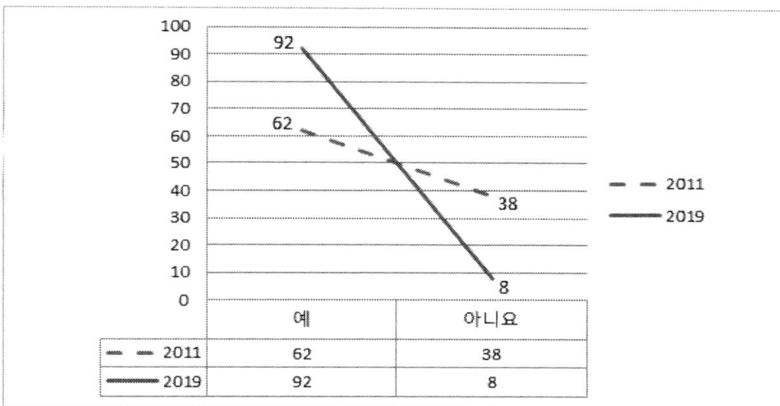

<그림 5-134> 현재 한국어 집합교육 교사용 지도서를 사용하고 있는가

집합교사 총 응답자의 71%가 현재 소속된 기관에서 한국어 집합교육 교사용 지도서를 지원하고 있다고 응답하였고(〈그림 5-133〉), 92%가 현재 한국어 집합교육 교사용 지도서를 사용하고 있다고 답하였다(〈그림 5-134〉). 2011년에는 응답자의 64%가 소속 기관에서 교사용 지도서를 지원하고 있고, 62%가 교사용 지도서를 사용하고 있다고 응답해 소

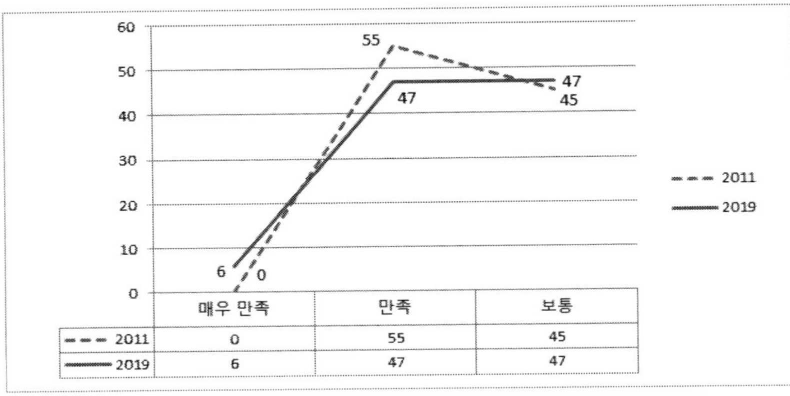

<그림 5-135> 한국어 집합교육 교재에 대한 만족도

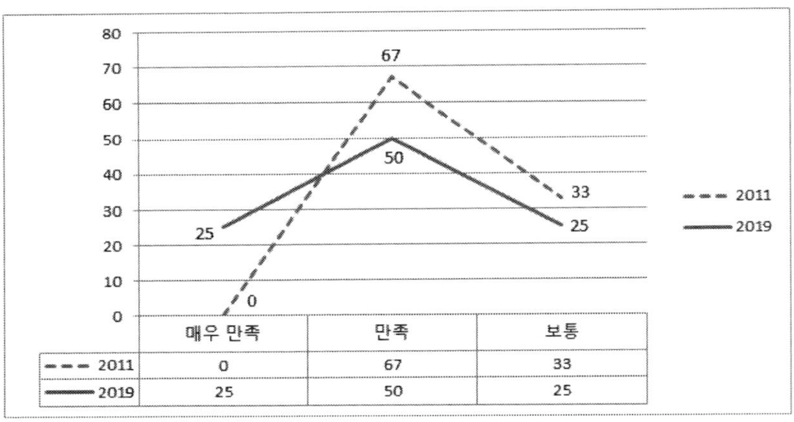

<그림 5-136> 한국어 집합교육 교사용 지도서에 대한 만족도

속기관의 교사용 지도서 지원율과 사용률이 그다지 높지 않았지만 2019년에는 좀 더 나아진 결과를 보여주고 있다. 그러나 2019년에도 교사용 지도서 지원율이 71%에 머물러 더 적극적인 소속기관의 지원이 필요한 것으로 보인다.

한국어 집합교육 교재에 대한 만족도는 '만족'이 '매우 만족' 6%를 포함

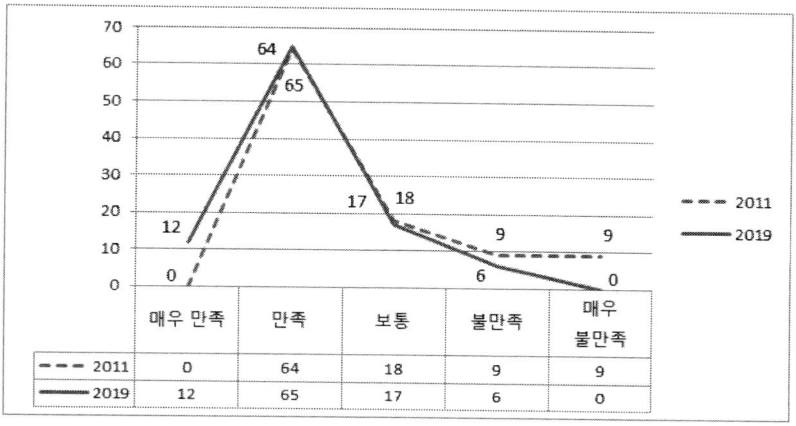

<그림 5-137> 한국어 집합교육 교육환경(교실 및 기자재 사용)에 대한 만족도

해 53%(〈그림 5-135〉), 한국어 집합교육 교사용 지도서에 대한 만족도는 '매우 만족' 25%를 포함해 '만족'이 75%로 나타났다(〈그림 5-136〉). 교재에 대한 만족도는 2011년과 비교해 차이가 거의 없는 것으로 나타나 앞으로 교재에 대한 개선이 꾸준히 이루어져야 하는 것으로 나타났다. 교사용 지도서에 대한 만족도는 2011년에 비해 '매우 만족' 포함 '만족'의 비율이 8% 높게 나타났고 '매우 만족'이라는 답변도 25%로 나와 만족도가 높아졌음을 알 수 있다. 하지만 '보통'이라는 응답도 25%로 나와 여전히 개선할 부분이 있음을 보여주고 있다.

한국어 집합교육 교육환경(교실 및 기자재 사용)에 대한 만족도는 '매우 만족' 12%를 포함해 77%가 만족한다고 응답하였으며, 17%가 '보통', 6%가 '불만족'이라고 응답하였다(〈그림 5-137〉). 2011년에 '매우 불만족'이 9%였던 것에 비해 2019년에는 '매우 만족'이 12%로 나타나 교육환경이 다소 개선된 것으로 분석된다.

방언교육의 필요성에 대해 '매우 필요' 6%를 포함해 56%가 '필요', 44%가 '보통'이라고 응답하였다. 2011년에는 방언교육이 필요하다는

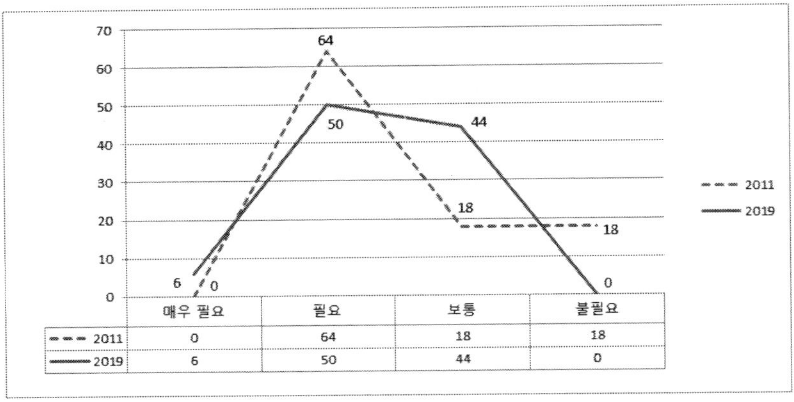

<그림 5-138> 방언교육의 필요성

응답이 64%, '보통', '불필요'라는 응답이 각각 18%였다(〈그림 5-138〉). 2011년에 비해서는 방언 필요도가 낮게 나타났지만, '불필요'라는 응답이 전혀 없어 적어도 어느 정도의 방언 교육은 필요하다는 생각을 가진 것으로 해석된다. 방언교육의 필요도는 본 조사의 응답자들이 지방에 거주하는 비율이 높고, 남편 및 시댁 가족들과의 의사소통 문제와 관련된 현실이 반영된 결과로 볼 수 있다.

교사가 수업 중 학습자의 모어를 사용하는 것에 대해 '도움이 된다'와 '도움이 안 된다'는 응답이 각각 37.5%로 동일하게 나타났다(〈그림 5-139〉). 2011년에 비해 '도움이 된다(55%)'는 응답이 줄어든 것은 점차 여성결혼이민자 유입이 감소해 초급 학습자들이 줄고, 학습자들의 수준이 중·고급으로 향상되면서 수업에서 학습자들의 모어를 쓸 필요성이 줄어든 교육 환경이 나타났기 때문으로 판단된다.

학습자의 한국어 의사소통을 저해하는 가장 큰 요인으로 '어휘'와 '자신감'(각각 31%)을 꼽았고, '문법' 19%, '발음' 13%, '기타' 6% 순으로 답하였다(〈그림 5-140〉). 2011년에는 '발음(50%)', '문법(25%)' 순이었다. 이는 학습자들이 중·고급 수준이 되면서 발음과 문법은 충분히 학

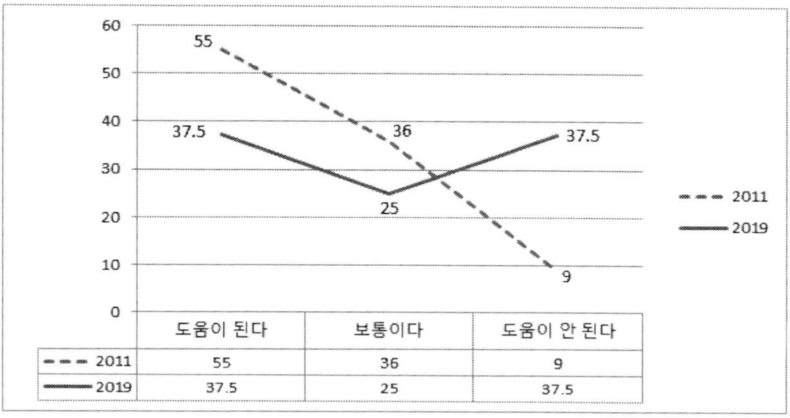

<그림 5-139> 교사가 수업 중 학습자의 모어를 사용하는 것이 도움이 되는가

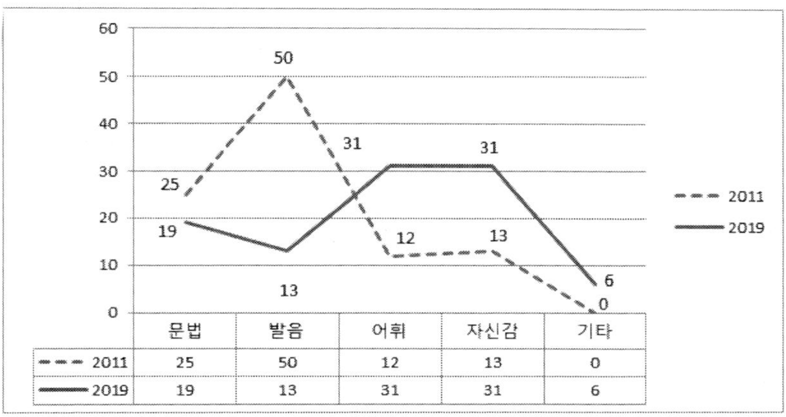

<그림 5-140> 학습자의 한국어 의사소통을 저해하는 가장 큰 요인

습되었고, 활동 범위가 확대되고 한국인과의 교류가 증가함에 따라 어휘력과 자신감이 중요하다고 느끼는 것으로 사료된다.

학습자의 한국어 학습에 가장 도움을 주고 있는 사람으로는 '남편'이 69%로 그 비율이 가장 높았고, '한국인 이웃'과 '기타'가 각각 12.5%,

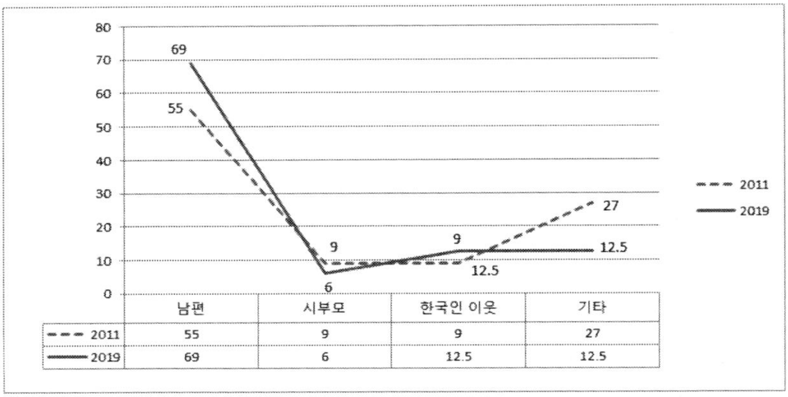

<그림 5-141> 학습자의 한국어 학습에 가장 도움을 주고 있는 사람

‘시부모’가 6%로 나타났다(〈그림 5-141〉). ‘기타’ 응답에는 ‘교사’와 ‘본인 스스로의 의지’라는 응답이 포함되었다. 2011년에도 ‘남편’이 55%로 비율이 가장 높았다. 이는 변함없이 여성결혼이민자가 남편과 대화하는 시간이 가장 많은 현실을 반영하고 있는 결과이다. 2011년과 비교하여 시부모의 비율이 낮아지고 이웃의 비율이 높아진 것은 다문화가정도 점점 핵가족화하여 시부모의 영향이 낮아지고 있음을 보여주는 결과로 분석된다. 2011년에도 남편에 대한 다문화교육 및 한국어 관련 교육의 필요성을 제기했으나 여전히 남편에 대한 교육이 특별하게 고려되고 있지 않으며 남편들의 프로그램 참여율도 저조한 현실이다.

가장 중점을 두고 가르치는 요소에서는 ‘말하기’, ‘어휘’, ‘듣기’, ‘읽기’, ‘발음’, ‘쓰기’, ‘문법’ 순으로 응답했다(〈그림 5-142〉). 여성결혼이민자는 일상생활에서의 의사소통 목적을 우선으로 하는 학습자이기 때문에 말하기를 중요하게 여기는 것은 당연한 결과이다. 2011년에도 ‘말하기’를 가장 중요하게 꼽았으나 그 다음 ‘읽기’, ‘발음’ 등의 순으로 답한 것과는 다른 결과이다. 앞에서도 언급하였지만 2019년에는 중급 이상의 학습자가 늘면서 중점을 두고 가르치는 요소에도 변화가 있었다고

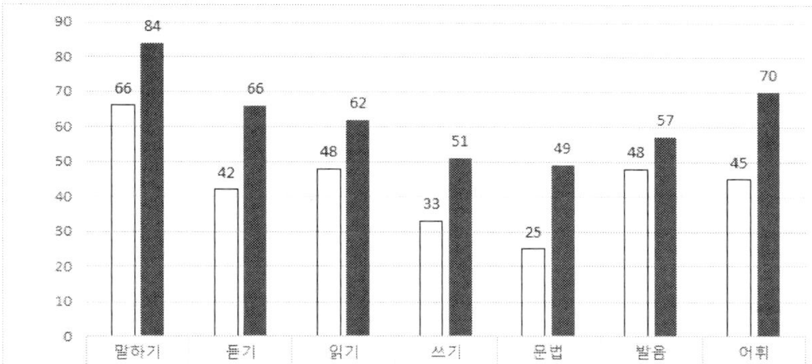

	말하기	듣기	읽기	쓰기	문법	발음	어휘
□2011	66	42	48	33	25	48	45
■2019	84	66	62	51	49	57	70

<그림 5-142> 가장 중점을 두고 가르치는 요소54)

해석된다.

집합교육 시 학습자가 선호하는 시간대는 '평일 오전'이 76%로 가장 높게 나타났고, '평일 오후' 18%, '주말 오전' 6% 순으로 나타났다(〈그림 5-143〉). 2011년에도 '평일 오전'이라는 응답이 70%로 가장 높았다. 이는 자녀들을 등교시킨 후 하교 전에 집합교육에 참여하는 것을 선호한다고 볼 수 있다. 2011년에 비해 '주말 오후'라는 응답이 줄어든 것은 여성결혼이민자들이 한국생활에 익숙해지고 안정화되면서 주말 시간은 가정생활, 사회생활 등에 더 많은 시간을 할애하는 것으로 추정된다.

현재 진행 중인 집합교육이 다문화가정에 '매우 도움이 된다' 53%, '도움이 된다' 41%, '보통이다'가 6%라고 답했다(〈그림 5-144〉). 2011년에는 '매우 도움이 된다'는 응답을 포함해 '도움이 된다'는 의견이 100%로 나타난 것에 비교해 크게 차이가 없다. 즉 한국어교육이 여성결혼

54) 설문조사 시 집합교사가 학습자를 대상을 가장 중점을 두고 가르치는 요소(말하기, 듣기, 읽기, 쓰기, 문법, 발음, 어휘)를 순서대로 작성하게 하였고, 1순위부터 7순위에 각 7점부터 1점까지 부여하여 총합을 비교하였다.

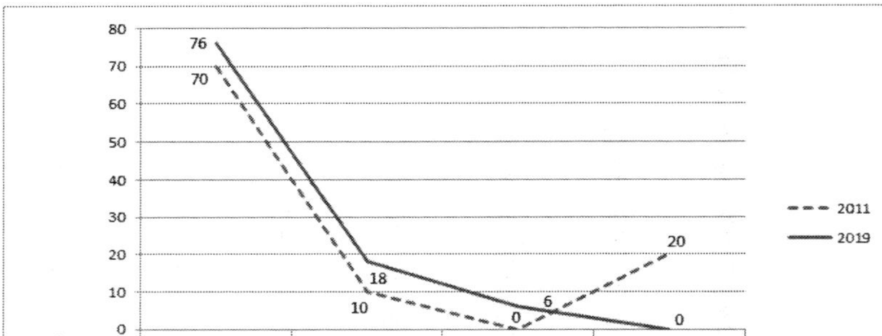

	평일 오전	평일 오후	주말 오전	주말 오후
2011	70	10	0	20
2019	76	18	6	0

<그림 5-143> 집합교육 시 학습자가 선호하는 시간대

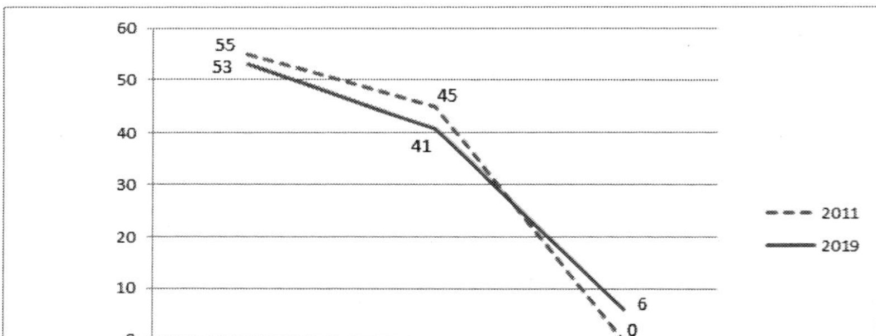

	매우 도움이 된다	도움이 된다	보통이다
2011	55	45	0
2019	53	41	6

<그림 5-144> 현재 진행 중인 집합교육이 다문화가정에 도움이 되고 있는가

이민자들에게 도움이 된다는 교사들의 확신에는 크게 변화가 없는 것으로 보인다. 다만 6%의 '보통이다'라는 응답은 한국어교육의 절대적 효용성에 대해서 확신을 하지 못하는 교사들이 일부 있음을 드러내는 결과로 보인다.

집합교사 응답자들이 집합교육 교사를 하는 이유는 '좋아하는 일이고

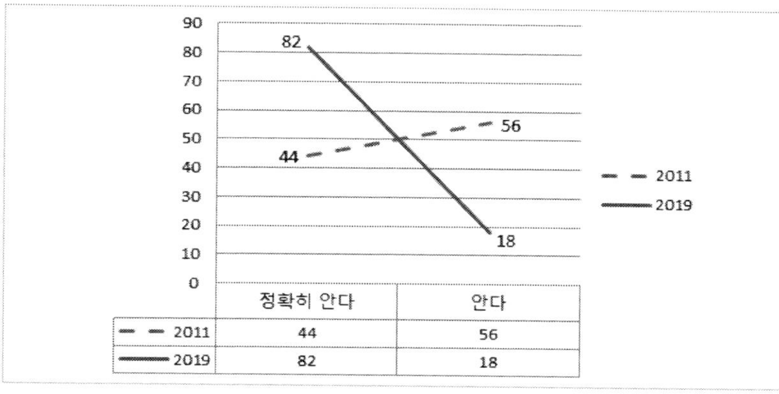

<그림 5-145> '다문화'라는 용어의 의미를 알고 있는가

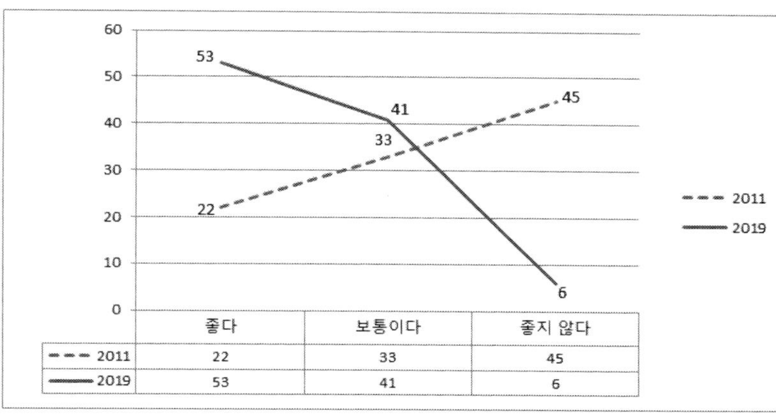

<그림 5-146> '다문화'라는 용어를 어떻게 생각하는가

많은 사람들에게 도움을 줄 수 있어서, 이민자들의 정착에 도움을 주기 위해, 한국사회의 문화 적응에 도움을 줄 수 있어서, 한국 사람처럼, 가족처럼, 이웃처럼 아무런 거부감 없이 잘 어우러져 살 수 있도록 보탬이 되고자'와 같이 집합교사로서 만족하는 이유(〈그림 5-125〉)와 유사하다. 그 외에 한국어를 가르치고 싶어서, 한국어를 가르치는 일이 즐거워

서, 외국인과의 의사소통이 즐겁기 때문에, 자신 있게 잘할 수 있는 일이기 때문에, 직업이기 때문에, 적성에 맞아서, 학습자들에게 한국어를 더 많이 사용할 기회가 주어지고 개별수업보다 더 다양한 반응이 나오므로 흥미로워서, 좋아하고 보람을 느끼니까' 등으로 응답하였다.

'다문화'라는 용어의 의미를 알고 있는가라는 질문에 '정확히 안다' 82%, '안다' 18%로 응답자 전원이 '다문화'라는 용어의 의미를 안다고 응답하였고(〈그림 5-145〉), '다문화'라는 용어가 '좋다'는 응답은 53%, '보통이다'는 41%, '좋지 않다'는 6%로 나타났다(〈그림 5-146〉).

'다문화'라는 용어가 '좋다'고 생각하는 이유는 '여러 나라의 문화를 받아들일 수 있다는 뜻이 내포되어 있어서, 글로벌 시대에 맞춰 세계는 하나라는 의미로 받아들여져서, 다양한 문화라는 말속에 서로 다름을 인정하기 때문에' 등이다. '보통'이라고 생각하는 이유는 '특별한 용어가 없어서, 의미상으로는 괜찮지만 요즘 부정적인 의미로 받아들이는 경우가 있어서, 익숙해서, 차별화를 두는 것 같기 때문에, 지금 시대가 글로벌화 되어 가고 있는 추세에 맞춰 용어를 개명할 필요가 있기 때문에, 용어에 대한 인식과 사용에 대한 감수성 향상이 필요해서' 등이다. '좋지 않다'고 생각하는 이유는 '인식이 좋지 않아서' 등이다. 2011년에도 '다문화'라는 용어를 '안다'는 응답은 100%였으나, '정확히 안다'는 응답자가 44%에서 82%로 크게 증가하였으며, '다문화'라는 용어가 '좋다'는 응답이 22%에서 53%로 증가한 것으로 보아, '다문화'에 대한 한국인들의 부정적인 인식이 많이 개선된 것으로 판단된다.

◆ 한국어교육에 바라는 점

집합교육을 위한 교육을 소속된 기관에서 이수한 응답자가 53%로 절반을 넘는 것으로 나타났다(〈그림 5-147〉). 2011년에는 총 응답자 모두가 집합교육을 위한 교육을 소속된 기관에서 이수하지 않았다고 응답한

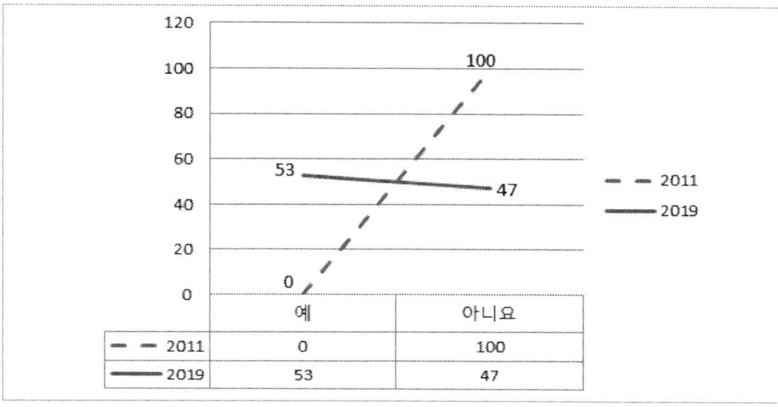

<그림 5-147> 집합교육을 위한 교육을 소속된 기관에서 이수하였는가

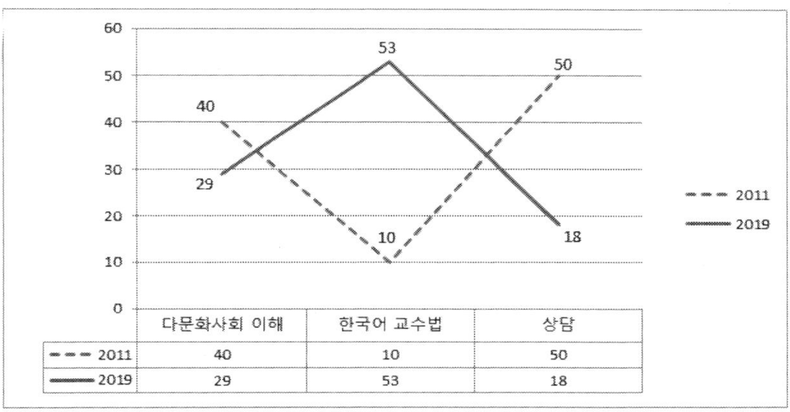

<그림 5-148> 집합교육을 위해 받고 싶은 교육

것에 반해 이후 소속 기관에서 집합교육을 위한 교육을 강화한 것으로 판단된다.

집합교육을 위해 받고 싶은 교육으로 '한국어 교수법'이 53%로 가장 높게 나타났고, '다문화사회 이해' 29%, '상담' 18% 순으로 나타났다(〈그림 5-148〉). 2011년에는 '상담'과 '다문화사회 이해'에 대한 필요도

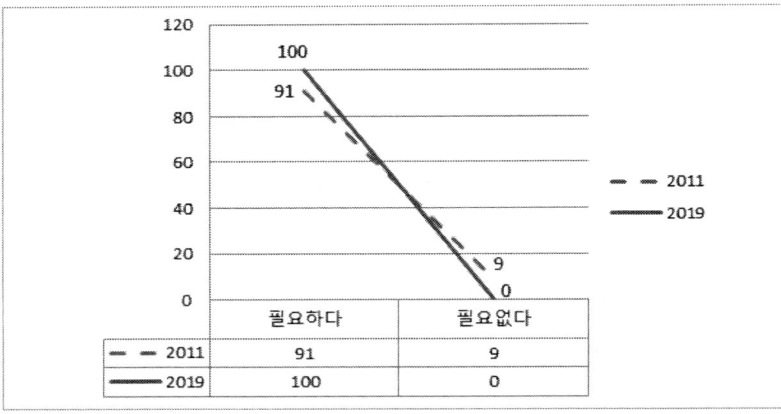

<그림 5-149> 정부지원의 한국어교육이 지속적으로 필요하다고 생각하는가

가 더 높았으나 상담과 다문화사회 이해에 대한 교육의 기회들이 확충되었고, 학습자들의 수준이 점차적으로 높아짐에 따라 '심화된' 한국어 교수법을 새롭게 공부하고 싶은 집합교사들의 요구가 이렇게 변화된 답변으로 나타난 결과로 보인다.

정부지원의 한국어교육이 지속적으로 '필요하다'는 응답이 100%로 높게 나타났다(〈그림 5-149〉). 그 이유로는 '아직은 좀 더 안정적으로 생활할 필요가 있어서, 지원이 많으면 한국에서 생활하기가 편해지니까, 토픽 1급을 합격한 경우도 실제 생활에 적응하기 어려운 수준이고 한국어를 전혀 못하는 경우도 있기 때문에(유학 온 남편을 따라온 경우, 중도입국자녀), 기초적인 의사소통은 필수이기 때문에, 자녀교육과 한국사회에 대한 소속감 때문에(역량강화), 다문화 결혼 여성들의 한국어 습득 필요성 때문에, 이민자가 한국어를 말하고 읽고 쓰기를 잘해야 자녀교육도 잘 할 수 있다고 생각하기 때문에, 이주민에게 한국어는 절대적으로 필요하기 때문에, 집합교육마저 없으면 소외되고 교육을 받을 곳이 없기 때문에, 적응하게 하는 데 좋기 때문에, 필요하되 조건에 따라 자기부담금의 필요성도 있기 때문에, 앞으로 지속적으로 한국사회는 다문화로 나아가기 때문에 언어를 통한 통합이 정부차원에서 이뤄져야 하기 때문에, 한국에서 살아야 하니까, 함께 사는 사회를 위해서, 일시적인 교육으로 다른 언어를 배우고 그 언어를 모어처럼 유창하게 구사한다는 것은 쉽지 않은 일이기 때문에 학습자의 노력과 동시에 꾸준한 지원도 필요하다고 본다' 등으로 응답하였다. 2011년에는 '필요없다'는 응답이 9%였으나, 2019년에는 응답자 100%가 정부지원의 한국어교육이 지속적으로 필요하다고 응답하였다. 정부 주도의 한국어교육이 완전히 정착된 결과로 분석할 수도 있다.

다문화가정에 가장 필요하다고 생각하는 정부지원으로는 '교육 지원'이 81%, '기타' 13%, '의료 지원' 6%로 나타났다(〈그림 5-150〉). 2011년에도 가장 필요한 정부지원으로 '교육 지원'을 꼽았다. 2011년에는 '행정적 지원'이 필요하다는 응답이 18%였으나, 현재는 다문화가정을 위한 행정적 지원을 충분하다고 여기는 것으로 판단된다. 현재 정부의 지원으로 다누리콜센터[55], 다문화가족지원센터[56], 외국인근로자지원센터[57] 등이 운영되고 있다. 지역 또는 민간 차원에서 운영되는 다문화가

55) 다누리콜센터(다문화가족 종합정보 전화센터, 1577-1366)에서는 가정폭력, 성폭력 등으로 피해자의 긴급 상담과 보호가 필요할 때 365일 24시간 이용할 수 있으며, 다문화가족에게 어려운 일이 발생하거나 정보가 필요할 때 생활 상담은 물론 국적, 체류 문제 등의 상담과 법원 진술 시 통·번역 등 다양한 지원을 받을 수 있다. 긴급피난시설을 운영하고 있으며, 상담 후에는 문제를 해결할 수 있도록 관련 기관에 연계하는 역할도 한다. 또한 언어 소통이 어려운 이주민, 다문화가족의 경우 3자 통역(경찰, 응급, 병원 등)과 가족 내 의사소통 서비스를 지원한다.

56) 다문화가족지원센터는 다문화가족의 한국사회 적응을 위해 가족 내 관계 증진을 위한 집합교육, 한국어교육, 방문교육, 상담, 정보 안내, 결혼이민자 통·번역 서비스, 자녀 언어발달 지원 서비스 등을 제공하는 기관이다. 다문화가족 자조모임, 결혼이민자 멘토링 프로그램, 결혼이민자 정착단계별 패키지 프로그램 등의 사업을 운영하고 있다.

57) 외국인력지원센터는 임금 체불, 산업재해 등의 상담과 법률, 안전, 생활적응 등의 교육, 그 외에 다양한 행사, 진료 등을 운영하고 있으며, 외국인력상담센터에서는 외국

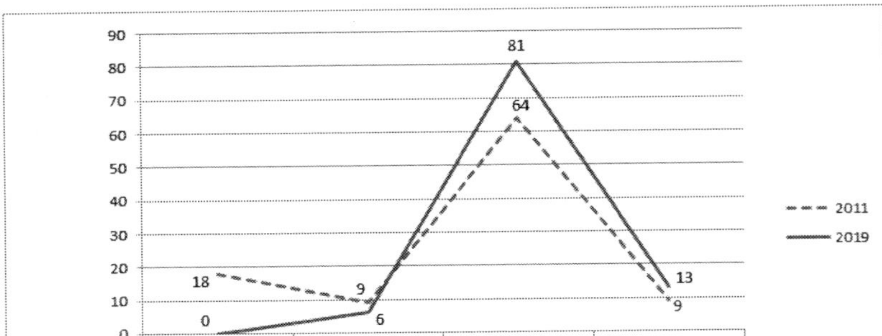

	행정적 지원	의료 지원	교육 지원	기타
2011	18	9	64	9
2019	0	6	81	13

<그림 5-150> 다문화가정에 가장 필요하다고 생각하는 정부지원

족 · 외국인 지원기관도 있고, 다문화가족 · 외국인이 많이 살고 있는 경기도 안산시에는 외국인주민센터가 설치되어 다양한 행정서비스를 제공하고 있다. 또한 일반 한국인을 대상으로 서비스를 제공하는 주민센터, 지방문화원 등의 기관에서도 다문화가족 · 외국인을 위한 서비스를 제공하기도 한다.

집합교육 시 여성결혼이민자에게 가장 필요하다고 생각하는 것은 '한국어 지도'가 65%로 가장 높게 나타났고 '부모 교육' 23%, '상담'과 '기타'가 각각 6% 순이었다(〈그림 5-151〉). 2011년에는 '한국어 지도'와 '상담'이 각각 40%로 가장 높게 나타나 한국어지도만큼 상담의 중요성을 높게 생각하였으나 현재는 '상담'에 대한 필요도가 충족되고 있으며, '부모 교육'에 대한 응답이 2011년에 비해 2배 이상 증가한 것으로 보아 다문화가정의 자녀들이 성장함에 따라 이들에 대한 부모들의 가정에서의 교육 필요성이 높아져 이런 상황이 교사들의 생각에 반영된 것으로

인근로자와 고용사업주가 전화상담을 통해 고충을 해결할 수 있도록 콜센터를 주된 기능으로 하고 있다.

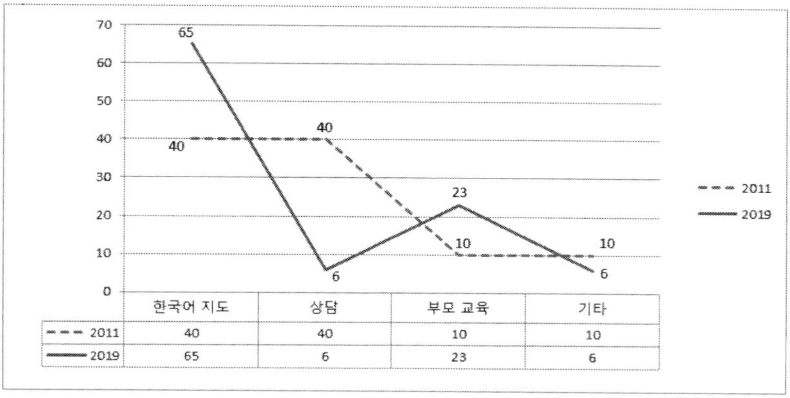

<그림 5-151> 집합교육 시 여성결혼이민자에게 가장 필요하다고 생각하는 것

판단된다.

2019년 집합교육 프로그램에 대한 집합교사 총 응답자의 만족도는 '매우 만족' 23%, '만족' 59%, '보통' 12%, '매우 불만족' 6% 순으로 나타났고(〈그림 5-152〉), 현재 집합교육 교사지원에 대해서는 '만족' 35%, '보통' 53%, '불만족' 12% 순으로 나타났다(〈그림 5-153〉). 2011년에는 집합교육 프로그램에 대해 매우 만족하는 사람이 전혀 없었으나 2019년에는 23%로 증가해 프로그램에 대한 만족도가 높아졌다. 하지만 '매우 불만족'도 6%가 나타나 전반적으로는 만족도가 높아졌지만 부정적인 의견이 새롭게 나타나는 만족도의 양극화도 보인다고 해석된다. 집합교육 교사지원도 2011년에 비해 '불만족'이라는 응답은 줄어들었고 '만족'과 '보통'이라는 의견은 비율이 높아져 교사들의 만족도가 상대적으로 높아진 것으로 분석된다. 이 결과로 집합교육 교사에 대한 처우가 개선되고 있음을 확인할 수 있다.

집합교육 교사를 위해 가장 필요한 지원으로 '재정적 지원'이 59%로 가장 높게 나타났고, 그 외 '교육 지원'이 23%, '재량활동 지원'이 12%, '기타'가 6%로 뒤를 이었다(〈그림 5-154〉). 75%에서 59%로 낮아졌지

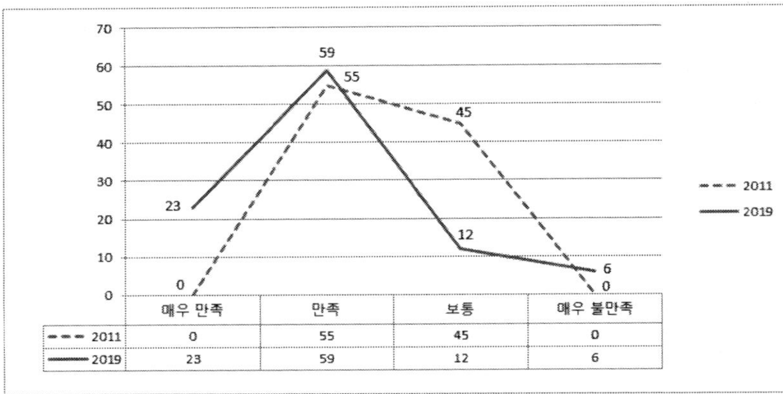

<그림 5-152> 현재 집합교육 프로그램에 대한 만족도

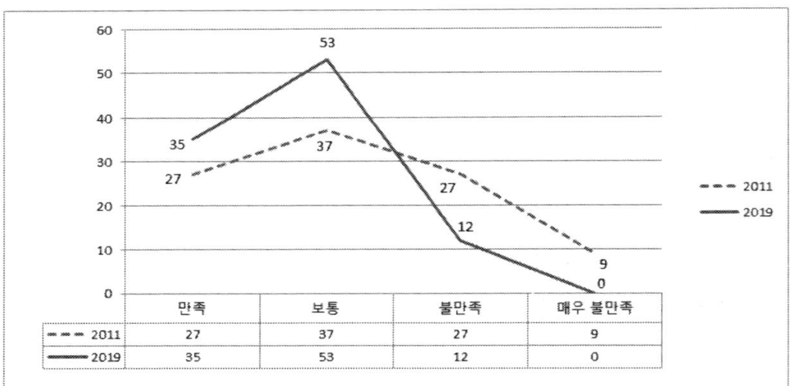

<그림 5-153> 현재 집합교육 교사지원에 대한 만족도

만 2011년과 같이 '재정적 지원'에 대한 비율이 가장 높게 나타난 것은 여전히 강사료 지원 인상에 대한 요구가 크다는 것을 확인할 수 있는 결과이다. 다만 교육지원에 대한 비율이 2011년에 비해 10% 높아져 직접적 교육 지원에 대한 요구도 강해진 것으로 보인다.

교사를 위한 학습자의 모어 교육이 '필요하다'는 응답이 41%로 나타

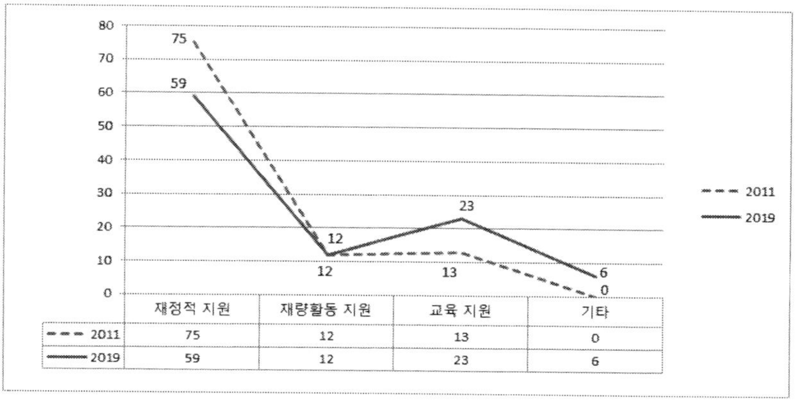

<그림 5-154> 집합교육 교사를 위해 가장 필요한 지원

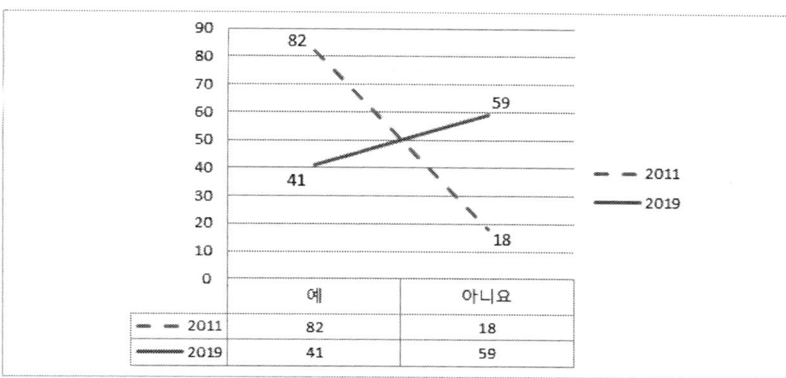

<그림 5-155> 교사를 위한 학습자의 모어 교육이 필요한가

났다(〈그림 5-155〉). 2011년에는 교사를 위한 학습자의 모어 교육이 '필요하다'는 응답이 82%로 높았다. 이는 초급 학습자들을 가르칠 때 오는 어려움에서 비롯된 결과로 판단했는데, 2019년에는 이에 대한 응답이 41%로 낮아진 것은 중·고급 학습자들이 증가함에 따라 교사들의 필요도가 감소한 것으로 보인다.

5.3.4.2. 방문교사

◆ **응답자 기본사항**

방문교사들의 다문화 교육과정 이수 기관(중복 응답)은 '평생교육원'이 35%로 가장 많고, '대학교'와 '정부산하기관'이 각각 26%, '대학원'이 13%로 나타났다. 2011년에는 '정부산하기관'이라는 응답이 67%로 가장 높았고, '대학교'가 27%로 그 뒤를 이었다(〈그림 5-156〉). 2011년에는 소속기관(정부산하기관)에서 실시하는 교육만을 이수하는 교사들이 많았으나 현재는 다양한 전문 교육기관에서 다문화 교육과정을 이수하는 교사들이 증가하였다. 따라서 방문교사들이 전문성을 갖추기 위해 노력하고 있음을 확인할 수 있는 부분이다.

방문교사 총 응답자 중 82%가 '다문화와 관련해 이수한 교육과정이 있다'라고 응답하였는데(〈그림 5-157〉), 이수한 교육과정 내용은 '한국어교원 양성과정, 한국어지도 다문화이해교육, 다문화사회 전문가 과정, 다문화교육 보수교육(1년), 다문화 여성결혼이민자를 위한 한국어

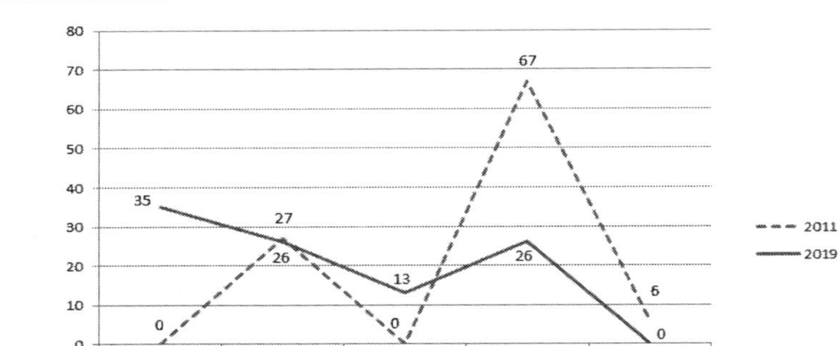

	평생교육원	대학교	대학원	정부산하기관	기타
2011	0	27	0	67	6
2019	35	26	13	26	0

<그림 5-156> 다문화 교육과정 이수 기관

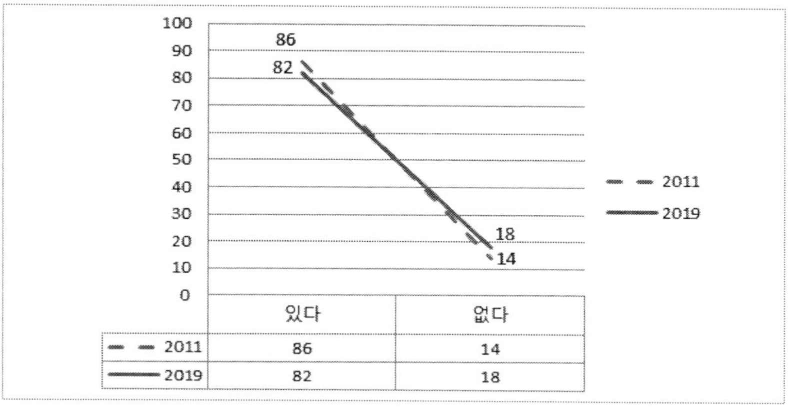

<그림 5-157> 다문화와 관련해 이수한 교육과정

(방통대), 부모(양성)교육, 다문화관련 및 부모교육, 사회복지사, 한국어 문화학과 등이었다. 2011년에는 다문화와 관련한 교육과정을 이수한 응답자가 86%였던 것에 비해 약간 줄었지만 여전히 관련 프로그램 이수율이 높아 교사들이 방문교사가 되기 위해 노력하고 있음을 시사하는 부분이다. 2011년에 응답자들이 이수한 교육과정은 상담교육과 관련된 내용이 많았으나, 2019년에는 상담교육 대신 부모교육과 관련된 내용이 다수를 차지하였다.

방문교사 총 응답자 중 73%가 다문화와 관련된 자격증으로 '한국어 교원 2, 3급, 다문화 상담사, 다문화 전문 강사, 다문화사회 전문가 2급, 사회복지사, 보육교사, 독서치료사, 유치원교사, 건강 가정사, 청소년 상담사, 책놀이 지도사, 아동전문 학사, 전래놀이 지도사' 등을 취득하였다고 응답하였다. 2011년에는 다문화 관련 자격증이 '없다'는 응답이 47%로 높았으나, 현재는 전문적인 자격증을 취득한 응답자가 증가한 것으로 나타났다(<그림 5-158>). 이는 방문교사 선발 시에 자격증을 가진 좀 더 전문적인 지식을 가진 사람을 선발하는 쪽으로 자격 요건이 강화된

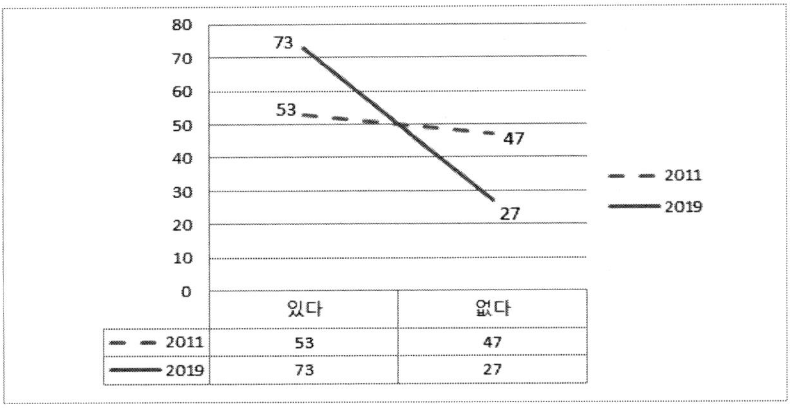

<그림 5-158> 다문화 관련 자격증

것으로 풀이할 수 있다.

다문화이해를 위해 이수하고 싶은 교육과정 내용은 2011년 결과와 같이 '상담'이 48%로 가장 높게 나타났으며, '다문화사회 이해'도 35%로 높게 나타났다. '한국어 지도'와 '자녀교육'은 각각 8.5%로 낮게 나타났다. '상담'이 가장 높게 나타난 것은 집합교육 교사의 결과와 동일하나, 방문교사의 경우 집합교사의 응답에 비해 '한국어 지도'가 16% 낮게 나타났고, '다문화사회 이해'는 5% 높게 나타났다. 방문교사의 경우 다문화가정을 직접 방문해 지도하기 때문에 다문화가정에 대한 심도 있는 이해를 우선적으로 필요로 하는 것으로 판단된다. 2011년에 비해 '한국어 지도'와 '자녀교육'에 대한 요구는 낮아진 반면, '다문화사회 이해'에 대한 요구는 훨씬 높아졌다(<그림 5-159>). '상담'과 '다문화사회 이해'라는 두 가지 요소가 서로 맞물려 있기 때문으로 분석된다.

현재 방문지도 과정으로 71%가 '한국어 지도'를 하고 있으며, '부모교육'이 25%, '기타'가 4% 순으로 나타났다(<그림 5-160>). '기타' 응답으로 '자녀교육'이 있었다. 방문교사의 경우 한국어교육 지도사는 한국

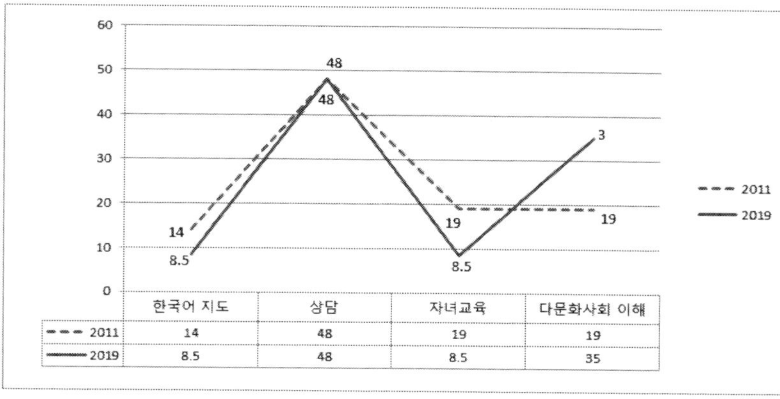

<그림 5-159> 다문화이해를 위해 이수하고 있는 교육과정 내용

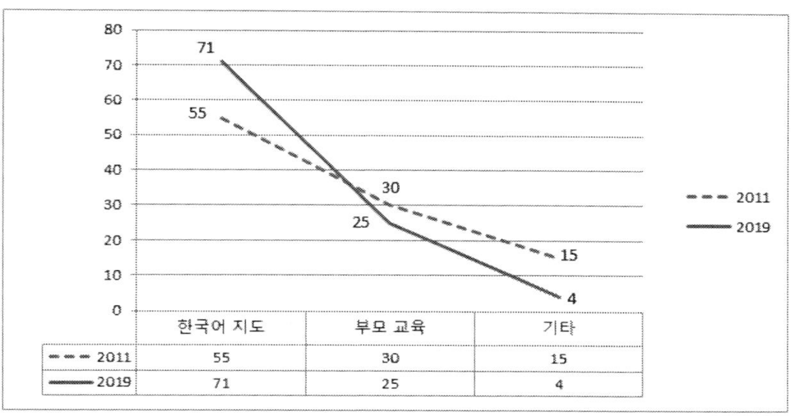

<그림 5-160> 현재 방문지도 과정

어교육 서비스를, 생활지도사는 부모교육과 자녀생활서비스를 제공하는데, 한국어교육 지도사 중 업무전환 지도사는 부모교육 및 자녀생활서비스도 제공할 수 있다. 2011년과 비교하면 '한국어 지도'의 비중이 더욱 높아졌지만(55% → 71%) '부모 교육'은 약간 낮아졌음(30% → 25%)을 알 수 있다.

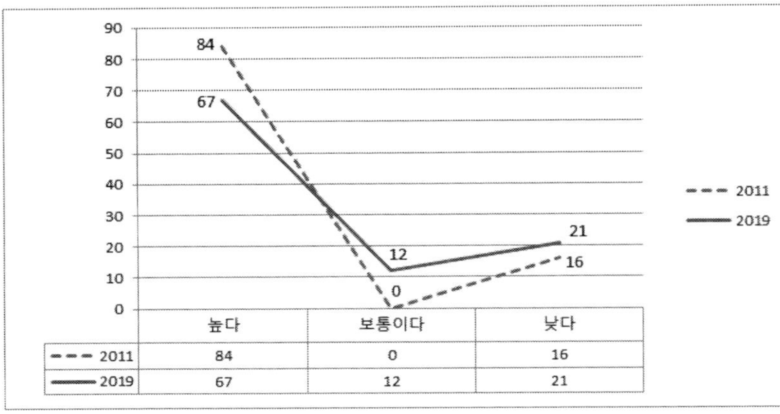

<그림 5-161> 방문지도교사로서의 만족도

방문지도교사로서의 만족도는 방문교사 총 응답자의 67%가 높다고 응답했다(〈그림 5-161〉). '보통이다'라는 응답을 포함해도 2011년 결과보다 낮은 수치이다. 만족도가 높은 이유로는 '개인 시간을 활용할 수 있고 보람을 느껴서, 한국어 지도교사로서의 자존감은 높고 보람도 있어서, 보람을 느끼고 다양한 삶을 이해하게 돼서, 다문화 여성결혼이민자라는 이름보다 가정을 이룬 익숙하지 않은 어린 여성을 돕는다는 생각이 원동력이 돼서, 한국어뿐만 아니라 학습자의 개별적인 상담과 요구파악으로 직접적인 도움을 제공할 수 있어서, 사회통합에 기여, 자아실현 욕구도 있지만 한 사람의 인생에 도움이 된다는 점이 뿌듯해서, 다문화 가족을 이해할 수 있는 계기가 돼서, 수업 종결 후 만족도와 사회적 관점의 신뢰도, 한국어 실력을 통한 의사소통의 원활, 대상자의 학습 효과가 나타날 때, 적성에 맞아서, 우리문화 이해교육, 학습자의 변화된 모습, 음식 가르치기, 안정적인 정착 생활을 위한 책임 있는 멘토 역할' 등으로 대부분 집합교사의 이유와 유사하다. 만족도가 낮은 이유로는 '전공과 관련이 없는 자녀생활을 맡게 돼서, 낮은 보수, 갈수록 힘들어지는

환경, 노력하는 만큼 보상이 따르지 않아서, 처우 개선, 거의 봉사직으로 일하고 있어서, 농촌지역은 지역특성상 거의 원거리인데 수업료뿐 아니라 교통비 책정도 낮고 다문화센터 방문교사 급여는 8년 동안 동결되어 있는 상황이기 때문에' 등 대부분 교사에 대한 열악한 처우, 특히 낮은 보수를 만족도가 낮은 이유로 꼽았다. 2011년에 비해 만족도가 낮아진 것이 명확히 드러나기 때문에 방문교사에 대한 처우 개선에 대해서 정부가 심각하게 고민해 보아야 할 시점으로 보인다.

◆ **한국어교육 현황**

방문교사 총 응답자 100%가 현재 '여성결혼이민자'를 지도하고 있다고 응답하였다(〈그림 5-162〉). 2011년보다는 여성결혼이민자를 대상으로 하는 교육이 강화되었음을 알 수 있다. 그리고 응답자 중 5명을 제외한 모든 응답자가 4가구씩 방문하여 지도하고 있다고 답하였다. 제외된 5명은 5-8가구라고 응답하였다. 주 5일간 1가구당 '2회 4시간' 방문하여

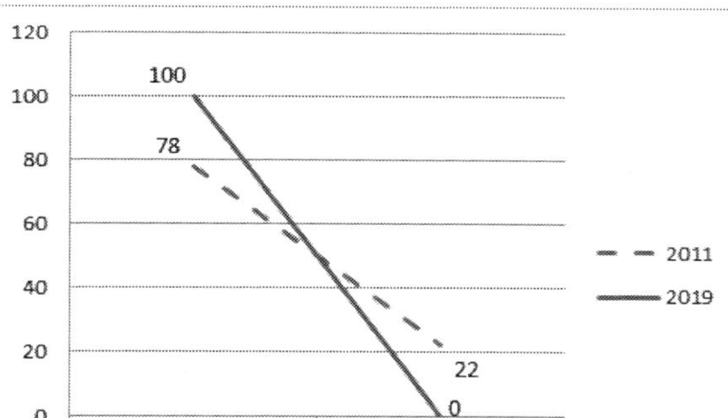

	여성결혼이민자	자녀
2011	78	22
2019	100	0

<그림 5-162> 현재 방문지도 대상자

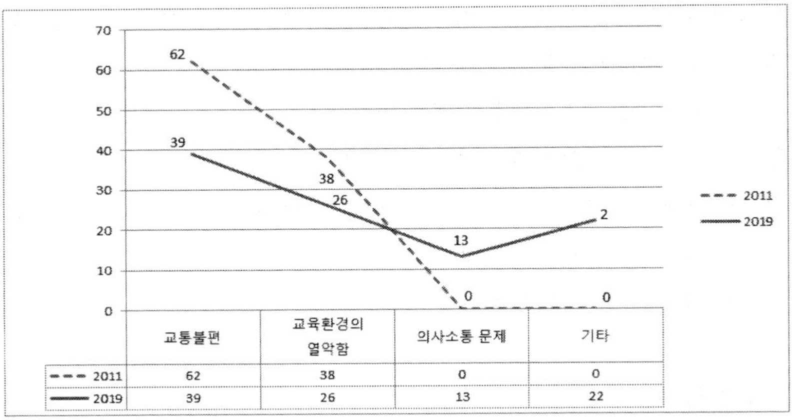

<그림 5-163> 방문지도의 어려움

지도하는 교사가 22명으로 가장 많았고, '1회 2시간', '8회 16시간'이 각각 1명이었다. 방문교사들이 적절하다고 생각하는 방문 횟수와 시간은 '2회 4시간'이 5명으로 가장 많았고 '2회 1시간 30분', '2회 2시간'이 각각 4명이었으며 이 외에도 다양한 의견들이 있었다. 2011년과 현재 방문지도 가구수와 주 5일간 1가구당 방문 횟수 및 시간에는 크게 변함이 없는 것으로 나타났다.

방문지도의 어려움으로 '교통불편'이 39%로 가장 높게 나타났고 '교육환경의 열악함'이 26%, '기타'가 22%, '의사소통 문제'가 13%로 뒤를 이었다(〈그림 5-163〉). '기타' 응답에는 '방문교육 도중 학습자의 취업으로 중단, 급여가 적음, 사람에 따라 어려움이 다름, 장거리, 부모교육 시 농촌생활로 시간 변경, 학습자의 갑작스런 수업시간 변경 또는 아기가 있는 경우 낮은 수업 집중도' 등이 있었다. 특히 보수에 대한 기타 의견이 가장 많았다. 2011년에도 '교통불편'이 62%로 가장 높았으며, '교육환경의 열악함'이 38%였다. 2011년에 비해 어려움의 원인이 분산되기도 하고 '교통불편'과 '교육환경의 열악함'이라는 가장 중요한 요인의 응

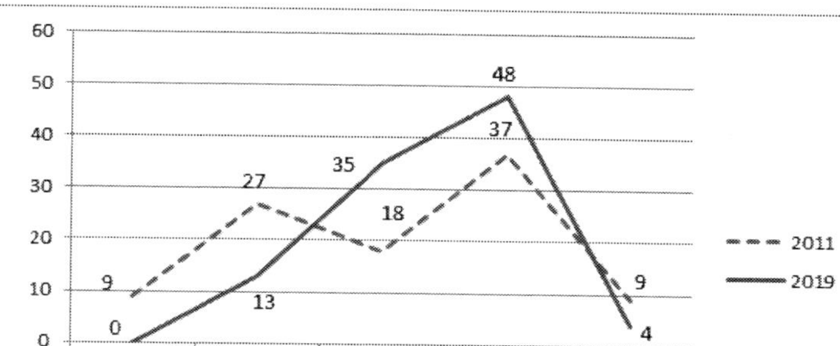

	학습태도 불량	학습의욕 없음	기초지식 부족	아이돌보미 없음	기타
2011	9	27	18	37	9
2019	0	13	35	48	4

<그림 5-164> 한국어 방문지도의 어려움

답률이 2011년에 비해 낮아졌기 때문에 지난 8년간 방문지도의 어려움을 해소하고자 하는 노력이 이루어진 것으로 분석된다. 그러나 방문교육의 특성상 방문 교사들이 직접 학습자의 가정을 방문하면서 나타나는 교통 문제와 가정의 학습 환경이나 가정 형편 등으로 인한 문제 등이 쉽게 그리고 완벽하게 해결되지는 않는 것으로 판단된다.

한국어 방문지도의 어려움으로는 '아이돌보미 없음'이 48%로 가장 높게 나타났으며 '기초지식 부족' 35%, '학습의욕 없음' 13%, '기타'가 4%로 나타났다. 2011년에도 '아이돌보미 없음'이 37%로 가장 높았는데 2019년에는 이 요소가 48%로 높아져 지난 8년간 이 부분을 해결하기 위한 노력이 부족했음을 알려주고 있으며 '기초지식 부족'도 18%에서 35%로 높아져 집합교육을 받기 어려운 계층에서의 한국어 실력은 더욱 열악해졌음을 보여주고 있다(〈그림 5-164〉).

방문교사에 대한 학습자의 태도는 '매우 좋다' 46%, '좋다' 46%로 나타났으며, 방문교사에 대한 가족들의 태도는 '매우 좋다' 25%, '좋다' 71%로 나타나 여성결혼이민자를 포함한 다른 가족들 모두 방문교사에

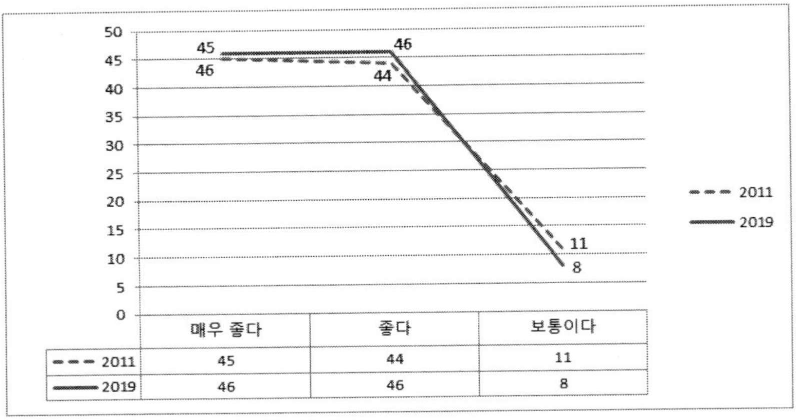

<그림 5-165> 교사에 대한 학습자의 태도

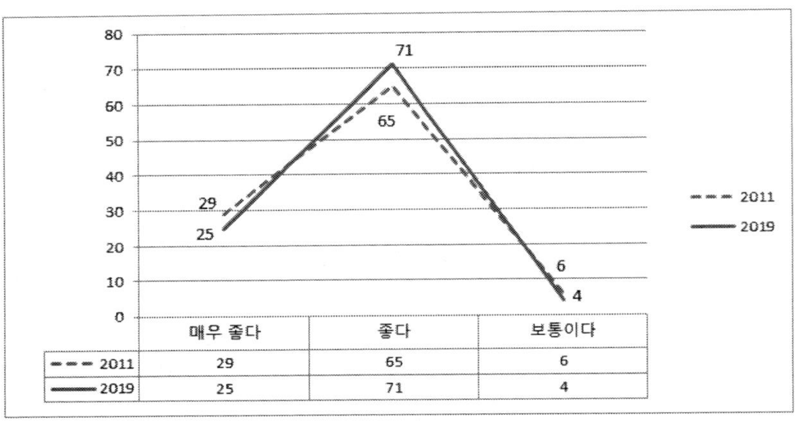

<그림 5-166> 교사에 대한 가족들의 태도

대한 태도가 비교적 좋은 것을 확인할 수 있다. 2011년과 유사한 결과로 학습자와 가족들 모두 교사에 대한 태도가 호의적인 것으로 볼 수 있다(〈그림 5-165〉, 〈그림 5-166〉).

현재 방문지도 중 사용하고 있는 교재에 대한 만족도는 4%가 '매우

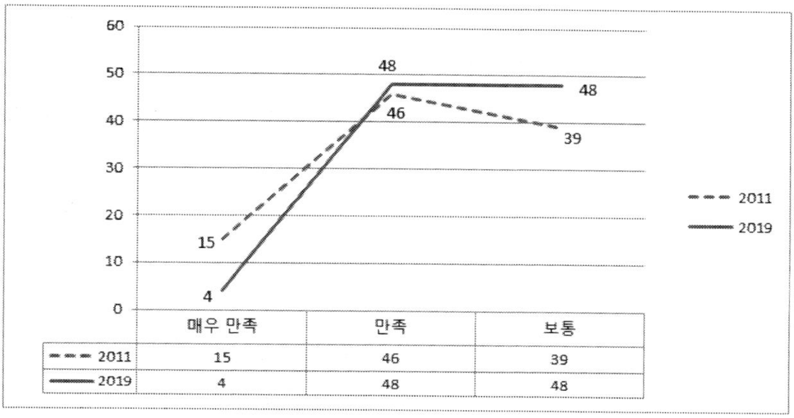

<그림 5-167> 한국어 방문지도 교재에 대한 만족도

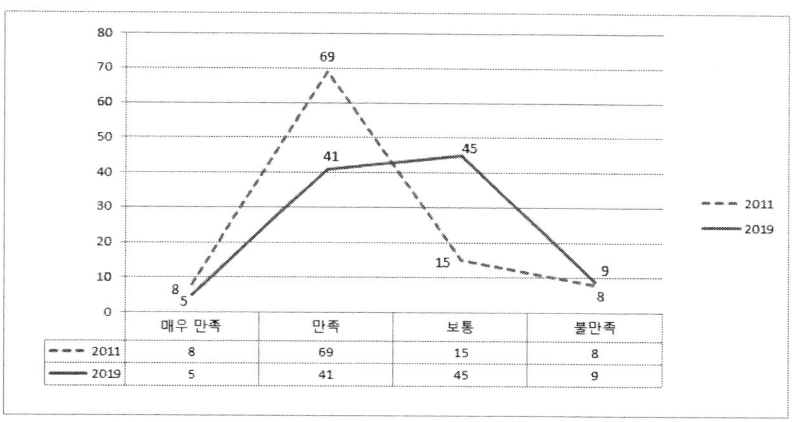

<그림 5-168> 한국어 방문지도 교사용 지도서에 대한 만족도

만족'하였고(〈그림 5-167〉), '만족' 48%, '보통' 48%로 나타났으며, 한국어 방문지도 교사용 지도서에 대한 만족도는 '매우 만족' 5%, '만족' 41%, '보통' 45%, '불만족' 9%로 나타났다(〈그림 5-168〉). 교재와 교사용 지도서 모두 2011년과 비교해 '매우 만족'을 포함한 '만족'의 비율이

낮아지고 '보통'의 응답률은 높아져서 교재와 교사용 지도서에 대한 평가가 안 좋아졌음을 보여주고 있다. 현재 교재 개선에 대한 노력들이 이루어지고 있는 중이기 때문에 앞으로의 평가의 추이를 계속 살펴볼 필요가 있다.

방문교사 응답자 중 92%가 현재 소속된 기관에서 한국어 방문지도 교사용 지도서를 지원하고 있다고 응답하였고[58], 그 중 76%가 그 지도서를 사용하고 있다고 응답하였다.[59] 2011년에는 절반 정도가 지도서를 지원하고 있고 지원받은 교사의 절반 정도가 지도서를 사용하고 있다고 응답했던 것과 비교하면 지도서의 보급률과 사용률이 모두 높아진 것을 확인할 수 있다.

방언교육의 필요성에 대해 '매우 필요'라는 응답이 13%, '필요' 50%,

58) 현재 소속된 기관의 한국어 방문 지도 교사용 지도서 지원 여부

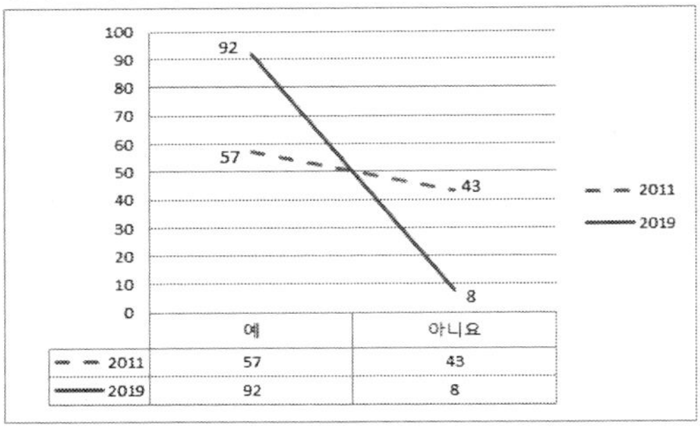

	예	아니요
2011	57	43
2019	92	8

59) 현재 한국어 방문 지도 교사용 지도서 사용 여부

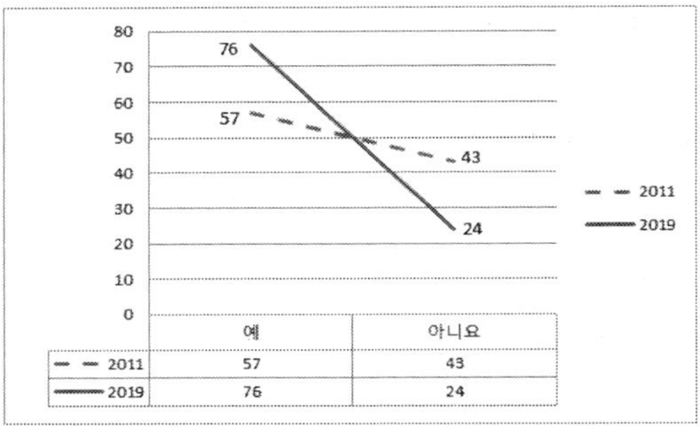

	예	아니요
2011	57	43
2019	76	24

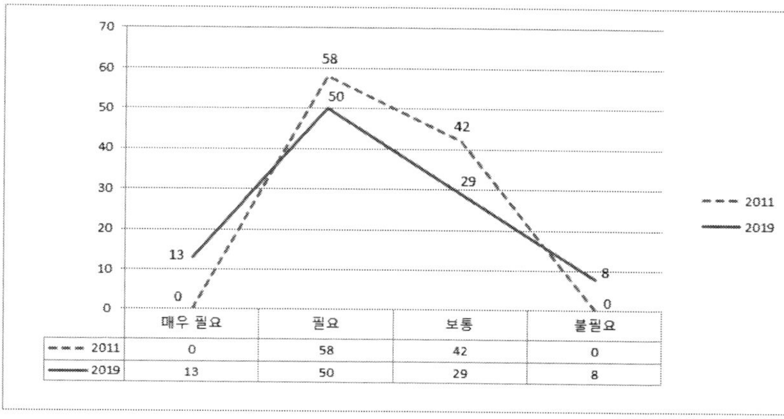

<그림 5-169> 방언교육의 필요성

'보통' 29%, '불필요'가 8%이다. '매우 필요'하다는 응답을 포함해 '필요'라는 응답이 63%로 2011년 결과에 비해 높게 나타났다(〈그림 5-169〉). 방언교육의 필요성이 높게 나타난 것은 지도를 받는 여성결혼이민자들이 필요성을 피력했을 개연성과 본 설문조사의 응답자 특성상 지방에 거주하는 교사의 분포도가 높은 것이 결과에 영향을 미쳤을 것이다.

교사가 수업 중 학습자의 모어를 사용하는 것이 '도움이 안 된다'는 응답이 33%, '전혀 도움이 안 된다'는 응답이 25%로 높았다. '보통이다'라는 응답은 42%로 나타났다. 2011년에는 '매우 도움이 된다'는 응답 8%를 포함해 도움이 된다는 응답이 75%로 아주 높게 나타났었는데 전혀 다른 결과가 나타났다(〈그림 5-170〉). 집합교사의 경우에도 2011년에는 '도움이 된다'는 응답이 절반을 넘었지만 2019년에는 '도움이 안 된다'는 응답이 증가하였다(〈그림 5-139〉 참조). 이는 2011년에는 초급 수준의 여성결혼이민자가 많았던 반면 점차 여성결혼이민자가 감소하고 중·고급 학습자들이 증가했기 때문에 나타난 결과로 추정된다.

학습자의 한국어 의사소통을 저해하는 가장 큰 요인으로 '발음', '어

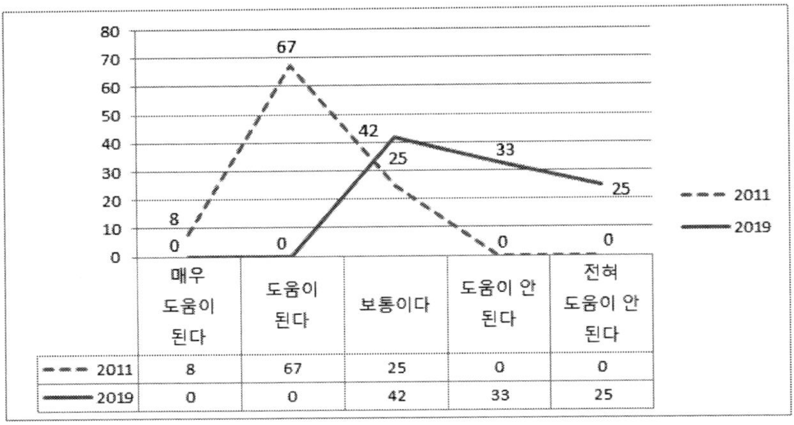

	매우 도움이 된다	도움이 된다	보통이다	도움이 안 된다	전혀 도움이 안 된다
2011	8	67	25	0	0
2019	0	0	42	33	25

<그림 5-170> 교사가 수업 중 학습자의 모어를 사용하는 것이 도움이 되는가

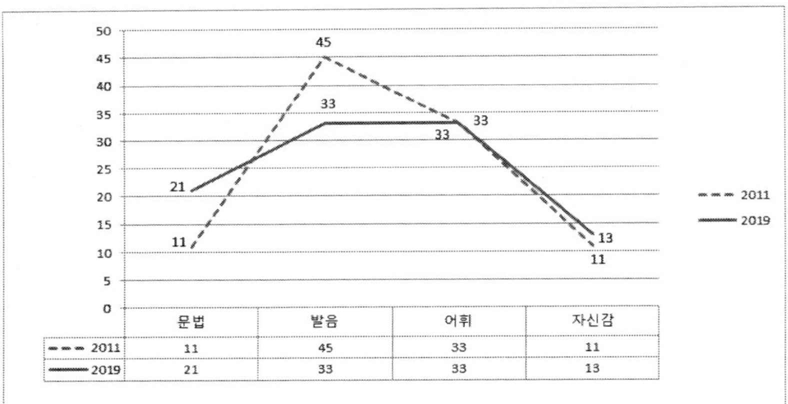

	문법	발음	어휘	자신감
2011	11	45	33	11
2019	21	33	33	13

<그림 5-171> 학습자의 한국어 의사소통을 저해하는 가장 큰 요인

휘'를 각각 33%로 꼽았고, '문법' 21%, '자신감'이 13%로 그 뒤를 이었다(〈그림 5-171〉). 2011년에도 '발음(45%)'이 가장 높게 나타나 '발음'이 적어도 '방문교육'을 필요로 하는 열악한 환경의 여성결혼이민자들의 의사소통에 가장 큰 어려움을 주는 요인임을 보여주고 있다. 따라서 방

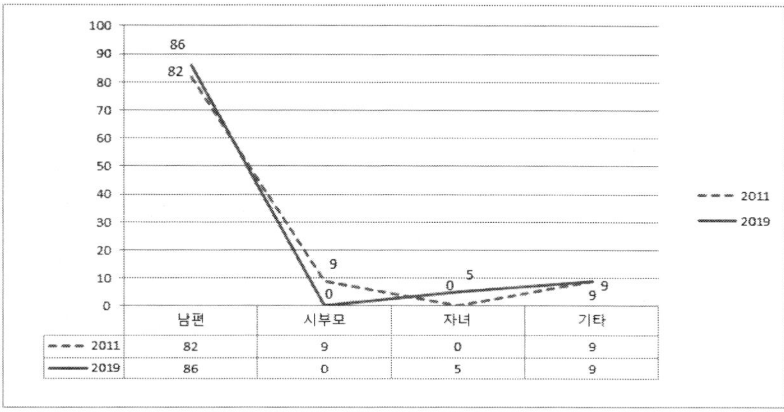

<그림 5-172> 학습자의 한국어 학습에 가장 도움을 주고 있는 사람

문교사와 학습자를 위한 발음 지도법 개발 및 적용이 시급해 보인다.

학습자의 한국어 학습에 가장 도움을 주고 있는 사람으로 '남편'이 86%로 가장 높게 나타났고 '기타'가 9%, '자녀'가 5%로 뒤를 이었다. 2011년에도 '남편'이라는 응답이 82%로 가장 높았다. 2011년에는 자녀보다는 시부모의 도움이 컸으나, 2019년에는 시부모라는 응답이 0%로 나타나 시부모의 영향이 거의 미치지 않는 쪽으로 핵가족화되어 가고 있음을 보여주고 있으며 자녀들이 점차 성장함에 따라 이제는 자녀들이 엄마의 한국어 학습에 도움을 주기 시작한 것으로 추정된다(〈그림 5-172〉).

가장 중점을 두고 가르치는 요소에서는 '말하기', '읽기', '듣기', '어휘', '발음', '문법', '쓰기' 순으로 응답했다. 집합교사도 동일하게 '말하기'를 가장 중요한 요소로 꼽았고(〈그림 5-142〉), 2011년 방문교사들도 '말하기'를 가장 중요하게 꼽았다(〈그림 5-173〉). 여성결혼이민자는 일상생활에서의 의사소통을 목적으로 하는 학습자이기 때문에 교사들이 '말하기'를 가장 중요하게 여기는 것을 확인할 수 있는 대목이다. '읽기'가 두

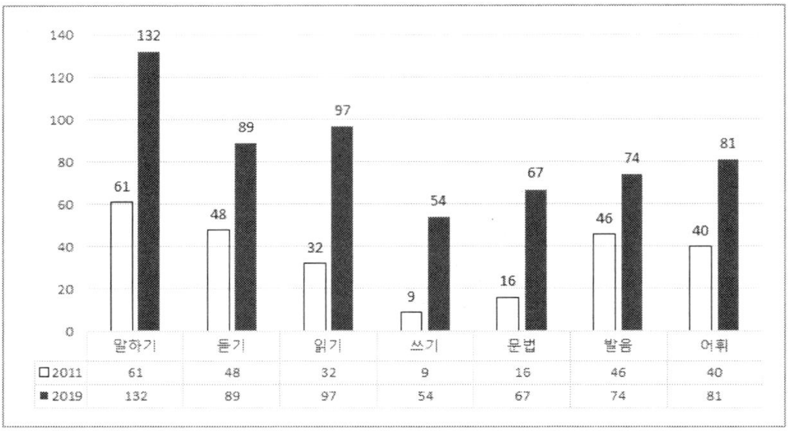

<그림 5-173> 가장 중점을 두고 가르치는 요소[60)]

번째로 높은 응답률을 보인 것은 여성 결혼이민자들의 자녀가 학교에 진학하고 이들을 가르칠 필요성이 높아짐에 따라 읽기의 중요성이 높아졌기 때문으로 분석된다.

방문지도 시 학습자가 가장 선호하는 시간대는 30%가 '평일 오전', 61%가 '평일 오후'라고 답했다(〈그림 5-174〉). 학습자들이 집합교육 시에는 '평일 오전'을 가장 선호하는 반면에(〈그림 5-143〉) 방문지도 시에는 자녀의 등하교 시간에 구애받지 않고 여유 있는 '평일 오후' 시간을 더 선호하는 것으로 보인다. '평일 오전'의 비율이 2011년에 비해 상대적으로 높아진 것은 자녀들이 성장하면서 유아교육기관이나 학교에 자녀를 보내고 이 시간에 방문교육을 받을 수 있는 여성 결혼이민자의 비율이 높아졌기 때문으로 추정된다.

현재 진행 중인 방문지도가 다문화가정에 '매우 도움이 된다'는 응답

60) 설문조사 시 집합교사가 학습자를 대상을 가장 중점을 두고 가르치는 요소(말하기, 듣기, 읽기, 쓰기, 문법, 발음, 어휘)를 순서대로 작성하게 하였고, 1순위부터 7순위에 각 7점부터 1점까지 부여하여 각 요소의 총합을 비교하였다.

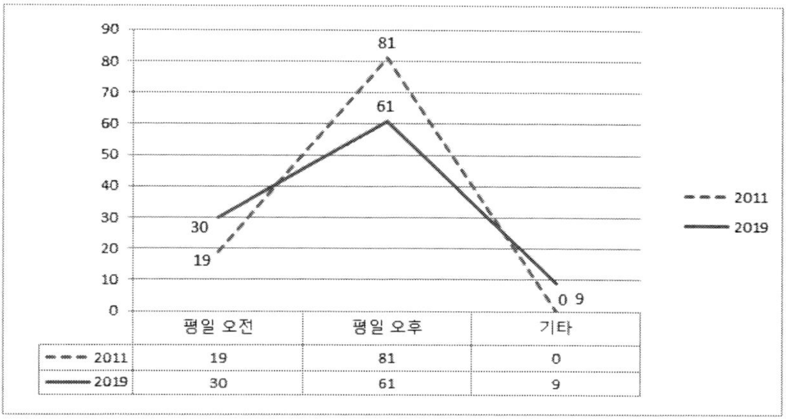

	평일 오전	평일 오후	기타
2011	19	81	0
2019	30	61	9

<그림 5-174> 방문지도 시 학습자가 선호하는 시간대

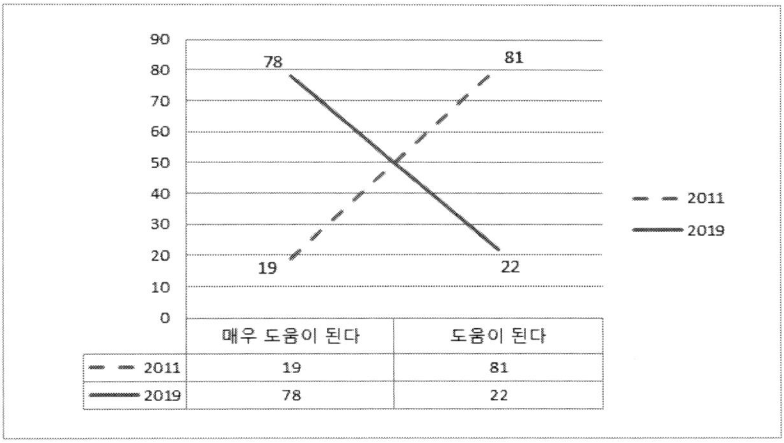

	매우 도움이 된다	도움이 된다
2011	19	81
2019	78	22

<그림 5-175> 현재 진행 중인 방문지도가 다문화가정에 도움이 되고 있는가

이 78%, '도움이 된다'는 응답이 22%로 높게 나타났다(〈그림 5-175〉). 긍정적인 응답이 100%로 나타난 것은 2011년과 동일하지만 '매우 도움이 된다'의 응답률이 78%로 높게 나타나 긍정의 강도가 많이 높아졌음

을 보여주고 있다. 방문지도교사들이 방문지도의 효과에 더욱 강한 확신을 갖게 되었음을 알 수 있다.

◆ 한국어교육에 바라는 점

방문지도를 위한 교육을 87%가 소속된 기관에서 이수하였다고 응답하였고, 이 교육에 대해 '매우 만족'을 포함해 86%가 '만족'한다고 응답하였다. 2011년에도 소속된 기관에서 방문지도를 위한 교육을 이수하였다는 응답자가 79%로 높았고(〈그림 5-176〉), 이 교육에 대해 '매우 만족'을 포함해 61%가 '만족'한다고 응답했다(〈그림 5-177〉). 소속된 기관에서의 교육 이수 비율과 만족도가 2011년에 비해 높아진 것으로 보아 교육에 대한 제도적 뒷받침이 개선되고 교육의 질이 높아진 것을 확인할 수 있다.

방문지도를 위해 받고 싶은 교육으로 '상담'이 35%로 가장 높게 나타났고, '다문화사회 이해' 26%, '한국어교수법' 22%, '복지' 13%, '기타'

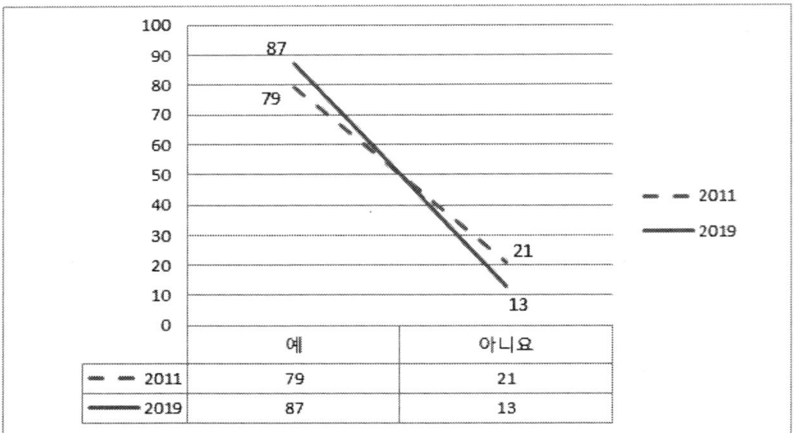

<그림 5-176> 방문지도를 위한 교육을 소속된 기관에서 이수하였는가

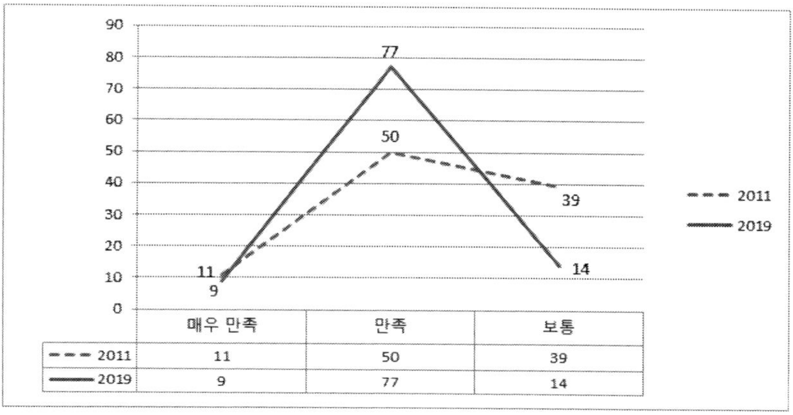

	매우 만족	만족	보통
2011	11	50	39
2019	9	77	14

<그림 5-177> 방문지도를 위한 교육에 대한 만족도

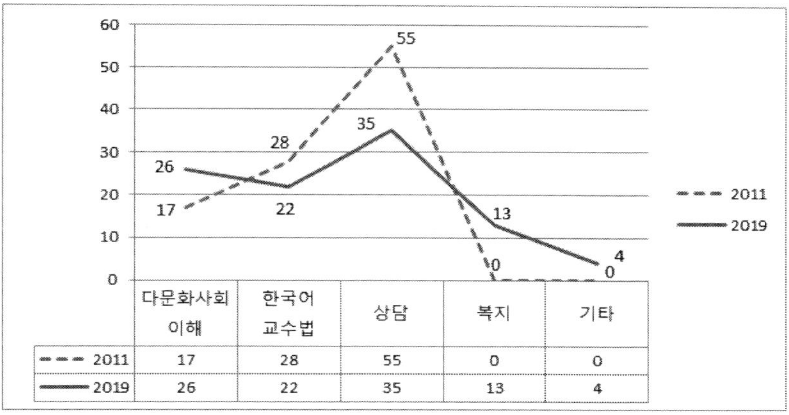

	다문화사회 이해	한국어 교수법	상담	복지	기타
2011	17	28	55	0	0
2019	26	22	35	13	4

<그림 5-178> 방문지도를 위해 받고 싶은 교육

4%가 뒤를 이었다. 2011년에도 '상담'이 55%로 가장 높게 나타났지만 '복지'와 '기타'에 대한 필요가 없었던 반면 2019년에는 이에 대한 요구가 새롭게 나타났다(〈그림 5-178〉). '다문화사회 이해'가 17%에서 26%로 높아진 것도 주목할 부분이다. '상담', '한국어교수법'에 대한 필요들은 이제 쉽게 충족시킬 수 있는 환경이 조성된 것으로 보이지만 '다문화

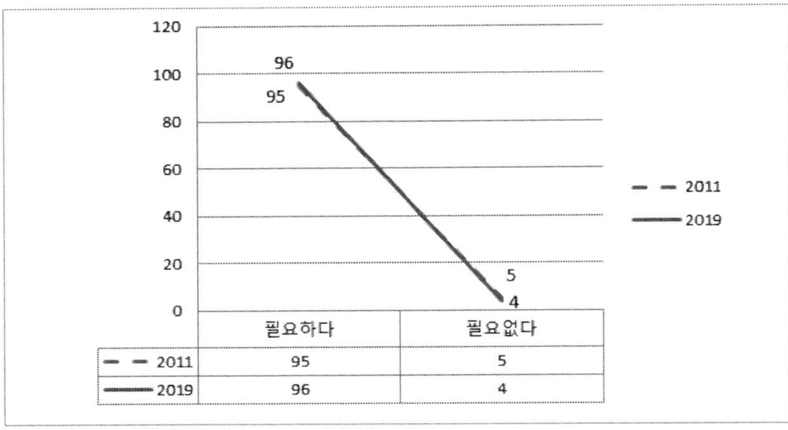

<그림 5-179> 정부지원의 한국어교육이 지속적으로 필요하다고 생각하는가

사회 이해'가 높아진 이유는 2011년에 비해 2019년에는 다문화사회의 현상이 좀 더 복잡해져서 다문화사회를 알려는 수요가 좀 더 높아졌다고 해석해야 할 것으로 보인다. 또한 새롭게 '복지' 또는 기타 다른 분야들에도 관심을 갖게 된 것으로 판단된다.

방문교사 총 응답자의 96%가 정부지원의 한국어교육이 지속적으로 필요하다고 응답했고(〈그림 5-179〉), 가장 필요하다고 생각하는 정부지원으로는 '교육 지원'이 84%로 가장 높게 나타났다. 그 외에 경제적, 행정적, 의료, 기타 지원이 각각 4%로 나타났다(〈그림 5-180〉). 2011년에도 95%의 응답자가 정부지원의 한국어교육이 지속적으로 필요하며, 가장 필요한 정부지원도 '교육 지원(84%)'이었기 때문에 교사들이 다른 분야의 지원보다는 한국어교육을 포함한 교육지원이 다문화가정 구성원에게 가장 필요한 부분이라는 생각에 변함이 없음을 확인할 수 있다. 또한 2011년에는 '경제적 지원'이 16%였으나 이에 대한 응답이 2019년에는 4%로 낮아진 것으로 보아 다문화가정을 대상으로 한 정부의 경제적 지원이 확충된 것으로 분석된다.

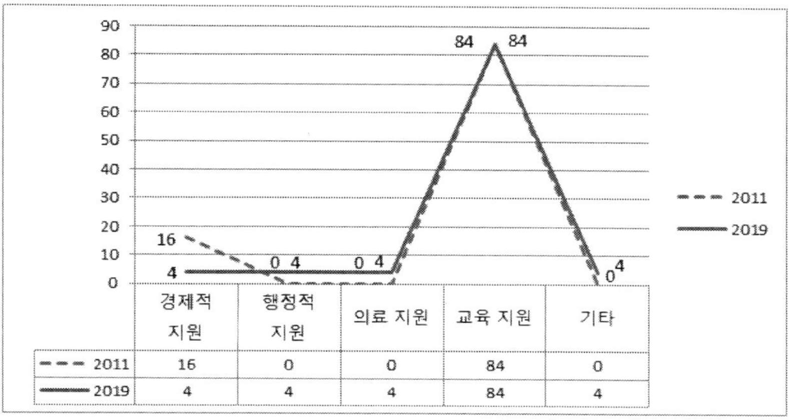

<그림 5-180> 다문화가정에 가장 필요하다고 생각하는 정부지원

방문교육 시 여성결혼이민자에게 가장 필요하다고 생각하는 것은 '한국어 지도'가 70%로 가장 높게 나타났고 '상담' 13%, '부모 교육' 9%, '한국인 결연'과 '기타'가 각각 4%로 뒤를 이었다. 이는 2011년 결과와 유사한 순서이나 '한국어 지도'에 대한 필요가 더 커졌으며 '한국인 결연'에 대한 응답이 새롭게 나타났다(〈그림 5-181〉). 이는 여성결혼이민자들이 이민자 사회에 고립되어 한국인과의 관계 맺기가 원활하지 않음을 시사하는 것으로 분석된다.

현재 방문지도 프로그램에 대해서 '매우 만족'을 포함해 '만족'한다는 응답이 68%, '보통' 27%로 나타났다. 2011년에도 '매우 만족'을 포함해 '만족'한다는 응답이 60%였는데 조금은 개선되었음을 보여주는 결과가 나타났다. 하지만 '불만족'이라는 응답도 새롭게 5%의 응답률도 나타나 의견이 양극화되는 측면이 보인다. 방문지도 프로그램에 대한 지속적인 개선 및 보완점을 찾는 노력이 이루어져야 할 것으로 보인다(〈그림 5-182〉).

현재 방문지도교사 지원에 대한 만족도는 '보통'과 '불만족'이 각각

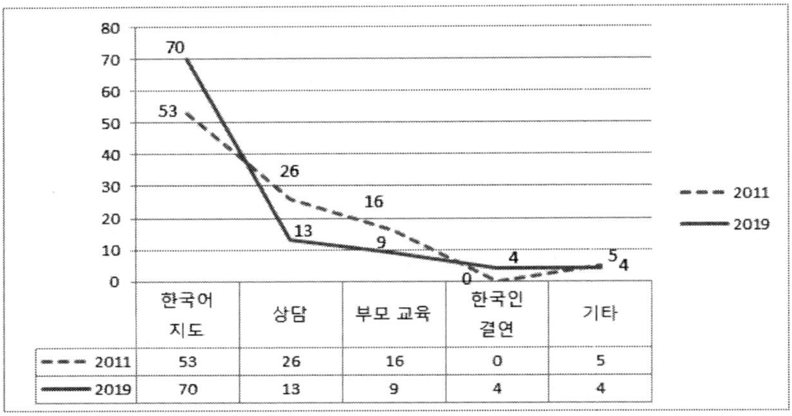

<그림 5-181> 방문지도 시 여성결혼이민자에게 가장 필요하다고 생각하는 것

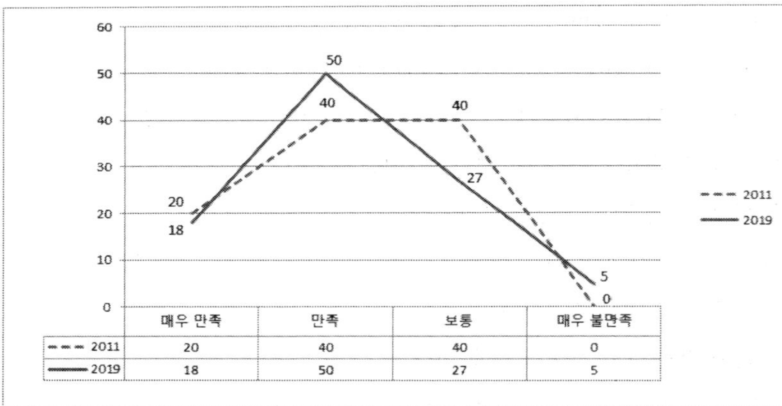

<그림 5-182> 현재 방문지도 프로그램에 대한 만족도

30.5%, '만족' 22%, '매우 불만족' 17%로 나타나 만족도가 굉장히 낮은 것으로 나타났다(〈그림 5-183〉). 이는 앞에서 방문지도교사로서의 만족도가 낮아진 것과도 연결되는 결과이다(〈그림 5-161〉). 2011년에는 '보통'이라는 응답이 50%, '불만족'이라는 응답이 20%로 나타난 것에 비해

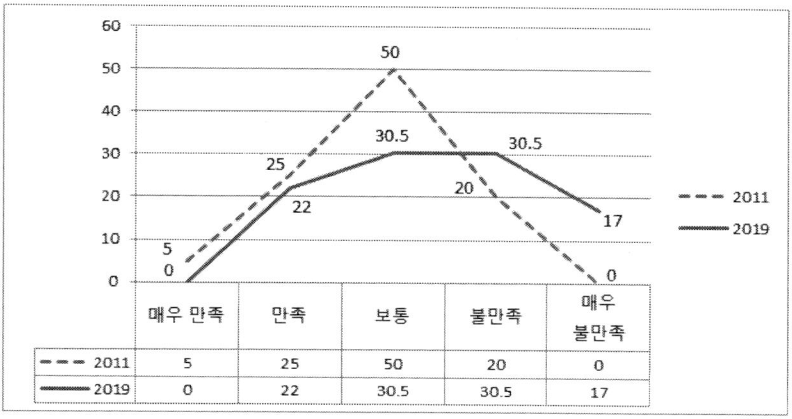

<그림 5-183> 현재 방문지도교사 지원에 대한 만족도

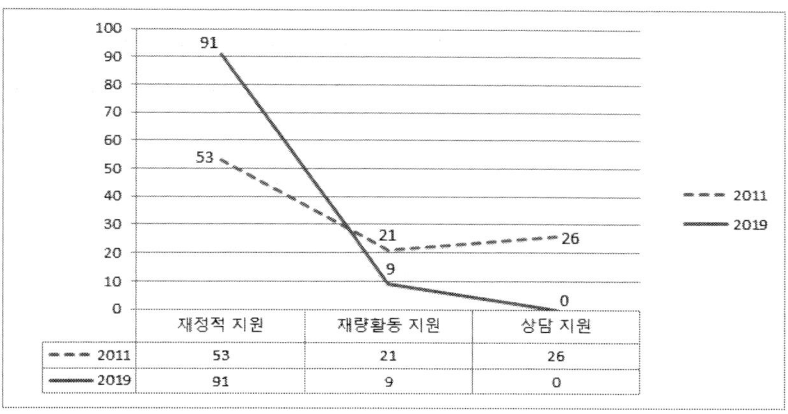

<그림 5-184> 방문지도 교사를 위해 가장 필요한 지원

확실하게 불만족에 대한 응답이 높아진 것은 앞에서 방문지도교사로서의 만족도가 낮은 이유로 꼽은 교사에 대한 열악한 처우와 낮은 보수가 결정적으로 영향을 미친 결과로 보인다.

방문지도교사를 위해 가장 필요한 지원으로 '재정적 지원'을 91%, '재

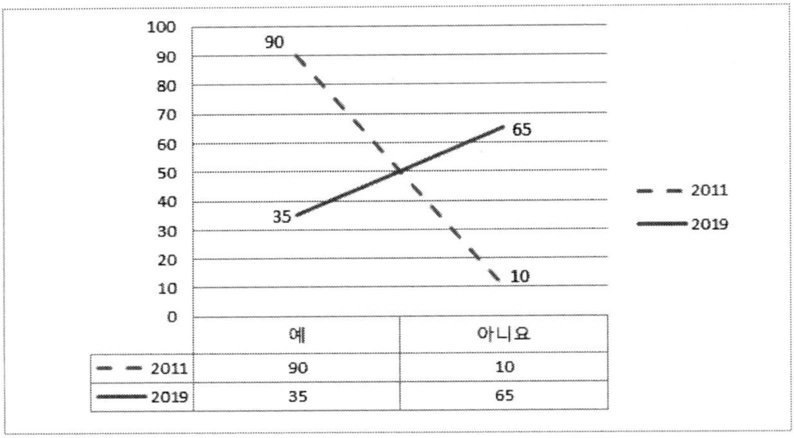

<그림 5-185> 교사를 위한 학습자의 모어 교육이 필요한가

량활동 지원'을 9%로 꼽았다(〈그림 5-184〉). '재정적 지원'이 가장 필요한 지원이라는 응답이 가장 높은 것은 방문지도교사 지원에 대한 만족도가 낮은 원인과 직접적으로 맞닿아 있는 것으로 볼 수 있다(〈그림 5-183〉 참고). 2011년에도 '재정적 지원'에 대한 응답이 가장 높았고, '상담지원'을 두 번째로 꼽았지만 2019년에는 상담지원에 대해서는 0%의 응답률을 보여 상담 부분에 대해서는 그동안 많은 논의와 실질적 지원이 이루어져 필요들이 충족된 것으로 판단된다.

교사를 위한 학습자의 모어 교육이 필요하지 않다는 응답이 65%로 나타났고, 필요하다는 응답이 35%로 나타났다. 2011년에는 방문교사 총 응답자의 90%가 교사를 위한 학습자의 모어 교육이 필요하다고 응답했다(〈그림 5-185〉). 이는 당시 초급 수준의 학습자들이 많아 여성결혼이민자들과의 의사소통과 한국어교육의 효율을 높이려는 의도로 보였으나 현재는 한국어로 의사소통이 원활하게 이루어질 수 있는 중·고급 수준의 학습자들이 많아졌기 때문에 나타난 결과로 파악된다.

52%의 응답자가 '다문화'라는 용어의 의미를 알고 있다고 응답했고,

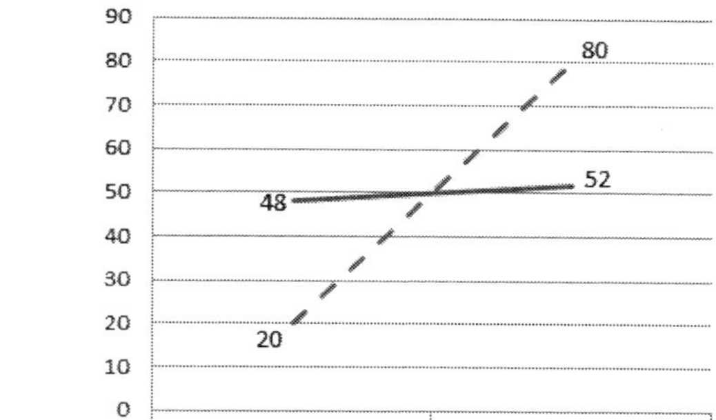

	정확히 안다	안다
2011	20	80
2019	48	52

<그림 5-186> '다문화'라는 용어의 의미를 알고 있는가

48%가 '정확히 안다'고 응답하였다. 2011년 결과와 마찬가지로 100%가 '다문화'라는 용어를 알고 있다고 응답하였으나 '정확히 안다'는 응답이 두 배 이상 증가한 것은 현재 다양한 다문화교육의 기회가 증가하였고 이러한 교육의 효과가 드러난 결과라고 할 수 있다(〈그림 5-186〉).

'다문화'라는 용어에 대해 '좋지 않다'는 응답이 23%, '보통이다' 50%, '좋다'는 응답이 27%로 나타났다. '다문화'라는 용어가 좋은 이유는 '더 좋은 용어로 표현이 어려울 듯해서, 따뜻한 문화의 모임이라서, 누구나 공감할 수 있어서'라고 답했고, '다문화'라는 용어가 보통인 이유는 다양한 문화를 가진 분들을 부르는 말이라서, '다문화'는 '잡다하다'라는 느낌이 들어서, 마땅히 대체할 다른 용어가 없으므로, 우리가 그 사람들을 더 이해할 수 있어서(긍정적인 측면에서), 일반 한국인들과 구분하려는 듯한 느낌이 강해서, 다민족을 품는다는 편견이 있어서, 모두에게 어필해야 하니까'라고 답했다. '다문화'라는 용어가 안 좋은 이유는 '이주민이 없더라도 이미 문화가 다른 사람들이 살고 있는 다문화사회니까, 지금까지는 부정적인 생각을 먼저 주기 때문에 (사용하지 않았으면 한다),

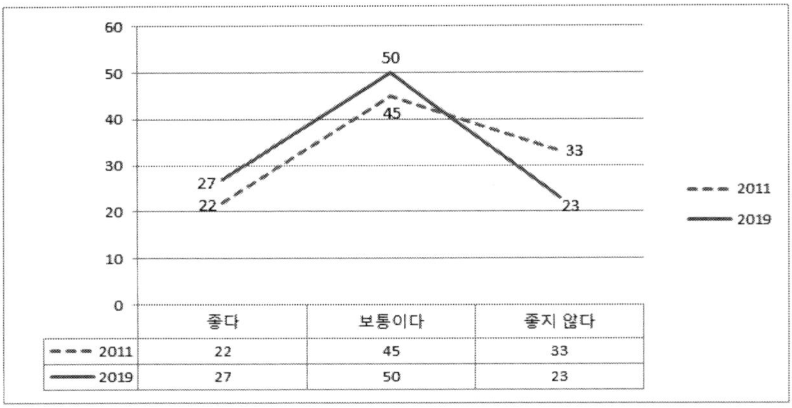

<그림 5-187> '다문화'라는 용어를 어떻게 생각하는가

이질감을 느끼기 때문에, 구분 짓기 · 낙인효과 등 부정적인 의미가 더 많이 포함되어 있기 때문에'라고 답했다. 2011년에는 '보통이다'라는 응답이 45%, '좋지 않다'는 응답이 33%로 높게 나타나 방문교사 응답자 중 상당수가 '다문화'라는 용어에 대해 부정적이었으나 현재는 '좋다', '보통이다'라는 응답이 증가하여 '다문화'에 대한 인식이 조금 더 긍정적으로 변화했음을 알 수 있다(〈그림 5-187〉).

5.4. 다문화가정 자녀를 대상으로 하는 교사

5.4.1. 2011년 조사 결과 요약

2011년 조사는 전북지역(전주, 익산, 군산)의 다문화가정의 자녀가 있는 유치원, 어린이집, 초등학교, 중학교, 고등학교에 재직 중인 교사들을 대상으로 설문조사를 실시하였다. 연구의 설문지는 유아교사와 초등교사, 중 · 고등교사 각각의 특성에 맞게 다르게 구성하였다. 설문에 응한 교사들은 153명으로 유아교사 28명, 초등교사 34명, 중 · 고등교사 91명이었다. 설문지는 응답자의 기본사항, 국어교육 현황, 국어교육에 바라는 점을 파악하기 위한 문항으로 구성되었다.

유아교사의 경우 다문화가정 자녀 지도경력은 '없다'가 41%, '있다'는 59%[61]로 나타났으며 다문화에 관심이 많다는 의견은 32%, 다문화 관련 지식이 적거나 보통인 경우는 85%에 이르러 유아교사는 다문화에 대한 관심과 지식이 적은 것으로 나타났다. 다문화가정 유아의 국어실력이 '나쁘다'는 의견은 7% 정도였고 학업능력이 '나쁘다'는 의견은 나타나지 않아서 유아교사의 경우 다문화가정의 자녀와 비다문화 자녀들과 큰 차이가 없다고 느끼는 것으로 판단되었다. 그럼에도 불구하고 다문화가정 자녀는 교육 기관에서 '의사소통'(36%)이나 '교우관계'(22%)에서 어려움을 겪고 있다고 응답하였고 이들에게 필요한 것이 '또래가정과의 결연'(35%)이나 학습(국어 및 기타학습)에 대한 부분이 42%로 높게 나타난 것은 아이들에 대한 불리한 평가를 하지 않는 교사들의 습관에 따라 나타난 이중적인 결과로 나타났다.

초등교사의 경우 다문화가정 자녀 지도경력은 '없다'가 59%, '있다'가 41%로 나타났다. 다문화에 관심이 '많다'는 의견은 53%였으나 다문화 관련 지식이 '많다'는 의견은 15%에 그쳐 초등교사의 다문화교육에 대한 시급성이 나타났다. 다문화가정 초등학생의 국어실력이 '나쁘다'는 의견은 13% 정도였고 학업능력이 '나쁘다'는 의견은 33%로 나타났다. 초등학생의 경우 국어 실력보다 전반적인 학습능력에 대한 교육이 필요한 것으로 볼 수 있다. 초등교사는 다문화가정 자녀들의 수업 태도와 교우관계가 '나쁘다'는 의견이 각각 27%, 교사에 대한 태도가 '나쁘다'는 응답이 14%, 교육기관의 적응 정도가 '나쁘다'는 의견이 13%로 '나쁘

61) 다문화가정 자녀 지도경력은 '없다'가 41%, '1년 이하' 26%, '2-3년' 18%, '4-5년' 15%로 나타났다.

다'고 직접적으로 응답하는 비율이 낮은 교사들의 성향으로 볼 때 높은 비율이라고 판단되었다. 학교에서 겪는 어려움으로 '기본생활습관 형성'(29%)과 '차별', '교우관계'(각각 18%) 등이라고 응답하였는데 이러한 어려움들이 아이들의 학습능력 저하에 영향을 미친 것으로 판단되었다.

중등교사의 경우 다문화가정 자녀 지도경력은 '없다'가 56%, '있다'가 44%로 나타났다. 다문화에 관심이 '많다'는 의견은 39%였으나 다문화 관련 지식이 '많다'는 의견은 3%밖에 되지 않아 중등교사의 다문화에 대한 관심이 매우 적은 것을 알 수 있었다. 이러한 현상은 조사기간에 유아나 초등학교에 비해 다문화가정의 자녀가 많지 않아서 나타난 결과로 분석되었다. 다문화가정 중등학생의 국어실력이 '나쁘다'는 의견은 7% 정도였고 학업능력이 '나쁘다'는 의견은 15% 정도로 나타났다. 다문화가정 자녀들의 수업 태도가 '나쁘다'는 응답은 15%, 교우관계가 '나쁘다'는 의견은 7%, 교사에 대한 태도가 '나쁘다'는 응답은 4%, 교육기관의 적응 정도가 '나쁘다'는 의견도 7% 정도에 그쳐 전반적으로 초등학생보다 학습측면에서 원만하게 진행되고 있다고 교사들이 보고 있는 것으로 나타났다. 그러나 여전히 학교에서 겪는 어려움은 발생하는데 중등학생의 경우 차별(40%)이나 교우관계(16%)의 어려움이 높은 비중을 차지하고 있다. 이는 교사나 학교를 비롯하여 비다문화가정의 학생의 인식개선과 관련 기관의 지속적인 관심과 대책이 필요함을 보여주었다.

설문 응답자들은 다문화가정 자녀 지도에서 가장 어려운 부분으로 '부모와의 소통'을 꼽았다.[62] 자녀가 성장하면서 어렵다는 비율은 줄었으나 이는 자녀의 성장으로 부모보다 학생들과의 소통이 이뤄지면서 부모와의 소통이 크게 필요하지 않은 부분이 생기면서 나타난 결과로 볼

62) 유아교사는 70%, 초등교사는 45%, 중등교사는 38%로 응답하였다.

수 있다. 교사들은 다문화교육의 필요성에 대해서는 '필요하다'는 응답이 모두 높게 나타났다. 유아교사는 82%, 초등교사는 91%, 중 · 고등교사는 73%로 다문화자녀의 성장에 따른 상급 교육과정 진입을 준비하거나 학교 내에서의 교육을 진행하는 과정에서 이들에 대한 세심한 지도 및 교육에서 부족함을 느끼는 교사들의 의견이 반영된 것으로 분석되었다.

5.4.2. 2019년 자료 현황

2019년 설문에 응한 총 피조사자는 179명으로 '유아교사' 71명, '초등교사' 41명, '중 · 고등교사' 70명이다. 총 응답자 성별은 '남자' 20%, '여자' 80%이고 나이는 '23-30세' 27%, '31-35세' 15%, '36-40세' 13%, '41-45세' 14%, '46-50세' 12%, '51-60세 이상'이 19%이다. 최종 학력은 유아교사는 '보육교사 교육원' 11%, '2 · 3년제 대학' 52%, '4년제 대학' 27%, '대학원' 7%, '기타' 3%이고, 초등교사는 '교육대 및 4년제 대학 초등 전공' 46%, '대학원' 42%, '기타' 12%이다. 중 · 고등교사는 '사범대' 44%, '4년제 대학 교직 전공' 19%, '대학원' 37%이다. 총 응답자 거주지는 '서울 · 경기 · 인천' 19%, '경상 · 부산 · 울산 · 대구' 3%, '충청 · 대전' 4%, '전라 · 광주 · 제주 · 강원'이 74%로 나타났다. 총 응답자의 교육경력은 '1년 이하 및 없음' 6%, '2-3년' 13%, '4-5년' 16%, '6년 이상' 53%, '기타' 12%로 유아, 초등, 중 · 고등 교사 모두 6년 이상의 경력을 가진 응답자가 가장 많았다. 다문화가정 자녀 지도 경력은 '1년 이하 및 없음' 26%, '2-3년' 32%, '4-5년' 19%, '6년 이상' 17%, '기타' 6%로 전체적으로는 '2-3년'이 가장 많았으나 각 교사별로 차이가 있어 유아교사는 '6년 이상', 초등교사는 '2-3년', 중 · 고등교사는 '1년 이하 및 없음'이 가장 많았다. 총 응답자의 소속 기관은 '국공립 교육기관' 59%, '민간/사립 교육기관' 38%, '기타' 3% 비율인데 유아교사는 '민간/사립 교육기관'에 재

<표 5-12> 2019 설문조사 기본 응답 자료

(단위: 명)

변인	조사내용		조사대상			
	범주		유아교사	초등교사	중·고등교사	계
성별	남		2	5	30	35
	여		69	36	40	144
나이[63]	23-30세		27	7	14	48
	31-35세		11	8	8	27
	36-40세		12	4	7	23
	41-45세		7	12	5	24
	46-50세		3	6	13	22
	51-60세 이상		8	4	21	33
학력[64] (기준정리)	보육교사 교육원		8	-	-	8
	2·3년제 대학		37	-	-	37
	4년제 대학	일반	19	-	-	19
		교육대/초등전공	-	19	-	19
		사범대	-	-	37	37
		교직전공	-	-	16	16
	대학원		5	17	31	53
	기타		2	5	-	7
거주지[65] (기준정리)	서울·경기·인천		16	18	-	34
	경상·부산·울산·대구		2	-	4	6
	충청·대전		5	1	1	7
	전라·광주·제주·강원		48	22	64	134
교육경력[66]	1년 이하 및 없음		7	2	2	11
	2-3년		16	3	4	23
	4-5년		14	4	12	30
	6년 이상		30	26	41	97
	기타		4	6	11	21
다문화가정 자녀 지도 경력[67]	1년 이하 및 없음		7	7	34	48
	2-3년		16	20	23	59
	4-5년		14	8	12	34
	6년 이상		30	-	-	30
	기타		4	6	1	11
소속 기관 (기준정리)[68]	국공립 교육기관		13	41	53	107
	민간/사립 교육기관		53	-	17	70
	기타		5	-	-	5

직 중인 응답자가 더 많았다. 설문조사 기본 응답 자료는 〈표 5-12〉와 같다.

5.4.3. 설문조사 문항 분석

설문지 문항분석의 세부사항들은 2011년 조사 내용과 동일하다. 설문지는 다문화가정 자녀의 학습연령에 따른 교육기관의 교사를 대상으로 하는 교사 응답자의 기본사항, 국어 교육현황, 국어 교육에 바라는 점을 파악하기 위한 문항으로 구성되었으며 소속기관에 따라 유아교사, 초등교사, 중 · 고등교사를 대상으로 질문을 작성하였다. 설문지 문항분석의 세부사항들은 〈표 5-13〉과 같다. 기본사항에서는 인적사항과 교사들의 '다문화' 용어에 대한 이해도를 조사하고, 국어 교육 현황에서는 현재 소속된 기관의 다문화교육 현황을 통해 교사의 시각으로 바라본 다문화가정 자녀의 학교생활을 살펴볼 수 있다. 국어 교육과 관련해서는 교사로서의 요구와 다문화가정 자녀들의 필요에 대해 알 수 있는 문항으로 이루어졌다.

63) 유아교사 71명 중 미응답 3명, 중 · 고등교사 70명 중 미응답 2명이 있었다.

64) 기타: 유아교사 사범대학 재학중, 초등교사 일반대학교 교육학과 졸업, 중 · 고등교사 70명 중 중복 14개가 있었다.

65) 전라 · 광주 · 제주 · 강원 미응답 1명(중고등교사 70명 중 미응답 1명)이 있었다.

66) 기타: 유아교사 10년, 16년, 초등교사 20년, 중 · 고등교사 10년 이상 30년 이상의 경우가 있었다.

67) 유아교사:1년 6개월, 10년 이상, 12년의 경우가 있었다.

68) 민간 유아기관: 가정보육 유아기관, 직장 · 법인 유아기관이 있었다.
유아교사 기타: 지역아동센터, 특강강사, 방문 선생님, 출산 휴직, 계약 종료 휴직이 있었다.
사립 초등학교: 대안학교, 국제학교(송도 · 제주) / 사립 중 · 고등학교: 대안학교, 국제학교가 있었다.

<표 5-13> 설문지 문항분석 요인

구분		문항요인
기본사항	인적사항	- 출생 연도 /성별 / 거주지역 / 학력 / 경력 / 소속
	'다문화' 용어 이해	- '다문화' 용어의 의미 / 나의 생각
국어 교육 현황	다문화교육 관련 현황	- 다문화 관심 여부 - 다문화교육 관련 지식 - 다문화 관련 교육받은 경험 - 재직기관에 다문화가정 입원 가능 여부 - 재직기관에 다문화가정 자녀 재학 여부 - 다문화가정 자녀 직접지도 여부 - 다문화가정 자녀지도의 어려움 - 기관의 특별학습지도방안 계획 여부
	다문화가정 자녀 현황	- 한국어 실력 - 학업능력 - 수업 태도 - 교우관계 - 교사에 대한 태도 - 교육기관 적응정도 - 교육기관에서 겪는 어려움 - 부모의 관심 정도 - 기관의 별도 학습지도 여부 - 다문화가정 자녀 특성
국어 교육에 바라는 점	교사로서 바라는 점	- 다문화교육 필요성 - 다문화가정 자녀지도 시 차별화된 한글/국어 교육방법의 필요성 - 받고 싶은 다문화 관련 교육 - 개인적인 견해
	다문화가정 자녀를 위해 바라는 점	- 전문가 필요성 - 가장 필요한 교사 - 필요한 교육내용 - 가장 중요한 발달 사항 - 필요한 정부지원 - 정규과정 이외의 한국어지도 필요성

5.4.4. 2019년 설문조사 결과 비교 및 분석

5.4.4.1. 유아교사

본 절에서는 유아교사를 대상으로 현재 소속된 기관의 국어 교육 현황을 알아보기 위해 다문화교육 관련 현황과 다문화가정 자녀 현황에 대해 살펴보았다.

◆ 국어 교육현황

다문화에 대한 관심은 관심 정도가 '적다'(매우 적다 포함)는 의견은 2011년에 비해 10% 줄고, '매우 많다'와 '많다'가 4% 증가하여 관심 정도가 높아졌음을 알 수 있다. 2011년보다 환경적으로 다문화에 대해 학습할 기회가 많아지고 유아들을 직접 접하는 경우도 많아져서 이런 결과가 나타난 것으로 판단된다.

다문화 관련 지식은 '매우 많다'와 '많다'의 비율이 2%와 1%로 총 3%를 차지하여 2011년에 비하여 다문화 관련 지식에 대해 '많다'는 응답률

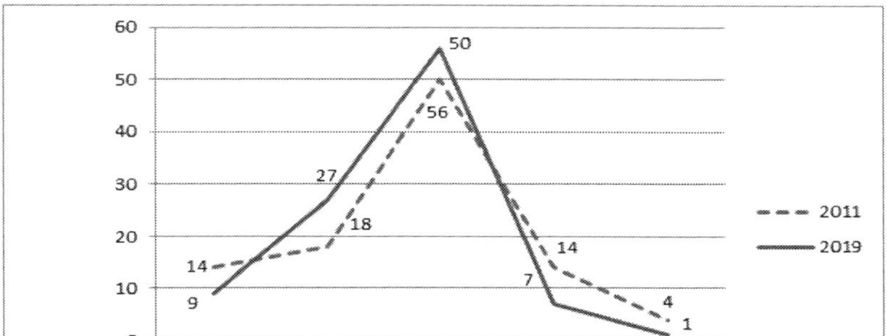

	매우 많다	많다	보통이다	적다	매우 적다
2011	14	18	50	14	4
2019	9	27	56	7	1

<그림 5-188> 다문화에 대한 관심

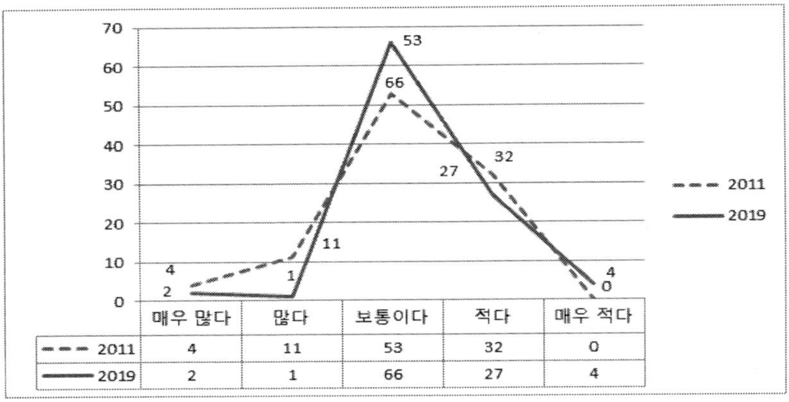

<그림 5-189> 다문화 관련 지식

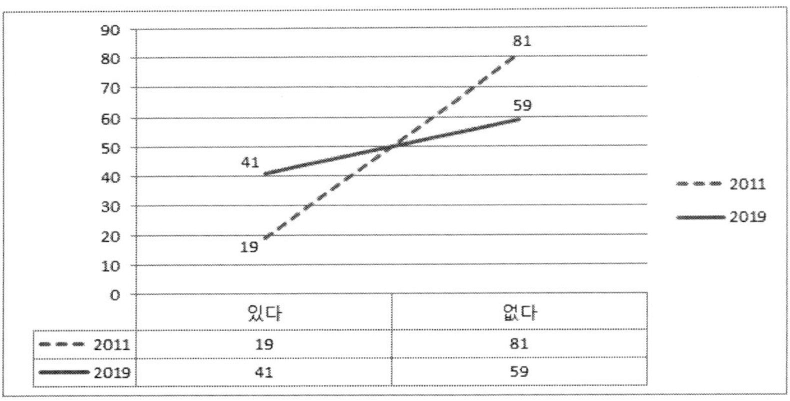

<그림 5-190> 다문화와 관련된 교육을 받은 적이 있는가

이 줄었음을 알 수 있다(〈그림 5-189〉). 유아교사의 경우 대학이나 교육기관에서의 다문화에 관한 교육을 통해 다문화에 대한 일반적 지식은 늘어났지만 깊이 있는 지식을 가진 교사는 줄어들었기 때문으로 해석된다.

다문화와 관련된 교육을 받은 적이 있는가에 대한 질문에 2019년 유

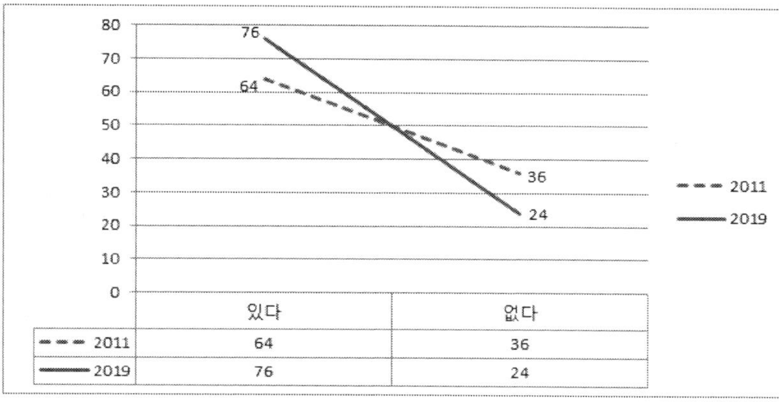

<그림 5-191> 현재 재직 중인 기관에 다문화가정 자녀가 있는가

아교사 총 응답자의 59%가 '없다'고 응답하였다(〈그림 5-190〉). 2011년에 비하여 '다문화교육을 받은 경험'이 증가했음을 알 수 있는데 최근 유아교육과, 교육학과, 사회복지과 등의 교과과정에 다문화교육의 이해 또는 다문화교육론을 전공과목으로 이수하는 대학이 증가하고 있으며, 유아교사들을 대상으로 다문화에 대한 세미나를 실시하기 때문이다. 하지만 이러한 교육들은 대부분 일반적인 교육에 머무르고 있다는 문제점은 여전히 존재한다.

현재 재직 중인 기관에 다문화가정 자녀가 있는가라는 질문에 '있다'라는 응답이 12% 증가하였고(〈그림 5-191〉)[69], 다문화가정 자녀를 직접 지도하고 있는가는 '그렇다'의 응답이 2011년에 비하여 18%가 증가하여(〈그림 5-192〉) 다문화 가정 자녀에 대한 직접적 접촉과 교육 경험이 늘었음을 알 수 있다. 2011년에 비해 다문화가정의 자녀 취원율이 증

69) 다문화가정 자녀를 지도해본 경험이 있다(78%)는 응답에 비해 현재 직접 지도한다(54%)는 응답이 낮게 나왔는데 이런 결과가 나온 원인으로 다문화가정의 자녀가 중도 퇴원하거나, 유아의 연령이 올라가며 담당 교사가 바뀌었을 가능성을 찾을 수 있다.

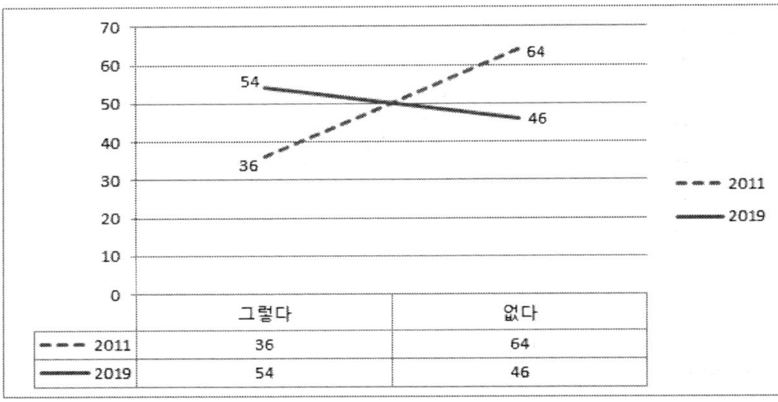

	그렇다	없다
2011	36	64
2019	54	46

<그림 5-192> 다문화가정 자녀를 직접 지도하고 있는가

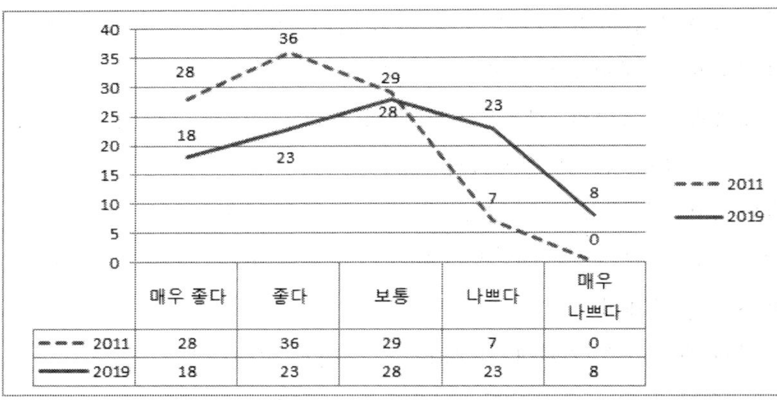

	매우 좋다	좋다	보통	나쁘다	매우 나쁘다
2011	28	36	29	7	0
2019	18	23	28	23	8

<그림 5-193> 다문화가정 자녀의 국어 실력

가했으며 유아 교사들의 직접 지도 경험 또한 함께 증가한 것으로 분석된다.

다문화가정 자녀의 국어 실력은 2019년 ‘나쁘다’와 ‘매우 나쁘다’를 합한 비율이 31%로 2011년에 비하여 ‘다문화가정 자녀의 국어 실력’이 약화되었음을 알 수 있다(〈그림 5-193〉). 이는 유아교사들의 주관적인

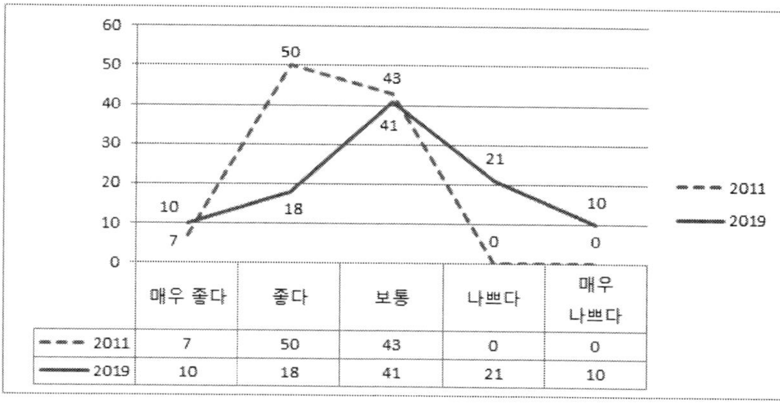

<그림 5-194> 다문화가정 자녀의 학업능력

평가이기 때문에 실제로 2011년에 비해 2019년의 다문화가정 자녀들의 한국어 실력이 퇴보했을 수 있지만 또 다른 가능성은 다문화가정 유아들의 객관적인 한국어 실력이 2011년과 유사함에도 다문화가정 자녀들의 한국어 실력에 대한 유아교사들의 기대치가 높아져서 다문화가정 자녀의 국어 실력이 나빠졌다는 응답 비율이 높게 나왔을 개연성도 있다.

다문화가정 자녀의 학업능력은 '나쁘다'와 '매우 나쁘다'를 합한 비율이 31%로 2011년에 비하여 '다문화가정 자녀의 학업능력'이 감소되었음을 알 수 있다(〈그림 5-194〉). 이에 대한 해석도 한국어 실력에 대한 응답 결과와 비슷하게 할 수 있는 측면이 있다. 2011년은 다문화가정 자녀를 접하는 초기여서 이들의 학업능력에 대해서 좋게 평가하는 측면이 있었으나 2019년에는 다문화가정 자녀에 대해 객관적 시각으로 바라보게 되어 비다문화 자녀와 비교하여 학업능력이 떨어진다고 좀 더 객관적인 평가를 했을 것으로 분석된다.

다문화가정 자녀의 수업 태도는 2019년은 '나쁘다'와 '매우 나쁘다'를 합한 비율이 30%로 2011년에는 전혀 없었던 '다문화가정 자녀의 수업 태도'가 나쁘다는 응답이 급격히 증가하였다(〈그림 5-195〉). 수업 태도

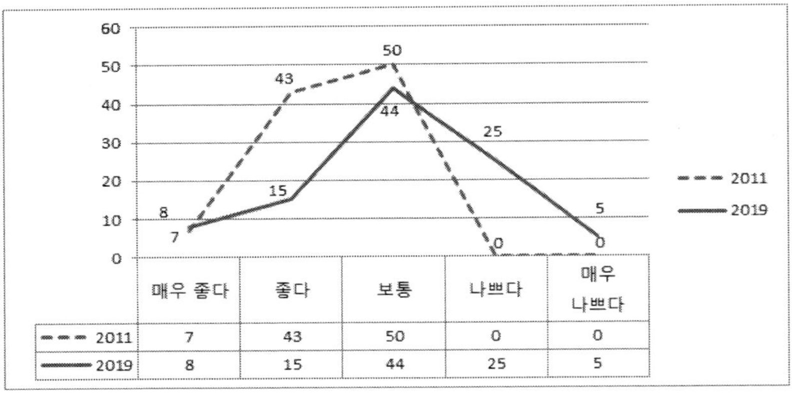

	매우 좋다	좋다	보통	나쁘다	매우 나쁘다
2011	7	43	50	0	0
2019	8	15	44	25	5

<그림 5-195> 다문화가정 자녀의 수업 태도

에 대한 응답도 앞의 한국어 실력과 학업능력의 결과와 궤를 같이하고 있다고 판단되는데 실제로 수업 태도가 더 나빠졌을 개연성도 있지만 유아교사들이 다문화가정 자녀에 대해 2011년에 비해 좀 더 엄격한 잣대를 들이대어 평가했다고 해석할 수 있는 부분도 있다.

다문화가정 자녀의 교우관계는 '매우 좋다'와 '좋다'를 합한 비율은 50%로 나타났고, 2019년 '매우 좋다'와 '좋다'를 합한 비율은 34%로 '다문화가정 자녀의 교우관계'가 부정적으로 변했음을 알 수 있다(〈그림 5-196〉). 이에 대해서는 앞의 항목들과 마찬가지로 유아교사들이 좀 더 엄격한 잣대를 들이대어 응답했을 가능성도 있고 다른 한편 유아교육기관 내에 다문화가정 자녀의 수가 증가하면서 다른 학생들과의 갈등 및 충돌이 2011년에 비해 늘어나면서 이런 답변이 나왔을 가능성도 있다.

다문화가정 자녀의 교사에 대한 태도는 2019년 '매우 좋다'와 '좋다'를 합한 비율은 44%로 2011년 '매우 좋다'와 '좋다'를 합한 비율 86%보다 낮게 나타나 '다문화가정 자녀의 교사에 대한 태도'가 부정적으로 나타났음을 알 수 있다(〈그림 5-197〉). 이 결과는 다문화가정 자녀의 교우관계의 악화를 분석하는 잣대와 유사한 분석의 척도를 적용할 수 있다.

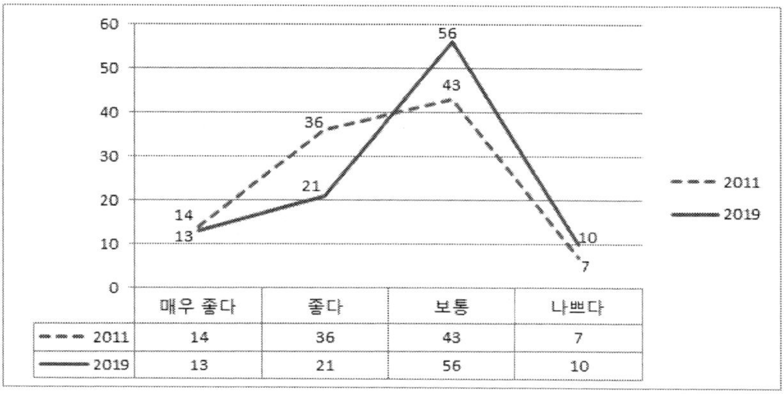

	매우 좋다	좋다	보통	나쁘다
2011	14	36	43	7
2019	13	21	56	10

<그림 5-196> 다문화가정 자녀의 교우관계

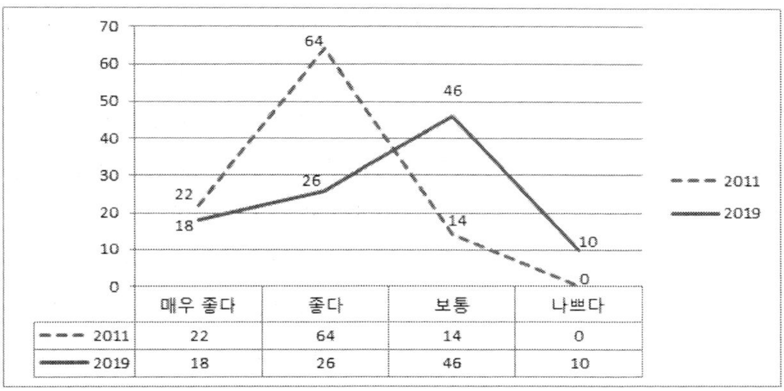

	매우 좋다	좋다	보통	나쁘다
2011	22	64	14	0
2019	18	26	46	10

<그림 5-197> 다문화가정 자녀의 교사에 대한 태도

유아교육 기관 내의 다문화 가정 자녀의 숫자가 증가하면서 교사에 대해 부정적인 태도를 취하는 학생들의 비율이 높아졌을 수 있고 교사들이 다문화가정 자녀에 대해 2011년에 비해 좀 더 엄격한 잣대를 들이대어 이들을 평가했을 가능성도 있다.

다문화가정 자녀의 교육기관 적응 정도는 '나쁘다'와 '매우 나쁘다'가

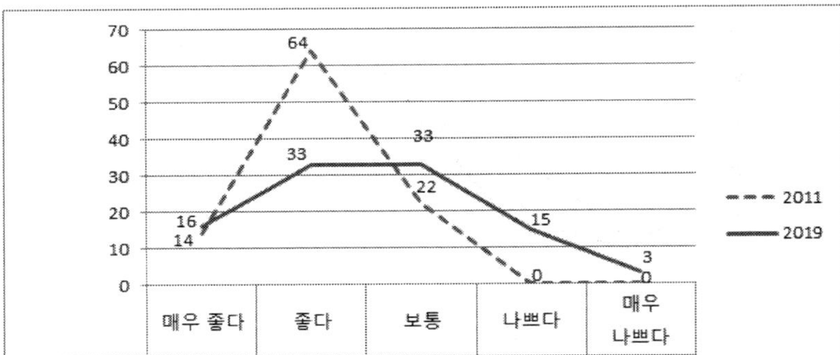

	매우 좋다	좋다	보통	나쁘다	매우 나쁘다
2011	14	64	22	0	0
2019	16	33	33	15	3

<그림 5-198> 다문화가정 자녀의 교육기관 적응 정도

18% 증가하여 '다문화가정 자녀의 교육기관 적응 정도'가 2011년에 비해 좀 더 부정적으로 바뀐 것으로 나타났음을 알 수 있다.

다문화 가정 자녀의 국어실력, 학업능력, 수업 태도, 교우관계, 교사에 대한 태도, 적응정도가 전반적으로 나쁘다는 응답이 증가한 것을 알 수 있다. 이는 다문화사회가 일반화되며 다문화가정 자녀의 취원율이 높아지면서 다문화가정 자녀에 대한 교육과 행동 지도가 어려워지는 측면이 있고 교사들이 이들 자녀를 2011년보다는 좀 더 객관적이고 엄격한 기준을 적용, 한국 유아와 동일한 수준의 잣대로 판단하여 평가에 대한 기준을 높인 측면도 있기 때문으로 해석된다.

다문화 자녀가 기관에서 겪는 가장 큰 어려움으로 '의사소통'(36%)을 꼽았고 '기본생활습관 형성' 25%, '교우관계' 20%, '기타' 11%, '편견과 차별' 8%로 나타났다(〈그림 5-199〉). '기타' 응답으로는 '자신감의 부족', '부모와 교사간의 의사소통 문제'가 있었으며, '다문화가정의 부모뿐만 아니라 비다문화 가정의 부모들을 교육시켜야 할 필요가 있다' 등이 있었다. 2011년에 이어 2019년까지 '의사소통'이 가장 높게 나타났는데 이는 아직 한국사회에 적응하지 못한 다문화가정 부모들의 영향으

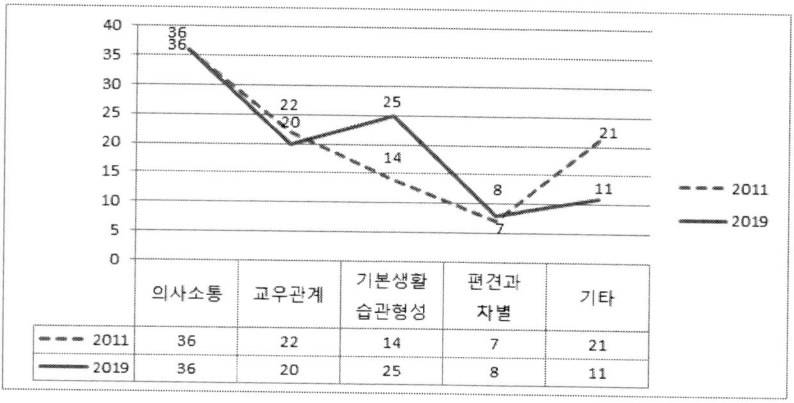

	의사소통	교우관계	기본생활습관형성	편견과 차별	기타
2011	36	22	14	7	21
2019	36	20	25	8	11

<그림 5-199> 다문화가정 자녀가 기관에서 겪는 가장 큰 어려움

로 인한 결과로 보인다. 2019년 '교우관계'(20%)가 2011년에 비해 2%가 줄어들었지만 큰 차이는 보이지 않아 여전히 교우 관계에 문제가 있음을 보여준다. '편견과 차별'(8%)도 2011년과 큰 차이가 없어 큰 비중은 아니지만 여전히 편견과 차별이 2019년에도 존재함을 보여준다. 눈에 뜨이는 것은 2011년에는 14%에 머물렀던 '기본생활습관형성'이 2019년에는 25%로 증가하였는데 앞의 여러 요인들에서 분석했던 다문화가정 자녀가 많아지면서 나타나는 기본생활습관과 관련된 부정적인 측면의 부각과 교사들의 좀 더 엄격하고 객관적인 잣대 적용의 결과인 것으로 해석된다.

다문화가정 부모의 자녀 양육의 관심 정도에 대해서 2019년의 결과는 2011년과 비교하여 양극화라는 특색이 나타나고 있는 것으로 해석된다. '매우 높다'(0% → 13%), '낮다'(15% → 31%)의 양극단이 2011년에 비해 높게 나타나고 있는데 이는 다문화가정의 경제적 수준과도 관련이 있는 것으로 보인다. 경제적으로 중위권 이상의 경우 자녀 양육의 관심의 정도는 더욱 높아졌을 것이고 반면 경제적으로 어려움이 있는 경우 자녀 양육의 관심의 정도가 떨어졌을 개연성이 있다. 이와 관련하

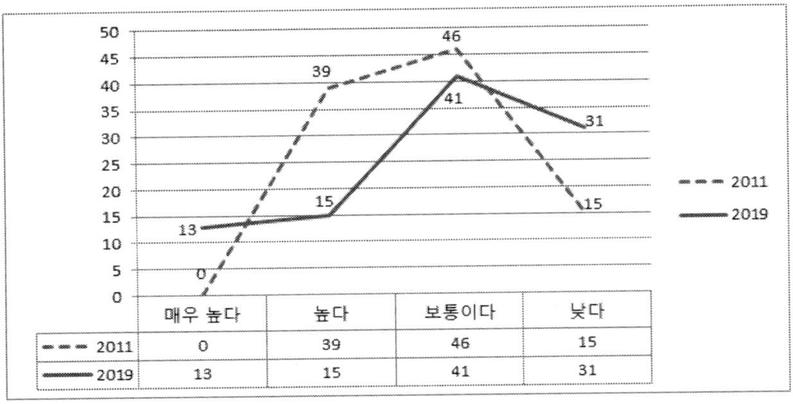

<그림 5-200> 다문화가정 부모의 자녀 양육에 대한 관심 정도

여 각주 68)의 그래프가 2018년의 경제적 상황을 잘 설명해 주고 있다.[70)]

현재 재직 중인 교육 기관에서 다문화가정 자녀를 위한 별도의 학습 지도가 이루어지고 있는가라는 질문에 '이루어지고 있다'가 10%로 나

70) 다문화가구의 가구소득을 급간별로 조사한 결과, 2015년 실태조사와 비교할 때, 중위권인 300-400만 원을 기준으로 그 이상의 구간에서는 전반적으로 비율이 상승한 반면, 저소득층인 200만 원 미만 구간에서는 유사한 비율로 나타났다. 2011년과 비교하여 2018년의 화폐 가치의 하락을 감안하면 200만 원 미만 구간의 31.2%의 다문화가정에서는 경제적인 어려움 때문에 자녀 양육에 신경을 쓰기가 더욱 어려워졌을 개연성이 높다.

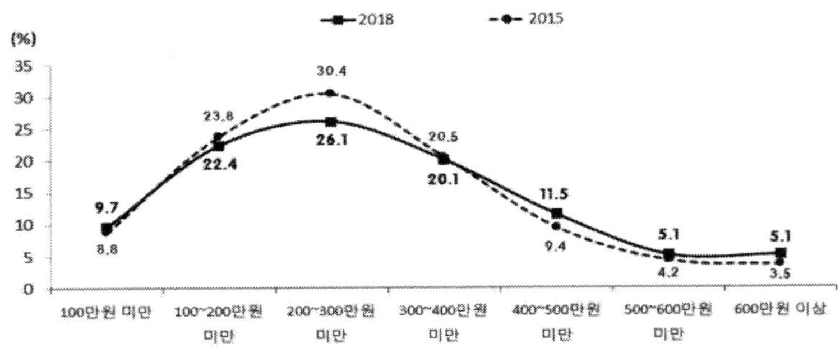

출처: 2018년 전국다문화가족 실태조사 연구.

<다문화가구의 월평균 가구소득(2015, 2018)>

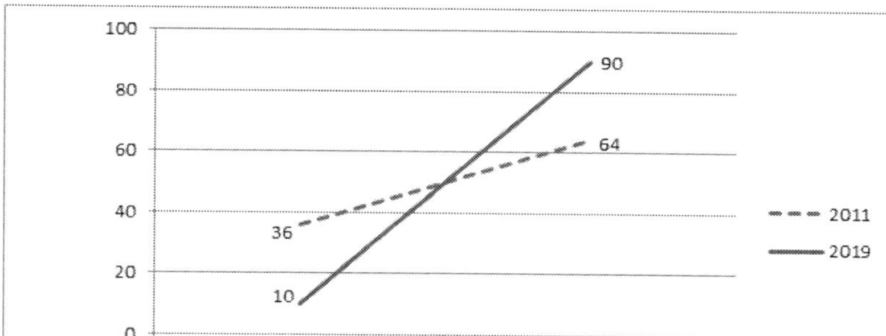

	그렇다	아니다
2011	36	64
2019	10	90

<그림 5-201> 현재 재직 중인 교육 기관에서 다문화가정 자녀를 위한 별도의 학습 지도가 이루어지고 있는가

타나 2011년에 비해 26%가 감소했음을 알 수 있다(〈그림 5-201〉). 이는 다문화가정 자녀가 늘어나면서 별도의 학습지도를 할 수 있는 시공간이 부족해졌음을 의미하는데 다문화가정 자녀는 여전히 비다문화 자녀와 언어적 · 문화적으로 차이가 있기 때문에 별도의 학습지도를 할 수 없다면 이들에 대한 좀 더 세심한 배려가 있어야 할 것이다. 2011년에 비해 여러 평가항목에서 전반적으로 나빠진 다문화가정 자녀에 대한 평가가 이를 방증하고 있는 것으로 판단된다.

현재 재직 중인 교육 기관에서 다문화가정 자녀를 위한 별도의 한글/국어 지도가 이루어지고 있는가라는 질문에 '이루어지고 있다'가 33%로 나타나 2011년의 43%에 비해 10% 감소하였다(〈그림 5-202〉). 이 결과는 다문화가정 자녀에 대한 별도의 학습지도가 많이 준 결과와 맥을 같이하고 있다고 할 수 있다. 앞서 다문화가정 자녀들의 '국어 실력', '학업능력'이 2011년에 비해 크게 감소하였으나, 다문화 가정 자녀의 취원율이 증가하였고, 유아기관 특성상 다문화가정 자녀만을 위한 별도의 시간을 마련하여 교육하기 쉽지 않은 현실적 요인도 작용한 것으로 분

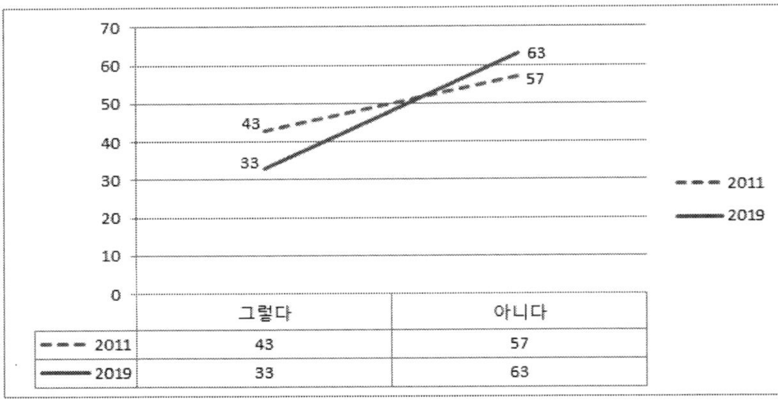

<그림 5-202> 현재 재직 중인 교육 기관에서 다문화가정 자녀를 위한 별도의 한글/국어 지도가 이루어지고 있는가

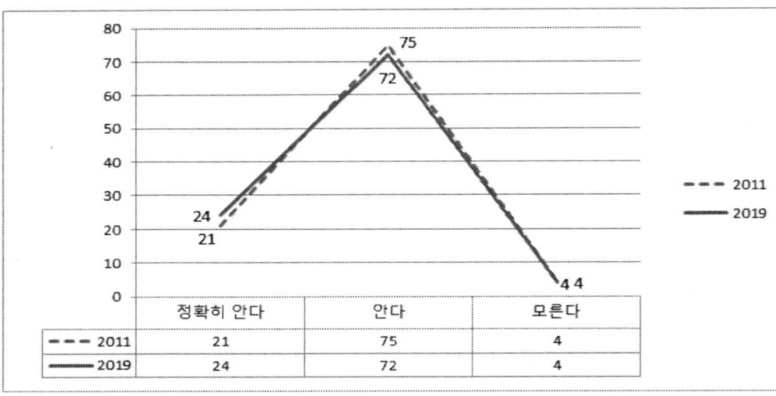

<그림 5-203> '다문화'라는 용어의 의미를 알고 있는가

석된다.

'다문화'라는 용어의 의미를 알고 있는가에 대한 응답으로 '정확히 안다'(24%)를 포함하여 '안다'가 96%로 나타나 2011년과 큰 차이 없는 것을 알 수 있다(〈그림 5-203〉). '다문화'라는 용어 및 개념에 대한 유아교

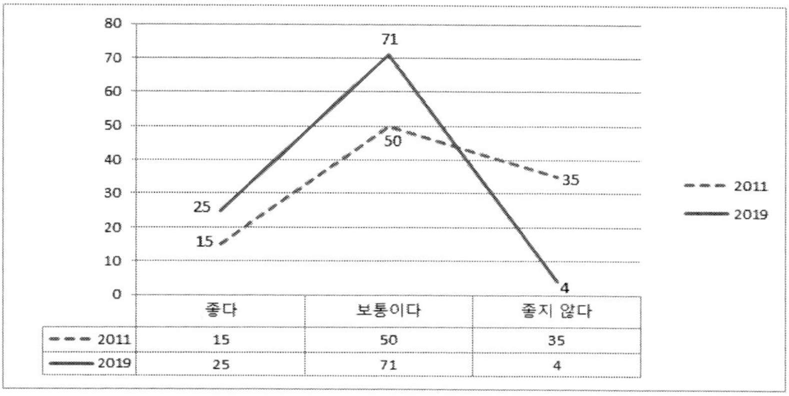

<그림 5-204> '다문화'라는 용어를 어떻게 생각하는가

사들의 인식은 8년의 시간 동안 큰 변화 없이 유지되고 있음을 보여주는 결과로 판단된다.

'다문화'라는 용어에 대해 '보통이다' 71%, '좋다' 25%, '좋지 않다' 4%로 나타났다(〈그림 5-204〉). 2011년에 비하여 '다문화'라는 용어에 대해 '좋다'의 응답이 10% 증가하였고 '좋지 않다'라는 응답은 4%로 급격히 감소하여 전반적으로 '다문화'에 대한 인식은 좋은 쪽으로 많이 개선된 것으로 판단된다. '좋다'는 응답의 의견으로는 '이미 지구촌은 하나의 사회이기 때문이다', '편견을 가지지 않는 폭넓은 의미의 단어다' 등이 있었다.[71]

다문화가정 자녀 지도에 대한 부담 정도는 '보통이다' 48%, '적다' 22%, '크다' 20%, '매우 적다' 6%, '매우 크다' 4%로 2011년과 비슷한 수준으로 나타났다(〈그림 5-205〉). 2019년의 결과에서 '보통이다'가 살짝 높아졌고 '매우 적다'의 응답이 낮아졌지만 '매우 크다'와 '크다'의 응

71) 다문화 주의에 입각한 교육을 실시한 결과로 용어에 대한 긍정적인 의견이 증가하였고, '좋지 않다'는 의견으로는 '선을 긋는 느낌이 든다', '다문화라는 용어 자체가 필요 없다' 등이 있었다.

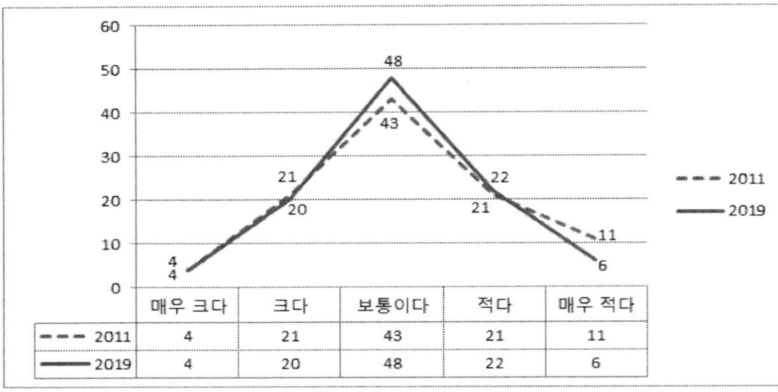

	매우 크다	크다	보통이다	적다	매우 적다
2011	4	21	43	21	11
2019	4	20	48	22	6

<그림 5-205> 다문화가정 자녀지도에 대한 부담 정도

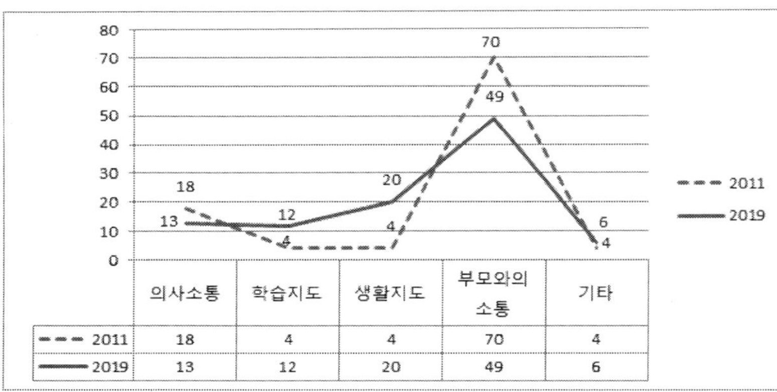

	의사소통	학습지도	생활지도	부모와의 소통	기타
2011	18	4	4	70	4
2019	13	12	20	49	6

<그림 5-206> 다문화가정 자녀지도에서 가장 어려운 부분

답률은 거의 동일하고 전반적인 패턴에서도 크게 차이가 없어 부담 정도는 크게 다르지 않게 느끼고 있는 것으로 보인다.

다문화가정 자녀 지도에서 가장 어려운 부분으로 2019년 역시 '부모와의 소통'(49%)을 꼽았고 그 외 '생활지도' 20%, '의사소통' 13%, '학습지도' 12%, '기타'가 6%로 나타났다(〈그림 5-206〉). 2011년에 비해 '학

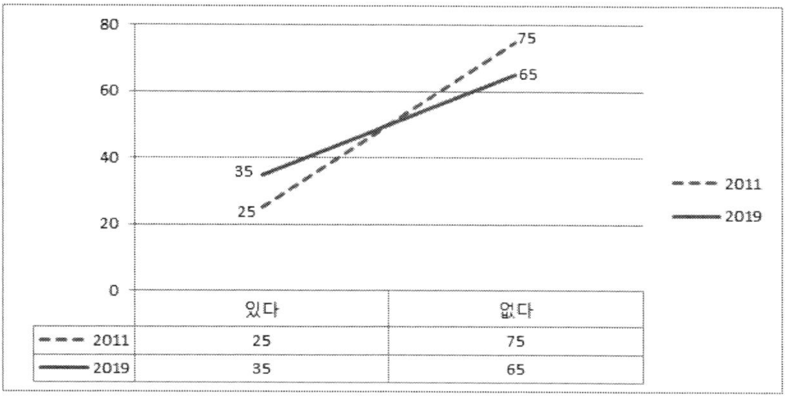

<그림 5-207> 비다문화가정 자녀와 비교해 다문화가정 자녀에게만 나타나는 특성

습지도', '생활지도'가 증가한 것은 '학업능력', '학습태도'가 '나쁘다'는 응답이 증가한 결과와 연결 지어 생각할 수 있다. '부모와의 소통', '의사소통'의 응답률이 2011년에 비해 낮아진 것은 객관적으로 부모와 자녀의 한국어 실력이 향상되었음을 보여 주는 결과로 해석된다. 언어 문제는 줄어든 반면 학생의 학습과 생활에서의 어려움이 더 큰 문제로 인식되었다고 할 수 있을 것이다.

유아교사 총 응답자의 65%가 비다문화 가정 자녀와 비교해 다문화가정 자녀에게만 나타나는 특성이 '없다'고 응답하였고(〈그림 5-207〉), '있다'(35%)는 응답자는 그 특성을 '이중 언어를 구사한다, 교사와 부모 간의 의사소통이 단절된다, 부모가 계절에 맞는 옷을 입히지 못하거나 똑같은 옷을 자주 입힌다'라고 응답하였다. '있다'라는 응답이 높아진 것은 '이중언어구사, 자녀 및 부모와의 의사소통의 어려움'과 같이 동일한 이유도 있었으나 비다문화 자녀와 비교하여 옷을 입히는 패턴이 다르다는 이유도 있어 교사들이 2011년과 비교하여 좀 더 민감하게 다문화가정 자녀의 의복 입는 패턴 등의 외양적 특성까지를 찾아내어 답한 결과로 보인다.

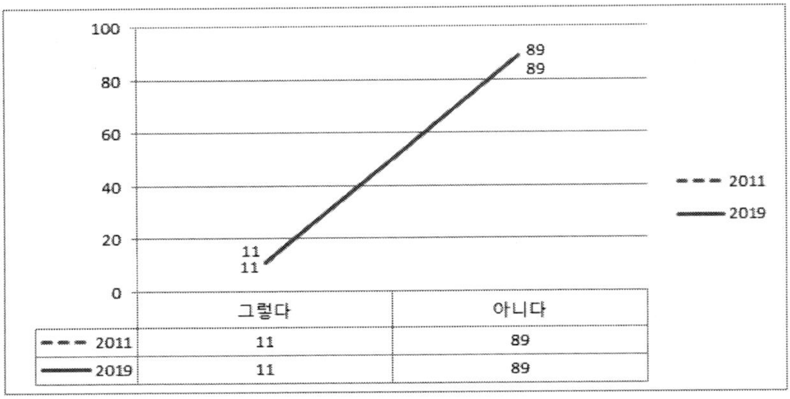

<그림 5-208> 현재 재직 중인 교육기관에서 다문화가정 자녀를 대비한 특별한 학습지도방안을 준비하고 있는가

현재 재직 중인 교육기관에서 다문화가정 자녀를 대비한 특별한 학습지도 방안을 준비하고 있는가에 대한 응답은 2011년과 동일한 결과를 보였다(〈그림 5-208〉). 다문화가정 자녀의 한국어 실력, 수업 태도 등은 안 좋은 쪽으로 바뀌었다고 응답하고 비다문화가정 자녀와 비교하여 차이가 있다는 응답률이 더 높아졌음에도 불구하고 2011년과 비교하여 다문화가정 자녀를 위한 특별한 학습지도 방안을 준비하는가에 대한 결과는 아니다가 89%의 동일한 결과로 나타나 양적으로는 동일하지만[72] 질적으로는 2011년보다 좀 더 열악한 환경으로 바뀌었다고 해석할 수 있는 결과가 나왔다고 할 수 있다.

◆ 국어 교육에 바라는 점

교사를 위한 다문화교육의 필요성에 대해 '매우 필요'(20%)를 포함해

72) 이 질문에서는 2011년의 결과와 동일하게 나오지만 앞에서 다룬 유사한 질문들에서는 2011년보다 2019년에 다문화가정 자녀를 위한 특별 교육 제공과 관련하여 더 열악한 상황인 것으로 제시되었다.

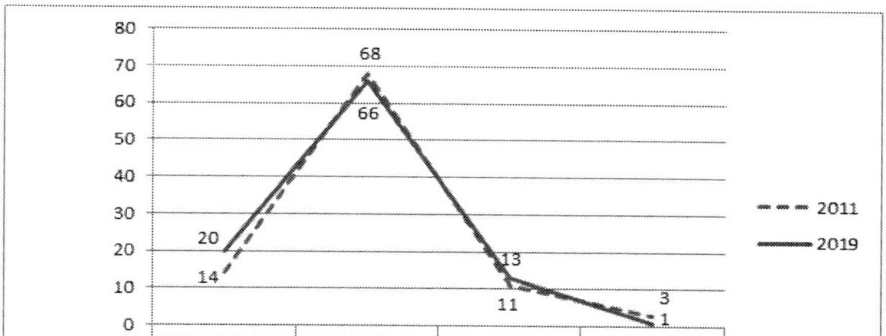

	매우 필요하다	필요하다	보통이다	필요없다
2011	14	68	11	3
2019	20	66	13	1

<그림 5-209> 교사를 위한 다문화교육의 필요성

'필요'가 86%로 높게 나타났으며 '보통' 13%, '불필요'가 1%로 나타났다(〈그림 5-209〉). 전반적으로는 유사하게 보이지만 '필요 없다' 쪽의 응답률이 낮아졌고(3% → 1%), '필요하다' 쪽의 응답률이 소폭이지만 상승하여(82% → 86%) 교사들이 교사를 위한 다문화교육의 필요성을 좀 더 느끼고 있는 것으로 판단된다.

다문화자녀를 위한 차별화된 국어교육방법 역시 2011년과 비슷하게 나타났지만 '매우 필요하다'와 '필요하다'의 응답이 증가하고 '필요 없다', '전혀 필요 없다'의 응답이 감소하여(〈그림 5-210〉) 2011년에 비해 다문화가정의 자녀를 위해서 특별한 국어교육의 필요성을 교사들이 좀 더 강하게 느끼고 있는 결과로 해석된다. 하지만 실제 교육현장에서 아직까지도 차별화된 국어교육이 시행되지 않고 있음을 알려주는 결과이기도 해 아쉬운 측면이 있으며 빠른 시일 내에 다문화가정 자녀에 대한 특별 (한)국어 교육이 시행되어야 할 것으로 보인다.

다문화가정 자녀를 위한 전문가의 필요성에서 총 응답자의 81%('매우 필요' 21%, '필요' 60%)가 다문화가정 자녀를 위한 전문가가 필요하다고 응답하였다(〈그림 5-211〉). 이는 2011년의 72%보다 응답률이 높

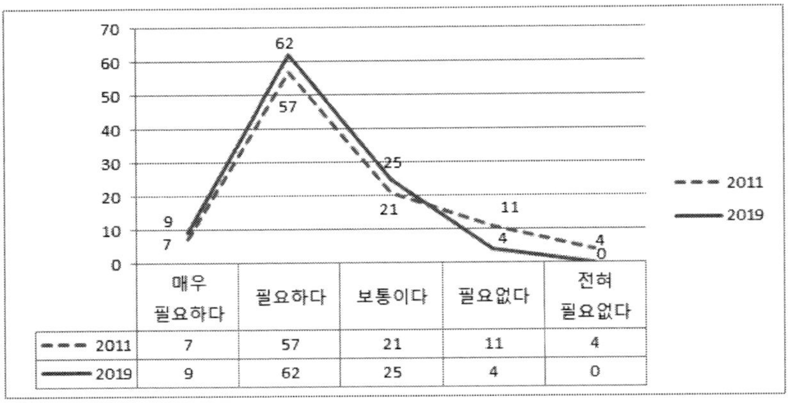

	매우 필요하다	필요하다	보통이다	필요없다	전혀 필요없다
2011	7	57	21	11	4
2019	9	62	25	4	0

<그림 5-210> 다문화자녀를 위한 차별화된 국어 교육방법의 필요성

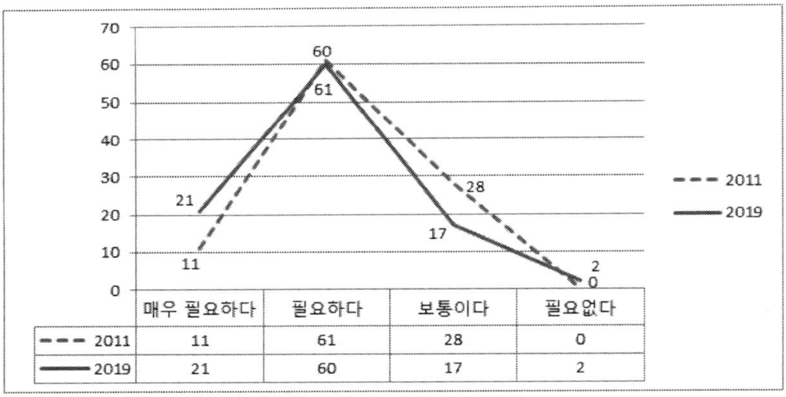

	매우 필요하다	필요하다	보통이다	필요없다
2011	11	61	28	0
2019	21	60	17	2

<그림 5-211> 다문화가정 자녀를 위한 전문가의 필요성

아진 결과이다. 다문화가정 자녀의 증가와 함께 교사 자신들이 다문화 및 다문화가정 자녀의 전문성에서 부족함을 느끼면서 전문가를 통한 다문화가정 자녀교육의 필요성을 더욱 강하게 느끼게 된 것으로 파악된다.

다문화가정 자녀에게 가장 필요한 것으로 여전히 '또래가정과의 결연'(40%)이 가장 높은 응답률을 보였고 '국어지도교사' 26%, '복지사'

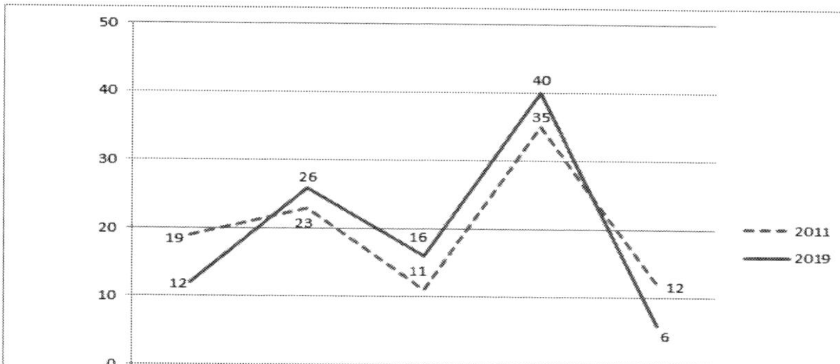

	학습지도 교사	국어지도 교사	복지사	또래가정과의 결연	기타
2011	19	23	11	35	12
2019	12	26	16	40	6

<그림 5-212> 다문화가정 자녀에게 가장 필요한 것

16%, '학습지도교사' 12%, '기타'가 6%로 나타났다(〈그림 5-212〉). '국어지도교사'의 필요성이 증가한 것은 다문화가정 자녀의 '국어능력' 감소와 연관성이 있는 것으로 분석되며, 학습 한국어의 중요성을 알 수 있는 결과로 볼 수 있다.

특이한 점은 복지사의 비율이 높아진 반면 학습지도교사의 비율이 낮아진 것인데 다문화가정 자녀들의 생활과 관련이 깊은 복지사를 더욱 필요하게 보았고 교사들이 담당하는 학습지도 부분은 덜 필요한 것으로 보고 있어 학습보다는 생활 관련한 인력의 필요성을 더욱 높게 보는 것으로 해석된다.

다문화가정 자녀교육을 위해 유아교사 응답자들이 받고 싶은 교육으로는 '다문화자녀 교수법'이 40%, '다문화관련 심리상담' 29%, '다문화사회 이해' 27%, '국어교수법' 4% 순으로 나타났다(〈그림 5-213〉). 여전히 '다문화자녀 교수법'이 높은 응답을 차지하였으나, 2011년에 비해 '다문화사회 이해'의 응답이 8% 증가한 것은 다문화사회, 다문화가정 그리고 그 구성원에 대한 전반적이면서 깊은 이해를 하고 싶은 교사들

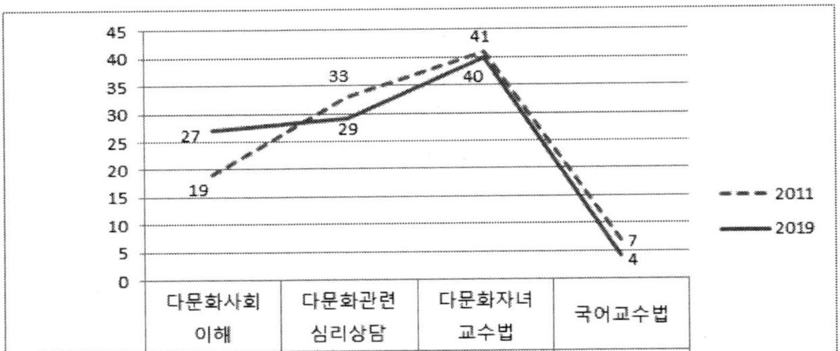

	다문화사회 이해	다문화관련 심리상담	다문화자녀 교수법	국어교수법
2011	19	33	41	7
2019	27	29	40	4

<그림 5-213> 다문화가정 자녀교육을 위해 교육받고 싶은 내용

의 욕구가 커진 측면이 반영된 것으로 보인다. 심리상담에 대한 수요가 낮아진 것(33% → 29%)은 한국어교육 집합교사와 방문교사의 결과와 일맥상통하는 부분이라고 볼 수 있다.

다문화가정 자녀지도 시 필요한 교육 내용으로 '공동체생활 적응' 48%, '부모나라 문화 이해' 28%, '친구들과의 어울림' 14%, '한국문화 이해' 10% 순으로 응답하였다(〈그림 5-214〉). 여전히 '공동체생활 적응'의 응답이 가장 높았는데, 이는 다문화가정 자녀들의 '교육기관 적응'에 대한 부정적인 답변의 응답률이 높아진 것과 연관성이 있는 응답으로 보인다. 부모나라 및 한국 문화이해의 비율이 증가하고, 친구들과의 어울림에 대한 응답 비율이 감소한 것은 자녀들이 문화에 대한 이해를 먼저 하는 것이 친구들과의 직접적인 어울림을 교육하는 것보다 더 우선되어야 한다고 교사들의 인식이 바뀐 것으로 해석된다.

다문화가정 자녀교육에서 가장 중요하게 생각되는 부분으로 '사회 · 정서발달'이 59%로 가장 높게 나타났고 그 외 '언어발달' 32%, '인지발달'이 7%, '신체발달' 2%로 나타났다(〈그림 5-215〉). '사회 · 정서발달'은 2011년에 비해 감소하였으나, 여전히 가장 높은 응답을 보였고, '언

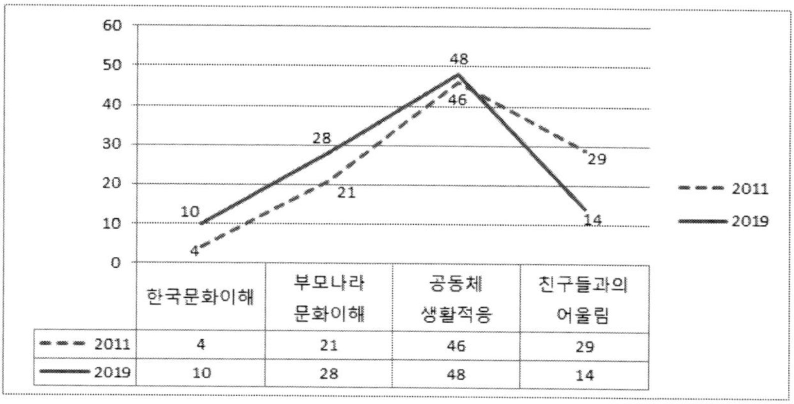

<그림 5-214> 다문화가정 자녀지도 시 필요한 교육 내용

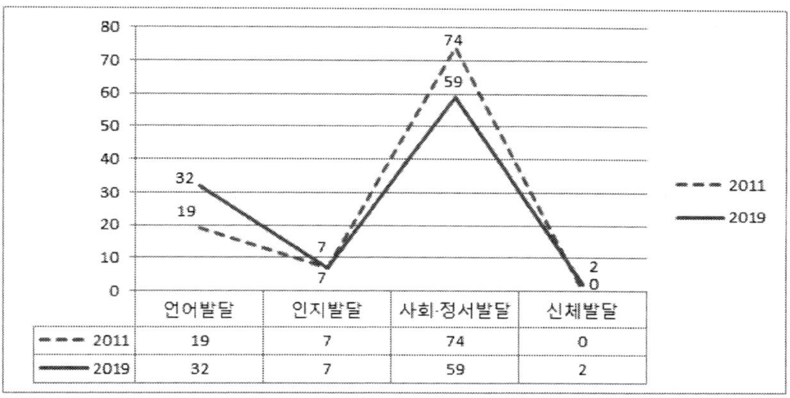

<그림 5-215> 다문화가정 자녀교육에서 가장 중요하게 생각되는 부분

어발달'이 2011년에 비해 13% 증가하였다. '사회 · 정서발달'이 높게 나온 이유는 교사들이 다문화가정 자녀의 교육시설에서의 행동 및 사고방식을 좋지 않게 평가하고 있는 앞의 결과와 맥을 같이하고 있는 것으로 해석된다. '언어발달' 문제와 관련해서는 교사들이 다문화가정 자녀의 '언어문제'를 중요하게 여기면서 동시에 심각하다고 보는 인식이 더욱

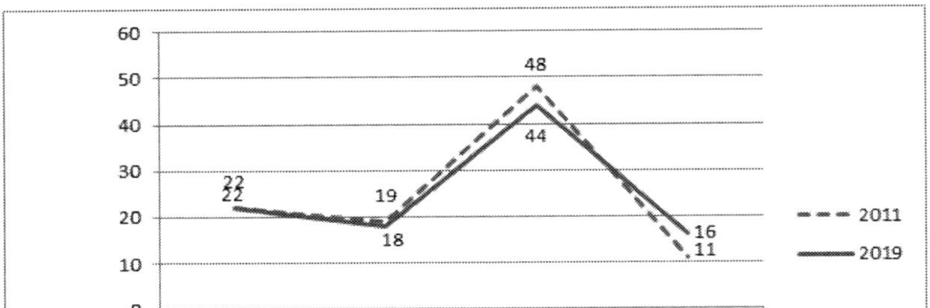

	행·재정적지원	재량활동지원	일반학생인식 전환교육과정	국어집중교육 지원
2011	22	19	48	11
2019	22	18	44	16

<그림 5-216> 다문화가정 자녀교육을 위해 필요한 정부지원

커졌다고 할 수 있다. '언어발달'의 경우 선택지에 '생활 한국어'와, '학습 한국어'의 구분이 없었으나, '생활 한국어'가 부족하다고 판단한 경우라면 '의사소통'과 '부모와의 소통'이 어려운 부분으로 응답한 것과 관련하여 생각할 수 있다. 또한 '학습 한국어'가 부족하다고 판단한 경우라면 '국어능력'의 감소와 연관을 지어 응답했을 것으로 분석된다. 설문 결과를 전체적으로 분석해 보았을 때 '다문화가정 자녀의 국어 실력(〈그림 5-193〉)', '다문화가정 자녀의 학업능력(〈그림 5-194〉)', '다문화자녀를 위한 차별화된 국어 교육방법의 필요성(〈그림 5-210〉)'을 살펴보면 학습 한국어가 부족하다고 판단하는 교사들의 인식이 더 큰 비율을 차지하는 것으로 보인다.

다문화가정 자녀교육을 위해 가장 필요한 정부지원으로는 '일반학생 인식전환 교육과정' 44%, '행 · 재정적 지원' 22%, '재량활동지원' 18%, '국어집중교육지원' 16% 순으로 나타났다(〈그림 5-216〉). 전체적인 패턴에서는 큰 변화가 없지만 '국어집중교육지원'의 응답이 5% 증가하여, 앞의 조사항목인 '다문화가정 자녀의 국어 실력(〈그림 5-193〉)'에서 다문화가정 자녀의 국어 실력에 문제가 있다고 판단하는 교사들의 인식이

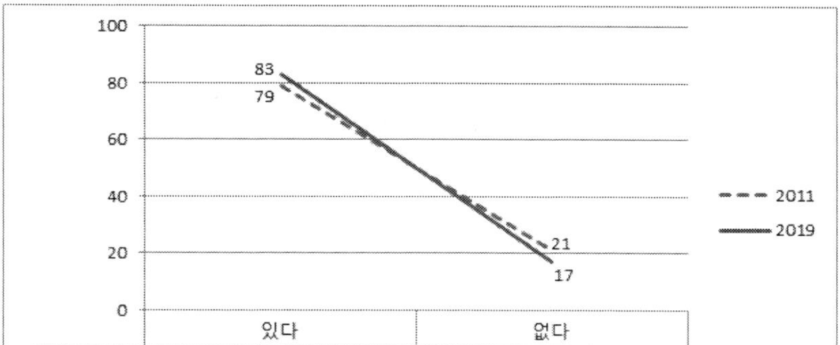

	있다	없다
2011	79	21
2019	83	17

<그림 5-217> 교육기관의 정규과정 이외에 다문화가정 자녀의 국어지도 필요성

좀 더 커진 것으로 보이며 특히 학습 한국어에 대한 교육의 필요성이 커졌다고 판단하는 것으로 해석된다.

유아교사 총 응답자의 83%가 교육기관의 정규과정 이외에 다문화가정 자녀의 국어지도가 필요하다고 응답하였다. 이 응답 결과는 '다문화가정 자녀교육에서 가장 중요하게 생각되는 부분(〈그림 5-215〉)'에서 '언어발달'이 2011년보다 증가한 결과와 더불어 앞의 조사항목에서 다문화가정 자녀에 대한 한국어교육의 필요성에 대한 응답 비율이 2011년에 비해 2019년에 높아진 것과 궤를 같이 한다. 이런 교사들의 인식이 '교육기관의 정규과정 이외에 다문화가정 자녀의 국어지도 필요성'에 대해서도 2019년에 좀 더 높은 비율이 나온 것으로 보인다.

5.4.4.2. 초등교사

초등교사의 다문화에 대한 관심도와 관련 지식 등이 2011년에 비하여 다소 낮게 응답되었으나 이는 교사의 다문화가정 자녀에 대한 경험이 증가한 것으로 이해된다. 2019년 조사 결과에서 다문화가정 부모의 자녀 양육에 대한 관심이 증가하였고, 다문화가정 자녀의 교사에 대한 태도 역시 좋아졌는데 이것은 다문화가정 자녀의 수업 태도가 좋아진 현상과 비례한 결과로 볼 수 있다. 그리고 다문화가정 자녀의 국어 실력과 학습능력 정도에서도 2011년과 비교하여 '보통'의 응답이 증가하고 '나쁘다'는 감소한 것으로 보아 학습 부분이 더 향상된 것을 알 수 있다. 따라서 초등교사는 다문화가정 자녀교육에서 가장 중요하게 생각되는 부분으로 '언어발달'보다 '사회 · 정서 발달'을 더 높게 꼽고 있다.

◆ 국어 교육현황

다문화에 대한 관심은 '많다' 쪽의 응답이 41%로 2011년에 비하여 12% 적게 나타났으며, '보통이다'는 13% 높게 나타나 전체적으로 2011년보다 다문화에 대한 관심도가 낮아진 것으로 해석할 수 있다. 이러한 결과의 이유로는 2011년에 비하여 다문화 학생의 수가 증가하였고 이에 따라 다문화가정 자녀에 대한 경험이 증가하여 다문화에 대한 관심이 2011년에 비해 상대적으로 낮아진 것으로 분석된다.

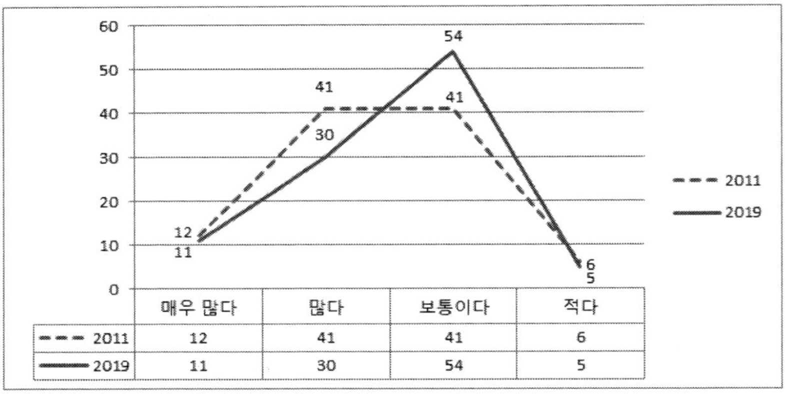

<그림 5-218> 다문화에 대한 관심

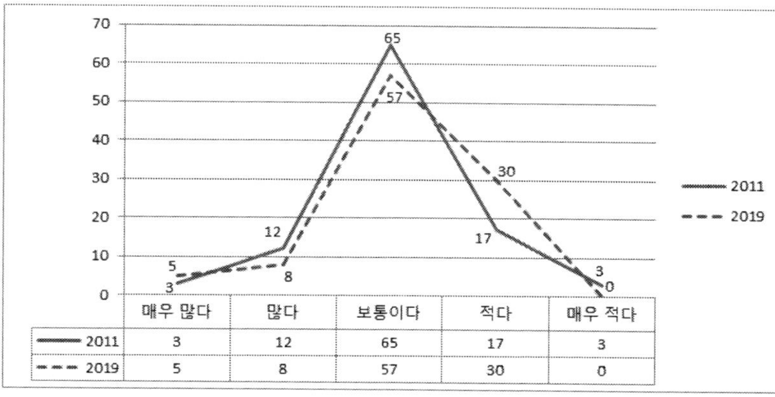

<그림 5-219> 다문화 관련 지식

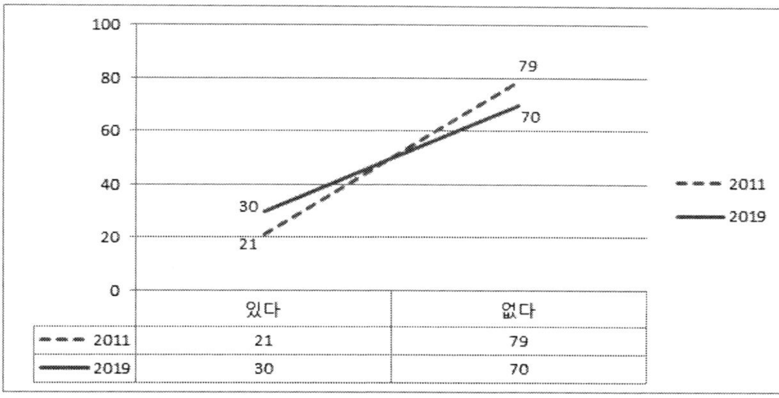

<그림 5-220> 다문화와 관련된 교육을 받은 적이 있는가

다문화 관련 지식은 '매우 적다'가 0%, '적다'는 30%로 '매우 적다'의 응답률은 줄었지만 부정적 측면의 응답률은 '10%'가 높아진 것을 알 수 있다. 반면 '많다(매우 많다 포함)' 쪽의 응답률은 13%로 나타나 2011년과 큰 차이가 없었다(〈그림 5-219〉). 다문화 관련 초등교사들의 지식이 전반적으로 낮아졌다고 해석할 수 있다. 이러한 이유로는 유아 교사와

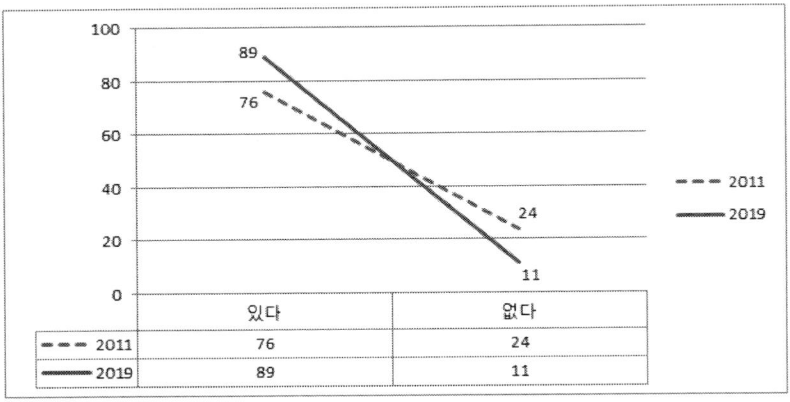

<그림 5-221> 현재 재직 중인 기관에 다문화가정 자녀가 있는가

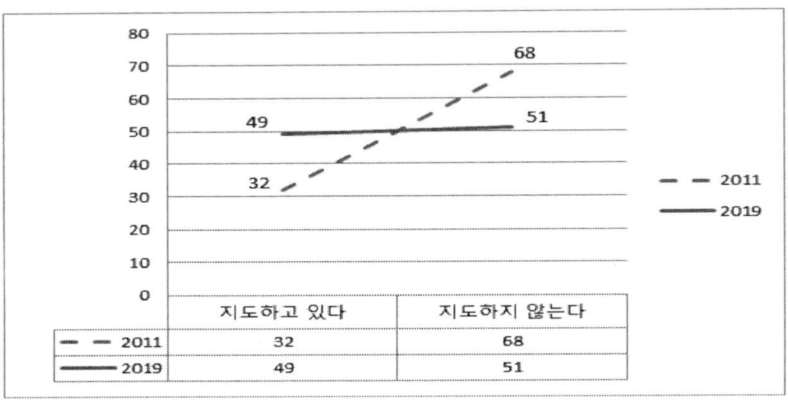

<그림 5-222> 다문화가정 자녀를 직접 지도하고 있는가

마찬가지로 다문화와 관련된 교육은 증가했지만 아직까지 교사가 스스로 만족할 수 있는 깊이 있는 지식의 습득은 이루어지지 않았다고 판단되며 교육이 여전히 일반적인 수준에 머물고 있어 나온 결과로 볼 수 있다.

다문화와 관련된 교육을 '받은 적이 있다'가 30%로 2011년에 비하여

9% 정도 늘어났지만 많이 높아진 수치는 아닌 것으로 판단된다(〈그림 5-220〉). 다문화와 관련된 교육을 받는 횟수와 시간을 늘리려는 관계 당국의 노력이 필요한 것으로 판단되며 교육의 질 측면에서도 심화된 내용의 다문화 관련 교육이 이루어져야 할 필요성이 제기된다.

응답자의 89%가 현재 재직 중인 기관에 다문화가정 자녀가 '있다'고 응답하였고(〈그림 5-221〉), 49%가 다문화가정 자녀를 직접 '지도하고 있다'고 답하였다(〈그림 5-222〉). 즉, 2011년에 비하여 '재직 중인 기관 내의 다문화가정 자녀 수'가 증가했다는 것을 알 수 있는데 이러한 이유로 '다문화가정 자녀의 직접 지도' 경험 또한 증가한 것으로 볼 수 있을 것이다.

◆ 다문화가정 자녀의 국어 실력

다문화가정 자녀의 국어 실력은 '나쁘다'가 0%로 2011년에 비해 좋은 결과를 보였지만 '보통'의 응답이 39%로 19%나 늘어나 8년 전해 비해 중위권, 하위권에서는 실력의 향상이 있었지만 전반적으로는 실력의 향상이 크게 일어났다고 보기는 어려운 측면이 있다. '좋다'와 '매우 좋다'의 긍정적 응답은 2011년에 비해 6% 줄어(67% → 61%) 상위권에서는 오히려 실력이 약간 퇴보하였다고 해석할 수 있는 여지도 있다(〈그림 5-223〉). 이는 다음 문항인 '학업능력'에서 '보통'의 응답이 가장 높게 나온 것과도 맥을 같이하는 결과이다.

다문화가정 자녀의 학업능력은 크게는 '국어 실력'과 비슷한 궤를 그리는데 '보통'이 50%, '나쁘다'가 5%로 학업능력이 아주 떨어지는 경우는 소수 비율로 나타나 하위와 중위권 수준의 학업능력은 2011년에 비해 향상이 이루어진 것으로 보인다(〈그림 5-224〉). 하지만 '매우 좋다'와 '좋다'를 합산한 비율은 2011년과 비교하여 큰 차이가 없어 상위권의 경

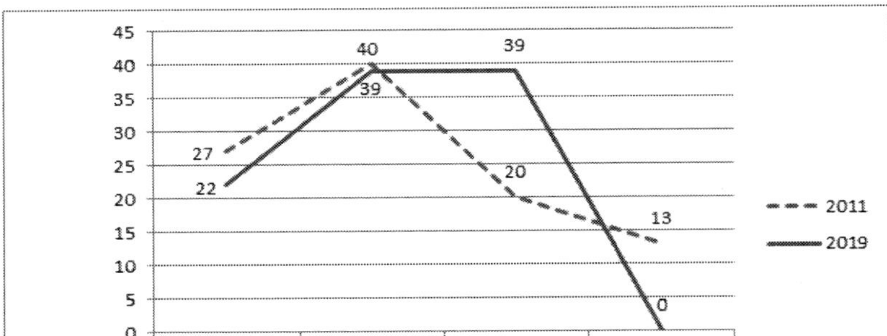

	매우 좋다	좋다	보통	나쁘다
2011	27	40	20	13
2019	22	39	39	0

<그림 5-223> 다문화가정 자녀의 국어 실력

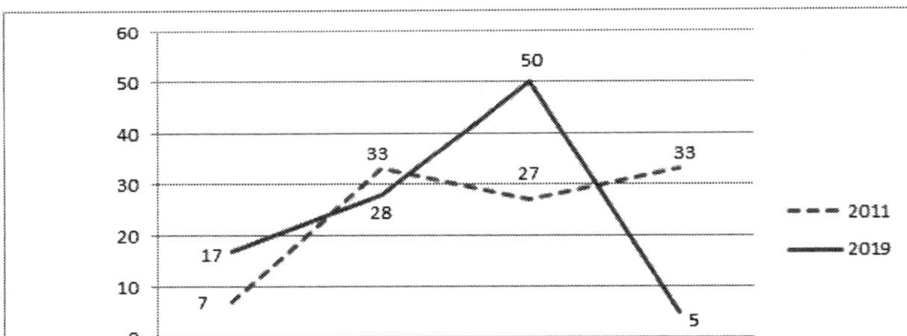

	매우 좋다	좋다	보통	나쁘다
2011	7	33	27	33
2019	17	28	50	5

<그림 5-224> 다문화가정 자녀의 학업능력

우에는 학업능력에서 큰 차이가 없는 것으로 분석된다. 이는 '국어 실력'의 분석 결과와 유사하다고 할 수 있는데 '국어 실력'과 '학업능력'이 서로 정비례의 관련성을 갖고 있다고 분석할 수 있는 부분이다.

다문화가정 자녀의 교우관계는 '나쁘다'와 '매우 나쁘다'를 합산한 비율이 11%로 나타나고 '매우 좋다'의 비율도 28%로 2011년에 비해 21%

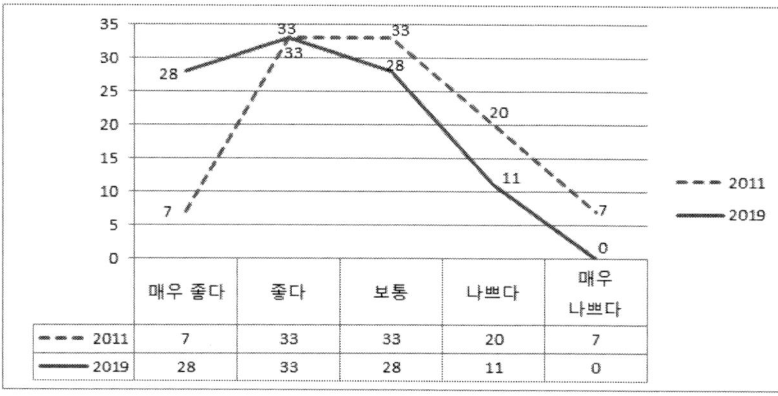

<그림 5-225> 다문화가정 자녀의 교우관계

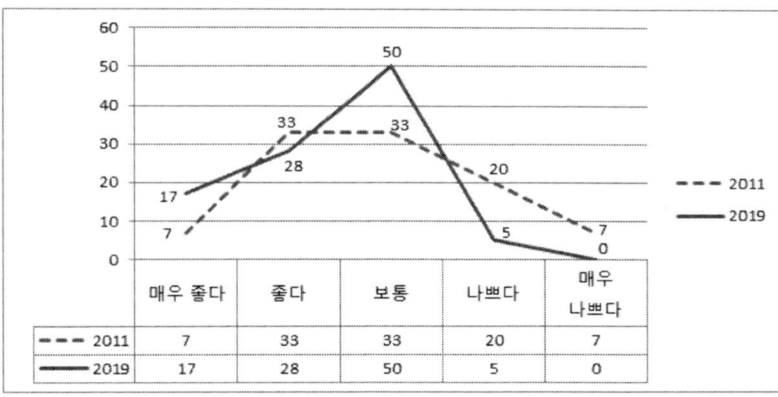

<그림 5-226> 다문화가정 자녀의 수업 태도

나 높아져 2011년보다 교우관계가 좋아졌음을 알 수 있다(〈그림 5-225〉). 이는 2019년에는 2011년에 비해 비다문화가정 자녀 및 다문화가정 자녀에 대한 다문화교육의 횟수 및 시간이 늘어나 그 교육의 효과가 나타난 것으로 분석할 수 있다.

다문화가정 자녀의 수업 태도는 '매우 좋다'가 증가하였고, '매우 나쁘

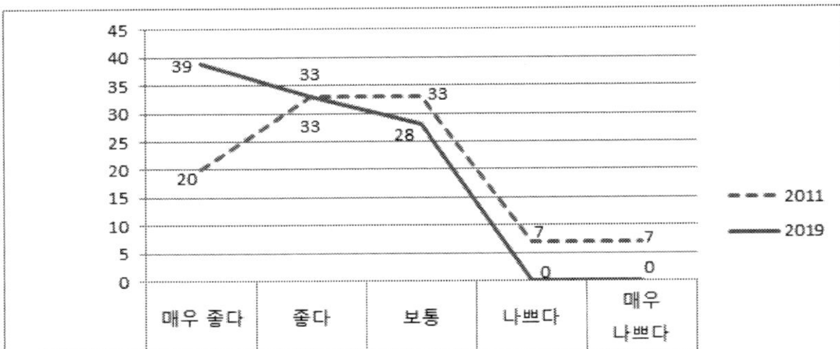

	매우 좋다	좋다	보통	나쁘다	매우 나쁘다
2011	20	33	33	7	7
2019	39	33	28	0	0

<그림 5-227> 다문화가정 자녀의 교사에 대한 태도

다가' 0%로 나타나 2011년에 비하여 수업 태도가 나아진 것을 알 수 있는데 이러한 원인으로는 다문화 학생을 대상으로 한 교사의 교육이 효과를 나타낸 것으로 보인다(〈그림 5-226〉). 교사들의 다문화 학생에 대한 경험이 축적되었고, 학생들을 대상으로 하는 학교생활 예절 등에 대한 지속적인 교육의 효과도 있어 이런 요인들이 다문화가정 자녀의 수업 태도에 긍정적인 영향을 미친 것으로 분석된다.

다문화가정 자녀의 교사에 대한 태도는 '나쁘다'와 '매우 나쁘다'가 0%로 나타나 '다문화가정 자녀의 수업 태도(〈그림 5-226〉)'와 마찬가지로 교사에 대한 태도 역시 좋아졌음을 알 수 있다(〈그림 5-227〉). 이러한 원인 역시 '다문화가정 자녀의 수업 태도'(〈그림 5-226〉)와 같은 맥락에서 해석할 수 있는데, 교사의 학생들에 대한 예절 및 전인 교육의 효과라고 볼 수 있다. 그럼에도 불구하고 '보통'이 28%로 나타나 여전히 추가적인 교육의 필요성은 남아있다고 판단된다.

다문화가정 자녀의 교육기관 적응 정도가 '좋다' 39%, '나쁘다' 0%로 적응면에 있어서 향상된 모습을 보이는데 2011년과 비교하여 보면 다문화가정 자녀 중 한국어 실력이 중위권, 하위권에 속하는 층의 한국어

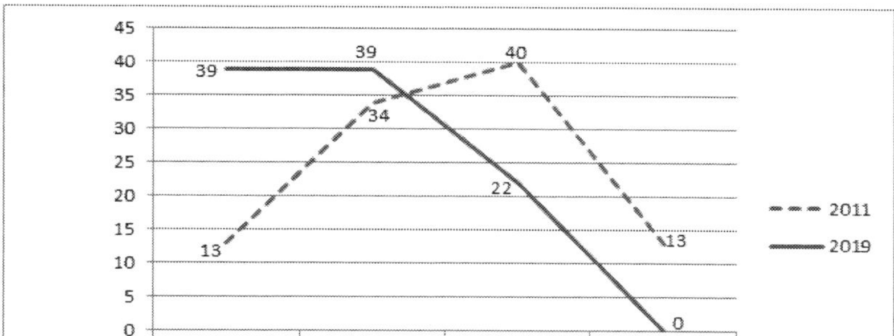

	매우 좋다	좋다	보통	나쁘다
2011	13	34	40	13
2019	39	39	22	0

<그림 5-228> 다문화가정 자녀의 교육기관 적응 정도

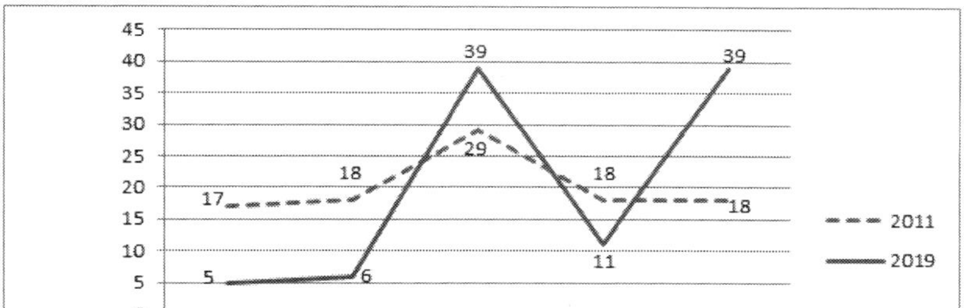

	의사소통	교우관계	기본생활 습관형성	편견과 차별	기타
2011	17	18	29	18	18
2019	5	6	39	11	39

<그림 5-229> 다문화가정 자녀가 기관에서 겪는 가장 큰 어려움

의 향상과 교육기관에서의 꾸준한 학교 적응 교육이 이들에게 긍정적 영향을 준 것으로 판단된다(〈그림 5-228〉).

다문화가정 자녀가 기관에서 겪는 가장 큰 어려움으로 2019년은 2011년보다 다른 분야들의 수치가 많이 줄었고 '기본생활습관 형성'만 39%로 상대적으로 높게 나타났다(〈그림 5-229〉). 하지만 이러한 결과

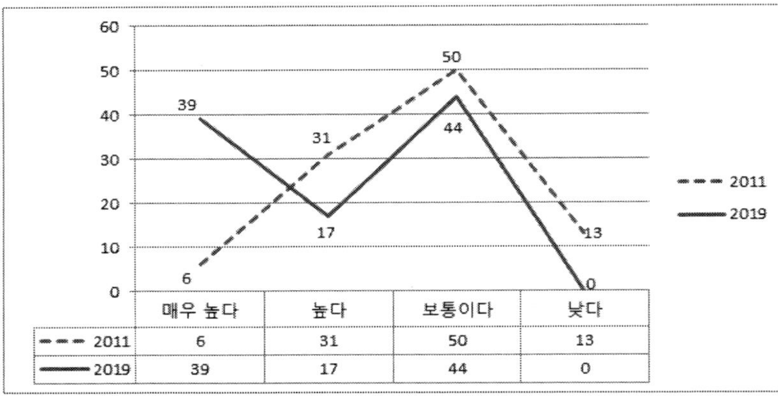

	매우 높다	높다	보통이다	낮다
2011	6	31	50	13
2019	39	17	44	0

<그림 5-230> 다문화가정 부모의 자녀 양육에 대한 관심 정도

가 '기본생활습관 형성'이 부정적으로 변했다고 보기는 어렵고, 다른 분야들이 좋아졌기 때문에 선택지에서 '기본생활습관 형성'을 선택했을 확률이 높아서 2011년에 비하여 '기본생활습관 형성'에서 더 어려움을 겪는다고 보기는 어려운 측면이 있다. 하지만 이러한 이유에도 불구하고 '기본생활습관 형성'이 가장 높게 나타난 것은 이 항목이 다른 선택지들에 비하여 상대적으로 어렵다고 느끼기 때문일 것으로 해석된다. 또한 '의사소통'에 대한 어려움이 줄어든 이유로는 다문화가정 자녀의 전반적인 한국어 능력 향상을 원인으로 볼 수 있다.

다문화가정 부모의 자녀 양육에 대한 관심의 정도가 '매우 높다'가 39%, '낮다'가 0%로 2011년에 비하여 관심 정도가 매우 높아졌다. 이는 다문화가정 자녀의 부모 중 여성결혼이민자가 한국에 거주하는 기간이 늘면서 한국의 사회 및 문화에 적응하면서 한국의 비다문화가정 부모의 사고방식과 행동 양식의 형태와 많이 유사해지면서 나타난 결과로 판단된다.[73]

73) 2011년에는 전북지역을 중심으로 조사되었고, 2019년에는 응답자 비율이 서울 · 경

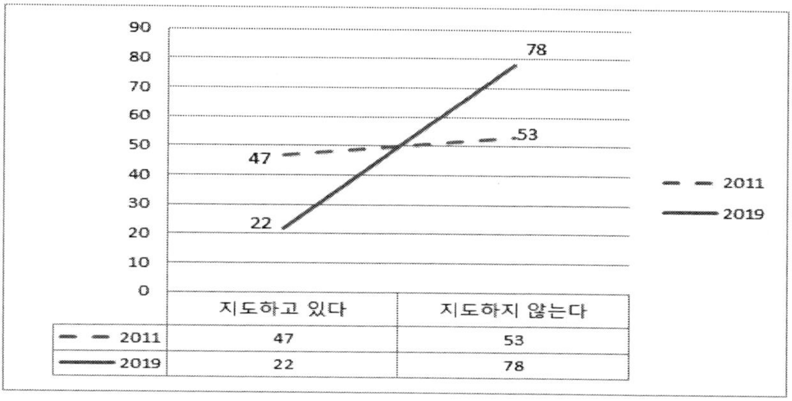

<그림 5-231> 현재 재직 중인 교육 기관에서 다문화가정 자녀를 위한
별도의 한글/국어 지도가 이루어지고 있는가

현재 재직 중인 교육기관에서 다문화가정 자녀를 위한 별도의 학습지도가 이루어지고 있는가라는 질문에 '이루어지지 않고 있다'는 응답이 78%, '이루어지고 있다'가 22%로 나타났다. 분석 결과 별도의 한글/국어의 교육 필요성은 느끼지만 학교의 여건이나 방침, 다문화가정 자녀들의 한국어 능력 향상 등의 이유로 실질적으로 다문화 자녀를 위한 별도의 한글/국어 지도가 2011년에 비해 적게 이루어지는 것으로 판단된다. 유아교사에서의 이유와 같이 다문화가정 자녀만을 위한 별도의 시간을 마련하여 교육하기 쉽지 않은 학교의 상황이 반영된 것으로 해석된다(〈그림 5-231〉).

다문화라는 용어의 의미를 '안다'와 '정확히 안다'가 78%, 19%로 나타나 2011년에 비해 정확히 안다는 응답률은 낮아지고 안다는 응답률

기에서 50% 가까이 조사되어 지역 차이가 존재하여 서울권 응답자에 대해 면접 조사를 실시하였다. 전화면접 조사 결과 학교마다 학부모 모임이 활성화되어 있으며, 만약 다문화가정 자녀의 부모가 이러한 모임 등에 적응을 하지 못한다면 담임교사가 학부모 모임에 적응할 수 있도록 도와주는 형태도 보이고 있었다.

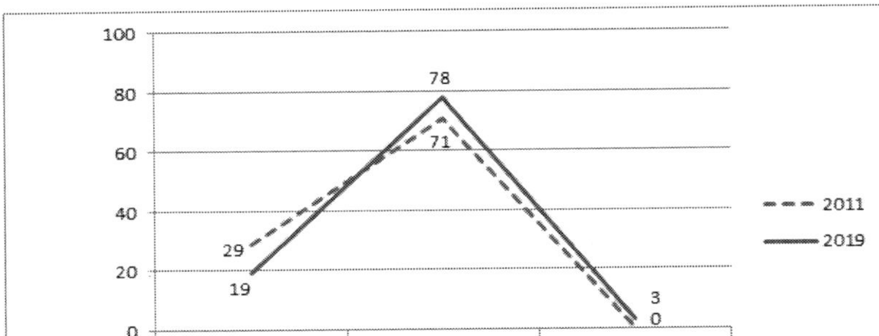

	정확히 안다	안다	모른다
2011	29	71	0
2019	19	78	3

<그림 5-232> '다문화'라는 용어의 의미를 알고 있는가

은 높아졌다. '모른다'의 비율은 0%에서 3%로 증가했다. 이러한 결과가 나타난 이유로는 교사들이 학업이나 연수 등의 형태로 '다문화'에 대한 일반적인 교육은 꾸준하고 지속적으로 받았지만 다문화에 대하여 깊이 파고드는 전문적인 교육은 받을 수 있는 기회가 없거나 적었기 때문일 개연성이 높다. 또한 2011년에 비하여 다문화를 경험할 수 있는 기회가 많아져서 생활 속에서 다문화에 대하여 익숙해졌기 때문에 '다문화'라는 용어 자체에 대한 관심은 역설적으로 적어진 것으로 해석되는 부분도 있다(〈그림 5-232〉).

다문화라는 용어에 대해 '좋지 않다'가 29%, 2019년도에는 '좋지 않다'가 11%로 다문화 용어에 대한 부정적 인식이 줄어들었음을 알 수 있는데 이것은 교사 집단을 포함한 전국민에 대해 지속적인 다문화교육을 한 영향으로 '다문화'에 대한 국민의 인식이 긍정적으로 변화한 영향으로 보인다(〈그림 5-233〉).

다문화가정 자녀지도에 대한 부담 정도는 2011년과 2019년의 '매우 크다'와 '크다'를 각각 합쳐보았을 때 각각 39%로 같지만, 2011년과 2019년의 '적다'와 '매우 적다'를 각각 합한 차이는 8%로 2011년의 16%

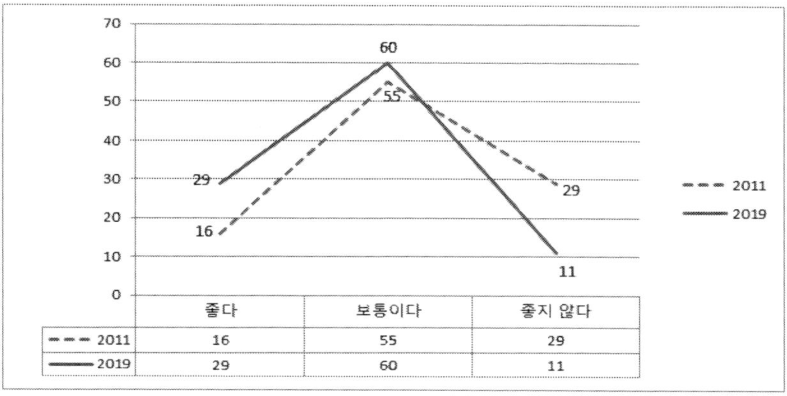

<그림 5-233> '다문화'라는 용어를 어떻게 생각하는가

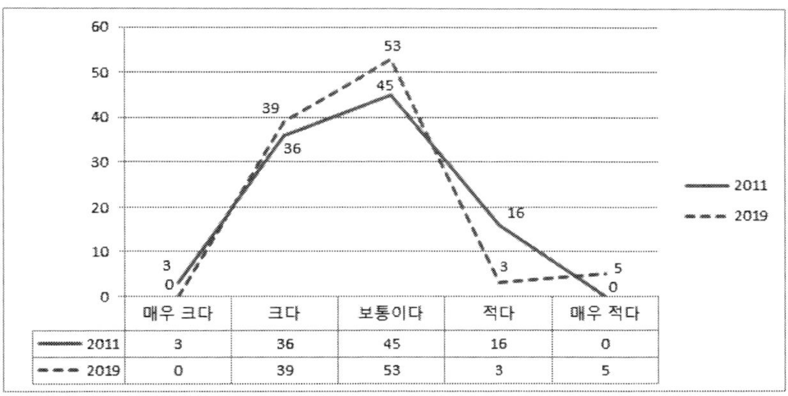

<그림 5-234> 다문화가정 자녀지도에 대한 부담 정도

에 비해 8% 줄어든 것으로 나타나 적은 수치이지만 부담의 정도는 늘어난 것으로 분석된다(〈그림 5-234〉).

다문화가정 자녀지도에서 가장 어려운 부분으로 '의사소통' 8%, '부모와의 소통' 28%로 나타나 이 분야에 대한 수치는 2011년에 비하여 줄어든 것으로 나타나 소통의 부분은 긍정적으로 변화한 것으로 나타났

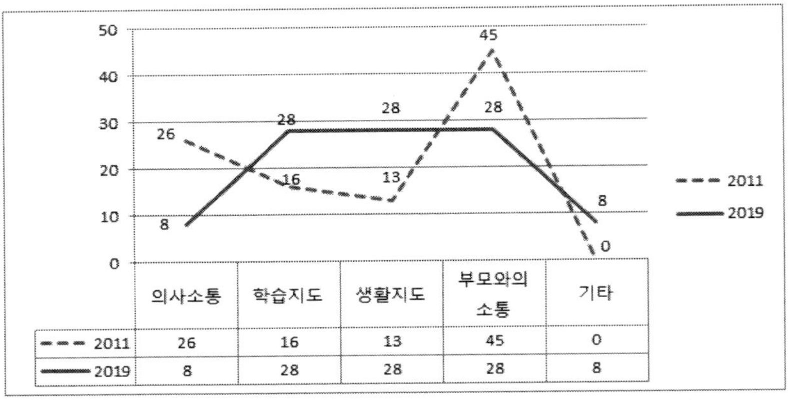

	의사소통	학습지도	생활지도	부모와의 소통	기타
2011	26	16	13	45	0
2019	8	28	28	28	8

<그림 5-235> 다문화가정 자녀지도에서 가장 어려운 부분

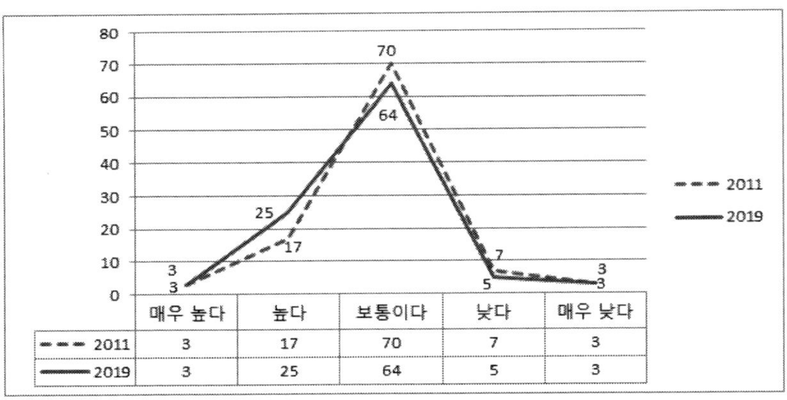

	매우 높다	높다	보통이다	낮다	매우 낮다
2011	3	17	70	7	3
2019	3	25	64	5	3

<그림 5-236> 다문화가정 자녀의 특성 이해 정도

다. 이는 생활 한국어 능력이 2011년에 비하여 향상되었기 때문으로 판단된다. '생활지도'와 '학습지도'가 각각 28%로 나타난 것은 유치원 교사들의 응답에서도 나타났듯이 분명히 이 부분에서 다문화가정 자녀의 수가 증가하면서 2011년에 비해 다문화가정 자녀를 지도하는 데 어려움이 커진 부분도 있고 좀 더 엄격한 잣대를 이들 자녀에게 적용함으로

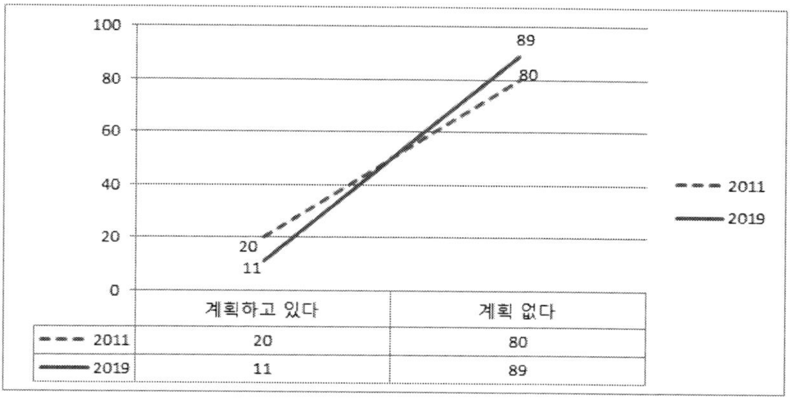

<그림 5-237> 현재 재직 중인 교육기관에서는 다문화가정 자녀를 위한 특별한 학습지도방안을 계획하고 있는가

써 어려움을 더 크게 느낀 측면도 있는 것으로 분석된다(〈그림 5-235〉).

다문화가정 자녀의 특성 이해 정도에서는 '높다'가 25%로 나타나 2011년에 비하여 조금 높아진 것으로 조사되었지만 전반적으로는 큰 차이가 없는 것으로 보인다.

현재 재직 중인 교육기관에서 다문화가정 자녀를 위한 특별한 학습지도방안에서 '계획 없다'라는 응답이 89%로 나타나 2011년보다도 9% 높아졌음을 알 수 있다. 이는 특별한 학습지도 방안이 앞으로도 거의 없을 것임을 보여주는 결과이다(〈그림 5-237〉). 앞의 '현재 재직 중인 교육기관에서 다문화가정 자녀를 위한 별도의 한글/국어 지도가 이루어지고 있는가(〈그림 5-231〉)'의 응답 결과와 같은 상황임을 알 수 있다. 즉, 학교의 여건이나 방침이 다문화가정 자녀만을 위한 시간과 공간을 내기가 더 어려워지고 다문화가정 자녀들 가운데 한국어와 관련하여 중, 하위권층의 한국어 능력이 소폭 향상되었다는 등의 이유로 실질적으로 다문화 자녀를 위한 학습지도는 더욱 열악한 쪽으로 가고 있다고 판단된다.[74]

◆ 국어 교육에 바라는 점

교사를 위한 다문화교육의 필요성에 대해 ‘필요하다’ 59%, ‘매우 필요하다’ 14%로 필요성을 느끼는 정도가 2011년에 비하여 약화되었는데 이는 다문화에 대한 지속적인 교육과 연수를 받아왔고 다문화가정 자녀를 직접 접하고 가르치는 경험이 많아졌기 때문으로 보이지만 여전히 필요하다는 응답이 73% 이르러 교육의 필요성은 여전히 느끼고 있는 것으로 분석된다(〈그림 5-238〉).

다문화 자녀를 위한 차별화된 국어교육 방법의 필요성에 대해 2019년에는 ‘필요하다’ 66%, ‘매우 필요하다’ 14%로 국어 교육 방법의 필요성이 높게 요구되고 있다. 특히 ‘생활 한국어’가 아닌 ‘학습 한국어’에 대한

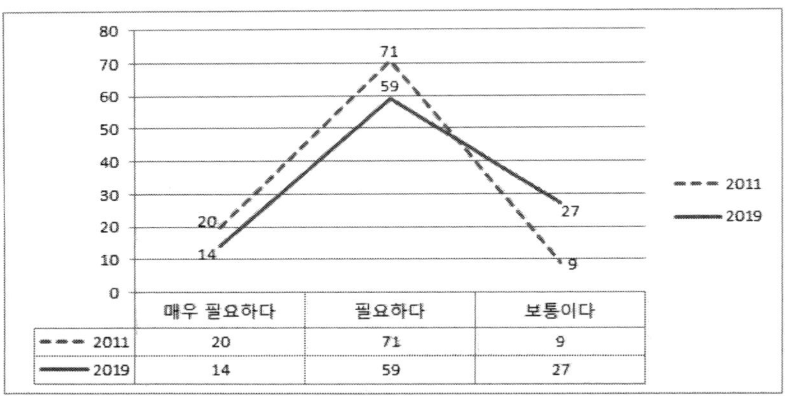

<그림 5-238> 교사를 위한 다문화교육의 필요성

74) 중하위권 층의 한국어 능력이 향상되었다는 것은 ‘생활 한국어’가 향상되었을 개연성이 높다고 분석된다. 상위권 층의 한국어 능력의 향상은 ‘학습 한국어’의 향상으로 해석될 수 있는데 이 상위권 층의 한국어 능력은 향상되지 않은 결과가 〈그림 5-193〉에서 나타나 ‘학습 한국어’와 관련해서는 다문화가정 자녀에 대한 특별한 학습지도가 이루어져야 함을 알 수 있다. 하지만 우리의 조사결과는 이와는 반대로 상황이 전개되고 있음을 알려주고 있어 우려를 하지 않을 수 없다. 관계 당국에서 이 부분에 대해 다시 실태를 조사하고 적절한 ‘특별 학습지도’ 계획을 세워야 할 것이다.

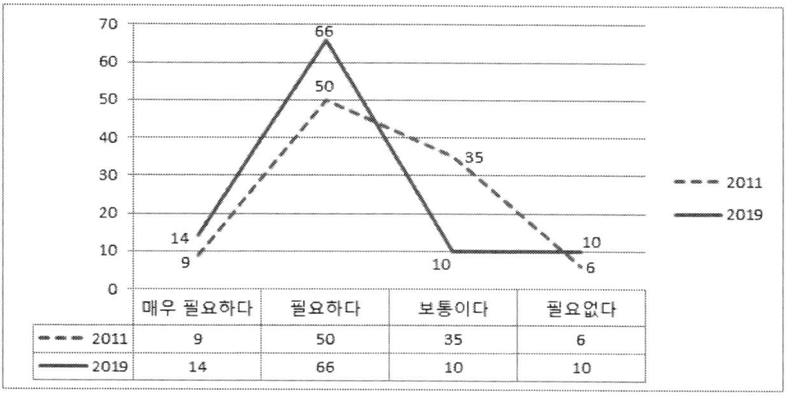

	매우 필요하다	필요하다	보통이다	필요없다
2011	9	50	35	6
2019	14	66	10	10

<그림 5-239> 다문화자녀를 위한 차별화된 국어교육방법의 필요성

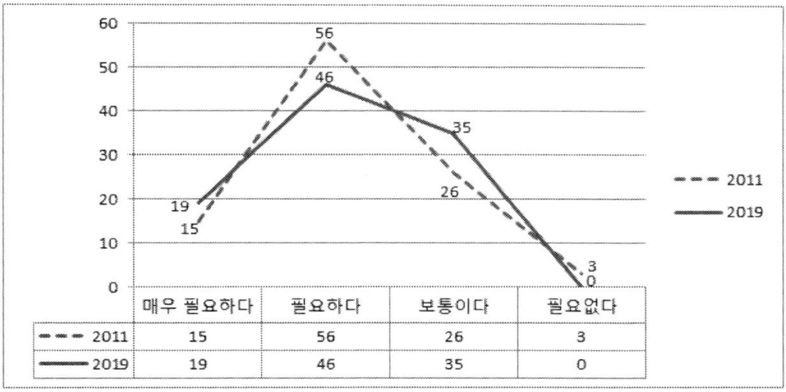

	매우 필요하다	필요하다	보통이다	필요없다
2011	15	56	26	3
2019	19	46	35	0

<그림 5-240> 다문화가정 자녀를 위한 전문가의 필요성

요구가 반영된 것으로 해석되어 여전히 차별화된 국어교육방법의 필요성을 느끼는 것으로 판단된다(〈그림 5-239〉).

다문화가정 자녀를 위한 전문가의 필요성에 대해서는 2011년과 비교하여 보면 세부적인 수치에 대한 차이는 있으나 '필요하다'와 '매우 필요하다'를 합한 수치가 2019년 65%, 2011년 71%로 모두 높게 나타나고

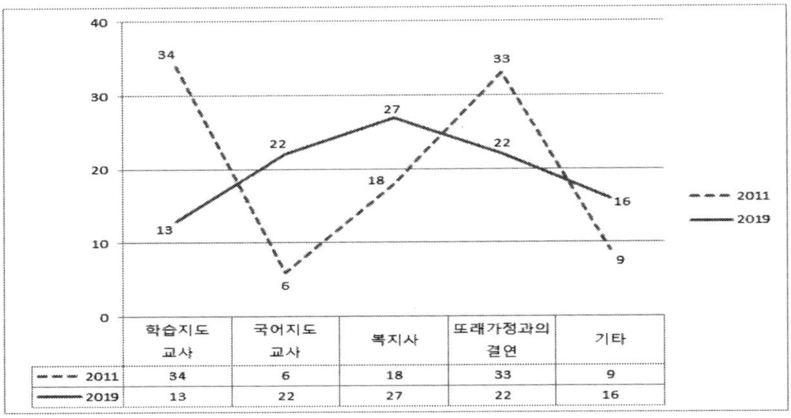

<그림 5-241> 다문화가정 자녀에게 가장 필요한 것

있어 여전히 다문화가정 자녀를 위한 전문가가 필요하다는 생각을 하고 있는 것으로 분석된다(〈그림 5-240〉).

다문화가정 자녀에게 가장 필요한 것에 대한 질문에서 응답의 순위가 2011년과 비교하여 변화한 것을 알 수 있다(〈그림 5-241〉). 우선 주목할 부분은 '학습지도 교사'의 비율이 34%에서 13%로 21%나 떨어졌는데 이는 적어도 '학습지도'는 피조사자인 교사들이 직접 담당해야 하는 일이고 책임져야 한다는 당위성과 함께 현재 지도를 하고 있기 때문에 이 질문에서의 응답률이 낮게 나타난 것으로 판단된다. '국어지도 교사'가 22%로 두 번째로 높은 순위로 나타났는데 이유로는 '다문화자녀를 위한 차별화된 국어교육방법의 필요성(〈그림 5-239〉)'의 이유와 마찬가지로 여전히 '학습 한국어'에 대한 필요성이 반영된 결과라고 생각한다. 또한 '또래가정과의 결연'도 줄어든 것으로 나타났는데 이는 다문화가정이 늘어난 이유로 한국 생활에 익숙해질 수 있는 환경이 많이 조성된 것으로 판단된다. '복지사[75]'의 비율이 높아진 이유로는 학습적인 부분을

75) 학교사회복지사들의 직무 영역은 1)가정-학교-지역사회 연계, 2)학생에 대한 사회복

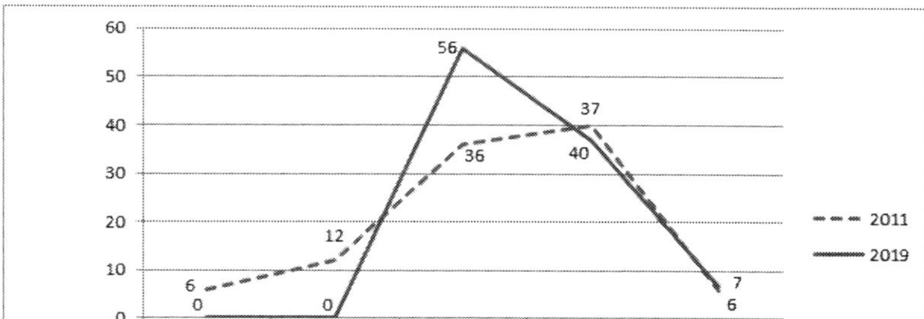

	다문화개념	다문화교육의 필요성	다문화관련 심리상담	다문화 교수법	기타
2011	6	12	36	40	6
2019	0	0	56	37	7

<그림 5-242> 다문화가정 자녀교육을 위해 교육받고 싶은 내용

제외한 나머지 타' 응답으로는 '상황에 따라 다르다, 부모교육, 꾸준하게 독서활동을 지원해 줄 교사, 자아 존중감과 사회적응 안정감, 연령에 따라 다르다, 학습적인 부분도 필요하지만 학부모 교육이나 다문화가정 자녀의 사회적응과 생활습관을 위한 지도가 필요하다' 등의 의견이 있었다.

다문화가정 자녀교육을 위해 교육받고 싶은 내용으로 '다문화의 개념'과 '다문화교육의 필요성'이 2019년에는 전혀 나타나지 않았는데 이것은 '다문화와 관련된 교육을 받은 적이 있는가(〈그림 5-220〉)'에서 '있다'의 응답이 증가한 것에서 알 수 있듯이 2011년에 비하여 '다문화'에 대한 교육이 많이 이루어져서 이 부분에 대한 내용을 숙지하고 있기에 필요성을 느끼지 못하는 것으로 판단된다. 또한 '다문화관련 심리 상담'은 56%로 20%가 증가하였는데 이는 교사들이 다문화가정 자녀들의 생활 지도와 태도 지도에 어려움을 겪고 있는 상황에서 교사들이 학생과

지서비스, 3)교사와의 협력적 활동, 4)사례관리, 5)가정에 대한 사회복지 서비스, 6) 정책 결정 및 행정, 7) 전문적 활동으로 구분되어 있다.

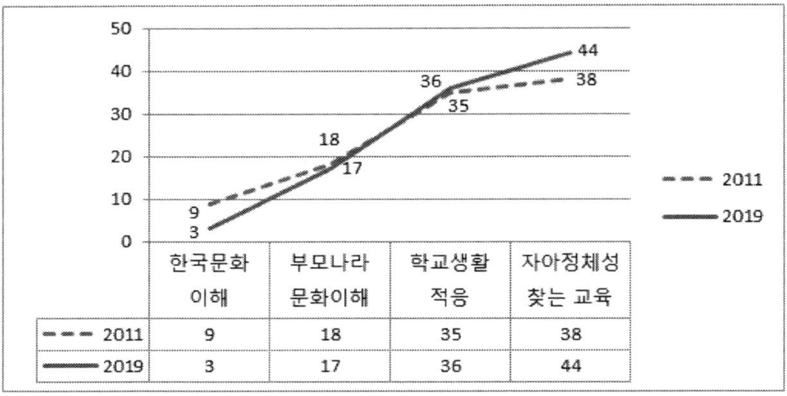

<그림 5-243> 다문화가정 자녀지도 시 필요한 교육 내용

의 대화 및 정신적 교류의 필요성을 이 항목에 대한 높은 응답률로 표출한 것으로 보인다. ‘다문화 교수법’은 2011년에 비하여 3% 줄어 수치의 차이는 있지만 다문화가정 자녀수의 증가로 인하여 여전히 ‘다문화 교수법’의 필요성을 느끼는 것으로 나타났다(〈그림 5-242〉).

다문화가정 자녀지도 시 필요한 교육 내용으로 ‘학교생활 적응’ 36%, ‘자아정체성을 찾는 교육’ 44%로 학교생활 적응의 필요성은 여전히 높으며 ‘자아정체성을 찾는 교육’의 필요성은 2011년에 비해 좀 더 높아졌는데 이는 앞 문항의 ‘다문화가정 자녀교육을 위해 교육받고 싶은 내용(〈그림 5-242〉)’과 연결지어 생각해 볼 수 있다. 즉, ‘다문화 관련 심리 상담’을 통하여 다문화가정 자녀의 ‘학교생활 적응’을 도울 수 있으며 또한 ‘자아정체성을 찾는 교육’의 일부분으로 활용할 수 있다고 느끼고 있는 것으로 볼 수 있다(〈그림 5-243〉).

다문화가정 자녀교육에서 가장 중요하게 생각되는 부분은 2011년과 비교하여 ‘언어발달’이 12%의 차이로 줄어들었는데 이유로는 ‘생활 한국어 능력의 향상’으로 판단되며, ‘인지발달’ 또한 한국어 능력의 향상으로 인하여 수치가 0%로 나온 것으로 보인다. ‘사회 · 정서발달’은 교사들

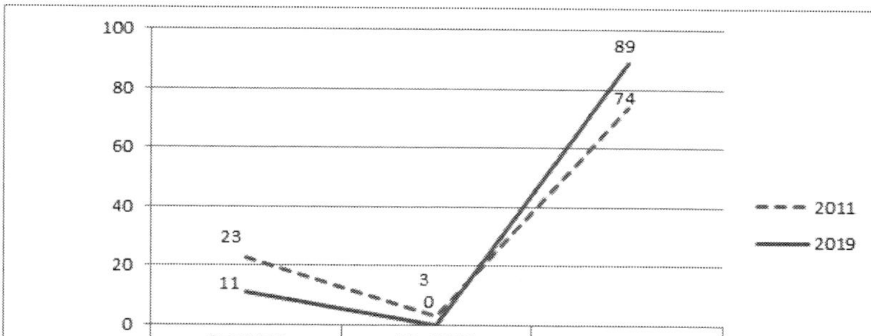

	언어발달	인지발달	사회·정서발달
2011	23	3	74
2019	11	0	89

<그림 5-244> 다문화가정 자녀교육에서 가장 중요하게 생각되는 부분

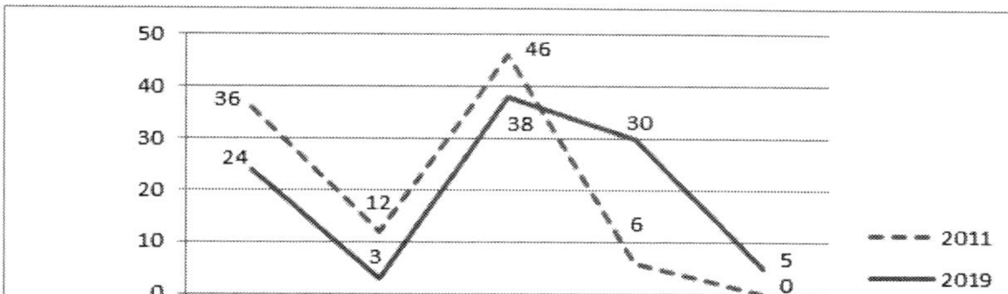

	행·재정적 지원	재량활동 지원	일반학생 인식전환 교육과정	국어집중 교육지원	기타
2011	36	12	46	6	0
2019	24	3	38	30	5

<그림 5-245> 다문화가정 자녀교육을 위해 필요한 정부지원

이 학생들의 생활지도와 정서 및 태도 지도에 어려움을 겪고 있는 상황과 맞물려 89%라는 높은 수치가 나온 것으로 분석되고 당연히 교사들이 중요하게 생각하고 있는 것으로 나타나고 있다(<그림 5-244>).

다문화가정 자녀교육을 위해 필요한 정부지원에서 '일반학생 인식전환 교육지원'은 2011년에 비해 교육이 많이 이루어졌지만 2011년과 비

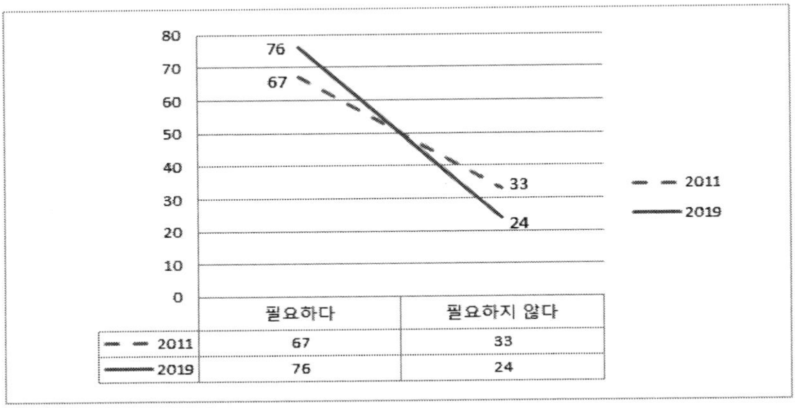

<그림 5-246> 교육기관의 정규과정 이외에 다문화가정 자녀의 국어지도 필요성

교하여 수치에서 큰 차이를 보이지는 않으며 다른 영역에 비하여 높게 나타나고 있어 여전히 필요한 것으로 보인다. 또한 '학습 한국어'의 향상을 위해서 '국어집중교육지원'은 늘어나야 한다고 판단하고 있는 것으로 보인다. '재량활동 지원'과 '행 · 재정적 지원'이 감소한 것과 관련해서 이러한 영역의 정부지원은 일반학생들과의 차별 없이 이루어져야 할 부분으로 생각하고 다문화가정 자녀들에게만 해 주어야 할 것으로 판단하지 않는 것으로 해석되는 응답 결과로 보인다(〈그림 5-245〉).

교육기관의 정규과정 이외에 다문화가정 자녀의 국어지도 필요성은 2011년과 동일하게 '필요하다'가 높게 나타났다(〈그림 5-246〉). 즉, '생활 한국어'는 향상이 되었지만 '학습 한국어'에 대한 부분은 일반가정 자녀와 비교하여 더욱 격차가 벌어졌다고 판단하여 다문화가정 자녀의 국어지도의 필요성이 있다고 응답한 비율이 더욱 높아진 것으로 분석된다.

5.4.4.3. 중 · 고등교사

다문화가정 자녀들이 상급학교로 진학하면서 최근 중 · 고등학교 교사들의 다문화에 대한 관심이 증가하고 있으며, 다문화 관련 교육을 받는 교사도 점차 늘고 있다. 그럼에도 불구하고 다문화가정 자녀들은 학교생활에서 다방면으로 어려움을 겪고 있다. 교육 기관에서 제도적 차원의 다문화가정 자녀들의 학교생활 적응 및 학업 안정을 위한 별도의 교육 방안이 마련되어야 할 것이다.

이를 위해 다문화가정 자녀가 속해 있는 중·고등학교의 교사를 대상으로 설문조사를 실시하여 현재 교육 기관의 다문화교육 관련 현황, 국어교육 현황, 다문화가정 자녀들의 학교생활 현황을 살펴보았다.

◆ 국어 교육현황

중·고등학교의 경우 2011년에는 다문화가정 자녀 재학생의 수가 유치원, 초등학교에 비해 많지 않았으나 2019년에는 그 수가 증가하여 학교 구성원들의 이들에 대한 경험이 축적되었고 이들에 대한 인식 및 대하는 태도도 많은 변화가 있었을 것으로 추정할 수 있다. 이런 상황 속에서 교사들의 '다문화에 대한 관심'에도 변화가 있었을 것으로 충분히 추정할 수 있다. 2019년에는 '매우 많다'와 '많다'의 비율이 2011년의 39%에서 56%로 17% 증가하여 관심의 정도가 큰 폭으로 높아졌음을 알 수 있다(〈그림 5-247〉). 이런 결과가 나온 또 다른 이유로는 '다문화와 관련된 교육'(〈그림 5-249〉)과 '경험'(〈그림 5-251〉)의 증가를 들 수 있을 것이다.

다문화 관련 지식은 '많다'와 '보통이다'가 74%를 차지하여 2011년보다 17% 증가하였음을 알 수 있다(〈그림 5-248〉). 이는 다문화와 관련된 교육을 받은 적이 있는가(〈그림 5-249〉)에서 '있다'의 응답이 과거에 비하여 증가한 것과 직접적인 관련이 있는데 교육의 증가가 지식의 증가를 이끈 것으로 분석할 수 있다. 좀 더 깊이 들어가 보면 '매우 많다'를 포함한 '많다'의 응답이 2011년에 비해 5%의 증가에 그친 반면 '보통'이

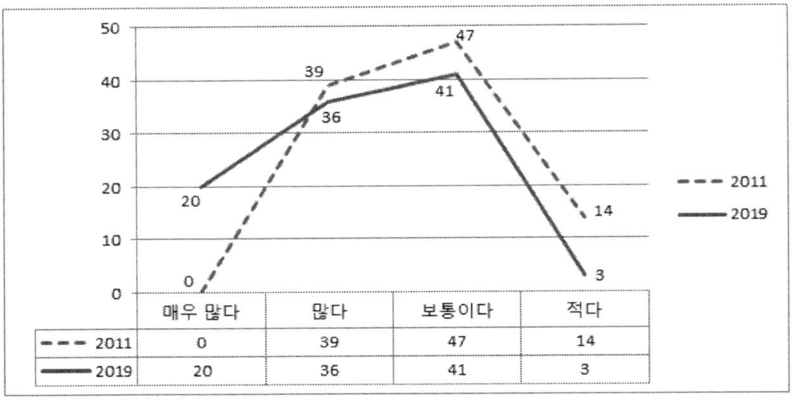

	매우 많다	많다	보통이다	적다
2011	0	39	47	14
2019	20	36	41	3

<그림 5-247> 다문화에 대한 관심

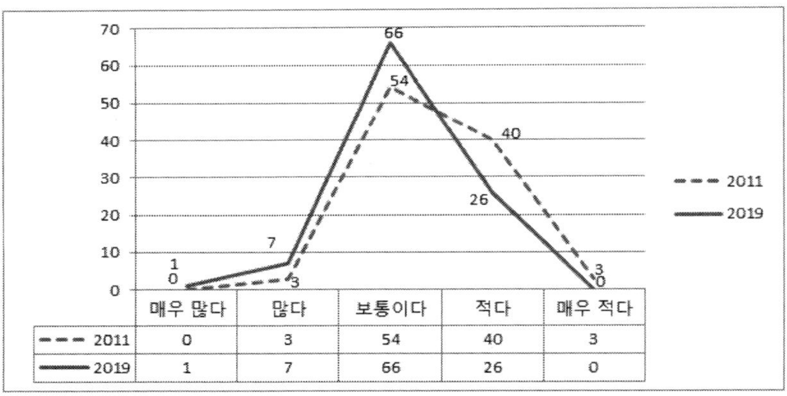

	매우 많다	많다	보통이다	적다	매우 적다
2011	0	3	54	40	3
2019	1	7	66	26	0

<그림 5-248> 다문화 관련 지식

라는 응답은 12%가 증가하였다. 이 결과는 '다문화교육'이 깊이 있는 심층 교육이 아니라 '일반적인 사항'을 알려주는 교육에 그쳤음을 보여주는 것으로 해석할 수 있는 부분이다.

다문화와 관련된 교육을 받은 적이 있는가에 대한 '있다'의 응답으로 2011년, 2019년 모두 '직무연수'를 통하여 교육을 받았다고 답하여 다

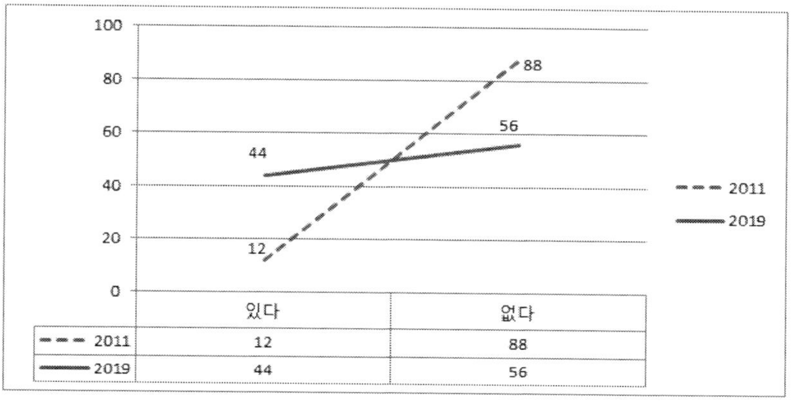

<그림 5-249> 다문화와 관련된 교육을 받은 적이 있는가

문화 관련 교육 경험의 증가가 정책적으로 교육을 확대한 결과물임을 알 수 있다(〈그림 5-249〉). 하지만 '없다'의 의견이 여전히 50% 이상(56%)으로 나타나 다문화 관련 교육 확대의 필요성은 여전히 지속되는 것으로 분석된다.

2011년에 비하여 2019년에는 '다문화가정 자녀가 있다'라는 응답이 5% 증가하였는데 이는 다문화가정 자녀들이 성장함에 따라 학령이 높아져 중·고등학교로 진학한 결과로 분석된다(〈그림 5-250〉).

2019년에는 42%가 다문화가정 자녀를 지도하고 있다고 답하였는데 이는 2011년에 비하여 24% 증가하였다(〈그림 5-251〉). 이는 '현재 재직 중인 기관에 다문화가정 자녀가 있는가'(〈그림 5-250〉)의 결과와 같은 내용으로, 다문화가정 자녀가 학령이 높아짐에 따라 상급학교로 진학하며 나타난 자연스러운 결과로 보인다.

다문화가정 자녀의 국어 실력은 2019년에는 '매우 좋다'와 '좋다'를 합하여 60%로 나타나 8% 낮아졌으며, '보통'과 '나쁘다'를 합하여 40%로 8% 증가한 것으로 보아 국어 실력은 대체로 나빠졌다고 판단된다(〈그림 5-252〉). 이는 학년이 높아짐에 따라 요구되는 국어 실력이 '생활

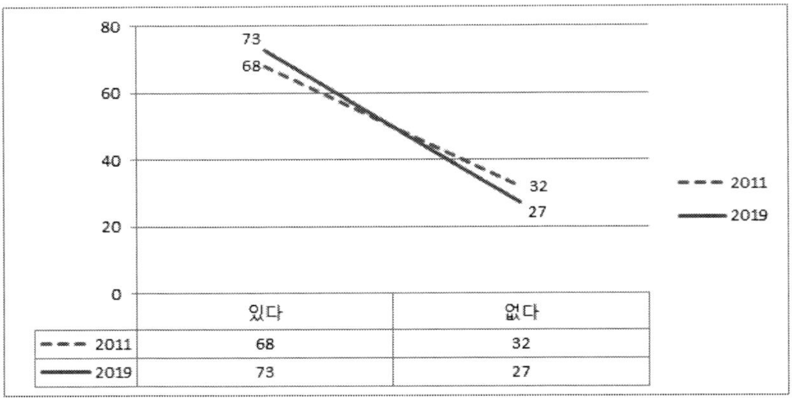

<그림 5-250> 현재 재직 중인 기관에 다문화가정 자녀가 있는가

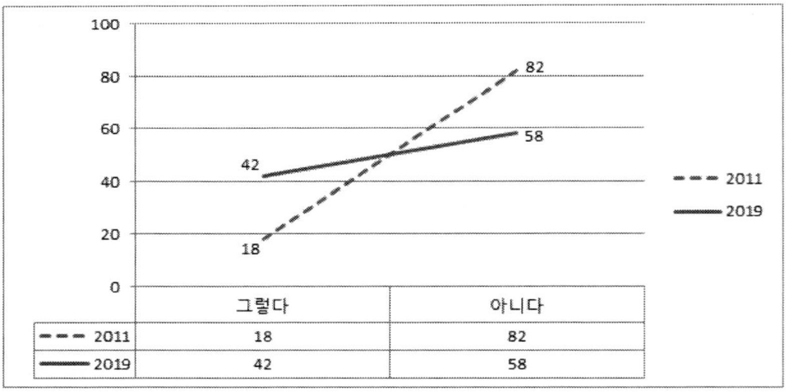

<그림 5-251> 다문화가정 자녀를 직접 지도하고 있는가

한국어'가 아닌 '학습 한국어'의 영역으로 판단되는데 비다문화가정 학생들과 비교하여 적어도 같은 수준의 '학습 한국어' 실력을 바라는 교사들의 의견이 이런 결과로 나타난 것으로 분석된다.

다문화가정 자녀의 학업능력은 2019년에는 '매우 좋다'와 '좋다'를 합하여 20%로 2011년에 비하여 19% 낮아졌으며, '나쁘다'와 '매우 나쁘

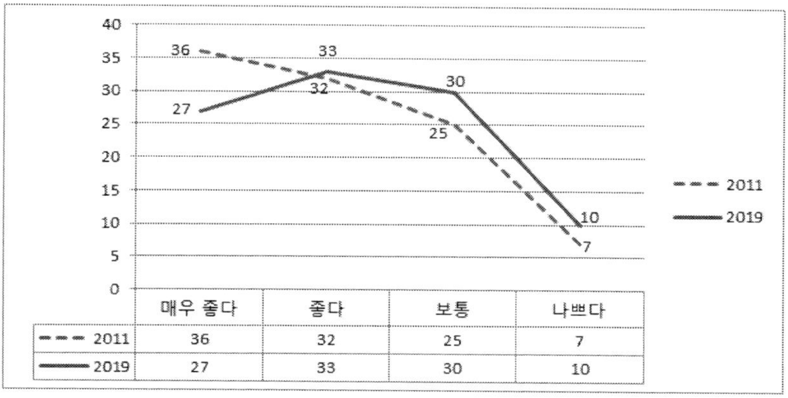

	매우 좋다	좋다	보통	나쁘다
2011	36	32	25	7
2019	27	33	30	10

<그림 5-252> 다문화가정 자녀의 국어 실력

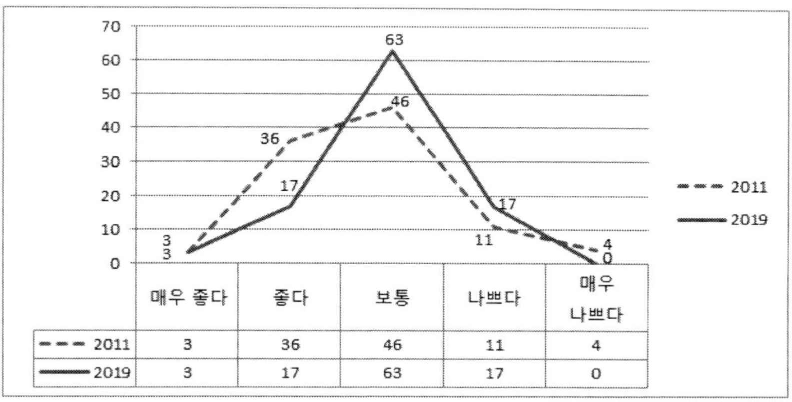

	매우 좋다	좋다	보통	나쁘다	매우 나쁘다
2011	3	36	46	11	4
2019	3	17	63	17	0

<그림 5-253> 다문화가정 자녀의 학업능력

다'는 17%로 2% 높아진 것으로 보아 학업능력은 많이 떨어진 것으로 분석되었다(〈그림 5-253〉). 이는 다문화가정 자녀의 국어 실력(〈그림 5-252〉)의 결과와 맥이 닿아 있는데 '생활 한국어' 실력이 일반 학생들에 비해 떨어지다 보니 비다문화가정 학생들의 수준을 기준으로 삼는 교사들의 입장에서 보면 다문화가정 자녀들의 '학업능력'이 상대적으로

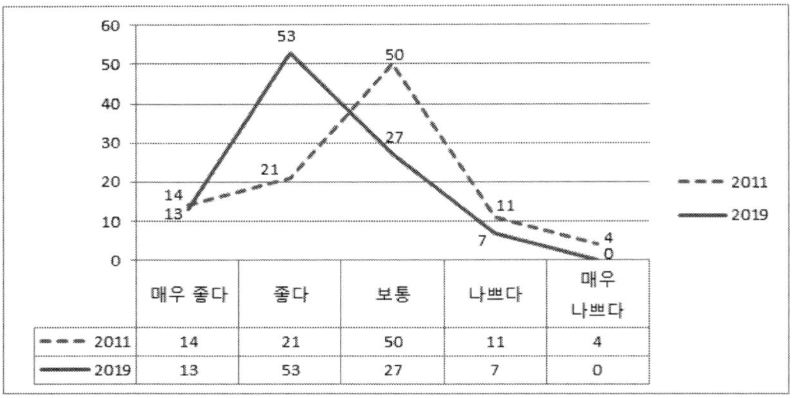

	매우 좋다	좋다	보통	나쁘다	매우 나쁘다
2011	14	21	50	11	4
2019	13	53	27	7	0

<그림 5-254> 다문화가정 자녀의 수업 태도

떨어지는 것으로 판단했을 것이고 그 판단의 결과가 〈그림 5-253〉의 결과로 나타난 것으로 보인다.

다문화가정 자녀의 수업 태도는 2019년에 '매우 좋다'와 '좋다'가 66%로 나타났으며 '나쁘다'와 '매우 나쁘다'는 7%로, 2011년에 비해 '좋다' 쪽은 31% 높아졌고 '나쁘다' 쪽은 8% 낮아져 수업 태도가 2011년에 비하여 좋아진 것으로 나타났다(〈그림 5-254〉). 유치원, 초등학교 교사들과는 달리 고등학교 교사들이 다문화가정 자녀의 수업 태도가 좋아졌다고 평가한 것은 중 · 고등학교 학생들의 경우 상급학교 입학을 위해 학업적으로 준비해야 하는 부분이 있고, 사춘기도 초등 고학년 나이에 지나가기 때문에 이 시기가 지난 중학교 입학 후의 다문화가정 자녀들은 차분해지는 성향이 나타나기 때문으로 판단된다.

한편으로는 강화된 '다문화에 대한 이해 교육'이 다문화가정 자녀와 비다문화가정 자녀에게 유치원, 초등, 중 · 고등학교를 거치면서 지속적으로 시행되어 모든 학생들이 다문화와 다문화가정에 대한 긍정적 이해를 더욱 깊고 크게 하면서 '다문화가정 자녀의 수업 태도'에서 2011년보다 좋아진 결과가 나타난 것으로 분석된다. 이런 분석은 '다문화가정 자

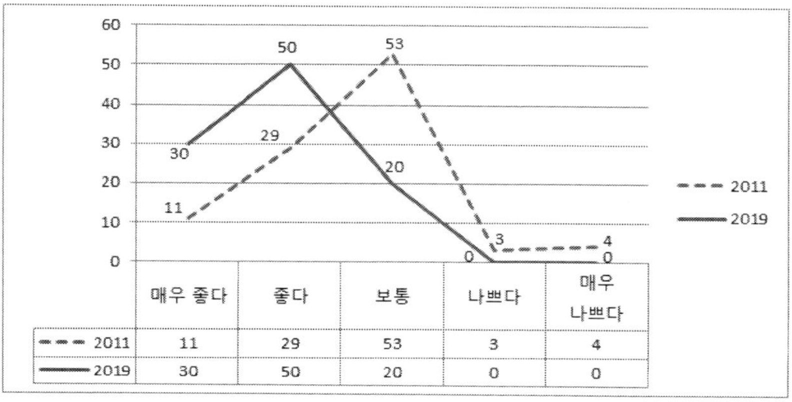

<그림 5-255> 다문화가정 자녀의 교우관계

녀의 수업 태도'뿐만 아니라 '다문화가정 자녀의 교사에 대한 태도' 및 '다문화가정 자녀의 교우 관계'에까지 적용될 수 있을 것으로 판단된다.

다문화가정 자녀의 교우관계는 2011년 '매우 좋다'와 '좋다'가 40%였지만 2019년에는 '매우 좋다'와 '좋다'가 80%로 나타나 긍정적인 응답이 2배 증가하였다. 또한 2019년에 '나쁘다'와 '매우 나쁘다'가 0%로 나타난 것으로 보아 교우관계는 전체적으로 좋아진 것을 알 수 있다(〈그림 5-255〉). 이런 결과는 다문화가정 자녀의 수업 태도가 좋아진 것과 동일한 원인 때문에 나타난 것으로 분석된다.

다문화가정 자녀의 교사에 대한 태도는 2019년에 '매우 좋다'와 '좋다'가 93%로 교사에 대한 태도도 많이 좋아졌음을 알 수 있다(〈그림 5-256〉). 이런 결과의 원인은 '다문화가정 자녀의 수업 태도'(〈그림 5-254〉), '다문화가족의 학업능력'(〈그림 5-253〉)과 동일한 이유에서 찾을 수 있을 것이다.

다문화가정 자녀의 교육기관 적응 정도는 2019년에 '매우 좋다'와 '좋다'가 80%로 자녀의 교육기관 적응 정도는 2011년에 비하여 많이 좋아졌음을 알 수 있는데(〈그림 5-257〉) 그 이유는 '다문화가정 자녀의 수업

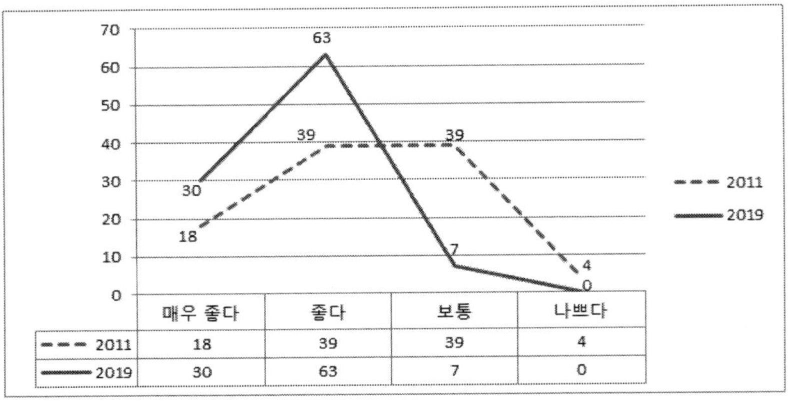

<그림 5-256> 다문화가정 자녀의 교사에 대한 태도

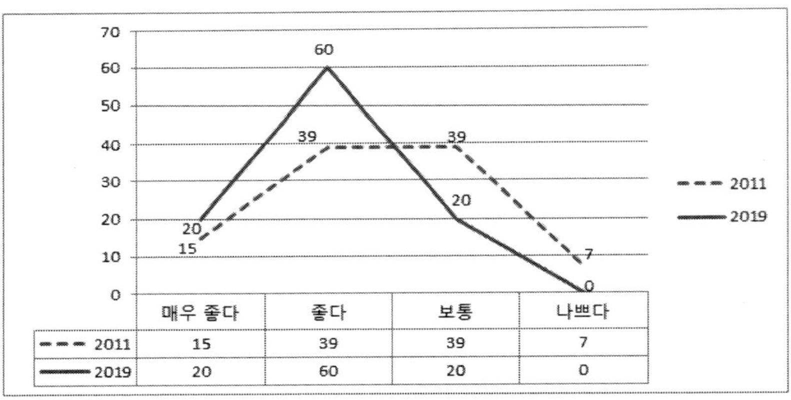

<그림 5-257> 다문화가정 자녀의 교육기관 적응 정도

태도', '다문화가정 자녀의 교우 관계', '다문화가정 자녀의 교사에 대한 태도'가 좋아지게 했던 요소들에서 찾을 수 있을 것이다.

2019년에 다문화가정 자녀가 기관에서 겪는 가장 큰 어려움으로 '편견과 차별'이 27%로 높게 나타났다(〈그림 5-258〉).[76] 2011년에 비해서

76) '기타'가 두 번째로 높은 응답률을 보이기는 했지만 여러 내용이 들어있기 때문에 본

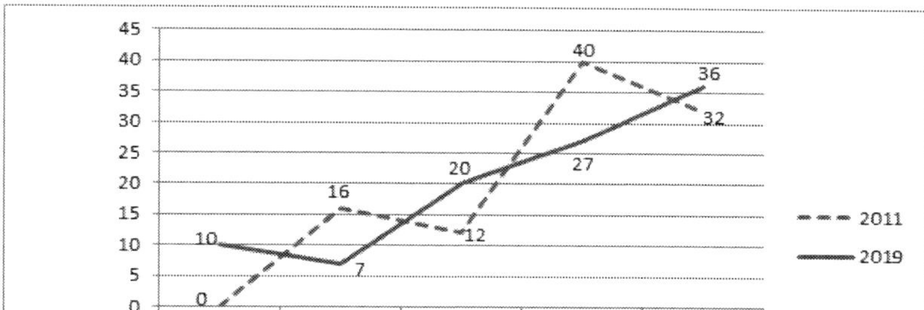

	의사소통	교우관계	기본생활 습관형성	편견과 차별	기타
2011	0	16	12	40	32
2019	10	7	20	27	36

<그림 5-258> 다문화가정 자녀가 기관에서 겪는 가장 큰 어려움

는 13% 낮아졌지만 여전히 높게 나타나 '편견과 차별'이 학교 내에서 중요한 갈등 요소로 자리 잡고 있음을 보여주었고 이에 대한 대책을 꾸준히 마련하여 실천해야 함도 드러내었다. 앞의 문항들에서 '교사에 대한 태도', '수업 태도' 등에서 많이 좋아졌다는 결과가 나왔지만 '기본 생활 습관 형성'에서는 2011년보다는 8% 높아져 유아, 초등교사가 지적했던 '기본 생활습관 형성'에서의 문제가 여기서도 지적된 것이라고 분석된다. '의사소통'에서는 2011년에는 0%였다가 2019년에는 10%로 높아졌는데 '교우 관계'의 응답률이 낮아진 것과 비교해서 보면 '교사에 대한 태도'는 좋아졌지만 '교사와의 의사소통'에서 문제가 발생하는 것으로 해석해야 할 것으로 보인다. 이는 '기본 생활습관 형성'의 문제가 더 커진 결과를 토대로 분석해 보면 다문화가정 자녀 중 일부가 생활습관 및 가치관이 안정적이지 못한 방향으로 형성돼 교사와의 의사소통에서 문제가 나타나는 것으로 해석된다.

문의 분석에서는 뺐다. '기타'의 응답으로는 '어려움이 없다'는 응답을 포함하여, '생활의지 부족, 삶의 의욕 부족' 등이 있었다.

2019년 다문화가정 부모의 자녀 양육에 대한 관심 정도는 '보통이다' 57%, '높다' 30%로 나타나 2011년보다 자녀 양육에 대한 관심 정도가 줄었음을 알 수 있다(〈그림 5-259〉). 이는 다문화학생 학업중단율과 연결 지어 생각해 볼 수 있는데 교육 기관의 적응 정도 등이 2011년에 비하여 긍정적인 방향으로 조사되었지만 여전히 전체학생에 비하여 높은 학업중단율을 나타내고 있다.[77] 이 학업중단율은 부모의 관심이 낮을 때 나타날 가능성이 높기 때문이다. 또한 부적응 관련 학업중단율(질병, 유학, 해외출국 등)도 높게 나타나 이 부분에서도 '다문화가정 자녀'들은 여전히 어려움이 있는 것으로 보이는데 이 부분도 또한 자녀들이 재학하는 한국 교육기관에 대한 적극적이지 못한 부모의 관심과 연결되어 있어 교사들이 '보통이다'의 선택지를 선택하게 만든 것으로 보인다.

현재 재직 중인 교육 기관에서 다문화가정 자녀를 위한 별도의 학습지도가 이루어지고 있는가라는 질문에 2019년은 총 응답자 중 97%가 '현재 재직 중인 교육 기관에서 다문화가정 자녀를 위한 별도의 학습지도가 이루어지지 않고 있다'고 응답하였다.[78]

또 현재 재직 중인 교육 기관에서 다문화가정 자녀를 위한 별도의 한글/국어 지도가 이루어지고 있는가라는 질문에도 응답자 중 97%가 '별도의 한글/국어 지도가 이루어지지 않고 있다'고 응답하였다.[79] 유아교

---

77) 〈학교급별 다문화학생 학업중단율(2017년)〉

구분	전체학생	다문화학생
전체	**0.87 (0.47)**	**1.17 (0.32)**
초	0.61 (0.13)	0.99 (0.15)
중	0.66 (0.27)	1.47 (0.52)
고	1.47 (1.18)	2.11 (1.37)

※ 괄호 안은 부적응 관련 학업중단 (질병, 유학, 해외출국 제외)

출처 : 교육부 홈페이지(2019 다문화교육지원계획)

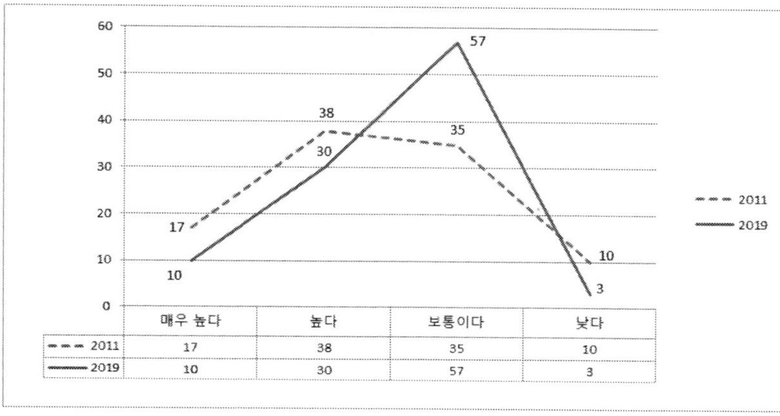

<그림 5-259> 다문화가정 부모의 자녀 양육에 대한 관심 정도

78) 현재(2019년) 재직 중인 교육 기관에서 다문화가정 자녀를 위한 별도의 학습지도가 이루어지고 있는가

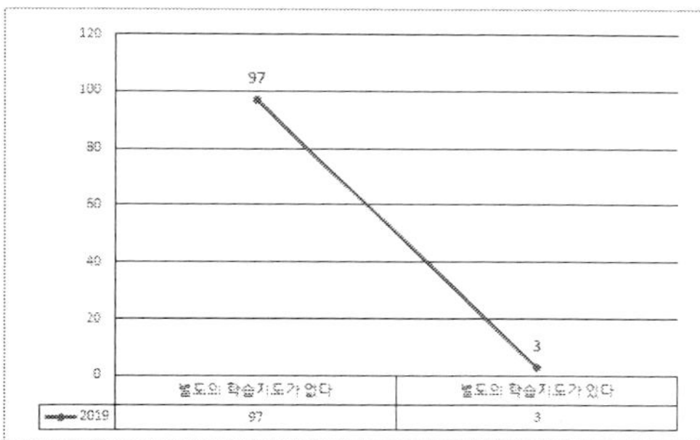

79) 현재(2019년) 재직 중인 교육 기관에서 다문화가정 자녀를 위한 별도의 한글/국어 지도가 이루어지고 있는가

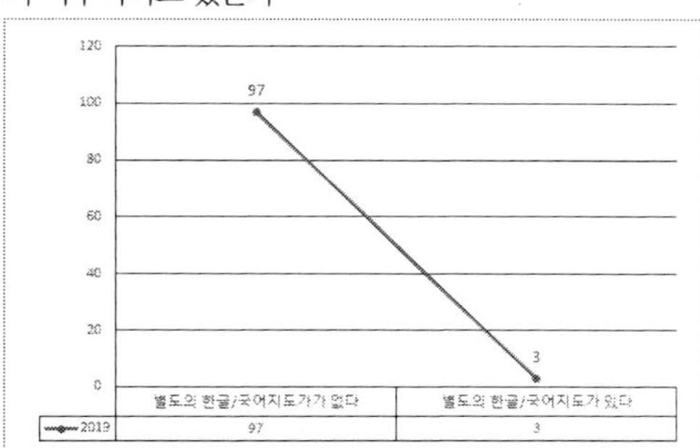

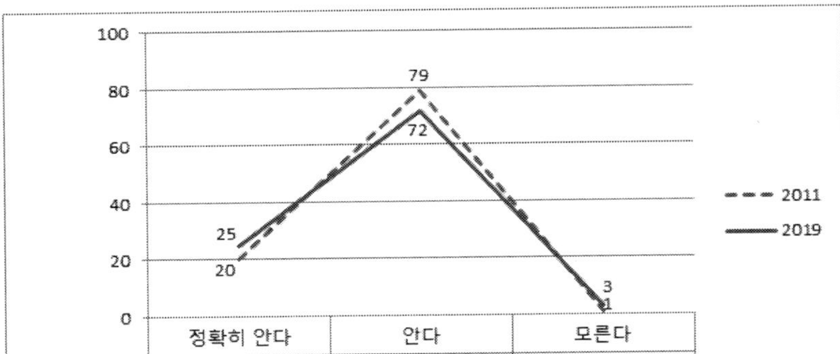

	정확히 안다	안다	모른다
2011	20	79	1
2019	25	72	3

<그림 5-260> '다문화'라는 용어의 의미를 알고 있는가

사, 초등교사의 답변과 마찬가지로 학교 내에서 별도의 학습지도/국어 지도를 실시하기에 어려운 환경과 상황 때문에 다문화가정 자녀만을 위한 별도의 시간을 마련하여 교육하기 쉽지 않은 것으로 분석되었다.[80)]

2019년에는 '다문화'라는 용어의 의미를 '정확히 안다' 25%를 포함하여 97%가 '안다'고 응답하여서 2011년과 비슷한 응답 분포를 보인 것으로 보아 교사들이 '다문화'라는 용어의 의미를 2011년과 같은 수준으로 알고 있는 것으로 보인다(〈그림 5-260〉). 이는 교사들이 학교나 관련 교육기관에서의 '직무연수'를 통해 꾸준히 '다문화'에 대한 교육을 받은 결과로 보인다.

'다문화'라는 용어를 어떻게 생각하는가에 대해 2011년과 비슷하게 나타나(〈그림 5-261〉) 용어에 대한 사회적인 인식은 큰 변화가 없는 것으로 보인다. 유아, 초등학교 교사들이 2019년 응답에서 2011년에 비해 '다문화'에 대해 좀 더 긍정적인 인식으로 바뀐 응답을 한 것과 비교하면 중 · 고등학교 교사들은 좀 더 보수적인 시각을 가지고 '다문화'에 대해

80) 2011년 자료가 없어 2011년 자료는 넣지 않은 그래프를 제시하였다.

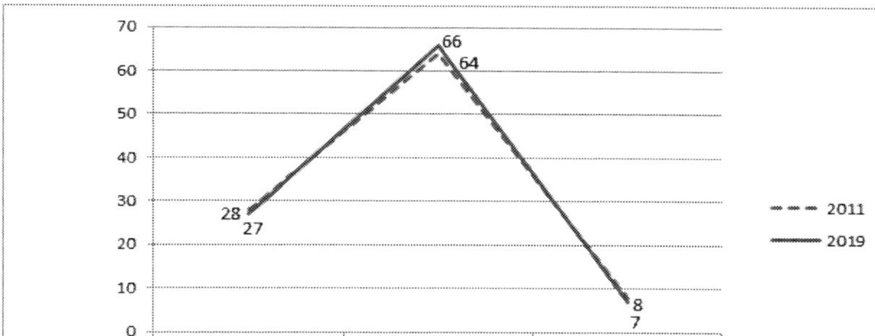

	좋다	보통이다	좋지 않다
2011	28	64	8
2019	27	66	7

<그림 5-261> '다문화'라는 용어를 어떻게 생각하는가

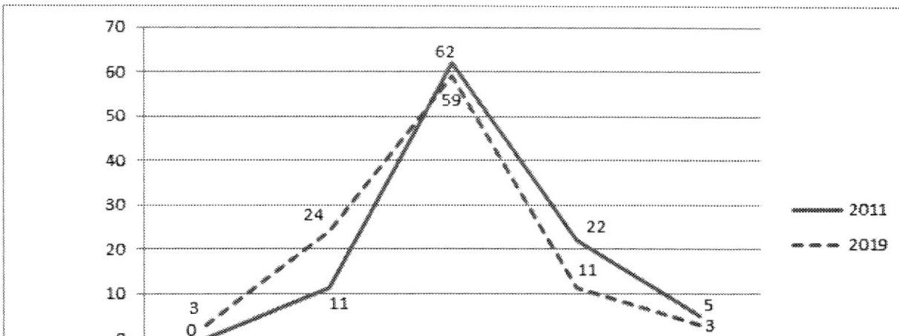

	매우 크다	크다	보통이다	적다	매우 적다
2011	0	11	62	22	5
2019	3	24	59	11	3

<그림 5-262> 다문화가정 자녀지도에 대한 부담 정도

접근하는 것으로 해석할 수 있다.

다문화가정 자녀지도에 대한 부담과 관련해서는 2019년의 결과가 2011년과 비교해서 '크다' 쪽의 응답률이 높아지고 '적다' 쪽의 응답률이 낮아져서 부담 정도가 늘어난 것으로 분석되었다(〈그림 5-262〉). 2019년에 2011년보다 다문화가정 자녀의 수가 늘어난 것이 영향을 미

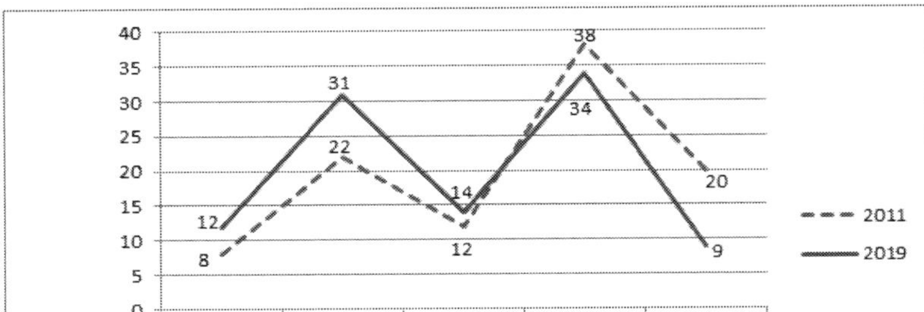

	의사소통	학습지도	생활지도	부모와의 소통	기타
2011	8	22	12	38	20
2019	12	31	14	34	9

<그림 5-263> 다문화가정 자녀지도에서 가장 어려운 부분

친 것으로 보이며 〈그림 5-258〉에서 보았듯이 이들 자녀가 '기본 생활습관 형성', '교사와의 의사소통'에서 어려움을 겪는다고 본 교사들도 이 부분에서 이들 자녀의 지도에 어려움을 느껴 이런 결과가 나온 것으로 분석된다.

다문화가정 자녀지도에서 가장 어려운 부분으로 '부모와의 소통'이 34%로 2011년과 같이 가장 높게 나타났다(〈그림 5-263〉). 이는 여전히 여성결혼이민자의 한국어 실력이 교사와의 자유로운 의사소통 수준에는 이르지 못했음을 보여주는 것으로 해석된다. 그 다음으로 '학습지도' 31%, '생활지도' 14%, '의사소통' 12%, '기타' 9%로 응답하였는데 '학습지도' 부분이 2011년에 비하여 높게 나타난 이유는 '다문화가정 자녀의 국어 실력'에서 분석한 것처럼 학년이 올라감에 따라 요구되는 '국어 실력'은 '생활 한국어'가 아닌 학습과 관련된 '학습 한국어'인데 다문화가정 자녀가 늘어난 상황에서 비다문화가정 자녀에 비해 떨어지는 '학습 한국어' 실력을 가진 다문화가정 자녀들에게 우호적인 평가를 하기보다는 객관적으로 비다문화가정 자녀에 비해 떨어지는 이들의 '학습 한국어' 실력과 맞물려 이들에 대한 '학습 지도'의 어려움을 지적했다고 분

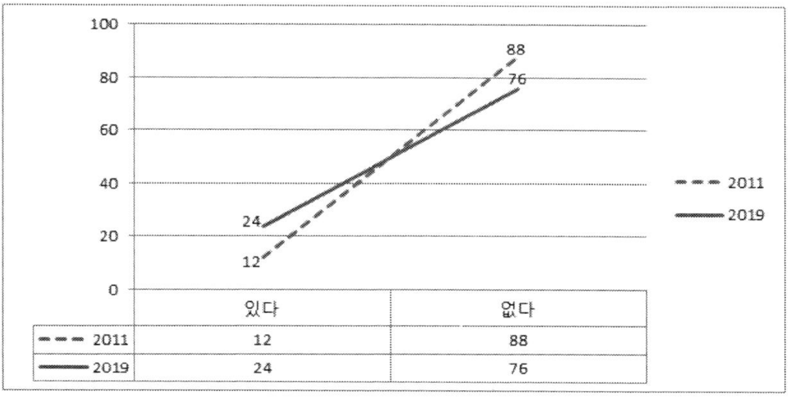

<그림 5-264> 비다문화가정 자녀와 비교해 다문화가정 자녀에게만 나타나는 특성

석할 수 있다. 그 다음으로 높은 생활지도와 의사소통의 경우 앞에서 분석했듯이 다문화가정 자녀의 태도/학교생활에서의 불안정함이 이들 두 요소에서 10%대의 응답률이 나오게 한 원인으로 작용하는 것으로 해석된다.

다문화가정 자녀에게만 나타나는 특성에 대한 질문에서 2019년의 경우 중·고등교사 응답자의 24%가 비다문화가정 자녀와 비교해 다문화가정 자녀에게만 나타나는 특성이 '있다'라고 응답하여 2011년에 비해 12% 증가하였다(〈그림 5-264〉). 구체적인 의견으로는 '소극적 생활태도', '이해력 부족' 등을 언급하였다. 2011년에 나타난 특성은 '언어에서의 특이성, 상대적으로 자존감 결여, 문화적 차이, 조금 소극적임, 무기력, 학교 적응 능력, 언어적 문제' 등이었다. 이렇게 다문화가정 자녀에게만 나타나는 특성이 '있다'라는 응답이 2배로 늘어난 이유는 다문화가정 자녀의 수가 증가하면서 중·고교에 근무하는 교사들이 이들 자녀의 특성을 관찰할 기회가 늘어났고 또 이들을 좀 더 객관적으로 바라보면서 이들의 특성을 더욱 잘 파악하게 된 것으로 분석할 수 있다.

현재 재직 중인 교육기관에서는 다문화가정 자녀에 대한 특별한 학습

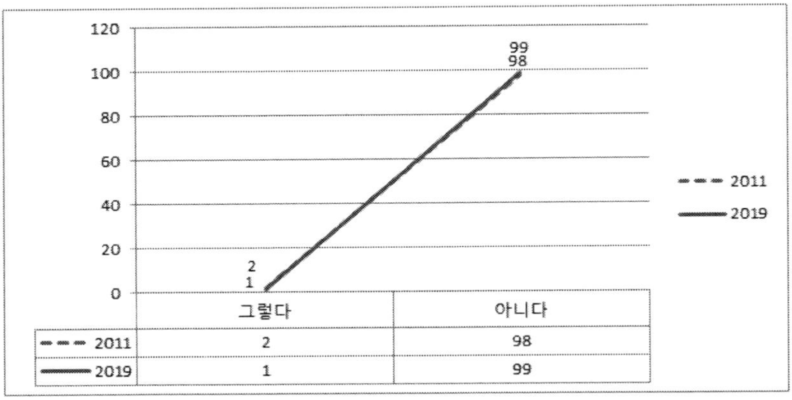

<그림 5-265> 현재 재직 중인 교육기관에서는 다문화가정 자녀에 대한 특별한 학습지도방안을 계획하고 있는가

지도방안을 계획하고 있는가에 대해 2019년 중·고등교사 응답자의 1%만이 '그렇다'라고 응답하였다(〈그림 5-265〉). 이는 2011년과 마찬가지로 학교에서 특별한 방안이 현재도 없지만 앞으로도 그럴 것이라는 것을 알려주는 결과로 보인다. 이런 설문에 대한 응답은 앞에 나온 2019년 중·고등교사 총 응답자 중 97%가 '현재 재직 중인 교육 기관에서 다문화가정 자녀를 위한 별도의 학습지도가 이루어지지 않고 있다'고 응답한 결과와 비슷한 맥락에서 해석할 수 있을 것이다.

◆ 국어 교육에 바라는 점

교사를 위한 다문화교육의 필요성은 2019년 '매우 필요'와 '필요'가 82%로 2011년에 비하여 필요성을 느끼는 의견이 9% 정도 증가하였다(〈그림 5-266〉). 특히 '매우 필요'의 응답이 12%에서 28%로 높아져 두 배 이상 증가하였는데 이는 재학하는 다문화가정 자녀의 수가 증가하여 교사들의 자녀지도에 대한 부담 정도가 높아지고 이들을 어떻게 지도하고 가르칠 것인가에 대한 고민이 높아지는 것과 연결 지어 봤을 때, 다문

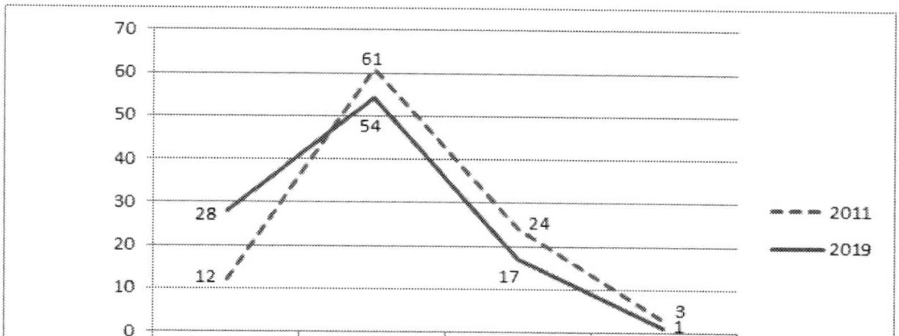

	매우 필요하다	필요하다	보통이다	필요없다
2011	12	61	24	3
2019	28	54	17	1

<그림 5-266> 교사를 위한 다문화교육의 필요성

화 학생들의 교육을 효과적으로 잘하기 위해서는 교사들이 다문화교육을 받음으로써[81] 다문화 학생들에 대한 이해의 폭과 깊이가 넓어질 것으로 판단해서 응답한 것으로 해석된다.

다문화자녀를 위한 차별화된 국어교육방법의 필요성은 2011년에 비해 '필요하다'는 의견이 3% 정도 늘어났다(〈그림 5-267〉). 전체적으로는 3%만 늘어나 2011년과 크게 차이가 없는 것으로 보이지만 '매우 필요하다'는 응답은 2배 이상 늘어 '필요하다'라고 판단하는 정도가 더 강해진 것을 확인할 수 있다. 이런 의견은 비다문화가정 자녀에 비해 떨어지는 다문화가정 자녀의 학습 능력과 관련하여 '학습 한국어'의 능력을 올려야 한다는 교사들의 요구가 더 강해졌기 때문으로 분석된다.

다문화가정 자녀를 위한 전문가의 필요성은 2019년에는 '매우 필요' 29%를 포함, '필요하다'는 의견이 76%로 나타나 2011년과 마찬가지로 전문가가 필요하다는 의견이 우세한 것을 알 수 있다(〈그림 5-268〉). 특

81) 이때의 다문화교육은 평소에 받는 직무연수 수준의 다문화교육이 아니라 다문화와 다문화가정, 그 자녀에 대해서 깊이 있게 알 수 있는 전문적이고 깊이 있는 교육을 의미하는 것으로 해석하는 것이 타당할 것이다.

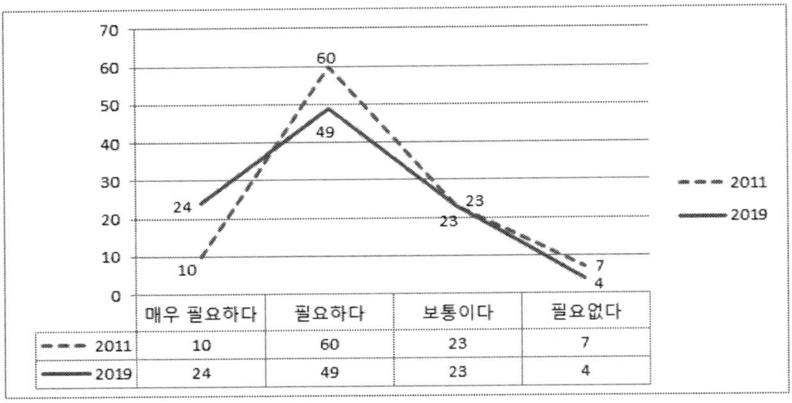

	매우 필요하다	필요하다	보통이다	필요없다
2011	10	60	23	7
2019	24	49	23	4

<그림 5-267> 다문화자녀를 위한 차별화된 국어교육방법의 필요성

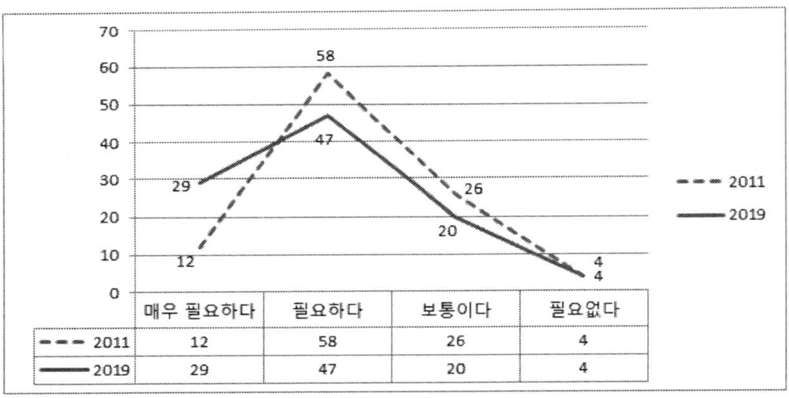

	매우 필요하다	필요하다	보통이다	필요없다
2011	12	58	26	4
2019	29	47	20	4

<그림 5-268> 다문화가정 자녀를 위한 전문가의 필요성

히 '매우 필요하다'는 의견은 2배 이상으로 높아져 전문가의 필요성에 대한 요구가 더욱 강화된 것으로 이해할 수 있다. 이는 다문화가정 자녀와 접하는 경험이 늘어날수록 다문화가정 자녀에 대한 전문지식의 필요성을 더욱 강하게 느끼게 되지만 이를 충족시키는 심층 교육이 이루어지지 않아 이를 보완하는 전문가의 필요성을 2011년보다 더욱 강하게

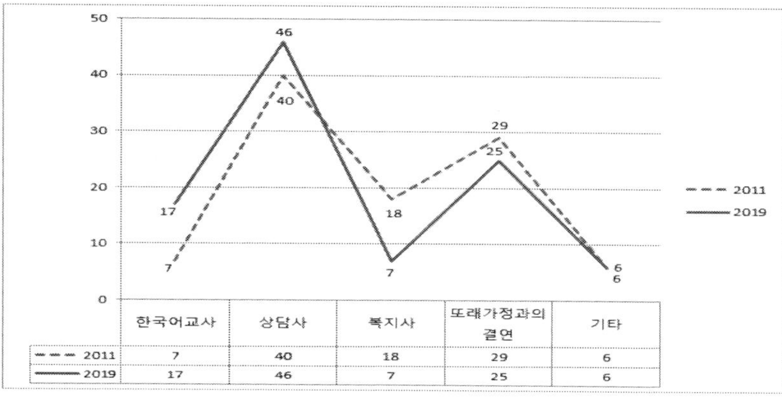

	한국어교사	상담사	복지사	또래가정과의 결연	기타
2011	7	40	18	29	6
2019	17	46	7	25	6

<그림 5-269> 다문화가정 자녀에게 가장 필요한 것

느끼는 것으로 분석된다.

'다문화가정 자녀에게 가장 필요한 것은 무엇(누구)인가'라는 물음에 2019년 역시 '상담사'가 46%로 가장 높게 나타나 2011년과 마찬가지로 상담사에 대한 필요성을 가장 크게 느끼는 것으로 나타났다(〈그림 5-269〉). 이 결과에는 인격적 성장이 일정 수준 이루어진 다문화가정 출신 중·고등 학생들에게도 여전히 정서와 생활태도 면에서 불안정함이 있다고 판단하는 교사들의 생각이 반영된 것으로 해석된다. '또래가정과의 결연'은 여전히 높은 응답률을 기록해 다른 비다문화가정과의 교류의 중요성을 인지하고 있는 것으로 보인다. '한국어 교사'의 응답률이 높아진 것은 이들 자녀의 '학습 한국어'의 능력을 높여야 한다는 생각이 반영된 것으로 해석된다. '복지사'를 꼽은 응답률은 11%나 낮아졌는데 2011년에 비해 다문화가정의 전반적인 경제력이 향상된 것이 이런 응답률을 나타낸 원인으로 보인다.

다문화가정 자녀교육을 위해 교육받고 싶은 내용은 전체적으로 2019년의 결과가 2011년의 결과와 큰 차이가 없었다. 다문화관련 '심리상담'이 44%로 가장 높게 나타났는데, 이는 이들 자녀들과의 상담을 통해 이

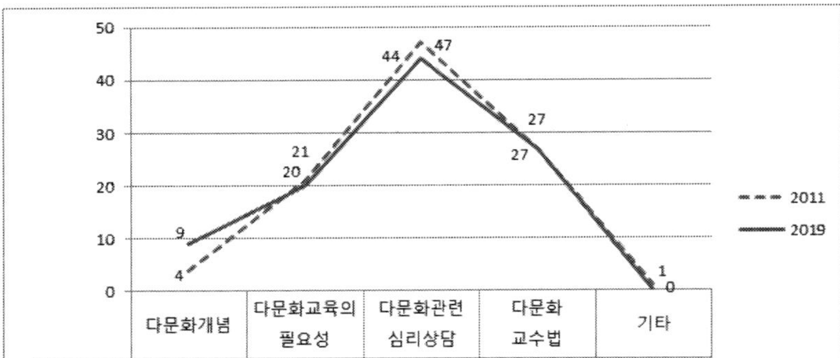

	다문화개념	다문화교육의 필요성	다문화관련 심리상담	다문화 교수법	기타
2011	4	21	47	27	1
2019	9	20	44	27	0

<그림 5-270> 다문화가정 자녀교육을 위해 교육받고 싶은 내용

들과 정서적으로 교류하여 이들의 심리 안정을 이끌어 내고 싶은 교사들의 요구가 반영된 것으로 해석된다(〈그림 5-270〉). '다문화 개념'이라는 응답이 4%에서 9%로 높아졌는데 '다문화'라는 용어의 심층적 의미를 알아 다문화가정 자녀의 교육에 활용하고 싶은 교사들의 의견이 반영된 것으로 보인다.

다문화가정 자녀지도 시 필요한 교육 내용으로 2019년 역시 '자아정체성을 찾는 교육'이 43%로 여전히 강한 필요성을 보이고 있으며 '학교생활 적응'은 2011년보다 높게 나타나 필요성이 더 증가하였다고 판단하였다. '부모 나라 문화 이해'는 미디어 및 학교특별수업 또는 행사로 진행되는 다문화 인식 교육이 많이 이루어지고 있기 때문에 필요성이 낮아진 것으로 보인다(〈그림 5-271〉).

2019년 다문화가정 자녀교육에서 가장 중요하게 생각되는 부분 역시 2011년처럼 '사회 · 정서발달'을 74%로 꼽았고, 그 외에 '인지발달' 9%, '언어발달' 17%로 나타나 이 두 개의 항목에서는 2011년과 순위가 역전되었다. '언어발달'의 응답률이 높아진 것은 앞에서 논의한 '학습 한국어'의 향상이 필요하다는 교사들의 생각이 반영된 결과로 보인다(〈그림

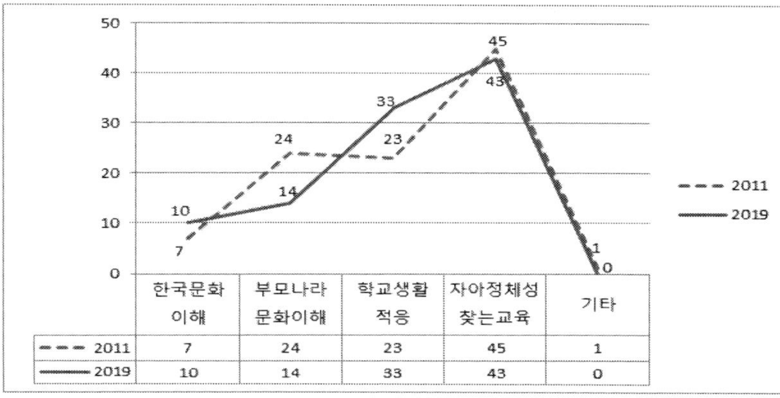

	한국문화 이해	부모나라 문화이해	학교생활 적응	자아정체성 찾는교육	기타
2011	7	24	23	45	1
2019	10	14	33	43	0

<그림 5-271> 다문화가정 자녀지도 시 필요한 교육 내용

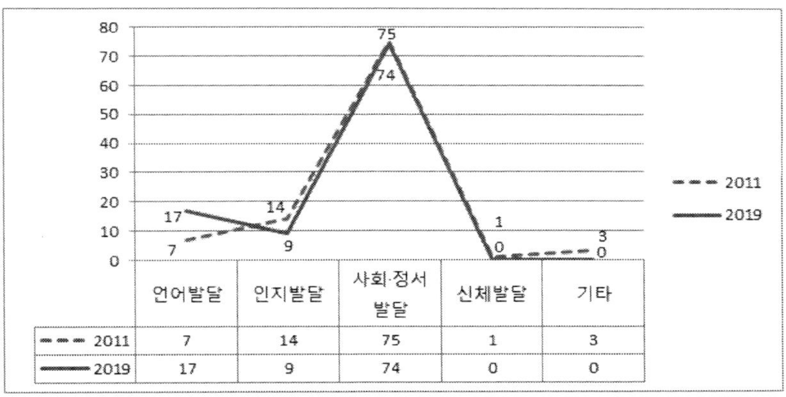

	언어발달	인지발달	사회·정서 발달	신체발달	기타
2011	7	14	75	1	3
2019	17	9	74	0	0

<그림 5-272> 다문화가정 자녀교육에서 가장 중요하게 생각되는 부분

5-272〉). '인지발달'이 객관적으로는 중요함에도 불구하고 '언어발달'보다 응답률이 낮게 나온 것은 '언어발달'이 이루어져야 학업을 제대로 이어갈 수 있다는 측면에서 '언어발달'보다는 덜 중요한 것으로 판단한 교사들이 2011년에 비해 더 많아졌기 때문으로 보인다. 2011년과 마찬가지로 '사회 · 정서발달'을 중요하게 생각하는 이유는 중 · 고교생 시기는

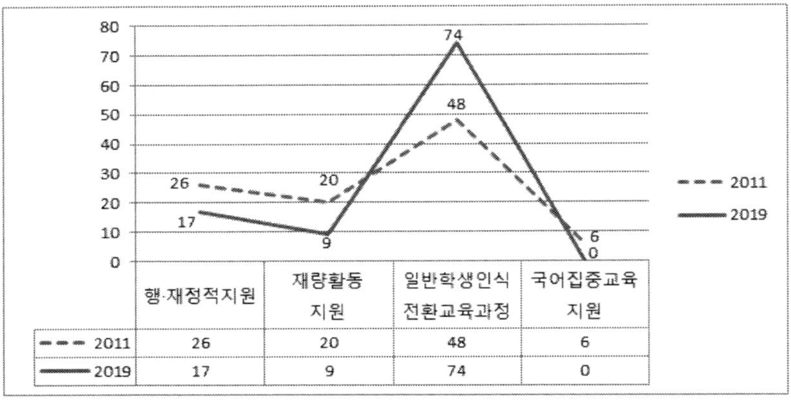

<그림 5-273> 다문화가정 자녀교육을 위해 필요한 정부지원

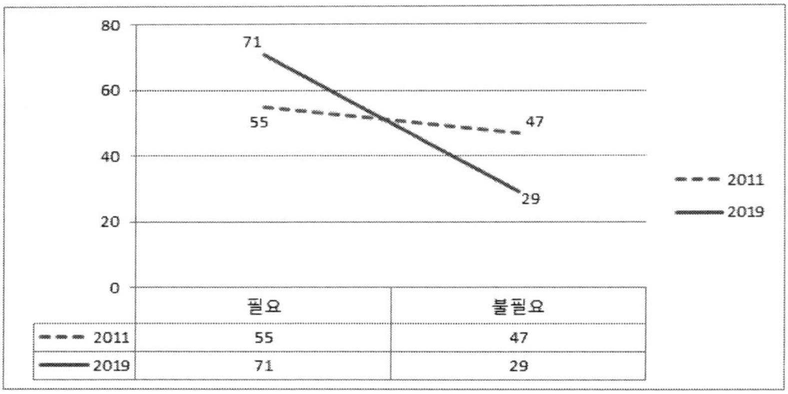

<그림 5-274> 교육기관의 정규과정 이외에 다문화가정 자녀의 국어지도 필요성

사회로 진입해야 하는 시기에 근접해 있기 때문에 사회생활에 필요한 ‘사회 · 정서발달 교육’을 가장 중요한 요소로 고려한 것으로 판단하였다.

‘다문화가정 자녀교육을 위해 필요한 정부지원은 무엇인가?’라는 설문에 대하여 2019년에도 2011년과 마찬가지로 ‘일반학생 인식전환 교육과정’이 74%로 가장 높게 나타났다. 특히 눈에 뜨이는 것은 2011년보다 26%나 높은 수치를 보이고 있는데(〈그림 5-273〉) 이는 학교에서 다문화가정 자녀와 비다문화가정 자녀 사이에 일어나는 여러 갈등들을 바라보면서 비다문화가정 출신 학생들이 다문화가정 출신 학생들을 더 잘 이해할 때 이런 갈등들이 사라질 것이라고 판단한 교사들의 생각이 이 항목에 대해 높은 응답률로 반영된 것으로 판단된다.

'교육기관에서의 정규과정 이외에 다문화가정 자녀의 국어지도 필요성'은 2019년 중 · 고등교사 응답자의 71%가 '필요하다'로 응답하여 2011년보다 16% 많아졌는데(〈그림 5-274〉) 앞에서 분석한 것처럼 2011년과 비교하여 다문화가정 자녀들의 '학습 한국어' 실력을 높여야 한다는 교사들의 더욱 강해진 생각이 이 문항에서도 반영된 결과로 보인다.

5.5. 비다문화가정

한국인 부/모가 있는 가정을 비다문화가정이라고 한다. 다문화가정에 대응하는 단어로 비다문화가정이라는 용어가 생긴 것으로 보인다. 2011년 조사와 같이 2019년 조사에서도 한국인 부/모 가정으로 구성된 비다문화가정의 구성원을 대상으로 설문조사를 진행하였다. 이를 통해 비다문화가정의 다문화에 대한 이해와 인식이 얼마나 변화하였는지 알아보고 다문화가정 구성원에 대한 한국어교육 진행사항에 대해 얼마나 알고 있는지 확인하는 조사를 실시하였다. 이러한 조사를 통해 다문화와 비다문화를 따로 구분 짓는 문화보다는 함께 어울리고 서로 다름을 인정하는 문화를 가져야 한다는 것을 더욱 알리는 기회가 되기를 바란다.

5.5.1. 2011년 조사 요약

2011년 비다문화가정 조사의 경우 다문화구성원과 전혀 관계가 없는 한국인을 피조사자로 선택하여 자녀와 성인으로 구분하여 설문조사를 실시하였다. 비다문화가정 구성원에게 설문을 실시한 이유는 한국 사회의 대다수를 이루는 일반 한국인의 '다문화'라는 용어와 '다문화'에 대한 이해 및 인식, 다문화가정 구성원과 한국어교육과의 관계에 대한 의견을 알아보기 위해서였다. 비다문화가정 자녀와 성인에 대한 설문지는 모든 문항의 내용과 문항수는 같으나 자녀를 대상으로 한 설문지의 경우는 피조사자들이 이해하기 쉬운 어휘 및 표현으로 설문을 다르게 작성하였다.

2011년 설문에 응한 비다문화가정 응답자는 총 490명으로 '나이'를 적지 않은 미응답자 12명을 포함하여 '10대'(164명)와 '20대'(161명)는 전북권에 있는 교육기관(초 · 중 · 고등학교, 대학교, 대학원)에서 조사하였고 '30대'(62명), '40대'(49명), '50대'(37명), '60대'(12명)는 회사, 교회, 직업훈련학원 등을 직접 방문하여 설문지를 받는 방식으로 진행하였다. 조사지역은 전북의 전주, 익산, 군산과 광주광역시였다.

2011년 조사에서 '다문화' 용어에 대한 이해는 82%, '다문화'에 대한 이해는 59%가 '알고 있다'고 하였다. 조사에 따르면 '다문화'라는 용어에 대해 주로 부정적인 느낌을 받는 것으로 조사되었고 국제결혼가정을 '다문화가정'이라고 부는 것에 대해서 '긍정적'인 답변도 37% 정도로 높지 않았다. 그럼에도 불구하고 '다문화' 용어를 대신할 적절한 단어가 '있다'는 응답도 12%로 낮은 편이었다. 용어를 대체하기보다는 용어에 대한 '이해가 필요하다'는 응답이 95%로 매우 높게 나타났다.

다문화 관련 교육을 받은 응답자는 12%였는데 이들은 다문화교육이 다문화를 이해하는 데 '도움이 되었다(66%)'고 응답하였다. 다문화 관련 교육을 받지 않은 응답자들은 다문화이해를 위한 교육이 필요하다(74%)는 인식이 많았으나 2011년에는 일반 한국인을 대상으로 하는 대상으로 하는 다문화관련 교육이 많지 않은 것으로 파악된다.[82] 다문화교육은 '초 · 중 · 고등학생(54%)'시기가 가정 적합하다는 의견이었는데 교육시간으로는 '주간' 29%, '원하는 시간' 23%, '상시개설' 17%, '방학' 14% 순이며 교육장소로 '학교(40%)', '정부기관(32%)', '민간단체(20%)' 순으로 조사되었다. 다문화이해를 위한 교육프로그램도 '교육기관을 중심(45%)'으로 진행되는 프로그램 활성화가 가장 높게 나타났으며 '다문화와 비다문화가 함께 할 수 있는 관련 행사'나 '매체를 활용한 홍보' 진행이 그 뒤를 이었다.

외국인의 한국어 실력이 한국인의 다문화에 대한 이해에 미치는 영향이 '긍정적'이라는 응답은 '77%'로 높게 나타났으며 한국인의 다문화에 대한 이해가 외국인의 한국어교육에 '긍정적'인 영향을 미친다는 응답도 69%로 나타났다. 이러한 결과는 한국인의 다문화에 대한 이해가 외국인의 한국어교육에 긍정적인 영향을 주고, 외국인의 한국어 실력이 한국인의 다문화 이해에도 긍정적 영향을 미치고 있어 상호간에 긍정적 영향을 주고 있다는 것을 알려주고 있다고 볼 수 있다. 또한 한국인이 다문화를 이해하기 위해서는 외국인들의 노력이 필요하다는 의견도 64%로 나타나 다문화가정 구성원들도 한국인들에게 좋은 이미지를 주기 위해 노력해야 한다는 의견을 나타내었다.

82) 2007년 서울대학교 중앙다문화센터에서 수행한 우리나라 「다문화교육정책 추진현황, 과제 및 성과분석」 연구 결과에 따르면 국내에서 시행되는 다문화교육 정책 198개 중 178개의 정책이 결혼이민자, 이주노동자, 새터민을 대상으로 한 것에 비해 기존 거주민을 대상으로 한 정책은 20개에 불과하다고 하였다(박성혁 외, 2007). 2009년 「인권관점에서 다문화교육 실태 분석 및 개선방안 연구」에서는 학교 및 지자체 공무원 등 다문화관련 정책을 수행해야 할 주체들에 대한 교육이 미흡하다고 하였다(윤희원 외, 2008).

다문화가정을 위한 정부의 사업에 대해 비다문화가정의 응답자는 '안다'라는 응답이 9%로 매우 적게 나타났다. 이는 2011년도 비다문화가정이 다문화가정에 대한 관심이 크지 않다는 것을 직접적으로 보여주는 결과이다. 비다문화가정에서는 다문화가정을 위한 정부의 여러 가지 사업에서 '한국어교육'이 제일 중요하다고 응답(6점 척도기준 5.3점)하였으며 '정부지원을 확대해야 한다'는 응답은 54%로 나타났다.

5.5.2. 2019년 자료 현황

2019년 비다문화가정 설문조사는 온라인설문과 지필설문을 이용하여 남녀 443명 중 미응답자 33명을 제외한 410명(남135, 여275)의 응답을 분석하였다. 2019년 설문조사 기본 응답 자료는 〈표 5-14〉와 같다.

<표 5-14> 조사자 현황(계속)

	조사내용	조사대상						
변인	범주	10대	20대	30대	40대	50대	60대	계(명)
성별	남	24	21	13	31	43	3	135
	여	84	34	28	49	78	2	275
	총(명)	108	55	41	80	121	5	410
거주지[83]	인천·경기	12(3)	5(1)	4(2)	11(6)	20(5)	2(2)	54
	서울	18(2)	10(6)	4(0)	6(1)	13(4)	0(0)	51
	부산·경남	-	-	1(1)	1(0)	-	-	2
	대구·경북	1(0)	-	1(0)	-	-	-	2
	대전·충남	2(0)	3(1)	3(1)	-	3(3)	-	11
	광주·전남	-	3(1)	1(0)	2(0)	7(4)	1(0)	14
	충청북도	-	1(0)	1(0)	-	-	-	2
	전라북도	74(19)[84]	33(12)	26(9)	59(23)	77(27)	2(1)	271
	제주도·해외	1(0)	-	-	1(1)	1(0)	-	3

	조사내용	조사대상						
변인	범주	10대	20대	30대	40대	50대	60대	계(명)
직업	초·중·고	108	13					121
	대학생		17	6	3	2		28
	직장인		20	27	49	71	3	170
	주부		1	2	21	33	1	58
	기타		4	6	7	15	1	33

5.5.3. 2019년 설문조사 문항분석

본 설문지는 2011년 조사 내용과 동일하다. 비다문화가정 응답자의 기본사항, '다문화' 용어 및 개념 이해도, 다문화가정을 대상으로 한 정부지원 사업 및 한국어교육에 대한 인식 및 의견을 파악하기 위한 문항으로 구성되었다. 정부지원 사업의 효율성 확대 및 여성결혼이민자의 원만한 한국생활 정착을 위해서는 한국인이 외국인(다문화가정 포함)을 바라보는 일반적인 시각이 중요한 영향을 미친다고 보고 설문을 작성하였다. 설문지 문항분석의 세부사항들은 〈표 5-15〉와 같다. 문항분석 내용은 '다문화'가 무엇인지 알아보고 진정한 '다문화' 사회의 일원이 되기 위한 교육이나 정부의 지원에 대한 관심도를 살펴보는 내용으로 진행되었다. 또한 다문화가정 구성원에 대한 한국어교육이 비다문화 구성원과의 관계에 어떠한 영향을 주는지를 조사하였다.

83) 거주지별 총 인원은 다음과 같다.

총	정읍	전주	김제	고창	임실	장수	군산	익산	전북	경기도	인천	서울	청주	부산	대구	대전	충남	광주	여수	제주	해외
410	2	209	16	8	1	1	20	11	3	52	2	51	2	2	2	10	1	2	12	1	2

84) ( ) 안의 인원은 남자 인원수를 나타낸다.

<표 5-15> 설문지 문항분석 요인

<table>
<tr><th colspan="2">구분</th><th>문항요인</th></tr>
<tr><th>기본사항</th><th>인적사항</th><th>학년/성별/거주지역/직업</th></tr>
<tr><td rowspan="4">'다문화' 용어 및 개념 이해도</td><td>'다문화' 용어 및 개념 이해</td><td>- '다문화' 용어의 뜻
- '다문화', '다문화가정' 하면 생각나는 것
- 외국인 근로자, 국제결혼가정을 '다문화'라고 부르는 것에 대한 생각
- '다문화' 용어 생성 이유 인지 여부
- '다문화' 용어 변경에 대한 생각
- '다문화' 대체 용어
- 용어변경, 개념이해 중 선행될 것
- 한국인의 다문화이해에 대한 생각</td></tr>
<tr><td>다문화이해 교육</td><td>- 다문화 관련 교육받은 경험
- 다문화이해 교육 필요성
- 다문화이해 교육 대상자
- 다문화이해 교육 시간
- 다문화이해 교육 장소
- 다문화이해 프로그램</td></tr>
<tr><td>다문화이해와 한국어교육과의 관계</td><td>- '외국인의 한국어실력'이 한국인의 다문화이해에 미치는 영향
- '한국인의 다문화이해'가 한국어교육에 미치는 영향
- '한국인의 다문화이해'를 위한 외국인의 노력
- 한국어교육의 필요성</td></tr>
<tr><td>다문화가정을 위한 정부지원 사업</td><td>- 다문화가정을 위한 정부사업 인식 여부
- 필요한 정부사업
- 정부사업에 대한 생각</td></tr>
</table>

5.5.4. 설문조사 결과분석

2019년 비다문화가정 응답자는 410명, 2011년 응답자는 490명으로 응답자별 현황비교는 아래 그림과 같다. 응답자 비율은 '남성' 33%, '여성' 67%로 2011년 조사와 같이 여성의 참여 비율이 높게 나타났다(〈그림 5-275〉). 응답자 연령은 2011년 조사에서 젊은 세대인 '10대', '20대'가 주류였던 반면 2019년에는 '50대'가 30%로 가장 높고 '10대' 26%,

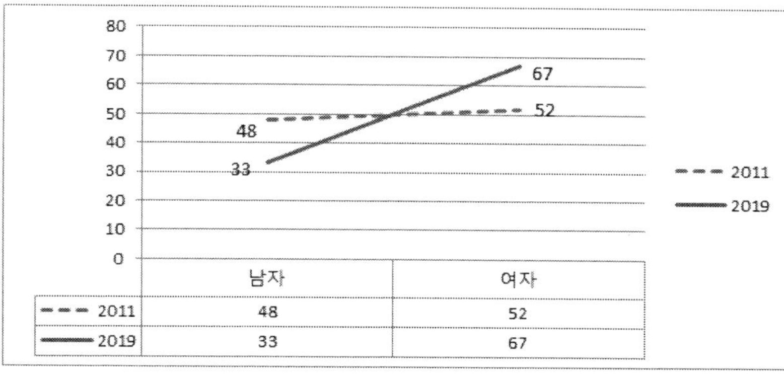

<그림 5-275> 응답자 성별

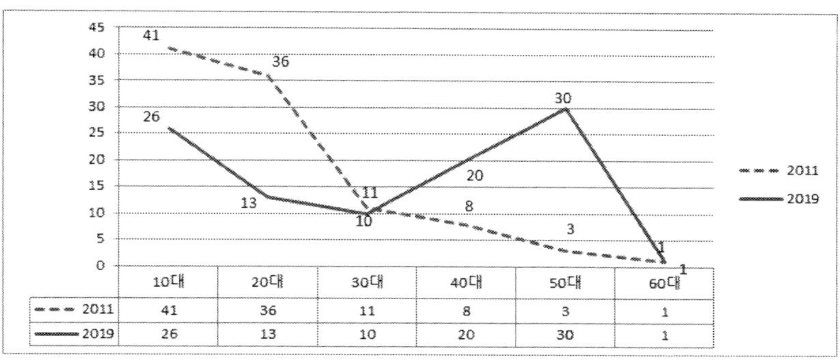

<그림 5-276> 응답자 연령

'40대' 20%, '20대' 13%, '30대' 10%, '60대' 1%의 비율이었다(〈그림 5-276〉).

2011년 응답자 거주지역이 전라북도로 한정되어 있던 반면 2019년 응답자의 거주지역은 전국적으로 나타났다. 더불어 2011년 가장 높은 응답은 '군산(79%)' 지역이었으나 2019년에는 '전주(51%)' 지역으로 나타났다(〈표 5-16〉).

응답자의 현재 직업은 '직장인'이 41%, '초 · 중 · 고등학생' 30%, '주

<표 5-16> 2019년 응답자 거주 지역(%)

조사	지역	정읍	전주	김제	고창	임실	장수	군산	익산	전북	경기	인천	서울	청주	부산	대구	대전	충남	광주	여수	제주	해외
2011	5	2.0	12.0	2.0	-	-	-	79.0	5.0	-	-	-	-	-	-	-	-	-	-	-	-	-
2019	21	0.5	51.0	3.9	2.0	0.2	0.2	4.9	2.7	0.7	12.7	0.5	12.4	0.5	0.5	0.5	2.4	0.2	0.5	2.9	0.2	0.5

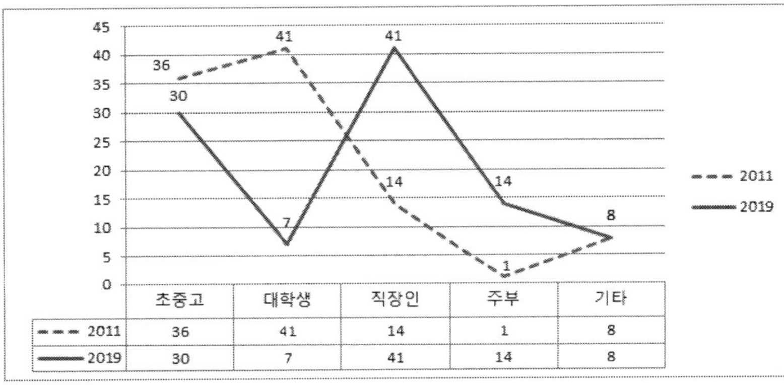

<그림 5-277> 응답자 현재 직업

부' 14%, '기타' 8%, '대학(원)생'이 7%로 응답했다(〈그림 5-277〉). 2011년 조사에서 '대학(원)생'의 비율이 41%로 가장 높았던 것과 달리 이번에는 직장인이 가장 많이 참여하였으며 주부도 14%로 참여율이 높아졌다.

'다문화'라는 단어의 뜻을 비다문화가정 총 응답자의 92%가 '안다'고 응답하였다. 2011년보다 더 많은 사람들이 '다문화'라는 단어에 익숙해졌다는 것을 알 수 있다(〈그림 5-278〉).

그럼에도 불구하고 '다문화'에 대한 이해도 정도로 '보통' 56%, '안다' 23%, '잘 안다' 11%, '모름'이 10%로 나타났다(〈그림 5-279〉). 2011년 조사 결과와 비교해 보면 '보통'이라는 응답이 37%에서 56%로 19%가 증가하였고, '모른다'는 응답은 4%에서 10%로 6%가 증가한 반면 '잘

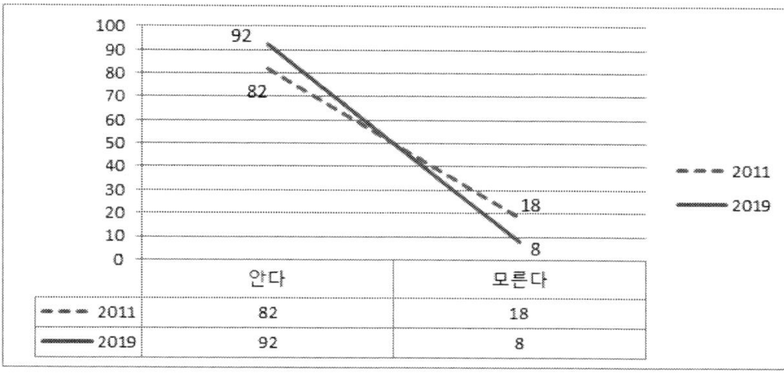

<그림 5-278> '다문화'라는 단어의 뜻을 아는가

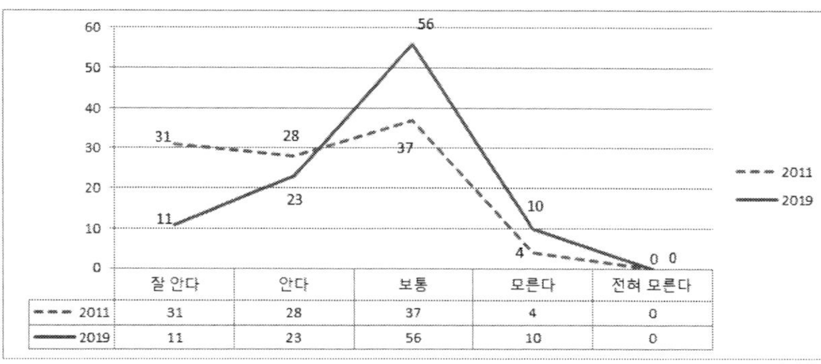

<그림 5-279> '다문화'에 대한 이해도는 어느 정도인가

안다'를 포함한 '안다'는 응답은 59%에서 34%로 25%가 감소하였다. 일상생활에서 '다문화'의 사용은 늘었으나 비다문화가정 일반인의 경우, 이들의 생각에 기반한 것이긴 하지만, '다문화'에 대한 이해의 깊이에서 2011년보다 오히려 후퇴한 결과를 보임을 알 수 있다.

다문화의 뜻에 대해서는 전반적으로는 2011년과 비슷한 패턴이 나타났다. '다양한 문화'라는 축자적인 뜻 외에 '국제결혼'이나 '외국인', '혼혈' 등의 이미지로 보고 있음을 알 수 있다(〈그림 5-280〉). 한 가지 주목

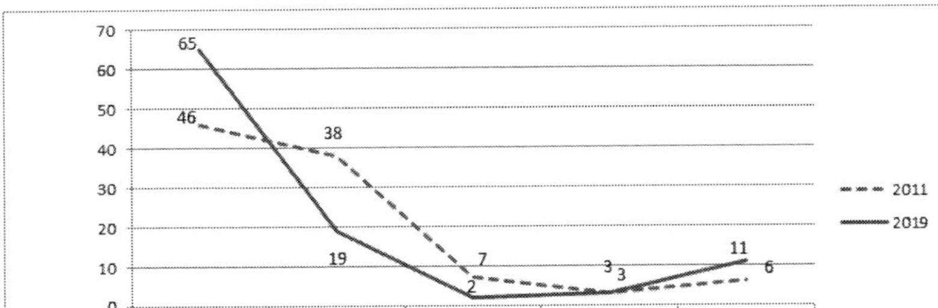

	다양한 문화	국제결혼	외국인	외국인거주	기타
2011	46	38	7	3	6
2019	65	19	2	3	11

<그림 5-280> 다문화의 뜻은 무엇인가

할 점은 2011년과 비슷한 패턴이 나타나긴 했으나 '다양한 문화'라는 의견이 좀 더 많아진 반면 국제결혼이나 외국인이라고 응답한 수치는 줄어 '다문화'='다양한 문화'라는 생각이 좀 더 확고해졌다고 해석할 수 있을 것이다.

'다문화'라는 단어를 들었을 때 처음 생각나는 것으로 '외국인', '다문화가정', '결혼이민자여성', '혼혈', '부정적 이미지' 등의 부정적인 대답이 주종을 이루고 있었다(〈그림 5-281〉). 2011년과 비교하여 '외국인'이라고 응답한 비율이 많이 낮아졌고 '부정적'이라는 의견이 많이 높아진 것, '다양한 문화'라는 응답이 낮아진 것, '기타' 의견의 비율이 높아진 것이 눈에 뜨이는 변화이다. '부정적'이라는 의견이 높아진 것은 다문화가정 구성원이나 한국어 교사, 유치원, 초 · 중 · 고 교사가 2019년의 응답에서 2011년보다 '다문화'에 대해 긍정적인 답변의 비율이 높아진 것과 대조되는 부분이다. 즉 일반인들은 '다문화'에 대해 2011년보다 2019년에 긍정적으로 바뀌었다고 보기 어려운 결과라고 할 수 있다. '기타' 의견으로 '아무 생각 없다', '잘 모르겠다', '별 생각 없다' 등의 의견이 있었으며 부정적 응답으로는 '차별'이나 '다르다' 등이 있다 이 응답결과는 2011년 조사보다 부정적인 이미지가 늘어난 결과로 '다문화에 대한 이

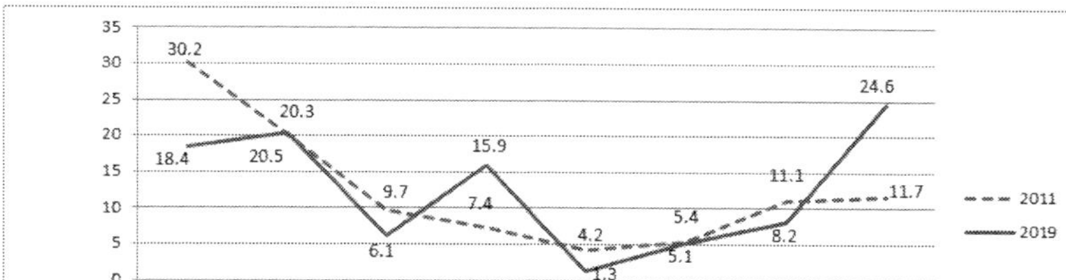

	외국인	다문화가정	결혼이민자 여성	부정적	다양한 문화	동남아	혼혈	기타
2011	30.2	20.3	9.7	7.4	4.2	5.4	11.1	11.7
2019	18.4	20.5	6.1	15.9	1.3	5.1	8.2	24.6

<그림 5-281> 다문화라는 단어를 듣고 처음 생각나는 것은 무엇인가[85)]

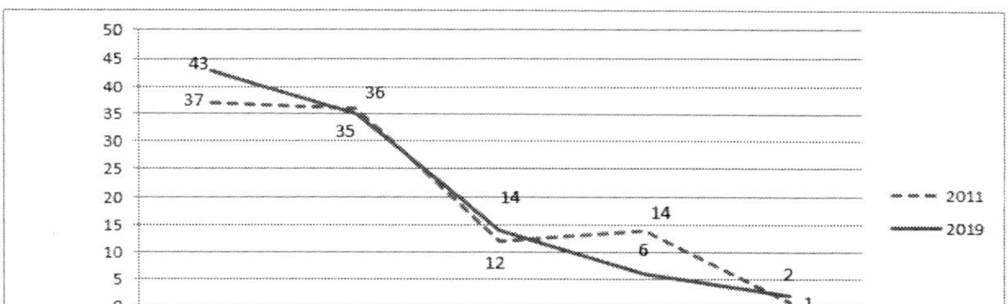

	긍정적	잘 모르겠다	부정적	관심없다	기타
2011	37	36	12	14	1
2019	43	35	14	6	2

<그림 5-282> 외국인 근로자나 국제결혼가정을 '다문화(가정)'이라고 부르는 것에 대해 어떻게 생각하는가

해도'의 감소(〈그림 5-279〉)와도 관련이 있는 것으로 분석할 수 있다.

외국인 근로자나 국제결혼가정을 '다문화(가정)'이라고 부르는 것에 대해 '긍정적'이라는 응답이 43%, '잘 모르겠다' 35%, '부정적' 14%, '관심 없다'는 응답은 6%, '기타'가 2%로 나타났다(〈그림 5-282〉). 국제결혼가정을 '다문화(가정)'이라고 부르는 것에 대해서도 '긍정적'(2011년 37%)인 생각을 갖고 있는 사람들의 비율이 2011년에 비해 소폭 증가하

85) 조사결과는 소수점 첫째 자리까지 표시하였다.

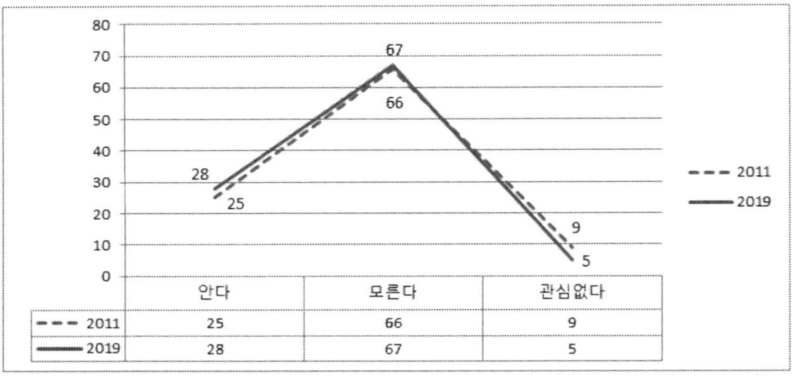

<그림 5-283> 다문화라는 단어가 만들어진 이유를 아는가

였으나 '잘 모르겠다'는 대동소이하고 '부정적'이라는 답변도 2% 늘어 부정적인 인식도 감소하지는 않은 것을 알 수 있다. 일반인은 '다문화(가정)'라는 단어 또는 개념에 크게 긍정적이지 않으며 2011년과 비교하여 긍정적인 쪽으로 변화가 많이 일어나지도 않았으며 관심이 높지도 않은 것으로 볼 수 있다.

다문화라는 단어가 만들어진 이유에 대해서 '모른다'는 응답이 67%로 2011년 조사와 같이 여전히 높게 나타났다(〈그림 5-283〉). 전체적으로 '안다'의 비율이 조금 늘었으나(3%) 큰 변화는 없다고 볼 수 있으며 '모른다'는 응답이나 '관심 없다'는 응답의 비율도 유사하게 나타났다. 결과적으로 비다문화 가정 구성원의 경우 '다문화'라는 단어가 만들어진 이유 및 의미에 대해서 '모른다'는 비율이 압도적으로 높아 '다문화'라는 개념에 대해 모르거나 관심이 없다고 분석할 수 있다.

단어를 바꿔야 한다는 응답이 21.8%, '잘 모르겠다' 43.6%, '그렇지 않다'가 34.6%로 나타났다(〈그림 5-284〉). 단어를 바꿔야 하는 이유로 2019년 조사에서는 '차별적 요소'라는 응답이 가장 높았으며 '편견 유발'이라는 기타 응답도 있었다. 반면 2011년에는 '부정적 인식'이라는

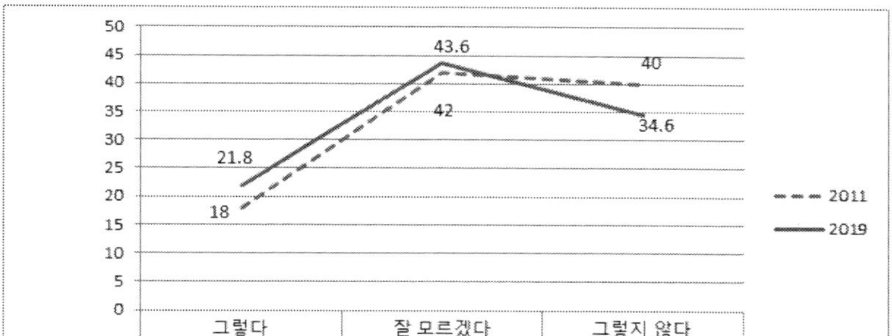

	그렇다	잘 모르겠다	그렇지 않다
2011	18	42	40
2019	21.8	43.6	34.6

<그림 5-284> 단어를 바꿔야 한다고 생각하는가[86)]

응답이 가장 높았으며 비슷한 의미로 '차별', '선입견', '편견' 등 다양한 이유가 있었다. '다문화'라는 단어를 바꿀 '필요성을 못 느낀다'는 응답도 많았는데 이는 34.6%가 응답한 '그렇지 않다'라는 응답자의 결과라고 볼 수 있으며 단어를 바꾸지 않아도 되는 이유로는 '이미 정착이 잘 되어 있다'는 응답과 '마땅한 단어가 없다'는 응답이 대부분을 차지했다.

이 결과와 관련하여 주목해야 할 부분은 비록 '다문화'라는 단어를 바꿔야 한다고 생각하지 않는다는 응답이 34.6%로 바꿔야 한다고 생각한다는 응답(21.8%)보다 높기는 하지만 2011년과 비교하면 그 차이가 22%에서 12.8%로 좁혀졌다는 것이다. 잘 모르겠다는 응답도 결코 '다문화'라는 단어에 대해 긍정적이지는 않은 답변인데 42%에서 43.6%로 응답률이 높아져 일반인들은 '다문화'라는 단어에 대해 2011년보다 2019년에 좀 더 부정적이고 차가운 반응을 보이고 있다고 해석해야 할 것이다. 이는 다문화가정 구성원, 한국어 교사, 유아, 초·중·고등 교사와는 다른 반응 및 결과라고 볼 수 있는데 일반인들에 대한 다문화교육이 제대로 이루어지지 않은 결과가 이렇게 나타난 것으로 분석하는 것

86) 조사결과는 소수점 첫째 자리까지 표시하였다.

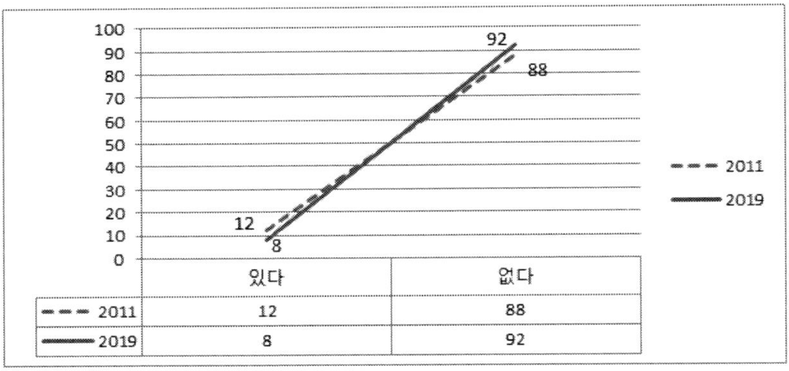

<그림 5-285> 대신할 다른 적절한 단어가 있는가

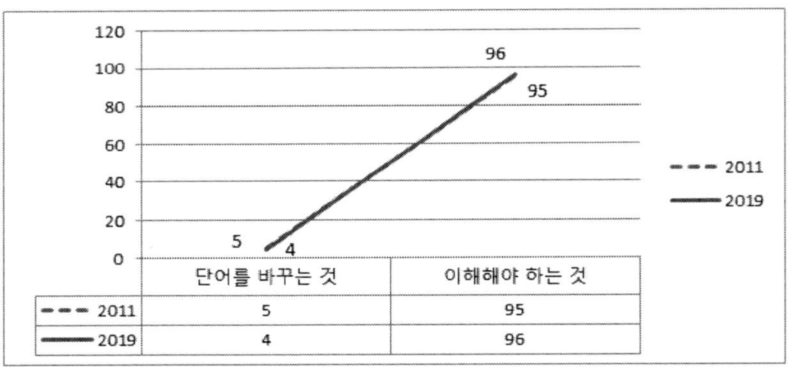

<그림 5-286> 선행되어야 할 것은 무엇인가

이 타당한 것으로 보인다.

비다문화가정 총 응답자의 8%만이 '다문화'라는 단어를 대신할 다른 적절한 단어가 '있다'고 응답하였다(〈그림 5-285〉). 대신할 단어로 '무지개', '글로벌 문화', '국제결혼', '이주민' 등의 소수 의견이 있었다. 이는 2011년보다도 '다문화'를 대체할 단어가 없다는 의견이 더 강화되었음을 의미한다. 이 결과는 바로 위의 문항의 결과와는 결이 좀 다른 것으로

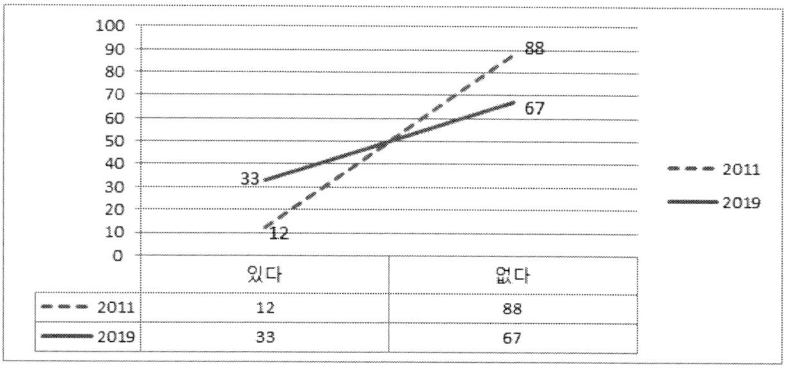

<그림 5-287> 다문화 관련 교육을 받은 적이 있는가

보이는데 '다문화'라는 단어를 바꿀 필요가 있다고는 생각하지만 현실적으로 다문화를 대체할 적절한 단어가 없음을 인지하여서 이런 결과가 나온 것으로 보아야 할 것이다.

'다문화'라는 단어를 바꾸는 것보다 '다문화'에 대해 '이해하는 것'이 선행되어야 한다는 응답이 96%로 높게 나타났다(〈그림 5-286〉). 2011년 조사결과와 크게 다르지 않은 내용이다. 다문화라는 단어가 만들어진 이유를 잘 모르고 '다문화'에 대한 인식도 긍정적이지 않지만 단어를 바꾸기보다는 다문화에 대한 인식을 바꾸는 노력이 더 중요하다고 생각하는 것으로 보인다.

다문화 관련 교육을 받은 적이 '있다'는 응답자가 33%로 2011년 12%에 비해 21%나 증가하였다. 다문화관련 교육은 대부분 '초 · 중 · 고' 학교에서 진행되는데 2019년 조사에 응한 응답자 중 '10대'는 26%, '20대'는 13%의 비율밖에 되지 않아서 이 문항에 대한 '있다'의 비율이 더 높았을 수도 있는 개연성이 있는 것으로 추정할 수 있다(〈그림 5-287〉).

다문화 관련 교육이 다문화를 이해하는 데 '도움이 되었다'는 응답이 85%로 나타났다(〈그림 5-288〉). 다문화교육이 효과가 있음을 증명하는

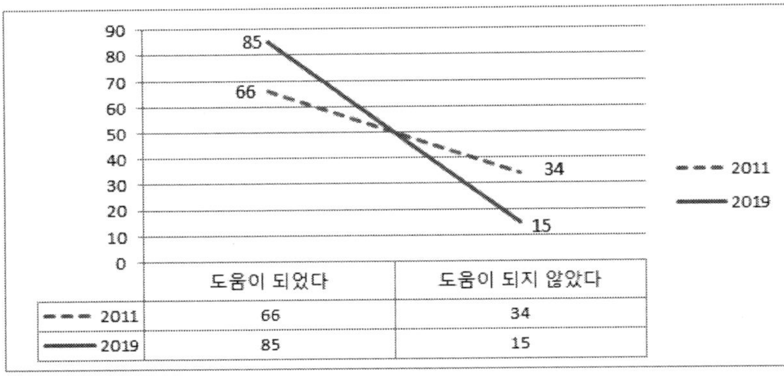

<그림 5-288> 다문화 관련 교육을 받은 적이 있다면
그 교육이 다문화를 이해하는 데 도움이 되었는가

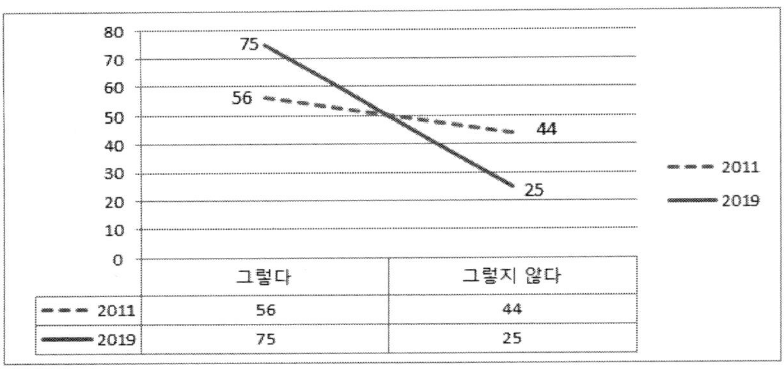

<그림 5-289> 한국인의 다문화에 대한 이해가 부족하다고 생각하는가

결과라 할 수 있다. 그럼에도 불구하고 일반인들의 '다문화' 개념에 대한 부정적 인식, '다문화'라는 단어에 대한 무관심 및 부정적 인식은 줄지 않아서 과연 다문화 관련 교육이 일반인들에게 진정한 효과를 거두었는가에 대해서는 의문을 가질 수밖에 없는 부분이 있다.

한국인의 다문화에 대한 이해가 부족하다고 생각한다는 응답이 75%로 2011년보다 높게 나타났다(〈그림 5-289〉). 이는 앞에서 언급했던 '다

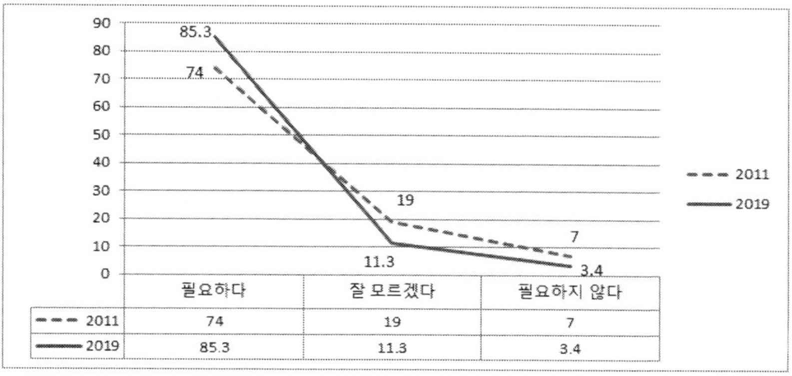

<그림 5-290> 다문화이해를 위한 교육이 필요한가

문화 관련 교육'의 효과에 대한 의문을 다시 한 번 가지게 하는 결과이다. 이런 결과가 나온 또 다른 원인을 찾자면 다문화와 관련된 구성원이 증가하고 이들과 관련된 사회적 문제가 늘어나면서 이런 이슈들과 관련된 교육이 더 많이 필요하다는 것을 일반인들이 더 강하게 인식하게 된 것으로 볼 수 있다.

다문화이해를 위한 교육이 필요하다는 응답이 85.3%로 나타났다(〈그림 5-290〉). 앞의 문항에서 분석한 내용에 따르면 '다문화 관련 교육'을 받은 적이 있다는 응답률이 현저히 높아졌음에도(〈그림 5-287〉 참조) 2019년의 결과는 2011년보다 '다문화 이해를 위한 교육'이 필요하다는 응답이 11.3% 높아졌고 '잘 모르겠다'와 '필요하지 않다'의 응답은 낮아져서 일반인들은 질과 양적으로 모두, 더욱 강한 '다문화 이해 교육'의 필요성을 피력하고 있는 것이다. 관계 당국은 그동안의 다문화 관련 교육에 대한 성찰과 함께 앞으로의 '다문화 이해 교육' 및 관련 교육을 심도 있게 준비하고 시행해 나가야 할 것이다.

다문화이해를 위한 교육 대상으로 '초 · 중 · 고등학생'(44%)을 꼽았고, '(국민 전체를 대상으로 하는) 상시개설' 28%, '유치원생' 14%, '기타'

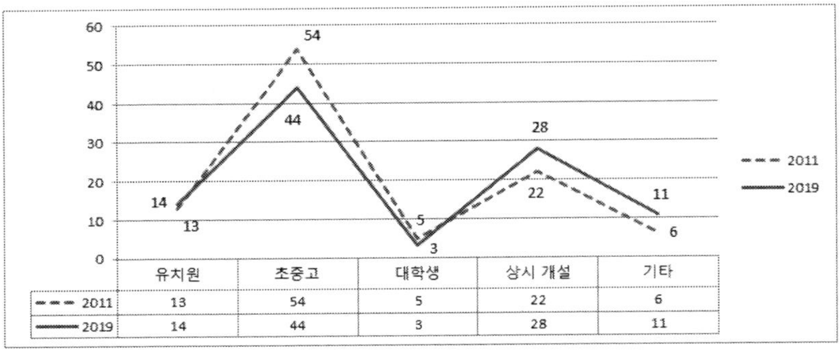

	유치원	초중고	대학생	상시 개설	기타
2011	13	54	5	22	6
2019	14	44	3	28	11

<그림 5-291> 다문화이해 교육 대상

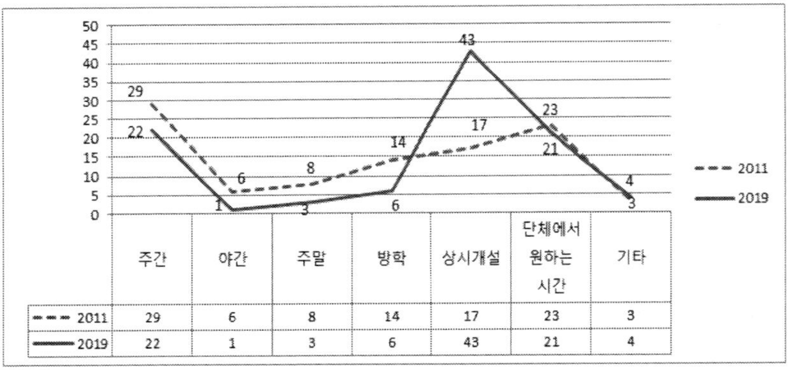

	주간	야간	주말	방학	상시개설	단체에서 원하는 시간	기타
2011	29	6	8	14	17	23	3
2019	22	1	3	6	43	21	4

<그림 5-292> 다문화이해 교육 시간

11%, '대학생' 3%로 응답하였다(〈그림 5-291〉). 다문화이해 교육은 초등학교부터 고등학교까지의 시기가 가장 적합하다는 의견은 2011년도와 같이 가장 높게 나타났으며 '상시개설'되는 교육을 원하는 응답부분의 증가는 일반인 대상의 교육을 원하고 있는 것으로 볼 수 있다. 2011년과 비교하여 '초 · 중 · 고등학생'의 비율은 10% 낮아졌고 '상시 개설'은 6% 높아진 것으로 보아 2019년에는 비다문화가정 구성원들이 학생이 아닌 20대 이상의 일반인들에 대한 '다문화 이해 교육'의 필요성을 더

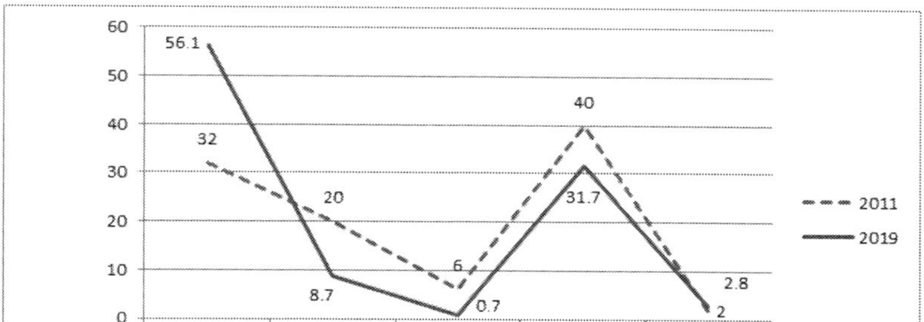

	정부, 지자체	민간단체	종교기관	학교	기타
2011	32	20	6	40	2
2019	56.1	8.7	0.7	31.7	2.8

<그림 5-293> 다문화이해 교육기관[87)]

높게 보고 있는 것으로 해석할 수 있다.

다문화이해를 위한 교육에 적합하다고 생각하는 시간으로는 '상시개설' 43%, '주간' 22%, '단체에서 원하는 시간' 21%, '방학' 6%, '기타' 4%, '주말' 3%, '야간' 1% 순으로 답하였다(〈그림 5-292〉). 2011년도와 달리 '상시개설'을 원한다는 응답이 가장 높게 나왔으며 '주간'이 그 뒤를 이었다. 상시개설은 일반적으로 성인을 대상으로 하는 것으로 볼 수 있으므로 성인을 대상으로 '주간 상설반'을 개설하여 다문화이해 교육을 하라는 의견이 강한 것으로 해석할 수 있다. 이 결과는 바로 위의 문항의 '상시 개설'의 응답률이 2011년에 비하여 높아진 것과 궤를 같이 한다고 볼 수 있다.

다문화이해를 위한 교육을 주관하기에 좋은 장소로는 '정부, 지자체' 56%, '학교' 32%, '민간단체' 9%, '기타' 2%, '종교기관' 1% 순으로 응답하였다(〈그림 5-293〉). 이전 조사와 달리 '민간단체'나 '종교기관'의 비율이 줄어들고 '정부, 지자체'의 비율이 50%를 넘었다. 다문화와 관련된 문제에 대해서 '정부'와 '지자체' 등 행정적인 기관의 중요성을 인식

87) 조사결과는 소수점 첫째 자리까지 표시하였다.

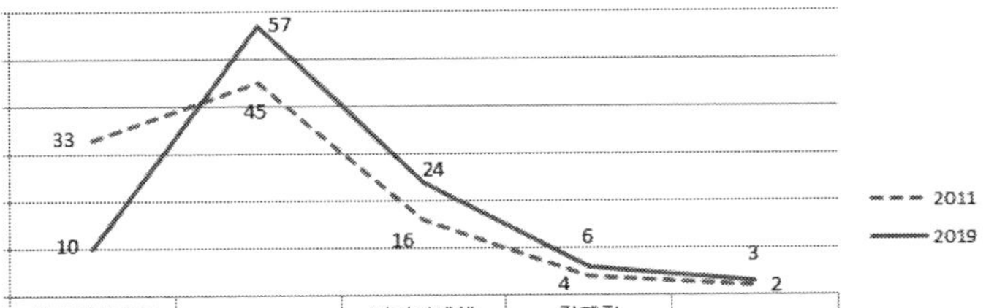

	비다문화가정 연계	교육기관 중심	미디어매체 활용	경제적 자립지원	기타
2011	33	45	16	4	2
2019	10	57	24	6	3

<그림 5-294> 다문화이해 교육 프로그램

하고 있다고 볼 수 있다. 한편으로는 학생이 아닌 일반인을 위한 '상시 개설'의 '다문화 이해 교육'을 위해서는 '정부, 지자체'가 나서야 한다는 비다문화가정 구성원들의 요구가 이와 같은 설문 결과로 나타났다고 분석할 수 있다.

다문화이해를 위해 필요한 교육 프로그램의 방식으로 '교육기관(유치원, 초 · 중 · 고등학교, 대학교)을 중심'으로 다문화에 대한 이해 프로그램 활성화(57%)를 꼽았고, 그 외 각종 '미디어매체를 활용'한 올바른 다문화 홍보 24%, '비다문화가정과 연계'한 다문화 관련 행사 10%, 결혼이민자의 '경제적 자립을 위한 지원' 강화 6%, '기타' 3% 순으로 답하였다(〈그림 5-294〉). '교육기관을 중심'으로 진행해야 한다는 응답의 증가는 '초중고' 학생 때부터 다문화교육이 이루어지고 학생이 아닌 일반인들에 대한 교육까지를 포함해야 함을 의미한다고 볼 수 있으며 각종 미디어매체가 발달한 현대 사회에서 가장 쉽게 접근할 수 있는 '미디어매체 활용'을 통한 다문화 홍보의 필요성도 점차 커지고 있는 것으로 피조사자들이 바라보고 있음을 알 수 있다.

특이한 사항은 비다문화가정 연계의 필요성을 2011년보다 많이 낮게 보고 있는 것인데 교육기관을 통한 교육이나 미디어매체를 활용한 홍보

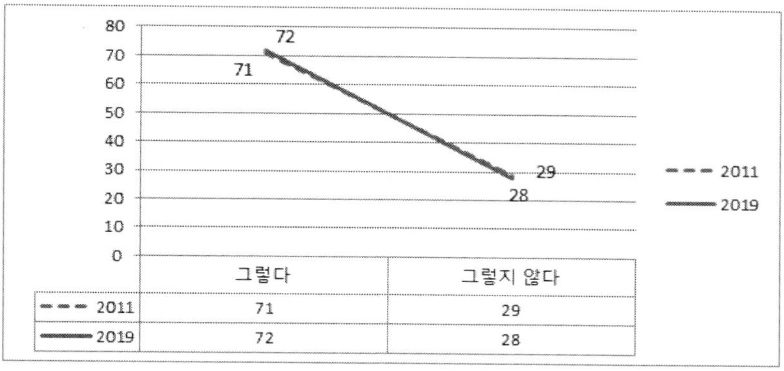

<그림 5-295> 외국인의 한국어 실력이 한국인의 다문화에 대한 이해에 영향을 미치는가

에 대한 필요성을 높게 보고 있기 때문에 비다문화가정과 다문화가정과의 직접적인 연계를 통한 다문화관련 행사의 필요성은 상대적으로 낮게 보게 된 것으로 분석할 수 있다. 결혼이민자에 대한 경제적 자립을 지원해 주어야 한다는 의견도 2011년보다 소폭 늘어나(4% → 6%) 다문화가정의 경제적 어려움에 대해서도 관심을 좀 더 가지게 된 것으로 보인다.

외국인의 한국어 실력이 한국인의 다문화에 대한 이해에 영향을 준다는 응답이 72%로 2011년 조사와 비슷하게 나타났다(〈그림 5-295〉). 이는 외국인에 대한 '한국어교육'의 필요성 및 중요성이 2019년에도 강하게 인식되고 있는 결과로 해석된다.

한국어 실력이 어떤 영향을 주는가에 대해 '매우 긍정적'을 포함한 '긍정적'인 영향이라는 응답이 86%로 2011년의 77%보다 9% 높아졌다(〈그림 5-296〉). 이는 외국인의 '한국어 실력'의 높음에 대해 긍정적인 반응을 보이는 성향이 더욱 강해졌음을 알려주는 결과인데 이와 관련하여 외국인에 대한 '한국어교육'의 중요성도 더욱 높아졌다고 해석할 수 있다. 다문화(다문화가정, 이주노동자 등) 구성원의 높은 한국어 실력의 바탕 위에 이들과의 편안한 의사소통이 한국인의 다문화이해에 중요한

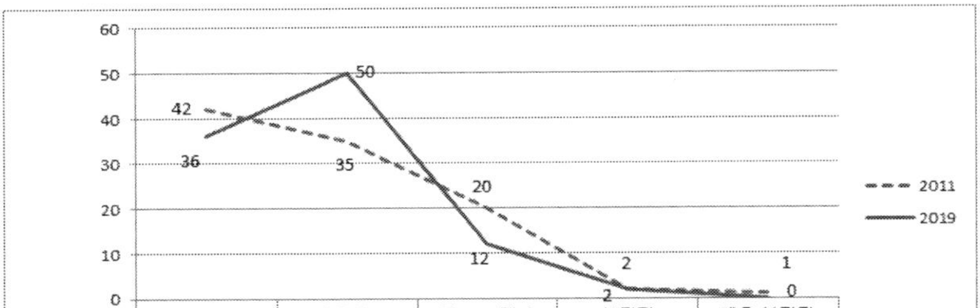

	매우 긍정적	긍정적	잘 모르겠다	부정적	매우 부정적
2011	42	35	20	2	1
2019	36	50	12	2	0

<그림 5-296> 어떠한 영향을 미치는가

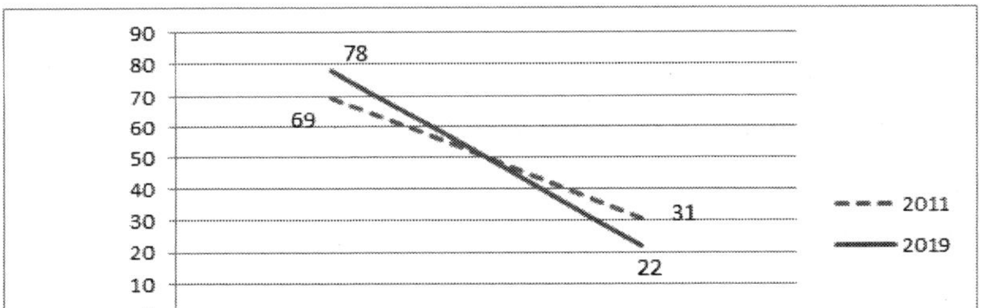

	그렇다	그렇지 않다
2011	69	31
2019	78	22

<그림 5-297> 한국인의 다문화에 대한 이해가 외국인의 한국어교육에 영향을 미치는가

요소라는 인식을 한국인도 하고 있음을 보여주고 있다.

한국인의 다문화에 대한 이해가 외국인의 한국어교육에 영향을 미친다는 응답이 78%로 2011년의 69%보다 9% 높게 나타났는데 이는 바로 앞 문항의 외국인의 한국어 실력이 한국인의 다문화 이해에 긍정적으로 영향을 미친다는 응답이 2019년에 더욱 강화된 결과와 정비례하는 결과이다(〈그림 5-297〉). 좀 더 구체적으로 살피는 '어떠한 영향을 미치는가?'라는 설문의 결과를 보면 2011년에 비해 2019년의 '잘 모르겠다',

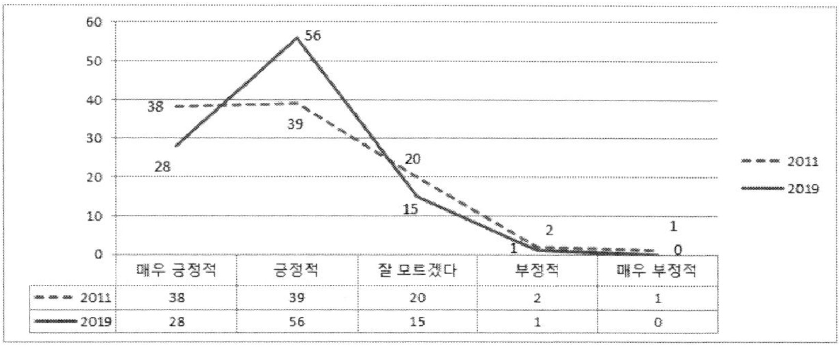

<그림 5-298> 어떠한 영향을 미치는가

'부정적', '매우 부정적'의 응답률이 낮아져서 한국인의 다문화에 대한 이해가 외국인(여성결혼이민자 포함)의 한국어교육에 '긍정적'으로 작용한다는 생각이 더욱 강해졌음을 보여주고 있는데 '매우 긍정적'을 포함한 '긍정적'의 응답률이 2019년에는 84%, 2011년에는 77%로 나타나서 이를 증명하고 있다. 다만 '매우 긍정적'의 비율은 2011년이 38%로 2019년의 28%보다 10% 높아 '긍정적'이라는 의견의 강도는 2011년이 더욱 강했음을 보여주고 있다(〈그림 5-298〉).

한국인의 다문화이해를 위해 외국인들의 노력이 필요한가에 대해 '필요하다'는 응답이 77%로 2011년보다 13% 높게 나타났다(〈그림 5-299〉). 구체적으로 '어떤 노력이 필요한가'라는 추가 질문에 대해 '한국어공부'나 '언어 습득' 같은 의사소통관련 노력이라는 응답이 가장 많았으며 그 외에 '한국인과 어울리기', '서로의 문화 이해하려고 노력하기', '한국문화 배우기' 등이 있었다. 이는 한국인의 다문화에 대해 이해하려는 노력이 필요함과 동시에 다문화가정 구성원들도 한국인들에게 좋은 이미지를 주도록 노력해야 한다는 것을 보여주고 있는데 2011년보다 이런 응답이 13% 높아져 비다문화가정 구성원들은 외국인들의 노력을 더욱 강하게 요구하고 있음을 알 수 있다.

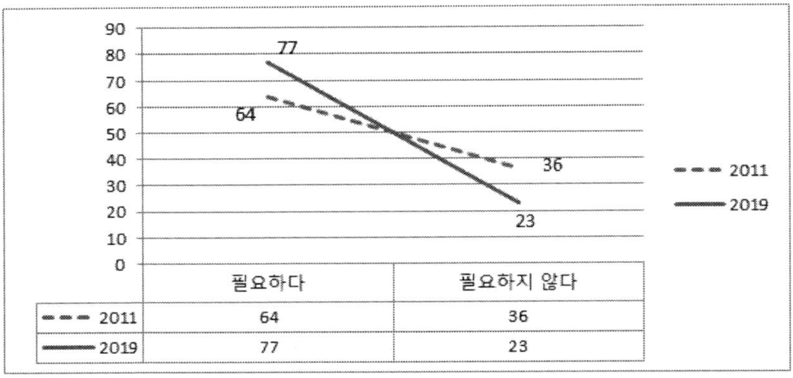

<그림 5-299> 한국인의 다문화이해를 위해 외국인들의 노력이 필요한가

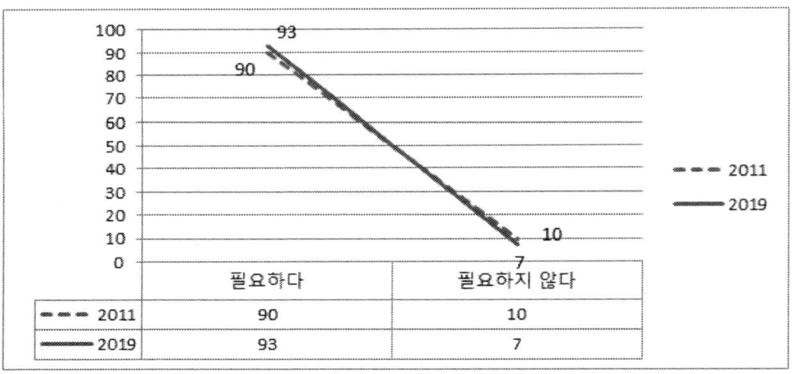

<그림 5-300> 외국인에게 한국어교육이 필요한가

외국인에게 한국어교육이 필요하다고 생각하는가에 대해 '필요하다'는 응답이 93%로 나타났다(〈그림 5-300〉). 2011년 조사 결과(90%)보다 '필요하다'는 응답이 더 증가하였다. 이러한 결과는 바로 위 문항에서 '외국인들의 노력이 더 필요하다'라는 응답이 2019년에 2011년의 결과보다 13% 더 높아진 결과와 궤를 같이하고 있음을 알 수 있다.

'외국인에게 한국어교육이 어느 정도 필요한가'에 대해 추가 질문한

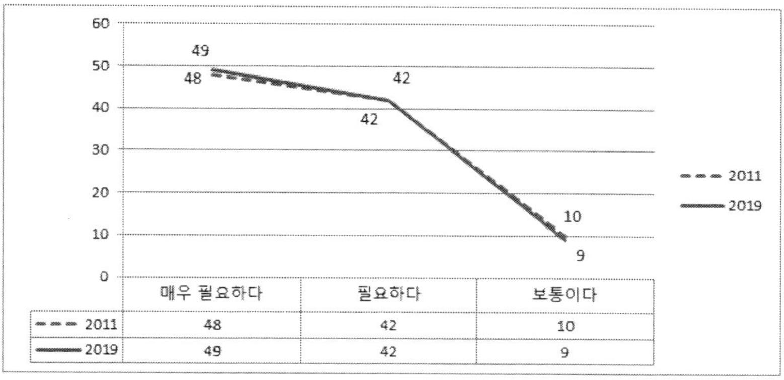

<그림 5-301> 외국인에게 한국어교육이 필요한 정도

결과 '매우 필요하다'가 49%, '필요하다'가 42%, '보통이다'는 9%로 나타났다(〈그림 5-301〉). '필요하다' 쪽의 응답이 2011년보다 1% 높아진 수치인데 이미 2011년에 90%라는 높은 수치가 나와 2019년에 큰 차이로 수치가 높아질 공간은 없었던 것으로 분석된다. 외국인의 한국어실력이 어떤 영향을 주는가에 대해 '긍정적'인 영향을 미칠 것이라는 응답이 84%로 압도적으로 높게 나타난 사실과 관련이 있다고 볼 수 있다(〈그림 5-298〉).

다문화가정을 위한 정부의 여러 가지 사업에 대해 '모른다' 41%, '보통' 39%, '안다' 10%, '전혀 모른다' 7%, '잘 안다' 3%로 나타났다(〈그림 5-302〉). '전혀 모른다'를 포함한 '모른다'는 응답이 48%로 높게 나타났지만 2011년도의 '모른다'('전혀 모른다' 포함)는 응답 62%에 비해 14%가 줄어든 조사결과이다. '안다'와 '보통'이라는 응답도 2011년에 비해 높아진 수치가 나와 전반적으로는 2011년에 비해 '다문화가정' 관련 정부 사업에 대해 일반인들의 인지도가 호전된 것으로 분석된다. 하지만 2019년에도 '모른다'는 의견이 48%에 이르러 앞으로도 다문화 관련 정부사업에 대해 일반인들에 대한 정부의 홍보 노력이 이어져야 할 것이다.

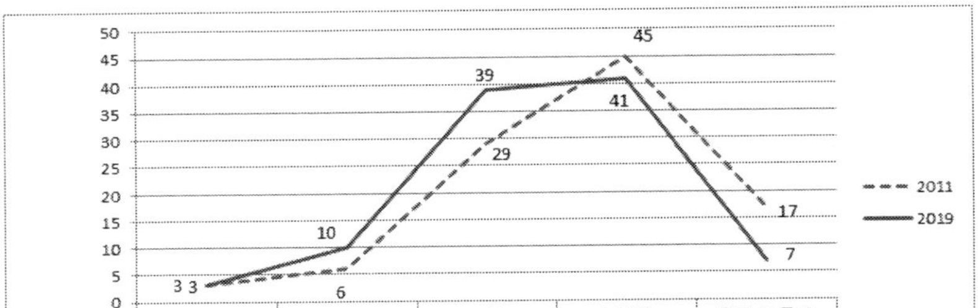

	잘 안다	안다	보통	모른다	전혀 모른다
2011	3	6	29	45	17
2019	3	10	39	41	7

<그림 5-302> 다문화가정을 위한 정부의 여러 가지 사업을 알고 있는가

정부 진행사업 11개 프로그램의 필요성에 대해 척도조사(6점 만점)한 결과 비다문화 응답자들은 9개 프로그램에서 '매우 필요하다'고 응답하였고 2개 프로그램은 '필요하다'고 응답하였다. 그 중 가장 필요한 프로그램은 '한국어교육' 프로그램(5.5점)으로 나타났다. 그 다음으로 '영유아'를 비롯한 '초 · 중 · 고' 자녀 교육과 '가족상담 및 교육'이 공통으로 5.4점을 기록하여 매우 필요하다는 것을 알 수 있다. 그 외 '컴퓨터 교육(4.7점)', '한국요리강습(4.6)' 등이다(〈그림 5-303〉). 2011년 조사에서도 '매우 필요하다'는 프로그램이 5개, '필요하다'는 프로그램은 6개였던 것에 비해 2019년에는 '매우 필요하다'는 응답이 더 증가하였다.[88] 특히 '법률상담'의 경우 필요성에 대한 척도가 다른 프로그램에 비해 크게 늘었는데 이는 다문화가정 구성원에 대한 법률적 문제가 증가하고 이에 대응할 수 있는 프로그램이 필요하다는 것을 일반 한국인이 인지하고 있다는 것을 알 수 있다. '컴퓨터 교육'을 제외한 '자녀 교육', '가족 상담 및 교육', '취업 교육', '임신 및 출산 교육'의 필요성이 모두 5점 이상으로 높아져 다문화가정 구성원에 대한 '교육'의 필요성이 높다고 보는 것

88) 5.0을 기준으로 이상이면 '매우 필요하다', 4.0 이상이면 '필요하다'로 분류하였다.

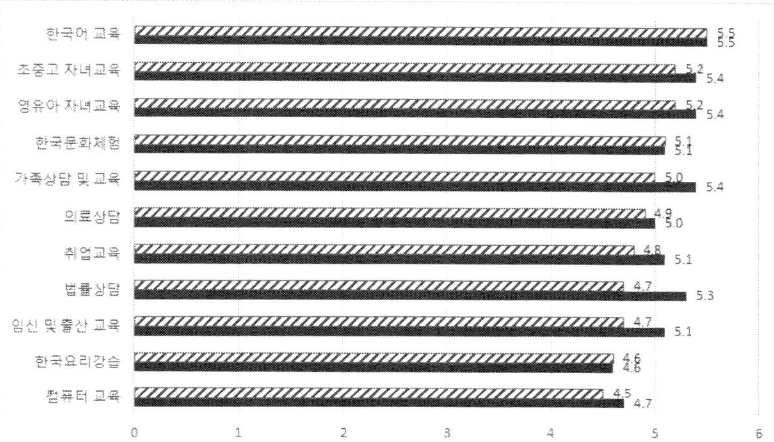

	컴퓨터 교육	한국요리 강습	임신 및 출산 교육	법률상담	취업교육	의료상담	가족상담 및 교육	한국문화 체험	영유아 자녀교육	초중고 자녀교육	한국어 교육
2011	4.5	4.6	4.7	4.7	4.8	4.9	5.0	5.1	5.2	5.2	5.5
2019	4.7	4.6	5.1	5.3	5.1	5.0	5.4	5.1	5.4	5.4	5.5

<그림 5-303> 정부 진행사업 중 어느 부분이 가장 필요하다고 생각하는가

으로 분석되었다. 이는 '다문화가정 구성원'의 비율이 한국 사회에서 높아지는 상황에서 이들 구성원들에 대한 '교육'의 필요성을 높게 보는 인식도 강화되고 있는 것으로 해석되는 부분이다. 그 외 '한국요리강습'이나 '컴퓨터 교육'에 대한 필요성은 크게 늘지 않은 것으로 보아 일반적으로 한국에서 쉽게 접하고 배울 수 있고 사회적으로 문제가 될 소지가 약한 부분에 대해서는 그 필요성이 증가하지 않았음을 알 수 있다.

다문화가정을 위한 정부지원에 대해 '현재보다 더 확대시켜야 한다'는 응답이 51.6%, '현재로 충분하다'는 응답이 11.9%로 2011년에 비해 소폭 낮아졌지만 '축소'나 '없애야 한다'는 응답도 0.7% 감소하였다. 반면 정부지원에 대해 '잘 모르겠다'는 응답이 5.3% 증가하였다(〈그림 5-304〉). 이 결과는 일반인의 경우 다문화가정을 위해 정부에서 진행하는 사업에 대해 잘 모른다는 사실과 관련이 있다고 볼 수 있다(〈그림

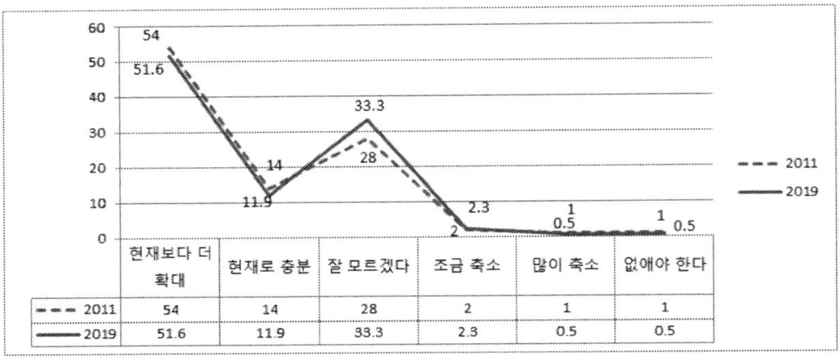

	현재보다 더 확대	현재로 충분	잘 모르겠다	조금 축소	많이 축소	없애야 한다
2011	54	14	28	2	1	1
2019	51.6	11.9	33.3	2.3	0.5	0.5

<그림 5-304> 다문화가정을 위한 정부지원을 어떻게 생각하는가

5-302〉). 앞으로 일반인들에게 다문화 및 다문화가정에 대한 교육을 진행하면서 다문화가정 지원정책의 필요성에 대해서도 알려주어야 함을 보여주는 결과라 할 수 있다.

제6장

각 피조사 집단 간 비교 분석

제6장

각 피조사 집단 간 비교 분석

본 장에서는 지금까지의 그룹별 설문조사 결과 분석과는 달리 각 항목별로 피조사자 그룹 간 비교 분석을 실시하였다. 본 장에서 이런 비교 분석을 실시하는 이유는 각 그룹 간 비교를 통해 개별 그룹의 분석으로는 살필 수 없는 좀 더 심도 있는 내용까지를 분석, 도출해내는 데 있다. 이를 위해 1) 각급별 즉 유아 및 초등 저학년, 초등 고학년 및 중 · 고등 다문화가정 자녀 간 비교, 2) 여성결혼이민자를 대상으로 하는 집합교사와 방문교사 간 비교, 3) 다문화가정 자녀를 대상으로 하는 각급별 즉 유아 교사, 초등 교사, 중 · 고등교사 간 비교, 4) 다문화가정 구성원별 즉 여성결혼이민자 대 다문화가정 자녀 비교, 그리고 5) 비다문화가정 구성원의 연령별 다문화 인식 비교를 차례로 해 나갈 것이다.

6.1. 각급별 다문화가정 자녀 비교

다문화가정 구성원 중 다문화가정 자녀는 유아, 초등 저학년, 초등 고학년, 중등, 고등의 다섯 그룹을 유아 및 초등 저학년, 초등 고학년 및 중 · 고등 두 그룹으로 나누어 각급별 다문화가정 자녀들의 학교교육 현황, 학교교육에 바라는 점 등을 비교, 분석하였다.

◆ 응답자 기본사항

다문화가정 자녀를 유아 및 초등 저학년, 초등 고학년 및 중·고등 두 그룹으로 나누어 피조사자들의 학교 평균 성적, 정체성 등을 비교 분석하였다. 각각의 연령 비율을 살펴보면 유아 및 초등 저학년 그룹에서는 초등 저학년이 55%로 유아보다 상대적으로 많았고, 초등 고학년 및 중·고등 그룹에서는 초등 고학년이 7%로 가장 적었고 중간 연령대인 중학교에 다니는 다문화가정 자녀의 비율이 60%로 가장 많았다(〈표 6-1b〉). 2011년과 비교하여 '저학년 그룹'의 비율은 동일하였고 '고학년 그룹'의 비율은 '초등 고학년'의 비율이 낮아진 것을 제외하고는 유사하였다(〈표 6-1a〉).

다문화가정 자녀들의 어머니의 고국 현황은 유아, 초등 저학년에서는 '베트남'이 64%로 가장 높았지만, 초등 고학년, 중 · 고등은 '중국'이 53.3%로 가장 높았다(〈표 6-2b〉). 우리가 조사한 피조사자의 수가 많지 않기 때문에 우리의 조사결과를 일반화시키기 어려운 측면이 있지만 적어도 우리의 결과는 초등고학년 이상에서는 중국에서 온 여성결혼이민

<표 6-1a> 응답자 연령에 따른 분포(2011) (단위: %)

연령	유아		초등 저학년
비율	45		55
연령	초등 고학년	중등	고등
비율	33	40	27

<표 6-1b> 응답자 연령에 따른 분포(2019) (단위: %)

연령	유아		초등 저학년
비율	45		55
연령	초등 고학년	중등	고등
비율	7	60	33

<표 6-2a> 어머니의 고국(2011)

(단위: %)

구분	중국	베트남	필리핀	일본	기타
유아, 초등 저학년	12	11	5	29	43
초등 고학년, 중·고등	23	1	10	56	10

<표 6-2b> 어머니의 고국(2019)

(단위: %)

구분	중국	베트남	필리핀	일본
유아, 초등 저학년	9	64	27	0
초등 고학년, 중·고등	53.3	20	13.3	13.3

자가 대세를 이루었고 초등 저학년 이하에서는 베트남 출신의 여성결혼이민자가 대세를 이룬다는 것을 알 수 있다. 국적별 다문화가족 자녀 수를 2009년부터 살펴보면 중국 다문화가족의 자녀 수와 베트남 다문화가족의 자녀 수가 2배 이상 차이 났으나 본 조사가 이루어진 최근 3년 동안 중국과 베트남 다문화가족의 자녀 수가 비슷해졌다. 따라서 고학년 자녀일수록 중국인 어머니가 많을 수밖에 없고, 최근 베트남 여성결혼이민자가 증가하면서 저학년 자녀의 어머니들은 베트남인도 많아지고 있는 상황임을 확인할 수 있다.[1)]

다문화가정 자녀의 현재 학교 평균 성적은 유아 및 초등 저학년 자녀 55%가 '좋다'라고 응답하였다. 반면 초등 고학년 및 중·고등 자녀가 '매우 좋다'를 포함하여 20%가 '좋다'라고 응답하였다. '저학년 그룹'의 경

1) 국적별 다문화가족 자녀 수(외국인주민현황조사, 행정안전부)

(단위: 명)

국적별	2009	2010	2011	2012	2013	2014	2015	2016	2017	2018	2019
중국 (한국계)	18,669	31,404	33,186	39,278	42,294	43,890	35,439	36,610	38,090	39,642	41,149
중국	35,932	29,800	34,852	33,231	37,084	38,824	40,351	37,963	43,197	44,016	49,826
베트남	22,491	27,517	34,256	41,238	49,458	54,737	57,464	56,468	71,864	77,218	88,476
필리핀	10,687	11,926	13,937	15,820	18,020	19,568	19,918	20,146	22,270	22,873	24,502
일본	6,838	5,734	14,510	16,237	17,806	18,185	7,773	9,485	6,886	6,930	7,858

<표 6-3a> 현재 학교 평균 성적(2011)　　(단위: %)

구분	매우 좋다	좋다	보통이다	나쁘다	매우 나쁘다
유아, 초등 저학년	6	36	49	9	0
초등 고학년, 중 · 고등	5	24	57	11	3

<표 6-3b> 현재 학교 평균 성적(2019)　　(단위: %)

구분	매우 좋다	좋다	보통이다	나쁘다	매우 나쁘다
유아, 초등 저학년	0	55	36	0	9
초등 고학년, 중 · 고등	7	13	53	27	0

우에는 배우는 내용이 '고학년 그룹'에 비하여 상대적으로 쉬워 학교에서의 성적이 좋다는 응답률이 높게(55%) 나온 반면 '고학년 그룹'의 경우는 배우는 내용이 어려워지면서 일반 가정 자녀에 비해 '학습 한국어' 능력이 떨어지는 '고학년 그룹'의 피조사자들이 '좋다'는 응답을 20%만 한 것으로 분석된다. '보통이다'라는 응답을 보면 '저학년 그룹'의 경우 36%, '고학년 그룹'의 경우 53%로 나와 두 그룹 모두 낮지 않은 응답률을 보였다. 다문화가정 출신 학생들 자신이 응답한 것이기 때문에 '보통이다'라는 응답을 하였어도 실제로는 성적이 나쁠 가능성이 높다고 본다면 '고학년 그룹'은 물론 '저학년 그룹'의 경우에도 성적이 우수하지 않은 학생들의 비율이 낮지 않은 것으로 해석해야 할 것이다. '고학년 그룹'의 경우에는 '나쁘다'는 응답도 27%가 나와 '저학년 그룹'에서 나타난 성적의 문제가 고학년으로 갈수록 점점 더 심각해지는 것으로 분석된다(〈표 6-3b〉). 이는 2011년과 유사한 결과로, 고학년이 되면서 학습 내용의 난이도가 높아지고 비다문화가정 자녀와의 '학습 한국어' 실력의 격차가 점점 커지면서 이러한 결과가 나타난 것으로 해석된다(〈표 6-3a〉).

다문화가정 자녀들의 현재 학교 평균 성적 중 국어 성적에 대한 질문에 유아 및 초등 저학년 자녀 64%가 '좋다'라고 응답해 전 과목 평균 성적과 일정 부분 비례하는 모습을 보인다. 초등 고학년, 중 · 고등 자녀는

<표 6-4a> 현재 학교 평균 국어 성적(2011)

(단위: %)

구분	매우 좋다	좋다	보통이다	나쁘다	매우 나쁘다
유아, 초등 저학년	9	35	48	8	0
초등 고학년, 중·고등	8	42	43	5	2

<표 6-4b> 현재 학교 평균 국어 성적(2019)

(단위: %)

구분	매우 좋다	좋다	보통이다	나쁘다	매우 나쁘다
유아, 초등 저학년	0	64	9	18	9
초등 고학년, 중·고등	7	20	40	33	0

40%가 '보통이다', 33%가 '나쁘다'라고 응답해 이들 또한 전 과목 평균 성적과 일정 부분 비례하는 모습을 보이고 있다. 학교 평균 성적과 유사한 모습으로(〈표 6-3b〉) 고학년이 되면서 국어 성적도 점차 떨어지는 것은 '다문화가정 자녀'들이 학업 성적과 직결되는 '학습 한국어'에서 일반 가정 자녀와의 차이가 더 벌어지면서 어려움을 겪고 있기 때문이라고 분석할 수 있다(〈표 6-4b〉). 이는 2011년에는 초등 고학년, 중·고등 자녀가 학교 평균 성적은 좀 떨어지지만 국어 성적은 좋다고 응답했던 것과는 다른 결과이다. '고학년 그룹'의 2019년의 결과에서 2011년보다 국어 성적이 더 안 좋아졌다는 결과가 나왔기 때문에 8년이 경과한 후 일반 가정 자녀와 다문화가정 자녀의 '학습 한국어' 실력 격차는 더욱 커졌다고 분석할 수 있다(〈표 6-4a〉).

다문화가정 자녀들이 친구들 즉 비다문화가정 자녀들과 다른 외모로 인해 겪는 어려움이 있느냐는 질문에 '많다'고 답한 응답자가 한 명도 없었고, '전혀 없다'는 응답이 유아, 초등 저학년은 82%, 초등 고학년, 중·고등 자녀는 53%로 높게 나타났다. 그러나 초등 고학년, 중·고등 자녀는 '보통이다'와 '적다'는 응답이 47%로 높게 나타나 상급학년이 될수록 다른 외모로 인한 차별에 노출되는 경향이 높아졌음을 확인할 수 있는 부분이다. 2011년 결과에서는 초등 고학년, 중·고등자녀에서 '많다('매

<표 6-5a> 친구들과 다른 외모로 인해 겪는 어려움(2011) (단위: %)

구분	매우 많다	많다	보통이다	적다	전혀 없다
유아, 초등 저학년	0	0	12	28	60
초등 고학년, 중·고등	1	3	13	12	71

<표 6-5b> 친구들과 다른 외모로 인해 겪는 어려움(2019) (단위: %)

구분	매우 많다	많다	보통이다	적다	전혀 없다
유아, 초등 저학년	0	0	18	0	82
초등 고학년, 중·고등	0	0	27	20	53

우 많다' 포함)'가 4%로 나타난 반면 이번 조사에서는 '많다'는 응답은 전혀 나타나지 않았지만 '보통이다'와 '적다'는 응답이 2011년보다 높게 나왔기 때문에 전반적으로는 외모로 인해 차별받는 상황이 2011년보다 더 많이 발생하는 것으로 분석된다. 상급학년일수록 '외모로 인한 차별'에 대해 앞으로도 계속 주시하고 예방교육을 강화해야 할 것으로 보인다(〈표 6-5a〉, 〈표 6-5b〉).

다문화가정 자녀들의 정체성에 대해 물었다. 유아 및 초등 저학년 자녀들에게 질문의 이해도를 높이기 위해 자신을 한국인이라고 생각하느냐고 질문했고 이에 대해 '매우 그렇다'를 포함하여 91%가 '그렇다'고 응답하였다. 이는 유아 및 초등 저학년 자녀는 고학년(73%)에 비해 본인의 정체성에 대한 고민이 적었기 때문에 나타난 결과로 보인다. 초등 고학년 및 중·고등 자녀 또한 정체성에 대해 혼란스러웠던 적이 '전혀 없다'와 '적다'는 응답이 73%로 높게 나타났지만 '보통이다' 이상의 부정적 응답이 27%로 나타나 이는 어느 정도 고민이 있는 상태로 판단이 된다. 이러한 결과는 2011년 조사와 유사한 결과이다(〈표 6-6a〉, 〈표 6-6b〉).

어머니의 모어를 구사할 수 있다는 응답이 유아 및 초등 저학년 자녀는 '매우 잘한다'를 포함하여 9%, 초등 고학년 및 중·고등 자녀는 47%

<표 6-6a> 정체성(2011)

(단위: %)

자신을 한국인이라고 생각하는가					
구분	매우 그렇다	그렇다	보통이다	아니다	전혀 아니다
유아, 초등 저학년	36	43	16	3	2
정체성에 대해 혼란스러웠던 적					
구분	전혀 없다	적다	보통이다	많다	매우 많다
초등 고학년, 중·고등	54	18	23	4	1

<표 6-6b> 정체성(2019)

(단위: %)

자신을 한국인이라고 생각하는가					
구분	매우 그렇다	그렇다	보통이다	아니다	전혀 아니다
유아, 초등 저학년	55	36	9	0	0
정체성에 대해 혼란스러웠던 적					
구분	전혀 없다	적다	보통이다	많다	매우 많다
초등 고학년, 중·고등	60	13	20	7	0

로 나타났다. '보통이다'라는 응답은 어머니의 모어를 어느 정도는 구사할 수 있는 것으로 파악된다. 반대로 어머니의 모어를 '전혀 못한다'는 응답을 포함하여 유아 및 초등 저학년 자녀의 73%, 초등 고학년 및 중·고등 자녀의 20%가 '못한다'라고 응답하였다. '저학년 그룹'은 어머니의 모어를 못하는 비율이 높고 '고학년 그룹'은 어머니의 모어를 잘하는 비율이 높아 고학년으로 올라갈수록 어머니의 모어를 배우게 되는 것으로 보이는데 이것은 2011년의 결과와 동일한 패턴이다. 하지만 2011년의 결과와 세부적인 비교를 하면 차이를 찾을 수 있다. 유아 및 초등 저학년 자녀의 '잘한다'는 응답률은 2011년과 비슷하게 나왔지만 '못한다'는 쪽의 응답률이 더욱 높아져서 다문화가정의 한국인 가족들은 어머니가 자신의 모어를 그 자녀에게 가르치는 것을 8년 전보다 더욱 강하게 원치 않는 것으로 추정되며, '고학년 그룹'은 '매우 잘한다'부터 '보통이다'까지의 응답률이 80%로 2011년의 52%보다 28%나 높게 나타나 고학년

<표 6-7a> 어머니의 모어 구사능력(2011) (단위: %)

구분	매우 잘한다	잘한다	보통이다	못한다	전혀 못한다
유아, 초등 저학년	2	8	29	38	23
초등 고학년, 중·고등	14	18	20	32	15

<표 6-7b> 어머니의 모어 구사능력(2019) (단위: %)

구분	매우 잘한다	잘한다	보통이다	못한다	전혀 못한다
유아, 초등 저학년	9	0	18	37	36
초등 고학년, 중·고등	27	20	33	13	7

<표 6-8a> 어머니의 모어를 배우고 싶은가(2011) (단위: %)

구분	배우고 싶다	배우고 싶지 않다
유아, 초등 저학년	78	22
초등 고학년, 중·고등	76	24

<표 6-8b> 어머니의 모어를 배우고 싶은가(2019) (단위: %)

구분	배우고 싶다	배우고 싶지 않다
유아, 초등 저학년	50	50
초등 고학년, 중·고등	33	67

의 경우에는 어머니의 모어를 적극적으로 배우려는 능동적 의지가 8년 전보다 더욱 높아진 것으로 해석된다(〈표 6-7a〉), 〈표 6-7b〉).

다문화가정 자녀들은 유아 및 초등 저학년 50%, 초등 고학년 및 중·고등 자녀 33%가 어머니의 모어를 '배우고 싶다'고 응답하였다. 유아 및 초등 저학년 자녀들은 한국인 가족들의 부정적인 태도, 초등 고학년 및 중·고등 자녀들은 〈표 6-7b〉에서 보았듯 이미 어머니의 모어를 '보통' 이상으로 구사하는 비율이 80%에 이른 것이 이런 비율이 나오게 한 이유로 분석된다. 2011년의 결과와 비교하면 2011년에는 '저학년 그룹', '고학년 그룹' 공히 어머니의 모어를 배우고 싶다는 응답이 75% 이상으로 나타나 '고학년'이 되어서도 어머니의 '모어'를 배우지 못한 경우가 많았지만 2019년에는 '저학년 그룹'에서는 배우고 싶다는 의지 자체가 낮아진 것으로 보이고 '고학년 그룹'의 경우에는 어머니의 모어를 이미 많이 배운 것으로 나타나 '양극화'의 양상을 보이고 있다. 하지만 주목해야 할 것은 '저학년 그룹'의 어머니의 모어를 배우겠다는 의지가 약화되어 앞으로는 어머니의 모어를 배우는 다문화가정 자녀의 수가 줄어들 것으로 예측된다는 것이다(〈표 6-8a〉, 〈표 6-8b〉).

◆ 학교교육 현황

다문화가정 자녀를 유아 및 초등 저학년과 초등 고학년 및 중 · 고등 두 그룹으로 나누어 피조사자들의 학업과 학교생활 등에 대해 서로 비교하여 분석하였다.

다문화가정 자녀들이 현재 재학 중인 학교에서 다문화교육을 '받은 적이 있다'는 응답이 각각 80%, 73%로 높게 나타났다. 이는 현재 여성 결혼이민자 등의 다문화강사를 유아교육기관이나 학교로 파견하여 다문화에 대해 교육을 실시하는 기관이 증가하여 나타난 결과로 볼 수 있다. 2011년에는 다문화교육을 '받은 적이 있다'는 응답이 각각 41%,

<표 6-9a> 재학 중인 학교에서 다문화교육을 받은 적이 있는가(2011) (단위: %)

구분	받은 적 있다	받은 적 없다
유아, 초등 저학년	41	59
초등 고학년, 중·고등	21	79

<표 6-9b> 재학 중인 학교에서 다문화교육을 받은 적이 있는가(2019) (단위: %)

구분	받은 적 있다	받은 적 없다
유아, 초등 저학년	80	20
초등 고학년, 중·고등	73	27

<표 6-10a> 재학 중인 학교에서 정규과정 수업 외에 별도의 학습지도가 이루어지고 있는가(국어 제외)(2011)

(단위: %)

구분	있다	없다
유아, 초등 저학년	46	54
초등 고학년, 중·고등	17	83

<표 6-10b> 재학 중인 학교에서 정규과정 수업 외에 별도의 학습지도가 이루어지고 있는가(국어 제외)(2019)

(단위: %)

구분	있다	없다
유아, 초등 저학년	30	70
초등 고학년, 중·고등	33	67

21%로 낮게 나타났으나 본 조사 결과를 통해 이후 다문화에 대한 교육이 늘어나서 활발하게 진행되고 있는 것으로 판단된다(〈표 6-9a〉, 〈표 6-9b〉).

유아 및 초등 저학년 자녀들의 30%, 초등 고학년, 중·고등 자녀들의 33%가 재학 중인 학교에서 다문화가정 자녀들을 대상으로 정규과정 수업 외에 국어를 제외한 별도의 학습지도가 이루어지고 있다고 응답하였다. 2011년에는 유아 및 초등 저학년 자녀들의 46%, 초등 고학년, 중·고등 자녀들의 17%가 국어를 제외한 별도의 학습지도가 이루어진다고 응답해 차이를 보였는데 이번 조사에서는 그 비율이 비슷하게 나타나 유아 및 초등 저학년 자녀들, 초등 고학년은 별도의 학습지도가 줄어들고, 고학년, 중·고등 자녀들의 별도의 학습지도가 늘어났음을 알 수 있다(〈표 6-10a〉, 〈표 6-10b〉).

현재 재학 중인 학교에서 다문화가정 자녀를 대상으로 정규과정 수업외에 별도의 국어지도가 이루어지고 있다는 응답이 유아 및 초등 저학년 자녀 그룹에서 36%, 초등 고학년 및 중·고등 자녀의 40%로 나타났다. 2011년에는 유아, 초등 저학년 자녀는 62%가 '있다', 초등 고학년,

<표 6-11a> 재학 중인 학교에서 정규과정 수업 외에 별도의 국어지도가 이루어지고 있는가(2011)

(단위: %)

구분	있다	없다
유아, 초등 저학년	62	38
초등 고학년, 중 · 고등	7	93

<표 6-11b> 재학 중인 학교에서 정규과정 수업 외에 별도의 국어지도가 이루어지고 있는가(2019)

(단위: %)

구분	있다	없다
유아, 초등 저학년	36	64
초등 고학년, 중 · 고등	40	60

중 · 고등 자녀는 7%가 '있다'라고 답한 것과 달리 저학년과 고학년의 별도의 국어지도 비율이 앞 문항인 〈표 6-10b〉의 비율과 유사하게 '저학년', '고학년' 그룹의 '있다' 비율이 유사하게 나타나 과목과 학년에 상관없이 30-40% 비율의 학생들이 별도 교육을 받은 것으로 분석된다. 하지만 정규 교육 기관의 교사들의 답변에서는 정규 과정 이외의 수업이 제대로 이루어지지 않고 있다는 의견이 강하게 나타나서 별도의 지도가 이루어진다고 하는 다문화가정 자녀들의 답변이 충분한 수준의 지도를 담보하고 있는 것이라고 보기는 어려운 측면이 있다는 것도 고려할 필요가 있다(〈표 6-11a〉, 〈표 6-11b〉).

다문화가정 자녀들의 학교수업 이해도를 물었다. '매우 잘한다'를 포함하여 유아 및 초등 저학년 자녀의 82%, 초등 고학년 및 중 · 고등 자녀 33%가 '잘한다'고 응답하였다(〈표 6-12b〉). 고학년에서 학교수업의 이해도가 훨씬 떨어졌는데 이는 '학습 한국어' 능력이 떨어지는 상황에서 교과내용이 어려워지면서 내용을 이해하는 데 어려움이 증가하고 이것이 이해도를 떨어뜨리는 결과로 이어진 것으로 분석된다. 2011년에는 '잘한다('매우 잘한다' 포함)'는 응답이 각각 63%, 56%로 나타나 크게

<표 6-12a> 학교수업을 잘 이해할 수 있는가(2011) (단위: %)

구분	매우 잘한다	잘한다	보통이다	못한다
유아, 초등 저학년	22	41	32	5
초등 고학년, 중 · 고등	23	33	37	7

<표 6-12b> 학교수업을 잘 이해할 수 있는가(2019) (단위: %)

구분	매우 잘한다	잘한다	보통이다	못한다
유아, 초등 저학년	46	36	9	9
초등 고학년, 중 · 고등	13	20	47	20

차이가 없었으나 이번 조사에서는 '저학년 그룹'에서는 82%, '고학년 그룹'에서는 33%로 나타나 그 차이가 커졌다. 2011년의 결과와 비교하면 '저학년 그룹'에서는 학과 내용이 어렵지 않아 '생활 한국어'로 수업을 따라가기에 충분한 상황에서 2011년보다 다문화가정 자녀들의 '생활 한국어'의 실력이 나아져서 '잘한다'는 응답이 높아진 것으로 추정되고 '고학년 그룹'에서는 2011년보다 학과 내용이 더 어려워져서 혹은 다문화가정 자녀들의 '학습 한국어'의 실력이 2011년보다 퇴보하여서 '잘한다'는 응답률이 낮아진 것으로 추정할 수 있다. 혹은 이 두 개의 원인이 같이 맞물려 일어나면서 '잘한다'는 응답률이 낮아졌을 개연성도 있다(〈표 6-12a〉).

한국어로 의사소통하는 것에 대해 두 그룹 모두 '보통이다'는 응답이 각각 28%, 44%로 가장 높게 나타났다. 그러나 '어렵다('매우 어렵다' 포함)'는 응답이 유아 및 초등 저학년 자녀는 27%, 초등 고학년 및 중 · 고등 자녀는 6%로 나타나 저학년일수록 의사소통을 비교적 더 어렵게 느낀다고 볼 수 있다(〈표 6-13b〉). 2011년 결과와 비교하면 '저학년 그룹'의 '어렵다' 쪽의 응답률은 21%에서 27%로 높아졌고 '쉽다' 쪽의 응답률도 35%에서 45%로 높아졌다. 이는 '쉽다'와 '어렵다'로 느끼는 양극화가 2011년에 비해 좀 더 심해진 것으로 해석된다. '고학년 그룹'의 '어

<표 6-13a> 한국어로 의사소통하는 것(2011)

(단위: %)

구분	매우 어렵다	어렵다	보통이다	쉽다	매우 쉽다
유아, 초등 저학년	0	21	44	35	0
초등 고학년, 중·고등	4	5	10	18	63

<표 6-13b> 한국어로 의사소통하는 것(2019)

(단위: %)

구분	매우 어렵다	어렵다	보통이다	쉽다	매우 쉽다
유아, 초등 저학년	9	18	28	27	18
초등 고학년, 중·고등	0	6	44	25	25

렵다'의 응답률은 9%에서 6%로 낮아졌다. 하지만 '쉽다'의 응답률은 91%에서 50%로 낮아졌다. '어렵다'의 응답률은 2011년의 경우에도 10% 미만으로 높지 않아서 낮아진 것에 큰 의미를 두기는 어렵지만 '쉽다'의 응답률은 41%나 낮아져서 '생활 한국어' 쪽에서도 '학습 한국어'와 마찬가지로, 특히 '고학년 그룹'에서 일반 학생들과 격차가 더 벌어진 것으로 해석된다(〈표 6-13a〉).

다문화가정 자녀 중 유아 및 초등 저학년 자녀일수록 '어머니(46%)'가 방과 후에 학습을 지도해주는 경우가 높게 나타났으며, 초등 고학년 및 중·고등 자녀들은 '어머니'가 지도해준다는 응답이 25%로 낮았다. '기타/학원'에서 지도해준다는 응답이 36%, 63%로 높게 나타났다(〈표 6-14b〉). 이는 2011년 결과와 유사한 결과로 고학년이 될수록 한국어 능력이 부족한 어머니보다는 '학원'과 같은 사교육기관을 더 의지하는 것이다. 2011년의 응답 결과와 비교하면 '저학년 그룹', '고학년 그룹' 모두 '어머니', '아버지'의 비율이 높아졌고 '조부모'의 비율도 높아졌다. 이는 '부모', '조부모'와의 관계가 좀 더 가까워졌다고 해석할 수도 있고 경제력이 안 좋아져 학원 등에 맡길 수 있는 여력이 적어졌다고 해석할 여지도 있는 결과이다(〈표 6-14a〉).

다문화가정 자녀들이 학교수업방법 중 가장 흥미를 느끼는 수업방

<표 6-14a> 방과 후에 누가 학습지도를 하는가(2011) (단위: %)

구분	아버지	어머니	조부모	형제	기타/학원
유아, 초등 저학년	4	43	4	13	36
초등 고학년, 중·고등	2	13	2	0	45/38

<표 6-14b> 방과 후에 누가 학습지도를 하는가(2019) (단위: %)

구분	아버지	어머니	조부모	형제	기타/학원
유아, 초등 저학년	9	46	9	0	36
초등 고학년, 중·고등	6	25	6	0	63

<표 6-15a> 학교수업방법 중 가장 흥미를 느끼는 것(2011) (단위: %)

구분	협동 학습	토의 학습	상황극 학습	교실 수업	시청각자료 활용학습	체험 학습	기타
유아, 초등 저학년	53	3	10	0	24	0	10
초등 고학년, 중·고등	4	4	0	2	0	65	5

<표 6-15b> 학교수업방법 중 가장 흥미를 느끼는 것(2019) (단위: %)

구분	협동 학습	토의 학습	상황극 학습	교실 수업	시청각자료 활용학습	체험 학습	기타
유아, 초등 저학년	18	0	28	0	27	0	27
초등 고학년, 중·고등	13.3	0	0	13.3	0	73.3	0

법으로 유아 및 초등 저학년 자녀들은 활동적인 '상황극 학습'이 28%, '시청각자료 활용학습'과 '기타'가 각 27%, '협동학습'이 18% 순이었고, 초등 고학년 및 중·고등 자녀들은 '체험학습' 73.3%, '협동학습'과 '교실수업'이 각 13.3%로 나타났다. 저학년은 여러 명이 함께 하는 수업을, 고학년의 경우에는 직접 체험하는 수업을 더 선호한다는 것을 알 수 있다. 2011년에 유아 및 초등 저학년 자녀들은 '협동학습'을 53%로 가장 선호하는 것으로 나왔는데 2019년에는 '상황극 학습'과 '시청각 자료 활

<표 6-16a> 현재 재학 중인 학교에서 정규과정 외에 더 배우고 싶은 과목(2011) (단위: %)

구분	국어	수학	영어	예체능	기타
유아, 초등 저학년	24	18	27	18	13
초등 고학년, 중·고등	5	15	23	28	29

<표 6-16b> 현재 재학 중인 학교에서 정규과정 외에 더 배우고 싶은 과목(2019) (단위: %)

구분	국어	수학	영어	예체능	기타
유아, 초등 저학년	9	18	27	37	9
초등 고학년, 중·고등	18.8	25	25	18.8	12.5

용학습'이 가장 높은 선호도를 보여 '저학년 그룹'의 수업방법 선호도에 변화가 있음을 보여주었다. 초등 고학년 및 중·고등 자녀들은 두 번의 조사 공히 '체험학습'을 65%로 꼽아 수업방법 선호도에 변화가 없었다(〈표 6-15a〉, 〈표 6-15b〉).

다문화가정 자녀들이 현재 재학 중인 학교에서 정규과정 외에 더 배우고 싶은 과목으로 유아 및 초등 저학년 자녀들은 '예체능' 37%, '영어' 27%, '수학' 18%, '국어'와 '기타'가 각 9% 순이었고, 초등 고학년 및 중·고등 자녀들은 '수학'과 '영어'가 각 25%, '국어'와 '예체능'이 각 18.8%, '기타' 12.5% 순으로 나타났다(〈표 6-16b〉). 유아 및 초등 저학년 자녀들이 예체능(그림, 운동 등)에 더 흥미를 가지는 반면 초등 고학년 및 중·고등 자녀는 수학, 영어 등의 기본 과목이 더 높게 나타났는데, 고학년이 될수록 대입 준비에 도움이 되는 국·영·수 과목에 더 초점을 두게 되는 것으로 볼 수 있다. 2011년에는 유아 및 초등 저학년 자녀들이 영어, 국어 등의 기본 과목에 더 흥미를 느끼고, 초등 고학년 및 중·고등 자녀들이 예체능에 관심을 가져 입시 스트레스가 반영된 결과로 분석했던 것과는 차이가 나는 결과가 나타났다. 한 가지 주목할 점은 '고학년 그룹'에서 2011년에는 '국어'의 비율이 5%로 낮은 반면 2019년에는 18.8%로 높아져 '국어'를 배우려는 욕구가 더 강해진 것으로 볼 수 있는데 이

<표 6-17a> 어머니가 학교생활에 대해 잘 이해하고 있는가(2011) (단위: %)

구분	매우 잘한다	잘한다	보통이다	못한다	전혀 못한다
유아, 초등 저학년	8	20	62	10	0
초등 고학년, 중·고등	15	28	44	12	1

<표 6-17b> 어머니가 학교생활에 대해 잘 이해하고 있는가(2019) (단위: %)

구분	매우 잘한다	잘한다	보통이다	못한다	전혀 못한다
유아, 초등 저학년	27	37	36	0	0
초등 고학년, 중·고등	13	20	60	7	0

는 2011년에 비해 열악해진 '다문화가정 자녀'의 '학습 한국어' 및 '생활 한국어' 능력에 대해 이들이 염려하는 뜻이 반영된 결과로 보인다(〈표 6-16a〉).

다문화가정 자녀들이 생각하기에 어머니가 학교생활을 잘 이해하고 있는지 물었다. 유아 및 초등 저학년 자녀는 '매우 잘한다'를 포함해 64%가 '잘한다'라는 응답이 가장 높게 나타났고, 초등 고학년 및 중·고등 자녀는 '보통이다'는 응답이 60%로 가장 높았다(〈표 6-17b〉). 저학년 자녀의 경우 어머니와 보내는 시간이 많아 어머니와의 친밀도가 높고, 어머니가 학교생활에도 관심이 많을 것으로 보이며, 고학년은 사춘기, 학업 등의 이유로 부모님과의 대화가 줄어든 측면도 있고 또 상급학교로 갈수록 학부모들이 학교에 오는 빈도가 줄어들면서 실제로 학교 생활을 이해하기 어려운 환경이 조성되는 것도 이런 결과가 나타나게 한 원인으로 보인다. 2011년의 결과와 비교하면 '저학년 그룹'의 경우 '잘한다' 쪽의 응답률이 28%에서 64%로 많이 높아졌다. 이 결과는 '저학년 그룹' 어머니의 경우 학교생활에 관심을 많이 가지고 있고 이해도도 많이 높아진 것으로 해석할 수 있다. '고학년 그룹'의 경우에는 이와 반대로 43%에서 33%로 떨어져 2011년보다 어머니의 자녀 학교 생활에 대한 관심과 이해도가 떨어진 결과가 나왔다(〈표 6-17a〉).[2]

<표 6-18a> 어머니와 한국어 의사소통(2011)

(단위: %)

구분	매우 잘한다	잘한다	보통이다	못한다
유아, 초등 저학년	5	45	45	5
초등 고학년, 중·고등	41	38	18	3

<표 6-18b> 어머니와 한국어 의사소통(2019)

(단위: %)

구분	매우 잘한다	잘한다	보통이다	못한다
유아, 초등 저학년	9	0	91	0
초등 고학년, 중·고등	7	33	60	0

다문화가정 자녀 본인들과 어머니와의 한국어 의사소통은 '보통이다'라는 응답이 각각 91%, 60%로 가장 높게 나타났다. 어머니와 한국어 의사소통이 잘 이루어진다고 보기 어려운 결과이다. 특히 유아 및 초등 저학년의 경우 위의 질문에서 어머니가 학교생활에 대해 잘 이해하고 있다는 응답이 높게 나타난 것과 다른 결과이다. 이는 어머니가 학교생활에 관심은 있지만, 자신을 잘 이해하고 있다고 생각하지는 않는 것으로 판단된다. 반면 고학년의 경우는 어머니가 학교생활에 대해서는 잘 이해하지 못하지만 어머니와의 개인적인 관계는 '저학년 그룹'에 비해 상대적으로 좋은 것으로 해석된다. 유아, 초등 저학년의 경우 '매우 잘한다'와 '잘한다'를 합친 응답률이 9%에 불과했지만 초등 고학년, 중·고등 자녀의 경우는 40%로 나타났다(〈표 6-18b〉). 2011년의 결과는 '잘한다' 쪽의 응답이 '저학년 그룹'은 50%, '고학년 그룹'은 79%로 나타나 2019년의 결과보다 훨씬 높게 나타났다. 이 결과는 '저학년', '고학년' 그룹

2) 2011년에는 유아, 초등 저학년에 비해 초등 고학년, 중·고등 자녀들의 어머니가 학교생활에 대해 더 잘 이해한다고 응답해 이번 조사와 다른 결과를 보였다. 2011년 조사의 '고학년 그룹' 다문화가정 자녀 응답자들은 일본인 엄마를 둔 자녀들이 많았는데 이것도 일정 부분 결과에 영향을 끼친 것으로 보인다. 일본인 엄마들은 비교적 학력 수준이 높기 때문에 학교생활에 대한 충분한 이해와 대처가 가능했을 것으로 추정된다.

<표 6-19a> 현재 재학 중인 학교에서의 친구관계(2011) (단위: %)

구분	모두와 친하다	비다문화가정 친구	다문화가정 친구	모두와 안 친하다	기타
유아, 초등 저학년	84	5	2	3	6
초등 고학년, 중·고등	74	16	3	4	3

<표 6-19b> 현재 재학 중인 학교에서의 친구관계(2019) (단위: %)

구분	모두와 친하다	비다문화가정 친구	다문화가정 친구	모두와 안 친하다	기타
유아, 초등 저학년	82	9	0	0	9
초등 고학년, 중·고등	68.8	12.5	12.5	0	0

모두 어머니와의 한국어 의사소통이 2011년보다 원활하지 않음을 보이고 있는데 어머니들의 한국어 실력이 줄었을 가능성이 거의 없는 상황에서 이런 결과가 나왔다는 것은 '다문화가정 자녀'와 어머니들과의 관계가 더욱 안 좋아졌을 개연성을 나타내고 있다고 해석할 수 있다(〈표 6-18a〉).

현재 재학 중인 학교에서의 다문화가정 자녀의 친구관계에 대해 물었다. 유아 및 초등 저학년 자녀는 82%, 초등 고학년 및 중·고등 자녀는 68.8%가 '모두와 친하다'고 응답하였다. 반면에 고학년 자녀 중 '다문화가정 친구'와 친하다는 응답이 18.8%로 비교적 높게 나타나 '저학년 그룹'과 차이가 드러나는 결과를 보였다(〈표 6-19b〉). 2011년의 결과와 비교하면 '저학년 그룹'의 경우 패턴에서 큰 변화가 없지만 '고학년 그룹'의 경우 '다문화가정 친구'라고 응답한 비율이 3%에서 18.8%로 높아져 '다문화가정 자녀'들끼리 훨씬 더 강한 유대관계를 형성한 것을 확인할 수 있다. 이 결과는 '다문화가정 자녀'들이 한 개의 계층을 이루면서 '비다문화가정 자녀'들과 다른 행동 패턴을 보일 가능성을 가지고 있어 이에 대한 면밀한 분석 및 대책을 마련해야 할 것으로 보인다(〈표 6-19a〉).

다문화가정의 일원이라는 것이 학습에 '영향을 안 미친다'는 응답이

<표 6-20a> 다문화가정의 일원이라는 것이 학습에 영향을 미치는가(2011) (단위: %)

구분	영향을 미친다	영향을 안 미친다
유아, 초등 저학년	11	89
초등 고학년, 중 · 고등	7	93

<표 6-20b> 다문화가정의 일원이라는 것이 학습에 영향을 미치는가(2019) (단위: %)

구분	영향을 미친다	영향을 안 미친다
유아, 초등 저학년	18	82
초등 고학년, 중 · 고등	40	60

유아 및 초등 저학년 자녀는 82%, 초등 고학년 및 중 · 고등 자녀는 60%로 높게 나타나 다문화가정 자녀들 모두 자신들이 다문화가정 자녀이기 때문에 어려움을 겪는다고 생각하지 않는 의견이 다수인 것을 알 수 있다(〈표 6-20b〉). 그런데 2011년의 결과와 비교해 보면 '영향을 미친다'는 의견이 '저학년 그룹', '고학년 그룹' 모두에서 각 7%, 33% 높아진 것을 확인할 수 있다. 특히 '고학년 그룹'의 경우에는 33%나 높아져 우려할 만한 쪽으로 '다문화가정 자녀'들의 생각이 변화된 것으로 나타났다. 바로 앞 문항의 '고학년 그룹'에서의 학교에서 친한 친구가 '다문화가정 자녀'라는 응답이 3%에서 18.8%로 높아진 것, '어머니와 한국어 의사소통'의 응답률이 79%에서 40%로 낮아진 것과 맥을 같이한다. 이 모든 결과는 2011년에 비해 2019년에 비다문화가정 자녀와 다문화가정 자녀 사이에 벽과 간극이 커진 것이라는 해석이 가능한데 국민 통합 측면에서 우려할 만한 결과로 보이기 때문에 이에 대한 대책이 시급히 마련되어야 할 것이다(〈표 6-20a〉).

다문화가정 자녀들의 학교생활에 가장 도움을 주는 것에 대해 유아 및 초등 저학년 자녀는 '선생님' 58%, '가족' 25%, '친구' 17% 순으로, 초등 고학년 및 중 · 고등 자녀는 '친구' 65%, '선생님' 35% 순으로 답했다(〈표 6-21b〉). 유아 및 초등 저학년의 경우 선생님이 학교생활에 큰 도

<표 6-21a> 학교생활에서 가장 도움이 되는 것(2011) (단위: %)

구분	친구	선생님	가족	종교	기타
유아, 초등 저학년	40	36	17	2	5
초등 고학년, 중·고등	69	26	4	0	1

<표 6-21b> 학교생활에서 가장 도움이 되는 것(2019) (단위: %)

구분	친구	선생님	가족	종교	기타
유아, 초등 저학년	17	58	25	0	0
초등 고학년, 중·고등	65	35	0	0	0

움을 주는 존재로 나타나 '저학년 그룹'의 경우 다문화 자녀들에 대한 선생님들의 주의 깊은 관심과 고민이 있어야 할 것으로 보인다. 고학년의 경우 선생님도 학교생활에 일정부분 도움을 주지만 교우관계가 학교생활에 가장 중요한 요소로 작용하고 있음을 보여주는 결과이다. 따라서 다문화가정 자녀들의 건강한 교우관계를 통해 원만한 학교생활을 유지할 수 있도록 하는 교육관계자들의 노력이 필요해 보인다. 2011년 조사와 비교해 보면 '저학년 그룹'은 '친구'의 비중은 낮아지고 '선생님'의 비중은 높아져서 '선생님'의 역할이 더욱 커진 반면 '고학년 그룹'의 경우는 '선생님'의 비중은 낮아지고 '친구'의 비중은 더욱 높아져서 '친구'의 영향력이 선한 쪽으로 흐르도록 하는 교사들의 지도 및 가족들의 관심이 필요한 것으로 분석된다(〈표 6-21a〉).

학교에서 다문화가정 자녀를 대상으로 한 국어를 제외한 개별학습지도가 '필요하지 않다'는 응답이 유아 및 초등 저학년 자녀는 70%로 높았지만 초등 고학년 및 중·고등 자녀는 '필요하다'는 응답이 53%로 높게 나타나 학교수업에 어려움을 겪는 다문화가정 고학년 자녀와 유아 및 초등 저학년 자녀 일부에 대해 개별지도가 필요한 것으로 분석된다. 2011년에는 '필요하지 않다'는 응답이 '저학년', '고학년' 그룹 모두에서 각각 73%, 85%로 높았으나 2019년 결과에서는 결과에서는 초등 고학년, 중·

<표 6-22a> 학교에서 개별학습지도가 필요하다고 생각하는가(국어 제외)(2011) (단위: %)

구분	필요하다	필요하지 않다
유아, 초등 저학년	27	73
초등 고학년, 중·고등	15	85

<표 6-22b> 학교에서 개별학습지도가 필요하다고 생각하는가(국어 제외)(2019) (단위: %)

구분	필요하다	필요하지 않다
유아, 초등 저학년	30	70
초등 고학년, 중·고등	53	47

<표 6-23a> 학교에서 국어지도가 개별적으로 필요하다고 생각하는가(2011) (단위: %)

구분	필요하다	필요하지 않다
유아, 초등 저학년	29	71
초등 고학년, 중·고등	13	87

<표 6-23b> 학교에서 국어지도가 개별적으로 필요하다고 생각하는가(2019) (단위: %)

구분	필요하다	필요하지 않다
유아, 초등 저학년	22	78
초등 고학년, 중·고등	27	73

고등 자녀들의 경우 '필요하다'는 응답이 2011년에 비해 40%나 높아져 일반 학생들과의 '학업 격차'가 현저히 커졌음을 확인할 수 있다(〈표 6-22a〉, 〈표 6-22b〉).

학교에서 다문화가정 자녀를 대상으로 한 국어지도가 개별적으로 '필요하지 않다'는 응답이 각각 78%, 73%로 높게 나타났다. 이는 위에서 국어를 제외한 개별학습지도의 필요성을 묻는 질문에 초등 고학년 및 중·고등 자녀 절반 정도가 '필요하다'고 응답한 것과 다른 결과이다. 다만 '필요하다'는 응답도 각각 22%, 27%로 국어실력이 다소 부족한 다문화가정 자녀에게는 개별 국어지도 방안을 마련해야 할 것으로 분석된

<표 6-24a> 학교수업 외에 어떤 교육이 필요한가(2011) (단위: %)

구분	한국문화	어머니 나라의 문화	학교생활	자아정체성	기타
유아, 초등 저학년	20	55	8	5	12
초등 고학년, 중·고등	10	46	17	4	23

<표 6-24b> 학교수업 외에 어떤 교육이 필요한가(2019) (단위: %)

구분	한국문화	어머니 나라의 문화	학교생활	자아정체성	기타
유아, 초등 저학년	37	18	9	18	18
초등 고학년, 중·고등	27	0	47	0	27

다. 2011년 결과에서도 '필요하지 않다'는 응답이 각각 71%, 87%로 높게 나타났다(〈표 6-23a〉, 〈표 6-23b〉). 다만 '고학년 그룹'의 경우 '필요하다'의 응답률이 2011년보다 14% 높게 나와서 '일반 과목'의 경우와 같이 '국어지도의 필요성'을 느끼는 정도가 좀 더 강화된 것으로 분석된다. 이는 앞에서의 '학습 한국어'에 있어서의 일반 가정 자녀와의 격차가 좀 더 커졌다는 분석과 궤를 같이하는 결과라고 볼 수 있다.

다문화가정 자녀를 위해 학교수업 외에 필요한 교육으로 유아 및 초등 저학년 자녀는 '한국문화'가 37%, '어머니 나라의 문화'와 '자아정체성', '기타'가 각각 18%, '학교생활'이 9% 순으로 나타났다. 반면에 초등 고학년과 중 · 고등 자녀는 '학교생활'이 47%로 가장 높았으며 '한국문화'와 '기타' 응답이 27%로 나타났다. 이는 유아 및 초등 저학년 자녀는 한국문화와 어머니 나라의 문화, 친구들과 자신의 외모 등이 다름을 인지해 나가는 시기이기 때문에 이에 대한 교육의 필요성을 요구한다면, 초등 고학년 및 중 · 고등 자녀는 다문화가정 자녀로서의 고민보다는 학업에 집중하여 학교생활 및 학업에 대한 고민이 앞서는 것으로 분석된다. 2011년에는 유아 및 초등 저학년 자녀와 초등 고학년과 중 · 고등 자녀 모두 '어머니 나라의 문화'라는 응답이 각각 55%, 46%로 가장 높게 나타났었는데 많은 변화가 나타났다(〈표 6-24a〉, 〈표 6-24b〉). 변화의 원인을 분석해보면 초기 다문화가정 자녀와는 달리 8년이 지난 2019년에는 다문화가정 자녀들이 더욱 한국화되어 어머니 나라의 문화에 관심을 기울이는 정도가 낮아진 것으로 해석되고 오히려 한국문화를 알려는 강도가 높아진 것으로 보인다. '저학년 그룹'의 경우는 사춘기가 빨라지는 것에 맞추어 '자아정체성'에 관심을 가지는 정도가 상당히 높아졌고(5% → 18%), '고학년 그룹'의 경우에는 상급학교 진학이나 취업 등과 관련해서 학교생활 자체에 대한 관심이 많이 높아졌음을(17% → 47%) 확인할 수 있다.

◆ 학교교육에 바라는 점

다문화가정 자녀를 유아 및 초등 저학년과 초등 고학년 및 중 · 고등 두 그룹으로 나누어 피조사자들에 대한 다문화교육과 학습지도 등에 대해 분석하였다.

다문화가정 자녀들을 위한 다문화교육 전문교사가 '필요하지 않다'는 응답이 각각 60%, 73%로 나타나 고학년으로 올라갈수록 다문화교육 전문교사의 필요성을 더 낮게 보고 있었다. 유아 및 초등 저학년의 경우 필요한 선생님이 '한국어 선생님'이라는 응답이 있어 일부 한국어 구사 능력이 떨어지는 자녀들에게는 전문적인 한국어 교사가 필요할 것으로 보인다. 2011년에도 '필요하지 않다'는 응답이 각각 72%, 88%로 높게 나타나 동일한 유형의 결과를 보였다. 하지만 2011년과 2019년을 비교해 보면 '필요하다'는 응답이 '저학년 그룹'의 경우 12%, '고학년 그룹'의 경우 15%가 높아져 '다문화가정 자녀'들은 8년 전에 비해 다문화교육 전문교사의 필요성을 더욱 강하게 느끼고 있는 것으로 분석된다. 필요한 교사로 '다문화 선생님', '국어 선생님' 등의 응답이 있었다(〈표 6-25a〉, 〈표 6-25b〉). 따라서 이들을 위한 전문적인 다문화교육 교사와 한국어 교사 배치가 더욱 적극적으로 진행되어야 할 것으로 판단된다.

<표 6-25a> 다문화교육 전문교사가 필요한가(2011) (단위: %)

구분	필요하다	필요하지 않다
유아, 초등 저학년	28	72
초등 고학년, 중·고등	12	88

<표 6-25b> 다문화교육 전문교사가 필요한가(2019) (단위: %)

구분	필요하다	필요하지 않다
유아, 초등 저학년	40	60
초등 고학년, 중·고등	27	73

<표 6-26a> 현재 학교생활 만족도(2011) (단위: %)

현재 유치원(어린이집)/학교생활이 어떠한가			
구분	매우 재미있다	재미있다	보통이다
유아, 초등 저학년	26	45	29

현재 학교생활 만족도					
구분	매우 만족	만족	보통	불만족	매우 불만족
초등 고학년, 중·고등	24	47	23	5	1

<표 6-26b> 현재 학교생활 만족도(2019) (단위: %)

현재 유치원(어린이집)/학교생활이 어떠한가			
구분	매우 재미있다	재미있다	보통이다
유아, 초등 저학년	27	46	27

현재 학교생활 만족도					
구분	매우 만족	만족	보통	불만족	매우 불만족
초등 고학년, 중·고등	20	46.7	26.7	6.7	0

현재 학교생활의 만족도에 대해 물었다. 유아 및 초등 저학년들에게는 질문의 이해도를 높이기 위해 난이도를 낮추어 물어 보았다. 유아 및 초등 저학년 자녀는 '매우 재미있다'를 포함해 73%가 '재미있다'고 응답하였고, 초등 고학년 및 중 · 고등 자녀는 '매우 만족'을 포함해 67%가

'만족'한다고 응답하였다(〈표 6-26b〉). 저학년, 고학년 모두 긍정적인 응답이 높게 나타나 다문화가정 자녀들이 대체적으로 학교생활에 만족하는 것으로 분석된다. 2011년에도 유사한 유형과 수치가 나타나 다문화가정 자녀의 학교생활 만족도는 큰 변화가 없는 것으로 해석된다(〈표 6-26a〉).

6.2. 여성결혼이민자를 대상으로 하는 교사 비교

여성결혼이민자를 대상으로 하는 교사들을, 기관에서 한 곳에 모아 놓고 한국어를 교육하는 집합교사와 여성결혼이민자의 가정을 방문하여 방문교육을 실시하고 있는 방문교사 두 그룹으로 나누어 여성결혼이민자를 대상으로 하는 각 교사의 교육 현황, 한국어 교육에 바라는 점 등을 비교, 분석하였다.

◆ 응답자 기본사항

여성결혼이민자를 대상으로 하는 교사 중 집합교사는 '46세 이상'이 82%로 가장 많고, 방문교사도 '46세 이상'이 96%로 대다수를 차지하였다. 특히 방문교사는 여성결혼이민자의 가정을 방문하여 한국어교육뿐만 아니라 자녀교육이나 부부교육 등도 담당해야 한다. 따라서 결혼생활 유경험자이면서 여성결혼이민자의 생활을 전반적으로 지도해줄 수 있는 교사를 선호하기 때문에 특히 연령대가 '51세 이상'에서 67%의 가장 높은 비율을 나타냈다. 집합교사의 경우에도 여성결혼이민자가 한국어를 배우면서 집에서 겪는 결혼생활과 관련된 여러 문제에 대해서 질문하는 경우가 많기 때문에 이에 잘 대응하는 교사를 채용하는 경우가

<표 6-27a> 응답자 연령(2011) (단위: %)

구분	25-30세	31-35세	36-40세	41-45세	46-50세	51-60세
집합교사	9	18	46	18	0	9
방문교사	0	5	14	43	24	14

<표 6-27b> 응답자 연령(2019) (단위: %)

구분	25-30세	31-35세	36-40세	41-45세	46-50세	51-60세
집합교사	0	0	6	12	41	41
방문교사	0	0	0	4	29	67

<표 6-28a> 한국어 지도경력(2011) (단위: %)

구분	1년 이하	2-3년	4-5년	없다	기타
집합교사	9	46	18	9	18
방문교사	10	15	55	20	10

<표 6-28b> 한국어 지도경력(2019) (단위: %)

구분	1년 이하	2-3년	4-5년	없다	기타
집합교사	12	23.5	41	0	23.5
방문교사	0	12	21	0	63

많아 '46세 이상'의 연령대가 82%를 차지한 것으로 나타났다(〈표 6-27b〉). 2011년에는 집합교사의 경우 '36-40세(46%)', 방문교사의 경우 '41-45세(43%)'가 가장 높은 비율을 차지하는 연령대였는데 8년이 지난 2019년에는 이들 연령대의 교사들이 그대로 나이를 먹은 채로 활동을 이어와 다수를 차지하는 연령대가 고령화된 것으로 분석된다(〈표 6-27a〉).

여성결혼이민자를 대상으로 하는 집합교사의 한국어 지도경력은 '4-5년'이 41%로 가장 높았고, 방문교사는 '기타' 응답이 63%로 가장 높았다. '기타' 응답으로는 '7년', '10년'이 있었다(〈표 6-28b〉). 2011년과 비교해 보면 집합교사는 '2-3년(46%)', 방문교사는 '4-5년(55%)'이 가장 높은

<표 6-29a> 다문화와 관련해 이수한 교육과정(2011)

(단위: %)

구분	있다	없다
집합교사	62	38
방문교사	86	14

<표 6-29b> 다문화와 관련해 이수한 교육과정(2019)

(단위: %)

구분	있다	없다
집합교사	73	27
방문교사	82	18

비율이었던 것이 2019년에는 집합교사는 '4-5년(41%)'과 그 이상의 경력인 '기타(23.5%)', 방문교사는 '기타(63%)'가 가장 높은 비율로 나타나 '연령대'와 마찬가지로 한국어 지도경력도 자연스럽게 그 경력 연수가 늘어난 것으로 분석된다(〈표 6-28a〉).

여성결혼이민자를 대상으로 하는 교사들이 다문화와 관련해 이수한 교육과정이 있다는 응답이 각각 73%, 82%로 나타났다. 이 결과에는 일부 개인적인 피교육 경험도 들어 있을 것이고 소속기관에서 교육 전 실시하는 교육에 참가한 경우도 포함되어 있어 '있다'에 표시한 비율이 높게 나타난 것으로 보인다. 특히 방문교사의 경우에는 다문화가정에 방문하면서 여성결혼이민자뿐만 아니라 그들의 남편, 자녀, 시부모 등 다문화가정 구성원과 마주치면서 접하게 되는 문제들이 있기 때문에 다문화 관련 교육을 집합교사보다 더 많이 이수한 것으로 분석된다. 2011년에도 여성결혼이민자를 대상으로 하는 교사들이 다문화와 관련해 이수한 교육과정이 있다는 응답이 각각 62%, 86%로 유사하게 나타났다(〈표 6-29a〉, 〈표 6-29b〉). 집합교사의 경우 교육 경험이 11%가 올라 교육의 강화가 있었던 반면 방문교사는 86%에서 82%로 약간 낮아진 결과가 나왔는데 집합교사의 다문화교육 필요성이 높다고 본 당국에서 집합교사에게 좀 더 많은 교육기회를 준 것으로 보이고 방문교사의 경우에는

<표 6-30a> 다문화 관련 자격증(2011) (단위: %)

구분	한국어	상담	기타
집합교사	78	0	22

구분	있다	없다
방문교사	53	47

<표 6-30b> 다문화 관련 자격증(2019) (단위: %)

구분	한국어	상담	기타
집합교사	87	6.5	6.5

구분	있다	없다
방문교사	73	27

2011년, 2019년 모두 80%가 넘는 교육 이수율을 보이고 있어 지속적으로 다문화교육이 잘 이루어지고 있는 것으로 분석된다.

여성결혼이민자를 대상으로 하는 집합교사는 대부분 한국어교사이기 때문에 다문화와 관련된 자격증으로 87%가 '한국어 교원' 자격증이 있다고 응답하였고, 방문교사는 상황에 따라 자녀교육, 자녀생활지도나 여성결혼이민자 및 그 외의 다문화가정 구성원(남편)에 대한 교육 및 상담 등 더 다양한 교육 및 상담을 실시해야 하기 때문에 '한국어 교원' 이외에 '다문화사회 전문가, 사회복지, 유아교육, 보육, 상담, 독서 치료' 등과 관련된 다양한 분야의 자격증을 소지하고 있었다(73%). 현재 자격증을 보유하지 않은 경우가 25%로 나타나 2011년의 47%에 비해 많이 줄었다고 볼 수 있다(〈표 6-30a〉, 〈표 6-30b〉). 하지만 계속해서 이들이 담당하는 업무의 중요성과 관련하여 자격증 소지 비율을 더욱 높이도록 하는 노력과 정책적 배려가 있어야 할 것으로 보인다. 2011년의 결과와 비교하여 보면 집합교사의 한국어교원 자격증 소지 비율이 9% 상승(78% → 87%)하였고 방문교사의 다문화관련 자격증 소지 비율이 20% 상승(53% → 73%)한 것으로 나타나 교사들의 자질과 관련해 향상되는

<표 6-31a> 다문화 이해를 위해 이수하고 싶은 교육과정 내용(2011) (단위: %)

구분	한국어 지도	상담	자녀교육	다문화사회 이해
집합교사	20	40	0	40
방문교사	14	48	19	19

<표 6-31b> 다문화 이해를 위해 이수하고 싶은 교육과정 내용(2019) (단위: %)

구분	한국어 지도	상담	자녀교육	다문화사회 이해
집합교사	25	38	6	31
방문교사	8.5	48	8.5	35

부분이 있었다고 평가된다.

여성결혼이민자를 대상으로 하는 교사가 다문화 이해를 위해 이수하고 싶은 교육과정 내용으로 집합교사는 '상담' 38%, '다문화사회 이해' 31%, '한국어 지도' 25%, '자녀교육' 6% 순으로 나타났고, 방문교사는 '상담' 48%, '다문화사회 이해' 35%, '한국어 지도', '자녀교육' 각각 8.5% 순으로 나타났다(〈표 6-31b〉). 집합교사의 경우 여성결혼이민자 이외에 다른 다문화가정 구성원을 만날 기회는 적지만 수업 전후로 여성결혼이민자의 가정사와 관련한 상담을 해줄 기회는 많기 때문에, 방문교사의 경우는 여성결혼이민자의 가정에 방문하여 가정생활 전반에 대하여 상담 및 지도를 해주어야 하기 때문에 '상담' 및 '다문화사회 이해'에 높은 관심을 보인 것으로 판단된다. 이와 같은 이유로 방문교사들의 경우 '한국어 지도'에 대한 필요도가 집합교사에 비해 상대적으로 낮게 나타난 것으로 판단된다.

2011년 조사와 비교해 보면 '한국어 지도' 부분은 집합교사, 방문교사 공히 낮아져 한국어 지도 관련 재교육은 충분히 받은 것으로 보인다. 상담은 두 그룹 모두에서 가장 높은 응답률을 유지하고 있어 여전히 상담에 대한 교육의 필요성이 존재하고 있는 것으로 분석된다. '자녀교육'은 두 그룹 간에 차이가 있는데 집합교사의 경우에는 0%에서 6%로 높아져 '자녀교육'에 대한 필요성이 집합교사들에게 크지는 않지만 생긴 것으로 보이며 방문교사의 경우에는 19%에서 8.5%로 낮아져 2011년 이후 자녀교육에 대한 연수 및 교육을 많이 받기도 하였고 '다문화가정 자녀'들이 성장하여 자녀교육의 필요성이 낮아진 측면도 있는 것으로 해석된다. '다문화사회 이해' 항목은 두 그룹 모두 30%를 넘어 필요성을 높게 보고 있지만 집합교사의 경우에는 9% 낮아진 반면(40% → 31%) 방문교사의 경우에는 16% 높아졌다(19% → 35%). 집합교사는 이와 관련된 교육을 그동안 꾸준히 받아와 그 필요성이 낮아진 것으로 보이고 반면 방문교사의 경우에는 이와 관련된 교육의 기회가 상대적으로 적었지만 그 필요성은 8년 전보다 더욱 강하게 느껴 응답률이 높아진 것으로 해석된다(〈표 6-31a〉).

여성결혼이민자를 대상으로 하는 교사의 만족도는 교육환경이나 정책적 지원의 어려움이 있음에도 불구하고 각각 81%, 67%로 높게 나타났다. 방문교사의 만족도가 비교적 낮은 것은 앞에서 설명했듯이 방문교사의 특성상 학습자의 가정으로 직접 이동해야 하는 불편함과 낮은 보수 때문인 것으로 판단된다. 2011년에는 여성결혼이민자를 대상으로 하는 교사의 만족도는 각각 90%, 84%로 더욱 높았다(〈표 6-32a〉, 〈표 6-32b〉). '높다'의 비율이 집합교사는 9%, 방문교사는 17% 떨어져 교사

<표 6-32a> 교사로서의 만족도(2011) (단위: %)

구분	높다	보통이다	낮다
집합교사	90	0	10
방문교사	84	0	16

<표 6-32b> 교사로서의 만족도(2019) (단위: %)

구분	높다	보통이다	낮다
집합교사	81	0	19
방문교사	67	12	21

로서의 만족도 및 자존감이 떨어진 것으로 분석되는데 이들의 사기 진작을 위한 당국의 대책이 필요한 것으로 보인다.

◆ 한국어교육 현황

여성결혼이민자를 대상으로 하는 교사를 집합교사와 방문교사 두 그룹으로 나누어 피조사자들의 한국어교육 현황 등에 대해 분석하였다.

여성결혼이민자를 대상으로 교육의 어려움에 대해 질문했을 때 집합교사는 '기초지식 부족'을 37%, '아이돌보미 없음'을 25%, '학습의욕 없음'과 '기타' 각각 19% 순으로 응답하였고, 방문교사는 '아이돌보미 없음'이 48%, '기초지식 부족' 35%, '학습의욕 없음'과 '기타'를 각각 13%, 4% 순으로 응답하였다. 방문교사의 경우 각 가정 방문 시 자녀로 인해 교육에 직접적인 방해를 받는 경우가 많기 때문에 이에 대한 응답률이 높게 나타난 것으로 보인다. 집합교사도 '아이돌보미 없음'에 대한 응답이 비교적 높아 집합, 방문교육 시 아이돌보미에 대한 지원책이 시급한 것으로 분석된다. 또한 '기초지식 부족'의 응답률이 높게 나온 것은 여성결혼이민자 응답자들의 20% 정도가 '중학교 졸업' 이하라고 응답했고, '고등학교 졸업'이라는 응답이 42%로 높게 나타났지만, 여성결혼이민자 모국별 학습수준의 차이와 개인적으로 어려운 가정사로 인해 학업에 집중하지 못한 경우가 많기 때문에 이러한 응답이 나타났을 것으로 추정된다(〈표 6-33b〉). 2011년과 비교하면 '집합교사'의 경우에는 패턴의 변화 없이 유사한 결과를 보였지만 '방문교사'의 경우에는 '학습의욕 없음'과 '기초지식 부족'의 순위가 뒤바뀌었다. '기초지식 부족'은 18%에서 35%로 높아진 반면 '학습의욕 없음'은 27%에서 13%로 낮아졌다. 8년 전에 비해 여성결혼이민자들의 '학습의욕'은 강화된 측면이 있으나 '기초지식'이 많이 약화된 것으로 해석되는 부분이다. '아이돌보미 없음'에 대한 응답률은 2011년에도 높은 것으로 나타나 이에 대한 개선이

<표 6-33a> 교육의 어려움(2011) (단위: %)

구분	학습태도 불량	학습의욕 없음	기초지식 부족	아이돌보미 없음	기타
집합교사	0	28	43	29	0
방문교사	9	27	18	37	9

<표 6-33b> 교육의 어려움(2019) (단위: %)

구분	학습태도 불량	학습의욕 없음	기초지식 부족	아이돌보미 없음	기타
집합교사	0	19	37	25	19
방문교사	0	13	35	48	4

<표 6-34a> 교사에 대한 학습자의 태도(2011) (단위: %)

구분	매우 좋다	좋다	보통이다
집합교사	45	55	0
방문교사	45	44	11

<표 6-34b> 교사에 대한 학습자의 태도(2019) (단위: %)

구분	매우 좋다	좋다	보통이다
집합교사	53	47	0
방문교사	46	46	8

전혀 없었음을 시사하는 부분이다(〈표 6-33a〉).

교사를 대하는 여성결혼이민자들의 태도는 '매우 좋다'를 포함하여 '좋다'라는 응답이 각각 100%, 92%로 매우 높게 나타났으며, '나쁘다'는 응답은 각각 0%로 나타나 여성결혼이민자들의 교사에 대한 태도는 전반적으로 좋다고 해석할 수 있다. 2011년에도 '좋다('매우 좋다' 포함)'라는 응답이 각각 100%, 89%로 높게 나타나 교사를 대하는 여성결혼이민자들의 태도가 '긍정적'인 것에 변함이 없음을 확인할 수 있다

<표 6-35a> 교사에 대한 가족들의 태도(2011) (단위: %)

구분	매우 좋다	좋다	보통이다
집합교사	0	73	27
방문교사	29	65	6

<표 6-35b> 교사에 대한 가족들의 태도(2019) (단위: %)

구분	매우 좋다	좋다	보통이다
집합교사	19	75	6
방문교사	25	71	4

(〈표 6-34a〉, 〈표 6-34b〉).

교사를 대하는 다문화가정 가족들의 태도도 '매우 좋다'를 포함하여 '좋다'라는 응답이 집합교사는 94%, 방문교사는 96%로 높게 나타났으며, 역시 '나쁘다'는 응답은 각각 0%로 나타나 다문화가정 가족들의 교사에 대한 태도는 전반적으로 좋다고 해석할 수 있다. 방문교사에 대한 응답률이 좀 더 높은 것은 직접 가정을 방문하여 다문화가정 가족들을 만날 기회가 더 높기 때문인 것으로 보인다. 2011년에도 '좋다('매우 좋다' 포함)'라는 응답이 각각 73%, 94%로 높게 나타나 교사를 대하는 다문화가정 가족들의 태도도 변함없이 좋음을 확인할 수 있다. 다만, 2011년에는 집합교사의 0%가 '매우 좋다'라고 응답했으나 2019년에는 19%로 응답률이 높아졌고, '보통이다'의 경우에는 2011년 27%에서 2019년 6%로 낮아져서 집합교사에 대한 태도가 많이 향상된 것으로 보인다(〈표 6-35a〉, 〈표 6-35b〉).

여성결혼이민자를 대상으로 하는 교재에 대한 교사의 만족도는 '매우 만족'을 포함해 '만족'한다는 응답이 각각 53%, 52%로 나타났다(〈표 6-36b〉). '불만족'이라는 응답은 전혀 나타나지 않았고 '보통'이라는 응답이 상당히 높은 것은 2011년 조사 이후에 교재 개선을 위한 노력들이 있었지만 만족할 만한 성과를 내지는 못한 것으로 분석된다. 이런 해석

<표 6-36a> 교재에 대한 만족도(2011) (단위: %)

구분	매우 만족	만족	보통
집합교사	0	55	45
방문교사	15	46	39

<표 6-36b> 교재에 대한 만족도(2019) (단위: %)

구분	매우 만족	만족	보통
집합교사	6	47	47
방문교사	4	48	48

은 2011년의 결과와 비교하면 그 정당성을 더욱 갖게 되는데 집합교사의 경우 '매우 만족' 포함 '만족'의 응답률은 55%로 2019년의 결과와 큰 차이가 없었고 방문교사의 경우에는 '만족' 쪽의 응답률이 61%로 나타나 2019년에 오히려 만족도가 9% 떨어진 것으로 나타났다. 특히 '방문교육'과 관련해서 교재 개선을 위한 더욱 부단한 노력이 지속적으로 있어야 함을 나타내 주는 결과로 판단된다(〈표 6-36a〉).

여성결혼이민자를 대상으로 하는 교사들의 교사용 지도서에 대해 집합교사는 '매우 만족'을 포함하여 '만족'한다는 응답이 75%, 방문교사는 46%로 응답하였다. 집합교사의 경우에는 '매우 만족' 포함 '만족' 쪽의 만족도가 2011년보다 8% 올랐고 '매우 만족'의 경우에는 0%에서 25%로 높아져 분명히 지도서에 대한 만족도가 올랐음을 보여주고 있다. 반면 방문교사용 지도서의 경우 2011년(77%)에 비해 만족도가 현저히 떨어졌고 보통이라는 응답도 30%나 높아져 교사용 지도서 개선을 위한 노력이 이루어져야 함을 보여주고 있다(〈표 6-37a〉, 〈표 6-37b〉).

방언교육의 필요성에 대해 집합교사는 '매우 필요'라는 응답을 포함해 '필요'라는 응답이 각각 56%, 63%로 모두 50% 이상으로 나타나 전반적으로 방언교육의 필요성이 있다고 판단하는 것으로 나타났다. 집합교사의 경우 '보통'이라는 응답이 44%로 높게 나타나 방언교육이 필요

<표 6-37a> 교사용 지도서에 대한 만족도(2011)

(단위: %)

구분	매우 만족	만족	보통	불만족
집합교사	0	67	33	0
방문교사	8	69	15	8

<표 6-37b> 교사용 지도서에 대한 만족도(2019)

(단위: %)

구분	매우 만족	만족	보통	불만족
집합교사	25	50	25	0
방문교사	5	41	45	9

<표 6-38a> 방언교육의 필요성(2011)

(단위: %)

구분	매우 필요	필요	보통	불필요
집합교사	0	64	18	18
방문교사	0	58	42	0

<표 6-38b> 방언교육의 필요성(2019)

(단위: %)

구분	매우 필요	필요	보통	불필요
집합교사	6	50	44	0
방문교사	13	50	29	8

하기는 하지만 그 필요성의 강도는 약한 것으로 분석된다. 2011년에도 '필요('매우 필요' 포함)'하다는 응답이 모두 50% 이상으로 나타나 방언교육이 필요하다는 의견이 '과반' 이상을 차지하는 패턴은 변함없음을 확인할 수 있다(〈표 6-38a〉, 〈표 6-38b〉). 다만 '불필요'하다는 의견과 관련해서는 '집합교사'의 경우에는 18%에서 0%로 준 반면, 방문교사의 경우에는 0%에서 8%로 늘어나 집합교사는 방언교육의 필요성에 대해서 강화되는 쪽으로, 방문교사의 경우에는 방언교육의 필요성에 대해서 약화되는 쪽으로의 변화가 일정 부분 있었던 것으로 분석된다.

여성결혼이민자를 대상으로 하는 교사가 하는 수업 중에 학습자의 모

<표 6-39a> 교사가 수업 중 학습자의 모어를 사용하는 것(2011) (단위: %)

구분	매우 도움이 된다	도움이 된다	보통이다	도움이 안 된다	전혀 도움이 안 된다
집합교사	0	55	36	9	0
방문교사	8	67	25	0	0

<표 6-39b> 교사가 수업 중 학습자의 모어를 사용하는 것(2019) (단위: %)

구분	매우 도움이 된다	도움이 된다	보통이다	도움이 안 된다	전혀 도움이 안 된다
집합교사	0	37.5	25	37.5	0
방문교사	0	0	42	33	25

어를 사용하는 것에 대해서 집합교사는 '도움이 된다'는 응답과 '도움이 안 된다'는 응답이 모두 37.5%로 났고, 방문교사는 '보통이다'는 응답이 42%, '전혀 도움이 안 된다'는 응답을 포함해 '도움이 안 된다'는 응답이 58%로 나타났다. 2011년에는 '도움이 된다'는 응답이 집합교사는 55%, 방문교사는 '매우 도움이 된다'는 응답을 포함해 75%로 상당히 높게 나타났다(〈표 6-39a〉, 〈표 6-39b〉). 따라서 2011년에는 '도움이 된다'는 응답이 우세하여 대체적으로 학습자의 모어를 거의 사용하지 않는 교육 현장에 앞으로는 학습자의 모어 사용을 고려해 봐야 할 필요성을 제기하였으나 2019년 결과에서는 교사가 수업 중 학습자의 모어를 사용하지 않는 것이 좋다는 교사들의 변화된 의견을 확인할 수 있다.

그동안 한국어교육을 하면서 여성결혼이민자들의 한국어 실력이 향상된 측면도 있고 교사들의 한국어교육의 경력이 늘어나면서 한국어만으로 이들 여성결혼이민자를 가르칠 수 있는 경험과 교육방법을 터득하게 된 부분도 있어서 이런 결과가 나온 것으로 추정할 수 있을 것이다.

학습자의 한국어 의사소통을 저해하는 가장 큰 요인으로 집합교사는 '어휘'와 '자신감'을 각각 31%, 방문교사는 '발음'과 '어휘'를 각각 33%

<표 6-40a> 학습자의 한국어 의사소통을 저해하는 가장 큰 요인(2011) (단위: %)

구분	문법	발음	어휘	자신감	기타
집합교사	25	50	12	13	0
방문교사	11	45	33	11	0

<표 6-40b> 학습자의 한국어 의사소통을 저해하는 가장 큰 요인(2019) (단위: %)

구분	문법	발음	어휘	자신감	기타
집합교사	19	13	31	31	6
방문교사	21	33	33	13	0

라고 응답했다. 집합 · 방문교육 학습자 모두 공통적으로 '어휘'를 가장 취약한 부분으로 지적했는데 앞서 교육의 어려움으로 꼽은 '기초지식 부족, 아이돌보미 없음, 학습의욕 없음' 등의 원인으로 학습이 부족해 이러한 결과가 나타난 것으로 보인다. 따라서 집합 · 방문교육 학습자 모두 어휘교육 등 학습 능력을 높이기 위한 노력이 이루어져야 할 것이다. 또한 여성결혼이민자 학습자들은 의사소통을 저해하는 가장 큰 요인으로 '발음(39%)'을 꼽았기 때문에 발음교육의 중요성을 학습자 및 방문교사가 동시에 느끼고 있음을 알 수 있고, 2011년에는 집합교사와 방문교사 모두 '발음'이 한국어 의사소통을 저해하는 가장 큰 요인이라고 봤기 때문에 여성결혼이민자의 한국어 의사소통을 위해 발음교육이 지속적으로 이루어져야 할 것으로 판단된다(〈표 6-40a〉, 〈표 6-40b〉). 다만 집합교육의 경우에는 자신감이 더 올라야 한다는 의견이 2011년에 비해 18%가 높아져 '어휘' 실력과 '자신감'을 높이는 쪽에 교육의 중심이 가야 하고 방문교육의 경우에는 '발음'과 '어휘' 실력을 동시에 높이는 쪽으로 교육이 이루어져야 할 것으로 보인다.

여성결혼이민자의 한국어 학습에 가장 도움을 주는 사람으로 집합교사와 방문교사 모두 각각 69%, 86%가 '남편'이라고 응답하여, 실제 남편이 여성결혼이민자의 한국어 학습에 가장 큰 도움이 되고 있는 것으

<표 6-41a> 학습자의 한국어 학습에 가장 도움을 주는 사람(2011) (단위: %)

구분	남편	시부모	한국인 이웃	자녀	기타
집합교사	55	9	9	0	27
방문교사	82	9	0	0	9

<표 6-41b> 학습자의 한국어 학습에 가장 도움을 주는 사람(2019) (단위: %)

구분	남편	시부모	한국인 이웃	자녀	기타
집합교사	69	6	12.5	0	12.5
방문교사	86	0	0	5	9

로 판단된다. 방문교육 학습자의 경우 집합교육을 실시하는 '다문화가족지원센터'도 방문하지 않고 다른 여성결혼이민자와의 교류도 적어 남편에 대한 의존도가 더욱 높을 것으로 추정된다. 따라서 남편이 여성결혼이민자의 한국어 학습에 실질적인 도움을 줄 수 있도록 남편을 대상으로 한 교육의 필요성을 제기할 수 있다. 2011년에도 '남편'이라는 응답이 각각 55%, 82%로 가장 높았는데 2019년에는 응답률이 더욱 높아진 것을 알 수 있다(〈표 6-41a〉, 〈표 6-41b〉). '시부모'라고 답한 응답률은 집합교사(9% → 6%)와 방문교사(9% → 0%)에서 모두 낮아져서 '시부모'의 영향력이 점점 약화됨을 보여주고 있다.

여성결혼이민자가 선호하는 교육시간으로 집합교사는 '평일 오전(76%)', 방문교사는 '평일 오후(61%)'라고 응답하였다(〈표 6-42b〉). 주말보다 평일을 선호하는 것은 주말에 가족과 시간을 보내야 하기 때문인 것으로 보인다. 집합교육의 경우 이동시간이 필요하기 때문에 자녀들의 등하교 시간과 겹치지 않는 시간을 선호하며 방문교육의 경우 집에서 수업이 이루어지기 때문에 가족들이 모두 외출하고 집안일을 마친 오후 시간을 선호하는 것으로 추측된다. 이는 2011년의 설문조사의 결과와 동일한 유형의 결과이다(〈표 6-42a〉).

현재 진행하고 있는 교육이 다문화가정에 '매우 도움이 된다'는 응답

<표 6-42a> 학습자가 선호하는 교육 시간(2011) (단위: %)

구분	평일 오전	평일 오후	주말 오전	주말 오후	기타
집합교사	70	10	0	20	0
방문교사	19	81	0	0	0

<표 6-42b> 학습자가 선호하는 교육 시간(2019) (단위: %)

구분	평일 오전	평일 오후	주말 오전	주말 오후	기타
집합교사	76	18	6	0	0
방문교사	30	61	0	0	9

<표 6-43a> 진행 중인 교육이 다문화가정에 도움이 되고 있는가(2011) (단위: %)

구분	매우 도움이 된다	도움이 된다	보통이다
집합교사	0	44	45
방문교사	0	19	81

<표 6-43b> 진행 중인 교육이 다문화가정에 도움이 되고 있는가(2019) (단위: %)

구분	매우 도움이 된다	도움이 된다	보통이다
집합교사	53	41	6
방문교사	78	22	0

을 포함해 '도움이 된다'는 응답이 집합교사는 94%, 방문교사는 100%로 매우 높게 나타났다. 2011년에는 '도움이 된다'는 응답이 집합교사는 44%, 방문교사는 19%로 적게 나타났던 것에 비해 매우 높은 응답률을 보여 현재 진행 중인 교육에 대한 교사들의 인식이 대단히 '긍정적'으로 바뀌었음을 확인할 수 있는 부분이다(〈표 6-43a〉, 〈표 6-43b〉).

◆ 한국어교육에 바라는 점

여성결혼이민자를 대상으로 하는 교사가 교육을 위해 받고 싶은 교육

<표 6-44a> 교육을 위해 받고 싶은 교육(2011) (단위: %)

구분	다문화사회 이해	한국어 교수법	상담	복지	기타
집합교사	40	10	50	0	0
방문교사	17	28	55	0	0

<표 6-44b> 교육을 위해 받고 싶은 교육(2019) (단위: %)

구분	다문화사회 이해	한국어 교수법	상담	복지	기타
집합교사	29	53	18	0	0
방문교사	26	22	35	13	4

으로 집합교사의 경우 '한국어 교수법' 53%, '다문화사회 이해' 29% 순으로 나타났고, 방문교사는 '상담' 35%, '다문화사회 이해' 26% 순으로 나타났다(〈표 6-44b〉). 집합교사의 경우 방문교사보다 한국어교육에 집중되어 있기 때문에 교육 경력이 오래됐더라도 교수법 등의 교육에 대한 요구들이 있고, 방문교사의 경우에는 학습자 및 다문화가정 구성원들과의 밀접한 관계에서 상담의 요구들이 크기 때문에 나타난 결과로 분석된다. 앞의 '다문화 이해를 위해 이수하고 싶은 교육과정' 관련 질문에서 '집합교사', '방문교사' 모두 '다문화사회 이해'의 응답률이 높았는데 '교육을 위해 받고 싶은 교육'이란 질문에서도 '다문화사회 이해'의 비율이 높게 나타났다. 이는 교사들에게 '다문화사회 이해'가 양질의 교육을 위해 필요한 교육 내용으로 받아들여지는 것으로 보인다. 2011년에는 집합교사와 방문교사 모두 '상담'을 50% 이상으로 꼽았다. 집합교사의 경우 다양한 '상담' 관련 교육을 받음으로써 '상담'에 대한 요구들이 일정 부분 충족되어 응답률이 많이 낮아진 것으로(50% → 18%) 볼 수 있으며, 방문교사의 경우에는 다문화가정 구성원들과의 잦은 만남으로 인해 상담에 대한 필요성을 여전히 크게 느끼기 때문에 응답률이 집합교사에 비해 덜 낮아진 것으로(55% → 35%) 해석된다(〈표 6-44a〉).

<표 6-45a> 교육 시 여성결혼이민자에게 가장 필요하다고 생각하는 것(2011) (단위: %)

구분	한국어 지도	상담	부모교육	한국인 결연	기타
집합교사	40	40	10	0	10
방문교사	53	26	16	0	5

<표 6-45b> 교육 시 여성결혼이민자에게 가장 필요하다고 생각하는 것(2019) (단위: %)

구분	한국어 지도	상담	부모교육	한국인 결연	기타
집합교사	65	6	23	0	6
방문교사	70	13	9	4	4

여성결혼이민자를 대상으로 교육할 때 이들에게 가장 필요하다고 생각하는 것은 '한국어 지도'가 각각 65%, 70%로 가장 높게 나타났다. 여성결혼이민자들이 한국에서의 결혼생활 및 일상생활 등을 하는 데 가장 기본적으로 요구되는 것이 한국어이기 때문에 한국어 지도에 대한 필요성이 높게 나타난 것은 당연한 결과라고 판단된다. 그 다음으로 집합교사는 '부모교육(23%)'을, 방문교사는 '상담(13%)'을 꼽았는데 집합교육 학습자들의 경우 방문교육 학습자들에 비해 가정생활이나 자녀교육에 대해 교사와 밀접하게 상의할 수 있는 기회가 적기 때문에 '부모교육'을 하여야 한다는 응답이 높게 나타난 것으로 보이며, 방문교육의 학습자들은 방문교사 외에 다른 교사나 다른 여성결혼이민자들과의 만남이 제한되어 있기 때문에 정보를 얻거나 상담을 할 기회가 적어 방문교사와의 상담에 대한 의존성이 높아 '상담'의 응답률이 두 번째로 높게 나타난 것으로 분석된다(〈표 6-45b〉). 2011년에는 집합교사와 방문교사 모두 '한국어 지도'와 '상담' 순으로 높게 꼽았는데 '한국어 지도'의 응답률은 2019년에 각 25%, 17% 높아져 '한국어 지도'의 중요성을 더 높게 보는 반면 '상담'의 응답률은 각 34%, 13% 낮아져 '상담'의 필요성을 2011년보다 낮게 보는 것으로 분석되었다(〈표 6-45a〉).

다문화가정에 가장 필요하다고 생각하는 정부지원으로 집합교사와

<표 6-46a> 다문화가정에 가장 필요하다고 생각하는 정부지원(2011) (단위: %)

구분	행정적 지원	경제적 지원	의료지원	교육지원	기타
집합교사	18	0	9	64	9
방문교사	0	16	0	84	0

<표 6-46b> 다문화가정에 가장 필요하다고 생각하는 정부지원(2019) (단위: %)

구분	행정적 지원	경제적 지원	의료지원	교육지원	기타
집합교사	0	0	6	81	13
방문교사	4	4	4	84	4

방문교사 모두 '교육지원'을 각각 81%, 84%로 응답하였다. 집합교사와 달리 방문교사는 '행정적 지원(4%)'과 '경제적 지원(4%)'이 어느 정도 필요하다고 응답했는데, 이는 방문교사가 직접 학습자의 가정을 방문하여 가정의 경제적인 실태 등을 좀 더 쉽게 파악할 수 있기 때문에 이에 대한 필요성을 실질적으로 느낀 것으로 보인다. 2011년에도 집합교사와 방문교사 모두 '교육적 지원'을 각각 64%, 84%로 가장 높게 꼽아 '교육지원'의 중요성에 대한 생각은 2019년에도 지속되는 것으로 나타났다. 주목할 점은 2011년에는 '집합교사'의 경우 '행정적 지원'의 응답률이 18%였는데 2019년에는 0%로 낮아져 8년 동안 '집합교육'에 있어서는 행정적 지원이 개선된 것으로 집합교사들은 느끼고 있고, 2011년 '방문교사'들은 '경제적 지원'의 응답률이 16%였는데 2019년에는 4%로 낮아져 방문교육을 받는 여성결혼이민자들의 경제적인 사정이 나아진 것으로 방문교사들은 파악하고 있는 것으로 해석된다(〈표 6-46a〉, 〈표 6-46b〉).

현재 프로그램에 대한 만족도에 대한 질문에 대해서 집합교사는 '매우 만족'을 포함해 '만족'한다는 응답이 집합교사는 82%, 방문교사는 68%로 나타났다. 만족도가 높기는 하지만 '보통'과 '매우 불만족'이라는 응답도 일정 부분 나오기 때문에 특히 방문교사의 경우에는 만족도가

<표 6-47a> 현재 프로그램에 대한 만족도(2011) (단위: %)

구분	매우 만족	만족	보통	매우 불만족
집합교사	0	55	45	0
방문교사	20	40	40	0

<표 6-47b> 현재 프로그램에 대한 만족도(2019) (단위: %)

구분	매우 만족	만족	보통	매우 불만족
집합교사	23	59	12	6
방문교사	18	50	27	5

아주 높다고 볼 수 없기 때문에 학습자와 교사의 피드백을 바탕으로 현재 프로그램에 대한 수정과 보완이 필요한 것으로 해석된다. 2011년에는 만족도가 각각 55%, 60%였고, '불만족'이라는 응답은 전혀 없었지만 '보통'이라는 응답이 각각 45%, 40%였기 때문에 2011년에 비해 현재 프로그램에 대한 만족도가 다소 높아졌다고 분석할 수 있다(〈표 6-47a〉, 〈표 6-47b〉). 세부적으로 들여다보면 '집합교사'의 경우 '만족' 쪽의 응답률이 2011년에 비해 높아지기도 하였고 '매우 만족'의 응답이 0%에서 23%로 높아져 만족도가 많이 높아진 것으로 보인다. '방문교사'의 경우에는 '만족' 쪽의 응답률이 8% 높아지기는 하였지만 '매우 만족'의 응답률은 2% 낮아져 '집합교사'에 비해 만족하는 강도가 떨어지는 것으로 해석된다. 그리고 2011년에는 '매우 불만족'의 응답이 전혀 없었는데 2019년에는 각각 6%, 5%의 응답이 나와 안 좋아졌다고 보는 교사들도 있기 때문에 현재의 프로그램에 대해서 면밀한 분석 후 안 좋은 부분을 개선하는 방향으로 나아가야 할 것이다.

여성결혼이민자를 대상으로 하는 교사지원에 대해 집합교사는 35%가 '만족'한다고 응답하였고, 방문교사는 22% '만족'한다고 응답하였다. 집합교사의 경우 '보통'이라는 응답이 가장 높았고, 방문교사의 경우 '매우 불만족'을 포함해 '불만족'이라는 응답이 47.5%로 가장 높았다. 이를

<표 6-48a> 현재 교사지원에 대한 만족도(2011) (단위: %)

구분	매우 만족	만족	보통	불만족	매우 불만족
집합교사	0	27	37	27	9
방문교사	5	25	50	20	0

<표 6-48b> 현재 교사지원에 대한 만족도(2019) (단위: %)

구분	매우 만족	만족	보통	불만족	매우 불만족
집합교사	0	35	53	12	0
방문교사	0	22	30.5	30.5	17

통해 현재 교사들의 만족도가 낮다고 볼 수 있으며, 특히 방문교사의 경우 교육 환경이 집합교사에 비해 더 어렵기 때문에 만족도가 더 낮은 것으로 판단된다. 2011년의 결과와 비교해 보면 '집합교사'와 '방문교사'의 교사지원에 대한 생각의 변화가 명확히 드러난다. '집합교사'의 경우 '만족'한다는 비율은 8%(27% → 35%)밖에 오르지 않았지만 '매우 불만족'을 포함한 '불만족' 쪽의 응답률은 24%(36% → 12%)가 낮아져서 전반적으로 교사지원에 대한 만족도가 2011년에 비해 높아진 것으로 분석된다. '방문교사'의 경우에는 이와는 반대 양상이 확연히 드러난다. '매우 만족'이 5%에서 0%로 떨어졌고, '만족'은 25%에서 22%로 낮아졌다. 반면 '불만족'은 20%에서 30.5%로, '매우 불만족'은 0%에서 17%로 높아졌다. 이런 결과로 볼 때 2019년의 교사지원에 대한 만족도는 전반적으로 낮지만 '집합교사'에 대한 지원은 나아졌고 '방문교사'에 대한 지원은 더 악화된 것으로 분석된다. 앞으로의 교사지원 개선은 '방문교사' 쪽에 초점이 맞추어져야 할 것으로 보인다(〈표 6-48a〉, 〈표 6-48b〉).

여성결혼이민자를 대상으로 하는 교사를 위해 가장 필요한 지원으로 집합교사와 방문교사 모두 각각 59%, 91%로 '재정적 지원'이 필요하다고 응답하였다. 그 외 집합교사는 '교육지원'도 23%로 비교적 높게 나타났다. '재정적 지원'이 가장 필요하다고 보는 것은 같지만 2011년의 조

<표 6-49a> 교사를 위해 가장 필요한 지원(2011)

(단위: %)

구분	재정적 지원	재량활동지원	교육지원	기타
집합교사	75	12	13	0
방문교사	53	21	0	26

<표 6-49b> 교사를 위해 가장 필요한 지원(2019)

(단위: %)

구분	재정적 지원	재량활동지원	교육지원	기타
집합교사	59	12	23	6
방문교사	91	9	0	0

사결과와 비교하여 분석해 보면 두 교사 그룹 간에 흐름의 차이가 명확히 드러난다. '집합교사'의 경우에는 '재정적 지원'의 응답률이 75%에서 59%로 떨어졌고 '교육지원'은 13%에서 23%로 높아져 재정적인 부분은 2011년과 비교하여 좀 더 안정화되어 '교육지원' 쪽의 응답률이 높아진 것으로 분석된다. 반면 '방문교사'의 경우에는 '재량활동지원(21% → 9%)', '상담지원(26% → 0%)'은 낮아진 반면 '재정적 지원'은 극단적으로 높아져(53% → 91%) 재정적 지원에 대한 갈망이 아주 커진 것으로 해석된다. 이는 바로 앞의 설문과 궤를 같이하는 결과인데 2011년에 비해 2019년에 방문교사들의 경제적 처우가 극단적으로 악화되었음을 보여주고 있기 때문에 당국에서는 '방문교사'에 대한 처우개선을 심각하게 고려해야 할 것이다(〈표 6-49a〉, 〈표 6-49b〉).

여성결혼이민자를 대상으로 하는 교사를 위해 학습자의 모어 교육이 필요하다는 응답이 각각 41%, 35%로 나타났다. 이는 앞에서 수업 중 학습자의 모어 사용에 대해 집합교사는 긍정적인 응답이 높게 나오고, 방문교사는 부정적인 응답이 높게 나온 것과 관련이 있는 결과로 볼 수 있다. 2011년에 모어 교육이 '필요하다'는 응답이 각각 82%, 90%로 높게 나타난 것과 대비되는 결과인데 한국어를 배우는 여성결혼이민자들이 8년 전에 비해 기본적인 한국어 회화 능력이 있는 상태에서 한국어를 학

<표 6-50a> 교사를 위한 학습자의 모어 교육이 필요한가(2011) (단위: %)

구분	그렇다	아니다
집합교사	82	18
방문교사	90	10

<표 6-50b> 교사를 위한 학습자의 모어 교육이 필요한가(2019) (단위: %)

구분	그렇다	아니다
집합교사	41	59
방문교사	35	65

습하게 되어서 교사들이 학습자의 모어를 쓸 필요 없이 한국어를 교육할 수 있게 되어서 이런 결과가 나온 것으로 추정된다(〈표 6-50a〉, 〈표 6-50b〉).

6.3. 다문화가정 자녀를 대상으로 하는 각급별 교사 비교

다문화가정 자녀를 대상으로 하는 교사를 유아교사, 초등교사, 중 · 고등교사 이렇게 세 그룹으로 나누어 각급별 교사의 교육 현황, 국어 교육에 바라는 점 등을 비교, 분석하였다. 자세한 결과를 항목별로 살펴보도록 하겠다.

◆ 응답자 기본사항

유아교사, 초등교사, 중 · 고등교사 세 그룹의 기본 사항 분석은 아래와 같다. 다문화가정 자녀를 대상으로 하는 교사 응답자의 연령대별 분포에서 유아교사는 '24-30세'가 40%, 초등교사는 '41-45세'가 29%, 중 · 고등교사는 '51-60세'가 31%로 높게 참여하였다(〈표 6-51b〉). 2011년

<표 6-51a> 응답자 연령(2011)

(단위: %)

구분	25-30세	31-35세	36-40세	41-45세	46-50세	51-60세
유아교사	12	8	13	63	4	0
초등교사	12	20	26	21	18	3
중 · 고등교사	15	18	24	21	22	0

<표 6-51b> 응답자 연령(2019)

(단위: %)

구분	24-30세	31-35세	36-40세	41-45세	46-50세	51-60세
유아교사	40	16	18	10	4	12
초등교사	17	19	10	29	15	10
중 · 고등교사	21	12	10	7	19	31

<표 6-52a> 교육경력(2011)

(단위: %)

구분	1년 이하 및 없음	2-3년	4-5년	6년 이상	기타
유아교사	22	15	19	37	7
초등교사	6	3	9	49	33
중 · 고등교사	2	3	8	56	31

<표 6-52b> 교육경력(2019)

(단위: %)

구분	1년 이하 및 없음	2-3년	4-5년	6년 이상	기타
유아교사	9	22	19	42	5
초등교사	4	7	9	63	14
중 · 고등교사	2	5	17	58	15

의 결과와 비교하면 '유아교사'는 '24-30세'가 많이 참여하였고, '초등교사', '중 · 고등교사'의 경우에는 2011년에 가장 많이 참여한 연령대보다 바로 위 연령대에서 가장 많이 참여해 8년의 흐름이 최다 응답층의 연령대에 반영된 것으로 보인다(〈표 6-51a〉).

다문화가정 자녀를 대상으로 하는 교사 응답자의 교육경력은 세 그룹 모두 '6년 이상'이 각각 42%, 63%, 58%로 가장 높았는데(〈표 6-52b〉)

<표 6-53a> 다문화가정 자녀 지도경력(2011) (단위: %)

구분	1년 이하 및 없음	2-3년	4-5년	6년 이상	기타
유아교사	26	18	15	41	0
초등교사	15	20	6	59	0
중 · 고등교사	18	20	5	56	1

<표 6-53b> 다문화가정 자녀 지도경력(2019) (단위: %)

구분	1년 이하 및 없음	2-3년	4-5년	6년 이상	기타
유아교사	9	22	19	42	5
초등교사	17	48	19	0	14
중 · 고등교사	48	32	17	0	1

이 결과는 2011년과 동일한 패턴이다(〈표 6-52a〉). 다문화가정 자녀 지도경력은 유아교사는 '6년 이상(42%)', 초등교사는 '2-3년(48%)', 중 · 고등교사는 '1년 이하 및 없음(48%)'이 가장 높게 나타났다(〈표 6-53b〉). 2011년에는 세 그룹 공히 '없다'가 가장 높은 응답률을 기록했는데 2019년에는 '중 · 고등교사'를 제외하고 다른 그룹에서는 다년 경험이 가장 높은 응답률을 기록해 교사들의 다문화가정 지도경력이 많이 두터워졌음을 확인할 수 있다(〈표 6-53a〉).

◆ **교육 현황**

다문화가정 자녀를 대상으로 하는 교사들의 다문화에 대한 관심은 세 그룹 모두 '보통이다'라는 응답이 가장 높았고, '매우 많다'를 포함하여 '많다'는 응답은 초등교사가 41%, 중 · 고등교사가 56%, 유아 교사가 36% 순으로 나타났다. 2011년에도 세 그룹 모두 '보통이다'라는 응답이 가장 높았는데 2019년에도 그 흐름은 유지되었다. 세부적으로 들여다보면 '유아교사', '초등교사', '중 · 고등교사'별로 흐름의 차이가 나타난다. '유아교사'는 '많다' 쪽의 응답이 4% 높아졌고(32% → 36%), '보통이다'

<표 6-54a> 다문화에 대한 관심(2011)

(단위: %)

구분	매우 많다	많다	보통이다	적다	매우 적다
유아교사	14	18	50	14	4
초등교사	12	41	41	6	0
중·고등교사	0	39	47	14	0

<표 6-54b> 다문화에 대한 관심(2019)

(단위: %)

구분	매우 많다	많다	보통이다	적다	매우 적다
유아교사	9	27	56	7	1
초등교사	11	30	54	5	0
중·고등교사	20	36	41	3	0

라는 응답도 6% 높아져(50% → 56%) '보통이다' 이상의 응답이 전체적으로 높아졌음을 볼 수 있다. '초등교사'의 경우는 '많다' 쪽의 응답은 낮아진 반면(53% → 41%), '보통이다'라는 응답은 높아져서(41% → 54%) '다문화에 대한 관심'의 강도가 약해졌음을 보여주고 있다. '중 · 고등교사'는 '많다' 쪽의 응답이 17% 높아졌고(39% → 56%) 그 중에서도 '매우 많다'는 0%에서 20%로 높아져 '다문화에 대한 관심'이 폭발적으로 늘었음을 보여주고 있다. '보통이다'라는 응답은 47%에서 41%로 약간 낮아졌는데 '많다' 쪽의 응답률이 많이 높아져서 나온 결과로 보인다. 세 그룹 공히 '적다' 쪽의 응답률은 낮아져서 다문화에 대해 '보통' 이상의 관심을 가진 층은 모두 늘어난 것으로 분석된다(〈표 6-54a〉, 〈표 6-54b〉).

다문화 관련 지식에 대해서도 역시 '보통이다'라는 응답이 세 그룹 모두 가장 높게 나타났고, '매우 적다'는 응답을 포함하여 '적다'는 응답이 유아교사 31%, 초등교사 30%, 중 · 고등교사 26% 순으로 나타났다. '많다'는 응답은 '매우 많다'를 포함하여 초등교사 13%, 중 · 고등교사 8%, 유아교사 3% 순으로 나타났다. 2011년에도 '보통이다'라는 응답이 세 그룹 모두 높게 나타난 것으로 보아 '다문화 관련 지식'의 깊이는 여전히

<표 6-55a> 다문화 관련 지식(2011) (단위: %)

구분	매우 많다	많다	보통이다	적다	매우 적다
유아교사	4	11	53	32	0
초등교사	3	12	65	17	3
중·고등교사	0	3	54	40	3

<표 6-55b> 다문화 관련 지식(2019) (단위: %)

구분	매우 많다	많다	보통이다	적다	매우 적다
유아교사	2	1	66	27	4
초등교사	5	8	57	30	0
중·고등교사	1	7	66	26	0

'보통'에 머물고 있음을 알 수 있다. 하지만 그룹별로 '적다'와 '많다'의 편차를 보면 차이가 보인다. '유아교사'는 '많다' 쪽이 15%에서 3%로 낮아졌지만 '적다' 쪽은 거의 동일하다(32% → 31%), '보통' 쪽의 층이 두터워진 것이다. '초등교사'의 경우 '많다' 쪽은 유사하고(15% → 13%), '적다' 쪽은 늘어서(20% → 30%) '지식'이 약화되었음을 보여주고 있다. '중 · 고등교사'는 '많다' 쪽은 5% 늘었고(3% → 8%), '적다' 쪽은 17% 줄어서(43% → 26%) 전반적으로 '지식'이 강화되었음을 보여주고 있다(〈표 6-55a〉, 〈표 6-55b〉).

다문화에 대한 '관심'과 '관련 지식'의 두 문항의 결과를 종합적으로 분석하면 8년 동안 '유아교사'는 '현상유지' 내지는 '약간 강화', '초등교사'는 '약화', '중 · 고등교사'는 '강화'되었다고 평가할 수 있을 것이다. 초등교사들의 다문화에 대한 관심 및 관련 지식의 약화가 일어난 이유에 대해 분석하고 대안을 모색할 필요가 있다.

다문화와 관련된 교육을 받은 적이 있는가에 대한 질문에 세 그룹 모두 각각 59%, 70%, 56%가 '없다'라고 응답하였다(〈표 6-56b〉). 2011년 조사에서도 다문화와 관련된 교육을 받은 적이 없다는 응답이 높게 나

<표 6-56a> 다문화와 관련된 교육을 받은 적이 있는가(2011) (단위: %)

구분	있다	없다
유아교사	19	81
초등교사	21	79
중·고등교사	12	88

<표 6-56b> 다문화와 관련된 교육을 받은 적이 있는가(2019) (단위: %)

구분	있다	없다
유아교사	41	59
초등교사	30	70
중·고등교사	44	56

와 앞으로 각급 학교에서 다문화와 관련된 교육을 강화해야 할 것으로 판단했었다. 2011년 조사와 비교해 보면 '있다'의 응답률은 '유아교사'에서 22%, '초등교사'에서 9%, '중 · 고등교사'에서 32% 높아져 '중 · 고등교사'의 '다문화'에 대한 관심이 크게 높아진 것이 '교육 받은 경험'에서도 가장 높은 증가율을 기록한 것으로 분석된다. '관심의 정도'가 그 다음으로 높은 순으로 '유아교사', '중 · 고등교사'의 '교육 받은 경험'의 증가율 순서 또한 결정되어 '관심의 정도'와 '교육 받은 경험'이 정비례하는 것으로 나타났다(〈표 6-56a〉).

다문화가정 자녀를 직접 지도하고 있는 교사는 유아교사가 54%, 초등교사가 49%, 중 · 고등교사가 42%로 나타났다(〈표 6-57b〉). 2011년 결과에서는 다문화가정 자녀를 지도하고 있다는 비율이 각각 36%, 32%, 18%로 나타났는데 각급 학교별로 20% 내외가 증가하여 8년 동안 유치원부터 중 · 고등학교까지 다문화가정 자녀들의 비율이 상당히 높아졌음을 확인할 수 있다(〈표 6-57a〉).

다문화가정 자녀의 국어 실력에 대해 '매우 좋다'를 포함하여 '좋다'라는 응답이 유아교사는 41%, 초등교사는 61%, 중 · 고등교사는 60%가

<표 6-57a> 다문화가정 자녀를 직접 지도하고 있는가(2011) (단위: %)

구분	그렇다	아니다
유아교사	36	64
초등교사	32	68
중·고등교사	18	82

<표 6-57b> 다문화가정 자녀를 직접 지도하고 있는가(2019) (단위: %)

구분	그렇다	아니다
유아교사	54	46
초등교사	49	51
중·고등교사	42	58

'좋다'라고 응답하였다. '좋다'의 비율이 아주 나쁘게 나온 것으로 보이지는 않지만 2011년의 결과와 비교하면 '유아교사'의 경우 64%에서 41%, '초등교사'는 67%에서 61%, '중·고등교사'는 68%에서 60%로 낮아져서 8년 전에 비해 '다문화가정 자녀'의 국어실력에 일정 부분의 퇴보가 있었음을 짐작할 수 있다. 각급 학교 교사별 분석을 해 보면 세부적인 차이를 파악할 수 있는데 '유아교사'는 '나쁘다' 쪽의 응답이 7%에서 31%로 높아져 '다문화가정 자녀'의 한국어 실력이 뚜렷하게 나빠졌다고 평가하고 있다. '초등교사'는 '나쁘다' 쪽의 응답은 13%에서 0%로 낮아진 반면 '보통이다'라는 응답은 20%에서 39%로 높아져 '다문화가정 자녀' 중 한국어 실력이 '나쁜' 층은 줄고 '보통'인 층은 증가한 것으로 평가하고 있음을 알 수 있다. '중·고등교사'는 '보통이다'가 25%에서 30%로, '나쁘다'가 7%에서 10%로 늘어 전반적으로 한국어 실력에서 약간의 퇴보가 있다고 평가하고 있는 것으로 분석되었다. 지금까지의 분석을 종합해 보면 각급 학교에서 모두 '다문화가정 자녀'의 한국어 실력이 8년 전에 비해 약화된 것을 알 수 있지만 특히 '유치원, 어린이집'에 다니는 '자녀'들의 한국어 실력이 많이 약화되어 교사들이 많이 우려할 수준

<표 6-58a> 다문화가정 자녀의 국어 실력(2011)

(단위: %)

구분	매우 좋다	좋다	보통이다	나쁘다	매우 나쁘다
유아교사	28	36	29	7	0
초등교사	27	40	20	13	0
중 · 고등교사	36	32	25	7	0

<표 6-58b> 다문화가정 자녀의 국어 실력(2019)

(단위: %)

구분	매우 좋다	좋다	보통이다	나쁘다	매우 나쁘다
유아교사	18	23	28	23	8
초등교사	22	39	39	0	0
중 · 고등교사	27	33	30	10	0

에 이른 것으로 보인다. 따라서 앞으로 특히 '유치원, 어린이집'에 다니는 다문화가정 자녀들에 대한 맞춤형 '한국어교육'에 대한 논의와 대책 마련이 시급한 것으로 판단된다(〈표 6-58a〉, 〈표 6-58b〉).

다문화가정 자녀의 학업능력에 대해서 '보통이다'라는 응답이 유아교사는 41%, 초등교사는 50%, 중 · 고등교사는 63%로 가장 높게 나타났다. 바로 위의 '국어 실력'의 경우 세 그룹 공히 '좋다' 쪽의 응답이 '보통'이라는 응답보다 높게 나타났는데 '학업 능력'에서는 '보통'이라는 응답이 더 높게 나타나 '국어 실력'보다 '학업 능력'에 대해서 좀 더 낮은 평가를 내리고 있는 것으로 판단된다. '좋다'는 응답은 '매우 좋다'는 응답을 포함해 각각 28%, 45%, 20%로 나타났으며, '나쁘다'는 응답은 각각 21%, 5%, 17%로 나타났다. 유아교사의 경우 '매우 나쁘다'는 응답도 10%로 나타나, '나쁘다' 쪽의 응답이 결국 31%가 되어 '다문화가정 자녀'들의 학업능력을 특히 안 좋게 보는 것으로 분석된다(〈표 6-59b〉).

2011년의 결과와 비교하면 세 그룹의 특성을 더 잘 파악하게 된다. '유아교사'의 경우 '좋다' 쪽의 응답은 57%에서 28%로 낮아지고 '나쁘다' 쪽의 응답은 0%에서 31%로 높아져서 '자녀'들의 '학업능력'이 극도

<표 6-59a> 다문화가정 자녀의 학업능력(2011) (단위: %)

구분	매우 좋다	좋다	보통이다	나쁘다	매우 나쁘다
유아교사	7	50	43	0	0
초등교사	7	33	27	33	0
중·고등교사	3	36	46	11	4

<표 6-59b> 다문화가정 자녀의 학업능력(2019) (단위: %)

구분	매우 좋다	좋다	보통이다	나쁘다	매우 나쁘다
유아교사	10	18	41	21	10
초등교사	17	28	50	5	0
중·고등교사	3	17	63	17	0

로 안 좋아졌다고 평가하고 있다. '초등교사'의 경우 '좋다' 쪽의 응답은 40%에서 45%로 약간 올랐고, '보통'이라는 응답은 27%에서 50%로 올랐으며 '나쁘다' 쪽의 응답은 33%에서 5%로 낮아져서 전반적으로 '학업능력'이 향상된 것으로 평가하고 있는 것으로 보인다. '중·고등교사'의 경우 '좋다' 쪽의 응답은 39%에서 20%로 떨어졌고 '보통'이라는 응답은 46%에서 63%로 높아졌으며 '나쁘다' 쪽의 응답은 15%에서 17%로 미세한 상승이 나타나 '학업능력'이 낮아졌다고 평가하고 있다고 해석된다. 각급 학교별로 '다문화가정 자녀'들에 대한 학업 능력의 평가에서 차이를 보이는데 왜 8년 동안 이런 변화가 일어났는지에 대한 면밀한 분석이 있어야 하고 학업능력이 낮아졌다고 평가되는 '유아 교육기관'과 '중·고등학교'에 다니는 '다문화가정 자녀'에 대한 학업능력 향상 방안이 수립되고 시행되어야 할 것이다(〈표 6-59a〉).

다문화가정 자녀의 교육기관 적응 정도는 세 그룹의 교사들 모두 대체적으로 긍정적으로 응답하였다. '매우 좋다'는 응답을 포함해 유아교사는 49%, 초등교사는 78%, 중·고등교사는 80%가 '좋다'라고 응답하였다. 하지만 유아교사의 응답 중 '보통이다'가 33%, '나쁘다'는 15%,

<표 6-60a> 다문화가정 자녀의 교육기관 적응 정도(2011) (단위: %)

구분	매우 좋다	좋다	보통이다	나쁘다	매우 나쁘다
유아교사	14	64	22	0	0
초등교사	13	34	40	13	0
중 · 고등교사	15	39	39	7	0

<표 6-60b> 다문화가정 자녀의 교육기관 적응 정도(2019) (단위: %)

구분	매우 좋다	좋다	보통이다	나쁘다	매우 나쁘다
유아교사	16	33	33	15	3
초등교사	39	39	22	0	0
중 · 고등교사	20	60	20	0	0

'매우 나쁘다'는 3%로 나타나 유아교육기관에서 다문화가정 자녀들이 특히 정서적으로 불안정한 상태인 것으로 해석된다.

2011년 결과와 비교하여 보면 각급 학교에 재학하는 '다문화가정 자녀'의 적응 정도의 차이가 잘 드러난다. '유아교사'의 경우는 '좋다' 쪽의 응답이 78%에서 49%로 떨어졌고, '보통이다'는 22%에서 33%로 늘어났으며 '나쁘다'도 0%에서 18%로 높아졌다. '유아 교육기관'에 다니는 '다문화가정 자녀'의 교육기관 적응 정도가 많이 악화되었음이 극명하게 드러나고 있다. '초등교사'는 '좋다' 쪽의 응답이 47%에서 78%로 높아졌으며 '보통이다'와 '나쁘다'는 각각 18%, 13% 낮아져 '초등 다문화가정 자녀'의 교육기관 적응 정도는 많이 양호해졌음을 알 수 있다. '중 · 고등교사'는 '좋다' 쪽의 응답이 54%에서 80%로 높아졌고 '보통이다'와 '나쁘다'는 각각 19%, 7% 낮아져 '초등교사'들과 마찬가지로 '중 · 고등교사'들도 '중 · 고등 다문화가정 자녀'의 교육기관 적응 정도가 좋아진 것으로 평가하고 있는 것으로 분석된다. '유아 다문화가정 자녀'들의 교육기관 적응 정도가 왜 이렇게 악화되었는지에 대해 특히 신경을 써서 분석할 필요가 있다(〈표 6-60a〉, 〈표 6-60b〉).

<표 6-61a> 다문화가정 자녀가 기관에서 겪는 가장 큰 어려움(2011) (단위: %)

구분	의사소통	교우관계	기본생활 습관형성	편견과 차별	기타
유아교사	36	22	14	7	21
초등교사	17	18	29	18	18
중 · 고등교사	0	16	12	40	32

<표 6-61b> 다문화가정 자녀가 기관에서 겪는 가장 큰 어려움(2019) (단위: %)

구분	의사소통	교우관계	기본생활 습관형성	편견과 차별	기타
유아교사	36	20	25	8	11
초등교사	5	6	39	11	39
중 · 고등교사	10	7	20	27	36

다문화가정 자녀가 교육기관에서 겪는 가장 큰 어려움으로 유아교사는 '의사소통'을 36%, 초등교사는 '기본 생활습관 형성'과 '기타'가 각각 39%, 중 · 고등교사는 '기타' 36%, 편견과 차별 27%, '기본 생활습관 형성' 20%의 순으로 높게 나타났다(〈표 6-61b〉). 세 그룹 모두 '기본 생활습관 형성'에서 어려움을 겪는다고 판단하고 있는 것으로 분석된다. '기본 생활습관 형성'이 잘 되도록 교사와 관계자들의 노력이 요구되는 부분이다. '유아교사'는 이 항목 이외에 '의사소통'과 '교우관계'에서 어려움을 겪고 있다고 판단하고 있고, '초등교사'와 '중 · 고등교사'는 '편견과 차별'에서 어려움을 겪고 있다고 판단하고 있는 것으로 보인다. '초등' 이상의 '다문화가정 자녀'의 경우 '편견과 차별'에 어려움을 겪고 있는 것이 지적되고 있기 때문에 이 어려움이 극복되도록 대책이 마련되어야 할 것이다. 2011년의 결과와 비교하여 분석해 보면 각급 학교별로 다른 각도의 어려움이 눈에 뜨인다. '유아교사'의 경우 '의사소통'이 2011년과 같이 36%로 유지되고 있어 '유아 다문화가정 자녀'들의 생활 한국어 능력이 계속적으로 문제를 가지고 있음을 보여주고 있다. '기본 생활습

관 형성'의 경우 14%에서 25%로 높아져 '생활습관 형성'에서도 문제가 더 커진 것으로 분석된다. '교우관계'도 22%에서 20%로 약간 낮아졌지만 거의 비슷한 응답률을 유지하고 있어 계속 문제가 있음을 보여주고 있다(〈표 6-61a〉).

'초등교사'의 경우 '기본 생활습관 형성'에서 29%에서 39%로 높아져 이 부분에서 '초등 자녀'들의 문제가 더 커졌다고 보았지만 다른 항목에서는 모두 응답률이 낮아져 대체적으로 학교생활에서의 문제점이 낮아진 것으로 보고 있는 것으로 분석된다. '중 · 고등교사'의 경우 '기본 생활습관 형성'에서 12%에서 20%로 높아져 이 부분의 문제가 커졌다고 판단하고 있고 '의사소통[3]'의 경우도 0%에서 10%로 높아져 문제가 커진 것으로 보았다. '편견과 차별'은 40%에서 27%로 낮아졌지만 여전히 응답률이 높아 이 부분을 개선할 필요가 있는 것으로 보인다. 이 '편견과 차별'은 '의사소통'과 관련이 있는 부분이 있어 두 항목의 개선이 동시에 이루어져야 할 것이다.

◆ 국어 교육에 바라는 점

다문화가정 자녀 지도에 대한 부담 정도는 세 그룹 모두 '보통이다'라는 응답이 가장 높았다. '매우 크다'를 포함하여 '크다'는 응답이 초등교사는 39%, 중 · 고등교사는 27%, 유아교사는 24% 순으로 나타났고, '매우 적다'를 포함하여 '적다'는 응답은 유아교사가 28%, 중 · 고등교사가 14%, 초등교사가 8% 순으로 나타났다(〈표 6-62b〉). 즉 유아교사가 다문화가정 자녀 지도에 대한 부담 정도가 가장 적고, 초등교사가 가장 큰 것으로 판단된다. 2011년에도 세 그룹 모두 '보통이다'라는 응답이 가장

3) 중 · 고등학교에서의 '의사소통'은, 유아교육기관에서 이 항목이 '생활 한국어'의 능숙도와 관련지어 생각할 수 있는 것과는 달리 교사 또는 다른 학생들과의 원활한 대화나 의견 교환 등에 문제가 있는 것으로 해석해야 할 것이다.

<표 6-62a> 다문화가정 자녀 지도에 대한 부담 정도(2011) (단위: %)

구분	매우 크다	크다	보통이다	적다	매우 적다
유아교사	4	21	43	21	11
초등교사	3	36	45	16	0
중·고등교사	0	11	62	22	5

<표 6-62b> 다문화가정 자녀 지도에 대한 부담 정도(2019) (단위: %)

구분	매우 크다	크다	보통이다	적다	매우 적다
유아교사	4	20	48	22	6
초등교사	0	39	53	3	5
중·고등교사	3	24	59	11	3

높았고, 초등교사가 다문화가정 자녀 지도에 대한 부담이 가장 큰 것으로 동일하게 나타났다.

좀 더 세부적으로 분석해 보면 '유아교사', '초등교사'는 2011년과 2019년의 '크다' 쪽의 응답률이 거의 같았지만 '중·고등교사'의 경우에는 11%에서 27%로 높아져 '중·고등교사'의 부담이 특히 커진 것으로 드러났다. '적다' 쪽을 보면 '유아교사'는 32%에서 28%로 '초등교사'는 16%에서 8%로, '중·고등교사'는 27%에서 14%로 모두 낮아져 전반적으로 지도 부담 정도가 커진 것으로 보인다. 이는 각급 학교에서 '다문화가정 자녀'의 비율이 높아진 것과 관련이 있는 것으로 해석된다(〈표 6-62a〉).

다문화가정 자녀 지도에서 가장 어려운 부분을 세 그룹 모두 '부모와의 소통'이라고 응답하였고 각각 49%, 28%, 34%로 나타났다. 이는 2011년 조사와 동일한 결과로 어머니의 한국어가 능숙하지 않아서 소통에 어려움이 있고, 아버지는 비교적 교육에 소홀하거나 다문화가정이라는 사실 노출을 회피하는 경우가 많아서 나타난 결과로 이러한 문제가 오랜 시간 해결되지 않고 있음을 확인할 수 있는 부분이다. 그 다음으

<표 6-63a> 다문화가정 자녀 지도에서 가장 어려운 부분(2011) (단위: %)

구분	의사소통	학습지도	생활지도	부모와의 소통	기타
유아교사	18	4	4	70	4
초등교사	26	16	13	45	0
중·고등교사	8	22	12	38	20

<표 6-63b> 다문화가정 자녀 지도에서 가장 어려운 부분(2019) (단위: %)

구분	의사소통	학습지도	생활지도	부모와의 소통	기타
유아교사	13	12	20	49	6
초등교사	8	28	28	28	8
중·고등교사	12	31	14	34	9

로 유아교사는 '생활지도'를 20%, 초등교사는 '학습지도', '생활지도'를 각각 28%, 중 · 고등교사는 '학습지도'를 어려운 부분으로 꼽았다(〈표 6-63a〉, 〈표 6-63b〉). 따라서 나이가 어린 자녀일수록 생활적인 부분의 지도에, 초등학생 이상은 학습지도에 더 관심을 기울여야 할 것으로 해석된다.

2011년의 결과와 세부적인 비교를 하면 '부모와의 소통'이 가장 어려운 부분이긴 하지만 2011년에 비해 그 응답률은 낮아져서 어려움의 강도가 낮아진 것으로 해석된다. '생활지도'는 '유아교사'는 4%에서 20%, '초등교사'는 13%에서 28%로 높아져 2011년에 비해 '유아, 초등'에서 '생활지도'의 어려움이 더 커진 것을 확인할 수 있다. '학습지도'는 세 그룹 공히 2011년에 비해 높아져 '다문화가정 자녀'들이 2011년에 비해 일반 학생들과 '학습 한국어 실력' 또는 '전체적인 학습 능력'에서 격차가 확대된 것으로 해석할 수 있을 것이다. '의사소통'의 어려움은 '초등교사'의 응답률이 26%에서 8%로 많이 낮아져 '초등 다문화가정 자녀'들이 교사나 다른 학생들과의 의사소통을 원활하게 하고 있는 것으로 분석되었다.

<표 6-64a> 현재 재직 중인 교육기관에서 다문화가정 자녀를 위한 특별한 학습지도방안을 준비하고 있는가(2011)

(단위: %)

구분	그렇다	아니다
유아교사	11	89
초등교사	20	80
중·고등교사	2	98

<표 6-64b> 현재 재직 중인 교육기관에서 다문화가정 자녀를 위한 특별한 학습지도방안을 준비하고 있는가(2019)

(단위: %)

구분	그렇다	아니다
유아교사	11	89
초등교사	11	89
중·고등교사	1	99

대부분의 교육기관들이 현재 다문화가정 자녀를 위한 특별한 학습지도방안을 준비하고 있지 않다고 교사들은 응답하였다. 세 그룹 모두 89% 이상 '아니다'라고 응답하였다. 유아교육기관과 초등학교는 '그렇다'가 11%로 나와 중·고등학교의 1%보다는 높지만 각급 학교 모두에서 준비가 거의 이루어지지 않는 것으로 보인다(〈표 6-64b〉). 2011년 결과와 비교하면 '그렇다'의 비율이 낮은 패턴은 동일하지만 '초등교사'의 경우 '그렇다'의 비율이 20%에서 11%로 낮아져서 8년 전보다 상황이 더욱 악화되었음을 파악할 수 있다. 이 부분의 개선에 대한 논의가 있어야 할 것이다(〈표 6-64a〉).

다문화가정 자녀를 위한 차별화된 국어 교육방법의 필요성에 대해 유아교사는 '매우 필요'하다는 응답을 포함해 '필요'하다는 응답이 71%, 초등교사는 80%, 중·고등교사는 73%로 높게 나타나 현재 다문화가정 자녀를 위한 차별화된 국어 교육이 거의 이루어지지 않는 상황에서 이에 대한 교사들이 어려움을 느끼고 있음을 나타낸 결과이다(〈표 6-65b〉). 이 결과는 2011년 결과와 동일한 패턴이긴 하지만 필요성에 대한 응답

<표 6-65a> 다문화가정 자녀를 위한 차별화된 국어 교육방법의 필요성(2011) (단위: %)

구분	매우 필요	필요	보통	불필요	전혀 불필요
유아교사	7	57	21	11	4
초등교사	9	50	35	6	0
중 · 고등교사	10	60	23	7	0

<표 6-65b> 다문화가정 자녀를 위한 차별화된 국어 교육방법의 필요성(2019) (단위: %)

구분	매우 필요	필요	보통	불필요	전혀 불필요
유아교사	9	62	25	4	0
초등교사	14	66	10	10	0
중 · 고등교사	24	49	23	4	0

률이 더 높게 나타나(유아교사 64% → 71%, 초등교사 59% → 80%, 중 · 고등교사 70% → 73%) 차별화된 국어 교육방법에 대한 요구가 더욱 절실해진 것으로 판단된다. 따라서 다문화가정 자녀 각 수준에 맞는 '차별화된 국어 교육방법 개발'에 대한 논의가 시급하다(〈표 6-65a〉).

다문화가정 자녀를 위한 전문가의 필요성에 대해 '매우 필요'를 포함하여 유아교사는 81%, 초등교사는 65%, 중 · 고등교사는 76% '필요'하다고 응답하였다(〈표 6-66b〉). 이 결과를 통해 각급 학교 교사들이 다문화가정 자녀들을 위한 전문가가 각 교육기관에 배치되어야 할 필요성을 강하게 느끼고 있음을 알 수 있다. 이는 2011년과 유사한 결과이다. 특히 유아교사의 경우 전문가의 필요성에 대한 요구가 더 높아졌음에도(72% → 81%) 불구하고 현재까지 전문가 도입이 진행되지 않아서 전문가에 대한 요구의 강도가 더 높아졌음을 확인할 수 있는 부분이다. 중 · 고등교사의 경우에도 '필요' 쪽의 응답률이 높아져서(70% → 76%) 전문가의 필요성을 좀 더 강하게 느끼는 것으로 분석되었다. 하지만 초등교사의 경우 71%에서 65%로 낮아져 그 강도가 미세하게 약화된 것으로 보이지만 전반적으로 '전문가'의 필요성을 강하게 느끼는 기조는

<표 6-66a> 다문화가정 자녀를 위한 전문가의 필요성(2011) (단위: %)

구분	매우 필요	필요	보통	불필요
유아교사	11	61	28	0
초등교사	15	56	26	3
중 · 고등교사	12	58	26	4

<표 6-66b> 다문화가정 자녀를 위한 전문가의 필요성(2019) (단위: %)

구분	매우 필요	필요	보통	불필요
유아교사	21	60	17	2
초등교사	19	46	35	0
중 · 고등교사	29	47	20	4

2011년과 2019년이 동일하게 나타난 것으로 해석된다(〈표 6-66a〉).

다문화가정 자녀에게 가장 필요한 것으로 유아교사는 '또래가정과의 결연(40%)', 중 · 고등교사는 '상담사(46%)'라고 응답하였고, 초등교사는 '복지사(27%)', '국어지도교사, 또래가정과의 결연(각 22%)'의 순으로 나타났다(〈표 6-67b〉). 이러한 결과는 유아교사의 경우 또래가정과의 결연을 통해 다문화가정의 자녀에 대한 교육적 관심을 높이고자, 중 · 고등교사는 상담을 통해 다문화가정 자녀들이 편견과 차별 및 대학 입시 등을 준비하면서 받는 스트레스를 해소시켜야 한다는 데 의미를 두었기 때문에 나타난 결과라고 판단된다. 초등교사의 경우 교육기간이 길어 '초등 다문화가정 자녀'들을 교육하면서 느끼는 필요들이 다양하기 때문에 이와 같은 결과가 나온 것으로 추정된다.

2011년의 결과와 2019년의 결과를 비교해 보면 2011년과 마찬가지로 '또래가정과의 결연'의 응답률은 세 그룹 모두 높게 나타났다. 이 중 '유아교사'의 경우만 응답률이 상승하여 '또래가정과의 결연'을 특히 중시하는 것으로 분석되었다. '상담사'라는 응답은 2011년, 2019년 조사 모두 '중 · 고등교사'의 응답률만 40% 이상이 나오고(40% → 46%) 다른

<표 6-67a> 다문화가정 자녀에게 가장 필요한 것(2011)

(단위: %)

구분	학습지도 교사	국어지도 교사	상담사	복지사	또래가정과의 결연	기타
유아교사	19	23	0	11	35	12
초등교사	34	6	0	18	33	9
중·고등교사	0	7	40	18	29	6

<표 6-67b> 다문화가정 자녀에게 가장 필요한 것(2019)

(단위: %)

구분	학습지도 교사	국어지도 교사	상담사	복지사	또래가정과의 결연	기타
유아교사	12	26	0	16	40	6
초등교사	13	22	0	27	22	16
중·고등교사	0	17	46	7	24	6

그룹에서는 전혀 나오지 않아 '상담사'의 필요성은 특히 '중학교 이상의 학교'에서 강하게 있는 것으로 해석된다. '복지사'라는 응답은 '유아교사'와 '초등교사'에서는 응답률이 높아졌고 '중·고등교사'에서는 낮아져서 '유아교육기관' 및 '초등학교'에서 필요한 것으로 나타났는데 사춘기를 지나는 '초등학생'의 경우 '복지사'의 역할이 더욱 커서 '초등교사'의 응답률이 특히 많이 상승한 것(18% → 27%)으로 보인다(〈표 6-67a〉).

'학습지도교사'라는 응답은 세 그룹 모두 낮아졌고 '국어지도교사'에 대한 응답률은 세 그룹 모두 높아졌다. '학습지도'는 2011년에 비해 다문화 연수 등을 더 많이 받아 '다문화가정 자녀'에 대해 더 많이 알고 경험하게 된 교사인 자신들이 직접 할 수 있다고 더 강하게 판단했기 때문에 응답률이 낮아진 것으로 보이고, '국어지도교사'는 '국어' 교사가 아닌 교사들이 피조사자로 많이 참여한 본 조사에서 자신들이 직접 국어를 가르칠 수 있는 것도 아니고 '다문화가정 자녀'의 국어 실력이 일반 학생들과 더 격차가 벌어졌다고 판단한 상황에서 그 필요성을 더 강하게 느껴 이 항목에 대한 응답률은 높아진 것으로 분석된다.

<표 6-68a> 교육기관의 정규과정 이외 시간의 다문화가정 자녀에 대한 국어지도 필요성(2011)

(단위: %)

구분	필요하다	필요하지 않다
유아교사	79	21
초등교사	67	33
중·고등교사	53	47

<표 6-68b> 교육기관의 정규과정 이외 시간의 다문화가정 자녀에 대한 국어지도 필요성(2019)

(단위: %)

구분	필요하다	필요하지 않다
유아교사	83	17
초등교사	76	24
중·고등교사	71	29

교육기관의 정규과정 이외 시간의 다문화가정 자녀에 대한 국어지도 필요성에 대해 세 그룹 모두 '필요하다'는 응답이 각각 83%, 76%, 71%로 높게 나타났다(〈표 6-68b〉). 이 결과는 〈표 6-65b〉와 맥락을 같이 하는 결과로 각급별 교육기관마다 다문화가정 자녀를 위한 차별화된 (한)국어지도의 필요성을 받아들이고 전문화된 (한)국어 지도를 시행하는 것이 시급하다고 판단된다.

이러한 필요는 2011년부터 있었는데 '필요하다'는 응답률이 각 그룹별로 모두 높아져(유아교사 79% → 83%, 초등교사 67% → 76%, 중·고등교사 53% → 71%) '필요'의 강도가 더욱 강해진 것으로 분석된다. 이 결과는 8년의 시간이 흐르는 동안 각급 학교에 재학하는 다문화가정 자녀의 수는 늘고 일반 가정 학생들과의 '학습 한국어'의 실력 격차는 커졌음에도 다문화가정 자녀의 이런 어려움을 완화해 줄 어떤 제도적 보완도 이루어지지 않았음을 보여주고 있는 결과이다. 이 부분에 대한 개선이 시급하다고 할 것이다(〈표 6-68a〉).

6.4. 다문화가정 구성원별 다문화 인식 비교

◆ 응답자 기본사항

1) 여성결혼이민자

여성결혼이민자 총 응답자는 188명으로 그중 '24세 이하'가 14%로 나타났으며, '25-30세'가 32%로 나타났다. 30대 후반 이상의 응답자는 '31-35세', '36-40세', '41-50세'가 각각 12%, '46-50세'가 11%, '51세 이상'이 7%로 나타났다. 연령대별 분포는 2011년과 큰 차이가 없는 것으로 분석된다.

여성결혼이민자 응답자의 출신국가는 '베트남'이 43%로 가장 높았다. 다음으로 '중국[4)]' 19%, '필리핀' 17% 순이며, 그 외에 '일본(11%)', '캄보디아(8%)', '기타(2%)[5)]'라고 답했다. 2011년 조사에서는 일본(42%)이 가장 높았고 그 다음이 중국(24%), 베트남(21%)의 순이었는데 일본이 상대적으로 적게 조사된 것 이외에 '베트남'과 '중국'의 비율이 높은 것은 동일하였다.

2) 다문화가정 유아 및 초등 저학년 자녀

다문화가정 유아 및 초등 저학년 자녀 총 응답자는 11명으로 유아가 45%, 초등 저학년(초등 1, 2, 3학년)이 55%였다. 응답자의 성별은 남성이 36%, 여성이 64%를 차지했다(〈표 6-69b〉). 2011년의 조사에서도 유아 45%, 초등 저학년 55%의 비율이었다. 다만 응답자의 성별은 남성이 54%, 여성이 46%로 이번 조사와 다른 비율이었다(〈표 6-69a〉).

---

4) 중국에는 한족과 조선족을 포함하였다.
5) 기타는 몽골(3명), 러시아(1명)이다.

<표 6-69a> 다문화가정 유아·초등 저학년 자녀 응답자 특성(2011) (단위: %)

연령	
유아	초등 저학년
45	55
성별	
남성	여성
54	46

<표 6-69b> 다문화가정 유아·초등 저학년 자녀 응답자 특성(2019) (단위: %)

연령	
유아	초등 저학년
45	55
성별	
남성	여성
36	64

3) 다문화가정 초등 고학년 및 중 · 고등 자녀

다문화가정 초등 고학년(초등 4, 5, 6학년) 및 중 · 고등학생 자녀 총 응답자는 15명으로 초등 고학년 및 중학생 자녀가 67%, 고등학생 자녀가 33% 비율로 응답하였다. 응답자 성별은 남성이 13%, 여성이 87%였다(〈표 6-70b〉). 2011년의 조사에서는 초등 고학년 및 중학생 자녀가 73%, 고등학생 자녀가 27% 비율로 응답하여 큰 차이가 없었다. 응답자

<표 6-70a> 다문화가정 초등 고학년 자녀 및 중·고등 자녀 응답자 특성(2011) (단위: %)

연령	
초등 고학년 및 중등	고등
73	27
성별	
남성	여성
49	51

<표 6-70b> 다문화가정 초등 고학년 자녀 및 중·고등 자녀 응답자 특성(2019) (단위: %)

연령	
초등 고학년 및 중등	고등
67	33
성별	
남성	여성
13	87

의 성별은 남성 49%, 여성 51%로 남녀 성비가 고른 비율이었다(〈표 6-70a〉).

◆ '다문화' 이해도 분석

각 항목에 대한 다문화가정 구성원의 생각에 차이가 있을 수 있고 이것을 좀 더 명확하게 알아보기 위해 각 항목별로 다문화가정 구성원을 여성결혼이민자와 자녀로 나누어 설문조사 결과를 분석하고 그 분석한 결과에 대해서 해석해 나가도록 하겠다.

다문화가정 구성원 중 여성결혼이민자는 78%가 '다문화'라는 단어의 뜻을 '안다'고 응답하였고, 유아 및 초등 저학년 다문화가정 자녀는 '정확히 안다'는 응답을 포함하여 64%가 '다문화'라는 단어의 뜻을 안다고 응답하였다. 앞에서 유아 및 초등 저학년 자녀들의 80%가 '다문화'에 대해 배운 적이 있다고 응답한 것과 관련이 있는 것으로 보인다. 여성결혼이민자의 경우 '안다'의 응답이 78%로 나온 것은 한국어 실력은 부족하지만 성인으로서 사회적 분위기에 민감한 만큼 다문화라는 용어를 민감하게 받아들인 것이 원인으로 보인다.

초등 고학년 및 중·고등 다문화가정 자녀는 '정확히 안다'는 응답을 포함하여 93%가 '다문화'라는 단어의 뜻을 '안다'고 응답하였다. 앞에서 초등 고학년 및 중·고등 자녀들의 73%가 현재 재학 중인 학교에서 다

<표 6-71a> '다문화'라는 단어의 뜻을 아는가(2011) (단위: %)

구분	정확히 안다	안다	모른다	전혀 모른다	기타
여성결혼이민자	0	81	19	0	0
유아 초등 저학년	9	43	36	10	2
초등 고학년 중·고등자녀	15	79	6	0	0

<표 6-71b> '다문화'라는 단어의 뜻을 아는가(2019) (단위: %)

구분	정확히 안다	안다	모른다	전혀 모른다	기타
여성결혼이민자	0	78	22	0	0
유아 초등 저학년	18	46	27	9	0
초등 고학년 중·고등자녀	20	73	7	0	0

문화교육을 받은 적이 있다고 응답하였고 이들은 사회적 교육에 노출될 기회가 유아 및 초등 저학년 자녀들에 비해 많아서 '다문화'라는 개념에 대해서 생각할 기회가 많았기 때문에 이런 결과가 나온 것으로 분석된다(〈표 6-71b〉).

2011년의 결과와 비교하여 보면 여성결혼이민자의 경우 '안다'의 응답률이 3% 낮아지긴 했지만 거의 동일한 결과를 보여주고 있는데 이는 2011년과 사회적 상황에 변화가 없었기 때문으로 보인다. '저학년 그룹'의 경우에는 '안다' 쪽의 응답이 12% 늘어 '다문화교육'을 받을 기회가 늘어 응답률이 높아진 것으로 분석된다. '고학년 그룹'의 경우에는 '안다' 쪽의 응답이 거의 동일하게(94% → 93%) 나타났는데 2011년에도 이미 90%가 넘은 상태에서 계속 '다문화'에 대한 교육이 잘 이루어진 결과로 분석된다. 다만 '정확히 안다'의 응답률이 15%에서 20%로 높아져서 지식의 깊이가 좀 더 깊어진 측면이 있는 것으로 보인다(〈표 6-71a〉).

다문화가정 구성원 중 여성결혼이민자 응답자의 69%가 '다문화'라는

<표 6-72a> '다문화'라는 단어를 어떻게 생각하는가(2011) (단위: %)

구분	매우 긍정적	긍정적	보통	부정적	매우 부정적
여성결혼이민자	14	41	31	13	1
유아 초등 저학년	0	48	50	2	0
초등 고학년 중·고등자녀	0	32	60	8	0

<표 6-72b> '다문화'라는 단어를 어떻게 생각하는가(2019) (단위: %)

구분	매우 긍정적	긍정적	보통	부정적	매우 부정적
여성결혼이민자	27	42	23	7	1
유아 초등 저학년	0	25	58	17	0
초등 고학년 중·고등자녀	0	40	60	0	0

단어를 '긍정적(매우 긍정적 포함)'으로 생각하고 있었고, '매우 부정적'이라는 응답은 1%에 그친 것으로 보아 통상적으로 알려진 것과는 달리 여성결혼이민자들이 '다문화'라는 단어를 긍정적으로 받아들이는 비율이 높음을 확인할 수 있다.

유아 및 초등 저학년 다문화가정 자녀는 '긍정적'이라는 응답이 25%에 불과했고, '보통'이라는 응답이 58%, '부정적'이라는 응답이 17%로 나타났다. 초등 고학년 및 중·고등 자녀는 '긍정적'이라는 응답이 40%로 나타났고, '보통'이 60%, '부정적'이라는 응답은 0%로 나타났다(〈표 6-72b〉). '저학년', '고학년' 다문화가정 자녀 모두 '다문화'라는 개념 파악이 완벽히 되지 않아 '보통'이라는 응답이 높게 나타났을 것으로 추정된다.

2011년의 조사결과와 비교하면 각 그룹의 '다문화'에 대한 생각의 변화를 추정할 수 있는데 '여성결혼이민자'의 경우 '긍정' 쪽의 응답률은 55%에서 69%로 높아졌고 '부정' 쪽의 응답률은 14%에서 8%로 낮아져서 전반적으로 '긍정적'인 쪽으로 변화가 있었던 것으로 분석된다. '저학년 그룹'의 경우 '긍정' 쪽의 응답은 48%에서 25%로 낮아지고 '부정' 쪽의 응답은 2%에서 17%로 높아져 '부정적'인 쪽으로 변화된 것으로 나타난다. '고학년 그룹'의 경우는 '긍정' 쪽이 32%에서 40%로 올라가고 '부정' 쪽의 응답은 8%에서 0%로 내려가 '긍정적'인 쪽으로의 변화가 있었던 것으로 보인다. '고학년', '저학년' 그룹 모두 '보통'이라는 응답률이 가장 높게 나왔지만 그 흐름은 서로 반대쪽으로 가고 있음이 분명히 드러난다. '여성결혼이민자'와 '고학년 그룹'은 긍정적인 변화가 있었던 데 반해 '저학년 그룹'은 부정적 변화가 나타난 원인은 교육 기관에서 교사나 또래아이들과의 마찰들이 늘어나는 등의 부정적 요인들이 2011년보다 2019년에 더 많이 부각되었기 때문인 것으로 보이는데 이 부분을 찾아 개선하는 노력이 있어야 할 것이다(〈표 6-72a〉).

6.5. 비다문화가정 구성원별 다문화 인식 비교

◆ 응답자 기본사항

비다문화가정 구성원 응답자는 한국인 총 410명으로 10대 26%, 20대 13%, 30대 10%, 40대 20%, 50대 이상 31%로 나타났다. 응답자의 남녀 성별 비율은 남성 33%, 여성 67%였다. 응답자의 직업은 초·중·고등학생 30%, 대학생 7%, 직장인 41%, 주부 14%로 나타났다. 연령 비율이 50대 이상이 가장 많기 때문에 그에 따라 직장인의 비율도 높게 나타났다(〈표 6-73b〉). 2011년의 조사에서는 10대와 20대가 각각 41%와 36%를 차지하여 젊은 층의 비율이 높았고 40대 8%, 50대 이상은 4%만 참여하여 고연령층의 비율은 상대적으로 낮았다. 2019년에는 직장인이

<표 6-73a> 비다문화가정 구성원 응답자 특성(2011) (단위: %)

연령				
10대	20대	30대	40대	50대 이상
41	36	11	8	4

직업			
초·중·고생	대학(원)생	직장인	주부
36	41	14	9

성별	
남성	여성
48	52

<표 6-73b> 비다문화가정 구성원 응답자 특성(2019) (단위: %)

연령				
10대	20대	30대	40대	50대 이상
26	13	10	20	31

직업			
초·중·고생	대학(원)생	직장인	주부
30	7	41	14

성별	
남성	여성
33	67

가장 많이 참여한 직업군이었지만 2011년 조사에서는 대학(원)생이 41%의 비율로 참여해 가장 많이 참여한 직업군이었다. 2011년의 남녀 성별 비율은 남성 48%, 여성 52%로 1:1에 가까운 성비를 보였다(〈표 6-73a〉).

다문화가정 구성원들이 다문화사회 및 다문화가정에 대해 가지는 인식과 비교해보기 위해, 비다문화가정 구성원들에게도 이들이 다문화사회 및 다문화가정에 대해서 어떤 인식을 가지고 있는지를 알기 위한 질문들로 구성하여 그 결과를 연령대별로 분석하였다.

◆ '다문화' 이해도 분석

국제결혼가정을 '다문화'라고 부르는 것에 대해서 비다문화가정 구성원들은 '긍정적'이라는 응답이 43%로 나타났다. 관심이 크지 않거나 부정적이라고 해석할 수 있는 응답인 '잘 모름'이 35%, '관심 없음'이 6%, '부정적'이 14%의 응답률을 보였다(〈그림 5-282〉 참조). '잘 모름' 또는 '관심 없음'이라는 응답은 응답자들이 평소에 '다문화'라는 단어 및 개념에 대해 무관심하게 받아들인 결과로, '부정적'이라는 응답은 다문화사회 또는 다문화가정에 대해서 한국인들의 호의적이지 않은 태도로 해석된다. 전체적으로는 '긍정적'의 비율이 43%, '부정적'으로 해석될 수 있는 응답의 비율이 55%로 부정적인 쪽의 응답이 더 높아 비다문화가정 구성원들은 국제결혼가정을 '다문화가정'이라고 부르는 것에 호의적이지 않은 것으로 나타났다.

연령대별로 비교했을 때 10대-30대는 '잘 모름'이라는 응답이 30-50%대로 나타나 '다문화가정' 자체에 대해서 잘 모르고 있거나 부정적인 느낌도 일부 가지고 있음을 보여주고 있다. 이들 젊은 층에 대해서 지속적으로 '다문화사회' 및 '다문화가정'에 대한 교육을 해야 할 필요가 대두되는 이유를 이 부분에서 찾을 수 있다. '긍정적'이라는 응답은 10대-30대에 비해 40대-50대에 더 높게 나타났고 '부정적'이라는 응답은 연령대를 막론하고 모두 10%대 내외로 나와 전 연령대에 걸쳐 일정부분의 부정적인 기류가 있음을 보여주고 있다.

'관심 없음'이라는 응답은 10대만 12%로 나타나고 그 외에는 10% 이하로 나왔다. 크게 차이 나지 않지만 특히 10대를 대상으로 다문화가정에 대한 교육을 강화할 필요성을 다시 한 번 제기할 수 있다(〈표 6-74b〉).

2011년의 조사 결과와 비교하면 각 연령대별로 어떤 변화가 있었는지를 파악할 수 있다. '긍정적'이라는 응답은 10대(36% → 36%)를 제외하고는 모든 연령대에서 낮아져 부정적인 쪽으로의 변화가 일어난 것으

<표 6-74a> 외국인 근로자 가정이나 국제결혼가정을 '다문화가정'이라고 부르는 것에 대해 어떻게 생각하는가(2011)

(단위: %)

구분	긍정적	잘 모름	부정적	관심 없음	기타
10대	36	36	9	18	1
20대	32	38	14	15	1
30대	42	42	13	3	0
40대	67	19	12	0	2
50대	63	17	10	2	8

<표 6-74b> 외국인 근로자 가정이나 국제결혼가정을 '다문화가정'이라고 부르는 것에 대해 어떻게 생각하는가(2019)

(단위: %)

구분	긍정적	잘 모름	부정적	관심 없음	기타
10대	36	39	11	12	2
20대	29	55	11	5	0
30대	27	56	10	2	5
40대	45	26	19	5	5
50대	59	21	15	4	1

로 분석된다. 관심이 크지 않거나 '부정적'이라고 해석될 수 있는 '잘 모름'의 응답률은 모든 연령대에서 높아져 이런 변화를 더욱 공고히 해준다. '부정적'이라는 응답은 20-30대에서는 낮아졌지만 10대와 40-50대에서는 높아져 직접적으로 '부정적'임을 표시하는 항목에 대해서는 연령대별로 변화의 방향의 편차를 보여주었다. '관심 없음'에 대해서는 10-30대에서는 낮아졌지만 40-50대에서는 높아져 이 항목에 대해서도 연령대별로 변화 방향의 편차가 있었다. 하지만 전반적으로는 '관심 없음'의 비율이 낮아져 '관심도'는 2011년에 비해 높아진 것으로 분석된다(〈표 6-74a〉).

따라서 2011년보다는 2019년에 국제결혼가정을 '다문화가정'이라고 부르는 것에 대해 명시적으로 '부정적'이라는 응답이 높아지지는 않았지만 '긍정적'의 응답률이 낮아지고 '잘모름'의 응답률도 높아져 전체적으로는 '부정적'인 쪽으로의 변화가 나타났다고 해석된다. 앞으로 결혼 이민자 및 외국인 근로자가 늘어날 수밖에 없는 한국의 사회적 환경에서 긍정적인 방향으로의 사회적 통합을 위해 이들에 대한 긍정적인 이미지가 확산될 수 있도록 하는 대책이 필요한 것으로 판단된다.

비다문화가정 총 응답자의 75% 이상이 한국인의 '다문화사회/다문화가정'에 대한 이해가 부족하다고 생각하고 있었으며(〈그림 5-289〉 참조), 85.3%가 '다문화사회/다문화가정'을 이해하기 위한 교육이 필요하다고 응답하였다(〈그림 5-290〉 참조). 전반적으로 보았을 때 비다문화가정의 일반 국민들은 한국인의 '다문화사회/다문화가정'에 대한 이해가 부족하다고 생각하고 있고 그렇기 때문에 이에 대한 교육도 필요하다고 느끼고 있음을 알 수 있는 결과라고 할 수 있다.

하지만 연령대별로 비교했을 때에는 특징적인 부분이 있었다. '다문화사회/다문화가정에 대한 이해가 부족한가'라는 질문에 10대만 유독 '그렇지 않다'는 응답이 50%에 가깝게 나타났다. 타 연령대에서 '이해가 부족하다'라고 생각하는 응답이 80% 내외에 이르는 것과는 판이한 결과이다(〈표 6-75b〉). 10대의 경우에는 학교에서 '다문화 관련 교육'을 받을 기회가 많아서 '그렇지 않다'는 응답이 상대적으로 높게 나왔을 것으로 추정할 수 있는 부분이다.

2011년의 조사결과와 비교하면 일관된 흐름이 보인다. 2011년에는 10-30대의 경우에는 '이해가 부족하다'는 쪽의 응답이 2019년보다 낮게 나왔다(10대 33% → 55%, 20대 69% → 87%, 30대 73% → 93%). 이 결과는 2011년에는 학교나 사회에서의 '다문화 관련 교육'이 더 적었던 시기였음에도 불구하고 젊은 층에서는 '다문화사회/다문화가정'에 대한 이해가 충분하다는 공감대가 더 강하게 있었다고 판단할 수 있다. 8년이 지난 2019년에는 '다문화 관련 교육'이 학교 및 사회에서 이루어짐에도 불구하고 '다문화사회/다문화가정'에 대한 이해가 부족하다는 응답이

<표 6-75a> 한국인의 다문화사회/다문화가정에 대한 이해가 부족하다고 생각하는가(2011)

(단위: %)

구분	그렇다	그렇지 않다
10대	33	67
20대	69	31
30대	73	27
40대	82	18
50대	80	20

<표 6-75b> 한국인의 다문화사회/다문화가정에 대한 이해가 부족하다고 생각하는가(2019)

(단위: %)

구분	그렇다	그렇지 않다
10대	55	45
20대	87	13
30대	93	7
40대	84	16
50대	77	23

젊은 층에서 더 많이 나왔다는 것은 1) 교육의 내용에 문제가 있었거나 2) '다문화사회/다문화가정'에 대한 사회의 인식이 더 부정적으로 바뀌었을 가능성을 생각해 볼 수 있다. 이 두 가지 사항에 대한 심각한 고민이 한국 사회 내에서 이루어져야 하고 정책 당국은 이 부분을 해결할 수 있는 방안을 모색해야 할 것이다. 40-50대의 경우에는 '이해가 부족하다'는 쪽의 응답이 2011년, 2019년 조사에서 모두 80% 내외로 나타나(40대 82% → 84%, 50대 80% → 77%) '다문화 관련 교육'을 받을 기회가 적은 현실이 그대로 반영된 것으로 나타났다. 이들 40대 이상에 대한 '다문화 관련 교육'의 기회를 확대하는 방안에 대한 논의와 준비가 있어야 할 것이다(〈표 6-75a〉).

'다문화사회/다문화가정 이해를 위한 교육이 필요한가'라는 질문에 대해서 모든 연령층에서 '필요하다'는 응답이 80% 이상으로 높게 나타

<표 6-76a> 다문화사회/다문화가정 이해를 위한 교육이 필요한가(2011) (단위: %)

구분	필요하다	필요하지 않다	잘 모르겠다
10대	63	9	28
20대	79	6	15
30대	87	2	11
40대	92	4	4
50대	76	11	13

<표 6-76b> 다문화사회/다문화가정 이해를 위한 교육이 필요한가(2019) (단위: %)

구분	필요하다	필요하지 않다	잘 모르겠다
10대	86	1	13
20대	84	3	13
30대	83	2	15
40대	90	5	5
50대	83	5	12

났다(〈표 6-76b〉). 이는 '다문화사회/다문화가정'에 대한 이해교육이 지속적으로 이루어지고 있는 현실에서 나온 결과여서 현재 이루어지고 있는 교육의 내용과 방법, 횟수에 대한 의문을 던진다. 이 부분에 대한 심도 있는 논의가 이루어져야 할 것이다.

2011년의 '필요하다'의 응답률과 비교하면 그 변화를 더욱 뚜렷이 파악할 수 있다. 2019년의 '필요하다'는 응답률은 전 연령대에 걸쳐서 모두 80%를 넘었다. 하지만 2011년에는 10-20대에서 80%가 되지 않았다(10대 63%, 20대 79%). '필요하지 않다'는 응답도 2019년에는 전 연령대에서 5%를 넘지 않지만 2011년에는 10대, 20대, 50대에서 5%를 넘었다. 2011년보다 2019년에 '이해 교육'이 필요하다는 공감대가 더 강하게 형성된 것이다. '다문화 이해 교육'의 횟수와 강도가 더 세어진 2019년에 이런 결과가 나온 것에 대해 심각하게 바라보아야 할 것이다.

앞에서도 언급한 교육의 내용과, 방법, 횟수에 대해서 고민을 하는 것과는 별개로 우리 사회에서 '다문화사회/다문화가정'에 대한 시각이 어떤 변화를 겪어 왔고 현재는 어느 위치에 있는가에 대한 정확한 진단도 같이 이루어져야 할 시점이다(〈표 6-76a〉).

다문화사회/다문화가정에 대한 이해를 위해 어떤 방식의 프로그램이 필요한지에 대한 질문에 '교육기관(유치원, 초 · 중 · 고등학교, 대학교) 중심'이라는 응답이 57%로 가장 높게 나타났으며 '미디어매체 활용' 24%, '비다문화가정 연계' 10%, '경제적 자립지원' 6%, '기타' 3% 순으로 나타났다(〈그림 5-294〉 참조).

모든 연령층이 '교육기관 중심'의 프로그램이 가장 필요하다고 꼽았으며, 여성결혼이민자를 대상으로 한 조사에서 '비다문화가정 연계 프로그램'이 36%로 가장 필요하다고 응답한 것과 다른 결과가 나타났다(〈표 6-77b〉).

2011년의 결과와 비교하여 가장 크게 나타난 특징은 '비다문화가정 연계'의 응답률이 대폭 낮아졌다는 것이다. 2011년에는 20대(16%)를 제외하고는 모두 30%가 넘었지만 2019년에는 모든 연령대에서 10% 내외에 머물렀다. 이는 '비다문화가정 연계'라는 항목에 대해서 2011년에는 비다문화가정 구성원들이 중요하다고 판단하였으나 2019년에는 중요하다고 보지 않고 있는 것이다. 2011년과 마찬가지로 지속적으로 중요하다고 보는 항목은 '교육기관 중심'이다. 2011년보다 모든 연령대에서 10% 이상 높아졌다. 교육기관 중심의 공식적인 교육을 중요하게 판단하고 있는 것이다.

'미디어 매체 활용'에 대해서는 세대별로 차이가 있다. 10-20대는 2011년보다 응답률이 낮아져 이 항목의 중요성을 낮게 보는 것으로 나타났다. 학교에서 '다문화교육'을 받으면서 미디어 매체를 활용한 교육을 받았기 때문으로 보인다. 하지만 30-50대에서는 이 항목에 대한 응답

<표 6-77a> 다문화사회/다문화가정에 대한 이해를 위해 어떤 방식의 프로그램이 필요한가(2011)

(단위: %)

구분	비다문화가정 연계	교육기관 중심	미디어매체 활용	경제적 자립 지원	기타
10대	30	51	12	5	2
20대	16	56	23	2	3
30대	49	36	13	0	2
40대	39	38	21	2	0
50대	41	38	21	0	0

<표 6-77b> 다문화사회/다문화가정에 대한 이해를 위해 어떤 방식의 프로그램이 필요한가(2019)

(단위: %)

구분	비다문화가정 연계	교육기관 중심	미디어매체 활용	경제적 자립 지원	기타
10대	13	64	11	10	2
20대	9	72	15	4	0
30대	10	46	34	5	5
40대	11	55	26	4	4
50대	6	50	35	5	4

률이 높아졌다(30대 13% → 34%, 40대 21% → 26%, 50대 21% → 35%). 30대 이상에서는 미디어 매체를 활용한 학교 기관에서의 교육을 받을 기회가 적었기 때문에 이런 결과가 나타난 것으로 보이는데 학교 기관 + 미디어 매체 활용 교육을 동시에 추구하는 것이 이들의 생각이라고 분석된다. '경제적 자립 지원'에 대해서는 모든 연령대에서 2011년보다 응답률이 높게 나와 '다문화가정'이 경제적으로 어려움을 겪고 있다는 사회적 공감대가 2019년에는 2011년보다 강하게 형성되어 이 항목에 대한 응답률이 높아진 것으로 해석된다(〈표 6-77a〉).

종합적으로 앞으로 나아가야 할 바를 정리하면 1) 현 시점의 사회적 공감대 분석을 거쳐 이 부분을 교육 내용에 새롭게 반영한 후 2) 교육기관 중심으로 미디어 매체를 활용한 교육을 강화해야 한다. 그리고 3) 다

<표 6-78a> 한국인의 다문화사회/다문화가정에 대한 이해를 위해 외국인(여성결혼이민자 포함)들의 노력이 필요한가(2011) (단위: %)

구분	그렇다	그렇지 않다
10대	43	57
20대	71	29
30대	92	8
40대	91	9
50대	89	11

<표 6-78b> 한국인의 다문화사회/다문화가정에 대한 이해를 위해 외국인(여성결혼이민자 포함)들의 노력이 필요한가(2019) (단위: %)

구분	그렇다	그렇지 않다
10대	62	38
20대	57	43
30대	95	5
40대	86	14
50대	86	14

문화가정에 대한 경제적 자립을 위한 프로그램들도 같이 활성화시켜야 한다.

77%의 응답자가 한국인의 다문화이해를 위해 외국인들의 노력이 필요하다고 응답하였다. 즉 한국인들이 다문화가정에 대한 이해를 하려면 다문화가정 구성원들도 한국인들에게 자신들을 이해시키려는 노력을 해야 한다는 뜻을 강하게 표출한 것이다(〈그림 5-299〉 참조). 연령대별로 비교했을 때 30대 이상의 응답자들에서 외국인들의 노력이 필요하다는 응답이 높게 나타났다(〈표 6-78b〉).

2011년의 결과와 비교하면서 좀 더 세부적으로 분석해 보자. '노력이 필요하다'는 응답은 10대에서 19% 높아졌지만(43% → 62%) 20대에서는 14% 낮아졌다(71% → 57%). 20대의 응답자들은 2011년에 10대였던 응답자들이 20대로 올라갔다고 볼 수 있는데 2011년에 43%였던 비율이 57%로 높아져, 8년 전에 '노력이 필요하다'고 생각했던 것보다 그 강도가 높아졌기 때문에 이들조차도 '노력이 필요하다'는 쪽으로 방향을 옮긴 것으로 해석할 수 있다. 30대 이상에서는 '필요하다'는 응답이 2011년, 2019년 모두 80% 내외로 높게 나왔기 때문에 계속해서 외국인들의 노력이 필요하다는 생각을 강하게 갖고 있다고 해석된다(〈표 6-78a〉).

◆ '다문화사회' 및 '다문화가정'의 이해 정도와 '한국어교육 / 한국어 실력'의 관련성 분석

한국인이 '다문화사회' 및 '다문화가정'을 이해하는 정도와 다문화가정 구성원의 '한국어 교육' 및 '한국어 실력' 사이에 어떤 상관관계가 있는지를 살펴보고 다문화사회/다문화가정에 대한 이해를 위해 '한국어 교육'이 어떤 중요성을 갖는지 분석할 것이다.

외국인의 한국어 실력이 한국인의 다문화가정 이해에 긍정적으로 작용한다는 응답이 '매우 긍정적'과 '긍정적'을 합해 86%에 이르러 다문화가정 여성의 응답률 76%보다 좀 더 높게 나타났다(〈그림 5-296〉, 〈그림 5-54〉 참조). 한국인이 여성결혼이민자보다 외국인의 한국어 실력에 좀 더 긍정적인 생각을 가지고 있음을 알 수 있다. 따라서 한국인과 외국인 모두 외국인의 한국어 구사를 긍정적으로 바라보고 있고 이것이 다문화가정의 이해에도 긍정적으로 작용하고 있음을 알려주는 결과로 해석할 수 있다.

연령대별로 분석한 결과를 보면 20대 이상은 '매우 긍정적'이라는 응답을 포함해 '긍정적'이라는 응답이 80%를 넘었으나 10대는 64%에 불과했다. 또한 10대는 잘 모르겠다는 응답이 29%로 가장 높아 2011년 결과(35%)와 유사한 결과로 볼 수 있다. 이는 다문화가정에 대한 교육을 학교에서 이미 받고 있기 때문에 외국인의 한국어 실력을 다문화가정을

<표 6-79a> 외국인의 한국어 실력이 한국인의 다문화가정에 대한 이해에 어떠한 영향을 미치는가(2011)

(단위: %)

구분	매우 긍정적	긍정적	잘 모르겠음	부정적	매우 부정적
10대	33	30	35	1	1
20대	30	48	16	4	2
30대	48	41	7	4	0
40대	55	41	2	2	0
50대	47	37	13	3	0

<표 6-79b> 외국인의 한국어 실력이 한국인의 다문화가정에 대한 이해에 어떠한 영향을 미치는가(2019)

(단위: %)

구분	매우 긍정적	긍정적	잘 모르겠음	부정적	매우 부정적
10대	24	40	29	7	0
20대	25	58	17	0	0
30대	38	54	8	0	0
40대	42	46	10	2	0
50대	42	53	3	2	0

이해하는 중요한 변수로 생각할 필요가 없다고 판단했을 수도 있고 외국인과 만날 기회 자체가 적어서였을 수도 있는 것으로 해석된다(〈표 6-79b〉).

2011년의 조사 결과와 비교하면서 그 흐름의 변화를 살펴보도록 하겠다. 여기서는 '매우 긍정적'과 '긍정적'으로 나누어 살펴볼 필요가 있다. '매우 긍정적'과 관련해서는 모든 연령대에서 응답률이 5%에서 13%까지 낮아졌다. 반면 '긍정적'이라는 답변의 응답률은 모든 연령대에서 5%에서 16%까지 높아졌다. 이 두 항목의 응답률 변화는 2011년보다 2019년에 '긍정'하는 강도가 약해졌음을 보여주고 있다. '긍정적'이라는 기조는 그대로 유지되고 있지만 여성결혼이민자나 외국인 중에 한국어를 잘 하는 사람이 더 많아지고 이런 사람들을 더욱 많이 볼 수 있게 되어 '한국어 실력'을 '다문화/다문화가정'에 대한 이해에 대한 직접적인 요소로 바라보는 동력이 약화된 것으로 분석된다. '부정적'이라는 항목의 응답률은 2011년에도 전 연령대에서 10% 미만으로 낮았지만 2019년과 비교하면 10대에서만 2%에서 7%로 높아지고 다른 연령대에서는 같거나 낮아지는 모습을 보여 '부정적'이라는 기류는 더욱 약화된 것으로 해석된다(〈표 6-79a〉).

한국인의 다문화사회/다문화가정 이해가 외국인이 한국어를 배우는 데 영향을 미치는지, 미친다면 그 영향은 긍정적인 것인지를 물어보았다. 한국인의 다문화사회/다문화가정에 대한 이해가 외국인이 한국어를 배우는 데 영향을 미친다는 응답이 78%로 나타나 영향을 미치고 있다고 한국인들은 생각하고 있는 것을 알 수 있다(〈그림 5-297〉). 그 영향은 '매우 긍정적'이라는 응답을 포함해 '긍정적'이라는 응답이 84%로 나와 영향을 긍정적으로 생각하는 의견이 다수를 차지하였다(〈그림 5-298〉). 다문화사회/다문화가정 이해와 외국인의 한국어 실력은 서로 긍정적으로 작용하고 있다고 한국인들은 생각하고 있다.

연령대별로 살펴보면 '매우 긍정적'과 '긍정적'이라는 응답을 합하면 20대 이상은 80% 이상으로 높게 나와 긍정적이라는 의견이 대세였지만 10대의 경우 긍정적인 응답이 60%, 잘 모르겠다는 응답이 39%로 나타나 기성세대에 비해 두 요소 사이의 관계에 대해 유보하는 답변을 내놓고 있다(〈표 6-80b〉). 10대는 학교에서 '다문화 관련 교육'을 많이 받았음에도 타 연령대에 비해서 전반적으로 '다문화가정'에 대해서 비우호적인 시각을 갖고 있는 것으로 평가된다. 왜 이런 시각을 갖게 되었는지에 대해서 치밀하고 심도 있는 분석이 필요한 것으로 판단된다.

2011년과 비교하여 2019년에는 어떤 변화가 있었는지 살펴보겠다. 이 문항도 '매우 긍정적'이라는 항목에서는 3%에서 18%까지 낮아졌지만, '긍정적' 항목에서는 40대에서만 2% 낮아졌을 뿐 다른 연령대에서는 8%에서 16%까지 높아졌다. 바로 앞 항목에서와 같이 '긍정적'이라

<표 6-80a> 한국인의 다문화사회/다문화가정에 대한 이해가 외국인(여성결혼이민자 포함)이 한국어를 배우는 데 어떠한 영향을 미치는가(2011) (단위: %)

구분	매우 긍정적	긍정적	잘 모르겠음	부정적	매우 부정적
10대	32	30	34	4	0
20대	24	52	21	1	2
30대	42	53	5	0	0
40대	49	51	0	0	0
50대	37	47	13	3	0

<표 6-80b> 한국인의 다문화사회/다문화가정에 대한 이해가 외국인(여성결혼이민자 포함)이 한국어를 배우는 데 어떠한 영향을 미치는가(2019) (단위: %)

구분	매우 긍정적	긍정적	잘 모르겠음	부정적	매우 부정적
10대	14	46	39	1	0
20대	21	60	19	0	0
30대	34	61	5	0	0
40대	38	49	12	1	0
50대	33	62	4	1	0

는 기조는 유지하고 있지만 긍정의 강도가 약화되었음을 알 수 있다. 2011년에 비해 이미 한국어를 배운 외국인 및 여성결혼이민자가 많아졌기 때문에, 기본적으로 '한국인의 다문화가정에 대한 이해가 외국인이 한국어를 배우는 데 긍정적인 영향을 미친다'는 생각에는 변함없지만 그 강도는 약화된 것으로 분석된다(〈표 6-80a〉).

비다문화가정 구성원 응답자 48%가 다문화가정을 위한 정부의 여러 가지 사업들을 모르고 있었으며, 정부 사업에 대해 알고 있다는 응답은 13%에 불과했다(〈그림 5-302〉). '보통이다'라는 응답은 39%로 높게 나타났다. 이런 결과는 정부가 다문화가정을 위한 정부 사업을 일반인들에게 잘 홍보하지 않은 측면이 강하다고 보이는데 이런 정보 소통의 부재가 다문화가정에 대한 일반인들의 이해도를 떨어뜨렸을 개연성이 있는 것으로 보인다. 2011년에도 이러한 결과가 나왔지만 이후 개선의 노

<표 6-81a> 다문화가정을 위한 정부의 여러 가지 사업을 알고 있는가(2011) (단위: %)

구분	잘 안다	안다	보통이다	모른다	전혀 모른다
10대	2	4	29	43	22
20대	1	8	28	47	16
30대	3	32	49	8	8
40대	2	12	39	41	6
50대	2	9	47	42	0

<표 6-81b> 다문화가정을 위한 정부의 여러 가지 사업을 알고 있는가(2019) (단위: %)

구분	잘 안다	안다	보통이다	모른다	전혀 모른다
10대	4	8	36	40	12
20대	0	0	24	59	17
30대	2.5	12	34	49	2.5
40대	6	9	52	29	4
50대	2.5	17	41	37	2.5

력이 부족했거나 전혀 없었음을 시사하는 부분이다.

연령대별로 비교했을 때 대부분의 연령대에서 정부의 사업을 '잘 안다'와 '안다'는 응답이 20% 이하로 나타나 정부의 다문화가정에 대한 사업 홍보가 일반인들에게 거의 되지 않는다는 사실을 보여주고 있으며, '보통이다'라는 응답률이 전 연령대에서 '잘 안다'와 '안다'를 합한 응답률보다 높게 나타나 알아도 명확히 알지 못하는 상태임을 알 수 있다. '모른다' 쪽의 응답률을 보면 40대, 50대만 33%, 39.5%를 나타냈을 뿐 30대 이하의 젊은 연령대에서는 52%에서 76%에 이르러 젊은층에서는 아예 정부의 다문화가정 관련 사업을 모르는 경우가 50%를 넘는 것으로 확인되었다(〈표 6-81b〉).

2011년의 결과와 비교하면 '보통이다'와 '모른다' 쪽의 응답 비율이 높게 나타난 패턴은 2019년에도 동일하게 나타났지만 '안다' 쪽의 응답률이 높아지고 '모른다' 쪽의 응답률이 낮아진 연령대(10대, 40대, 50대)

와 '안다' 쪽의 응답률이 낮아지고 '모른다' 쪽의 응답률이 높아진 연령대(20대, 30대)가 교차해 나타나서 8년의 기간 동안 전 연령대를 어느 한쪽으로 향하게 하는 그런 흐름은 나타나지 않았다. 다만 20, 30대의 변화폭이 크게 나타나서 다른 연령대보다 상대적으로 크게 나타나서 이들 연령대에서 좀 더 큰 변화가 나타난 것으로 해석된다(〈표 6-81a〉).

비다문화가정 구성원들은 다문화가정을 위한 정부지원에 대해 '현재보다 더 확대'해야 한다는 응답이 51.6%로 가장 높게 나타났으며, '잘 모르겠음' 33.3%, '현재로 충분' 11.9%, '현재보다 조금 축소' 2.3% 순으로 나타나 비다문화가정 구성원들이 '다문화가정을 위한 정부지원'에 대해서 적극적이지는 않지만 긍정적인 쪽으로 생각하고 있는 것을 확인할 수 있다. 이는 2011년과 변함없는 결과이다(〈그림 5-304〉).

연령대별로 비교했을 때, 모든 세대가 50%에 가깝게 '현재보다 더 확대해야 한다'고 응답해 다문화가정에 대한 정부지원을 대부분 긍정적으로 바라보고 있는 것으로 분석된다. 그러나 '잘 모르겠다'는 응답이 모든 연령층에서 20% 이상으로 나타나고 있는데, 위의 질문에서 다문화가정을 위한 정부의 여러 가지 사업에 대해 정확히 인지하지 못하고 있다는 응답률이 전 연령층에서 33%에서 76%까지 높게 나온 것을 유추해 볼 때 정부지원에 대한 생각이 명확하게 확립되지 않아 이러한 결과가 나타난 것으로 해석된다(〈표 6-82b〉).

2011년의 결과와 비교해 보면 '현재보다 더 확대' 항목에서 10대와 50대는 응답률이 높아졌지만 20-40대에서는 낮아져서 연령대에 따라 '확대'에 대한 의견이 혼재되어 나타났다. '현재로 충분' 항목에 대해서는 40대에서만 6% 높아졌을 뿐 다른 연령대에서는 응답률이 모두 낮아졌다. 반면 '잘 모르겠음'이란 응답은 10대에서만 유사한 응답률(35% → 36%)을 기록했을 뿐 다른 연령대에서는 9%에서 21%까지 높아져서 '다문화가정을 위한 정부 지원'에 대해서 잘 모르겠다는 생각이 더 강해진

<표 6-82a> 다문화가정을 위한 정부지원을 어떻게 생각하는가(2011) (단위: %)

구분	현재보다 더 확대	현재로 충분	잘 모르겠음	현재보다 조금 축소	현재보다 많이 축소
10대	44	19	36	1	0
20대	62	10	26	2	0
30대	62	14	21	3	0
40대	67	11	20	2	0
50대	43	28	27	2	0

<표 6-82b> 다문화가정을 위한 정부지원을 어떻게 생각하는가(2019) (단위: %)

구분	현재보다 더 확대	현재로 충분	잘 모르겠음	현재보다 조금 축소	현재보다 많이 축소
10대	54	9	35	1	1
20대	46	7	47	0	0
30대	51	12	32	5	0
40대	52	17	25	3	3
50대	48	12	36	3	1

것으로 분석된다. '현재보다 더 확대' 항목도 비록 연령대별 의견이 혼재되어 나타나긴 했지만 2011년에는 60%가 넘는 연령대가 20대, 30대, 40대로 폭넓은 연령대에서 나타났지만 2019년에는 제일 높은 응답률이 10대의 54%로 낮아져서 '확대'하자는 의견의 강도는 낮아지고 '잘 모르겠다'는 유보의 의견이 강화된 것으로 분석할 수 있다. 이 결과에 대해 당국에서는 '다문화가정을 위한 정부지원'에 대해서 부정적이거나 유보적인 의견이 강화된 원인에 대해서 심층적인 분석을 한 후 '정부지원의 내용과 방법'을 어떻게 효율적으로 다듬을 것인지에 대한 숙고가 있어야 할 것이다(〈표 6-82a〉).

제7장

논의 및 결론

제7장

논의 및 결론

본서에서 다루는 '2019년 조사'와 비교 대상이 된 '2011년 조사'의 결과와 분석, 그리고 대안 제시까지가 들어있는 2013년에 출판된 박시균의 저서 제목은 '다문화가정 구성원에 대한 투 트랙(two track) 한국어 교육방안 연구'였다. 박시균(2013)이 주장하는 바는 2010년대 초반까지 한국어교육의 중심 테마를 이루는 분야였던 '여성결혼이민자에 대한 한국어교육'에 부수적으로 속해있던 '다문화가정 자녀에 대한 (한)국어교육' 부분이 '다문화가정 자녀' 수가 각급 교육기관에서 충분히 늘어난 만큼 독립적으로 분리되어야 한다는 것이었다.

한 발 더 나아가 이들 두 교육 부분을 투 트랙으로 나누고 이들 두 부분에서의 한국어교육의 효과를 극대화하기 위해서 때로는 독립적으로 때로는 종합적으로 교육 방안을 수립, 실천해 나가야 한다는 것이었다. 이 논저가 나온 2013년을 전 · 후로 해서 '여성결혼이민자', '다문화가정 자녀' 대상 한국어교육은 각자 독립적으로 자리를 잡기 시작하였으며 2021년 현재는 각각의 부분이 독자적으로 발전을 거듭하여 '한국어교육' 분야에서 세부 부분으로 각자 굳건한 위치를 굳히게 되었다.

이런 상황 변화 때문에 본서에서는 2013년의 '투 트랙 한국어교육'이라는 명제를 연구의 중심으로 삼지 않았다. 박시균(2013)의 '2011년 조사'가 '다문화', '한국어교육'을 중심 연구주제로 삼아 '여성결혼이민자', '다문화가정 자녀', '한국어 교원', '각급 학교 일반 교원', '비다문화가정 구성원'이라는 다양한 계층의 의견/견해를 듣는 조사였고 이 조사결과에 따른 대응책 및 해결책을 제시하였기 때문에, '2019년 조사'의 분석 결과를 담고 있는 본서에서는 동일한 개별 설문에 대해 8년 동안 각 계층에서 어떤 의견/견해의 변화가 있었으며 2013년에 제시한 대응책 및 해결책이 효과적으로 시행되었는지, 시행되었다면 그 결과에 대한 반응이 긍정적이었는지 혹은 부정적이었는지를 알아보는 것을 연구의 중심 목표로 삼았다.

이를 통해 우리는 첫 번째 조사가 이루어진 2011년과 두 번째 조사가 이루어진 2019년 사이의 간극인 8년 동안 '여성결혼이민자에 대한 한국어교육'과 '다문화가정 자녀에 대한 (한)국어교육' 부분에서 어떤 변화가 있었는지를 알아 볼 수 있었다. '긍정적'으로 의견이 나오거나 발전이 이루어진 부분은 계속해서 그런 방향으로 나아가면 되는 것이기에 다시 언급하고 논의할 필요는 없다. 하지만 8년간의 변화가 '급진적'으로 바뀌거나 '부정적'인 쪽으로 간 것들은 이런 변화가 일어난 원인에 대해서 생각해보고 긍정적인 쪽으로 가는 방향을 모색해 보아야 한다. 따라서 본 장에서는 5장과 6장에서 세부 항목별로 분석되고 기술된 문항들 중 8년 동안 구성원들의 상황 또는 조건이 급변하였거나 견해 및 의견의 변화가 부정적인 쪽으로 간 것들을 중심으로 좀 더 거시적 측면에서 바라보고 보완책이나 해결책의 모색에 대해서 논의한 후 본 연구를 마무리하려고 한다.

7.1. 여성결혼이민자의 한국어 실력 변화와 이에 따른 한국어교육 조건 및 방법의 변화

여성결혼이민자가 언어와 문화가 다르고 사전 지식이 전혀 또는 거의 없는 한국에서 큰 무리 없이 생활하기 위해서는 이들이 한국에 오기 전

이들에게 한국의 문화, 언어, 제도 등에 대해 미리 교육을 시킬 필요가 있다. 이런 목적 하에 여성가족부는 이들에 대한 현지 사전교육프로그램을 2008년부터 시행해 오고 있다. 2011년부터는 한국어과정이 8시간이 편성되어 기초 한국어교육을 시켰으나 2014년 4월 1일 개정된「결혼이민(f-6) 사증발급지침」에 따라 여성결혼이민예정자는 대부분 현지사전교육 이전에 한국어 기초과정을 공부하게 하여 한국어교육을 더욱 강화시켰다. 이 조치 이후로 결혼이민자는 초급1 수준의 한국어 의사소통이 가능함을 입증해야 결혼사증을 발급받을 수 있게 되었다.

이 조치는 2015년 이후에 한국에 입국한 여성결혼이민자의 한국어 실력을 높이는 결과를 가져왔다. 이런 배경을 가진 여성결혼이민자들이 한국어교육을 받게 되자, 2011년 조사에서는 결혼이민자들의 모어를 한국어교원들이 미리 익히는 것이 효과적이고(82-90%) 수업에도 학생들의 모어를 사용하는 것이 효과적이라는 응답이 대세를 이루었으나[1)]2019년 조사에서는 같은 문항에 대해 동의하는 응답이 40% 이상(35-41%) 떨어졌다(〈그림 5-155〉, 〈그림 5-185〉 참조).

여성결혼이민자에 대한 앞으로의 한국어교육에서는 한국어교육의 시작을 초급2 수준으로 올리고 수업 시간에 학생들의 모어를 사용한 교육을 지양하는 쪽으로의 변화가 진행되어야 할 것으로 보인다.

1) 여성결혼이민자들이 처음 한국어 수업을 듣게 될 때 이들의 시작은 초급1이 되는 것이 당연하고 한글 자모를 모르는 경우 한글 자모부터 가르치는 경우도 적지 않았다. 이런 경우 한국어를 전혀 모르는 이민자들이 많았기 때문에 학습자들의 모어를 활용해서 한국어 수업을 하는 것이 효과적이었다.

7.2. 다문화가정의 경제 사정 악화와 이에 따라 파생되는 문제점

2011년 조사와 2019년 조사에 참여한 '다문화가정의 월수입' 비교를 보면 2011년에 비해 2019년의 다문화가정 월수입이 악화된 것을 살펴볼 수 있다(〈그림 5-14〉 참조). 월 100만 원 이하 및 기초 생활 수급자의 비율이 많이 높아진 것이 눈에 뜨인다. 이렇게 다문화가정의 경제적 사정이 악화되면 이 가정의 경제를 책임져야 할 성인들이 문제를 겪게 되고 이들 가정의 자녀들도 이 경제적 어려움으로 인한 영향을 받게 된다.

여성결혼이민자들은 가정의 경제적 어려움으로 인해 마음 편하게 한국어교육을 받기 어렵게 되고 완전치 않은 한국어 실력을 가지고 취업 전선에 뛰어들어야 한다. 여성결혼이민자들이 취업을 해서 일터에서 일하고 집에서는 가사노동까지 담당하게 되면 그 자녀에 대한 양육 및 교육에 소홀해질 수밖에 없다.

다문화가정의 이런 열악한 경제 상황은 유치원부터 고등학교의 각급 학교에 다니고 있는 다문화가정 자녀의 국어 실력 및 학업 성적에 대한 교사들의 우려를 이끌어냈다(〈그림 5-193〉, 〈그림 5-223〉, 〈그림 5-252〉 참조). 교사들의 평가는 이들과 일반 가정 한국인 학생들의 '생활 한국어'와 '학습 한국어'의 실력 격차가 2011년보다 더 크게 벌어진 것으로 보고 있고 '학업 능력'에서도 격차가 더 벌어진 것으로 파악하고 있다. 따라서 이들 다문화가정 자녀에 대한 별도의 한국어 및 학력 보충 수업이 필요한 상황이라고 볼 수 있다.

하지만 현실은 녹록치가 않다. 유치원부터 고등학교에 이르기까지 다문화가정 자녀의 비율은 더 높아졌고 이들만을 대상으로 보충 수업을 해 주기에는 학교의 교과 시간 및 일정이 여유가 없게 되어 있어 이들에게 보충 수업을 해 준다는 것은 요원한 일이다. 그러는 사이에 이들의 성적은 하락하고 일반 한국 학생들과 비교하여 중도탈락률은 높게, 상급 학교 입학률은 낮게 나타나고 있다. 거기에 더해 고학년 그룹의 경우 2011년에는 다문화가정 친구와만 친하다고 응답한 비율이 3%에 불과했던 것과는 달리 2019년 조사에서는 다문화가정 친구와만 친하다고 응답한 비율이 18.8%에 이르러(〈표 6-19a, b〉 참조) 다문화가정 자녀들끼리만 친해지는 현상이 나타나고 있다. 이들끼리만 친하다는 것은 이들이 비다문화가정 출신 학생들과는 별개로 자신들만의 계층을 형성할 수 있는 가능성을 열어두고 있는 것이라 이에 대해 유의 깊게 살펴보아야 할 단계에 이른 것으로 보인다.

이런 여러 어려움을 극복해 나가려면 다문화가정의 경제 사정이 나아지도록 하는 조치와 함께 지금까지 열거한 다양한 문제점들을 극복해 나가려는 노력도 동시에 이루어져야 한다.

7.3. 여성결혼이민자 대상 집합/방문교사의 한국어교육에 대한 시각과 이들의 어려움

집합교사와 방문교사 모두 '한국어교육'에 대한 소명의식이 강하다. 따라서 이들의 다문화교육에 대한 만족도는 높게 나타난다(〈표 6-32a, b〉 참조). 2011년, 2019년 모두 '높다'는 응답이 67% 이상으로 나타난다. 하지만 집합/방문교사 모두 만족도의 비율이 8년이 지난 2019년에 각 9%, 17%가 떨어져 만족도가 낮아지고 있음을 보여주고 있다.

이렇게 만족도가 낮아진 원인은 이들 교사들에 대한 경제적 처우의 개선이 이루어지지 않고 있는 데서 찾을 수 있을 것이다. 집합교사와 방문교사 중에 이 이슈에 더욱 민감하게 반응하는 쪽은 방문교사이다(〈표 6-48a, b〉 참조). 집합교사의 경우 2011년의 '만족' 쪽의 비율이 27%였으나 2019년에는 35%로 높아진 반면 방문교사의 경우에는 30%에서 22% 떨어졌고 '불만족' 쪽의 비율은 20%에서 47.5%로 높아져서 교사 지원에 대한 불만족이 더욱 크게 쌓인 쪽은 방문교사들이라고 볼 수 있다.

집합교사들의 경우 2011년부터 2019년까지의 기간 동안 어느 정도 재정적 지원이 늘어난 부분이 있다고 볼 수 있으나 방문교사들의 경우에는 이 기간 동안 재정적으로 지원이 늘어난 부분이 보이지 않아 이들의 불만이 쌓인 것으로 분석된다. 정책 당국에서 방문교사들에 대한 처우 개선을 신속하게 결정하고 시행하여야 할 것으로 보인다.

집합교사들의 경우에는 상황이 좀 낫긴 하지만 대학에서 한국어교육을 하는 강사들에 비해 처우 수준이 낮은 편이라 집합교사들도 이에 대한 불만이 있는 상황이다. 집합교사들의 경우 방문교사만큼 급격하게 처우 개선을 해 주어야 할 상황은 아니지만 여성결혼이민자에 대한 한국어교육의 전반적인 수준 개선을 위해서라도 이들 집합/방문교사에 대한 처우 개선책을 심각하게 고민해야 한다.

처우 개선이 이루어지고 이들 교사들이 한국어교육에 대한 만족감과 소명의식을 다시 강하게 가질 때 여성결혼이민자에 대한 한국어교육이 제 궤도를 찾을 수 있을 것이다.

7.4. 비다문화가정 구성원의 다문화가정 구성원에 대한 시각 변화와 앞으로의 과제

비다문화가정 구성원이 국제결혼가정을 '다문화가정'이라고 부르는 것에 대해 2011년 첫 조사에서 8년이 지난 2019년의 조사에서는 좀 더 부정적으로 바뀐 것을 알 수 있다(〈표 6-74a, b〉 참조). 2011년에 비해 2019년의 조사에서는 '긍정적'이라는 응답의 비율이 전 연령층에서 낮아지는 쪽으로 이동했고 '잘 모름'의 비율은 전 연령층에서 높아지는 쪽으로 이동했다. 10-20대의 경우 학교 교육을 통해 '다문화교육'을 받을 기회가 많았기 때문에 '긍정적'이라는 답변의 비율이 높아질 만도 한데 그렇지 않았고 다른 연령층에서도 예외 없이 '긍정적'이라는 답변의 비율이 낮아진 것이다.

이와 유사한 질문 '한국인의 다문화사회/다문화가정에 대한 이해가 부족하다고 생각하는가'에 대한 답변에서도 유사한 흐름을 찾아볼 수 있다(〈표 6-75a, b〉 참조). '부족하다'는 응답의 비율이 50대를 제외하고 (80% → 77%) 모두 다 높아진 것이다. 2011년보다는 분명히 학교나 기타 매체에서의 한국어교육이 더욱 자주, 더욱 많이 이루어졌음에도 불구하고 왜 이런 결과가 나타난 것일까? 교육의 양은 확실히 늘었지만 그 교육의 내용이 피교육자들의 마음을 파고들지 못했다고 해야 할 것이다. 기계적으로 교육의 양을 늘린다고 해서 비다문화가정 구성원들이 교육 내용에 선뜻 동의하는 것은 아니기 때문이다.

교육의 양 증가가 의미하듯 우리가 우리 주변에서 볼 수 있는 다문화가정 구성원들의 수도 많아지고 있다. 이들과 만나면서 이들과의 직접적 경험을 통해 긍정적 이해를 할 수도 있지만 그렇지 않고 유쾌하지 않은 경험을 한 경우에는 다문화가정 구성원에 대한 부정적인 생각과 의견만 가지게 될 가능성이 높다. 다문화가정 구성원들이 많아질수록 이들에 대한 부정적인 소식이나 의견이 한국인 모두에게 매스컴의 뉴스라는 형식을 통해서 전파될 가능성도 높아진다.

따라서 다문화교육을 통해 다문화가정 구성원에 대해 더 많이 알게 되고 좋은 생각을 가지게 되었다가도, 이들에 대한 부정적인 소식을 듣게 되거나 이들과의 직접 경험이 부정적인 쪽의 기억으로 남게 되면 이전의 이들에 대해 형성했던 긍정적 이미지가 모두 없어지게 될 가능성이 높다. 앞으로 이런 사회적 상황을 잘 파악하여 다문화교육 내용에 대한 전반적인 검토 후 현재의 사회적 상황이 잘 반영되는 수정이 있어야 하고 비다문화가정 구성원과 다문화가정 구성원이 실제로 서로 같이 어울려 활동하면서 긍정적 경험을 쌓을 기회도 많이 만들어, 비다문화가정 구성원이 다문화가정 구성원에 대해 좀 더 긍정적이고 명확하게 그리고 실체적으로 알 수 있도록 하는 노력도 병행되어야 할 것이다.

7.5. 결론

우리가 본서에서 다룬 주제들이 결코 적은 양이 아니다. 본서의 가장 중요한 부분이라고 할 수 있는 2011년과 2019년의 설문조사에 대한 비교 및 분석은 5장과 6장에 자세하게 기술되어 있다. 따라서 본 장에서는 종합적인 시각에서 바라보아야 하는 문제들 중 시급하게 살펴보아야 할 네 가지 문제만을 살펴보았다.

여성결혼이민자, 집합/방문 한국어교사, 다문화가정 자녀, 각급 학교 교사, 비다문화가정 구성원의 의견을 설문조사를 통해 살펴보았는데 같은 설문 문항에 대해 어느 설문에서는 서로 의견이 상충되는 부분도 있고 어느 설문에서는 서로 의견이 일치하는 부분도 있다. 하지만 전반적으로는 다섯 그룹의 응답을 분석하다보면 명확하게 그 흐름이 잡히는 경우가 거의 대부분이었다.

2011년부터 8년이 흐른 2019년의 설문 응답과 2011년의 응답의 차이를 통해 우리는 '정책 당국'의 정책 흐름이 '다문화교육' 강화 등의 좀 더 추상적인 쪽에 경도되어 있었다는 것을 파악할 수 있었다. 하지만 다문화가정 구성원과, 이들에 대한 교육의 당사자인 집합 및 방문교사 등은 좀 더 실질적인 경제적 도움, 교육 지원 등을 요청하고 있으며 각급 학교 교사 및 비다문화가정 구성원의 경우에도 지금 실시하고 있는 '다문화교육'의 내용을 현재의 상황에 맞게 좀 더 깊이 있게 개편하여 자신들이 '다문화'를 제대로 알 수 있게 해 달라는 것이 이들의 주장의 골자이다.

한편으로는 각급 학교에서 다문화가정 자녀를 위한 국어 및 다른 과목에 대한 맞춤형 특별 교육의 필요성이 대두되고 있음에도 이런저런 이유들로 인해 필요한 부분이 잘 시행되지 않아 왔음을 알 수 있었다. 지금까지는 학교 내에서의 교사 및 학생들에 대한 '다문화교육'을 실시하는 것에 더욱 무게중심이 가 있었다면 이제부터는 '다문화가정 자녀'의 학교생활 적응, 한국어 및 학업성적 향상에 대한 쪽으로의 실질적인 대책 마련이 이루어져야 할 시점으로 보인다.

본 장에서는 네 가지의 문제만을 언급하였지만, 앞으로 본서에서 두 번의 설문조사를 통해 찾아낸 다양한 '개선이 필요한 사항들'에 대한 충분하고 깊은 검토 후 합당한 개선책이 마련되길 희망하면서 본서를 마감할까 한다.

참고문헌

1. 논문 및 저서

교육부. 2021. 2021년 다문화교육 지원계획.

교육부. 2020. 2020년 다문화교육 지원계획.

교육부. 2019. 2019년 다문화교육 지원계획.

교육부. 2018. 2018년 다문화교육 지원계획.

교육부. 2018. 2018 교육기본통계 결과 발표.

교육부. 2017. 2017년 다문화교육 지원계획.

교육부. 2016. 2016년 다문화교육 지원계획.

교육부. 2014. 2014년 다문화교육 활성화 계획.

교육부. 발선 평등을 위한 2020년 다문화교육 지원계획, p.27, 2020.2.

교육과학기술부. 2013. 13년도 다문화학생 교육지원계획.

교육과학기술부. 2012. 다문화학생 교육 선진화 방안.

교육과학기술부. 2011. 11년 다문화가정 학생 교육지원계획.

교육과학기술부. 2010. 10년 다문화가정 학생 교육지원계획.

교육과학기술부. 2009. 시 · 도교육청 맞춤형 사업 지원계획.

교육과학기술부. 2008. 2008년도 다문화가정 학생 교육지원계획.

교육인적자원부. 2007. 2007년도 다문화가정 자녀 교육지원계획.

구미숙. 2014. "여성 결혼이민자를 위한 한국어 문화 교육 방안 연구", 한성대학교 대학원 한국어문화학과 한국어교육 전공 석사학위논문.

국가인권위원회. 2007. 고용허가제 시행 이후 몽골과 베트남의 이주 및 국제결혼과정에 나타난 인권침해 실태조사 보고발표 및 토론회.

국립국어원. 2009. 『한국어 교육의 이해 – 여성결혼이민자 대상 한국어 교원을 위한』, 한국문화사.

국립국어원. 2010. 『결혼이민자와 함께하는 한국어 1』, 한글파크.

국립국어원. 2010. 『결혼이민자와 함께하는 한국어 2』, 한글파크.

국립국어원. 2015. 『초등학생을 위한 표준 한국어 1』, 하우.

국립국어원. 2015. 『초등학생을 위한 표준 한국어 2』, 하우.

권명희. 2010. “다문화가정 자녀 실태 및 다문화교육의 추진 방향”, 『외국어교육연구』 제 24권 1호, 21-46.

김동진 · 윤구원 · 박인아. 2018. 『다문화복지론』, 공동체.

김미희. 2017. “여성결혼이민자 인권 실태와 개선 방안 연구; 동해시 · 삼척시를 중심으로”, 부산외국어대학교 대학원 석사학위논문.

김선숙 · 고대영 · 김혜원 · 조요셉 · 최성은 · 민기채. 2020. “결혼이주여성의 한국어 능력이 생활만족도와 우울에 미치는 영향 – 주관적 계층의식의 매개효과 검증”, 『사회과학연구』, 31권 3호, 59-78.

김영순 · 박선미 · 오영훈 · 이미정. 2014. 『다문화교육연구의 경향과 쟁점』, 한국학술정보. 다문화교육총서 2.

김영옥 · 이수라 · 고은미. 2009. 『국경을 넘는 아시아 여성들』, 이화여자대학교 출판부.

김오남. 2008. 『결혼이민자가족의 이해』, 집문당.

김우리 · 이수정 · 유용석. 2017. “다문화가정 어머니의 초등학생 자녀 학업지도 및 사회성지도에 대한 관심과 실제”, 『다문화교육연구』, 10권 3호, 93-117.

김은호 · 연우진. 2020. “다문화 자녀를 위한 한국어(KSL) 교원 재교육 프로그램의 방향 탐색 – 한국어(KSL) 교원 대상 설문조사를 중심으로”, 『다문화콘텐츠연구』, 35호, 131-158.

김이선 · 김영란 · 이해응, 2016. 『다문화가족의 구성 변화와 정책 대응 다각화 방안, 2016』, 한국여성정책연구원.

김이선 · 이아름 · 이은아. 2013. 『여성결혼이민자의 사회통합 진전 양상과 정책 수요 분화에 관한 연구』. 한국여성정책연구원.

김중섭. 2010. 『한국어 교육의 이해』, 도서출발 하우.

김철진. 2017. “결혼이주여성의 한국생활 적응 연구”, 『한국어교육연구』 7호. 53-78.

김형준. 2017. “여성결혼이민자의 사회적지위와 생활만족도에 영향을 미치는 요인”, 중앙대학교 행정대학원 석사학위논문.

김희경. 2010. “다문화가정 여성결혼이민자의 스트레스유형분석”, 『여성연구』 통권 78호, 121-160.

다문화교육지원팀.「2015년 다문화학생 교육지원 계획」. 2015.

류경애. 2015. "다문화가족의 한국어 학습 어려움과 수업개선에 대한 실증연구",『다문화교육연구』, 7권 1호, 29-47.

모경환 · 이재분 · 홍종명 · 임정수. 2015. "다문화가정 학생 언어교육의 국내외 현황 및 언어교육 강화 방안",『다문화교육연구』, 8권 3호, 197-226.

박경자. 2020. "결혼이주여성의 한국어와 한국문화 교육방안 연구",『한국어교육연구』, 12호, 65-89.

박미경 · 엄정애. 2007. "결혼이민자 가정의 유아를 담당하는 교사가 느끼는 어려움",『한국교원교육연구』 24권 1호, 5-29.

박새미. 2019. "외국인 이주자의 헌법적 보호; 노동이주자와 혼인이주자를 중심으로", 경북대학교 법학전문대학원 박사학위논문.

박성혁 외. 2007년.「다문화교육정책 추진현황, 과제 및 성과분석」 연구 결과.

박시균. 2010. "다문화가정 대상 표준 한국어보급 방안에 대한 연구",『KBS 한국어연구논문집』 60집.

박시균. 2011.『다문화전공 연구보고서』, 군산대학교 자체연구보고서.

박시균. 2013.『다문화가정 구성원에 대한 투트랙(two track) 한국어 교육방안 연구』, 집문당.

박시균. 2013.『한국어 음성음운 교육론』, 한국문화사.

박시균. 2013. "국어교육과 한국어교육 설정에 대한 일 고찰", 2013 (사)한국커뮤니케이션학회 춘계학술대회.

박시균 · 김지영 · 임가온. 2020. "유아 다문화가정 자녀 (한)국어 교육에 대한 개선점 연구 – 유아교사의 인식을 중심으로"『인문언어』 제22권 2호. 231-253.

박시균 · 이수진. 2012. "수업 방식이 결혼이주여성의 문화적응 문제와 한국어 학습에 미치는 영향에 관한 연구", 2012년 대한언어학회 가을 학술대회 발표논문집.

박시균 · 이수진. 2014. "학습자의 모국어 및 모국문화를 활용한 한국어 수업의 유용성에 대한 연구 –초급 여성 결혼이민자를 중심으로", 한중인문학연구 43호, pp.145-173.

박시균 · 최은하. 2012. "결혼이주여성의 정부지원 한국어 교육사업 현황 및 만족도 조사 - 전라북도 3개 도시(전주·익산·군산)와 광주광역시를 중심으로", 『한중인문학연구』 37권, 351-386.

박시균 · 최지은. 2014. "다문화가정 자녀 국어/한국어교육 및 학교 교육환경에 대한 각급 학교 교사의 인식 비교 연구", 『한중인문학연구』, 45권, 81-109.

박영순 · 고경태 · 고은숙 · 김무림 · 김유범. 2010. 『한국어와 한국어교육』, 한국문화사.

서정원. 2018. "여성결혼이민자의 실태분석에 관한 연구; 사회적 네트워크, 사회참여, 사회적응을 중심으로", 한성대학교 대학원 행정학과 박사학위 논문.

서종남. 2010. "결혼이민자 가정의 문제점과 해결방안 연구", 『시민교육연구』 제 42권 1호, 103-126.

안희은. 2019. "한국어교육 정책의 발전방향 고찰", 인문사회과학기술융합학회, 예술인문사회융합멀티미디어논문지, 제9권 5호, 통권 55호, 55-64.

여성가족부. 2014. 2013 다문화가족지원사업 결과보고서 I (다문화가족지원센터 사업).

여성가족부. 2014. 2013 다문화가족지원사업 결과보고서 II (다문화가족 방문교육사업).

여성가족부. 2020. 2019년 전국 다문화가족 실태조사.

여성가족부. 2019. 2018년 전국 다문화가족 실태조사.

여성가족부. 2018. 2017년 전국 다문화가족 실태조사.

여성가족부. 2017. 2016년 전국 다문화가족 실태조사.

여성가족부. 2016. 2015년 전국 다문화가족 실태조사.

여성가족부. 사전교육 프로그램.

오연주. 2018. "다문화가정 초등학생 자녀의 학교적응에 있어 다문화가족지원센터의 역할", 『문화교류와 다문화교육』, 7권 3호, 79-99.

우창현. 2011. "방언 (한국어) 교육 방향 -결혼여성이민자 대상 문법 교육을 중심으로", 서강대학교 인문과학연구소 서강인문논총 제32집, p22.

원진숙. 2008. "다문화 시대의 초등학교 국어과 교육 - 다문화 가정 자녀를 위한 한국어 교육 지원 방안을 중심으로", 『국어교육학연구』, 제 32권, 269-303.

원진숙. 2012. “다문화적 한국어 교수 역량 강화를 위한 초등 교사 양성 방안”, 『국어교육』 139집, 81-113.

윤희원. 2009. “다문화 사회와 국어교육 – 다문화가정 자녀의 (한)국어 교육을 중심으로-”, 『국어교육학연구』 제 34집.

윤희원. 2008년. 「인권관점에서 다문화교육 실태 분석 및 개선방안 연구」. 국가인권위원회.

윤희원. 2009년. 「인권관점에서 다문화교육 실태 분석 및 개선방안 연구」. 국가인권위원회.

이기동 · 안병섭 · 박대아. 2012. “결혼이주여성을 위한 한국어 교육의 현실”, 『한국학연구』, 41권, 63-85.

이민자. 2019. “여성결혼이민자들의 문화적응 스트레스가 결혼만족도에 미치는 영향; 자기효능감의 매개효과를 중심으로”, 가천대학교 일반대학원 행정학 박사학위논문.

이성미. 2012. 『다문화정책론』, 박영사.

이성순. 2009. “이주여성과 자녀의 한국어교육 현황과 과제-대전지역 한국어교실 운영사례를 중심으로”, 『우리어문연구』 35집, 247-276.

이순배 외. 2014. 『한국사회의 다문화현상 이해』, p.52, 도서출판 공동체.

이화숙. 2013. “다문화 시대 소수자의 ‘명칭’연구 -결혼을 통해 이주한 여성진단의 ‘명칭’ 분석을 중심으로”, 『한국다문화주의 비판』 p.236에 수록, 도서출판 앨피.

이훈병. 2015. “여성 결혼이민자 지원정책 및 교육프로그램의 우선순위 분석”, 『인문학연구』, 50호. 373-399.

인적자원정책국. 「다문화가정 자녀 교육지원 대책」. 2006.

장인실 · 박영진. 2018. “다문화교육과정 개발 방향 탐색 – 다문화밀집지역 초등학교를 중심으로”, 『다문화교육연구』, 11권 4호, 1-24.

(재)한국건강가정진흥원(전국다문화가족지원단). 2012. 2011 다문화가족지원센터 사업결과 보고서.

(재)한국건강가정진흥원(전국다문화가족지원단). 2012. 2011 다문화가족 방문교육사업 결과보고서.

(재)한국건강가정진흥원(전국다문화가족지원단). 2013. 2012 다문화가족지원

센터 사업결과 보고서 I (다문화가족지원센터 사업).
(재)한국건강가정진흥원(전국다문화가족지원단). 2013. 2012 다문화가족지원 센터 사업결과 보고서 II (다문화가족 방문교육사업).
전국다문화가족사업지원단. 2009. 2009 다문화가족지원센터 사업결과 보고서.
전국다문화가족사업지원단. 2010. 2010 다문화가족지원센터 사업결과 보고서.
정명혜. 2017. "한국어교육 정책에 대한 고찰", 『한국어교육연구』, 7호, 135-161.
정양수 · 김영은. 2005. 『영어 교수 학습의 원리』, 한신문화사.
정영주 · 신원식. 2019. "다문화가정 자녀의 한국어 실력이 학교생활에 미치는 영향에 관한 연구", 『다문화가족연구』, 11권 2호, 1-22.
정주리. 2011. "여성결혼이민자를 위한 한국어 교재 개발 방안 연구: 여성 결혼 이민자의 요구분석을 중심으로", 서울교육대학교 교육대학원 석사학위논문.
조선주 · 오현경. 2017. "우리나라 이민자의 특성과 노동공급; 전국다문화실태 조사자료를 중심으로", 『한국재정학회』.
조인제 · 김다영 · 홍명기. 2020. "다문화가정 학생의 학습부진과 학교부적응에 영향을 미치는 요인에 관한 연구 - 경기도 외국인 밀집지역을 중심으로", 『문화교류와 다문화교육』, 9권 4호, 165-184.
조항록. 2017. 『다문화 사회와 한국어 교육』, 한글파크.
주성훈. 2010. "다문화가족지원사업 문제점과 개선과제", 국회예산정책처.
지방자치단체. 2019. 2018년 지방자치단체 외국인주민 현황.
채옥희 · 송복희. 2009. "결혼이민자를 위한 한국어와 가정생활교육효과", 『한국가족자원경영학회지』 13권 2호, 107-127.
채옥희 · 홍달아기 · 송복희. 2011. "필리핀 결혼이주여성의 결혼배경과 출국 전 한국가정생활 교육내용에 대한 탐색적 연구", 『한국생활과학회지』 제20권 2호.
최권진 · 채윤미. 2010. "다문화가정 자녀 대상 한국어 교육의 현황과 교재 분석", 『한국어문학연구』 54집, 431-462.
최주열. 2015. "다문화 여성결혼이민자 한국어 교육과정 운영 실태 연구", 『한국언어문화학』, 12권 1호, 167-189.
최지안. 2019. "다문화가족의 조기정착을 위한 효율적 지원방안", 『사회복지경

영연구』 제6권 1호, 129-145.
출입국외국인정책본부. 2019. 통계월보, 2001년~2019년 10월호.
통계개발원. 한국의 사회동향 2015 '인구영역의 주요 동향'.
통계청. 가계동향조사, 가계금융복지조사.
통계청. 2018년 전국다문화가족실태조사 연구.
편윤희. 2014. "결혼이민자 한국어 교육 효율성 향상을 위한 연구", 『한국어교육연구』 제1호, 167-190.
한국건강가정진흥원. 2020. 2019 가족지원사업 연간실적보고서.
한국건강가정진흥원. 2020. 2019 다문화가족지원센터 별도지원사업 연간실적보고서.
한국건강가정진흥원. 2019. 2018 가족지원사업 연간실적보고서.
한국건강가정진흥원. 2019. 2018 다문화가족지원센터 별도지원사업 연간실적보고서.
한국건강가정진흥원. 2018. 2017 가족지원사업 연간실적보고서.
한국건강가정진흥원. 2017. 2016 다문화가족지원사업 결과보고서 Ⅰ.
한국건강가정진흥원. 2017. 2016 다문화가족지원사업 결과보고서 Ⅱ(다문화가족 방문교육사업).
한국건강가정진흥원. 2016. 2015 다문화가족지원사업 결과보고서 Ⅰ(다문화가족지원센터 사업).
한국건강가정진흥원. 2016. 2015 다문화가족지원사업 결과보고서 Ⅱ(다문화가족 방문교육사업).
한국건강가정진흥원. 2015. 2014 다문화가족지원사업 결과보고서 Ⅰ(다문화가족지원센터 사업).
한국건강가정진흥원. 2015. 2014 다문화가족지원사업 결과보고서 Ⅱ(다문화가족 방문교육사업).
한국민족문화 대백과사전. 1996. 한국학 중앙연구원, 28권.
홍승아. 2019. "다문화 가정 자녀를 위한 한국어 교육 교재의 개선 방안", 『한민족문화연구』, 65권, 245-272.
황민철. 2016. "결혼이주여성의 한국어 능력 영향 요인에 대한 연구", 『다문화콘텐츠연구』, 21호. 43-81.

행정안정부. 2018년 지방자치단체 외국인주민 현황(2020.10.31.등록).

Abd Elkader, N. 2015. Dialogic Multicultural Education Theory and Praxis: Dialogue and the Problems of Multicultural Education in a Pluralistic Society. Dialogic Pedagogy. *Dialogic Pedagogy. An International Online Journal* 3: 1-18.

Abendroth, M. 2015. Growing in Multicultural Education with Alumni. *Multicultural Education* 23 (1): 17-22.

Banks, J. A. 2014. *An Introduction to multicultural education(5th Edition)*, 『다문화교육 입문』, 모경환 · 최충옥 · 김명정 · 임정수 옮김. 2016. 아카데미프레스.

Bennett, C. I. 2007. *Comprehensive Multicultural Education: Theory and Practice*, 김옥순 외 공역. 2009.『다문화교육 이론과 실제』, 학지사.

Bernard, F. 2005. 김창민 외 옮김. "'문화다양성' 개념의 재정립을 위하여", 『세계화 시대의 문화논리』, 한울아카데미, 17-19.

Byram, M. 1989. *Cultural studies in foreign language education*. Clevedon; Philadelphia: Multilingual Matters.

Johnson, J. S. & Newport, E. L. 1989. Critical period dffects in second language learning: The influence of maturational state on the acquisition of English as a second language. *Cognitive Psychology*, 21, 60-99.

Klopf, D. 2001. *Intercultural Encounters: The Fundamentals of Intercultural Communication*. Englewood: Morton.

Krashen, S. D. 1973. Lateralization, language learing and the critical period: Some new evidence. *Language Learning*, 23, 63-74.

Krashen, S. D. 1982. *Principles and practice in second language learning*. Oxford: Pergamon Press.

Lado, R. 1961. *Linguistics across culture*. Ann Arbor: University of Michigan Press.

Lenneberg, E. H. 1967. *Biological foundation of Language*. New York: John Wiley.

Long, M. H. 1990. Maturational constraints on language development. *Studies in Second Language Acquisition*, 12, 251-285.

Lynch, J. 1983. *The multicultural curriculum. London, UK: Batsford Academic & Educational.*

Salgür, S. A. & A. Gursoy. 2015. Multicultural Education And Teacher's Characteristics. *Euromentor* 6 (3): 7-17.

Seefeldt, C. 2005. *Social studies for the preschool / primary child.* New Jersey: Pearson Merrill Prentice Hall.

Seliger, H. W. 1978. implications of a multiple critical period hypothesis for second language learning. In W. Richie (Ed.), *Second language acquisition research*(pp. 11-19). New York: Academy.

Sercu, L. 2004. Assessing intercultural competence: a framework for systematic test development in foreign language education and beyond. Intercultural Education 15 (1): 73-90.

Wright, S. 2004. *Language Policy and Language Planning.* New York: Palgrave Macmillan.

2. 인터넷 사이트

국가기록원. www.archives.go.kr

국립국어원. www.korean.go.kr

다문화 가족지원 포털 다누리. www.liveinkorea.kr

법무부. www.moj.go.kr

출입국외국인정책본부. www.immigration.go.kr

통계청. www.kostat.go.kr

행정안전부. www.mois.go.kr

-e-나라지표. www.index.go.kr

노컷뉴스. "찾아가는 법률서비스 '법률홈닥터' 60개 지역으로 확대" 2017.04.30. https://www.yna.co.kr/view/AKR20170430012500004

청양신문. "문화여성 9명, 한국어능력시험 토픽 합격" 2019.08.12. http://www.cynews.co.kr/news/articleView.html?idxno=60592

찾아보기

부 록

부록 1. 여성결혼이민자 대상 설문지

부록 2. 여성결혼이민자 대상 설문지(중국어)

부록 3. 여성결혼이민자 대상 설문지(일본어)

부록 4. 여성결혼이민자 대상 설문지(베트남어)

부록 5. 다문화가정 자녀 유아, 초등 저학년 대상 설문지

부록 6. 다문화가정 자녀 초등 고학년, 중 · 고등학생 대상 설문지

부록 7. 한국어 집합교사 대상 설문지

부록 8. 한국어 방문교사 대상 설문지

부록 9. 유아교사 대상 설문지

부록 10. 초등교사 대상 설문지

부록 11. 중 · 고등교사 대상 설문지

부록 12. 비다문화가정 성인 대상 설문지

부록 13. 비다문화가정 자녀 대상 설문지

부록 14. 응답자들의 다양한 의견

부록 1. 여성결혼이민자 대상 설문지

안녕하세요?

본 설문지는 군산대학교 다문화학과 박사과정에서 진행하는 2019년도 학술 연구의 기초 자료 조사입니다.

본 설문조사는 다문화가정의 여성결혼이민자와 자녀에 대한 한국어교육 방안의 실태를 파악하고 학습대상자에 맞게 한국어교육 방법을 모색하는 데 그 목적이 있습니다. 본 설문에 참여한 응답자의 응답 정보는 연구 외의 다른 용도로 사용되지 않음을 약속드립니다.

응답자 기본사항

1. 출생년도 (   )년 / 성별 (   ) / 거주지역 (   )시 · 군

2. 귀하의 출신 국가에 표시해 주세요.

① 중국(한족)　② 중국(조선족)　③ 베트남
④ 필리핀　⑤ 캄보디아　⑥ 일본
⑦ 러시아　⑧ 몽골　⑨ 우즈베키스탄
⑩ 기타(______________________________)

3. 귀하의 출신 지역에 표시해 주세요.

① 도시　② 농촌　③ 어촌　④ 산촌　⑤ 기타(   )

4. 귀하의 학력에 표시해 주세요.

① 초등학교 졸업　② 중학교 졸업　③ 고등학교 졸업
④ 2년제 대학 졸업　⑤ 3년제 대학 졸업　⑥ 4년제 대학 졸업
⑦ 대학원 졸업　⑧ 기타(____________________)

5. 한국에 오기 전에 어떤 직업이 있었습니까?

① 예(직업명: ____________________)　② 아니요

6. 결혼하기 전 자국에서의 경제적 능력에 표시해 주세요.

① 상　② 상 · 중　③ 중　④ 중 · 하　⑤ 하

7. 한국인 남편과의 결혼은 어떻게 이루어졌습니까?

① 연애결혼 ② 친구 및 지인의 소개 ③ 가족 및 친척의 소개
④ 결혼중개업체 소개 ⑤ 기타( )

8. 귀하가 한국에 거주한 기간을 써 주세요. (______년 _____개월)

9. 현재 주거 형태에 표시해 주세요.

① 아파트 ② 주택 ③ 5층 미만의 다세대 주택
④ 원룸 ⑤ 기타( )

10. 현재 주거 구분에 표시해 주세요.

① 자가(자기집) ② 전세 ③ 월세
④ 시부모님집 ⑤ 기타( )

11. 귀하의 가족 구성원에 모두 표시해 주세요.

① 남편(나이 :) ② 아이1 (나이:) ③ 아이2 (나이:)
④ 아이3(나이 :) ⑤ 시어머니(나이 :) ⑥ 시아버지(나이:)
⑦ 기타:( )

12. 귀하의 모국어로 대화할 수 있는 가족이 있습니까?

① 있다(누구: ______________________) ② 없다

13. 현재 집안의 월수입에 표시해 주세요.

① 월 100만원 이하 ② 월100~150 이하 ③ 월 150~200 이하
④ 월 200~250 이하 ⑤ 기초생활수급자 ⑥ 기타(월 만원)

14. 귀하는 현재 한국에서 직업이 있습니까?

① 예(장소: ______________________) ② 아니요

15. 귀하는 한국 국적을 취득했습니까?

① 취득하였음 ② 취득 예정
③ 취득하지 못함 ④ 취득하고 싶지 않음

한국어 교육현황

1. 귀하는 한국에 오기 전에 한국어를 배운 적이 있습니까?

① 예(학습장소: ___________/학습기간: 년 개월) ② 아니요

2. 한국에 와서 2010년까지 한국어를 배운 적이 있습니까?

① 예(학습장소:____________/학습기간:　년　개월)　　② 아니요

3. 한국어를 배우는 가장 큰 이유에 표시해 주세요.

① 한국 가족과의 대화를 위해　② 취직을 하기 위해
③ 한국 사회에 적응하기 위해　④ 자녀들의 학교생활을 돕기 위해
⑤ 무료 교육이기 때문에　⑥ 종교단체의 권유
⑤ 기타(구체적으로: ______________________________)

4. 일상생활에서 한국어 사용 중 의사소통을 저해하는 가장 큰 요인에 표시해 주세요.

① 문법　② 발음　③ 어휘
④ 억양　⑤ 문장　⑥ 문화적 차이
⑦ 방언(사투리)　⑧ 기타(구체적으로: ____________________)

5. 현재 귀하의 한국어 실력에 표시해 주세요.

구분		전혀 못한다	못한다	보통이다	잘한다	매우 잘한다
나의 한국 말 실력	1) 말하기	①	②	③	④	⑤
	2) 듣기	①	②	③	④	⑤
	3) 읽기	①	②	③	④	⑤
	4) 쓰기	①	②	③	④	⑤

6. 한국어능력시험을 본 적이 있습니까?

① **예**(시험본 횟수:　　/TOPIK　　급)	②**아니요**
* 시험을 본 이유에 표시해 주세요. ①한국국적취득　②취업 ③한국어교사의 권고　④본인의 한국어 실력을 알고 싶어서 ⑤기타(____________)	시험을 보지 않은 이유에 표시해 주세요. ①한국어실력 부족　②시험 응시료가 비싸서 ③가족의 반대　④시험장소가 멀어서 ⑤필요성을 못 느껴서　⑥기타(________)

7. 현재 한국어를 배우고 있습니까?

① 예 **8번~14번까지 답해 주세요.**	② 아니요 **15번에 답해 주세요.**

8. 현재 배우고 있는 수업 시수(시간)에 만족하십니까?

① 예　　② 아니요(만족하는 시간?1주 ____회, 1회 당 _____시간)

9. 현재 한국어교육을 받고 있는 기관이나 장소를 모두 써 주세요.

① 장소: ______________ / 1주 ____회 / 1회 ____시간 · 분
② 장소: ______________ / 1주 ____회 / 1회 ____시간 · 분
③ 장소: ______________ / 1주 ____회 / 1회 ____시간 · 분
④ 장소: ______________ / 1주 ____회 / 1회 ____시간 · 분
⑤ 장소: ______________ / 1주 ____회 / 1회 ____시간 · 분

10. 현재 한국어 수업환경에 대해 표시해 주세요.

질문	표시해 주세요.			써 주세요.
① 학생 수	적다	보통	많다	수업에 적당한 인원:(　　　명)
② 교재	불만족	보통	만족	교재명:(　　　)
③ 보조교재	없다	가끔있다	자주있다	보조교재명:(　　　)
④ 복사물	없다	가끔있다	자주있다	복사물내용:(　　　)
⑤ 그림, 사진	없다	가끔있다	자주있다	수업에 필요? (예 / 아니요)
⑥ 컴퓨터, 인터넷	사용안함	가끔사용	자주사용	수업에 필요? (예 / 아니요)
⑦ 한국어교사	비전문적	보통	전문적	학생의 언어를 알고 있다.(예 / 아니요)
⑧ 기타 필요한 내용:(구체적으로: ______________________)				

11. 한국어 학습에서 가장 많이 배우는 교육을 순서대로 번호로 써 주세요.

말하기 (　)　　듣기 (　)　　읽기 (　)
쓰기 (　)　　문법 (　)　　발음 (　)
어휘 (　)　　한국문화 (　)　　기타 (배우는 과목:　　　)

12. 한국어수업 중 학생이 틀린 부분(발음, 문법 등)을 교사가 수정해주는 것은 어떻습니까?

① 매우 좋다　② 좋다　③ 보통이다　④ 안 좋다
⑤ 매우 안 좋다(이유: ______________________)

13. 교사가 수업 중 한국어와 외국어를 같이 사용하는 것은 어떻습니까?

① 매우 좋다　② 좋다　③ 보통이다　④ 안 좋다
⑤ 매우 안 좋다(이유: ______________________)

14. 방언교육이 필요하다고 생각하십니까?

① 필요하다(이유: ______________________)
② 필요없다(이유: ______________________)

15. 현재 한국어를 배우지 않은 이유는 무엇입니까?

① 한국어를 가르쳐주는 프로그램을 몰랐다 ② 한국어 학습장이 멀어서 가기 힘들다
③ 자녀를 돌봐야하기 때문에 갈 수 없다 ④ 집안일이 많아 갈 수 없다
⑤ 한국의 가족들이 공부하는 것을 싫어한다 ⑥ 공부하기가 싫다
⑦ 기타(구체적으로: ______________________________)

정부지원사업(한국어교육) 만족도

1. 여성결혼이민자를 위한 정부지원사업을 알고 있습니까?

① **예**(어떻게 알게 되었는지 표시해 주세요.)	② **아니요**
① 한국정부의 홍보 ② 가족 ③ 친구 및 아는 사람 ④ 종교기관 ⑤ 기타( )	

2. 정부지원사업을 받은 적이 있습니까?

① **예**	② **아니요**(이유에 표시해 주세요.)
	① 시간이 없어서 ② 필요가 없어서 ③ 가족의 반대 ④ 경제적인 문제 ⑤ 이유 없음 ⑥ 기타( )

3. 귀하가 지원 받은 정부사업에 모두 표시해 주세요.(교육을 받은 적이 없으면 × 표시)

교육과정	교육장소	교육년도	교육횟수
한국어교육			
한국요리강습			
한국문화체험			
가족상담 및 교육			
임신 및 출산 교육			
영유아 자녀교육			
초중고 자녀학습 교육			
컴퓨터 교육			
취업교육			
법률상담			
의료상담			
기타			

4. 기타에 해당하는 교육과정을 써 주세요.

( )

5. 정부의 '다문화가정 지원사업'에 대한 만족도를 표시해 주세요.

다문화지원 프로그램	매우만족	만족	보통	불만	매우 불만
한국어교육	①	②	③	④	⑤
한국요리강습	①	②	③	④	⑤
한국문화체험	①	②	③	④	⑤
가족상담 및 교육	①	②	③	④	⑤
임신 및 출산 교육	①	②	③	④	⑤
영유아 자녀교육	①	②	③	④	⑤
초중고 자녀학습 교육	①	②	③	④	⑤
컴퓨터 교육	①	②	③	④	⑤
취업교육	①	②	③	④	⑤
법률상담	①	②	③	④	⑤
의료상담	①	②	③	④	⑤
기타	①	②	③	④	⑤

6. 정부의 '다문화가정 지원사업'의 필요성에 대해 표시해 주세요.

다문화지원 프로그램	매우 필요	필요	보통	필요없음	전혀 필요없음	잘 모름
한국어교육	①	②	③	④	⑤	⑥
한국요리강습	①	②	③	④	⑤	⑥
한국문화체험	①	②	③	④	⑤	⑥
가족상담 및 교육	①	②	③	④	⑤	⑥
임신 및 출산 교육	①	②	③	④	⑤	⑥
영유아 자녀교육	①	②	③	④	⑤	⑥
초중고 자녀학습 교육	①	②	③	④	⑤	⑥
컴퓨터 교육	①	②	③	④	⑤	⑥
취업교육	①	②	③	④	⑤	⑥
법률상담	①	②	③	④	⑤	⑥
의료상담	①	②	③	④	⑤	⑥
기타 배우고 싶은 내용(구체적으로:______________________________)						

7. 정부의 다문화가정 지원사업 중 한국어교육에 대해 만족합니까?

① 매우 만족　② 만족　③ 보통　④ 불만족　⑤ 매우 불만족

8. 한국어교육 중 만족(매우만족)하는 과정을 번호대로 써 주세요.

말하기 (　)　듣기 (　)　읽기 (　)
쓰기 (　)　문법 (　)　발음 (　)
어휘 (　)　한국문화 (　)　기타 (배우는 과목:　　　)

9. 귀하는 한국어교육이 필요하다고 생각합니까?

필요하다	필요없다
이유 :	이유 :

10. 한국어를 사용하는데 가장 필요한 내용을 순서대로 써 주세요.

말하기 (   )   듣기 (   )   읽기 (   )
쓰기 (   )   문법 (   )   발음 (   )
어휘 (   )   기타(구체적으로: ______________________)

11. 한국어교육을 받기 위해서 필요한 지원에 표시해 주세요.

① 한국어교육 장소에 놀이방 시설운영   ② 교통편 또는 교통비 지원
③ 수준에 맞는 분반 개설   ④ 다양한 문화수업 개설
⑤ 가족들의 이해를 구하는 상담지원   ⑥ 다양한 시간대의 강의 개설
⑦ 기타(구체적으로: ______________________________________)

12. 귀하가 생각하는 한국어교육 1일 교육시간과 주당 교육 횟수를 써 주세요.

1일 교육시간	주당 교육 횟수

13. 한국어교육 내용에 대해 귀하의 의견을 표시해 주세요.

교육이 필요한 내용	전혀 불필요	불필요	보통	필요	매우 필요
1. 교통수단 이용(버스, 택시 등)	①	②	③	④	⑤
2. 물건구매(슈퍼, 시장 등)	①	②	③	④	⑤
3. 실생활 대화(가족, 이웃)	①	②	③	④	⑤
4. 의료시설 이용(병원, 보건소 등)	①	②	③	④	⑤
5. 관공서 이용(동사무소, 출입국사무소 등)	①	②	③	④	⑤
6. 자녀 교육(과제물, 학습지도 등)	①	②	③	④	⑤
7. 문화생활(영화, 신문, 여행 등)	①	②	③	④	⑤
8. 경제활동(취업, 아르바이트)	①	②	③	④	⑤
9. 편의시설(은행, 식당, 미용실 등)	①	②	③	④	⑤
10. 기타 배우고 싶은 내용(구체적으로:)					

14. 여러분의 다양한 의견이나 하고 싶은 말을 써 주세요.

다문화가정 지원사업(한국어 제외)	한국어교육

'다문화'용어 및 개념 이해도 조사

1. '다문화'라는 단어의 뜻을 알고 있습니까?

① 예 ('다문화'의 뜻을 써 주세요.)	② 아니요

2. '다문화'라는 단어를 어떻게 생각하십니까?

① 매우 긍정적 ② 긍정적 ③ 잘 모르겠다 ④ 부정적 ⑤ 매우 부정적

3. 귀하는 '다문화'의 의미를 잘 알고 있습니까?

① 예 ② 아니요

4. 한국인은 '다문화'의 의미를 잘 알고 있습니까?

① 예 ② 아니요

5. 한국인이 '다문화교육', '다문화가정'이라고 말하는 것을 어떻게 생각하십니까?

① 매우 괜찮다 ② 괜찮다 ③ 보통이다 ④ 싫다 ⑤ 매우 싫다

6. 귀하가 생각하기에 한국인이 '다문화'를 대하는 태도가 어떻습니까?

① 관심은 있으나 잘 모르는 것 같다 ② 관심도 있고 이해하려고 노력한다
③ 관심만 있다 ④ 관심도 없고 이해하려고 노력하지 않는다
⑤ 관심도 없고 무시하는 것으로 보인다

7. '다문화'라는 단어를 바꿔야 한다고 생각합니까?

① 예 (이유를 써 주세요.)	② 아니요

8. '다문화'라는 단어를 대신할 다른 적절한 단어가 있습니까?

① 예 대신 할 단어 : 이유 :	② 아니요

9. 한국인의 다문화에 대한 이해를 위해 필요한 것은 무엇이라고 생각합니까?

① 비다문화 가정과 연계한 다문화관련 행사

② 교육기관(유치원,초,중,고,대학)을 중심으로 다문화에 대한 이해 프로그램 활성화

③ 각종 미디어매체를 활용한 올바른 다문화 홍보

④ 결혼이민자의 경제적 자립을 위한 지원 강화

⑤ 기타(　　　　　　　　　　　　　　　　　　　　　　　　　　　)

10. 외국인의 한국어 실력이 한국인의 다문화에 대한 이해에 영향을 미친다고 생각합니까?

① 예(어떠한 영향인지 표시해 주세요.) ① 매우 긍정적　② 긍정적　③ 잘 모르겠다 ④ 부정적　⑤ 매우 부정적	② 아니요

11. 다음 중 먼저 이루어져야 할 것은 무엇이라고 생각하며 그 이유를 써 주세요.

'다문화'라는 단어를 바꾸는 것	올바른 '다문화'에 대해 알려주는 것
이유 :	이유 :

※ 설문에 응해 주셔서 감사합니다.

부록 2. 여성결혼이민자 대상 설문지(중국어)

您好

本调查问卷是2011年度在牙山社会福祉基金会进行的学术研究志愿项目的研究论文基础资料。本次的问卷调查主要以多文化家庭的女性结婚移民者及子女对于韩国语教育方案的实况的把握以及针对学习对象提出新的韩国语教育方法为目的。并保证本次的问卷里所参与的问题将不会被使用在研究论文的作成以外的其它方面。

应答者基本状况

1. 您的出生年度 (　　　)年 / 性别(　) / 居住地区 (　　　)시 · 군

2. 请选择您的出生国家.

① 中国(汉族)　② 中国(朝鲜族)　③ 越南
④ 菲律宾　⑤ 柬埔寨　⑥ 日本
⑦ 俄罗斯　⑧ 蒙古　⑨ 乌兹别克兹坦
⑩其它(________________________________)

3. 请选择您的出生地区.

① 都市　② 农村　③ 渔村　④ 山村　⑤ 其它(　　　　)

4. 请选择您的学历.

① 小学　② 中学　③ 高中
④ 2年制的大学　⑤ 3年制大学　⑥ 4年制大学
⑦ 硕士　⑧ 其它(____________________)

5. 来韩国之前您有从事什么职业?

① 有(职业名:________________________)　② 没有工作

6. 请标出您结婚之前在本国的经济能力.

① 高　② 高 · 中　③ 中　④ 中 · 下　⑤ 下

7. 您是怎样与韩国的丈夫结婚的?

① 恋爱结婚　② 朋友与熟人的介绍　③ 朋友与亲戚的介绍
④ 婚姻中介的介绍　⑤ 其它(　　　　　　　　)

8. 请写出您在韩国居住的时间. (______年______个月)

9. 请选择您现在的居住状况.

① 公寓 ② 住宅 ③ 5层未满的多户型住宅
④ 1居室住宅 ⑤ 其它( )

10. 请标出现在居住部分.

① 自家(自己家) ② 租赁 ③ 月租
④ 婆家 ⑤ 其它( )

11. 请标出您的家庭成员.

① 丈夫(年龄 :) ② 孩子1 (年龄:) ③ 孩子2 (年龄:)
④ 孩子3(年龄 :) ⑤ 婆婆(年龄 :) ⑥ 公公(年龄:)
⑦ 其它:( )

12. 您的家庭成员里面有可以用您的母语跟您对话的吗?

① 有(谁: ____________) ② 没有

13. 您现在的家庭的月收入.

① 月100万以下 ② 月100~150万以下 ③ 月 150~200万以下
④ 月 200~250万以下 ⑤ 基本生活供求者 ⑥ 其它(月 万元)

14. 您现在在韩国有工作吗?

① 是的(场所: ____________) ② 没有

15. 您取得韩国国籍了吗?

① 已取得 ② 待取得
③ 无法取得 ④ 不想取得

韩国语教育现况

1. 您来韩国之前曾经学习过韩国语吗?

① 是的(学习场所: __________/学习时间: ____年____个月) ② 没有

2. 来到韩国到2010年为止您学习过韩国语吗?

① 是的(学习场所: __________/学习时间: ____年____个月) ② 没有

3. 请标出您认为的学习韩国语的最大的理由.

① 为了与韩国家人的对话　　② 为了就业
③ 为了适应韩国社会　　④ 为了帮助子女的学校生活
⑤ 因为是义务教育　　⑥ 宗教团体的劝导
⑤ 其它(具体: ______________________________)

4. 在日常生活当中妨碍用韩国语交流的最大原因是什么.

① 语法　　② 发音　　③ 词汇
④ 语调　　⑤ 文章　　⑥ 文化差异
⑦ 方言(土话)　　⑧ 其它(具体: ____________________)

5. 请标出您现在的韩国语水平.

分类		完全不会	不会	普通	好	很好
我的韩国语水平	1) 会话	①	②	③	④	⑤
	2) 听力	①	②	③	④	⑤
	3) 阅读	①	②	③	④	⑤
	4) 手写	①	②	③	④	⑤

6. 您参加过韩国语水平考试吗?

① 参加过(考试分数: /TOPIK 급)	②没有
* 请标出考试理由. ①为取得韩国国籍　②就业 ③韩国教师的劝导　④想知道自己的韩国语水平 ⑤其它(______________)	请标出您没有考试的原因 ①韩国语水平不够　②考试应试费贵 ③家人的反对　④考试场所太远 ⑤觉得没必要　⑥其它(__________)

7. 您在学习韩国语吗?

① 是的 **请回答8번~14题.**	② 没有 **请回答15题**

8. 您对现在的授课时数（时间）满意吗?

① 满意　　② 不(满意的时间?1周　　次, 1次　　小时)

9. 请写出您现在接受韩国语教育的机关与场所.

① 场所: ______________ / 1周 ______次 / 1次 _______小时 · 分
② 场所: ______________ / 1周 ______次 / 1次 _______小时 · 分
③ 场所: ______________ / 1周 ______次 / 1次 _______小时 · 分
④ 场所: ______________ / 1周 ______次 / 1次 _______小时 · 分
⑤ 场所: ______________ / 1周 ______次 / 1次 _______小时 · 分

10. 请标出现在韩国语授课环境.

问题	请标出			请写出
① 学生数	少	一般	多	人员适当:(　　　名)
② 教材	不满意	一般	满意	教材名:(　　　　　)
③ 补助教材	没有	偶尔有	经常有	补助教材名:(　　　　　)
④ 复印材料	没有	偶尔有	经常有	复印材料内容:(　　　　　)
⑤ 图片, 照片	没有	偶尔有	经常有	因课程需要? (是 / 不是)
⑥ 电脑, 网络	不使用	偶尔使用	经常使用	因课程需要? (是 / 不是)
⑦ 韩国语教师	非专业	一般	专业	知道学生的语言.(是 / 不是)
⑧ 其他要写的内容:(具体: ______________________________)				

11. 韩国语学习当中最经常学习的部分按序号标示出来.

会话 (　)　　听力 (　)　　阅读 (　)
手写 (　)　　语法 (　)　　发音 (　)
词汇 (　)　　韩国文化 (　)　　其他 (学习的科目:　　　　)

12. 对于韩国语课程当中学生错误的部分教师纠正的怎么样?

① 很好　② 好　③ 一般　④ 不好
⑤ 非常不好(理由: ______________________________)

13. 您认为韩国语教师授课时同时使用韩国语和外国语好吗?

① 很好　② 好　③ 一般　④ 不好
⑤ 很不好(理由: ______________________________)

14. 您认为需要接受方言教育吗?

① 需要(理由: ______________________________)
② 不需要(理由: ______________________________)

15. 您现在不学习韩国语的理由是什么?

① 不知道有教韩国这个项目　② 上课的场所太远不方便
③ 因要照顾子女不能去　④ 家务活太多去不了
⑤ 韩国家人不喜欢我学习　⑥ 不想学习
⑦ 기타(구체적으로: ______________________________)

政府支援事业(韩国语教育) 满意程度

1. 您知道针对女性结婚移民者的政府支援事业吗?

① 是的(请标出是怎么知道的)		② 不知道
① 韩国政府的宣传	② 家人	
③ 朋友及熟人	④ 教会	
⑤ 其它( )		

2. 您接受过政府支援事业吗?

① 是的	② 没有(请标注理由)		
	① 没时间	② 没必要	③ 家人反对
	④ 经济问题	⑤ 没有理由	⑥其它( )

3. 请标出您接受支援的政府事业.(没接受教育的 用×标示)

教育过程	教育场所	教育年度	教育次数
韩国语教育			
韩国料理			
韩国文化体验			
家庭商谈与教育			
妊娠与出产教育			
婴幼儿子女教育			
初，中学子女学习教育			
电脑教育			
就业指导			
法律商谈			
医疗商谈			
其它			

4. 请学出其它有关教育过程

( )

5.请标注出您对政府的"多文化家庭支援事业"的满意程度.

多文化支援项目	很满意	满意	一般	不满意	非常不满意
韩国语教育	①	②	③	④	⑤
韩国料理	①	②	③	④	⑤
韩国文化体验	①	②	③	④	⑤
家庭商谈与教育	①	②	③	④	⑤
妊娠与出产教育	①	②	③	④	⑤
婴幼儿子女教育	①	②	③	④	⑤
初，中学子女学习教育	①	②	③	④	⑤
电脑教育	①	②	③	④	⑤
就业指导	①	②	③	④	⑤
法律商谈	①	②	③	④	⑤
医疗商谈	①	②	③	④	⑤
其它	①	②	③	④	⑤

6.请标出政府的"多文化家庭支援事业"的必要性.

多文化支援项目	很有必要	必要	一般	没有必要	完全没有必要	不知道
韩国语教育	①	②	③	④	⑤	⑥
韩国料理	①	②	③	④	⑤	⑥
韩国文化体验	①	②	③	④	⑤	⑥
家庭商谈与教育	①	②	③	④	⑤	⑥
妊娠与出产教育	①	②	③	④	⑤	⑥
婴幼儿子女教育	①	②	③	④	⑤	⑥
初，中学子女学习教育	①	②	③	④	⑤	⑥
电脑教育	①	②	③	④	⑤	⑥
就业指导	①	②	③	④	⑤	⑥
法律商谈	①	②	③	④	⑤	⑥
医疗商谈	①	②	③	④	⑤	⑥
其它想学的内容(具体: ______________________________)						

7. 您对政府的多文化家庭支援事业中的韩国语教育满意吗?

① 很满意　② 满意　③一般　④ 不满意　⑤ 很不满意

8.请在韩国语教育中按序号标示出您满意的（很满意的）教育过程.

会话（　）　听力（　）　阅读（　）
手写（　）　语法（　）　发音（　）
词汇（　）　韩国文化（　）　其它（学习的科目:　　）

9. 您认为韩国语教育有必要吗?

有必要	没必要
理由 :	理由 :

10. 在使用韩国语的时候您认为最实用的用序号标出来.

会话 (　)　　听力 (　)　　阅读 (　)
手写 (　)　　语法 (　)　　发音 (　)
词汇 (　)　　其它(具体: ____________)

11. 请标注出在接受韩国语教育时需要支援的部分.

① 在接受韩国语教育场所运营娱乐设施　②交通工具或交通费的支援
③ 根据水准分班学习　④ 可设多样的文化课程
⑤ 征求家人理解的商谈支援　⑥开设多样的时间制课程
⑦ 其它(具体: ____________________)

12. 请写出您所认为的韩国语教育1天的上课时间与1周的上课时间的次数.

1日上课时间次数	周内上课时间次数

13. 请标注出您认为的韩国语教育内容的意见.

教育方面需要的内容	完全没必要	没必要	一般	必要	非常有必要
1. 交通手段的利用(公交车, 计程车等)	①	②	③	④	⑤
2. 购物(超市, 市场等)	①	②	③	④	⑤
3. 日常生活对话(家人, 邻居)	①	②	③	④	⑤
4. 医疗设施的利用(医院, 保健所等)	①	②	③	④	⑤
5.公署机关的利用(当地办事处,出入境管理局等)	①	②	③	④	⑤
6. 子女教育(课卷, 学习指导等)	①	②	③	④	⑤
7. 文化生活(电影, 报纸, 旅游等)	①	②	③	④	⑤
8. 经济活动(就业, 小时工)	①	②	③	④	⑤
9. 便利设施(银行, 饭馆, 美容室等)	①	②	③	④	⑤
10. 其它想学习的内容(具体:　　　　)					

14. 各位的意见以及想说的话请写下来.

多文化家庭支援事业(韩国语除外)	韩国语教育

对'多文化'用语及概念理解度的调查

1. 您知道'多文化'这个单词的意思吗?

① 是的 (请写出'多文化'的意思)	② 不知道

2. 您是怎样认为'多文化'这个单词的?

① 很正面积极的 ② 积极的 ③ 不太清楚 ④ 负面的 ⑤ 很负面的

3. 您知道 '多文化'의 意义吗?

① 是的 ② 不知道

4. 韩国人对 '多文化'的意义很了解吗?

① 是的 ② 不是很了解

5. 您是怎样认为韩国人所说的 '多文化教育', '多文化家庭'?

① 很不错 ② 不错 ③ 一般 ④ 讨厌 ⑤ 很讨厌

6. 您认为韩国人对'多文化'的态度怎么样?

① 爱理不理的. ② 很关心而且努力地去理解
③ 只是关心 ④ 不关心也不会努力去理解
⑤ 不关心而且好像还忽视它们

7. 您认为'多文化'这个单词应该换掉吗?

① 是的 (请写出理由)	② 不应该

8. 有没有能狗替换'多文化'这个单词的适当的其它词语呢?

① 有	② 没有
可以替代的词语 : 理由 :	

9. 您认为韩国人对于多文化的理解方面还欠缺什么?

① 与非多文化家庭之间连接的多文化方面的活动
② 以教育机构(幼儿园,初,中,高,大学)为中心的多文化理解方面的项目活性化
③ 活用各种媒体的多文化宣传
④ 强化结婚移民者的经济性自理
⑤ 其它( )

10. 您认为外国人的韩国语实力影响到韩国人对多文化的理解吗?

① 是的(请标注出是什么样的影响)			② 不是
① 很积极的	② 积极的	③ 不太清楚	
④负面的	⑤ 很负面的		

11. 您认为下面当中应该先实现什么并写出理由.

换掉'多文化'这个单词方面	正确的告诉我们什么是 '多文化'
理由:	理由 :

※ 谢谢配合问卷调查.

부록 3. 여성결혼이민자 대상 설문지(일본어)

こんにちは。
本アンケートは、亞山社会福祉財団で行っている2017年度学術研究支援プログラムの研究論文の基礎調査です。
本アンケートは多文化家庭の女性結婚移民者とその子供たちに対する韓国語教育方案の実体を把握して学習対象者に合わせて韓国語教育方案を新しく提示することを目的としています。アンケートで得られる情報は研究論文作成以外の他の用途には一切使用されません。

フェイスシート

1. あなたの出生年度は西暦 (　　　　)年 / 性別 (　) / 居住地域 (　　　　)市・群

2. あなたの出身国家にマークして下さい。

① 中国(漢族)　② 中国(朝鮮族)　③ ベトナム
④ フィリピン　⑤ カンボジア　⑥ 日本
⑦ ロシア　⑧ モンゴル　⑨ ウズベキスタン
⑩ その他(______________________________)

3. あなたの出身地域にマークして下さい。

① 都市　② 農村　③ 漁村　④ 山村　⑤ その他(　　　　)

4. あなたの学歴にマークして下さい。

① 小学校卒業　② 中学校卒業　③ 高校卒業
④ 2年制大学卒業　⑤ 3年制大学卒業　⑥ 4年制大学卒業
⑦ 大学院卒業　⑧ その他(____________________)

5. 韓国に来る前に何か仕事をしていましたか?

① はい(職業名:____________________)　② いいえ

6. 結婚する前の自国での経済的な能力にマークして下さい。

① 上　② 上・中　③ 中　④ 中・下　⑤ 下

7. 韓国人の夫との結婚のきっかけは何ですか?

① 恋愛結婚　② 友達および知人の紹介　③ 家族および親戚の紹介
④ 結婚仲介業の紹介　⑤ その他(　　　　　　　　　)

8. あなたが韓国に居住した期間をご記入下さい。 (______年 ______ヶ月)

9. 現在の居住形態にマークして下さい。

① アパート　② 住宅　③ 5階未満の多世帯住宅
④ ワンルーム　⑤ その他(　　　　　　　　　)

10. 現在の居住区分マークして下さい。

① 自家(自分の家)　② 傳貰(전세)　③ 月貰(월세)
④ 舅姑の家　⑤ その他(　　　　　　　　　)

11. あなたの家族構成員全てにマークして下さい。

① 夫(年齢 :　　　　)　② 子供1 (年齢:　　　　)　③ 子供2 (年齢:　　　　)
④ 子供3(年齢 :　　　　)　⑤ 姑(年齢 :　　　　)　⑥ 舅(年齢:　　　　)
⑦ その他:(　　　　　　　　　　　　　　　　　)

12. 家族の中に、あなたの母国語で対話が出来る方はいますか?

① いる(誰:______________________)　② いない

13. 現在の家族の月収にマークして下さい。

① 月100万ウォン以下　② 月100~150万ウォン以下　③ 月150~200万ウォン以下
④ 月200~250万ウォン以下　⑤ 基礎生活受給者　⑥ その他(月　　　万ウォン)

14. あなたは現在韓国で仕事をしていますか?

① はい(場所: ______________________)　② いいえ

15. あなたは韓国国籍を取得しましたか？

① 取得した　② 取得予定
③ 取得出来ない　④ 取得したくない

韓国語教育現状

1. あなたは韓国に来る前に韓国語を学んだことがありますか?

① はい(学習場所: ____________/学習期間: 年 ヶ月)　　② いいえ

2. 韓国に来て2010年までに韓国語を学んだことがありますか?

① はい(学習場所: ____________/学習期間: 年 ヶ月)　　② いいえ

3. 韓国語を学ぶ一番大きな理由は何かマークしてください。

① 韓国の家族との対話のため　② 就職をするため
③ 韓国社会に適応するため　④ 子供たちの学校生活を助けるため
⑤ 無料教育だから　⑥ 宗教団体の勧誘
⑤ その他(具体的に:____________________)

4. 日常生活で韓国語を使用する際、意思疎通を阻害する一番大きな要因にマークしてください。

① 文法　② 発音　③ 語彙
④ アクセント　⑤ 文章　⑥ 文化の違い
⑦ 方言　⑧ その他(具体的に:______________)

5. 現在あなたの韓国語実力にマークしてください。

		全然出来ない	出来ない	普通	上手だ	とても上手だ
あなたの韓国語の実力	1) 会話	①	②	③	④	⑤
	2) 聞き取り	①	②	③	④	⑤
	3) 読解	①	②	③	④	⑤
	4) 書き取り	①	②	③	④	⑤

6. 韓国語能力試験を受けたことがありますか?

①はい(受けた回数:____ /TOPIK___ 級)	②いいえ
* 試験を受けた理由にマークしてください。 ①韓国国籍取得　②就職 ③韓国語教師からののアドバイス　④本人の韓国語実力を知りたかったため ⑤その他(______________)	受けなかった理由にマークしてください。 ①韓国語の実力不足　②試験料が高いため ③家族の反対　④試験会場が遠いため ⑤必要性を感じないため　⑥その他(_____)

7. 現在韓国語を学んでいますか?

① はい **8番~14番まで答えてください。**	② いいえ **15番に答えて下さい。**

8. 現在学んでいる授業時間数に満足していますか?

① はい　　② いいえ(満足する時間数: 1週_____回, 1回あたり______時間)

9. 現在韓国語教育を受けている機関や場所を全て記入してください。

① 場所:____________________ / 1週______回 / 1回 ______時間 · 分
② 場所:____________________ / 1週______回 / 1回 ______時間 · 分
③ 場所:____________________ / 1週______回 / 1回 ______時間 · 分
④ 場所:____________________ / 1週______回 / 1回 ______時間 · 分
⑤ 場所:____________________ / 1週______回 / 1回 ______時間 · 分

10. 現在の韓国語の授業の環境に対してマークしてください。

質問	マークしてください			ご記入下さい
① 学生数	少ない	普通	多い	授業に適当な学生数:(　　名)
② 教材	不満足	普通	満足	教材名:(　　)
③ 補助教材	ない	時々ある	よくある	補助教材名:(　　)
④ 印刷物	ない	時々ある	よくある	印刷物内容:(　　)
⑤ 絵, 写真	ない	時々ある	よくある	授業に必要? (はい / いいえ)
⑥ パソコン, インターネット	使用しない	時々使用	よく使用	授業に必要? (はい / いいえ)
⑦ 韓国教師	非専門的	普通	専門的	学生の言語を分っている(はい / いいえ)
⑧ その他必要な内容:(具体的に:________________________)				

11. 韓国語の学習で一番多く学ぶ教育を順番通に番号をご記入下さい。

会話 (　)　　聞き取り (　)　　読解 (　)
書き取り (　)　　文法 (　)　　発音 (　)
語彙 (　)　　韓国文化 (　)　　その他(学ぶ科目:　　　)

12. 韓国語の授業中、学生が間違った部分(発音, 文法など)を教師が修正することはどうですか?

① とてもよい　② よい　③ 普通だ　④ よくない
⑤ 非常によくない(理由:____________________________)

13. 教師が授業中、韓国語と外来語を一緒に使用することをどう思いますか?

① とてもよい　② よい　③ 普通だ　④ よくない
⑤ 非常によくない(理由:＿＿＿＿＿＿＿＿＿＿)

14. 方言教育が必要だと思いますか?

① 必要だ(理由:＿＿＿＿＿＿＿＿＿＿)
② 必要ない(理由:＿＿＿＿＿＿＿＿＿＿)

15. 現在韓国語を学ばない理由は何ですか?

①韓国語を教えてくれるプログラムを知らなかったため。 ②韓国語学習の場所が遠くて行くのが大変なため。
③子供の世話のため行くことが出来ないため。 ④家の事が多くて行くことができないため。
⑤韓国の家族が勉強することを反対するため。 ⑥勉強したくないため。
⑦その他(具体的に:＿＿＿＿＿＿＿＿＿＿)

政府支援事業(韓国語教育) 満足度

1. 女性結婚移民者のための政府支援事業を知っていますか?

① はい(どのように知りましたか。マークしてください)		② いいえ
① 韓国政府の報道から	② 家族から	
③ 友達および知人から	④ 宗教機関から	
⑤ その他(　　　)		

2. 政府支援事業を受けたことがありますか?

① はい	② いいえ(理由にマークしてください)		
	① 時間がなくて	② 必要がなくて	③ 家族の反対
	④ 経済的問題	⑤ 理由はない	⑥ その他(　　　)

3. あなたが支援を受けた政府事業に全てマークして下さい。 (教育を受けた事がなければ×をご記入下さい)

教育課程	教育場所	教育年度	教育回数
韓国語教育			
韓国料理講習			
韓国文化体験			
家族相談および教育			
妊娠および出産教育			
乳幼児子供教育			

小中高子供学習教育			
パソコン教育			
就業教育			
法律相談			
医療相談			
その他			

4. その他に該当する教育課程をご記入下さい。
( )

5. 政府の'多文化家庭支援事業'に対する満足度にマークしてください。

多文化支援プログラム	とても満足	満足	普通	不満	とても不満
韓国語教育	①	②	③	④	⑤
韓国料理講習	①	②	③	④	⑤
韓国文化体験	①	②	③	④	⑤
家族相談および教育	①	②	③	④	⑤
妊娠および出産教育	①	②	③	④	⑤
乳幼児子供教育	①	②	③	④	⑤
小中高子供学習教育	①	②	③	④	⑤
パソコン教育	①	②	③	④	⑤
就業教育	①	②	③	④	⑤
法律相談	①	②	③	④	⑤
医療相談	①	②	③	④	⑤
その他	①	②	③	④	⑤

6. 政府の'多文化家庭支援事業'の必要性に対してマークしてください。

多文化支援プログラム	とても必要	必要	普通	必要ない	全然必要ない	よく分からない
韓国語教育	①	②	③	④	⑤	⑥
韓国料理講習	①	②	③	④	⑤	⑥
韓国文化体験	①	②	③	④	⑤	⑥
家族相談および教育	①	②	③	④	⑤	⑥
妊娠および出産教育	①	②	③	④	⑤	⑥
乳幼児子供教育	①	②	③	④	⑤	⑥
小中高子供学習教育	①	②	③	④	⑤	⑥
パソコン教育	①	②	③	④	⑤	⑥
就業教育	①	②	③	④	⑤	⑥
法律相談	①	②	③	④	⑤	⑥
医療相談	①	②	③	④	⑤	⑥
その他学びたい内容(具体的に:________________________)						

7. 政府の多文化家庭支援事業の中で韓国語教育に対して満足していますか?

① とても満足　② 満足　③ 普通　④ 不満足　⑤ 非常に不満足

8. 韓国語教育の中で満足(とても満足)している課程に番号を記入下さい。

会話 (　　)　聞き取り (　　)　読解 (　　)
書き取り (　　)　文法 (　　)　発音 (　　)
語彙 (　　)　韓国文化 (　　)　その他 (学ぶ科目:　　　　)

9. あなたは韓国語教育が必要だと思いますか?

必要だ	必要ない
理由 :	理由 :

10. 韓国語を使用するのに一番必要な内容を順番通にご記入下さい。

会話 (　)　聞き取り (　)　読解 (　)
書き取り (　)　文法 (　)　発音 (　)
語彙 (　)　その他(具体的に:__________________)

11. 韓国語教育を受けるために必要な支援にマークしてください。

① 韓国語教育会場に子供の遊び場の施設を運営　② 交通の便または交通費支援
③ 水準に合わせてクラスを開設　④ 多様な文化の授業を開設
⑤ 家族の理解をもとめる相談支援　⑥ 多様な時間帯の講義の開設
⑦ その他(具体的に:__________________________________)

12. あなたが理想とする韓国語教育、1日の教育時間と週あたりの教育回数を記入下さい。

1日 教育時間	週あたりの教育回数

13. 韓国語教育の内容に対してあなたの意見をマークしてください。

教育が必要な内容	全然不必要	不必要	普通	必要だ	とても必要だ
1. 交通手段利用(バス, タクシーなど)	①	②	③	④	⑤
2. 買い物(スーパー, 市場など)	①	②	③	④	⑤
3. 実生活の対話(家族, ご近所)	①	②	③	④	⑤
4. 医療施設利用(病院, 保健所など)	①	②	③	④	⑤
5. 役所利用(洞事務所, 出入国事務所など)	①	②	③	④	⑤
6. 子供の教育(課題, 学習指導など)	①	②	③	④	⑤
7. 文化生活(映画, 新聞, 旅行など)	①	②	③	④	⑤
8. 経済活動(就業, アルバイト)	①	②	③	④	⑤
9. 便宜施設(銀行, 食堂, 美容室など)	①	②	③	④	⑤
10. その他学びたい内容(具体的に:＿＿＿＿＿＿＿＿＿＿)					

14.みなさんの多くのご意見、または言いたいことなどをご記入下さい。

多文化家庭支援事業(韓国語除外)	韓国語教育

'多文化'用語および概念誤解度調査

1. '多文化'という単語の意味を知っていますか?

① はい ('多文化'の意味をご記入下さい)	② いいえ

2. '多文化'という単語をどう思いますか?

① とても肯定的　② 肯定的　③よく分からない　④ 否定的　⑤ とても否定的

3. あなたは'多文化'の意味を良く知っていますか?

① はい　② いいえ

4. 韓国人は'多文化'の意味をよく知っていますか?

① はい　② いいえ

5. 韓国人が '多文化教育', '多文化家庭' と言うことをどう思いますか?

① 全然問題ない ② 問題ない ③ 普通 ④ 嫌だ ⑤ とても嫌だ

6. あなたが考えるには、韓国人が'多文化'に対する態度についてどう思いますか?

①関心はあるが、よく分かっていないようだ ②関心もあるし、理解しようと努力している。
③関心だけある。 ④関心もなく、理解しようとも努力しない。
⑤関心もなく、無視しているように見える。

7. '多文化'という単語を変えなければならないと思いますか?

① はい (理由をご記入下さい)	② いいえ

8. '多文化'という単語の代わりになる他の適切な単語がありますか?

① はい	② いいえ
代わりになる単語 : 理由 :	

9. 韓国人の多文化に対する理解のために必要な事は何だと考えますか?

① 非多文化家庭と連係する多文化関連行事
② 教育機関(幼稚園,小,中,高,大学)を中心として多文化に対する理解のプログラムを活性化する
③ 各種メディア媒体を活用して正しい多文化報道をする
④ 結婚移民者の経済的自立のための支援強化
⑤ その他( )

10. 外国人の韓国語能力が韓国人の多文化に対する理解に影響を与えると考えますか?

① はい(どんな影響かマークしてください)			② いいえ
① とても肯定的	② 肯定的	③ よく分からない	
④ 否定的	⑤ とても否定的		

11. 次のうち先に実現されなければならない事は何だと思いますか。その理由もご記入下さい。

‘多文化’という単語を変えること	正しい‘多文化’について理解すること
理由 :	理由 :

※ ご協力大変ありがとうございました。

부록 4. 여성결혼이민자 대상 설문지(베트남어)

Kính thưa quý vị!
Câu hỏi mà quý vị đang xem là tài liệu điều tra cơ bản của chương trình nghiên cứu tiến hành năm 2017 tại Trung tâm phục chế xã hội Asan.
Câu hỏi điều tra có mục đích đề ra các phương pháp giáo dục mới, phù hợp và tìm hiểu phương án giáo dục tiếng Hàn thực tế cho những phụ nữ nước ngoài nhập cư trong gia đình đa văn hóa. Chúng tôi cam kết không sử dụng bất cứ tài liệu nào khác ngoài các câu hỏi điều tra quý vị đang xem.

Nội dung:

1. Ngày tháng năm sinh của Cô(Chị): ( ) năm / Giới tính: ( ) / Khu vực cư trú: ( ) Thành phố/ Quận.

2.Cô (chị) đến từ quốc gia nào?

① Trung quốc(Gốc Hàn) ② Trung quốc ③ Việt Nam
④ Philipin ⑤ Camphuchia ⑥ Nhật Bản
⑦ Nga ⑧ Mông cổ ⑨ Uzbekistan
⑩ Khác( )

3. Cô (chị) đến từ khu vực nào?

① Thành phố ② Nông thôn ③ Miền biển ④ Miền núi ⑤ Khác ( )

4. Trình độ học vấn của Cô (chị).

① Tốt nghiệp tiểu học ② Tốt nghiệp cấp II ③ Tốt nghiệp cấp III
④ Tốt nghiệp Trung cấp ⑤ Tốt nghiệp Cao đẳng ⑥ Tốt nghiệp Đại học
⑦ Tốt nghiệp Cao học ⑧ Khác ( )

5. Trước khi tới Hàn Quốc Cô (chị) đã từng đi làm chưa?

① Có (Tên nghề nghiệp:) ② Không

6. Trước khi kết hôn, tình trạng kinh tế của Cô(chị) ở quê hương như thế nào?

① Giàu ② Giàu-Trung ③ Trung ④ Trung-Nghèo ⑤ Nghèo

7. Cô(chị) kết hôn với chồng người Hàn như thế nào?

① Qua tình yêu ② Qua giới thiệu của người quen
③ Qua giới thiệu của họ hàng ④ Qua Trung tâm môi giới hôn nhân
⑤ Khác( )

8. Thời gian cư trú tại Hàn Quốc của Cô (chị) . (_____năm _______Tháng)

9. Tình trạng cư trú hiện tại của Cô(chị).

① Trung cư ② Nhà riêng ③ Nhà thấp hơn 5 tầng
④ Phòng thuê ⑤ Khác ( )

10. Phân loại tình trạng cư trú hiện tại.

① Nhà riêng ② Nhà thuê đặt cọc trước
③ Nhà thuê trả tiền theo tháng ④ Nhà của bố mẹ chồng
⑤ Khác ( )

11. Thành viên hiện tại trong gia đình của Cô(chị).

① Chồng(Tuổi:) ② Con 1 (Tuổi:) ③ Con 2 (Tuổi:)
④ Con 3(Tuổi:) ⑤ Mẹ chồng (Tuổi:) ⑥ Bố chồng (Tuổi:)
⑦ Khác:( )

12. Mọi người trong gia đình có thể nói chuyện bằng tiếng mẹ đẻ của Cô (chị) hay không?

① Có (Ai?:) ② Không

13. Tình trạng thu nhập hàng tháng của gia đình Cô(chị) là bao nhiêu?

① Dưới 100 ngàn won/ tháng ② 100~150 ngàn won/ tháng
③ 150~200 ngàn won/ tháng ④ 200~250 ngàn won/ tháng
⑤ Đủ chi tiêu cơ bản ⑥ Khác(ngàn won/ tháng)

14. Hiện tại Cô(chị) có công việc ở Hàn Quốc không?

① Có(Địa chỉ:) ② Không

15. Cô (chị) đã nhập quốc tịch Hàn Quốc chưa?

① Đã nhập ② Đang quyết định
③ Không thể nhập ④ Không muốn nhập quốc tịch

Tình trạng Tiếng Hàn hiện tại

1. Trước khi tới Hàn Quốc, Cô(chị) đã từng học Tiếng Hàn chưa?

① Có (Nơi học: /Thời gian(____năm ______Tháng) ② Không

2. Cô(chị) tới Hàn Quốc đến năm 2010 đã học tiếng Hàn chưa?

① Có (Nơi học: /Thời gian(____năm ______Tháng) ② Không

3. Lý do lớn nhất mà Cô (chị) học tiếng Hàn là gì?

① Để nói chuyện với gia đình người Hàn ② Để xin việc làm
③ Để thích ứng với xã hội Hàn quốc ④ Để giúp việc học hành của con cái
⑤ Do đi học miễn phí ⑥ Do vận động của tổ chức tôn giáo
⑤ Khác (Cụ thể:)

4. Nguyên nhân gây trở ngại lớn nhất đối với Cô (chị) về việc sử dụng tiềng Hàn trong cuộc sống hằng ngày là gì?

① Ngữ pháp ② Phát âm ③ Từ mới
④ Âm điệu ⑤ Câu từ ⑥ Khác biệt về văn hóa
⑦ Tiếng địa phương ⑧ Khác (Cụ thể:)

5. Năng lực tiếng Hàn hiện tại của Cô (chị)?

Phân loại		Hoàn toàn không tốt	Không tốt	Bình thường	Tốt	Rất tốt
Kĩ năng tiếng Hàn	1) Nói	①	②	③	④	⑤
	2) Nghe	①	②	③	④	⑤
	3) Đọc	①	②	③	④	⑤
	4) Viết	①	②	③	④	⑤

6. Cô(chị) đã từng thi Năng lực tiếng Hàn chưa?

① Có (Kết quả đạt được: _/TOPIKcấp)	② Không
* Lý do thi? ① Để nhập Quốc tịch ② Để xin việc ③ Do lời đề nghị của giáo viên tiếng Hàn ④ Muốn biết năng lực tiếng Hàn của bản thân ⑤ Khác( )	Lý do không thi? ① Chưa đủ năng lực ② Phí dự thi quá đắt ③ Do gia đình phản đối ④ Do nơi dự thi quá xa ⑤ Do không ý thức được sự cần thiết ⑥ Khác(_)

7. Cô (chị) hiện tại có đang học tiếng Hàn không?

① Có 8 lần~14 lần.	② Không 15 lần.

8. Cô (chị) có hài lòng về thời gian học tiếng Hàn hiện tại không?

① Có ② Không (Thời gian hài lòng?1tuần_ buổi, 1buổi _ tiếng)

9. Vui lòng điền tất cả nơi học và điều kiện học tiếng Hàn hiện tại của Cô(chị).

① Nơi: /1tuần _buổi / 1buổi: _ h_ p
②Nơi: /1tuần _buổi / 1buổi: _ h_ p
③Nơi: /1tuần _buổi / 1buổi: _ h_ p
④Nơi: /1tuần _buổi / 1buổi: _ h_ p
⑤Nơi: /1tuần _buổi / 1buổi: _ h_ p

10. Môi trường học tập hiện tại của Cô (chị)?

Câu hỏi	Trả lời (Đánh dấu V vào ô chữ)			Trả lời
① Học viên	Ít	Bình thường	Nhiều	Số lượng học viên thích hợp: người
② Giáo trình	Không hài lòng	Bình thường	Hài lòng	Tên giáo trình:( )
③ Giáo trình bổ sung	Không có	Thi thoảng có	Có thường xuyên	Tên giáo trình bổ sung:( )
④ Tài liệu phô tô	Không có	Thi thoảng có	Có thường xuyên	Nội dung phô tô:( )
⑤ Tranh, ảnh	Không có	Thi thoảng có	Có thường xuyên	Có cần thiết trong lớp học không? (Có / Không)
⑥ Máy tính, mạng	Không sử dụng	Thi thoảng sử dụng	Sử dụng thường xuyên	Có cần thiết trong lớp học không? (Có/ Không)
⑦ Giáo viên tiếng Hàn	Không có chuyên môn	Bình thường	Chuyên môn tốt	Giáo viên có biết ngôn ngữ của học viên không? (Có/ Không)
⑧ Nội dung cần thiết khác:(Cụ thể:)				

11. Đánh số theo thứ tự mà Cô (chị) luyện tập tiếng Hàn nhiều nhất?

Nói ( ) Nghe ( ) Đọc ( )
Viết ( ) Ngữ pháp( ) Phát âm ( )
Từ vựng ( ) Văn hóa Hàn quốc( ) Khác (Chủ đề học:)

12. Trong lớp học, khi học viên sai (phát âm, ngữ pháp....) thì giáo viên sửa lại như thế nào?

① Rất tốt ② Tốt ③ Bình thường ④ Không tốt
⑤ Rất không tốt (Lý do:)

13. Trong lớp giáo viên sử dụng tiếng Hàn và tiếng nước ngoài như thế nào?

① Rất tốt ② Tốt ③ Bình thường ④ Không tốt
⑤ Rất không tốt (Lý do:)

14. Cô (chị) có suy nghĩ thế nào về việc học tiếng địa phương?

① Cần thiết (Lý do:)
② Không cần thiết (Lý do:)

15. Lý do hiện tại Cô (chị) không học tiếng Hàn là gì?

① Không biết chương trình dạy tiếng Hàn
② Nơi học tiếng Hàn quá xa, không thuận lợi đi lại
③ Vì chăm sóc con cái nên không thể đi học được
④ Việc nhà quá nhiều nên không thể đi được
⑤ Gia đình của Hàn quốc không thích việc học
⑥ Không thích học
⑦ Khác (Cụ thể:)

Hỗ trợ việc học tiếng Hàn của chính phủ

1. Cô(chị) có biết chương trình chính phủ hỗ trợ cho phụ nữ nước ngoài kết hôn không?

① Có (Cô (chị) biết bằng cách nào?)		② Không
① Do sự công bố của chính phủ Hàn	② Thông qua gia đình	
③ Biết qua người quen	④ Biết qua tổ chức tôn giáo	
⑤ Khác( )		

2. Cô (chị) đã từng nhận sự hỗ trợ của chính phủ chưa?

<table>
<tr><td rowspan="4">① Có</td><td colspan="2">② Không (Lý do?)</td></tr>
<tr><td>① Không có thời gian</td><td>② Không cần thiết</td></tr>
<tr><td>③ Gia đình phản đối</td><td>④ Vì vấn đề kinh tế</td></tr>
<tr><td>⑤ Không có lý do</td><td>⑥ Khác( )</td></tr>
</table>

3. Điền tất cả những hỗ trợ mà Cô (chị) đã được nhận từ chính phủ. Nếu chưa nhận, đánh dấu X.

Quá trình giáo dục	Nơi	Năm	Trình độ giáo dục
Học tiếng Hàn			
Lớp học nấu ăn Hàn quốc			
Đi thực tế văn hóa Hàn quốc			
Giáo dục gia đình			
Giáo dục sinh sản			
Giáo dục con cái khi còn học nhà trẻ			
Giáo dục con cái khi học tiểu, trung, phổ thông trung học			
Giáo dục máy tính			
Giáo dục nghề nghiệp			
Thảo luận về luật pháp			
Thảo luận về y tế			
Khác			

4. Vui lòng điền những quá trình giáo dục phù hợp khác.

( )

5. Vui lòng điền mức độ hài lòng về chương trình " Hỗ trợ gia đình đa văn hóa" của chính phủ.

Chương trình đa văn hóa	Rất hài lòng	Hài lòng	Bình thường	Không hài lòng	Rất không hài lòng
Giáo dục tiếng Hàn	①	②	③	④	⑤
Lớp học nấu ăn Hàn Quốc	①	②	③	④	⑤
Thực tế văn hóa Hàn quốc	①	②	③	④	⑤
Giáo dục gia đình	①	②	③	④	⑤
Giáo dục sinh sản	①	②	③	④	⑤
Giáo dục con cái khi học nhà trẻ	①	②	③	④	⑤
Giáo dục con cái khi học tiểu, trung, phổ thông trung học	①	②	③	④	⑤

Giáo dục máy tính	①	②	③	④	⑤
Giáo dục việc làm	①	②	③	④	⑤
Thảo luận về luật pháp	①	②	③	④	⑤
Thảo luận về y tế	①	②	③	④	⑤
Khác	①	②	③	④	⑤

6. Vui lòng điền những điều cần thiết về chương trình " Hỗ trợ đa văn hóa" của chính phủ.

Chương trình đa văn hóa	Rất cần thiết	Cần thiết	Bình thường	Không cần thiết	Thực sự không cần thiết	Không biết
Giáo dục tiếng Hàn	①	②	③	④	⑤	⑥
Lớp học nấu ăn Hàn Quốc	①	②	③	④	⑤	⑥
Thực tế văn hóa Hàn quốc	①	②	③	④	⑤	⑥
Giáo dục gia đình	①	②	③	④	⑤	⑥
Giáo dục sinh sản	①	②	③	④	⑤	⑥
Giáo dục con cái khi học nhà trẻ	①	②	③	④	⑤	⑥
Giáo dục con cái khi học tiểu, trung, phổ thông trung học	①	②	③	④	⑤	⑥
Giáo dục máy tính	①	②	③	④	⑤	⑥
Giáo dục việc làm	①	②	③	④	⑤	⑥
Thảo luận về luật pháp	①	②	③	④	⑤	⑥
Thảo luận về y tế	①	②	③	④	⑤	⑥
Nội dung muốn học khác (Cụ thể:)						

7. Cô (chị) có hài lòng về chương trình hỗ trợ giáo dục tiếng hàn cho gia đình đa văn hóa của chính phủ không?

① Rất hài lòng ② Hài lòng ③Bình thường
④ Không hài lòng ⑤ Rất không hài lòng

8. Trong quá trình học tiếng hàn đánh số thứ tự theo mức độ các môn học ưu thích.

Nói ( ) Nghe ( ) Đọc( )
Viết ( ) Ngữ pháp ( ) Phát âm( )
Từ vựng( ) Văn hóa Hàn quốc ( ) Khác(môn học:)

9. Cô (chị) suy nghĩ chương trình giáo dục tiếng Hàn có cần thiết không?

Cần thiết	Không cần thiết
Lý do:	Lý do:

10. Trong quá trình sử dụng tiếng Hàn, đánh dấu nội dung cần thiết theo thứ tự.

Nói ( )　Nghe ( )　Đọc( )
Viết( )　Ngữ pháp ( )　Phát âm ( )
Từ vựng ( )　Khác (Cụ thể:)

11. Chọn những hỗ trợ cần thiết để nhận chương trình giáo dục tiếng Hàn.

① Xây dựng phòng giải trí ở nơi học
② Hỗ trợ phí giao thông
③ Phân loại trình độ phù hợp
④ Tổ chức lớp học văn hóa đa dạng
⑤ Tư vấn hỗ trợ về kiến thức gia đình
⑥ Tổ chức lớp học linh hoạt về thời gian
⑦ Khác (Cụ thể:)

12. Cô (chị) nghĩ việc đào tạo tiếng Hàn một lần và đào tạo theo tuần như thế nào?

Thời gian đào tạo một lần	Đào tạo theo tuần

13. Cô (chị) có ý kiến gì về nội dung giáo dục tiếng Hàn?

Nội dung giáo dục cần thiết	Thật sự không cần thiết	Không cần thiết	Bình thường	Cần thiết	Rất cần thiết
1. Phương pháp sử dụng giao thông (xe bus, taxi...)	①	②	③	④	⑤
2. Mua bán (siêu thị, chợ···)	①	②	③	④	⑤
3. Giao tiếp thực tế hằng ngày (gia đình, hàng xóm···)	①	②	③	④	⑤
4. Phương pháp sử dụng y tế (bệnh viện, trung tâm y tế...)	①	②	③	④	⑤
5. Phương pháp sử dụng hành chính(tòa thị chính, nơi xuất nhập cảnh...)	①	②	③	④	⑤
6. Giáo dục con cái (bài tập, bài tập luyện tập···)	①	②	③	④	⑤
7. Văn hóa đời sống (phim ảnh, báo chí, du lịch...)	①	②	③	④	⑤
8. Hoạt động kinh tế (xin việc, làm thêm···)	①	②	③	④	⑤
9. Dịch vụ (ngân hàng, quán ăn, tiệm thẩm mỹ···)	①	②	③	④	⑤
10. Nội dung muốn học khác (Cụ thể:)					

14. Xin vui lòng cho ý kiến.

Hỗ trợ gia đình đa văn hóa(ngoại trừ tiếng Hàn)	Giáo dục tiếng Hàn

'Điều tra về khái niệm "Gia đình đa văn hóa"

1. Cô (chị) có biết về khái niệm " Gia đình đa văn hóa" không?

① Có (Vui lòng viết khái niệm)	② Không

2. Cô (chị) suy nghĩ thế nào về "Gia đình đa văn hóa"?

   ① Rất tích cực ② Tích cực ③ Không biết ④ Tiêu cực ⑤ Rất tiêu cực

3. Cô (chị) có hiểu rõ về khái niệm " Gia đình đa văn hóa" không?

   ① Có ② Không

4. Người Hàn có hiểu rõ về khái niệm " Gia đình đa văn hóa" không?

   ① Có ② Không

5. Người Hàn nói về " Giáo dục đa văn hóa", " Gia đình đa văn hóa", Cô (chị) suy nghĩ như thế nào?

   ① Rất tốt ② Tốt ③ Bình thường
   ④ Không thích ⑤ Rất không thích

6. Suy nghĩ của Cô (chị) về thái độ của người Hàn khi nói về "Gia đình đa văn hóa" như thế nào?

   ① Không biết có quan tâm hay không ② Quan tâm và nỗ lực để hiểu biết
   ③ Có quan tâm ④ Không quan tâm và không cố gắng để hiểu
   ⑤ Không quan tâm và phớt lờ

7. Cô (chị) có suy nghĩ phải đổi khái niệm "Gia đình đa văn hóa" không?

① Có (Vui lòng viết lý do)	② Không

8. Có khái niệm khác phù hợp thay vì khái niệm "Gia đình đa văn hóa" không ?

① Có	② Không
Khái niệm khác: Lý do:	

9. Cô (chị) nghĩ thế nào về sự cần thiết hiểu biết "Gia đình đa văn hóa" của người Hàn?

① Kết hợp giao lưu giữa gia đình đa văn hóa và gia đình thuần nhất người Hàn

② Vận động sự hiểu biết về đa văn hóa ở các cơ sở giáo dục (tiểu, trung, phổ thông trung học, đại học)

③ Sử dụng các phương tiện truyền thông công khai đa văn hóa

④ Hỗ trợ cho người nhập cư kết hôn độc lập về kinh tế

⑤ Khác (   )

10. Cô (chị) suy nghĩ thế nào về trình độ tiếng Hàn của người nước ngoài ảnh hưởng tới sự hiểu biết về đa văn hóa của người Hàn?

① Có (Vui lòng cho biết ảnh hưởng như thế nào?)			② Không
① Rất tích cực	② Tích cực	③ Không biết	
④ Tiêu cực	⑤ Rất tiêu cực		

11. Xin cho biết lý do và suy nghĩ về những điều dưới đây.

Về việc thay đổi khái niệm " Đa văn hóa"	Công khai về đa văn hóa
Lý do:	Lý do:

※Xin chân thành cám ơn!※.

부록 5. 다문화가정 자녀 유아, 초등 저학년 대상 설문지

안녕하세요?

본 설문지는 군산대학교 다문화학과 박사과정에서 진행하는 2019년도 학술 연구의 기초 자료 조사입니다.

본 설문조사는 다문화가정의 여성결혼이민자와 자녀에 대한 한국어교육 방안의 실태를 파악하고 학습대상자에 맞게 한국어교육 방법을 모색하는 데 그 목적이 있습니다. 본 설문에 참여한 응답자의 응답 정보는 연구 외의 다른 용도로 사용되지 않음을 약속드립니다.

응답자 기본사항

1. 출생년도 (   )년 / 성별 (   ) / 거주 지역 (   )시

2. 현재 어떤 유치원(어린이집)/학교에 다니고 있습니까?

① 국 · 공립 기관　② 사립 기관　③ 대안학교
④ 국제학교　⑤ 기타(________________)

3. 어머니는 어느 나라 사람입니까?

① 중국　② 중국(한국계)　③ 베트남
④ 필리핀　⑤ 기타(________________)

3-1. 어머니의 나라에 가 본 적이 있습니까?

① 예 (몇 번:____________)　② 아니요

4. 유치원(어린이집)/학교에서 공부를 잘합니까?

① 매우 잘한다　② 잘한다　③ 보통이다
④ 못한다　⑤ 전혀 못한다

5. 유치원(어린이집)/학교에서 한글/국어를 잘합니까?

① 매우 잘한다　② 잘한다　③ 보통이다
④ 못한다　⑤ 전혀 못한다

6. 유치원(어린이집)/학교에서 가장 어려운 점은 무엇입니까?

① 친구관계　② 공부　③ 차별과 편견
④ 가정형편　⑤ 기타(구체적으로:____________)

7. 친구들과 다른 외모로 인해 친구들에게 놀림을 당한 적이 있습니까?

① 매우 많다 ② 많다 ③ 보통이다
④ 적다 ⑤ 전혀 없다

8. 자신을 한국인이라고 생각합니까?

① 매우 그렇다 ② 그렇다 ③ 보통이다
④ 아니다 ⑤ 전혀 아니다

9. 어머니 나라의 말을 할 수 있습니까?

① 매우 잘한다 ② 잘한다 ③ 보통이다
④ 못한다 ⑤ 전혀 못한다

10. 어머니 나라의 말을 배우고 싶습니까?

① 예(이유:______________________________)
② 아니요(이유:______________________________)

11. 학교생활을 가장 도와주고 있는 것은 무엇입니까?

① 친구 ② 선생님 ③ 가족
④ 종교 ⑤ 기타(구체적으로:____________________)

12. 한국에서 사는 것이 행복합니까?

① 매우 행복하다 ② 행복하다 ③ 보통이다 ④ 행복하지 않다
⑤ 전혀 행복하지 않다(이유 :________________________)

국어교육현황

1. 유치원(어린이집)/학교에서 여러분을 위한 공부시간이 있습니까?(한글/국어 제외)

① 예 ② 아니요

2. 유치원(어린이집)/학교에서 여러분을 위한 한글/국어 공부시간이 있습니까?

① 예 ② 아니요

3. 선생님의 말씀을 잘 이해할 수 있습니까?

① 매우 잘한다 ② 잘한다 ③ 보통이다 ④ 못한다
⑤ 전혀 못한다

4. 국어로 말하고 듣고 읽고 쓰는 것은 어떻습니까?

① 매우 어렵다　② 어렵다　③ 보통이다　④ 쉽다
⑤ 매우 쉽다

5. 방과 후에 누구와 공부합니까?

① 아버지　② 어머니　③ 조부모　④ 형제
⑤ 기타(구체적으로:________________)

6. 유치원(어린이집)/학교 수업 방법 중 가장 재미있는 것은 무엇입니까?

① 협동 학습　② 토의 학습　③ 상황극 학습　④ 시청각자료 활용 학습
⑤ 기타(구체적으로:________________)

7. 유치원(어린이집)/학교에서 더 배우고 싶은 과목은 무엇입니까?

① 국어　② 수학　③ 영어　④ 예체능(구체적으로:________________)
⑤ 기타(구체적으로:________________)

8. 어머니가 유치원(어린이집)/학교생활에 대해 잘 알고 있습니까?

① 매우 잘한다　② 잘한다　③ 보통이다　④ 못한다
⑤ 전혀 못한다

9. 어머니가 한국말을 잘합니까?

① 매우 잘한다　② 잘한다　③ 보통이다　④ 못한다
⑤ 전혀 못한다

10. 현재 유치원(어린이집)/학교생활이 어떻습니까?

① 매우 재미있다　② 재미있다　③ 보통이다　④ 재미없다
⑤ 전혀 재미없다(이유:________________)

11. 유치원(어린이집)/학교에서 어떤 친구와 친합니까?

① 모두와 친하다　② 비다문화가정 친구　③ 다문화가정 친구　④ 모두와 안 친하다
⑤ 기타(구체적으로:________________)

12. 유치원(어린이집)/학교 외에서 국어를 공부한 적이 있습니까?

① 예(장소:________________)　② 아니요

13. 자신이 다문화가정이라서 공부하는 게 다른 친구보다 어렵다고 생각합니까?

① 예　② 아니요

14. '다문화'란 단어의 뜻을 알고 있습니까?

① 정확히 안다 ② 안다 ③ 모른다 ④ 전혀 모른다
⑤ 기타(구체적으로:______________________________)

14-1 '다문화'라는 용어를 어떻게 생각합니까?

① 좋다(이유:______________________________)
② 보통이다(이유:______________________________)
③ 좋지 않다(이유:______________________________)

15. '다문화'에 대해 배운 적이 있습니까?

① 예(장소:____________________) ② 아니요

15-1. '다문화'에 대해 배우고 싶습니까?

① 예(이유:______________________________)
② 아니요(이유:______________________________)

국어교육에 바라는 점

1. 유치원(어린이집)/학교에서 여러분만을 위한 공부시간이 필요합니까?(한글/국어 제외)

① 예(이유:________________) ② 아니요

2. 유치원(어린이집)/학교에서 여러분만을 위한 한글/국어 공부시간이 필요합니까?

① 예(이유:________________) ② 아니요

3. 다음 중 배우고 싶은 것은 무엇입니까?

① 한국문화 ② 어머니나라의 문화 ③ 학교생활 ④ 자아정체성
⑤ 기타(구체적으로:______________________________)

4. 유치원(어린이집)/학교에서 여러분을 위한 선생님이 필요하다고 생각합니까?

① 예(필요한 선생님:______________) ② 아니요

※ 설문에 응해 주셔서 감사합니다.

부록 6. 다문화가정 자녀 초등 고학년, 중 · 고등학생 대상 설문지

안녕하세요?

본 설문지는 군산대학교 다문화학과 박사과정에서 진행하는 2019년도 학술 연구의 기초 자료 조사입니다.

본 설문조사는 다문화가정의 여성결혼이민자와 자녀에 대한 한국어교육 방안의 실태를 파악하고 학습대상자에 맞게 한국어교육 방법을 모색하는 데 그 목적이 있습니다. 본 설문에 참여한 응답자의 응답 정보는 연구 외의 다른 용도로 사용되지 않음을 약속드립니다.

응답자 기본사항

1. 현재 학년 (　　　)학년 / 성별 (　　　) / 거주 지역 (　　　　)시

2. 현재 어떤 교육 기관에 재학 중입니까?

① 국 · 공립학교　② 사립학교　③ 대안학교
④ 국제학교　⑤ 기타(______________________)

3. 어머니의 고국은 어디입니까?

① 중국　② 중국(한국계)　③ 베트남
④ 필리핀　⑤ 기타(______________________)

4. 현재 재학 중인 학교 평균 성적은 어떻습니까?

① 매우 좋다　② 좋다　③ 보통이다
④ 나쁘다　⑤ 매우 나쁘다

5. 현재 재학 중인 학교 평균 국어 성적은 어떻습니까?

① 매우 좋다　② 좋다　③ 보통이다
④ 나쁘다　⑤ 매우 나쁘다

6. 학교생활에서 가장 어려운 점은 무엇입니까?

① 교우관계　② 학업성적　③ 차별과 편견
④ 가정형편　⑤ 기타(구체적으로:__________________)

7. 친구들과 다른 외모로 인해 겪는 어려움이 있습니까?

① 매우 많다 ② 많다 ③ 보통이다
④ 적다 ⑤ 전혀 없다

8. 정체성 대해 혼란스러웠던 적이 있습니까?

① 매우 많다 ② 많다 ③ 보통이다
④ 적다 ⑤ 전혀 없다

9. 어머니의 모어를 구사할 수 있습니까?

① 매우 잘한다 ② 잘한다 ③ 보통이다
④ 못한다 ⑤ 전혀 못한다

10. 어머니의 모어를 배우고 싶습니까?

① 예(이유:______________________________)
② 아니요(이유:______________________________)

국어교육현황

1. 현재 재학 중인 학교에서 다문화 교육을 받은 적이 있습니까?

① 예 ② 아니요

다문화교육[Multi-cultural Education]: 다양한 문화, 민족, 성, 그리고 사회계층과 학생들이 동등한 교육적 기회를 얻고, 긍정적인 문화교류 태도와 인식 그리고 행동을 발달시키도록 돕는 것을 목표를 가진 교육이다. 타문화 교육, 문화 간 교육, 또는 이(異)문화교육 등으로도 불린다. 예) 학교특별교실, 한국어반, 다문화교실, 대학생멘터링 등

2. 학교 외에서 다문화교육을 받은 적이 있습니까?

① 예(장소:____________________) ② 아니요

3. 현재 재학 중인 학교에서 정규과정의 수업 외에 다문화가정 자녀를 위한 별도의 학습지도가 이루어지고 있습니까?(국어 제외)

① 예 ② 아니요

4. 현재 재학 중인 학교에서 정규과정의 수업 외에 다문화가정 자녀를 위한 별도의 국어지도가 이루어지고 있습니까?

① 예　　② 아니요

5. 학교 수업을 잘 이해할 수 있습니까?

① 매우 잘한다　　② 잘한다　　③ 보통이다　　④ 못한다
⑤ 전혀 못한다.

6. 한국어로 의사소통 하는 것은 어떻습니까?

① 매우 어렵다　　② 어렵다　　③ 보통이다　　④ 쉽다
⑤ 매우 쉽다

7. 방과 후에 누가 학습지도를 해줍니까?

① 아버지　　② 어머니　　③ 조부모　　④ 학원
⑤ 기타(구체적으로:________________________)

8. 학교 수업 방법 중 가장 흥미를 느끼는 것은 무엇입니까?

① 협동학습　　② 토의학습　　③ 교실수업　　④ 체험학습
⑤ 기타(구체적으로:________________________)

9. 현재 재학 중인 학교에서의 정규과정의 수업 외에 더 배우고 싶은 과목은 무엇입니까?

① 국어　　② 수학　　③ 영어　　④ 예체능(구체적으로:____________)
⑤ 기타(구체적으로:________________________)

10. 어머니가 학교생활에 대해 잘 이해하고 있습니까?

① 매우 잘한다　　② 잘한다　　③ 보통이다　　④ 못한다
⑤ 전혀 못한다.

11. 어머니와의 한국어 의사소통은 어떻습니까??

① 매우 잘한다　　② 잘한다　　③ 보통이다　　④ 못한다
⑤ 전혀 못한다.

12. 어렸을 때 외할머니께서 키워주신 적이 있습니까?

① 예(얼마나:________________)　　② 아니요

13. 현재 재학 중인 학교에서 어떤 친구와 친합니까?

① 모두와 친하다　　② 비다문화가정 친구　　③ 다문화가정 친구　　④ 모두와 안 친하다
⑤ 기타(구체적으로:________________________)

14. 현재 재학 중인 학교 외에서 국어 교육을 받은 적이 있습니까?

① 예(장소:________________________) ② 아니요

15. 다문화가정의 일원이라는 것이 학습에 영향을 미칩니까?

① 예(구체적으로:__________________________________) ② 아니요

16. 학교생활에 가장 도움이 되는 것은 무엇입니까?

① 친구 ② 선생님 ③ 가족
④ 종교 ⑤ 기타(구체적으로:__________________)

국어교육에 바라는 점

1. 학교에서 다문화교육이 필요하다고 생각합니까?

① 예(이유:________________________) ② 아니요

2. 학교에서 여러분을 위한 개별학습지도가 필요하다고 생각합니까?(국어 제외)

① 예(이유:________________________) ② 아니요

3. 학교에서 여러분을 위한 국어지도가 개별적으로 필요하다고 생각합니까?

① 예(이유:________________________) ② 아니요

4. 학교수업 외에 여러분은 어떤 교육이 필요하다고 생각합니까?

① 한국문화이해 ② 어머니의 모국문화이해 ③ 학교생활적응
④ 자아정체성을 찾는 교육 ⑤ 기타(____________________________________)

5. 학교에서 여러분을 위한 다문화교육 전문교사가 필요하다고 생각합니까?

① 예(필요한 과목? :______________________________) ② 아니요

6. 현재 학교생활에 만족합니까?

① 매우 만족 ② 만족 ③ 보통 ④ 불만족
⑤ 매우 불만족(이유:____)

7. 한국의 다문화사회 정책에 대해 알고 있습니까?

① 매우 만족 ② 만족 ③ 보통 ④ 불만족
⑤ 매우 불만족(이유:____)

8. 여러분을 위해 필요하다고 생각하는 정부의 지원 프로그램은 무엇입니까?

① 개인학원비 지원　② 방과후활동비 지원　③ 상담 지원　④ 멘토 지원
⑤ 기타(구체적으로:________________________________)

9. '다문화'라는 용어의 의미를 알고 있습니까?

① 정확히 안다　② 안다　③ 모른다　④ 전혀 모른다
⑤ 기타(구체적으로:________________________________)

10. '다문화'라는 용어를 어떻게 생각합니까?

① 좋다(이유:________________________________)
② 보통이다(이유:________________________________)
③ 좋지 않다(이유:________________________________)

※ 설문에 응해 주셔서 감사합니다.

부록 7. 한국어 집합교사 대상 설문지

안녕하세요?

본 설문지는 군산대학교 다문화학과 박사과정에서 진행하는 2019년도 학술 연구의 기초 자료 조사입니다.

본 설문조사는 다문화가정의 여성결혼이민자와 자녀에 대한 한국어교육 방안의 실태를 파악하고 학습대상자에 맞게 한국어교육 방법을 모색하는 데 그 목적이 있습니다. 본 설문에 참여한 응답자의 응답 정보는 연구 외의 다른 용도로 사용되지 않음을 약속드립니다.

응답자 기본사항

1. 출생년도 (　　　　)년 / 성별 (　　) / 거주 지역 (　　　　)시

2. 귀하의 최종학력에 표시해 주세요.

① 2 · 3년제 대학　② 4년제 대학　③ 일반대학원
④ 교육대학원　⑤ 기타(________________)

3. 귀하의 다문화 교육경력에 표시해 주세요.

① 1년 이하　② 2~3년　③ 4~5년
④ 6년 이상　⑤ 기타(________________)

4. 귀하의 한국어 집합 경력에 표시해 주세요.

① 1년 이하　② 2~3년　③ 4~5년
④ 없다　⑤ 기타(________________)

5. 귀하의 소속 기관에 표시해 주세요.

① 대학교　② 정부기관(부서:____________)　③ NGO
④ 종교단체　⑤ 기타(____________________________)

6. 다문화 교육과정 이수 기관에 표시해 주세요.(중복가능)

① 평생교육원　② 대학교　③ 대학원
④ 정부산하기관　⑤ 기타(__________________)

7. 다문화와 관련해 이수한 교육과정이 있습니까?

① 있다(구체적으로:____________________)　② 없다

8. 다문화와 관련해 어떤 자격증을 취득했습니까?

① 한국어교육 관련　② 보육 관련　③ 상담 관련
④ 기타(　　　　　　　　　　　　　　　　　　　　)

9. 다문화 이해를 위해 이수하고 싶은 교육과정 내용은 무엇입니까?

① 한국어 지도　② 상담　③ 자녀교육
④ 다문화사회 이해　⑤ 기타(　　　　　　　　　　　　)

10. 집합교육교사로서의 만족도는 어떻습니까?

① 높다(이유:　　　　　　　　　　　　　　　　　　　　)
② 낮다(이유:　　　　　　　　　　　　　　　　　　　　)

한국어 교육현황

1. 현재 집합교육 대상자는 누구입니까?

① 여성결혼이민자　② 자녀　③ 남편　④ 시부모
⑤ 기타(구체적으로:　　　　　　　　　　　　　　　　　)

2. 현재 집합교육 대상 인원은 몇 명입니까?

① 10명 이하　② 11~15명　③ 16~20명　④ 21~30명　⑤ 30명 이상

2-1. 귀하가 생각하는 적정 교육인원은 몇 명입니까?

① 10명 이하　② 11~15명　③ 16~20명　④ 21~30명　⑤ 30명 이상

3. 집합교육 평균 출석률은 어떻습니까?

① 10% 이하　② 30%　③ 50명%　④ 70%　⑤ 90% 이상

4. 집합교육 출석률에 미치는 영향은 무엇입니까?

① 날씨　② 건강상태　③ 자녀　④ 학습의욕
⑤ 기타(구체적으로:　　　　　　　　　　　　　　　　　)

5. 현재 집합교육 과정은 무엇입니까?

① 한국어 지도　② 상담　③ 부모 교육　④ 아이돌보미
⑤ 기타(구체적으로:　　　　　　　　　　　　　　　　　)

*** 5번 문항 ①이라고 답한 응답자는 6번~20번까지 답해 주세요.**

*** 5번 문항 ②~⑤라고 답한 응답자는 16번~20번까지 답해 주세요.**

6. 한국어 집합교육의 어려움은 무엇입니까?

① 학습태도 불량 ② 학습의욕 없음 ③ 기초지식부족 ④ 아이돌보미 없음
⑤ 기타(구체적으로:______________________________)

7. 교사에 대한 학습자의 태도는 어떻습니까?

① 매우 좋다 ② 좋다 ③ 보통이다 ④ 나쁘다
⑤ 매우 나쁘다

8. 한국어 집합교육 교재에 대한 만족도는 어떻습니까?

① 매우 만족 ② 만족 ③ 보통이다 ④ 불만족
⑤ 매우 불만족

9. 한국어 집합교육 교육환경(교실 및 기자재 사용)에 대한 만족도는 어떻습니까?

① 매우 만족 ② 만족 ③ 보통이다 ④ 불만족
⑤ 매우 불만족

10. 현재 소속된 기관에서 한국어 집합교육 교사용 지도서를 지원하고 있습니까?

① 예 ② 아니요

* 10번 문항 '예'라고 답한 응답자만 답해 주세요.

10-1. 현재 한국어 집합교육 교사용 지도서를 사용하고 있습니까?

① 예 ② 아니요

10-2. 한국어 집합교육 교사용 지도서에 대한 만족도는 어떻습니까?

① 매우 만족 ② 만족 ③ 보통이다 ④ 불만족
⑤ 매우 불만족

11. 방언 교육이 필요합니까?

① 매우 필요 ② 필요 ③ 보통 ④ 불필요
⑤ 매우 불필요

12. 교사가 수업 중 학습자의 모국어를 사용하는 것이 도움이 됩니까?

① 매우 도움이 된다 ② 도움이 된다 ③ 보통이다 ④ 도움이 안 된다
⑤ 전혀 도움이 안 된다

13. 학습자의 한국어 의사소통을 저해하는 가장 큰 요인은 무엇입니까?

① 문법 ② 발음 ③ 어휘 ④ 자신감
⑤ 기타(구체적으로:____)

14. 한국어 집합교육 시 가장 중점을 두고 가르치는 요소는 무엇입니까?(순서대로 번호를 써 주세요.)

말하기 ( )　　듣기 ( )　　읽기 ( )
쓰기 ( )　　문법 ( )　　발음 ( )
어휘 ( )　　기타(구체적으로:＿＿＿＿＿＿＿＿)

15. 학습자의 한국어 학습에 가장 도움을 주고 있는 사람은 누구입니까?

① 남편　② 시부모　③ 자녀　④ 한국인 이웃
⑤ 기타(구체적으로:＿＿＿＿＿＿＿＿)

16. 교사에 대한 가족들의 태도는 어떻습니까?

① 매우 좋다　② 좋다　③ 보통이다　④ 나쁘다
⑤ 매우 나쁘다

17. 집합교육 시 학습자가 선호하는 시간대는 언제입니까?

① 평일 오전　② 평일 오후　③ 주말 오전　④ 주말 오후
⑤ 기타(구체적으로:＿＿＿＿＿＿＿＿)

18. 현재 진행 중인 집합교육이 다문화가정에 도움이 되고 있습니까?

① 매우 도움이 된다　② 도움이 된다　③ 보통이다　④ 도움이 안 된다
⑤ 전혀 도움이 안 된다

19. 귀하가 집합교육 교사를 하는 이유를 써 주세요.(구체적으로: ＿＿＿＿＿)

20. '다문화'라는 용어의 의미를 알고 있습니까?

① 정확히 안다　② 안다　③ 모른다　④ 전혀 모른다
⑤ 기타(구체적으로:＿＿＿＿＿＿＿＿)

20-1. '다문화'라는 용어를 어떻게 생각합니까?

① 좋다(이유:＿＿＿＿＿＿＿＿)
② 보통이다(이유:＿＿＿＿＿＿＿＿)
③ 좋지 않다(이유:＿＿＿＿＿＿＿＿)

한국어교육에 바라는 점

1. 집합교육을 위한 교육을 소속된 기관에서 이수하였습니까?

① 예　② 아니요

* 1번 문항 '예'라고 답한 응답자만 답해 주세요.

1-1. 집합교육을 위한 교육에 대한 만족도는 어떻습니까?

① 매우 만족 ② 만족 ③ 보통 ④ 불만족
⑤ 매우 불만족

2. 집합교육을 위해 받고 싶은 교육은 무엇입니까?

① 다문화사회 이해 ② 한국어교수법 ③ 상담 ④ 복지
⑤ 기타(구체적으로:______________________)

3. 정부지원의 한국어교육이 지속적으로 필요하다고 생각합니까?

① 필요하다(이유:______________________)
② 필요없다(이유:______________________)

4. 다문화가정 집합교육 시 여성결혼이민자에게 가장 필요하다고 생각하는 것은 무엇입니까?

① 한국어 지도 ② 상담 ③ 부모교육 ④ 한국인 결연
⑤ 기타(구체적으로:______________________)

5. 다문화가정에 가장 필요하다고 생각하는 정부지원은 무엇입니까?

① 경제적 지원 ②행정적 지원(예: 국적) ③ 의료지원 ④ 교육지원
⑤ 기타(구체적으로:______________________)

6. 현재 집합교육 프로그램에 대한 만족도는 어떻습니까?

① 매우 만족 ② 만족 ③ 보통 ④ 불만족
⑤ 매우 불만족(이유:______________________)

7. 현재 집합교육 교사 지원에 대한 만족도는 어떻습니까?

① 매우 만족 ② 만족 ③ 보통 ④ 불만족
⑤ 매우 불만족(이유:______________________)

8. 집합교육 교사를 위해 가장 필요한 지원은 무엇입니까?

① 재정적 지원 ② 재량활동 지원 ③ 교육 지원 ④ 상담 지원
⑤ 기타(구체적으로:______________________)

9. 교사를 위한 학습자의 모어 교육이 필요하다고 생각합니까?

① 예 ② 아니요

10. 다문화가정 집합교육에 대한 개인적인 견해를 써 주세요. (구체적으로: ______)

※ 설문에 응해 주셔서 감사합니다.

부록 8. 한국어 방문교사 대상 설문지

안녕하세요?

본 설문지는 군산대학교 다문화학과 박사과정에서 진행하는 2019년도 학술 연구의 기초 자료 조사입니다.

본 설문조사는 다문화가정의 여성결혼이민자와 자녀에 대한 한국어교육 방안의 실태를 파악하고 학습대상자에 맞게 한국어교육 방법을 모색하는 데 그 목적이 있습니다. 본 설문에 참여한 응답자의 응답 정보는 연구 외의 다른 용도로 사용되지 않음을 약속드립니다.

응답자 기본사항

1. 출생년도 ( )년 / 성별 ( ) / 거주 지역 ( )시

2. 귀하의 최종학력에 표시해 주세요.

① 2년제 대학 ② 3년제 대학 ③ 4년제 대학
④ 대학원 ⑤ 기타(__________)

3. 귀하의 다문화 교육경력에 표시해 주세요.

① 1년 이하 ② 2~3년 ③ 4~5년
④ 6년 이상 ⑤ 기타(__________)

4. 귀하의 한국어 방문지도 경력에 표시해 주세요.

① 1년 이하 ② 2~3년 ③ 4~5년
④ 없다 ⑤ 기타(__________)

5. 귀하의 소속 기관에 표시해 주세요.

① 대학교 ② 정부기관 ③ NGO
④ 종교단체 ⑤ 기타(__________)

6. 다문화 교육과정 이수 기관에 표시해 주세요.(중복가능)

① 평생교육원 ② 대학교 ③ 대학원
④ 정부산하기관 ⑤ 기타(__________)

7. 다문화와 관련해 이수한 교육과정이 있습니까?

① 있다(구체적으로:______________) ② 없다

8. 다문화와 관련된 자격증이 있습니까?

① 있다(구체적으로:______________________________)　　② 없다

9. 다문화 이해를 위해 이수하고 싶은 교육과정 내용은 무엇입니까?

① 한국어 지도　② 상담　③ 자녀교육
④ 다문화사회 이해　⑤ 기타(구체적으로:____________________)

10. 방문지도교사로서의 만족도는 어떻습니까?

① 높다(이유:____)
② 낮다(이유:____)

한국어 교육현황

1. 현재 방문지도 대상자는 누구입니까?

① 여성결혼이민자　② 자녀　③ 남편　④ 시부모
⑤ 기타(구체적으로:____)

2. 현재 방문지도 대상 현황을 써 주세요. (　　　)가구

3. 주 5일간 1가구의 방문 횟수와 시간을 써 주세요. (　　)회 (　　)시간

3-1. 귀하가 생각하는 적정 방문 횟수와 시간을 써 주세요. (　　)회 (　　)시간

4. 방문지도의 어려움은 무엇입니까?

① 교통불편　② 교육환경의 열악함　③ 가족의 비협조　④ 의사소통 문제
⑤ 기타(구체적으로:____)

5. 현재 방문지도 과정은 무엇입니까?

① 한국어 지도　② 상담　③ 부모 교육　④ 아이돌보미
⑤ 기타(구체적으로:____)

*** 5번 문항 ①이라고 답한 응답자는 6번~20번까지 답해 주세요.**
*** 5번 문항 ②~⑤이라고 답한 응답자는 16번~20번까지 답해 주세요.**

6. 한국어 방문 지도의 어려움은 무엇입니까?

① 학습태도 불량　② 학습의욕 없음　③ 기초지식부족　④ 아이돌보미 없음
⑤ 기타(구체적으로:____)

7. 교사에 대한 학습자의 태도는 어떻습니까?

① 매우 좋다 ② 좋다 ③ 보통이다 ④ 나쁘다
⑤ 매우 나쁘다

8. 한국어 방문 지도 교재에 대한 만족도는 어떻습니까?

① 매우 만족 ② 만족 ③ 보통 ④ 불만족
⑤ 매우 불만족

9. 현재 소속된 기관에서 한국어 방문 지도 교사용 지도서를 지원하고 있습니까?

① 예 ② 아니요

* 9번 문항 '예'라고 답한 응답자만 답해 주세요.

9-1. 현재 한국어 방문 지도 교사용 지도서를 사용하고 있습니까?

① 예 ② 아니요

9-2. 한국어 방문 지도 교사용 지도서에 대한 만족도는 어떻습니까?

① 매우 만족 ② 만족 ③ 보통 ④ 불만족
⑤ 매우 불만족

10. 방언 교육이 필요합니까?

① 매우 필요 ② 필요 ③ 보통 ④ 불필요
⑤ 매우 불필요

11. 교사가 수업 중 학습자의 모어를 사용하는 것이 도움이 됩니까?

① 매우 도움이 된다 ② 도움이 된다 ③ 보통이다 ④ 도움이 안 된다
⑤ 전혀 도움이 안 된다

12. 학습자의 한국어 의사소통을 저해하는 가장 큰 요인은 무엇입니까?

① 문법 ② 발음 ③ 어휘 ④ 자신감
⑤ 기타(구체적으로:______________________________)

13. 한국어 방문 지도 시 가장 중점을 두고 가르치는 요소는 무엇입니까?(순서대로 번호를 써 주세요.)

말하기 ( ) 듣기 ( ) 읽기 ( )
쓰기 ( ) 문법 ( ) 발음 ( )
어휘 ( ) 기타(구체적으로:______________________)

14. 학습자의 한국어 학습에 가장 도움을 주고 있는 사람은 누구입니까?

① 남편 ② 시부모 ③ 자녀 ④ 한국인 이웃
⑤ 기타(구체적으로:______________________________)

15. 교사에 대한 가족들의 태도는 어떻습니까?

① 매우 좋다　② 좋다　③ 보통이다　④ 나쁘다
⑤ 매우 나쁘다

16. 방문 지도 시 학습자가 선호하는 시간대는 언제입니까?

① 평일 오전　② 평일 오후　③ 주말 오전　④ 주말 오후
⑤ 기타(구체적으로____)

17. 현재 진행 중인 방문지도가 다문화가정에 도움이 되고 있습니까?

① 매우 도움이 된다　② 도움이 된다　③ 보통이다　④ 도움이 안 된다
⑤ 전혀 도움이 안 된다

18. 귀하가 방문지도 교사를 하는 이유를 써 주세요. (구체적으로: __________)

한국어교육에 바라는 점

1. 방문 지도를 위한 교육을 소속된 기관에서 이수하였습니까?

① 예　② 아니요

* 1번 문항 '예'라고 답한 응답자만 답해 주세요.

1-1. 방문 지도를 위한 교육에 대한 만족도는 어떻습니까?

① 매우 만족　② 만족　③ 보통　④ 불만족
⑤ 매우 불만족

2. 방문지도를 위해 받고 싶은 교육은 무엇입니까?

① 다문화사회 이해　② 한국어교수법　③ 상담　④ 복지
⑤ 기타(구체적으로:____)

3. 정부지원의 한국어교육이 지속적으로 필요하다고 생각합니까?

① 필요하다(이유:______________________________)
② 필요없다(이유:______________________________)

4. 다문화가정 방문지도 시 여성결혼이민자에게 가장 필요하다고 생각하는 것은 무엇입니까?

① 한국어 지도 ② 상담 ③ 부모교육 ④ 한국인 결연
⑤ 기타(구체적으로:______________________________)

5. 다문화가정에 가장 필요하다고 생각하는 정부지원은 무엇입니까?

① 경제적 지원 ② 행정적 지원(예: 국적) ③ 의료지원 ④ 교육지원
⑤ 기타(구체적으로:______________________________)

6. 현재 방문지도 프로그램에 대한 만족도는 어떻습니까?

① 매우 만족 ② 만족 ③ 보통 ④ 불만족
⑤ 매우 불만족(이유:______________________________)

7. 현재 방문지도 교사 지원에 대한 만족도는 어떻습니까?

① 매우 만족 ② 만족 ③ 보통 ④ 불만족
⑤ 매우 불만족(이유 :______________________________)

8. 방문지도 교사를 위해 가장 필요한 지원은?

① 재정적 지원 ② 재량활동 지원 ③ 교육 지원 ④ 상담 지원
⑤ 기타(구체적으로:______________________________)

9. 교사를 위한 학습자의 모어 교육이 필요하다고 생각합니까?

① 예 ② 아니요

10. '다문화'라는 용어의 의미를 알고 있습니까?

① 정확히 안다 ② 안다 ③ 모른다 ④ 전혀 모른다
⑤ 기타(구체적으로:______________________________)

10-1. '다문화'라는 용어를 어떻게 생각합니까?

① 좋다(이유:______________________________)
② 보통이다(이유:______________________________)
③ 좋지 않다(이유:______________________________)

※ 설문에 응해 주셔서 감사합니다.

부록 9. 유아교사 대상 설문지

안녕하세요?

본 설문지는 군산대학교 다문화학과 박사과정에서 진행하는 2019년도 학술 연구의 기초 자료 조사입니다.

본 설문조사는 다문화가정의 여성결혼이민자와 자녀에 대한 한국어교육 방안의 실태를 파악하고 학습대상자에 맞게 한국어교육 방법을 모색하는 데 그 목적이 있습니다. 본 설문에 참여한 응답자의 응답 정보는 연구 외의 다른 용도로 사용되지 않음을 약속드립니다.

응답자 기본사항

1. 출생년도 (　　　)년 / 성별 (　) / 거주 지역 (　　　)시

2. 귀하의 최종학력에 표시해 주세요.

① 보육교사 교육원　② 2 · 3년제 대학　③ 4년제 대학
④ 대학원　⑤ 기타(______________)

3. 귀하의 교육경력에 표시해 주세요.

① 1년 이하　② 2~3년　③ 4~5년
④ 6년 이상　⑤ 기타(______________)

4. 귀하의 다문화가정 자녀 지도 경력에 표시해 주세요.

① 1년 이하　② 2~3년　③ 4~5년
④ 없다　⑤ 기타(______________)

5. 귀하께서 재직 중인 기관에 표시해 주세요.

① 국공립 유아기관　② 민간 유아기관　③ 가정보육 유아기관
④ 직장 · 법인 유아기관　⑤ 기타(______________)

국어교육현황

1. 귀하는 다문화에 관심이 있습니까?

① 매우 많다　② 많다　③ 보통이다　④ 적다
⑤ 매우 적다(이유:________________________)

2. 귀하는 다문화교육 관련 지식이 얼마나 있습니까?

① 매우 많다　② 많다　③ 보통이다　④ 적다
⑤ 매우 적다(이유:________________________)

3. 다문화와 관련된 교육을 받은 적이 있습니까?

① 예(구체적으로:________________________)　② 아니요

4. 현재 재직 중인 기관에 다문화가정 자녀가 있습니까?

① 예　② 아니요

5. 현재 재직 중인 기관에서 다문화가정 자녀를 직접 지도하고 있습니까?

① 예**(6번~20번까지 답해 주세요.)**　② 아니요**(16번~20번까지 답해 주세요.)**

※ 다음을 질문을 읽고 답해 주세요.

	매우 좋음	좋음	보통	나쁨	매우 나쁨
6. 다문화가정 자녀의 한국어 실력은?	①	②	③	④	⑤
7. 다문화가정 자녀의 학업능력은?	①	②	③	④	⑤
8. 다문화가정 자녀의 수업태도는?	①	②	③	④	⑤
9. 다문화가정 자녀의 교우관계는?	①	②	③	④	⑤
10. 다문화가정 자녀의 교사에 대한 태도는?	①	②	③	④	⑤
11. 다문화가정 자녀의 교육기관 적응 정도는?	①	②	③	④	⑤

12. 다문화가정 자녀가 교육기관에서 겪는 가장 큰 어려움은 무엇입니까?

① 의사소통　② 교우관계
③ 기본생활습관 형성　④ 편견과 차별
⑤ 기타(구체적으로:________________)

13. 다문화가정 부모의 자녀양육에 대한 관심 정도는 어떻습니까?

① 매우 높다　② 높다　③ 보통이다　④ 낮다
⑤ 매우 낮다(이유:________________)

14. 현재 귀하께서 재직 중인 교육 기관에서는 다문화가정 자녀를 위한 별도의 학습지도가 이루어지고 있습니까?(한글/국어 제외)

① 예(구체적으로:______________________________) ② 아니요

15. 현재 귀하께서 재직 중인 교육 기관에서는 다문화가정 자녀를 위한 별도의 한글/국어 지도가 이루어지고 있습니까?

① 예 ② 아니요

16. 현재 귀하께서 재직 중인 기관은 다문화가정 자녀 입원이 가능합니까?

① 예 ② 아니요

17. 다문화가정 자녀를 지도하는 것에 대해 부담을 느끼는 정도는 어떻습니까?

① 매우 크다 ② 크다 ③ 보통이다 ④ 적다
⑤ 매우 적다(이유:______________________________)

18. 다문화가정 자녀 지도에서 가장 어렵게 생각되는 부분은 무엇입니까?

① 의사소통 ② 학습지도 ③ 생활지도 ④ 부모와의 소통
⑤ 기타(구체적으로:______________________________)

19. 비다문화가정 자녀와 비교해 다문화가정 자녀에게만 나타나는 특성이 있습니까?

① 예(구체적으로:______________________________) ② 아니요

20. 현재 재직 중인 교육기관에서는 다문화가정 자녀를 대비한 특별한 학습지도방안을 계획하고 있습니까?

① 예(구체적으로:______________________________) ② 아니요

국어교육에 바라는 점

1. 교사를 위한 다문화교육이 필요합니까?

① 매우 필요하다 ② 필요하다 ③ 보통이다 ④ 필요없다
⑤ 전혀 필요없다

2. 다문화가정 자녀 한글/국어 지도 시 차별화된 교육 방법이 필요합니까?

① 매우 필요하다 ② 필요하다 ③ 보통이다 ④ 필요없다
⑤ 전혀 필요없다

3. 다문화가정 자녀를 위한 전문가가 필요합니까?

① 매우 필요하다 ② 필요하다 ③ 보통이다 ④ 필요없다
⑤ 전혀 필요없다

4. 다문화가정 자녀에게 가장 필요한 것은 무엇입니까?

① 학습지도 교사 ② 국어지도 교사 ③ 복지사 ④ 또래가정과의 결연
⑤ 기타(구체적으로:________________________________)

5. 귀하께서 다문화와 관련하여 교육을 받는다면 어떤 과정을 개설하는 것이 좋겠습니까?

① 다문화사회이해 ② 다문화관련 심리상담 ③ 다문화자녀 교수법
④ 국어 교수법 ⑤ 기타(구체적으로:__________________)

6. 다문화가정 자녀 지도 시 필요한 교육 내용은 무엇입니까?

① 한국문화이해 ② 부모나라 문화이해 ③ 공동체생활 적응 ④ 친구들과의 어울림
⑤ 기타(구체적으로:________________________________)

7. 다문화가정 자녀교육에서 가장 중요하게 생각되는 부분은 무엇입니까?

① 언어발달 ② 인지발달 ③ 사회 · 정서발달 ④ 신체발달
⑤ 기타(구체적으로:____)

8. 다문화가정 자녀교육을 위해 필요한 정부지원은 무엇입니까?

① 행 · 재정적 지원 ② 재량활동지원 ③ 일반학생 인식전환 교육과정
④ 국어집중교육지원 ⑤ 기타(구체적으로:____________________________)

9. 교육기관의 정규과정 이외에 다문화가정 자녀를 위한 한국어지도가 필요합니까?

① 있다 ② 없다

10. '다문화'라는 용어의 의미를 알고 있습니까?

① 정확히 안다 ② 안다 ③ 모른다 ④ 전혀 모른다
⑤ 기타(구체적으로:____)

10-1. '다문화'라는 용어를 어떻게 생각합니까?

① 좋다(이유:____)
② 보통이다(이유:______________________________________)
③ 좋지 않다(이유:_____________________________________)

※ 설문에 응해 주셔서 감사합니다.

부록 10. 초등교사 대상 설문지

안녕하세요?

본 설문지는 군산대학교 다문화학과 박사과정에서 진행하는 2019년도 학술 연구의 기초 자료 조사입니다.

본 설문조사는 다문화가정의 여성결혼이민자와 자녀에 대한 한국어교육 방안의 실태를 파악하고 학습대상자에 맞게 한국어교육 방법을 모색하는 데 그 목적이 있습니다. 본 설문에 참여한 응답자의 응답 정보는 연구 외의 다른 용도로 사용되지 않음을 약속드립니다.

응답자 기본사항

1. 출생년도 ( )년 / 성별 ( ) / 거주 지역 ( )시·군

2. 귀하의 최종학력에 표시해 주세요.

① 교원대학교 ② 일반 4년제 초등교육과 ③ 교육대학원
④ 기 타(________________)

3. 귀하의 교육경력에 표시해 주세요.

① 1년 이하 ② 2~3년 ③ 4~5년
④ 6년 이상 ⑤ 기타(____________)

4. 귀하의 다문화가정 자녀 지도 경력에 표시해 주세요.

① 1년 이하 ② 2~3년 ③ 4~5년
④ 없다 ⑤ 기타(____________)

5. 귀하께서 재직 중인 기관에 표시해 주세요.

① 국공립 초등학교 ② 사립 초등학교 ③ 대안학교
④ 국제학교 ⑤ 기타(____________)

국어교육현황

1. 귀하는 다문화에 관심이 있습니까?

① 매우 많다 ② 많다 ③ 보통이다 ④ 적다
⑤ 매우 적다(이유:______________________________)

2. 귀하는 다문화교육 관련 지식이 얼마나 있습니까?

① 매우 많다 ② 많다 ③ 보통이다 ④ 적다
⑤ 매우 적다(이유:______________________________)

3. 다문화와 관련된 교육을 받은 적이 있습니까?

① 예(구체적으로:______________________________) ② 아니요

4. 현재 재직 중인 기관에 다문화가정 자녀가 있습니까?

① 예 ② 아니요

5. 현재 재직 중인 기관에서 다문화가정 자녀를 직접 지도하고 있습니까?

① 예**(6번~20번까지 답해 주세요.)** ② 아니요**(16번~20번까지 답해 주세요.)**

※ 다음을 질문을 읽고 답해 주세요.

	매우 좋음	좋음	보통	나쁨	매우 나쁨
6. 다문화가정 자녀의 국어 실력은?	①	②	③	④	⑤
7. 다문화가정 자녀의 학업능력은?	①	②	③	④	⑤
8. 다문화가정 자녀의 수업태도는?	①	②	③	④	⑤
9. 다문화가정 자녀의 교우관계는?	①	②	③	④	⑤
10. 다문화가정 자녀의 교사에 대한 태도는?	①	②	③	④	⑤
11. 다문화가정 자녀의 교육기관 적응 정도는?	①	②	③	④	⑤

12. 다문화가정 자녀가 교육기관에서 겪는 가장 큰 어려움은 무엇입니까?

① 의사소통 ② 교우관계
③ 기본생활습관 형성 ④ 편견과 차별
⑤ 기타(구체적으로:______________________________)

13. 다문화가정 부모의 자녀양육에 대한 관심 정도는 어떻습니까?

① 매우 높다 ② 높다 ③ 보통이다 ④ 낮다
⑤ 매우 낮다(이유:______________________________)

14. 현재 귀하께서 재직 중인 교육 기관에서는 다문화가정 자녀를 위한 별도의 학습지도가 이루어지고 있습니까?(한글/국어 제외)

① 예(구체적으로:________________________) ② 아니요

15. 현재 귀하께서 재직 중인 교육 기관에서는 다문화가정 자녀를 위한 별도의 한글/국어 지도가 이루어지고 있습니까?

① 예 ② 아니요

16. 현재 귀하께서 재직 중인 기관은 다문화가정 자녀 입원이 가능합니까?

① 예 ② 아니요

17. 다문화가정 자녀를 지도에 대한 부담 정도는 어떻습니까?

① 매우 크다 ② 크다 ③ 보통이다 ④ 적다
⑤ 매우 적다(이유:________________________)

18. 다문화가정 자녀 지도에서 가장 어렵게 생각되는 부분은 무엇입니까?

① 의사소통 ② 학습지도 ③ 생활지도 ④ 부모와의 소통
⑤ 기타(구체적으로:________________________)

19. 다문화가정 자녀의 특성 이해 정도는 어떻습니까?

① 매우 높다 ② 높다 ③ 보통이다 ④ 낮다
⑤ 매우 낮다(이유:________________________)

20. 현재 재직 중인 교육기관에서는 다문화가정 자녀를 대비한 특별한 학습지도방안을 계획하고 있습니까?

① 예(구체적으로:________________________) ② 아니요

국어교육에 바라는 점

1. 교사를 위한 다문화교육이 필요합니까?

① 매우 필요하다 ② 필요하다 ③ 보통이다 ④ 필요없다
⑤ 전혀 필요없다

2. 다문화가정 자녀 한글/국어 지도 시 차별화된 교육 방법이 필요합니까?

① 매우 필요하다 ② 필요하다 ③ 보통이다 ④ 필요없다
⑤ 전혀 필요없다

3. 다문화가정 자녀를 위한 전문가가 필요합니까?

① 매우 필요하다 ② 필요하다 ③ 보통이다 ④ 필요없다
⑤ 전혀 필요없다

4. 다문화가정 자녀에게 가장 필요한 것은 무엇입니까?

① 학습지도 교사 ② 국어지도 교사 ③ 복지사 ④ 또래가정과의 결연
⑤ 기타(구체적으로:______________________________)

5. 다문화 가정 자녀교육을 위해 귀하께서 교육받고자 하는 내용은 무엇입니까?

① 다문화개념 ② 다문화교육의 필요성 ③ 다문화관련 심리상담 ④ 다문화 교수법
⑤ 기타(구체적으로:______________________________)

6. 다문화가정 자녀 지도 시 필요한 교육 내용은 무엇입니까?

① 한국문화이해 ② 부모나라 문화이해 ③ 학교생활 적응 ④ 자아정체성 찾는 교육
⑤ 기타(구체적으로:______________________________)

7. 다문화가정 자녀교육에서 가장 중요하게 생각되는 부분은 무엇입니까?

① 언어발달 ② 인지발달 ③ 사회 · 정서발달 ④ 신체발달
⑤ 기타(구체적으로:______________________________)

8. 다문화가정 자녀교육을 위해 필요한 정부지원은 무엇입니까?

① 행 · 재정적 지원 ② 재량활동지원 ③ 일반학생 인식전환 교육과정
④ 국어집중교육지원 ⑤ 기타(구체적으로:______________________________)

9. 교육기관의 정규과정 이외에 다문화가정 자녀를 위한 한국어지도가 필요합니까?

① 있다 ② 없다

10. '다문화'라는 용어의 의미를 알고 있습니까?

① 정확히 안다 ② 안다 ③ 모른다 ④ 전혀 모른다
⑤ 기타(구체적으로:______________________________)

10-1. '다문화'라는 용어를 어떻게 생각합니까?

① 좋다(이유:______________________________)
② 보통이다(이유:______________________________)
③ 좋지 않다(이유:______________________________)

※ 설문에 응해 주셔서 감사합니다.

부록 11. 중 · 고등교사 대상 설문지

안녕하세요?

본 설문지는 군산대학교 다문화학과 박사과정에서 진행하는 2019년도 학술 연구의 기초 자료 조사입니다.

본 설문조사는 다문화가정의 여성결혼이민자와 자녀에 대한 한국어교육 방안의 실태를 파악하고 학습대상자에 맞게 한국어교육 방법을 모색하는 데 그 목적이 있습니다. 본 설문에 참여한 응답자의 응답 정보는 연구 외의 다른 용도로 사용되지 않음을 약속드립니다.

응답자 기본사항

1. 출생년도 (   )년 / 성별 (   ) / 거주지역 (   )시

2. 귀하의 최종학력에 표시해 주세요.(중복가능)

   ① 사범대학교　② 일반 4년제 교직전공　③ 일반대학원(재학 · 수료 · 졸업)
   ④ 교육대학원(재학 · 수료 · 졸업)　⑤ 기타(______________________)

3. 귀하의 교육경력에 표시해 주세요.

   ① 1년 이하　② 2~3년　③ 4~5년
   ④ 6년 이상　⑤ 기타(______________________)

4. 귀하의 다문화가정 자녀 지도 경력에 표시해 주세요.

   ① 1년 이하　② 2~3년　③ 4~5년
   ④ 없다　⑤ 기타(______________________)

5. 귀하께서 재직 중인 기관에 표시해 주세요.

   ① 국공립 중 · 고등학교　② 사립 중 · 고등학교　③ 대안학교
   ④ 국제학교　⑤ 기타(______________________)

국어교육현황

1. 귀하는 다문화에 관심이 있습니까?

   ① 매우 많다　② 많다　③ 보통이다　④ 적다
   ⑤ 매우 적다(이유:____)

2. 귀하는 다문화교육 관련 지식이 얼마나 있습니까?

① 매우 많다　　② 많다　　③ 보통이다　　④ 적다
⑤ 매우 적다(이유:________________________________)

3. 다문화와 관련된 교육을 받은 적이 있습니까?

① 예(구체적으로:________________________)　　② 아니요

4. 현재 재직 중인 기관에 다문화가정 자녀가 있습니까?

① 예　　② 아니요

5. 현재 재직 중인 기관에서 다문화가정 자녀를 직접 지도하고 있습니까?

① 예**(6번~20번까지 답해 주세요.)**　　② 아니요**(16번~20번까지 답해 주세요.)**

※ 다음을 질문을 읽고 답해 주세요.

	매우 좋음	좋음	보통	나쁨	매우 나쁨
6. 다문화가정 자녀의 국어 실력은?	①	②	③	④	⑤
7. 다문화가정 자녀의 학업능력은?	①	②	③	④	⑤
8. 다문화가정 자녀의 수업태도는?	①	②	③	④	⑤
9. 다문화가정 자녀의 교우관계는?	①	②	③	④	⑤
10. 다문화가정 자녀의 교사에 대한 태도는?	①	②	③	④	⑤
11. 다문화가정 자녀의 교육기관 적응 정도는?	①	②	③	④	⑤

12. 다문화가정 자녀가 교육기관에서 겪는 가장 큰 어려움은 무엇입니까?

① 의사소통　　② 교우관계
③ 기본생활습관 형성　　④ 편견과 차별
⑤ 기타(구체적으로:________________________________)

13. 다문화가정 부모의 자녀양육에 대한 관심 정도는 어떻습니까?

① 매우 높다　　② 높다　　③ 보통이다　　④ 낮다
⑤ 매우 낮다(이유:________________________________)

14. 현재 귀하께서 재직 중인 교육 기관에서는 다문화가정 자녀를 위한 별도의 학습지도가 이루어지고 있습니까?(한글/국어 제외)

① 예(구체적으로:________________________)　　② 아니요

15. 현재 귀하께서 재직 중인 교육 기관에서는 다문화가정 자녀를 위한 별도의 한글/국어 지도가 이루어지고 있습니까?

① 예　　② 아니요

16. '다문화'라는 용어의 의미를 알고 있습니까?

① 정확히 안다 ② 안다 ③ 모른다 ④ 전혀 모른다
⑤ 기타(구체적으로:)

16-1 '다문화'라는 용어를 어떻게 생각합니까?

① 좋다(이유:)
② 보통이다(이유:)
③ 좋지 않다(이유:)

17. 다문화가정 자녀를 지도에 대한 부담 정도는 어떻습니까?

① 매우 크다 ② 크다 ③ 보통이다 ④ 적다
⑤ 매우 적다(이유:)

18. 다문화가정 자녀 지도에서 가장 어렵게 생각되는 부분은 무엇입니까?

① 의사소통 ② 학습지도 ③ 생활지도 ④ 부모와의 소통
⑤ 기타(구체적으로:)

19. 비다문화가정 자녀와 비교해 다문화가정 자녀에게서만 나타나는 특성이 있습니까??

① 예(구체적으로:) ② 아니요

20. 현재 재직 중인 교육기관에서는 다문화가정 자녀를 대비한 특별한 학습지도방안을 계획하고 있습니까?

① 예(구체적으로:) ② 아니요

국어교육에 바라는 점

※ 다음을 질문을 읽고 답해주세요.

	매우 필요	필요	보통	불필요	매우 불필요
1. 교사를 위한 다문화교육의 필요성은?	①	②	③	④	⑤
2. 다문화자녀를 위한 차별화된 국어교육 방법의 필요성은?	①	②	③	④	⑤
3. 다문화가정 자녀를 위한 전문가의 필요성은?	①	②	③	④	⑤

4. 다문화가정 자녀에게 가장 필요한 것은 무엇입니까?

① 한국어 교사 ② 상담사 ③ 복지사 ④ 또래가정과의 결연
⑤ 기타(구체적으로:_______________________)

5. 다문화 가정 자녀교육을 위해 귀하께서 교육받고자 하는 내용은 무엇입니까?

① 다문화개념 ② 다문화교육의 필요성 ③ 다문화관련 심리상담 ④ 다문화 교수법
⑤ 기타(구체적으로:_______________________)

6. 다문화가정 자녀 지도 시 필요한 교육 내용은 무엇입니까?

① 한국문화이해 ② 부모나라 문화이해 ③ 학교생활 적응 ④ 자아정체성 찾는 교육
⑤ 기타(구체적으로:_______________________)

7. 다문화가정 자녀교육에서 가장 중요하게 생각되는 부분은 무엇입니까?

① 언어발달 ② 인지발달 ③ 사회 · 정서발달 ④ 신체발달
⑤ 기타(구체적으로:_______________________)

8. 다문화가정 자녀교육을 위해 필요한 정부지원은 무엇입니까?

① 행 · 재정적 지원 ② 재량활동지원 ③ 일반학생 인식전환 교육과정
④ 국어집중교육지원 ⑤ 기타(구체적으로:_______________________)

9. 교육기관의 정규과정 이외에 다문화가정 자녀를 위한 국어지도가 필요합니까?

① 있다 ② 없다

10. 다문화가정 자녀교육에 대한 개인적인 견해를 써 주세요. (구체적으로: __________)

※ 설문에 응해 주셔서 감사합니다.

부록 12. 비다문화가정 성인 대상 설문지

안녕하세요?

본 설문지는 군산대학교 다문화학과 박사과정에서 진행하는 2019년도 학술 연구의 기초 자료 조사입니다.

본 설문조사는 다문화가정의 여성결혼이민자와 자녀에 대한 한국어교육 방안의 실태를 파악하고 학습대상자에 맞게 한국어교육 방법을 모색하는 데 그 목적이 있습니다. 본 설문에 참여한 응답자의 응답 정보는 연구 외의 다른 용도로 사용되지 않음을 약속드립니다.

응답자 기본사항

1. 출생년도 (　　　)년 / 성별 (남 · 여) / 거주 지역 (　　　)시

2. 현재 직업은 무엇입니까?

① 초중고　② 대학(원)생　③ 직장인　④ 주부　⑤ 기타

3. '다문화'라는 단어의 뜻을 알고 있습니까?

① 예	② 아니요
'다문화'의 뜻은 무엇입니까?	

4. '다문화' 또는 '다문화가정'이라는 단어를 듣고 처음 생각나는 것은 무엇입니까?

(　　　　　　　　　　　　　　　　　　　　)

5. 한국에 거주하는 외국인 노동자나 국제결혼가정을 '다문화'라고 부르는 것에 대해 어떻게 생각합니까?

① 긍정적　② 잘 모르겠다　③ 부정적　④ 관심없다　⑤ 기타

6. '다문화'에 대한 이해도는 어느 정도입니까?

① 잘 안다　② 안다　③ 보통　④ 모른다　⑤ 전혀 모른다

7. '다문화'라는 단어가 만들어진 이유를 아십니까?

① 안다　② 모른다　③ 관심없다

8. '다문화'라는 단어를 바꿔야 한다고 생각합니까?

<table>
<tr><td>① 예</td><td>② 아니요</td><td>③ 잘 모르겠다</td></tr>
<tr><td colspan="2">'예/아니요'이유는?</td><td></td></tr>
</table>

9. '다문화'라는 단어를 대신할 다른 적절한 단어가 있습니까?

① 예	② 아니요
새로운 단어는: 이유는?	

10. 다음 중 더 먼저 이루어져야 할 것은 무엇이라고 생각합니까?

① '다문화'라는 단어를 바꾸는 것	② '다문화'에 대해 이해하는 것
이유는?	이유는?

11. 다문화사회이해를 위한 다문화관련 교육을 받은 적이 있습니까?

<table>
<tr><td colspan="2">① 예 (교육명:)</td><td rowspan="4">② 아니요</td></tr>
<tr><td colspan="2">다문화사회를 이해하는데 도움이 되었습니까?</td></tr>
<tr><td>예</td><td>아니요</td></tr>
<tr><td colspan="2">'예/아니요'이유를 써 주세요.</td></tr>
</table>

12. 한국인의 다문화에 대한 이해가 부족하다고 생각합니까?

① 예	② 아니요
이유는?	

13. 다문화 사회를 이해하기 위한 교육이 필요합니까?

① 예 ② 아니요 ③ 잘 모르겠다

14. 다문화이해를 위한 교육은 누구를 대상으로 하는 것이 좋겠습니까?

① 유치원 ② 초중고 ③ 대학생 ④ 상시 개설 ⑤ 기타

15. 다문화이해를 위한 교육은 언제 하는 것이 좋겠습니까?

① 주간 ② 야간 ③ 주말 ④ 방학
⑤ 상시개설 ⑥ 단체에서 원하는 시간 ⑦ 기타

16. 다문화이해를 위한 교육은 어디에서 주관하는 것이 좋겠습니까?

① 정부, 지자체 ② 민간단체 ③ 종교기관
④ 학교 ⑤ 기타

17. 다문화에 대한 이해를 위해 어떤 방식의 프로그램이 필요하다고 생각하십니까?

① 비다문화 가정과 연계한 다문화관련 행사
② 교육기관(유치원,초,중,고,대학)을 중심으로 다문화에 대한 이해 프로그램 활성화
③ 각종 미디어매체를 활용한 올바른 다문화 홍보
④ 결혼이민자의 경제적 자립을 위한 지원 강화
⑤ 기타( )

18. 외국인의 한국어 실력이 한국인의 다문화에 대한 이해에 영향을 미친다고 생각합니까?

① 예(어떠한 영향인지 표시해 주세요.)			② 아니요
① 매우 긍정적	② 긍정적	③ 잘 모르겠다	
④ 부정적	⑤ 매우 부정적		

19. 한국인의 다문화에 대한 이해가 외국인의 한국어 교육에 영향을 미친다고 생각합니까?

① 예(어떠한 영향인지 표시해 주세요.)			② 아니요
① 매우 긍정적	② 긍정적	③ 잘 모르겠다	
④ 부정적	⑤ 매우 부정적		

20. 한국인의 다문화에 대한 이해를 위해 외국인들의 노력이 필요하다고 생각합니까?

① 예	② 아니요
구체적으로 어떠한 노력이 필요하다고 생각합니까?	

21. 외국인에게 한국어교육이 필요하다고 생각하십니까?

① 예(필요정도에 표시해 주세요.)			② 아니요
① 매우 필요하다	② 필요하다	③ 보통이다	
④ 필요하지 않다	⑤ 전혀 필요하지 않다		

22. '다문화가정'을 위한 정부의 여러 가지 사업을 알고 있습니까?

① 잘 안다 ② 안다 ③ 보통이다 ④ 모른다 ⑤ 전혀 모른다

23. 정부에서 진행되는 여러 가지 사업 중 어느 부분이 가장 필요하다고 생각하십니까?

다문화지원 프로그램	매우 필요	필요	보통	필요없음	전혀 필요없음	잘 모름
한국어교육	①	②	③	④	⑤	⑥
한국요리강습	①	②	③	④	⑤	⑥
한국문화체험	①	②	③	④	⑤	⑥
가족상담 및 교육	①	②	③	④	⑤	⑥
임신 및 출산 교육	①	②	③	④	⑤	⑥
영유아 자녀교육	①	②	③	④	⑤	⑥
초중고 자녀학습 교육	①	②	③	④	⑤	⑥
컴퓨터 교육	①	②	③	④	⑤	⑥
취업교육	①	②	③	④	⑤	⑥
법률상담	①	②	③	④	⑤	⑥
의료상담	①	②	③	④	⑤	⑥
기타 지원해 줘야 할 교육과정(구체적으로:____________________)						

24. '다문화가정'을 위한 정부 지원을 어떻게 생각하십니까?

① 현재보다 더 확대시켜야 한다.
② 현재 지원과정으로 충분하다
③ 잘모르겠다
④ 지원과정을 좀 축소시켜야 한다
⑤ 지원과정이 많이 축소시켜야 한다
⑥ 지원과정을 없애야 한다

25. '다문화가정'에 대한 정부지원에 대해 다양한 의견이나 하고 싶을 말을 써 주세요.

다양한 의견이나 하고 싶은 말

※ 설문에 응해 주셔서 감사합니다.

부록 13. 비다문화가정 자녀 대상 설문지

> 안녕하세요?
> 본 설문지는 군산대학교 다문화학과 박사과정에서 진행하는 2019년도 학술 연구의 기초 자료 조사입니다.
> 본 설문조사는 다문화가정의 여성결혼이민자와 자녀에 대한 한국어교육 방안의 실태를 파악하고 학습대상자에 맞게 한국어교육 방법을 모색하는 데 그 목적이 있습니다. 본 설문에 참여한 응답자의 응답 정보는 연구 외의 다른 용도로 사용되지 않음을 약속드립니다.

응답자 기본사항

1. 출생년도 (　　　)년 / 성별 (남 · 여) / 거주 지역 (　　　)시

2. 현재 직업은 무엇입니까?

① 초중고　② 대학(원)생　③ 직장인　④ 주부　⑤ 기타

3. '다문화'라는 단어의 뜻을 알고 있습니까?

① 예	② 아니요
'다문화'의 뜻은 무엇입니까?	

4. '다문화' 또는 '다문화가정'이라는 단어를 듣고 처음 생각나는 것은 무엇입니까?
(　　　　　　　　　　　　　　　　　　　)

5. 한국에 거주하는 외국인 노동자나 국제결혼가정을 '다문화'라고 부르는 것에 대해 어떻게 생각합니까?

① 좋다　② 잘 모르겠다　③ 나쁘다　④ 관심없다　⑤ 기타

6. '다문화'에 대한 이해도는 어느 정도입니까?

① 잘 안다　② 안다　③ 보통　④ 모른다　⑤ 전혀 모른다

7. '다문화'라는 단어가 만들어진 이유를 알고 있습니까?

① 안다　② 모른다　③ 관심없다

8. '다문화'라는 단어를 바꿔야 한다고 생각합니까?

① 예	② 아니요	③ 잘 모르겠다
'예/아니요'이유는?		

9. '다문화'라는 단어를 대신할 더 좋은 단어가 있습니까?

① 예	② 아니요
새로운 단어는: 이유는?	

10. 다음 중 더 먼저 이루어져야 할 것은 무엇이라고 생각합니까?

① '다문화'라는 단어를 바꾸는 것	② '다문화'에 대해 깊이 이해하는 것
이유는?	이유는?

11. 다문화사회를 위한 다문화관련 교육을 받은 적이 있습니까?

① 예 (교육명:)		② 아니요
'다문화'를 이해하는데 도움이 되었습니까?		
예	아니요	
'예/아니요'이유를 써 주세요.		

12. 한국인의 다문화에 대해 잘 모른다고 생각합니까?

① 예	② 아니요
이유는?	

13. '다문화'를 이해하기 위한 교육이 필요하다고 생각합니까?

① 예　　② 아니요　　③ 잘 모르겠다

14. 다문화이해를 위한 교육은 누구를 대상으로 하는 것이 좋겠습니까?

① 유치원 ② 초중고 ③ 대학생 ④ 상시 개설 ⑤ 기타

15. 다문화이해를 위한 교육은 언제 하는 것이 좋겠습니까?

① 주간 ② 야간 ③ 주말 ④ 방학
⑤ 상시개설 ⑥ 단체에서 원하는 시간 ⑦ 기타

16. 다문화이해를 위한 교육은 어디에서 하는 것이 좋겠습니까?

① 정부, 지자체 ② 민간단체 ③ 종교기관
④ 학교 ⑤ 기타

17. 다문화에 대한 이해를 위해 어떤 프로그램이 필요하다고 생각합니까?

① 비다문화 가정과 함께하는 다문화관련 행사
② 교육기관(유치원 · 초 · 중 · 고 · 대학교)을 중심으로 다문화에 대한 이해 프로그램
③ 각종 매체(방송 · 신문 등)를 활용한 올바른 다문화 홍보
④ 결혼이민자를 위한 경제적인 도움
⑤ 기타( )

18. '외국인의 한국어 실력'이 한국인의 다문화에 대한 이해에 영향을 미친다고 생각합니까?

<table>
<tr><td colspan="3">① 예(어떠한 영향인지 표시해 주세요.)</td><td rowspan="3">② 아니요</td></tr>
<tr><td>① 매우 긍정적</td><td>② 긍정적</td><td>③ 잘 모르겠다</td></tr>
<tr><td>④ 부정적</td><td>⑤ 매우 부정적</td><td></td></tr>
</table>

19. '한국인의 다문화에 대한 이해'가 외국인의 한국어 교육에 영향을 미친다고 생각합니까?

<table>
<tr><td colspan="3">① 예(어떠한 영향인지 표시해 주세요.)</td><td rowspan="3">② 아니요</td></tr>
<tr><td>① 매우 긍정적</td><td>② 긍정적</td><td>③ 잘 모르겠다</td></tr>
<tr><td>④ 부정적</td><td>⑤ 매우 부정적</td><td></td></tr>
</table>

20. '한국인의 다문화에 대한 이해'를 위해 외국인들의 노력이 필요하다고 생각합니까?

<table>
<tr><td>① 예</td><td rowspan="2">② 아니요</td></tr>
<tr><td>어떠한 노력이 필요하다고 생각합니까?</td></tr>
</table>

21. 외국인에게 한국어교육이 필요하다고 생각하십니까?

<table>
<tr><td colspan="3">① 예(필요정도에 표시해 주세요.)</td><td rowspan="3">② 아니요</td></tr>
<tr><td>① 매우 필요하다</td><td>② 필요하다</td><td>③ 보통이다</td></tr>
<tr><td>④ 필요하지 않다</td><td>⑤ 전혀 필요하지 않다</td><td></td></tr>
</table>

22. '다문화가정'을 위한 정부의 여러 가지 사업을 알고 있습니까?

① 잘 안다 ② 안다 ③ 보통이다 ④ 모른다 ⑤ 전혀 모른다

23. 정부에서 하고 있는 여러 가지 사업 중 무엇이 가장 필요하다고 생각합니까?

다문화지원 프로그램		매우 필요	필요	보통	필요없음	전혀 필요없음	잘 모름
1	한국어교육	①	②	③	④	⑤	⑥
2	한국요리강습	①	②	③	④	⑤	⑥
3	한국문화체험	①	②	③	④	⑤	⑥
4	가족상담 및 교육	①	②	③	④	⑤	⑥
5	임신 및 출산 교육	①	②	③	④	⑤	⑥
6	영유아 자녀교육	①	②	③	④	⑤	⑥
7	초중고 자녀학습 교육	①	②	③	④	⑤	⑥
8	컴퓨터 교육	①	②	③	④	⑤	⑥
9	취업교육	①	②	③	④	⑤	⑥
10	법률상담	①	②	③	④	⑤	⑥
11	의료상담	①	②	③	④	⑤	⑥
기타 지원해 줘야 할 교육과정(구체적으로:____________________)							

24. '다문화가정'을 위한 정부의 지원을 어떻게 생각합니까?

① 현재보다 더 늘려야한다. ② 현재 지원과정으로 충분하다
③ 잘 모르겠다 ④ 지원과정을 좀 줄여야한다
⑤ 지원과정을 많이 줄여야한다 ⑥ 지원과정을 없애야한다

25. '다문화가정'에 대한 정부의 지원에 대해 하고 싶을 말을 써 주세요.

다양한 의견이나 하고 싶은 말

※ 설문에 응해 주셔서 감사합니다.

부록 14. 응답자들의 다양한 의견

비다문화가정(설문8) '다문화'라는 단어를 바꿔야 한다고 생각합니까?

- '예/아니요'의 이유

• 뜻을 있는 그대로 잘 담은 것 같아서
• 다른 이름이 생각 안 남
• 이미 의미가 굳어진 단어이므로
• 사실을 숨길 필요는 없어서
• 외래어가 아니라 우리말이라 정감이 있어서
• 국제결혼을 해서 2가지의 서로 다른 문화의 틀을 가지고 있어서
• 친숙한 단어
• 거부감이 느껴지지 않는 적절한 표현
• 딱히 차별 요소를 모르겠다.
• 인정하고 흡수되는 과정에서 구분은 필요하다고 생각
• 다문화란 단어가 부담스럽지 않은 것 같다
• 대체할 단어가 떠오르지 않아서
• 단어 그 자체가 의미한 바가 다인 거 같은데 나쁘다 좋다 할 이유가 없는 듯
• 익숙하다
• 굳이 단어를 바꿀 이유를 모르겠다.
• 잘 어울린다 생각됨
• 내용(뜻)과 단어가 잘 맞아서
• 의미에서 내포하는 말이 객관적이어서
• 다양한 문화를 받아들임
• 어떻게 부르더라도 뉘앙스는 비슷할 것 같다.
• 다른 표현보다 유명함
• 다른 말이 생각이 안 남
• 오래되어 익숙해져서
• 뜻이 맞는데, 그럴 필요 없다고 봄.
• 지금 다문화라는 말도 괜찮기 때문이다.
• 한자로 이루어진 말로 의미가 함축적임
• 적절한 표현이라고 사료됩니다.
• 비호감이나 나쁜 의미를 지니지 않음
• 없음
• 이미 잘 정착된 것 같음
• 적합한 거 같아서

- 여러 나라의 문화를 뜻하므로
- 특별한 단어가 없는 듯합니다
- 딱히 마땅한 단어가 생각 안 난다.
- 별 무리 없어 보이는 표현 같음
- 한민족과는 다른 의미의 단어를 사용한 듯
- 적절하다
- 딱히 다른 걸 맞는 단어를 모르겠음
- 다정하다
- 적절
- 한국어의 적당한 표현임
- 익숙해서 바꿔도 크게 달라질 게 없을 것 같아서
- 다양성을 내포하고 있기 때문에
- 모르겠다고 체크 했어요
- 대체할 게 없음
- 다문화라는 단어가 적절하다고 생각하기 때문이다
- 적절하다고 생각해서
- 딱히 나쁜 뜻은 아니어서
- 다문화라는 단어를 들은 사람들의 기분이 불쾌해지지 않기 때문에
- 여러 문화가 모여 있다는 뜻의 다문화인 것뿐인데 그것에 대한 편견이나 고정관념을 가진 사람들의 생각을 바꿔야 한다고 생각합니다
- 딱히 명확한 표현법이 없어서
- 들었을 때 부정적인 이미지가 아니다
- 긍정적 의도로 만든 것이어서
- 부정적인 뜻이 아닌 것 같아서
- 굳이 바꿀 필요는 없어 보임
- 단어로서의 문제라기보다 정착 인식의 문제인 듯합니다
- 다문화는 우리 문화가 아닌데 들어온 다른 문화라는 생각이 든다. 한국사람 입장의 용어 같은 느낌? 그리고 상대의 문화를 어떻게 불러야 할지 용어가 부정확하다.
- 다문화라는 단어를 부정적으로 보는 것 자체부터 잘못되었다고 생각합니다. 외국인이라고 부를 수는 없으니까요.
- 다문화라는 단어 자체의 어감의 문제는 없다고 생각하고 필요하다면 인식개선이 먼저 되어야 한다고 생각함
- 그냥 사용하는 게 좋을 것 같아서
- 들었을 때 괜찮기 때문이다
- 지금 이 상태가 좋기 때문이다
- 표현하고 싶은 의미가 다문화와 일치한다고 생각하기 때문이다.
- 다문화는 우리나라에서 다소 차별적으로 쓰이는 경향이 있지만 말 그대로 문화가 많다는 뜻이고 이는 인종차별적이거나 특정 계층을 깎아내리는 말이 아니므로 바꾸어야 할

의무가 없다.
- 다른 문화랑 결혼한 것을 줄여 말한 것이라 생각하고 굳이 바꿀 이유가 없어서
- 그냥.
- 꼭 바꿔야 할 필요가 없을 것 같아서
- 굳이 바꿔야 할 필요성을 느끼지 못한다.
- 지금도 괜찮은 것 같아서
- 다문화란 단어가 부끄러운 단어가 아니기 때문이다
- 적당한 단어
- 적절
- 이미 함께 잘살고 있는 것 같아서
- 그 가족 구성을 잘 일컫는 말이라고 생각하여
- 다문화라는 단어가 어렵지 않다
- 별 거부감이 없어서
- 외국인 문화가 다양한 문화가 맞기 때문에
- 문화, 융합의 의미가 좋아서.
- 다문화가정을 표현할 적절한 단어가 현재 존재하지 않는다
- 단어 사용에 어려움이 없는 것 같아서
- 적당하다
- 다문화라는 말을 문화적인 말인 것 같아서요
- 부정적인 의미가 들어 있지 않다고 생각한다
- 부정적인 인식의 단어는 아니라고 생각
- 다문화라는 용어와 의미가 사회적으로 널리 인식이 되어가는 시점에서 용어를 바꾸는 것은 새로운 용어가 확산되기까지 시간과 노력이 또 소용될 것이다.
- 바꿔야 할 이유를 모르겠다.
- 적절하다
- '다문화'란 단어 자체가 긍정적으로 인식되기 때문에
- 다문화 외에 마땅한 단어가 떠오르지 않아서.
- 다문화가 다양한 문화라는 것 같아서 뜻이 괜찮다
- 문화의 다양성 존중
- 자국인과 비자국인이라는 뜻으로 구별되는 느낌이 들어서
- 문화의 특성을 이해하고 존중하자는 뜻에서 나온 말
- 적절한 것 같아서
- 다문화가 글로벌 마인드를 갖게 한다
- 나쁜 말이 아닌데 바꿀 필요 없음
- 다양한 문화가 맞으니까
- 마땅히 더 좋은 표현 떠오르지 않는다
- 왜 바꿔야 하는지를 모르겠음
- 바꿀 필요가 없어서

- 쉽게 알아듣는다
- 다문화라는 단어에 대한 개념의 익숙함과 친근함
- 이미 익숙하게 들어서 바꾸면 헷갈릴 듯해서
- 이해도를 증진시키기 위해서
- 이미 정착된 단어라 바꾸면 이해도가 더 떨어짐
- 적절하다고 본다
- 적당한 표현이라
- 다문화는 좋은 뜻으로 들리기 때문에?
- 바꾸어야 할 이유가 없다고 생각한다
- 올바른 표현이라고 판단
- 적절한 표현인 것 같아서
- 의미에 문제가 있는 게 아니라, 그 쓰임이 결혼이주여성에 국한되는 경향이 크므로 그 부분에 대한 개선이 필요하다고 생각함
- 그대로가 좋다
- 괜찮아서
- 문화가 다름을 그대로 표현한 것인데 인정해야 하기에. 또한 요즈음은 다문화에 대해 긍정적이기 때문
- 적절하다고 생각
- 적절하다고 봄
- 해외 이주자. 노동자를 통합해 부르는 말이라고 생각되지 않음
- 재인식의 과정=시간비용
- 귀에 익숙하고 많은 사람에게 알려졌기 때문
- 의미가 왜곡되어 보이지 않는다
- 굳이 있는 것을 바꾸어 세금 낭비할 필요가 없다.
- 말 그대로 다문화니까
- 맞는 표현 아닐까요?
- 필요해서 만든 것인데 왜 바꿔야 하는지 모르겠다
- 적절한 것 같아요
- 특별한 거부감이 없고 딱히 대체할 다른 단어도 생각해 보지 않아서
- 두 가지 문화가 섞인 것이 맞으니까
- 문제가 되는 걸 모르겠다

비다문화가정(설문9) '다문화'라는 단어를 대신할 다른 적절한 단어가 있습니까?

- 새로운 단어와 이유

- 나중에는 자연스럽게 없어져야 합니다
- 공모전 등으로 모색

- 다양한 문화의 결합 또는 선진국형 인구구조
- 다문화라는 단어 자체를 쓰지 않을 것
- 이해하는 문화? 차별 없이 같이 나아가자는 의미에서
- 국제결혼, 이주노동자
- 없음
- 굳이 다문화라는 단어를 사용할 필요가 있나요? 그냥 결혼하면 가족이지
- 그냥 부모 양쪽이 한국 사람인 평범한 가정처럼 다문화만 빼고 그냥 가정이라고 하면 좋겠다.
- 다국적 국적이 다양한 사람들이기 때문이다
- 이주민. 우리나라로 이주해서 살고 있기 때문에
- 한국인, 한국사람, 그냥 우리 이웃을 부르는 호칭
- 단어를 만드는 것 자체가 문제
- 쓸 필요 없다. 사람을 사람 자체로 받아들여야 한다고 생각함.
- 상호문화
- "무지개" 여러 가지 색깔로 이루어져 있는 무지개는 순우리말로 꿈과 희망을 주는 대상이기 때문이다.
- 글로벌 문화
- 잘 모르겠다
- 가족
- 다문화라는 것을 약간의 냉정함이 있으므로 다문화 가족??
- 한국인
- 특별 단어는 떠오르진 않지만 바꿀 필요는 있다고 본다
- 새로운 단어는 잘 모르겠고 뭔가 장애우와 장애인의 차이 비슷할 것 같아서
- 모르겠어요
- 국제결혼
- 한국문화
- 공동체가 들어갔으면 함, 다문화라고 분리해서 인정하는 것도 중요하지만 같음을 인정해 주었으면 해서
- 차별되는 느낌의 단어라고 느껴져서
- 다종교제 :다른 종끼리 교제를 한다

비다문화가정(설문10) 다음 중 더 먼저 이루어져야 할 것은 무엇이라고 생각합니까?

- '다문화라는 단어를 바꾸는 것/다문화에 대해 이해하는 것'의 이유

- 다문화라는 단어를 바꾸든 바꾸지 않든 이해가 선행되어야 다수가 동의할 만한 결정을 내릴 수 있기 때문에
- 단어 자체가 차별적인 걸 담고 있지 않기 때문에 이해만 이루어지면 될 것 같아서

- 이름보다 이해가 중요
- 다문화를 정확히 알아야 더 적합한 단어로 바꿀 수 있기 때문
- 주위에 많이 있어도 관심이 없다 보니
- 언어가 사고의 시작이라고 생각하기 때문입니다
- 제대로 이해해야 명칭을 정할 수 있다고 본다.
- 내 나라가 아닌 타국에 살아가며 느끼는 문화차이
- 이해하면 명칭은 무엇이든 중요하지 않음
- 서로에 대한 관심과 이해 그리고 통합
- 다문화가정의 자녀들이 우리 다음 세대를 함께 짊어지고 나가야 하기 때문에 우리 자녀로 받아들이기 위해서는 이해가 필요하다.
- 다문화에 대해 충분히 인지하고 있어야 다문화가정 아이들에 대한 선입견과 안 좋은 인식을 조금이나마 개선할 수 있을 것이라고 생각하기 때문
- 이해가 돼야 바꾸든 아니든
- 배척의 느낌
- 우리 문화를 잘 모르기 때문에 우리가 이해해야 한다고 생각함
- 편견사회를 없애고 문화적 차이를 극복하고자
- 다문화 하면 외국인 배우자라는 편견 때문에
- 이해를 통하여 보통의 가정과 다르지 않음을 인정
- 편견을 버리고 배려하고 포용하는 마음
- 아직도 사람들은 외국인노동자나 다문화가정을 보면 시선이 가기 때문이다.
- 다문화에 대한 부정적인 생각이 있다면 다문화에 대한 제대로 된 이해부터 필요하다고 생각한다
- 사회 전반적으로 분포되어 살아가는 형태가 아니므로 이해하는데 시간이 필요
- 이해가 이루어져야 올바른 단어를 선택할 수 있다
- 편견이 아직 있다고 생각함
- 다문화 단어가 자연스럽게 없어져야 함
- 사회와 문화는 급변하므로 타인에 대해 특별한 관심을 자제하는 세대들로 교체되기 때문에 있는 자체로 이해해주는 것이 먼저이다
- 문화와 생활 습관을 이해해야 나와 다름을 인정해야 긍정적으로 받아들일 수 있음
- 단어 자체에 의미보다는 이해가 우선
- 둘 중 이해하는 게 더 우선이죠
- 이미 주변에도 다문화가정이 많기 때문에 자연스럽게 이해하며 살기에 더 좋게 더 깊숙이 이해하려는 억지도 필요 없는 듯하다. 이전 세대들은 필요할지 모르겠지만
- 다문화에 대한 우리나라 사람들의 인식 때문
- 이해는 시간이 필요한 문제이므로 적절한 용어로 거부감을 줄이는 게 더 빠를 것 같다
- 우선 다문화를 이해하며 공감대를 형성하는 것이 합리적인 순서라고 생각됨.
- 나 자신이 다문화가정이기 때문에
- 정착단계이다

- 우리나라의 다문화가정의 증가
- 생활과 문화가 다르므로
- 언어가 문화를 만들듯 다문화라는 정의가 단문화의 부정적 인식을 확대시키는 것 같다
- 외국인에 대한 편견을 없애려고
- 사회가 아직 이해 부족한 것 같아서
- 아직 많은 사람이 잘 모르는 것 같아서
- 먼저 알고 이해하며 함께 살아가야 함을 알기 때문이다.
- 현재 상황을 이해하고 함께하는 공동체
- 차별을 두는 것 같다.
- 모르는 사람들이 많고, 아무래도 인식 자체가 부정적이라고 생각
- 이해가 있어야 관심도 갖게 되고 용어의 문제점도 인식하게 될 듯
- 이해를 먼저 해야 이상한 시선으로 보지 않을 것 같다.
- 뜻을 알아야 이해가 빠르므로
- 나 또한 다른 나라에 가면 다문화인이기에 다양성을 이해하는 것이 필요할 것 같다.
- 이해를 해야 그들을 잘 알 수 있을 것 같다
- 다문화를 한 단어로 정의하는 것보다 그 문화를 이해하는 것이 먼저라고 생각하기 때문
- 주변에 많아지기 때문입니다
- 여러 나라의 문화를 많이 알아야 다문화를 이해 할 수 있다고 봄
- 외국인에 대한 선입견 극복
- 좀 더 그들과 깊이 있는 통찰과 관계를 통해 부정적인 벽을 허무는 것이 필요
- 동사무소 공무원들도 일처리 할 줄 모름. 몰라도 너무 모름
- 알아야 더 잘 이해^^
- 다름을 인정하고 그들을 이해하면서 살아야 하기에
- 차별을 없애고 같은 이웃이라 여기며 생활해야 함
- 차별이나 다른 시선으로 대하지 말아야.
- 차별을 두는 것 같다.
- 피부 색깔로 한정 짓는 게 아니라 모든 인간은 평등하다가 기본이 된 세상
- 같은 국민으로서 모든 면에서 동등한 권리와 의무를 누려야 하고, 국민 의식이 뒤따라야 하기 때문.
- 잘 모르기 때문에
- 올바른 이해가 선행되면 적절한 용어가 생성되리라 생각됩니다
- 우리가 외국 가서 외국인과 결혼한 거나 다름없기 때문
- 다름을 인정하는 것
- 서로 다른 것에 익숙하지 않아서 그 문화에 대한 이해도가 부족하다고 봄
- 다문화라는 단어를 바꾸려면 그전에 다문화에 대한 이해가 필요하다고 생각한다.
- 편견
- 서로 달랐지만 현재는 하나의 문화
- 단어보단 그 단어의 뜻이 더 중요

- 긍정적으로 받아들이도록 의식교육이 필요하다.
- 생활방식이 다른 것을 인정하는 것
- 다문화에 대한 인식이 좋지 않은 사회라서
- 아이들 교육에 있어서 이해해야 함
- 똑같은 사람 또는 인격체
- 너무 모호한 개념이어서.
- 다문화라는 단어를 들으면 이상하게 바라보는 경향들이 있기 때문
- 명칭이나 형식적인 것보다 사실 인식이 중요하단 생각에
- 이해가 선행되어야 더불어 살아가는 미래가 희망적이니까
- 많은 관심과 이해 및 교육이 필요한 듯
- 함께하는 사회에 대한 긍정적인 시각
- 문화적 차이를 극복해야 하기 때문에.
- 정확한 의미를 이해하는 게 먼저인 듯
- 용어도 문제지만 이해가 더 중요.
- 사회의 편견이 있을 것 같아서
- 다문화
- 편견을 없애야 한다
- 다르다고 느끼니까 구별하는 단어가 생긴 겁니다
- 여러 사람이 알아야 하기에
- 이해도 이해지만 소통
- 이해하니까
- 다문화는 모든 개인을 존중하는 데서 시작됨
- 잘 알지 못하는 부분을 판단하고 얘기하면 안 된다고 생각해서
- 요즘에는 바로 이웃에도 외국인 근로자나 외국인 부부 등 외국인이 많아서 그런지 굳이 특정해서 불러야 하나 싶은 생각임
- 표면상으로만 알고 있지 이해는 못 하고 있다
- 아직은 편견의 시선이 많은 것 같음
- 다문화가정 가족들이 불편해하는 것 같아서
- 국제결혼을 했거나 해외 파견 근로 등으로 한국에 오게 된 것일 텐데 그들을 경시하는 경향이 있는 부분 때문에 이해가 먼저일 듯함
- 단어 선택의 문제보다는 그 용어에 대한 이해가 필요하다고 생각해서
- 서로를 알지 못하는 것
- 다문화 아이들이 상처받지 않게 변화가 필요하다면 정확히 상황을 이해하고 상처받지 않게 변화를 추구해야 한다 생각해요
- 다문화에 대해 이해하기
- 단어보다는 이해가 중요
- 아직 만들어진 지 얼마 안 됐고 나부터도 그 의미에 대해 잘모른다.
- 불신

- 이해를 하지 못하므로 생기는 문제라고 생각함
- 아직 다문화에 대한 정의나 그것에 대한 나의 이해도가 조금 떨어지는 거 같아서
- 일단은 다문화에 대해 이해를 한 다음 차근차근 알아 가는 게 중요한 거 같아서이다
- 잘 모르겠다
- 다문화라는 단어를 바꾼다고 해서 사람들의 인식이 바뀌는 것은 아니기 때문에 먼저 제대로 된 이해와 인식을 하는 게 더 중요하다고 생각했습니다.
- 아무리 단어를 바꾼다고 해도 그것에 대한 뜻은 같기 때문에 바꾸어도 똑같이 인식 할 것이기 때문이다
- 먼저 이해하고 그 뜻에 맞게 바꾸어야 한다고 생각하기 때문이다.
- 먼저 이해를 해야 무엇이든지 바뀔 수 있다고 생각하기 때문이다
- 다문화를 먼저 인식하고 이해해야 그다음 단계로 넘어갈 수 있기 때문이다
- 이해를 먼저 해야 하기 때문이다
- 다문화라는 것을 잘 모르는 사람들도 있기 때문이다
- 다문화를 잘 이해하지 못해서 자신과 다르다는 이유로 부정적으로 보는 사람들이 많기 때문
- 이해를 해야지 더욱 잘 바꾸어 나갈 수 있기 때문이다
- 이해를 해야 다문화인 사람들도 편하게 지낼 수 있기 때문이다
- 먼저 이해해야 다른 단어로 대체하기도 쉬울 것 같다.
- 다문화에 대해 잘 모르는 사람이 많아서
- 뭐든지 이해가 중요하니까
- 우리나라 학생들은 백인 다문화가정보다 흑인 다문화가정을 무시하고 하대하는 경향이 있다. 그러므로 이러한 인식을 바꿔야 한다고 생각한다.
- 먼저 이해를 해야 단어를 바꿀 수 있지 않을까 싶습니다.
- 먼저 이해하는 것이 우리 사회에서도 다문화에 대해 받아들이는 태도가 더욱 긍정적으로 바뀔 것이기 때문입니다
- 아직까지 그 개념을 잘 모르는 사람들이 많기 때문이다
- 사회에서 인식이 좋지 않음
- 다문화에 대한 선입견이 존재하기 때문에
- 먼저 아는 것이 중요함으로
- 단어 자체에 문제가 있는 게 아니라 이해도에 따라 차이가 발생하는 것 같다
- 결국은 사람의 인식의 뿌리가 바뀌어야 하므로
- 저까지도 아직 선입견을 가지고 있습니다. 조금 더 다문화에 대한 정확한 이해와 함께 올바른 인식이 우선 되어야 한다고 생각합니다.
- 이름만 바꿔서는 아무런 득이 안 될 것 같아서
- 이미 정의되고 명명된 단어에 대해 적절한 이해가 선행되어야 함
- 다문화 단어를 바꾸는 것이 부정적 느낌을 없애기 위한 것 같은데 이해가 된다면 굳이 안 바꿔도 됨
- 이해가 수반되는 변화가 진정한 변화라고 생각합니다.

- 어떠한 단어로 바꾸든 인식의 문제가 가장 크다고 생각합니다. 인식이 바뀌어야 좋은 문화로 정착될 것임
- 한국사회에서의 다문화교육이 상호문화에 대한 이해와 존중보다 다른 외국인이 한국사회 문화에 편입하도록 만드는 경향이 있어 왔기 때문
- 서류보다 인식이 중요하다
- 그 사람들이 우리랑 같은 (외국계)한국인이라는 것을 아는 게 중요한 것 같다.
- 단어는 표현의 수단일 뿐이지 인식개선이 없는 단순 용어의 변경은 오히려 혼란을 주거나 경제적 사회적 손실만 가중시킬 것이라고 생각함
- 이미 다문화라는 단어에 대해 편견이 생겼을 수도 있기 때문에
- 현재 다문화에 대해 대강 알지만 확실히 아는 사람들은 대부분 없는 거 같고 관심을 가져야 하는 부분이기도 하기 때문입니다
- 단어보다 그들에 대한 이해가 필요할 것 같아서
- 단어 바꿀 시간에 다문화란 무엇인지 이해시켜 주는 게 더 탁월하다고 생각해서
- 이해가 중요
- 이해를 못해 욕하는 사람들이 있어서
- 아직 다문화에 대해 잘 모르기 때문입니다.
- 우리의 인식부터 바뀌야 되기 때문에
- 다문화에 대해 정확히 모르고 말하는 경우가 많기 때문에
- 사람을 차별할 수도 있기 때문이다
- 이해를 해서 더 긍정적으로 바꾼다
- 이해부터 해야지 바꾸든가 할 수 있어서
- 사람은 다 똑같은 사람이기 때문이다
- 다문화에 대해 이해한다면 그 말이 단지 차별적으로 쓰이지 않을 것이다.
- 그냥
- 아직 차별이 많으니까
- 사람들이 다문화에 대해 잘 몰라 이상하게 보는 경우도 있기 때문에
- 더 잘 이해하는 것은 좋기 때문에
- 그냥.
- 부정적으로 보는 시선을 비판보다는 이해시켜주면 좋을 것 같기 때문
- 다문화에 대해 먼저 이해하고 다문화라는 단어에 대해 생각해 볼 필요가 있는 것 같다.
- 먼저 이해해야 될 꺼 같아서
- 다문화에 대한 편견을 바꾸어야 함
- 다문화라는 말 자체가 나쁜 이미지를 연상시킨다
- 다문화의 아픔과 힘듦을 이해하고 도와주는 게 더 나을 것 같아서.
- 외국인 노동자들에 대한 편견과 다문화가정에 대한 편견을 하루빨리 예방하기 위해서
- 우리나라는 다문화라는 것을 듣고 많이 불편해하고 편견을 가지는 것 같다
- 아무리 단어가 바뀌더라도 사람들의 인식이 바뀌지 않으면 결국 바뀌는 것은 하나도 없을 것 같기 때문이다.

• 다문화를 이해해야지 단어를 바꿀 의도가 생기기 때문
• 디문화가정도 우리나라가 더 이해하고 앞으로 같이 실아 가야 할 경제적 식구기 때문이다
• 다문화를 이해해야 다른 것도 할 수 있기 때문
• 아직도 편견이 존재하기 때문이다
• 다문화 사회이므로 이해해야 한다고 생각함
• 단어는 아나 정확한 의미는 모르겠음
• 이해가 우선되면 단어는 굳이 바꾸지 않아도 됨
• 다문화 부정적 이미지
• 다문화에 대한 정보가 부족하여
• 무조건 바꾸는 것보다 이해하는 것이 먼저이기 때문
• 이해를 해야 적절한 단어로 바꿀 수 있을 듯.
• 현실적으로 와 닿는 현실이기 때문에
• 우리 민족에 융합되기 위해
• 현재는 다문화를 이해하는 게 더 중요하다고 생각해서
• 다문화라는 자체가 외국인 노동자를 비롯한 국제결혼에 의한 가족의 형태로 인식되기 때문에
• 대부분 그냥 외국인들의 문화라고 생각하는 것 같고 이해하려는 노력은 안 하는 것 같다
• 다름을 인정하고 우리의 이웃으로 받아들여야 한다.
• 불리는 단어 자체가 중요한 것은 아니기에
• 단어보다 그 문화를 이해하는 것이 중요하다고 생각
• 다른 국적의 사람과의 가족관계를 이해
• 다문화가 뭔지 모르는 사람이 많기 때문
• 다문화라는 나의 대답에 자신이 없어서
• 정확히 모르는 사람들이 대다수인 것 같기 때문
• 사회적 융화 필요
• 다문화에 대한 이해가 부족하다
• 다문화를 이해하는 사람이 많지 않은 것 같아서
• 글로벌시대인 만큼 자연스러운 현상이므로
• 인식이 먼저 바뀌어야 함
• 친숙한 단어가 아니기 때문
• 다른 국가에서 온 사람들이 우리나라에 좀 더 익숙하게 다가오기 위해서요. 한민족국가라고 했지만 현재 다국적 국가이기 때문에요
• 다문화의 뜻을 제대로 모르는 사람이 많기 때문에
• 다문화에 대한 부정적인 시선이 강함.
• 단어에서 오는 차별
• 단어보단 이해가 우선. 본디 나쁜 뜻의 단어도 인식과 이해가 변함으로써 그 단어의 의미도 변하는 법
• 다문화라는 뜻이 일반적으로는 변질되어 작용하는 것 같다

- 이미 다문화라는 문자에 부정적인 선입견인 있기 때문
- 문화의 다양성 존중
- 다문화에 대한 이해를 더 확산시키는 것이 새로운 용어를 개발하고 의미를 이해할 수 있도록 노력하는 것보다 효율성이 높다고 본다.
- 명칭의 문제가 아닌 함께 살고 있는 사람들에 대한 마음과 인식의 문제라고 생각해서
- 다문화가정에 대해 잘 모르니까
- 민족 간의 차별이 있는 것 같아서
- 단어가 가진 뜻보다는 현실적인 문제를 이해하는 것이 중요하다고 생각
- 다문화에 대한 관심이 필요해서
- 못 사는 계층이라는 생각
- 가장 먼저 접하는 게 단어여서
- 다문화에 대해 이해가 되어야 순조롭게 진행이 될 듯
- 전반적으로 이해가 부족하기 때문
- 부정적인 면이 더 많다—가난 · 차별 · 가정폭력 · 처갓집에 대한 생각 등등
- 나부터가 다문화에 대한 실제적 정의를 모르고 있는 것 같아서
- 국제결혼으로 인하여 안 좋은 매스컴의 영향이 컸으며, 우리나라는 유독 어려운 다문화가정이 많아서 다문화라는 말을 할 때 부정적인 견해로 인한 피해의식이 나선 의견을 가진 사람들이 많기 때문이다.
- 다문화를 이해하고 문제점과 앞으로 해야 하는 고안들을 더 깊이 생각하기 위함이다.
- 다문화라는 단어의 타당성을 보기보다 그들을 먼저 이해하고 포용하는 게 필요하다고 생각한다.
- 인식이 동남아 어린 여자와 나이든 한국 남자와 결혼해서 만들어진 가정이라는 이미지가 많습니다
- 먼저 이해해야 단어도 바꿀 수 있을 것 같아서
- 다문화를 이해하는 것이 우선이라고 생각
- 정확히 뜻을 모르는 분이 많아서
- 많이 접하는 단어지만 직접 경험하거나 시간을 내 알아보는 사람은 흔하지 않을 것이기 때문
- '다문화'라는 용어 자체가 부유한 국가보다는 동남아나 저개발 국가를 떠올리게 하는 용어로 한국사회 인식이 굳어졌다고 생각하기 때문입니다.
- 일반인들의 접근방식
- 먼저 이해를 해야 보는 관점이 달라지니까
- 새로운 말을 만드는 것보다 이해와 존중이 먼저이기 때문에
- 문화적 격차가 인간관계에서 갈등 요인으로 작용하므로
- 인식 개선이 우선이다
- 문화를 모르다 보니 오해와 편견들이 발생하는 것 같아서
- 다른 건 다른 거니까
- 세계는 하나여서

- 관심도가 떨어지니까.
- 단어가 좋아서
- 더 잘 이해하고 수용해야 잘못된 편견을 버릴 수 있을 것 같아서
- 이해를 해야 바꾸든 말든 하니까
- 불평등한 시선을 없애고 같은 국가의 구성원임을 받아드려야 하기 때문
- 다문화라는 것이 일반 상식이 아닌 다른 문화를 서로 알아 가려는 부문이 추가로 시간을 내어서 알아 가는 것이 불편할 것이라 생각한다
- 그것은 마치 청소원을 환경미화원으로 이름만 바꿨다고 인식이 바뀌지 않는 것과 같다
- 다른 나라의 문화를 이해해야 대화가 되지 않을까 해서~
- 한민족의 개념이 이미 없어졌다. 다양한 나라의 사람들이 한국인과 결혼해서 가정을 이루었고 그들의 문화가 어우러져 그 가정의 새로운 문화가 형성되고 있다
- 이제 대한민국 국민이다. 잘 이해하고 포용하는 넓은 마음이 필요하다.
- 다문화를 이해해야지만 다문화란 단어를 바꿀 수 있다고 생각함
- 관심을 갖고 잘 지내야 하니까
- 이해를 해야 바꾸든 말든 하니까
- 이해해야하기 때문
- 많은 사람이 다문화에 대해서 대수롭지 않게 생각하는 것 같아서
- 이해를 잘못한 사람들이 있기 때문
- 다문화를 먼저 이해하지 않으면 이름을 바꿔도 소용이 없고 만약 다문화라는 것을 이해하지 못하는 사람이 다문화의 이름을 새로이 바꾼다고 하면 다문화의 새로운 이름이 우스꽝스럽게 지어질 수도 있기 때문이다.
- 다문화를 이해 못 한 사람이 있기 때문
- 서로가 공감해야 국가발전도모
- 아직 잘 모르거나 관심이 적기 때문에
- 자라온 환경과 풍습을 이해~
- 다문화를 이해해야 그 가정이나 그 나라의 문화를 이해할 수 있기 때문
- 인식개선
- 나도 잘 모르기 때문
- 지역을 막론하고 타국에서 온 국민이 우리나라에 정착하는 데 있어 선입견이나 편견은 없어야 한다는 생각
- 다문화에 대해 먼저 이해하고 그다음 바꾸어도 늦지 않을 것 같다
- 아직 인식이 부족하고 교육이 부족하다
- 이해 없는 개선은 불가능하므로
- 잘 몰라서
- 단어 자체의 중요성보다 이해하는 것이 중요한 것 같아서
- 부르는 이름은 중요치 않다. 이해가 앞서야 한다
- 관심도 부족하고 몰랐으므로
- 다문화를 이해하여 좀 더 많은 것을 알기 위해

- 다문화를 이해해야 흑인을 차별하지 않을 수 있을 거 같기 때문에
- 다른 문화에 대한 이해가 선행되야 하기 때문
- 더 중요하다고 생각해서
- 함께 생활하기 위해서는 서로 이해가 필요
- 우리사회에서 좀 소외된 듯해서
- 잘 모르겠지만 이주자들이 한국사회에 정착 못 하는 것 중 한 부분인 듯싶다
- 서로 다른 환경에서 살아온 사람들이기 때문에 먼저 그 나라 문화를 이해하는 게 우선인 것 같아서
- 동남아 등에서 온 결혼이주여성이 있는 가정에 국한된 표현이 아니라는 것을 이해시키는 것이 우선이라고 생각함
- 서로를 알아야 소통이 가능하다
- 우리 주위에 생각보다 많은 다문화가정이 있으므로 서로 많이 이해해야겠다
- 인식 부적절
- 다문화라는 뜻을 이해하고, 다양한 민족들의 문화들을 편견 없이 대하는 것이 제일 중요하다고 생각합니다.
- 아직까지 이국적 이미지를 강하게 느끼고 있는 것 같다
- 사람들이 모르고 무시해서
- 정확히 모르는 사람들이 많아서
- 단어만 바뀐다고 편견 없이 볼 수 있는 것이 아님
- 글로벌한 시대에 이해하지 않으면 우리가 다른 나라에서 활동함에 있어서도 이해받지 못할 것 임
- 다른 민족이라고 해서 차별이 있어서는 안 되니까
- 다름이 차별이 되지 않기 위해
- 이해해야 해서
- 선입견을 가지고 보지 말것
- 다문화에 대한 가장 근본적인 이해가 부족함을 느껴서
- 환경이 다른 사람이 모여 살며 서로 이해하는 마음이 많아야 될 것 같다
- '사는 건 다 같다'라는 이유
- 이해하고 바꿔도 안 늦는다
- 사는 건 다 같으니까
- 우리 미래는 지금보다 다양한 문화의 사람들이 모여 살 텐데 단어만 바꾸는 것은 의미 없음
- 적절한 단어임, 이해하기 쉽다
- 국제화 시대라서
- 세계는 하나, 가족, 친구, 더불어
- 같은 사람이니 소통 차원에서
- 차별
- 내 이웃이라는 따뜻한 생각이 들도록

- 많은 사람들이 이해를 먼저 해야 편견이 없어질 것 같음
- 먼저 이해(?) 해야 할 것 같아서
- 이해를 해야 단어를 선택하죠
- 언어보다 그걸 사용하는 방법이 중요하기 때문에
- 다문화가정들의 한국의 구성원으로 정착하기 위해서 많은 이해가 필요하다고 생각한다.
- 매매혼에 대한 타당한 이유. 그들이 비장애인임에도 사회적 배려를 원하는 이유 설명
- 서로를 알아야 판단이 가능하다고 생각
- 이해가 항상 먼저이니까
- 다양한 민족에 대한 이해가 많이 필요한 것 같아요.
- '다름보다는 같다'라고 인정해 주었으면 해서
- 다문화에 대한 부정적 이미지가 한국사회에 깔려있음
- 뜻을 알아야 말할 수 있을 듯합니다
- 내가 잘 모르니까
- 바꿀 거면 먼저 이해를 해야 뭐라고 바꿀 수도 있으니까
- 주변에 접할 일이 거의 없음
- 같은 민족이 아니라는 이유로 꺼려하는 듯한 선입견은 없어야 하며 세계 속에서 우리나라도 존재하기 때문에 더불어 사는 사회적 문화가 되어야 할 것이기에
- 다문화라는 단어와 외국인 가정이라는 것 자체가 어렵기 때문
- 분명 우리와 다른 부분이 있으니까 그들의 문화를 이해하고 더불어 잘 살 수 있도록 도와주어야 한다고 생각해서
- 정확한 뜻을 몰라서
- 이해를 한다면 굳이 바뀔 이유는 없다. 나쁜 뜻이 아니니
- 단어가 바뀌어도 이해하지 않으면 의미가 없음
- 생각 자체가 부정적인 측면이 많아서
- 정확하게 아는 사람들이 별로 없어서
- 먼저 다문화에 관심이 부족하니깐 이해 먼저 하는 것이 먼저인 것 같다.
- 선입견이 많은 것 같아서
- '다문화'라는 단어를 왜 바꿔야 하는지 먼저 이해하는 것이 우선이라고 생각함
- 다문화에 대해서 알아야 함으로
- 그냥

비다문화가정(설문20) 한국인의 다문화에 대한 이해를 위해 외국인들의 노력이 필요하다고 생각합니까?

- 구체적으로 어떠한 노력이 필요하다고 생각합니까?

- 한국 공부
- 같은 외국인끼리만 어울리는 것보다 한국문화에 녹아들 수 있도록 해야 한다

- 서로의 입장 이해
- 한국인과의 접촉을 많이 할 기회를 마련한다
- 서로가 존중하고 노력해야 한다.
- 적극적. 긍정적으로
- 한국문화를 깊이 파악
- 관습
- 언어 및 사회활동
- 언어 습득과 문화 이해
- 한국문화에 대한 이해와 수용
- 서로 노력해야 한다고 본다.
- 언어, 풍습
- 자국민 문화를 소개하는 기회를 만들었으면 합니다.
- 그 나라 사람들의 특성을 알아야 하고 언어를 알아야 함
- 올바른 이해
- 열심히 생활하는 것
- 자국의 풍습 등을 이야기해서 이해를 구한다
- 언어 소통
- 한국어 습득 및 한국문화이해를 위한 노력
- 한국어를 잘하여 소통이 원활하면 좀 더 다가가기 편하지 않을까
- 의사소통
- 언어를 기본으로 자기 역할에 성실함을 보여야 한다
- 함께 생활하고 근무하며 다양성을 추구하는 것이 한국인에게 큰 도움이 된다는 것을 느끼게 해주어야 함
- 상대의 생활방식을 존중하는 것부터
- 한국문화의 이해
- 서로 노력
- 로마에선 로마법을 따르라는 말처럼 이해하고 받아들이는 게 필요할 것 같아요
- 언어습득, 문화순응
- 한국어 공부와 한국인의 생활 습관 이해 더불어 자기 나라 생활도 연관해서 설명
- 피해 받지 않는다는 생각과 이주민으로서의 자부심
- 한국어를 잘 구사하는 것.
- 함께 살아가는 구성원으로 인정
- 다른 건 다 모르겠지만 누가 되었든 범죄에 가담하는 일은 줄이는 게 맞다고 봄. 외국인이라는 인식에서 범죄를 저지르면 더 큰 이슈가 되고 질타를 더 받을 수밖에 없는 사회적 인식구조.
- 한국어 교육
- 의사소통이 자유로울 정도의 한국어 실력
- 끼리 문화보다는 우리 문화에 동화가 필요함

- 그들의 문화는 지키되 한국에서 살기 위해선 한국의 문화에보다 관심을 가지고 다양한 체험을 하는 것이 필요함
- 주변에 가까이 있고 예를 들어 상품 구매 시에도 서로 간에 노력이 필요
- 자기나라 문화생활 양식을 표현하는 방법
- 한국에 대해서 잘 배워야...
- 적응 할 수 있는 능력
- 만남이 많아야, 서로 이해할 것 같음
- 한국인의 문화도 이해하면서 다문화 이해를 위한 노력
- 교육
- 빠른 적응을 위해 모임 활동이나 한국어교육에 적극적.
- 우리나라를 이해하려는
- 한국어실력, 한국인의 의식구조, 한국문화 등을 이해하고 실천하기 위한 노력이 매우 중요하다고 사료됩니다.
- 문화
- 언어 생활방식습득
- 언어
- 언어와 한국문화에 대한 이해
- 언어 습득
- 현재 사는 나라에 관심과 이해
- 본인들만의 문화를 고집해서는 안 된다고 생각
- 적극적으로 한국어 배우기
- 우리도 그들의 문화를 이해하고 그들도 우리의 문화를 알아야 한다.
- 일단 한국어 잘하려고 노력
- 다양한 체험활동 그리고 한국사회의 이해
- 교류와 접촉
- 열린 자세와 적극적인 마인드 필요
- 이해와 협력 관심
- 언어소통과 문화의 이해
- 많은 정보를 수집하는 노력이 필요하다.
- 문화. 생활양식의 이해
- 더 적극적인 피교육 태도
- 서로 이해하고 소통하려면 서로 노력해야 하니까
- 편견을 없애는 노력
- 잘 살았으면
- 한국문화를 이해하고 습득
- 한국어 습득
- 열심히 살아가는 모습이 필요
- 우리나라 문화이해와 자국문화 비교설명

- 본인 스스로가 융화하는 노력이 필요함
- 스스로 당당하려고 노력
- 한국문화와 예절에 대한 이해
- 언어학습 노력 필요
- 문화! 언어! 예절
- 한국문화에 대해 공부하는 것도 좋을 것 같아요
- 우리말과 문화를 배우는 등 노력
- 뿌리를 내리고 살 거라는 인식개선
- 배타적인 생각 가족관 부족
- 잘 모르겠다
- 우리도 이해하려고 노력해야 하지만 외국인들도 우리에 대해서 알려고 노력해야 한다고 생각한다
- 적응 잘하게 도와줘야 한다
- 도움을 위해 다가가고 관심을 긍정적으로 보여준다
- 한국을 자신의 나라와 비교하지 않고 한국의 문화를 인정해주는 것
- 적극적인 모습이 조금 필요하지 않을까요.
- 한국인이 외국인이 대해 이해 하려고 노력하는 것처럼 외국인들도 우리와 함께 생활하기 위해서는 한국인의 문화나 관습을 이해하는 것도 중요한 것이라고 생각합니다
- 좋은 행동들을 한다
- 언어 및 문화 이해
- 우리문화 수용
- 우리나라의 문화에 익숙해져야 함
- 단어는 같지만 나라마다 다른 의미에 대해서
- 자신감
- 한국의 문화도 함께 배워나가는 자세가 동반되어야 한다고 생각합니다.
- 친해지기 위한 노력
- 자신의 문화에 대비되는 한국문화에 대한 이해와 수용
- 언어, 문화 등에 대한 상호 협력이 필요하다.
- 돈을 벌기 위해 시집을 온다는 명목으로 나이 차이가 20살 혹은 자식이라고 칭할 만큼 나이차가 많이 나는 배우자를 만나지 않았으면 좋겠다
- 모름
- 한국의 문화 이해
- 문화를 배우는 것
- 모르겠습니다
- 문화에 대한 이해
- 잘
- 한국어를 배운다
- 한국 문화에 대한 이해

- 글쎄요
- 여러 가지 의견을 내새운다
- 이해를 해준다.
- 외국 사람도 한국의 문화를 알고 실례되는 행동을 조심해야 한다
- 문화를 알아 가는 거
- 백인 우월주위 생각을 없앤다.
- 자신의 국적 문화 소개 및 홍보
- 다문화에 대한 이해프로그램을 준비하고 우리나라 학생들이 다문화가정 아이들을 만나서 익숙해져서 우리와 다른 게 없다는 인식을 심어주어야 한다
- 차별하지 않고 똑같은 시선으로 바라보아야 한다
- 성실한 태도
- 다문화 이해프로그램에 적극 참여해 우리 사회에 긍정적 영향을 미칠 수 있도록
- 정확히 알려는 노력
- 적극적 홍보와 교류
- 문화를 잘 알리기 위한 노력
- 그들의 문화를 알려준다면 좋을 듯.
- 최소한의 의사소통은 가능할 수 있게 노력해야 한다고 생각함
- 한국어 공부
- 다문화를 이해하고 포용하기 위해 노력해야 합니다
- 한국어 배우기. 문화체험
- 다양성 존중
- 의사소통을 위한 교육
- 교육 프로그램이 필요하다
- 대화를 통해 실제 문화를 간접 체험.
- 어느 나라든 민족이든 함께 사는 게 필요하니까
- 능숙한 한국어사용
- 자국 문화소개
- 우리나라를 배우려는 노력
- 한국사회 문화에 대해 이해
- 편견을 갖지 않고 받아들여야 한다
- 한국어를 잘 구사하여 자신들의 입장을 피력할 기회를 활용한다. 취업을 통해 한국사회에 적응하고 어울리는 것
- 우리나라의 문화에 대한 체험이나 이해 교육
- 이해
- 언어는 필수라고 생각함
- 생활방식의 차이
- 한국문화에 이해와 알아 가려는 의지가 적극 필요
- 언어와 문화. 역사에 대해 이해

- 한국 문화 이해
- 활발한 참여로 — 아랍국가 제외
- 본인의 문화를 체험하고 경험을 공유하기 위한 노력이 필요하다고 본다.
- 언어의 이해와 문화적 차이에서 오는 갈등 해소 능력을 키우기 위한 교육이 필요하다
- 한국문화를 이해하려는 노력
- 한국말 개선
- 우리나라와 다른 문화 설명. 좋은 인식을 위한 행동
- 주류 사회와의 교류와 소통 노력
- 한국의 전통과 문화
- 문화이해
- 문화를 알리는 기회를 많이 마련하는 것
- 한국어를 배워서 한국 사람들에게 자기 문화를 알리는 노력이 필요
- 수용적 자세가 필요하다
- 도움을 받아야 하는 대상이 아니고 서로 도움을 주고받는 거라는 것
- 교육
- 내국인만 이해하라는 교육보다 외국인에 교육도 필요하기 때문에 상호적 교육이 필요하다.
- 한국의 역사 문화 대가족제도
- 수용하려는 자세 노력하는 자세
- 문화적응
- 서로 소통 및 참여가 관건이라 생각됩니다
- 언어습득
- 시집 문화를 이해
- 친하게 지내려는 노력
- 다르지 않다는 거 알리기
- 다문화 교육에 적극적으로 나와서 자신의 나라에 대해서 설명해 주거나 직접 다문화 교육을 해주면 더 효과가 있지 않을까? 라는 생각이 듦.
- 제일 먼저 의사소통을 위해 한국어를 배우기 위한 노력
- 평등한 인권
- 다문화 교육을 듣고 다른 나라의 문화를 존중한다
- 정부차원에서 출산율 저조국가에서 출산과도 연계되고 인식개조에 있어서도 교육은 필수
- 한국인의 언어 · 문화 · 습관들을 이해하고 어울림에 대해 많은 노력을 해야 한다고 생각
- 소통함으로써 이해증진 기여
- 배우려는 열정 삶의 열정
- 적극적인 사회 적응훈련
- 소통
- 한국어와 문화이해
- 서로 소통하기 위해 언어를 배우고 문화를 알기 위한 노력
- 한국어뿐 아니라 한국문화를 배우고 이해하려는 노력 필요

- 한국어를 알아야 소통이 되니까
- 다름을 그대로 인정해 주는 것
- 한국의 다문화가정이 되었다면 한국인에 대해 많이 이해하고 소통하려고 노력해야 된다고 봄
- 문화이해
- 문화가 다른 만큼 노력은 힘들 것이다
- 배우려는
- 소통을 하고 어울리려는 노력
- 언어습득, 우리나라와의 문화차이 이해부터 출발
- 우리문화의 이해. 기본적으로 기본 언어
- 자기들 생활을 어필하는 것
- 서로 다르지 않음을 이해해야 한다
- 언어 배우기
- 한국말 뜻 이해
- 한국 언어와 문화에 적응
- 언어문화
- 접하는 한국인에게 좋은 이미지 주는 일
- 문화이해 와 한국어교육
- 한국인도 외국인도 다문화 교육이 필요하다
- 한국어 교육기관 활용
- 교육
- 같은 문화 이해를 위한 우리나라의 성향을 알아야죠
- 우리가 영어를 배우는 것과 같다고 생각합니다
- 최소한 한국에 정말 정착하려고 왔다면 그 나라의 언어는 배우는 것이 필수라고 생각함. 이미 국가에서 지원을 많이 해 주고 있지만 사회통합프로그램만으로 정규시험을 통과하지 못하는 사람들을 왜 받아들이는지 이해 불가.
- 교육
- 한국어를 빨리 배우고 이해하려는 노력
- 서로에 대한 이해
- 외국인들도 주류사회와 공존하는 노력
- 모르겠다~
- 의사소통이 되도록
- 같이 사는 사회로써 서로 노력해야 한다고 생각한다. 한국의 문화적 가치관을 좀 더 이해하려는 바람직한 모습
- 한국문화생활
- 한국어를 잘 배워야 함
- 먼저 한국어를 배우는 데 최선을 다해 서로 소통하는 데 힘써야 할 것 같다
- 적극적 다가감

- 외국인도 우리나라의 문화를 이해하려는 노력
- 교육
- 언어나 생활문화습득
- 한국에 거주하는 외국인이 한국문화에 대해 먼저 이해하는 것
- 한국이 뭐냐고…

한국어 집합교사(한국어 교육에 바라는 점 - 설문10)

다문화가정 집합교육에 대한 개인적인 견해를 써 주세요.

- 부득이한 경우에는 방문 교육이 필요하지만 친구들을 사귀면서 먼저 온 친구들의 도움을 받아 적응을 빨리 할 수 있다는 장점이 있다.
- 지원과 통제의 균형. 예를 들어 교재, 교육의 지원은 필요하다.(일부: 수익자 부담이 원칙) 그러나 출·결석 등의 통제와 입·퇴학 시기도 필요하다.
- 절대적으로 필요함. 서로의 문화 충돌을 피하고 자국에서의 정보교환의 필요성을 위해서
- 교육의 일원화
- 보여주기 위한 사업이 아니라 좀 더 관심을 갖고 꾸준히 진행되기를
- 좋다.
- 학습자가 중급 정도의 한국어 능력을 갖추게 되면 의식주와 부모교육, 자녀교육 등 전반적인 한국생활문화에 대한 교육이 행해져야함을 느낀다.
- 여성가족부에서 나온 교재가 좀 더 시대의 흐름에 맞게 보완되길 바랍니다.
- 시혜가 아닌 필요로 하는 것을 교육했으면 합니다.
- 다문화가정 집합교육에 대한 수요와 공급의 지원 확충과 조화가 잘 이루어져 날로 발전하기를 바랍니다.
- 지역적인 여건 상 농번기 때는 집합교육에 참여하는 학생들이 거의 없을 정도이다. 또한 아이들이 우선순위다보니 조금만 아프거나 입원이라도 하게 되면 이주여성들은 빠지기 일쑤이다. 교재 한권을 100% 공부하고 졸업하는 학습자들은 한 명도 없다. 이주여성들이 마음 놓고 제대로 체계적으로 교육할 수 있는 여건을 만들어 주었으면 하는 바람이다.

한국어 방문교사(한국어 교육현황 - 설문20)

귀하가 방문지도 교사를 하는 이유를 써 주세요.

- 좋아하는 일을 하면서 다른 사람에게 도움을 줄 수 있다는 점
- 생활에 도움을 주고 있기 때문에
- 다문화 가족을 이해하고 같이 살아갈 수 있는 방법을 제시해 줄 수 있어서
- 시간 활용을 할 수 있고 보람을 느낀다.
- 나 자신의 자존감을 높이고 생활의 활력소를 찾기 위해서

• 경제적으로 도움이 되니까
• 소중한 상담사가 되어 주고 싶다.
• 외국인의 한국 생활을 돕고 싶다.
• 학생들에게 한국어4 한국문화를 가르쳐 줄 때 만족도가 높아서 좋다. 그러나 보수가 너무 낮다.(2009년 그대로이다)
• 외국인이 한국에 정착하도록 도움을 주기 때문
• 보람과 나의 만족
• 자아실현과 자신의 재능이 타인에게 도움이 되니까
• 보람을 느낀다.
• 이 일에 보람을 느끼기 때문에
• 일을 하고 싶어서
• 아이들이 너무 좋다.
• 시간의 여유로움과 살아있음을 느끼게 해준다.
• 일을 하고 싶어서, 돈이 필요하기 때문에
• 나를 통해 한국을 알리고 좀 더 쉽게 한국생활에 도움이 되었으면 하는 마음
• 봉사
• 학습자와의 지속적인 소통과 교류를 통하여 가족 갈등, 자녀문제 등 학습자에게 한국생활에 도움을 줄 수 있어서
• 열악한 환경(지리적, 교육, 생활환경)에 있는 대상자들에게는 꼭 필요한 수업방식이다.
• 경제적인 보탬, 성취감
• 이 직업에 자부심을 가지고 있다.
• 도움을 주어 보람을 느낌
• 자녀를 양육하며 삶에 질을 향상시키는데 도움을 주고 있다.
• 교육과 보수
• 직업으로 선택하였으므로

한국어 방문교사(한국어교육에 바라는 점 - 설문3)

정부지원의 한국어교육이 지속적으로 필요하다고 생각합니까? - '필요하다/필요없다'의 이유

- 이주여성들이 한국사회에 빨리 적응할 수 있다는 점에서 꼭 필요하다고 생각한다.
- 한국 생활 적응에 많은 도움이 되기 때문에
- 대상자들이 한국어를 익힐 기회가 없다.(희박하다)
- 사회 노출이 힘든 이주여성에게 한국어 노출 기회가 적으므로 노출 기회를 줌
- 이주여성들이 사회에 적응하는데 필요하다.
- 외국인이 한국에서 적응해 살기 위한 초기 대응은 아주 중요하다고 생각한다.
- 외국인에겐 한국어교육은 생존과 가깝습니다.
- 신규 결혼이주여성이 많이 줄었지만, 한국생활 적응을 위해서 꼭 필요하다.
- 다문화센터의 교육만으로는 부족 하므로
- 의사소통은 자신을 표현할 수 있는 권리라고 생각한다.
- 그들이 한국에 정착해서 사는데 있어서 가족의 도움만으로는 부족한 부분이 있어서 꼭 필요하다고 생각한다.
- 정부지원 하에 의무적으로 한국어 교육이 이루어져야 아이들이 크기 전에 한국어를 습득할 수 있을 것 같다.
- 매우 필요하다, 나라의 근간이 달려 있다.
- 한국어가 되어야 문화의 흡수가 잘 된다고 생각한다.
- 한국어가 초기에 꼭 필요하다.
- 도움이 되니까
- 언어가 가장 기본이다.
- 농어촌 이주여성들은 정부지원의 한국어교육이 없다면 열악한 교육환경으로 교육의 기회가 주어지지 않을 것이다.
- 정부지원 없으면 교육기회를 갖지 못하는 가정이 많아 문제 발생
- 대상자들에게 가장 필요하다고 생각한다.
- 생활에 필요한 언어습득이 쉽지 않음
- 생활에 필요함
- 우리나라 사람이 되어야 하니까, 아이들을 키워야 하니까

한국어 방문교사(한국어교육에 바라는 점 - 설문7)

현재 방문지도 교사 지원에 대한 만족도는 어떻습니까? - '매우 불만족'의 이유

- 방문과 교육에 대한 경제적 보상이 매우 적기 때문에
- 2009년 급여가 인상이 안 되어 보수가 너무 낮다.
- 고급 인력에 대한 처우가(특히 시간당 보수)좋지 않음
- 첫해부터 지금까지 시급이 오르지 않음

- 보통
- 처우가 안 좋다.
- 열악한 근무환경에 비해 학습지도에 필요한 경비뿐만 아니라 교통비 등 수업료 및 비용 처리가 너무 열악하다.
- 보수가 너무 낮다.

저자 약력

박시균

서울대학교 언어학과 졸업
서울대학교 언어학과 석사(국어 음운론)
호주 The University of Queensland 영어영문학과 박사(제2언어 습득)
현) 군산대학교 국어국문학과/다문화학과 교수

주요논저

논문 유아 다문화가정 자녀 (한)국어 교육에 대한 개선점 연구 – 유아교사의 인식을 중심으로(2020),
중국인 학습자의 한국어 폐찰음 발음에 대한 청취 · 음향적 연구(2020) 외 60여 편

저서, 역서 다문화가정 구성원에 대한 투 트랙(two track) 한국어 교육방안 연구(2013)
데이터와 함께하는 언어학습과 사회통합(2017) 외 10여 편

김송이

군산대학교 외국어로서의 한국어교육 석사
전북대학교 어문교육학과 박사 수료
전북대학교 국제협력본부 언어교육부 강의전담교수/강의초빙교수
전북대학교 한국어 강사
전주대학교 한국어 강사
원광대학교 한국어 강사
우석대학교 한국어 강사
현) 전북대학교 글로벌융합대학 한국어 강사

김지영

군산대학교 외국어로서의 한국어교육 석사
군산대학교 다문화학과 박사 수료
군산대학교 한국어 강사
건양대학교 한국어 강사
원광대학교 한국어 강사
군산대학교 언어교육센터 선임 강사

오영란

군산대학교 외국어로서의 한국어교육 석사
군산대학교 다문화학과 박사 수료
전북대학교 한국어 강사
원광대학교 한국어 강사
군산대학교 한국어 강사
건양대학교 한국어 강사
전주시다문화가족지원센터 한국어 강사

이주원

군산대학교 외국어로서의 한국어교육 석사
군산대학교 다문화학과 박사 휴학중
태국 나래수안대학교 한국어 강사
군산시 건강가정지다문화가족지원센터 한국어방문 교사
군산 서해초등학교 찾아가는 한국어 교육 한국어 강사
현) 군산대학교 한국어 강사
현) 군산시 건강가정지원다문화가족지원센터 한국어 강사

최은하

군산대학교 외국어로서의 한국어교육 석사
군산대학교 국어국문학과 박사 수료
전북대학교 한국어 강사
현) 군산대학교 한국어 강사
현) 우석대학교 한국어 강사
현) 전주대학교 교양학부 강사
아산사회복지재단 학술연구지원사업 보조연구원
다문화가정과 함께하는 즐거운 한국어, 정확한 한국어 연구보조원

최지은

군산대학교 외국어로서의 한국어교육 석사
군산대학교 국어국문학과 박사 수료
전주대학교 한국어 강사
원광대학교 한국어 강사
제주대학교 한국어 강사
전북대학교 한국어 강사
현) 군산대학교 한국어 강사
아산사회복지재단 학술연구지원사업 보조연구원